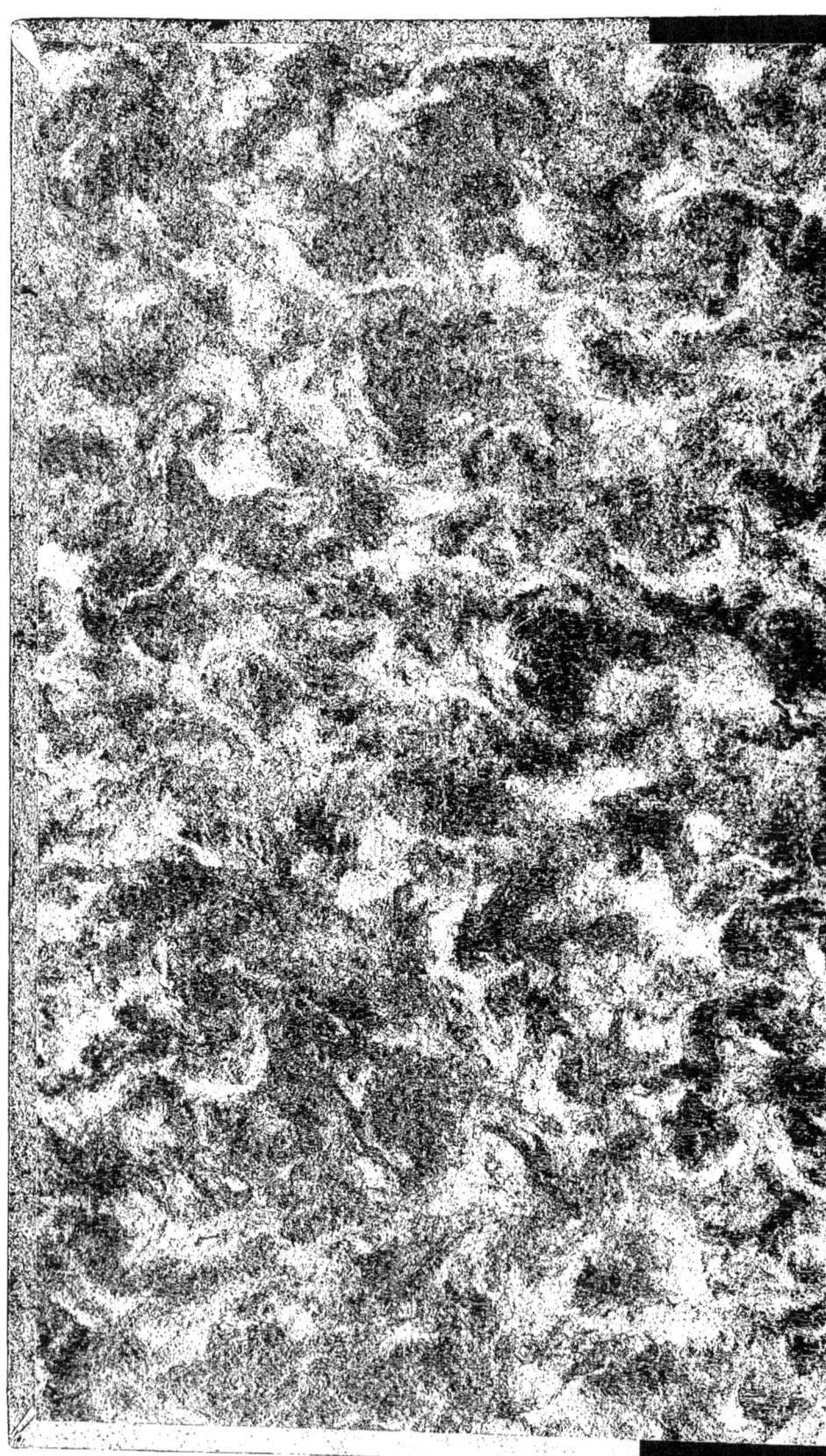

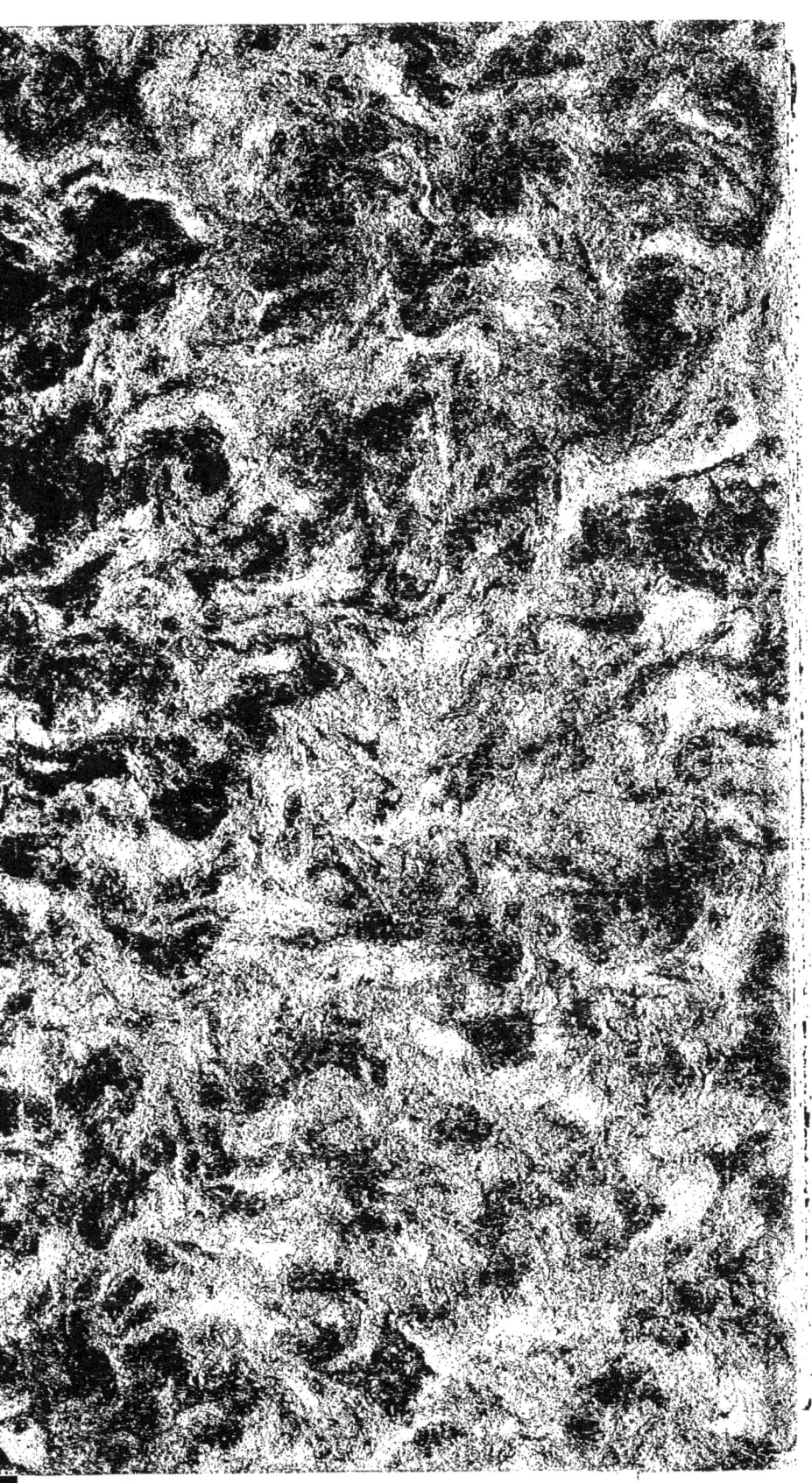

DES FONTAINES 1980

HISTOIRE ET THÉORIE

DU

SYMBOLISME RELIGIEUX

POITIERS. — TYPOGRAPHIE DE A. DUPRÉ.

HISTOIRE ET THÉORIE
DU
SYMBOLISME RELIGIEUX
AVANT ET DEPUIS LE CHRISTIANISME

Contenant :

L'EXPLICATION DE TOUS LES MOYENS SYMBOLIQUES EMPLOYÉS DANS L'ART PLASTIQUE, MONUMENTAL OU DÉCORATIF CHEZ LES ANCIENS ET LES MODERNES, AVEC LES PRINCIPES DE LEUR APPLICATION A TOUTES LES PARTIES DE L'ART CHRÉTIEN, D'APRÈS LA BIBLE, LES ARTISTES PAÏENS, LES PÈRES DE L'ÉGLISE, LES LÉGENDES, ET LA PRATIQUE DU MOYEN AGE ET DE LA RENAISSANCE

OUVRAGE

Nécessaire aux architectes, aux théologiens, aux peintres-verriers, aux décorateurs, aux archéologues et à tous ceux qui sont appelés à diriger la Construction ou la Restauration des édifices religieux,

PAR

M. L'ABBÉ AUBER

Chanoine de l'Église de Poitiers, Historiographe du diocèse, Membre des Académies des Quirites de Rome, des Sciences du Hainaut et de l'Institut des provinces de France ; ancien Président annuel de la Société des Antiquaires de l'Ouest, Correspondant de la Société des Antiquaires de France, etc., etc.

Et dicebant: Quis revolvet nobis lapidem monumenti ? — et respicientes viderunt revolutum lapidem. (Marc, XVI, 4.)

TOME TROISIÈME

 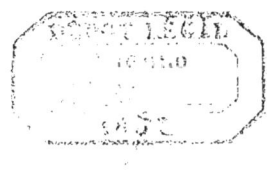

PARIS	POITIERS
LIBRAIRIE A. FRANCK	A. DUPRÉ, imprimeur-éditeur
67, RUE RICHELIEU, 67.	RUE NATIONALE.

1871.

HISTOIRE ET THÉORIE DU SYMBOLISME RELIGIEUX

TROISIÈME PARTIE.

SYMBOLISME ARCHITECTURAL ET DÉCORATIF.

CHAPITRE I.

CONSIDÉRATIONS GÉNÉRALES SUR LE SYMBOLISME ADAPTÉ A L'ARCHITECTURE CHRÉTIENNE, ET FAITS HISTORIQUES QUI S'Y RATTACHENT.

Quand tout venait de changer dans le monde moral, et que des hauteurs du Calvaire un Dieu, jetant à tous les peuples une parole d'unité, les conviait à une vie nouvelle dans un même culte et une même foi ; quand cette double expression des premiers besoins de l'humanité s'était manifestée par d'innombrables symboles, ne fallait-il pas à cette religion, qui recueillait l'immense héritage de toutes

L'Église devait imprimer aux temples chrétiens un caractère symbolique;

les âmes, des temples où respirât, comme dans ses dogmes et ses prières, l'esthétique d'un intime et mystérieux enseignement? Cette religion du cœur et de l'esprit ne pouvait abjurer un droit qu'avaient usurpé sur ses primitives inspirations les fausses doctrines du paganisme; et si celui-ci, comme nous l'avons établi déjà, variait les formes de son architecture religieuse d'après les caractères différents de ses divinités (1), comment les premiers maîtres du Christianisme auraient-ils pu méconnaître l'importance d'une création parallèle au profit de la véritable révélation! Cet idéal indispensable ne s'était-il pas d'ailleurs essayé, pour ainsi dire, chez le peuple dépositaire des Prophéties, et ne semblait-il pas encore indiquer de loin aux enfants de la Promesse un tabernacle, nouveau comme tout le reste, mais plus digne par son spiritualisme du Dieu qu'on y devait adorer en esprit et en vérité (2), de ce Dieu qui réalisait en sa personne le type des Patriarches (3), qui avait prescrit à Noé les moindres détails de l'arche libératrice, et jusqu'à ses mesures diverses, dont les nombres renferment des mystères symboliques (4)? Devait-il faire

leurs nombreuses figures dans l'Écriture et les Pères.

---

(1) Cf. ci-dessus, t. I, ch. IX, *Symbolisme des arts chez les anciens*.

(2) « In spiritu et veritate oportet adorare. » (Joan., IV, 24.)

(3) Voir Huet, *Démonstration évangélique*, ou *Veteris Testamenti cum Novo parallelismus*, apud Migne, *Scripturæ sacræ cursus completus*, t. II, col. 859.

(4) S. Isidore de Séville, qui vivait de 570 à 636, développe ainsi ces rapprochements : « Noe per omnia omnesque actus ejus Christum significat... Solus justus invenitur Noe in illa gente cui septem homines donantur propter justitiam suam. Solus Christus justus est atque perfectus, cui septem Ecclesiæ (scilicet Apocalypsis, cap. 1) propter septemplicem spiritum illuminantem in unam Ecclesiam condonantur. Noe per aquam et lignum liberatur : lignum quippe et aqua cruorem designat et baptisma... — Arca Ecclesiam demonstrabat, quæ natat in fluctibus mundi hujus... Arca trecentibus cubitis longa est, ut sexties quinquaginta compleantur, sicut sex ætatibus omne hujus sæculi tempus extenditur in quibus Christus nunquam destitit prædicari: in quinque per prophetiam..., in sexta per Evangelium... — Cubitis quinquaginta latitudo (arcæ) expanditur, sicut dixit Apostolus : *Charitas Dei*

moins pour son Église, en qui tous les hommes doivent être sauvés, et que l'Arche représentait, au dire de tous les interprètes (1) ?— Il y avait plus : cette grande merveille qu'on appela le Temple de Salomon, qui ne s'était élevé à si grands frais qu'afin de préfigurer l'Église et le Corps sacré du Sauveur (2), n'offrait rien qui ne fût symbolique, depuis ses fondements inébranlables de marbre et de porphyre, jusqu'à ses plafonds de cèdre odoriférant, depuis sa distribution extérieure jusqu'aux innombrables ornements qui en décoraient les murs, jusqu'aux meubles et

diffusa est in cordibus nostris per Spiritum Sanctum qui datus est nobis (Rom., v, 5). Quinquagesimo enim die post resurrectionem suam Christus Spiritum Sanctum misit, quo corda fidelium dilatavit... — Altitudo in tringinta cubitos surgit, quem numerum decies habet in trecentis cubitis longitudo, quia Christus altitudo nostra qui tringinta annorum gerens ætatem, doctrinam evangelicam consecravit, contestans Legem non se venisse solvere, sed adimplere. Legis autem cor in decem præceptis agnoscitur. Unde decies tricenis longitudo perficitur, unde et ipse Noe ab Adam decimus computatur. » (S. Isidori, Hispal. episc., *Quæstiones in Vetus Testam.*; — *In Genesim*, cap. vii, n°s 1, 2, 3, 5, 6, 7; mihi, Migne, t. LXXXIII, col. 229 et seq.)—On n'objecterait point ici qu'il s'agit précisément, dans tout ce qui précède, de l'Église comme corps moral et réunion mystique des fidèles; car on sait que l'église matérielle est aussi la figure symbolique de celle-là.

(1) S. Augustin, *De Civitate Dei*, lib. XV, cap. xxvi : « Procul dubio figura est peregrinantis in hoc sæculo civitatis Dei, hoc est Ecclesiæ, quæ fit salva per lignum in quo pependit mediator Dei et hominum, homo Christus Jesus. »—Voir encore S. Jérôme, *Contra Jovianum* et *Contra Luciferum*; S. Cyprien, *Serm. de Spiritu Sancto*; Origène, *In Genesim*, cap. vi et vii;— et Durant de Mende : « Sane non est nova oratorii sive ecclesiæ institutio. Præcepit namque Dominus Moysi in monte Sinai ut faceret tabernaculum de cortinis mirifice fabricatis... Salomon ædificavit opere mirifico templum, duas habens partes...; ab utraque vero nostra materialis ecclesia formam sumpsit : in cujus parte anteriori populus audit et orat; in sanctuario vero clerus orat, prædicat, jubilat et ministrat. » (*Ration. div. Offic.*, cap. i.)

(2) « Salomon ædificare cœperat templum Domino, in typo quidem et in figura Ecclesiæ et corporis Domini. » (S. August., *Præfat. in psalm.* cxxvi.)—« Non ipse David, sed ejus filius templum ædificavit..., quoniam Christus, secundum carnem Davidis filius, erat ædificaturus omnes ecclesias quæ sunt in toto orbe terrarum. » (Theodoret, *In lib. I Paralipomenon*, quæst. i.)

aux images qui servaient au culte ou à l'embellissement (1). A suivre les Pères dans l'explication minutieuse qu'ils ont donnée des particularités de cette majestueuse construction, on voit bien que tous les mystères qu'elles expriment sont applicables à des vérités spirituelles de la seconde Loi. C'est dans S. Augustin surtout qu'il faut en chercher la preuve : ce grand génie a tout résumé en quelques mots, soit de ses œuvres oratoires, soit de ses commentaires sur les Psaumes (2) ; et nous reviendrons à beaucoup de ses idées quand nous devrons reproduire les nombreuses leçons que l'Esprit-Saint a prodiguées sur cette matière.

Les traditions de l'architecture chrétienne étaient donc toutes faites depuis longtemps à l'aurore du Christianisme ; la religion n'eut qu'à les prendre pour les continuer en les perfectionnant.

Mais, avant d'épancher sur les vastes dimensions de ses cathédrales et de ses églises monastiques les reflets de ce génie divin qui y parle une langue si riche et si variée, il lui fallut se rétrécir en de médiocres espaces. Le berceau de l'art chrétien devait s'environner de ténèbres, sans doute pour manifester d'autant plus à la lumière qui devait les suivre la gloire trop longtemps contestée de cette éternelle Sagesse, qui n'opère jamais plus évidemment que par les contrastes.

---

(1) Voir les interprètes modernes d'après les Pères : Tirin, Estius, dom Calmet, Sacy et autres. — M. Bâtissier reconnaît aussi ces analogies, *Histoire de l'art monumental*, p. 361, in-8°, Paris, 1848.— On sait par Eusèbe que Constantin avait fait construire sur ce plan, à Byzance, la magnifique église qu'il destinait à sa sépulture. — Voir Eusèbe, *Vita Constant.*, lib. IV, cap. XVIII, et *Histor. eccles.*, lib. X, cap. IV.

(2) « Templum Regis ipsa Ecclesia. Unde struitur templum? De hominibus qui intrant in templum. Lapides vivi qui sunt nisi fideles Dei? Templum Dei in unitate est, non ruinosum, non discissum, non divisum. Junctura lapidum viventium charitas est. Tantum autem valet junctura charitatis ut, quamvis multi lapides vivi in structuram templi Dei conveniant, unus lapis ex omnibus fiat. Templum hoc Deus ubique collocavit; fundamenta Prophetarum et Apostolorum ubique firmavit. » (S. August., *In psalm.* XXXIX et XLIV.)

En effet, c'est réellement dans les catacombes qu'il faut aller chercher le prototype de nos églises chrétiennes. Pour peu qu'on en veuille étudier le plan intérieur, on voit bien quels rapports nos monuments sacrés gardent encore avec ces lieux vénérables où se conservent nos plus religieux souvenirs. La nef oblongue, souvent privée d'orientation, il est vrai, quand les dispositions géologiques des lieux la rendaient impossible, mais terminée par une abside cruciforme, garnie du trône épiscopal qu'entourent les siéges du Presbytère ; l'autel élevé sur une crypte où reposent les sacrées reliques des martyrs; les vides circulaires ménagés en voûte (*monumenta arcuata*), et presque toujours terminés eux-mêmes en hémicycles dans les parois latérales, pour recevoir d'autres corps à mesure que les persécutions les y envoyaient, et qui sont devenus, par la suite, ces chapelles des bas-côtés inaugurées sous le vocable de tant de Saints, ou même ces arcatures continues décorant les murs intérieurs de nos plus vieilles églises ; enfin ces vestibules (*loculi, cubicula*) introduisant à la pièce principale, et qui représentaient fort exactement les annexées qu'on appela plus tard le *diaconicum* ou sacristie : tout prête à comparer ces premiers sanctuaires à ceux qui s'ouvrent pour nous chaque jour, et dont nous savons que le plan original n'a souffert que de légères modifications (1).

Les catacombes, premier type symbolique de nos églises,

(1) Raoul Rochette, *Tableau des Catacombes*, p. 113, in-12, Paris, 1837. — On retrouve cette disposition décorative dans la crypte de Sainte-Radégonde de Poitiers, qui date peut-être de la fin du sixième siècle. L'art gothique, qui apparaissait déjà lors de la transition, s'empara de ce moyen et l'appliqua dans la magnifique nef de cette même église, aussi bien que dans la cathédrale voisine qui en avait été le type.—Tant de relations mystérieuses mais évidentes persuadent aisément qu'un type émané des catacombes a dû se perpétuer jusqu'à ces intéressantes époques de l'art chrétien, d'où il est parvenu jusqu'à nous. On peut le conclure très-strictement des nouvelles observations faites dans les catacombes par M. Louis Perret, dont le beau travail a été publié en 1852.—Cf. *Peintures des catacombes*, p. 13 et 15, in-f°.
— Voir encore l'*Architettura della Roma sotterranea*, per cura di G. Marchi, in-4°, p. 177; puis la description et le plan de l'église Saint-

mieux et plus que la basilique civile des Romains.

Nous ne pouvons donc admettre, avec plusieurs écrivains de notre temps, que l'architecture catholique se soit inspirée d'abord des basiliques profanes de Rome païenne (1). On rencontre, il est vrai, dans nos temples de frappantes analogies avec ces édifices publics, et ce que nous venons d'en dire convient, jusqu'à un certain point, aux uns et aux autres ; mais on a trop répété, comme fait archéologique, une erreur qui enlèverait absolument à la Rome souterraine son antériorité de date sur nos basiliques religieuses, en la privant de l'influence directe qu'il faut lui accorder sur celles-ci. Cette influence est manifeste, et, tout en admettant de frappantes ressemblances dans le plan général de ces constructions si différentes par leur but; en avouant que rien ne dût paraître plus convenable aux exigences du nouveau culte que ces vastes enceintes si commodes pour une nombreuse assemblée, et dans lesquelles la religion prenait si avantageusement la place de la magistrature civile, on doit se garder d'oublier ces mêmes nefs, ce même hémicycle absidal, cette même position du clergé et du peuple indiqués tout d'abord dans les catacombes, dont nous avons vu l'origine dans l'Apocalypse, et à laquelle, par cette double raison, on ne put renoncer plus tard (2). Voilà, nous semble-t-il, et pour répondre à une question

Sébastien, à Rome, et des catacombes qui l'avoisinent dans Aringhi, *Roma subterranea*, t. I, p. 461, la planche de la page 471 et celle du tome II, p. 406 ; Roma, in-f°, 1651, et Raoul Rochette, p. 281, note 94, et encore Marchi, *ubi suprà*, p. 175, 191 et 198.

(1) Voir Bâtissier, *Hist. de l'art monumental*, p. 359 et 454, et avec lui MM. Raoul Rochette, Renouvier, Schmitt et bien d'autres. On voit bien que tous ces honorables écrivains n'ont étudié l'art du Christianisme qu'au point de vue de la science humaine et sans comprendre le mysticisme de ses intentions. Quand on en est là, on ne fait aucune difficulté de répéter de vieilles redites, et l'on finit par faire passer pour une vérité incontestable le fruit de singulières irréflexions. Nous verrons d'autres singularités de cette force.

(2) Voyez ce que dit de cette abside primitive le P. Lupi, *Dissertazioni e Lettere filologiche*, etc., 1re part., §§ XXII et XXVI, in-4°, Faenza, 1755, p. 15 et suiv.

émise par un de nos savants collègues de la Société française d'archéologie, « comment il se fait que le Christia- » nisme inclinât vers cette forme monumentale, et qu'il » en ait même produit spontanément des spécimens durant » l'ère orageuse des persécutions. » Et qu'on n'aille pas nous objecter que les catacombes, devenues le refuge des chrétiens persécutés, purent bien être disposées par eux sur le modèle des basiliques de la Ville supérieure. En fût-il ainsi, cela prouverait tout au plus qu'il y avait quelques rapports de hasard entre celles-ci et la description de l'Église éternelle où Dieu s'était révélé à S. Jean. Mais comment appuyer cette conjecture, et auquel de ces deux objets pense-t-on que le Christianisme ait pu donner la préférence ? — Nous irons plus loin : et de ce qu'il y avait dans la Rome souterraine des lieux consacrés en formes diverses, sphériques, oblongs ou carrés (1), nous n'hésiterons pas à expliquer par là comment beaucoup d'églises ou de baptistères célèbres ont pu adopter ces plans symboliques dont on accuse trop légèrement la prétendue excentricité. Aussi, dès que s'interrompirent les persécutions qui avaient forcé les premiers fidèles de se cacher, les églises qu'ils purent bâtir au grand jour n'eurent point d'autres formes. Quand cette assertion manquerait des preuves positives qu'on peut lui donner (2), on le conclurait très bien par induction, puisqu'au rapport des historiens, les lieux sacrés démolis ou brûlés par les persécuteurs se relevant aussitôt que la paix était revenue, les lois symboliques relatives à ces

---

(1) Bottari, *Pitture e sculpture sagre, estratte dai cimitery di Roma*, t. I, pl. IV; t. II, p. 112, pl. XCIV, et t. III, p. 91, 92, pl. CLVI et CLXXXV.

(2) Voir M. de Roisin: Origines de la basilique chrétienne, *Bulletin monumental*, t. XXVI, p. 263. — Ces édifices, en effet, devaient être assez simples et bien différents des églises du moyen âge par leur beauté architecturale, puisque S. Jean Chrysostome disait au quatrième siècle que les basiliques et les palais des princes l'emportaient de beaucoup par la splendeur et la magnificence de l'architecture sur les édifices élevés à la gloire des Saints. (*Homil.* XXVI *in 2 ad Cor.*, n° 5.)

Insuffisance du symbolisme de celle-ci.

constructions, et qui venaient des Apôtres (1), forçaient d'en reproduire l'ancienne ordonnance déjà consacrée (2). Remarquons d'ailleurs que l'ensemble si vanté des basiliques romaines dut se plier tout d'abord à de nombreuses retouches pour s'accommoder à sa nouvelle destination, soit qu'on ait utilisé aussitôt celles que Constantin donna aux catholiques, soit qu'il ait fallu bientôt en élever d'autres sur des places plus conformes aux développements de la liturgie. Nous savons ce que devait être au quatrième siècle la cathédrale de Trèves, dont les fouilles récentes ont révélé la disposition primitive (3); ou encore cette église de S. Hippolyte martyr, dont Prudence se plaît à décrire si exactement les trois nefs, les chapelles latérales, l'abside avec son siége épiscopal (4). Mais, quelque beaux édifices que

---

(1) Les canons des Apôtres, aussi bien que les décisions qui forment l'ensemble du livre connu sous le titre de *Constitutions Apostoliques*, sont, de l'aveu de tous les critiques, d'une époque bien postérieure au temps des Apôtres, et ne peuvent guère s'en rapprocher plus que le commencement du quatrième siècle ou la fin du troisième. Mais on reconnaît généralement qu'ils renferment des traditions remontant jusqu'au berceau du Christianisme, et qu'ils furent réunis en un seul corps lorsque la paix rendue à l'Église permettait d'établir au grand jour le droit ecclésiastique jusqu'alors tenu secret, aussi bien que les usages de la liturgie. (Voir Biner, *Apparatus juris canonici*, pars II, cap. IV.) Ainsi les règles invoquées sous le nom d'*Apostoliques* l'ont toujours pu être, et la continuité du respect qu'elles ont obtenu par toutes les Églises constate sûrement la légitimité du nôtre. On peut donc s'en faire une autorité en matière d'archéologie et d'histoire, et l'on saura désormais, quand nous devrons nous appuyer sur elles, dans quel sens orthodoxe nous persisterons à les citer.—Voir encore Bouix, *Tractatus de Principiis juris canonici*, cap. III, § 3; et Fleury, *Institution au droit canonique*, 1re part., ch. I.

(2) Eusèbe, *Histor. ecclesiast.*, lib. VI, cap. XXVIII; Origène, *In Matthæum tractatus* XXVIII.

(3) Voir la description qu'en a donnée M. de Roisin, *Bulletin des comités historiques*, 1849, t. I, archéologie, p. 233, Paris, in-8°.

(4) Stat... templum...
  Parietibus celsum sublimibus, atque superba
    Majestate potens...
  Ordo columnarum geminus laquearia tecti
    Sustinet, auratis suppositus trabibus.
  Adduntur graciles tecto breviore recessus,
    Qui laterum seriem jugiter eximiant,
  Et medios aperit tractus via latior alti
    Culminis, exsurgens editiore apice.
  Fronte sub adversa gradibus sublime tribunal
    Tollitur, Antistes prædicat unde Deum.
          (Prudentii *Peristephanon*, hymn. XI, v. 215.)

fussent ces palais de justice et ces prétoires, qui n'en étaient pas moins quelquefois des lieux de transactions commerciales, et même des promenades publiques (1), il y avait loin de ces usages de la vie profane aux grandes choses de la religion. Plus celle-ci marchait, plus elle aspirait à d'autres pensées : elle voulait avant tout que tout parlât, dans l'asile du Sacrifice et de la prière, à l'esprit et au cœur de ses enfants. Ce quadrilatère allongé, dont rien ne tempérait la sécheresse que deux rangs de colonnes à chapiteaux insignifiants ; ces fenêtres à plein cintre, distribuées symétriquement à la surface des murs pour donner à un intérieur sans mystère un jour dépourvu de toute éloquence religieuse ; cette achitrave grecque, dont la masse, surmontée d'une frise dessinée au hasard, alourdissait des portes aux lignes froidement perpendiculaires ou horizontales, tracées selon les règles strictes de la ligne droite, et pesait sur des colonnes qui ne s'y rattachaient que par un système muet et absolu : tout cela n'était guère secourable à la pensée esthétique et n'exprimait pas mal d'ailleurs le matérialisme de l'art païen.

Si donc on admit d'abord des dispositions générales qu'on eût trouvées sans beaucoup d'efforts en sortant des souterrains sacrés, ce ne put être qu'à condition d'en changer les détails, et de tout reporter aux principes du spiritualisme nouveau. Et voilà comment on convint tout d'abord que l'église chrétienne aurait la forme d'une nef (de ναῦς, *vaisseau*, et non de ναός, *temple*); que l'autel y serait, d'après les Constitutions Apostoliques (2), tourné vers l'orient ; que l'axe

<small>Comment il fallut le compléter.</small>

---

(1) Vitruve, *De Architect.*, lib. V, cap. I : « Uti supra basilicæ contignationem ambulantes ab negotiatoribus ne conspiciantur. »

(2) « Primo quidem ædes sit oblonga, ad orientem versa, ex utraque parte pastophoria versus orientem habens, et quæ *navi* sit similis. » (*Constitut. Apostolic.*, lib. II, cap. LVII, apud Cotelier : *Patres ævi Apostolici*, t. I, p. 261, in-folio, 1672.) — Il faut bien ici remarquer ces importants détails de l'orientation, des absidioles orientées comme l'abside, et de cette forme de nef. Voilà tout une église comme le moyen âge nous en a tant donné qui subsistent encore. — Voir S. Gregor.,

longitudinal, en sortant du sanctuaire, se briserait du nord au sud par une brusque déviation de sa ligne naturelle (1) ; que la forme de croix serait donnée au monument par le double prolongement du transept à droite et à gauche (2). Il n'y eut pas loin, un peu plus tard, de cette ordonnance élémentaire à ses développements successifs, et ce que l'art y ajouta dans l'intérêt de la pensée doctrinale devint une conséquence de ce premier élan fondé sur les données positives de l'Écriture et de la Tradition. Qui ne voit aujourd'hui l'application, aussi féconde que remarquable, de toutes ces idées et de beaucoup d'autres dans la description si connue qu'Eusèbe de Césarée nous a donnée de l'église de Tyr, relevée de ses ruines, en 315, par son évêque Paulin ? Il est clair, d'après ce texte, que l'importance attachée à chaque détail de ce vaste et magnifique édifice venait des symboles qui y traduisaient les vérités de la foi. C'est donc justement qu'un docte écrivain de nos jours, constatant que toutes les églises bâties au quatrième siècle en Orient et en Occident

---

Turon. episc., *Hist. Francor.*, lib. II, cap. XVI, XVII; lib. VII, cap. XXXVI; lib. X, cap. XXXI ; — S. Venantii Fortunati opp., pars I, *Miscell.*, lib. I, cap. XIII; lib. II, cap. XIV, et alibi.

(1) Ce fait, peu remarqué dans les églises des premiers temps, est fort sensible à Saint-Jean de Poitiers, qui date au plus tard du quatrième siècle. On a donc prétendu à tort que ce symbole n'avait apparu qu'au onzième ou douzième siècle. — Voir M. Trémollière, *Encyclopédie du dix-neuvième siècle*, t. XXIII, au mot *symbolisme*. Trop confiant dans cette assertion, nous devons nous repentir de l'avoir adoptée dans nos *Recherches sur l'église et la paroisse de Saint-Pierre-des-Églises*, p. 8, et d'en avoir tiré une fausse conséquence. Si donc on rencontre du quatrième au onzième siècle quelques sanctuaires dépourvus de ce caractère, il faut bien plutôt attribuer cette anomalie soit à un oubli exceptionnel des constructeurs, soit à un remaniement postérieur de la nef sans intelligence du plan primitif.

(2) Dans quelques basiliques, il est vrai, la croisée semblait exister d'avance, comme on le voit dans ce qui nous reste de la basilique Émilienne conservée par dom Montfaucon (*Antiquité expliquée*, t. III, pl. c); mais toutes n'admettaient pas cette particularité d'une manière aussi prononcée, et c'est vraiment l'Église (nous le verrons bientôt) qui l'a voulu comme un symbole de sa pensée génératrice.

conservaient alors les formes antérieures à la paix de Constantin, fait observer que les mystères cachés sous les particularités de la construction étaient connus du peuple fidèle comme autant d'objets de l'enseignement religieux (1). En effet, Eusèbe, que nous suivons ici, n'est pas seulement l'historien de ce fait : il l'avait prêché au jour même de la dédicace de cette église, et en avait exposé tout le symbolisme devant une assistance considérable que présidaient un grand nombre d'évêques.

On voit par là, du moins en partie, ce qu'était le style architectural des églises avant le onzième siècle, auquel il faut rapporter en plus grand nombre les plus anciennes qui nous soient restées. Mais nous savons de plus quelles formes avaient reçues ces monuments dès les premières années du règne de Constantin. On sait, par les découvertes récentes, qu'après ce règne ce qu'on est convenu d'appeler la basilique latine persiste encore de longues années; et depuis Prudence, qui écrivait à la fin du quatrième siècle, jusqu'à S. Fortunat de Poitiers à la fin du sixième, on retrouve dans les auteurs de cette période les traces fort reconnaissables des magnificences de l'art romain; mais il certain, par d'autres témoignages, qu'une théorie nouvelle allait s'établir dès lors, et il est facile de s'en convaincre par l'inspection d'un petit nombre de spécimens très-explicites, tels que la *Basse-œuvre* de Beauvais, *Saint-Eusèbe* et *Savenières* en Anjou, le baptistère de *Saint-Jean* à Poitiers, *Saint-Pierre-des-Églises* près Chauvigny-sur-Vienne, *Saint-Généroux* et *Saint-Jouin-de-Marnes* (Deux-Sèvres), *Cravant* et *Saint-Martin-de-Vertou* en Bretagne, et d'autres encore. De ces édifices sacrés, quelques-uns vont se perdre dans la nuit d'époques difficiles à préciser; mais tous sont certainement de beaucoup antérieurs au neuvième siècle, et deux surtout, que nous avons pu étu-

<small>Caractères symboliques des églises antérieures au onzième siècle.</small>

---

(1) Dom Guéranger, *Institutions liturgiques*, t. I, p. 94. — Fleury, *Hist. eccles.*, lib. X, n° 3, ad ann. 313; mihi, p. 200.

dier de plus près, appartiennent sûrement à l'architecture gallo-romaine, savoir : la petite paroissiale de *Saint-Pierre-des-Églises* et le baptistère de *Saint-Jean de Poitiers*. Le premier, avec son abside élargie en dehors des lignes de la nef, ne fait pas même exception à la règle générale du plan crucial, quoiqu'il semble manquer aujourd'hui de sa déviation longitudinale, probablement effacée par des remaniements successifs ; le second, réunissant ces deux caractères en des traits longtemps méconnus, mais devenus enfin, et par suite de nos recherches personnelles, aussi évidents que possible. On y observe, d'ailleurs, l'orientation normale des fenêtres en meurtrières, l'abside en hémicycle (au moins intérieur) où s'élève l'autel, et le soin qu'on a eu de couvrir, dès le commencement, ce même autel d'une voûte qui d'abord fut exclusivement donnée au sanctuaire. Une rapide comparaison de tous ces monuments, dans laquelle on noterait surtout la forme générale de l'édifice, presque toujours dessiné en parallélogramme allongé, convaincra aisément qu'il n'y eut jamais de différences considérables entre ces premiers types et ceux de l'époque mérovingienne, l'appareil lui-même, composé de petit échantillon plus long que large, restant le même et complétant partout cette description. — De ces œuvres passons à celles de la seconde race, restées encore en assez grand nombre sur les bords du Rhin, où vivent, de nos jours, tant d'églises construites par Charlemagne. Nous arrivons, par ces degrés continus, à constater les frappantes relations de ces temps rudimentaires avec les travaux de l'école romane dont nous jouissons aujourd'hui, et que le style ogival n'a gracieusement modifiés que par des perfectionnements artistiques. C'est ainsi qu'en remontant à travers les âges on reconnaît à chaque pas les mêmes et les plus incontestables notions du symbolisme appliquées à la demeure de Dieu.

Ces caractères partout et toujours observés,

Et ce n'était pas seulement dans une contrée, et sous l'influence limitée de quelques architectes imbus des capricieuses formalités de leurs théories personnelles : c'était partout, aussi bien dans les Gaules qu'en Italie, en Orient qu'en Occident ; et au milieu des diversités qu'imposent les pensées de tant d'architectes divers, c'est toujours le principe esthétique qui y dispose de tout. Ainsi, les basiliques élevées en si grand nombre par Constantin reproduisent la croix grecque; la croix latine, déjà différente de celle-ci par le prolongement de sa partie inférieure, est adaptée à Saint-Pierre de Trèves avant le milieu du quatrième siècle (1). — Les trois absides répondent au mystère du Dieu en trois personnes, et, dans chacune d'elles encore trois fenêtres symbolisent le même dogme et rappellent à tous la même vérité fondamentale. L'orientation régulière s'y fait aussi remarquer. Il en est de même à Sainte-Sophie de Constantinople, achevée, en 548, par Justinien Ier; et cette même période voit construire à Ravenne par le saint évêque Ecclesius la basilique octogone de Saint-Vital, qu'avait précédée, sous la même ichnographie symbolique, le baptistère de cette métropole (vers 451), et Sainte-Marie *in Cosmedin*, achevée en 526 (2). Enfin, l'une de nos plus belles églises de France, Saint-Germain-des-Prés, recevait, dans le même temps encore (en 558), de Childebert Ier, sa forme cruciale, avec son premier vocable de Sainte-Croix, à l'occasion d'une magnifique croix d'or apportée par lui de Tolède, et qu'il donna à l'église avec les reliques qu'elle contenait (3).

Malheureusement ces monuments, et beaucoup d'autres de la même époque, ne sont parvenus jusqu'à nous qu'en dépit de beaucoup d'épreuves, de reconstructions considérables sinon presque totales, et surtout, hélas! frappés de mais plus ou moins riches sous l'influence morale des diverses époques.

---

(1) Voir de Roisin, *Notes sur la restauration de la métropole de Trèves*, par MM. le chanoine Wilmoski et l'architecte Schmitt, *Bulletin monumental*, t. XV, p. 208.
(2) Couchaud, *Églises byzantines en Grèce*, in-4°, Paris, 1842.
(3) *Bull. monum.*, t. VII, p. 106 et 108.

restaurations dont la condition première fut trop souvent d'en oublier le style primitif. Si l'on observe, en outre, que nous n'avons hérité en ce genre d'aucune œuvre magistrale aux vastes dimensions où se soient déployées les ressources d'un art mieux senti, et qu'au contraire le temps ne nous a guère laissé à examiner que des églises rurales, dont le négligé de bâtisse et d'ornementation accuse l'inhabileté des grossiers maçons qui les firent, on se persuadera peut-être que cette architecture avait pu être mieux traitée au sein des grandes cités que dans les campagnes (1). Ne soyons donc pas trop explicites contre elle : l'ère mérovingienne a pu avoir des chefs-d'œuvre plus dignes que nous ne semblons le croire de l'attention des archéologues ; mais n'oublions pas que ce ne durent être que des exceptions et que, si belles qu'on puisse les croire d'après les contemporains qui les admirent, il faut reconnaître à leur faire général que tous ces spécimens portent le cachet véritable d'une époque tourmentée : édifices construits à la hâte, sous la menace presque incessante des invasions et des incendies que multipliaient partout les guerres des barbares, et tout empreinte, en un mot, des inquiétudes de la société qui les élevait. A partir de la fin du quatrième siècle, où le droit de conquête remplace presque partout la paix donnée au monde par le premier empereur chrétien, et que vint troubler pour longtemps Julien l'Apostat, des ruines se font sous les remparts des villes comme dans les champs. L'architecture romaine, avec ses colonnes de marbre, ses frontons élégants, son appareil régulier, ses bases uniformes et ses chapiteaux studieusement dessinés, n'existera plus qu'à l'état de débris réservés aux fouilles savantes de l'avenir. Le mélange de pierre et de bois qui va la remplacer sera l'ex-

<small>Pauvreté du dessin architectural dans la période du quatrième siècle au dixième.</small>

---

(1) Dom Mabillon, *Acta Ordin. Sancti-Bened.*, t. I, p. 256. C'est aussi l'opinion de quelques archéologues fort expérimentés. — Voir *Notice* de M. de Glanville *sur les églises consacrées au treizième siècle par Odon Rigaud, archevêque de Rouen*; *Bullet. monum.*, t. XV, p. 245.

pression d'une pensée toute différente. La tristesse de ces jours malheureux s'imprimera sur ses murs lourds et épais, dans l'étroite ouverture de ces fenêtres et de ces portes où une lumière parcimonieuse laissera deviner la crainte de l'ennemi.

Il est vrai qu'on voudra compenser cette pauvreté par des richesses factices. Dans quelques sanctuaires brillera le marbre disposé en marqueterie d'arabesques et de moulures courantes; on tracera des sujets dogmatiques en petites mosaïques de pierres colorées ou de verres peints. Mais ces images mêmes, dégénérescence de l'art antique, objets curieux aujourd'hui de nos études, comme jalons dispersés de nos plus anciens souvenirs, restent en dehors de l'architecture proprement dite et ne font qu'un faible dédommagement de tant de pertes les plus regrettables.

Tout près de là, au lieu de ces élégantes corbeilles d'acanthe ou de ces volutes gracieuses épanouies sous les architraves et les frises des temples anciens; au lieu de ces diamètres absolus des colonnes mathématiquement mesurées, des triglyphes et des métopes, et de tant d'autres détails du ciseau des artistes, comme on les étudie encore dans la crypte de Jouarre et à Saint-Jean de Poitiers, vous ne verrez plus qu'un système sévère de lignes monotones et hésitantes, de surfaces à qui toute tentative d'ornements suivie est refusée. Quelques traits malhabiles, inscrits d'une main sans expérience autour d'un cône renversé, feront toute la richesse d'un chapiteau; deux ou trois tores, arrondis au mépris du compas, seront des bases, et tout cela aura pour fût un monolithe cylindrique, trapu et froid comme tout le reste. Çà et là vous verrez courir à l'archivolte d'arcades hémisphériques certaines moulures qui se réduisent à des dents de scie, à des corbelets presque tous sans images ni significations apparentes, à des étoiles, à des roses, distribuées comme à regret dans le champ mal ratissé de cette composition équivoque.

Il n'en a pas moins ses motifs symboliques.

Et, cependant, ces rares motifs ont, pour la plupart, leurs caractères mystérieux et des significations réelles. Ils restent là comme des assertions isolées, mais sûres, d'une science qui tient à la vie qu'on semble lui disputer. On voit s'y associer parfois les feuillages enroulés de la vigne avec son raisin eucharistique (1); des fleurs inconnues n'en expriment pas moins la vigoureuse végétation de l'âme chrétienne (2); la croix, et même le chrisme plus savant, s'y inscrivent dans un orbe qui est celui du monde, dont ses branches touchent et dominent les quatre points cardinaux (3); des crosses entrelacées rappellent maintefois la houlette spirituelle des Pasteurs (4). Mais combien le mérite du sculpteur est encore au-dessous de ces dessins à peine ébauchés, même à l'Ile-Barbe, dont on croit un peu trop pouvoir attribuer les curieux détails à l'époque carlovingienne (5). Déjà, faute de mieux sans doute, et grâce au manque évident d'étude et de goût des maladroits ciseleurs, la forme accidentelle reste méconnue; la pensée fondamentale est tout à elle seule, et l'art n'allégera plus la lourdeur de cette méthode qu'aux jours encore éloignés où l'école byzantine enverra à l'Europe ses élégantes images, pour mêler ses rubans et ses perles aux symboliques expansions du roman fleuri.

---

(1) « Quasi vitis fructificavi. » (*Eccles.*, XXIV, 23.) — « Vitis frondosa Israel. » (*Oseæ*, X, 1.)

(2) « Florete, flores, et date odorem. » (*Eccles.*, XXXIX, 19.) — « Plantati in atriis domus Dei nostri florebunt. » (*Ps.*, XCI, 14.)

(3) « Dilataberis ad Orientem et Occidentem. » (*Gen.*, XXVIII, 14.) — « Ab Oriente adducam... et ab Occidente. Dicam Aquiloni : Da; et Austro : Noli prohibere. » (*Is.*, XLIII, 10.)

(4) « *Super muros tuos*, Jerusalem, constitui *custodes*. » (*Is.*, LXII, 6.) —« Cambuca, sive virga pastoralis..., ministerium significat Doctorum, quorum studio et prædicatione conversio gentium facta est. » (Hug. à Sancto-Victore, *De Sacramentis*, lib. II, pars V, cap. III; apud Migne, *Patrolog.*, t. CLXXVI, col. 441.)

(5) Voir *Précis historique sur l'Ile-Barbe*, par M. l'abbé Roux, *Bullet. monum.*, t. X, p. 80 et suiv.

SON APPLICATION À L'ART CHRÉTIEN. 17

Il n'en était pas autrement de la peinture qu'on avait toujours employée dans l'ornementation des sanctuaires. On prétendait certainement racheter par elle ce que la construction avait de rigide; elle suppléait même à ce que la sculpture ne pouvait qu'imparfaitement, et les *Capitulaires* de Charles le Chauve ordonnèrent plus d'une fois de réparer les églises maltraitées par la guerre, et de leur rendre l'éclat perdu de leurs peintures mutilées (1). Mais, quelque précieux que soient ces renseignements, puisés aux sources contemporaines, ils ne suffisent pas à bien déterminer pour nous la valeur de ces moyens iconographiques. C'est à l'époque suivante qu'il faut demander une idée plus nette des progrès de l'art.

La peinture employée alors pour suppléer au travail du ciseau.

Cette époque n'arriva que lentement toutefois, s'élaborant sur les malheurs publics des huitième et neuvième siècles. On vit dans les sombres années de cette longue période le sol de la Gaule envahi par les Arabes, les divisions entre les familles régnantes, le pillage des églises ruinées par les spoliateurs, les ravages des Normands, qui, sans cesse repoussés, revenaient sans cesse et n'en exerçaient que mieux leur vengeance sur le sol et les monuments par le double fléau du feu et de l'épée. Telles furent les causes qui se liguèrent successivement ou à la fois pour ne laisser que des ruines calcinées à la place des plus vastes édifices chrétiens (2). Le dixième siècle voit la France débarrassée de ces cruels dévastateurs, qu'elle incorpore à sa grande famille; mais les guerres intestines n'en durent pas moins, et il faut arriver jusqu'à ses dernières années pour voir inaugurer, avec le règne de Hugues Capet, cette paix dont l'Église va profiter pour s'élancer vers la première de ses grandes réformes architecturales.

Ruine des monuments aux huitième et neuvième siècles.

(1) Baluze, *Capitularia regum Francorum*, t. II, p. 53 et 54, in-folio, 1677.
(2) Voir Fleury, *Histoire du Droit français*, ch. XIV; parmi ses *opuscules*, t. IV, in-8º, Nîmes, 1781.

T. III.   2

Terreurs historiques de l'an 1000, et de leur prétendue influence sur la Renaissance du onzième siècle.

Ici nous venons nous heurter contre un fait qui nous semble avoir été pris fort souvent trop au sérieux quant à certaines conséquences historiques accréditées parmi les savants. Ce fait, quoique étranger peut-être à l'objet de ce livre, se rattache intimement à l'histoire de l'architecture chrétienne, et le lecteur nous permettra cette digression en faveur d'une vérité jusqu'à présent obscurcie par de fausses appréciations.

A entendre un certain nombre d'écrivains qui en ont disserté depuis trente ans, il faudrait se persuader que l'appréhension de la fin du monde aurait paralysé, aux approches de l'an 1000, tous les efforts des architectes, laissé sans réparations les monuments vieillis et presque ruinés, et qu'enfin un retour soudain à l'activité première serait venu reconstituer ces chefs-d'œuvre perdus, et donner à l'art des constructions sacrées un nouvel élan, quand le temps eut prouvé aux populations terrifiées qu'elles n'avaient plus de catastrophe à redouter (1). En tout cela, un examen plus attentif des sources contemporaines peut faire aisément la part de la vérité et de l'erreur.

Témoignages, sur ce point, des meilleures autorités contemporaines.

Il est bien vrai qu'aux approches de l'an 1000, et même un demi-siècle auparavant, une vieille donnée des millénaires, fondée sur deux passages mal compris des chapitres XII et XX de l'Apocalypse, s'était réveillée en Europe. Mais il ne faut pas oublier qu'elle ne fut admise que par un certain nombre d'esprits plus crédules, comme on en voit toujours dans la foule des ignorants, et que les hautes intelligences combattaient ces craintes irréfléchies. Des prédicateurs purent bien s'en servir d'une manière plus ou moins positive comme moyen de rappeler à la vertu ou d'y maintenir : on n'en pourrait conclure que ce fut alors

---

(1) Voir M. de Caumont, *Histoire de l'architecture au moyen âge*, p. 52 et 63, in-8°, 1837; — Bâtissier, *Histoire de l'art monumental*, p. 433.

une doctrine généralement acceptée, et surtout qu'elle le fut en des termes absolus et définitifs. Nous en avons une preuve par Abbon, qui gouvernait alors la célèbre abbaye de Fleury ou Saint-Benoît-sur-Loire. Ce saint personnage raconte que, dans sa première jeunesse (c'est-à-dire vers 945, où il pouvait avoir vingt ans), il avait entendu prêcher dans la cathédrale de Paris l'avénement prochain de l'Antechrist, que devait suivre de près le jugement universel. « C'était, dit-il, un bruit répandu partout que le monde finirait quand l'Annonciation coïnciderait avec le Vendredi Saint. » Or cette rencontre se fit en 992, Pâques tombant le 27 mars, et, les faux calculs tirés de l'Apocalypse établissant que la fin du monde aurait lieu pendant le cours de la troisième année qui suivrait, on aurait dû, semble-t-il, se tranquilliser dès la fin de l'an 995 ; mais le vague de la prétendue prophétie et la pensée persistante de l'année fatale tinrent les esprits en suspens et firent attendre encore. Abbon avait été chargé par Richard, abbé de Fleury, de réfuter ces bruits dangereux, lorsque, vers 962, on les avait vus s'accréditer de nouveau en Lorraine. Il y avait donc répondu en s'appuyant sur le livre de Daniel, sur les Évangiles et sur l'Apocalypse elle-même, dont il donnait l'explication adoptée par l'Église dans les écrits des Pères. Il renouvela son opposition à ces rumeurs publiques, lorsque, dans l'*Apologie* publiée peu de temps avant la fin du dixième siècle pour la défense de son orthodoxie, il indiqua, au nombre des abus de cette époque, ce qu'on pensait encore sur le même sujet (1). Nous voyons par là combien les hommes graves s'éloignaient alors de la superstition populaire. Nous en aurons bien d'autres preuves si nous recherchons dans l'histoire les traces de célèbres constructions élevées ou refaites jusqu'à la fin même du dixième

---

(1) Abbonis *Apologia*, à la suite du *Codex canonum vetus*, publié par Pithou, p. 400, Paris, 1687.

siècle, quand le péril suprême devait sembler plus imminent.

<small>Grand nombre d'églises et de monastères élevés de l'an 950 à l'an 1000,</small>

Pour peu qu'on veuille, en effet, recourir aux sources authentiques, on s'étonnera du crédit si longtemps accordé à cette fabuleuse terreur de la fin du monde, laquelle n'a jamais pu frapper les esprits d'un découragement général, puisqu'en aucun siècle peut-être on ne s'adonna plus à fonder ou à restaurer les monastères, soit en France, soit en Allemagne, soit partout ailleurs. Pour être d'une irréprochable exactitude, nous avons voulu interroger un catalogue fidèle des établissements religieux qui furent, à cette époque, dans notre pays l'objet de ce zèle fervent. Nous n'avons pas voulu poser nos limites au delà de la seconde moitié du dixième siècle, et nous marchons seulement de l'an 950 à l'an 1000 : c'est la période où l'agitation dut se faire plus active ; et dans ce cadre si rétréci où il semble, à en croire tant d'échos éperdus, que le marteau et la truelle ne devaient plus servir qu'à tailler et sceller des cercueils, nous ne comptons pas moins de cent douze des plus célèbres abbayes ou monastères divers construits ou réparés de toutes parts (1). Dans ce nombre, nos infatigables Bénédictins en ont, à eux seuls, plus de soixante, et l'on sait que déjà ces studieux cénobites étaient des plus éclairés, partant des plus capables d'apprécier la valeur théologique des idées populaires. Ajoutons que, sur quarante-huit de ces maisons dont on s'occupe ainsi dans le court intervalle des vingt dernières années du dixième siècle (de 980 à 1000), dix-sept s'élèvent ou dans le courant même de cette millième année, ou à ses approches les plus immédiates, et portent dans les historiens la note formelle : « *Fondé vers l'an 1000.* » Puis ils en citent, et des mieux réputés, jusque dans les cinq dernières années,

<small>et vers l'an 1000 lui-même.</small>

---

(1) Cf. *Annuaire historique*, publié par la Société de l'Histoire de France, t. II de la collection, 1838, p. 62 et suiv.

où le mouvement est loin de se ralentir : tels, en 996, Notre-Dame d'Étampes, Saint-Frambold de Senlis, Saint-Flour, qui devint plus tard un siége d'évêché ; en 997, Ahun de Limoges et Saint-André de Villeneuve-d'Avignon ; en 999, Notre-Dame de Vernaison près Carcassonne, Nauffle-le-Vieux au diocèse de Chartres, Saints-Gervais-et-Protais de Mende. C'est encore pendant qu'on se serait acheminé à la fin de toutes choses que le diocèse de Poitiers vit naître, en 961, Saint-Liguaire, près Niort (alors relevant de Saintes), Airvault en 973, S. Léonard de Ferrières en 979, enfin Maillezais en 990. On osa aller plus loin ; et quand l'année fatale se fut montrée, quand, au dire des prophètes de malheur, il n'y avait plus que deux ans et demi entre le monde et son dernier jour, on n'hésita pas à bâtir pour cette courte jouissance, à Senlis l'abbaye de Saint-Régulus, Saint-Vivant à Autun, Saint-Pierre de Générez près de Tarbes. D'autres s'exposèrent à un bail de dix-huit mois, car c'est en 1001 que la Touraine fonda son monastère de Preuilly, et le Bigorre celui de Saint-Martin de Canigou. Voilà, certes, des témoignages d'une grande sécurité : ils expliquent fort bien comment, parmi le grand nombre de chartes et autres actes publics du même temps venus jusqu'à nous, il est relativement fort rare, quoi qu'on en ait dit, d'en voir qui invoquent la pensée de la fin prochaine de toutes choses pour motiver les donations ou œuvres pies ainsi confirmées. C'est toujours, à quelques exceptions près, leur propre mort que les donateurs voient arriver : c'est dans le désir de se racheter eux-mêmes qu'ils se montrent généreux envers les moines et le clergé (1). Et

La fin du monde n'est signalée alors que dans un petit nombre de chartes.

---

(1) « Interim dum orbita sæculi volvitur, et fabrica uniuscujusque corporis anhelitu spiritus aspirat, tractare debet mens cujusquam corporis qualiter ærumnas hujus sæculi possit evadere et bonis futuri sæculi non carere... Idcirco ego..., pro anima mea metuens articulum mortis, et casus humanæ fragilitatis..... »—Tel est, presque toujours ou en termes équivalents, le protocole des chartes ou actes publics de cette époque et des temps antérieurs. Celui-ci appartient à une donation faite en 993 au chapitre de Saint-Hilaire de Poitiers. — Voir Besly, *Hist. des Comtes de Poictou*, in-folio, p. 292 et 293.

comment eussent-ils agi de la sorte s'ils avaient cru sérieusement à une catastrophe qui eût dû confondre bientôt dans une même ruine les héritages et les successeurs ? Comment lirions-nous encore autant de transactions, d'achats et de ventes, d'échanges et d'arrangements de toute espèce entre gens que la mort allait infailliblement saisir ? et toutes ces écritures portant l'empreinte et la date même des années qui précèdent de plus près la plus redoutée de toutes, jusqu'à l'an 1003, après lequel la plus obstinée crédulité n'avait plus rien à craindre ?

Rénovation de l'architecture chrétienne au commencement du onzième siècle;

Néanmoins la recrudescence architecturale de cette époque est incontestable; ses écrivains en font foi, et le bénédictin Radulphe Glaber, dont la *Chronique* finit à l'année 1046, établit qu'à la fin de 1003 la France et l'Italie brillèrent entre toutes les nations par une sainte ardeur à relever les monastères et les églises (1). Cette date si précise semble bien, il faut l'avouer, indiquer à dessein l'époque où la prétendue prophétie commençait à ne plus faire peur, et atteste qu'en effet des préoccupations antérieures avaient paralysé quelque peu le zèle qui reparut tout à coup. Mais ces timidités, peu conciliables si on les généralisait trop avec les faits historiques apportés ci-dessus, venaient bien plus, comme nous l'avons dit, des malheurs accumulés sur les populations de l'Europe occidentale depuis la mort de Charlemagne, que de l'attente certaine d'un bouleversement universel, attente que Glaber, qui n'eût pu l'oublier, ne

(1) « Igitur infra supra dictum millesimum, tertio jam fere imminente anno, contigit in universo pene terrarum orbe, præcipue tamen in Italia et in Galliis, innovari ecclesiarum basilicas, licet pleræque decenter locatæ minime indiguissent. Æmulabatur tamen quæque gens Christicolorum adversus alteram decentiore frui. Erat enim instar ac si mundus excutiendo semel, rejecta vetustate, passim candidam ecclesiarum vestem induceret. Tunc denique episcopalium sedium ecclesias pene universas, ac cætera quæque diversorum Sanctorum monasteria, seu minora villarum oratoria, in meliora quique permutare fideles. » (Glabri Radulfi *Historiæ*, lib. III, cap. IV; apud *Historias Francorum* e bibliotheca Pithæi editas, in-folio, Francofurti, 1596, p. 27.

mentionne même pas! Mais quand l'avénement des Capétiens a terminé tant de querelles sanglantes; lorsque la plupart des nations du Nord arrivent à la lumière pacifique du Christianisme (1); que l'Italie renaît par la docte et paternelle influence de la papauté, sous Sylvestre II, Jean XVII et Sergius IV (2); lorsqu'enfin la France voit avec admiration la piété du roi Robert s'intéresser aux choses de la liturgie et honorer d'une égale attention tout ce qui se rattache au culte de Dieu et de ses Saints, on conçoit qu'à l'abri de cette paix de toutes parts revenue, l'élan put être donné à une grande régénération monumentale, et comment les peuples rivalisèrent d'y contribuer (3). On voit donc combien se sont trompés quelques observateurs qui, sans craindre de contredire toutes les chroniques locales et contemporaines, ont avancé hardiment qu'à ce sujet il ne fallait pas les prendre à la lettre. Il est clair que des écrivains aussi explicites que ceux du onzième siècle n'ont pas voulu nous léguer des contes, et doivent être les guides naturels de tous les historiens à venir (4).

ses causes véritables dans les conquêtes du Christianisme,

(1) Il faut rapporter à ce temps-là la conversion des Normands, des Hongrois, des Islandais, des Suédois, des Danois, des Norwégiens, des Polonais, etc.
(2) Duchesne, *Histoire des Papes*, p. 941, in-4°, Paris, 1615.
(3) Comme Glaber, Guillaume de Malmesbury, qui écrivait peu après (au douzième siècle), se complaît dans une longue liste des églises bâties au onzième en Normandie et en Angleterre, et ce qu'il dit des deux pays peut s'appliquer à toute l'Europe: « In diebus illis maxima pacis tranquillitas fovebat habitantes in Normannia, et servi Dei a cunctis habebantur in summa reverentia. Unusquisque optimatum certabat in prædio suo ecclesias ædificare et monachos qui pro se Deum orarent rebus suis locupletare. » (*De Gestis pontificum Anglorum*, lib. III, cap. XIII; apud Seville, *Anglicar. rerum scriptores post Bedam*, in-f°, Londini, 1596.)
(4) C'était l'opinion de M. Michon, émise au congrès archéologique d'Angoulême en 1847. Il y réclamait aussi contre ce qu'on a cru jusqu'à présent des ravages multipliés des Normands et des incendies faits par eux des églises et des monastères. C'est là, s'il en fût jamais, un sophisme, et de premier ordre. Le contraire se prouverait amplement par les curieuses reproductions d'un manuscrit du quatorzième siècle,

et les nombreuses translations de reliques.

Une autre cause de cet empressement se dévoile encore. Durant les guerres des Normands, si funestes aux choses sacrées, les monastères et les églises s'étaient fait un devoir de porter au loin les riches et nombreuses reliques qu'ils possédaient. Beaucoup d'entre elles étaient restées dans les lieux qui les avaient protégées; d'autres s'étaient effacées du souvenir des hommes après l'éversion des lieux saints et la mort souvent violente de ceux qui les avaient confiées ou reçues. Quand le temps parut favorable, on les réclama, et il fallut de nouvelles églises pour leur rendre une hospitalité digne d'elles; il fallut de nouveaux monastères pour grouper autour d'elles de fervents disciples de tant de Saints reconquis : c'est ce que Glaber assure encore (1). Parmi les princes, le religieux successeur de Hugues Capet entra, par des efforts et des sommes considérables, dans ce soin des constructions nationales. C'était pour lui comme une sorte

copié évidemment sur un autre bien plus ancien et qu'a publié M. Peigné-Delacourt à la suite de ses *Normands dans le Noyonnais*, in-8°, Paris, 1868. Toutes les routes parcourues par ces terribles ravageurs, toutes les églises pillées, y sont indiquées en nombre immense avec les moyens qu'on y prit de soustraire aux pillards les reliques et autres objets précieux de leurs *trésors*. Donc, pour s'entendre avec M. Michon, il faudrait nier la valeur de ces documents; il faudrait oublier encore tous les auteurs de cette époque, et surtout l'énergique résumé qu'en faisaient alors les nations chrétiennes à qui ces *païens du Nord* en voulaient surtout : *A furore Normannorum libera nos, Domine.* Sans doute il resta des ruines, dont les derniers débris suffisent peut-être à constater les caractères de l'architecture antérieure au onzième siècle; mais ces débris, comme le dit beaucoup mieux ce même M. Michon, servirent de bases à des constructions nouvelles. Il n'en est pas moins établi que le zèle de reconstruction était devenu un mouvement général de la société à cette période du moyen âge. — Voir *Séances générales de la Société française d'archéologie tenues en* 1847, in-8°, p. 303 et suiv., Paris, Derache, 1848.

(1) « Innovatis ecclesiarum basilicis universo mundo, subsequenti tempore, id est anno octavo post millesimum humanæ salvationis annum, revelata sunt diversorum argumentorum indiciis quorsum diu latuerant plurimorum Sanctorum pignora. Nam, veluti quoddam resurrectionis decoramen præstolantes, Dei nutu fidelium obtutibus patuere. » (Glabri Radulfi, *ubi suprà*, cap. VI; mihi, p. 30.)

de seconde vocation attachée à celle de la royauté, et un de ses historiens, témoin de son activité merveilleuse, se plaît à en énumérer les fruits dans une page toute pleine de noms de nos plus célèbres établissements (1). Le même entraînement se manifesta bientôt, par l'unique raison d'avoir mieux. On refit le plus grand nombre des cathédrales; les abbayes, les prieurés, les simples paroisses de campagne furent à l'envi réédifiés; et ce qu'il y a de plus curieux, c'est que, pour en venir là, il ne fallût pas même que ces édifices eussent besoin de réparation ou d'agrandissement. Les chroniques affirment que beaucoup d'entre eux ne durent leur remise en œuvre qu'à la pensée, alors dominante, d'embellir la maison de Dieu. Or en quoi consistèrent principalement ces améliorations universellement enviées, sinon en ce que les édifices sacrés devinrent plus vastes, et furent maçonnés non plus en mélange de bois et de moellons comme auparavant, mais en fortes murailles composées d'un épais blocage de pierres et de ciment que revêtait de toutes parts un grand appareil uniforme et régulier, comme nous le voyons encore dans la plupart de nos vieilles églises. Ce genre nouveau (2), signalé alors comme une conquête de l'architecture religieuse (3), et qui devait être emprunté aux forteresses de la féodalité, attestait, par la noble et imposante fermeté de son style, les grandes et immortelles pensées de ces peuples chrétiens

Apparition du grand appareil,

---

(1) « In ædificationibus ecclesiarum Dei hic temporali simul ac spirituali inunctus rex sanctæ benedictionis dono, suam potentiam et voluntatem adimplere desiderans, et ad æternæ beatitudinis palmam consequendam, anhelans inter alia cogitare cœpit... Sancti Dei... qua essent honorandi et extollendi laude. » (Helgaldi, Floriacensis monachi, *Epitome Vitæ Roberti regis*, e bibliotheca Pithæi, ubi suprà; mihi, p. 77.) — Ce zèle du prince s'étendit à Paris, Orléans, Vitry, Senlis, Melun, Étampes, Poissy, Autun, et bien d'autres lieux où certaines de ces églises du onzième siècle existent encore.

(2) *Bulletin monumental*, t. IV, p. 176 et suiv.; t. V, p. 134.

(3) M. de Caumont, *Hist. sommaire de l'architecture*, p. 90 et suiv., *passim*.

revenus à leurs plus solides espérances. N'était-ce pas là encore un symbole de l'immutabilité de la foi ?

et des cryptes de vastes dimensions. Une telle émulation se prolongea bien au delà du règne de Robert, qui en avait donné l'exemple, et prépara ce beau douzième siècle où les plus suaves fleurs de l'architecture mystique s'épanouirent sur notre sol. Les cryptes, qu'on n'avait guère songé à creuser encore en de grandes proportions sous les grandes églises, et d'après une imitation plus ou moins fidèle de leur plan, datent de ce temps de régénération. En 1024, Fulbert, évêque de Chartres, en ménageait une magnifique à sa cathédrale, reconstruite après un incendie. Là encore est une idée mystérieuse dont nous parlerons bientôt (1).

Aucuns symboles ne constatent la peur de l'an 1000. Établissons enfin, comme résumé de toutes nos raisons contre la fameuse terreur, si gratuitement prêtée à nos pères à propos de l'an 1000, qu'après la sécurité revenue, quand l'art se reprit à ses droits par l'expansion plus abondante de ses richesses sculptées, il ne constata par aucun trait apparent le grand rôle qu'aurait eu ce sentiment dans les affaires humaines de presque tout un siècle. Pas un de ces monuments construits alors qui fasse la moindre allusion symbolique à la fin du monde, au bonheur d'être échappé à ce naufrage redoutable ! Si le onzième siècle donne quelques types du jugement dernier, c'est en de rares exemples, mais toujours sans aucun ressentiment d'un passé si proche de lui, et qui aurait bien valu qu'on en sculptât le souvenir.... — On ne prétendait y donner qu'une leçon éloquente aux violences dont on avait souffert, aux vices qui surgissent toujours du sein de la guerre, et à toutes ces intempérances de la volonté entraînée à la suite des mauvaises passions du cœur humain (2).

(1) Voir notre *Histoire de la cathédrale de Poitiers*, t. I, p. 34, in-8°, Paris, 1849. — Fulberti Carnot. episc., *Epistola* L, apud dom Bouquet, *Scriptores rerum gallic.*, t. X, p. 469.
(2) Voir *Bulletin monumental*, t. VII, p. 520, et t. XIV, p. 102 et 226.

Cependant, notre symbolisme allait gagner de précieux éléments. Dès le milieu du onzième siècle, l'essor donné à l'art de construire, les plans devenus plus vastes, les masses rendues plus imposantes, durent chercher dans la sculpture des moyens de pallier la sévérité du style nouveau. La théologie mystique vint exercer son heureuse influence sur ces nouvelles inspirations. Les portes principales ou secondaires des églises et des cloîtres commencèrent à s'enfoncer sous deux ou trois rangs d'archivoltes agréablement fouillées de dessins variés, et retombèrent sur autant de colonnes dont les chapiteaux épanchaient déjà quelques feuillages mieux galbés. Dans ce travail, qui ne brille pas encore par d'insignes ressources, et se contente souvent de sujets isolés, mais non tout à fait dénués de significations symboliques, on pressent la prochaine apparition de motifs plus diserts. Quelques têtes d'hommes, diverses d'expression et de pensée, apparaissent sous les corniches des façades, quelquefois même, à l'intérieur, sous les pendentifs des coupoles centrales, au-dessus desquelles s'élève la tour du clocher. Bientôt des épisodes bibliques se déroulent sur les larges circonférences des chapiteaux que charge l'arc triomphal; une végétation expressive rampe en guirlande continue à la naissance de la voûte du sanctuaire; des oiseaux y boivent à un même calice, y becquettent le raisin d'une vigne mystique, ou s'endorment paisiblement dans les branchages: âmes d'élite qui se délectent dans la solitude du saint lieu. En un mot, l'idée esthétique est là se mêlant aux minces détails de la décoration, quand, depuis longtemps, la forme générale a donné à l'ensemble un langage connu de tous. A mesure que l'art se perfectionne en se transformant, et que le ciseleur rivalise avec l'architecte, on voit se multiplier les manifestations du symbolisme, on sent que l'architecture se plie aux influences des écrivains de ce temps, et qu'en s'élevant jusqu'à la hauteur de leurs conceptions magis-

Développements du symbolisme dans la sculpture au onzième siècle.

trales, elle s'étudie à les traduire sur la pierre, pour en faire autant de leçons impérissables à la foule, autant de livres pour ceux que ne pourrait aider la lecture des manuscrits.

Ces caractères brillent aujourd'hui en des proportions diverses de tout le charme de leur vénérable antiquité dans les belles cathédrales de Nantes, d'Évreux, du Mans, de Luçon, de Bayeux, de Spire, de Worms, de Mayence ; dans les abbatiales de Saint-Benoît-sur-Loire, de la Trinité d'Angers, de Saint-Étienne de Caen, de Saint-Sernin de Toulouse, de Saint-Savin-sur-Gartempe, de Saint-Georges de Bocherville, de Montierneuf de Poitiers. Cette dernière ville a aussi ses collégiales de Saint-Hilaire, de Notre-Dame et de Sainte-Radégonde, comme Chauvigny-sur-Vienne a Saint-Pierre, comme Parthenay en Gâtine Sainte-Croix, comme partout enfin, dans nos villes et nos campagnes, d'innombrables paroisses rappellent jusque dans la modeste simplicité de leur intéressante iconographie ces temps de véritable renaissance que tant d'éléments inconnus se prêtèrent à favoriser.

Maintenant, que conclure de ces documents positifs, sinon qu'après l'an 1000 on vit s'établir dans la construction des églises cette extrême rigueur normale qu'attestent les savants ? Mais aussi faut-il en abandonner quelques-uns, comme nous délaissons M. Lenormand lui-même, lorsqu'il affirme qu'antérieurement à cette époque les règles propres des constructions sacrées furent dominées par une forte anarchie (1). Les plans, au contraire, restèrent formellement les mêmes, et les mêmes règles imposées de tout temps *par l'Église* furent constamment surveillées et maintenues par Elle.

Influence exercée par la littérature du douzième siècle.

Mais, si les principes demeurent intacts sous un tel patronage, toujours fondé sur des vérités à répandre, la

---

(1) *Éclaircissements sur la restitution de l'église mérovingienne de Saint-Martin de Tours*, p. 457 du tome 1er de la Traduction de S. Grégoire de Tours, par MM. Guadet et Taranne, in-8°, 1838.

pensée humaine, peu stationnaire de sa nature, élargit sans cesse sa carrière, et rien ne la lui agrandit au même degré que la littérature et les arts. L'Église n'a garde alors de l'entraver : elle la protége et l'encourage. Aussi, sous ses auspices, le douzième siècle, arrivant avec son grave et docte cortége d'écrivains sérieux et positifs, donne aux lettres sacrées un magnifique développement dans les écrits de ces grands génies dont nous avons analysé les œuvres hiératiques. Chose merveilleuse ! ce fut le signal d'un mouvement de plus vers la perfection du style architectonique : la pensée dicta, et l'art écrivit à l'avenir ces témoignages immortels de la puissance créatrice que nous y admirons encore.

Ce douzième siècle, dont les écrivains s'étaient si strictement tenus aux doctrines théologiques et scripturaires venues directement des Apôtres, s'en tient aussi, pour l'architecture, aux règles faites : ses églises conservent leurs formes reçues, leur symbolisme est complet sous ce rapport ; tout au plus, outre l'adjonction d'un latéral, et quelquefois de deux ou trois, de chaque côté de la nef médiane ; outre les galeries supérieures qui les surmontent, et que couronnent une belle suite de fenêtres formant le *triforium*, et pour lesquelles on marie le plein-cintre à l'ogive ; outre cela, disons-nous, on consacra d'heureuses innovations dans la plus haute partie des clochers et dans le prolongement des bas-côtés autour du sanctuaire, qui commence dès lors à s'isoler de l'abside et à garnir le déambulatoire de chapelles formant pour ce nouveau chevet soit un rayonnement mystique, soit les trois branches symboliques du nimbe croisé toujours donné à la tête de l'Homme-Dieu. Or, avec ces quelques éléments s'opère tout un élan vers une révolution architecturale. La vieille école qui règne depuis le sixième siècle laisse absorber ses principes dans celle de l'époque nouvelle, et celle-ci, à son tour, tend déjà, par d'importantes modifications de son style, vers l'école ogivale,

Heureuses innovations dans le plan général des églises romanes.

qui deviendra bientôt la plus haute expression de l'art.

Les nombres symboliques y figurent-ils ?

Nous ne savons jusqu'où doit aller notre confiance en de certaines prétentions d'archéologues modernes qui ont attribué aux architectes romans une mystérieuse tendance vers des combinaisons numérales ou géométriques dans le tracé de leurs plans. A les entendre, ces génies méditatifs auraient surtout choisi le cube pour principe architectonique, et de son développement régulier serait née la figure d'une croix donnée à la basilique latine (1). S'il en était ainsi, le moyen âge n'aurait eu que le mérite bien secondaire d'appliquer le principe à des éléments qui lui furent antérieurs de toute la durée du Christianisme. Il est vrai que l'habile et regrettable dominicain Piel, dont la science architecturale s'était nourrie des plus hautes pensées de l'exégèse chrétienne, semble avoir eu sur ce point un système que, malheureusement, il n'a pu exposer avant de mourir (2). Mais pour lui, il ne se fût agi que d'appliquer les nombres à la construction de nos grandes cathédrales, beaucoup plus que de poser une théorie identique dans le passé. Il marchait néanmoins sur les vestiges des Pères, et sans doute il nous eût donné en d'ingénieux rapproche-

(1) Cf. M. Schnaase, *Histoire de l'art*, cité par Didron, *Annales archéologiques*, t. XII, p. 323. — Ce n'est pas que MM. Didron et Schnaase ne nous paraissent pas dédaigner de beaucoup trop le symbolisme des nombres, regardé comme très-sérieux par tant de graves autorités citées par nous dans le premier volume de cet ouvrage; mais l'un et l'autre nous semblent dans le vrai quand ils refusent tout crédit aux raisons données jusqu'à présent par l'érudition vaporeuse d'outre-Rhin pour établir la réalité de leur système géométrique.

(2) Le 31 décembre 1837, Alexandre Piel, qui n'était pas encore entré dans l'ordre de Saint-Dominique, écrivait à son père : « Je dispose un autre travail sur les nombres impairs de l'Ancien Testament, qui me servira plus tard pour une symbolique des nombres de toutes les anciennes traditions, et qui conduira à dévoiler un des mystères encore cachés de la synthèse des cathédrales catholiques. » — Voir *Biographie universelle* de Michaud, t. LXXVII, p. 169 ; voir encore une de ses lettres, sur l'art et l'influence qu'il reçoit du Christianisme, au t. IX, p. 354, du *Bulletin monumental*.

ments l'explication de quelques mystères peut-être encore inaperçus. Cette marche grave et partout éclairée des lumières de la patristique n'aurait donc rien de commun avec les rêveries allemandes signalées par le docte M. Schnaase, qui n'y croit pas et les bat en brèche. Gardons-nous comme lui de ces abstractions chimériques : le côté sérieux de la science est assez large pour nous restreindre à ses confins.

Toutefois ne faudrait-il pas attacher une importance réelle à des spéculations moins ambitieuses, et croire que des calculs symboliques ont présidé aux dimensions générales des églises, à celles de leurs bas-côtés, à la hauteur de leurs voûtes au-dessus du sol, à la symétrie ou à la répétition trinaire ou septenaire de leurs fenêtres ou de leurs portes, comme on a cru l'observer dans ce beau prieuré de Saint-Gilles, bâti en 1116 sur la terre si monumentale du Languedoc (1)? Pourquoi non ?... Si l'on admet, comme il

Que doit-on rejeter ou admettre de leur système d'application?

---

(1) Voir la description de ce monument dans l'*Iconographie chrétienne* de M. l'abbé Crosnier, p. 150 et suiv., in-8°, Paris, 1848. Il termine par cette observation ce qu'il nous apprend de l'intérieur : « Si nous appliquons ici le symbolisme des nombres tel que les Pères l'ont développé..., nous trouvons, dans la largeur de chaque travée, 17 pieds : la Loi accomplie par la grâce ; dans la largeur des bas-côtés, 14 : l'union de la Loi ancienne à la Loi nouvelle ; dans la largeur totale de l'église, 77 : les 77 générations qui ont existé depuis Adam jusqu'à Jésus-Christ, le nombre de la miséricorde et du pardon. Les chapelles absidales nous offrent encore d'autres symboles : leur nombre septenaire se trouve divisé en deux, quatre plus petites qui ne devaient point être éclairées par des fenêtres, et trois plus grandes ayant chacune leurs fenêtres trinitaires. En effet, la terre, indiquée par le nombre 4, était dans les ténèbres, et si le Sauveur ne fût venu retracer dans le cœur des hommes l'image de Dieu, ils seraient encore assis à l'ombre de la mort. Les quatre chapelles obscures ont 10 pieds à leur ouverture : c'est le nombre de la Loi de crainte ; les chapelles trinitaires en ont 14 : union de la Loi de crainte et de la Loi d'amour. » — On ne peut nier ce qu'il y a d'heureusement combiné entre ces mesures et les conséquences que le docte auteur veut en tirer. Une seule difficulté se présente naturellement à qui réfléchit sur ces relations entre les nombres et la matière à laquelle on les applique : c'est que le *pied* n'avait pas certainement au moyen âge, au douzième siècle, la même valeur

le faut bien, qu'il y ait une signification adoptée par tous les symbolistes dans la plupart des nombres que mentionnent nos Livres saints, quoi d'étonnant qu'on y ait trouvé des rapports possibles avec les parties de la maison de Dieu, si nombreuses et si diverses par leur usage? Après ce que nous avons vu de l'arche de Noé, rappelons-nous les dimensions données, dans l'Apocalypse, à la Cité divine, le nombre de ses colonnes, de ses portes, de ses fondements, tous mystérieux, tous avoués pour tels par l'Église et si fréquemment reproduits dans sa liturgie si féconde : nous serons peu étonnés, dès lors, en présence de ces révélations inattendues, que l'architecture religieuse multiplie à nos regards ; et si nous rejetons les théories idéales inventées après coup par des chercheurs de fumée, nous n'accepterons qu'avec plus de respect des pratiques recommandées par nos plus sérieuses traditions.

« Ce n'est donc pas assez, dirons-nous avec un archéologue estimable, de constater l'emploi de certains nombres : il faut les expliquer. Il ne suffit pas de prouver que les proportions de plusieurs basiliques sont identiquement les mêmes : il faut avoir établi l'unité de mesures, et découvrir la raison de leur emploi. Si on l'emprunte, comme il paraît, à la valeur numérique des lettres de l'alphabet hébreux, à la philosophie transcendantale des Juifs, il est essentiel de démontrer au préalable que ces traditions étaient connues, acceptées, réalisées par les architectes et les confréries de francs-maçons au moyen âge. Cette tâche une fois remplie,

---

que depuis ; on sait que les mesures de longueur et de capacité, tout en retenant les mêmes noms, ont varié maintes fois selon les peuples et les époques ; et, le pied n'eût-il différé que d'un pouce, que deviennent les proportions si justes qu'on assigne aux détails de la fameuse église, et comment s'y fier pour quelque autre que ce soit proposée comme exemple du symbolisme, nous ne disons pas des nombres, qu'on applique justement de tant d'autres manières, mais des mesures, dont le symbolisme n'est jamais possible à établir par comparaisons ? On voit qu'il faut beaucoup s'observer en cette matière.

on pourra tirer parti des lumières éparses çà et là, mais pauvres dans leur isolement (1). »

Nous avons vu naguère par un écrit célèbre de S. Bernard, mort en 1153, à quelle profusion d'images la sculpture était parvenue avant la première moitié du douzième siècle, et quelle étonnante variété de sujets symboliques s'attachait aux églises et aux cloîtres des monastères (2). On voit par les reproches du saint Abbé à ses religieux pour ce luxe, peu convenable, selon lui, à des moines, qu'il le tolérait plus volontiers dans les cathédrales et les collégiales du clergé séculier. Nous aurions assez de ces observations pour conclure, en l'absence des monuments eux-mêmes, à une richesse décorative qui ferait de cette époque une des plus belles pages de l'histoire du symbolisme. Pour nous, en effet, rien n'est perdu de ce grave et saint héritage. Après sept ou huit cents ans, ces nobles murailles, qui s'ouvrent encore pour nous chaque jour, parlent à tous le même langage qu'à nos pères ; la seule différence (et elle est trop grande), c'est que le vulgaire ne le comprend plus, l'homme d'études lui-même n'en a, le plus souvent, qu'une imparfaite appréciation. Tout n'y est pas moins plein de vie morale ; c'est une théologie complète, exposant l'histoire de l'âme humaine dans ses rapports avec son présent si court et son éternel avenir ; c'est la philosophie du Christianisme s'immisçant dans toutes les affaires de la vie du temps, au profit de celle, bien plus importante, qui viendra bientôt.

Fécondité de l'iconographie mystique à l'époque de S. Bernard.

Le treizième siècle, qui devait atteindre la perfection du beau dans le svelte gracieux et l'élégante légèreté de son architecture, ne dépassa point celui-ci pour l'expression de la pensée symbolique. Ses dernières années mêmes furent témoins d'une certaine décroissance des principes, dont on

Ce siècle plus riche en cela que le suivant.

---

(1) M. l'abbé Godard-Saint-Jean, *Essai sur le symbolisme architectural*, p. 15, in-8°, Paris, 1847.
(2) Voir ci-dessus, t. II, ch. XVII, p. 594.

commença à négliger la pureté sévère, et alors se firent jour des tendances qui préludèrent insensiblement aux fautes et aux aberrations de la Renaissance... C'est, hélas! le sort de toutes les grandes choses humaines de ne tomber jamais que du plus haut qu'elles pouvaient atteindre. La vie des arts, dont l'homme se montre si fier, est en cela comme celle des peuples, et c'est une des plus grandes leçons de la Providence que leur décadence et leur chute soient toujours limitrophes de leur plus grande perfection.

L'art y complète, par toutes ses formes, l'embellissement symbolique de l'église,

Le douzième siècle, au contraire, s'élève devant l'observateur avec toute l'autorité de la science ferme et sûre des génies qui nous le donnèrent. Inébranlable dans le dogme, il le traduit partout, et les notions fondamentales y trouvent en mille façons à crayonner leurs splendides synthèses. Sous les inspirations de l'Église, mère et maîtresse de la pensée catholique, on voit le temple divin se transformer non moins dans ses parties que dans sa masse. C'est alors qu'apparaissent avec leurs vives couleurs et parés de toute la doctrine théologique ces vitraux dont le champ, restreint d'abord à de si humbles mesures, n'avait donné jusque-là que des grisailles sans but ou des teintes sans enseignements. Dans la statuaire jetée avec une ravissante profusion aux tympans et aux voussures des portails, aux chapiteaux de l'intérieur ou aux pourtours du sanctuaire, on voit revivre l'auguste Trinité, les Saints protecteurs du pays et modèles du monde, les histoires de la Bible et les scènes les plus douces comme les plus redoutables de la vie intellectuelle de l'humanité. Le triomphe de l'Église sur l'hérésie, sa victoire sur le monde matérialiste, la puissance de protection divine qui la soutient contre ses adversaires abattus se manifestent aux yeux des peuples sous la figure de Samson déchirant l'énorme tête du lion qu'il enfourche et domine, ou sous les traits du cavalier, maintenant bien connu, dont la fière monture foule la tête d'un ennemi terrassé (1). L'architecture néo-grecque, en nous apportant des plages byzantines ses inspirations locales, les marie, par un agencement gracieux, aux formes pures et austères de notre roman. Elle fait correspondre au triple portail de ses façades la triple répétition des absides, que trois fenêtres éclairent en même temps : symbole de la Trinité avec laquelle vous entrez dans le temple, et dont la lumière révélée vous y instruit du dogme fondamental de la foi (2). Elle surmonte les toitures de coupoles hardies, assouplit les arcades en les surhaussant, et quelquefois orne de lobes courants leurs intrados. Elle revêt la statuaire de riches et amples draperies aux bords galonnés, aux plis symétriques, aux somptueux ornements de perles et de broderies orientales ; et des ciselures des tympans et des chapiteaux, cette belle décoration passe aux verrières devenues toutes rayonnantes de mille faits symboliques, aux surfaces murales où la peinture étale sur des fonds d'or ses naïves légendes, aux voûtes encore surbaissées où brillent toutes les étoiles du ciel azuré : c'est l'époque de la flore monumentale apportant, avec les souvenirs de l'art antique dans le chapiteau corinthien, et les guirlandes courantes et la nomenclature plus vaste et plus expressive de ses plantes indigènes, de ses couronnes de fleurs ; prodiguant, sous les formes les plus aimables et les plus variées, toutes les pensées chrétiennes avec des branches de chêne, d'olivier, de violette ou de nymphéa ; ornant les fonts baptismaux des végétations touffues de nos rivières ; plantant le bon et le mauvais arbre aux façades de l'enceinte sacrée où la foule va recueillir les fruits de la parole de Dieu ; parant enfin de

---

(1) On sait combien de longues discussions ont été faites à ce sujet. Quelques raisons qu'aient données de part et d'autre les soutenants des opinions les plus extraordinaires, on ne peut plus refuser d'y voir le type que nous exprimons ici et dont nous avons donné les preuves ci-dessus, t. II, ch. xv, p. 489. — Voir la *Table générale*, v° *cavalier*.

(2) Cf. l'abbé Crosnier, *Iconographie chrétienne*, p. 153.

palmes, de roses et de lis les statues des Saints comme de pieux et visibles symboles de leurs humbles et énergiques vertus (1). N'est-ce pas encore un symbole de ce temps hiératique par excellence que cette unité parfaite de l'art roman, accordant toutes les lignes de ses grandes œuvres dans un ensemble majestueux, où rien de hasardé ni d'indécis ne vient altérer la pureté du style aujourd'hui si méconnu par les fades imitateurs du moyen âge? Nous ne soutiendrons pas sans doute que la pensée de l'architecte a voulu rapprocher ce mérite de l'essence souverainement *une* de Dieu; mais le philosophe chrétien, en examinant, par exemple, la cathédrale de Valence, ou Saint-Sernin de Toulouse, ou tout autre chef-d'œuvre plein, comme ceux-ci, d'une poésie grave et d'une solennelle grandeur, n'élève-t-il pas son âme vers l'Être unique dont le génie humain n'est qu'une émanation sacrée? n'adore-t-il pas l'éternelle Unité qui féconda la pensée de l'homme jusqu'à vouloir qu'il en sortit des temples dont l'ensemble fût l'image de Son incomparable Grandeur (2)?

De ces nobles éléments allait naître cependant une de ces révolutions calmes et raisonnées dont un progrès véritable est toujours la conséquence immédiate. Depuis plus de cent ans, l'élan donné à la pensée artistique avait ménagé à l'architecture une tentative nouvelle, appliquée isolément, il est vrai, mais assez bien définie pour faire remonter sûrement son origine au commencement du onzième siècle (3) : forme timide et incertaine d'abord,

---

(1) Voir, pour l'explication symbolique de ces diverses plantes et fleurs, le chapitre XIII de cette troisième partie (*De la Flore murale*) et tous les noms d'arbres et de fleurs quelconques de la *Table analytique*, à la fin de l'ouvrage.

(2) Voir l'abbé Jouve, *Notice historique et descriptive sur la cathédrale de Valence en Dauphiné*, p. 35, in-8°, Paris, 1848.

(3) L'ogive nous semble dater de cette époque dans le Poitou, où le plus remarquable spécimen se montre à l'arc triomphal de Sainte-Radégonde de Poitiers, qui certainement se rapproche beaucoup de

mais bientôt appelée à devenir une loi fondamentale et à régner enfin sur les ruines d'un magnifique passé : nous voulons parler de l'arc ogival, dont l'emploi a pu s'inspirer peut-être des réminiscences de l'Orient, dont la forme ternaire aussi pourrait bien avoir paru un symbole divin (1), mais qui n'en constitue pas moins un système architectural, ayant sa raison d'être dans une idée artistique, et se posant comme première assise d'un genre nouveau (2). Cet art, en maintenant la simplicité naturelle et la beauté d'ensemble gardées par la méthode romane, pose régulièrement ses arcades allongées sur le chapiteau des colonnes ou des piliers, fonde ainsi une élégante unité du sol à la clef de voûte; enfin il élève la pensée avec le point culminant de ces voûtes mêmes, qui, vastes et profondes, forment un ciel à part pour chaque travée. Cette heureuse innovation constitue donc un mouvement en avant dans les routes de la pratique. A quelque hasard qu'on veuille en attribuer la première idée, elle n'en prend pas moins sa place dans les plus belles coupes de toute construction. La voilà destinée déjà, après s'être mêlée au plein-cintre pendant toute l'époque de transition, à remplir seule toutes les conditions

---

l'an 1010, selon que le constate une inscription de cette année placée au bas du pilier qui soutient cette arcade. — M. l'abbé Cochet a cité l'église de Bures (Seine-Inférieure), monostyle et d'un seul jet, tout ogivale par ses moindres détails, et dont une inscription, gravée sur la muraille du sanctuaire, atteste la consécration par Rotrou, archevêque de Rouen, l'an 1168. Cette date ne nous étonne que médiocrement : elle prouve de reste qu'en Normandie le style ogival, employé dans un plan d'ensemble, est antérieur à ce qu'on peut remarquer ailleurs. Mais nous ne croyons pas qu'en dehors du Poitou on puisse remonter jusqu'à 1010 et au delà.

(1) « Dans cet élancement des parties vers le ciel, dit M. de Caumont, et dans la plupart des combinaisons usitées au treizième siècle, on ne peut méconnaître l'expression d'une idée mystique ; qui sait même si la forme triangulaire de l'ogive n'était point un symbole aux yeux des architectes? » (*Hist. de l'architect. au moyen âge*, p. 174.)

(2) Voir la Défense de l'art ogival, par M. de Villers, contre les prétentions malheureusement académiques de M. Raoul Rochette. *Bulletin monumental*, t. XII, p. 541 et suiv.

de l'art : l'élégance, par le svelte hardi et gracieux de ses élancements; la solidité, par les points d'appui que lui donnent ses nervures, ses savantes intersections et les divisions nombreuses qui s'y contre-butent, et enfin la beauté symbolique, par ses aspirations vers les sublimes hauteurs où tendent toutes les âmes.

<small>Rôle gracieux qu'elle donne aux détails architectoniques.</small>

L'époque de S. Thomas, de S. François d'Assise, de S. Louis et de Vincent de Beauvais, époque si ravissante de son noble et gracieux mélange de poésie et de raison, ne pouvait guère s'exprimer autrement dans ses chefs-d'œuvre de construction. « Il fallait à cette vive flamme de la foi, » dirons-nous avec un grand archéologue de notre temps (1), « le moyen de se transformer en pierres, et de se léguer ainsi à la postérité. Il faut aux Pontifes et aux architectes quelque combinaison nouvelle qui se prête et s'adapte à toutes les nouvelles richesses de l'esprit catholique. Ils la trouvent en suivant ces colonnes qui s'élèvent vis-à-vis l'une de l'autre, dans la basilique chrétienne, comme des prières qui, en se rencontrant devant Dieu, s'inclinent et s'embrassent comme des sœurs. Par son apparition, qui ne devient un fait général qu'au treizième siècle, tout est modifié, non pas dans le sens intime et mystérieux des édifices religieux, mais dans leur forme extérieure. Au lieu de s'étendre sur la terre comme de vastes toits destinés à abriter les fidèles, il faut que tout jaillisse et s'élance vers le Très-Haut. La ligne horizontale disparaît peu à peu, tant l'idée de l'élévation, de la tendance au ciel domine ! A dater de ce moment, plus de crypte, plus d'église souterraine ; la pensée chrétienne, qui n'a plus rien à craindre, se produira tout entière au grand jour. » — « Dieu ne veut plus, dit le *Titurel*, le plus grand poème de l'époque où se formule l'idéal de l'architecture chrétienne, Dieu ne veut plus que son cher peuple

<small>Esthétique de l'architecture qu'elle inspire ;</small>

---

(1) M. de Montalembert, *Histoire de Ste Élisabeth*, introduction, p. LXVI.

se rassemble d'une manière timide et honteuse dans des trous et des cavernes..» (1)

Et bientôt comme ce symbolisme se développe dans toutes les parties de ses incomparables productions! Si vous les examinez successivement, vous ne pouvez qu'en admirer l'harmonieuse concordance. Depuis la statuaire, qui, après la seconde moitié du douzième siècle et pendant toute la durée du treizième, unit les caractères d'une majesté suave à ceux de la beauté mystique, jusqu'au tiers-point des baies et à la légèreté des colonnes, plus hautes et plus légères que jamais, vous sentez que l'architecte a voulu rendre la grandeur morale par celle de la taille humaine, et que les proportions de celle-ci indiquent à tout le reste du monument l'esprit de ses diverses combinaisons (2). Tout y est donc régulier; tout y part du principe d'unité pour arriver à la beauté morale, pour donner de Dieu, de ses Saints et de leur culte la plus haute idée possible (3).

son apogée et sa décadence.

C'est donc lentement, et après de savantes graduations, que l'art chrétien arriva jusqu'à l'apogée que lui réservait le treizième siècle. Le plein-cintre céda toute sa place à l'ogive; la sculpture vit adoucir et perfectionner ses formes, et se revêtit d'une délicatesse qui n'ôta rien à la gravité calculée de son expression morale. Sans rejeter l'ornementation traditionnelle de la période précédente, elle abandonne le genre

---

(1) Boisserée, *Essai sur la description du temple du Saint-Graal*, dans le 3ᵉ chant du *Titurel*, Munich, 1834. (Note de M. de Montalembert, *ubi suprà*, p. LXVII.)

(2) Nulle part ces observations ne se vérifient plus complétement que dans la belle abbatiale de Saint-Julien de Tours, profanée par la révolution de 1793, et que S. Ém. le cardinal Morlot racheta, après soixante ans de ruine, pour la rendre à sa sainte destination, qu'elle a enfin obtenue.

(3) Voir ces mêmes observations inspirées par la cathédrale d'Amiens à MM. Jourdain et Duval, *Bulletin monumental*, t. XI, p. 300; XII, 292; — à M. Digot, t. XIII, 189, par les sculptures d'un font baptismal du douzième siècle. — Le portail de Vézelay possède aussi dans son beau tympan un saint Pierre, *prince des Apôtres*, dont la taille dépasse de beaucoup celle de tous les personnages qui l'entourent.

néo-grec, se renferme en elle-même, et, remplaçant aux chapiteaux les scènes historiées par les plus vivaces expressions de la flore symbolique, elle semble réserver pour les tympans de ses portes et les pourtours extérieurs des murs sacrés le luxe des épisodes bibliques ou des légendes locales, les terribles scènes qui se rattachent aux dernières fins de l'homme, et la merveilleuse assemblée des Élus régnant dans l'inaltérable sécurité de leur joie éternelle autour du trône de l'Agneau. Et n'était-ce pas une convenable introduction au Temple de Dieu que la triple considération des destinées définitives de l'homme préparant à la prière humble et sérieuse aux abords mêmes du lieu où elle va s'épancher ? Ensuite la peinture diaphane, qui multiplia aussi ses efforts et orna tous les temples du temps de S. Louis, s'éleva au plus haut point de l'interprétation scripturaire dans les magnifiques verrières de Bourges, de Reims, du Mans, de Poitiers, d'Auxerre, de Strasbourg. Les flèches plus aériennes portèrent jusqu'aux nuages le magnifique témoignage de la grandeur de Dieu et du génie de l'homme. Il n'y eut plus rien de possible au delà de ces types impérissables qui fleurirent sur le sol européen, et dont la France et l'Angleterre avaient donné la noble envie à l'Italie, à l'Allemagne, à la patrie de Pelage et du Cid. Mais cent ans à peine écoulés, l'art religieux laissa tomber d'abord quelque fleuron de cette incomparable couronne sous le vent empesté des opinions novatrices ; puis il abdiqua le symbolisme avec ses traditions séculaires, ne vit plus dans la Bible que la lettre morte, au détriment de l'esprit qui est la vérité et la vie, et alla perdant chaque jour quelque chose de sa beauté simple et harmonique, jusqu'à ce qu'enfin, se dégradant sans retour, il se flétrît tout entier dans la sécheresse insignifiante de l'art grec, dans les formes païennes et mortelles du siècle de Luther, de Carlostadt et de Calvin.

Examen de quelques opinions sur les prétendues

Il serait temps de revenir maintenant au point de départ de ces principes généraux, et de nous reporter au plan d'ensemble et aux détails de l'église matérielle pour en étudier le symbolisme avec ses plus intimes leçons et scruter les nombreuses étapes de cette longue route que nous venons de parcourir. Mais d'abord, nous avons besoin d'établir, comme vérité historique, un point trop longtemps contesté par des hommes auxquels des études plus spéciales eussent fait éviter d'énormes erreurs. Nous avons lu et entendu pendant de longues années des archéologues assez malheureux pour soutenir, avec toute la fermeté de leurs convictions imaginaires, que l'art catholique n'avait jamais eu d'autres règles, dans la plupart de ses images décoratives, que le caprice d'ouvriers sans idée. D'autres, plus subtils, voyaient tout bonnement dans certaines sculptures maintes satires des laïques contre le clergé; ceux-ci encore d'équivoques chapitres de roman, exposés aux regards distraits de la foule qu'*ennuyait la longueur des prières ou des offices !!!* Et que n'a-t-on pas dit aussi de certains *obscena* dont l'horreur imposait à tout le moyen âge une note si bien méritée d'infamie et d'immoralité!...; sur tant de choses, que d'excentricités ont été prodiguées! Mais déjà ceux-là mêmes qui s'en firent les bouillants champions se repentent, nous l'espérons de leur bonne foi, d'avoir tranché avec ce glaive équivoque des questions alors trop peu méditées, et qui n'ont plus d'obscurité aujourd'hui. Nous en réservons la preuve à ceux des chapitres suivants, où nous parlerons des peintres et des sculpteurs. Quant à l'architecture, qui nous occupe seule à cette heure, il est bon de rappeler quelle fut toujours la sainte autorité de ses règles, et de constater par là combien peu fut possible, jusqu'aux siècles de décadence, l'intromission de la fantaisie dans les constructions religieuses, non moins que dans le choix des sujets d'ornementation.

<small>fantaisies de l'art chrétien.</small>

L'Église, n'eût-elle été inspirée que par ce besoin d'esthétique où gît toute sa vie spirituelle, aurait dû songer, dès le commencement de son action extérieure, à s'emparer de

<small>La religion a dû présider à la décoration de ses temples, aussi bien qu'à leur construction.</small>

l'art décoratif. Les Livres saints lui prouvaient de reste que la pensée divine devait s'y refléter : l'arche d'alliance n'y avait-elle pas ses mesures déterminées, ses tentures de diverses couleurs prescrites? n'y voyait-on pas la nature des bois et celle des métaux indiquées pour chaque objet, et toutes ces prescriptions manqueraient-elles d'une signification mystérieuse, non plus que les différentes parties du Tabernacle, ses chérubins d'or battu, sa table des oblations, et son chandelier à sept branches, et son voile pour séparer le sanctuaire du Saint des Saints (1)? C'était la raison que donnait déjà le pape Félix IV, mort en 529, pour encourager les évêques à l'édification des églises (2), et Durant de Mende l'a dit plus expressément encore (3). Les premiers temps chrétiens avaient donc sur ce point des règles faites; il ne s'agissait que de se les approprier, et les Apôtres n'y manquèrent pas. Nous avons vu dans leurs *Constitutions* la forme de vaisseau assignée d'une façon doctrinale aux églises, qui la conservèrent toujours (4). Les exceptions qui survinrent plus tard, sous Constantin et ses successeurs, ne consacrèrent que des formes non moins symboliques. Celle de rotonde, souvent préférée par ce prince après que sa mère Ste Hélène l'eut inaugurée, comme

Elle y a tenu dès le commencement.

(1) « Tabernaculum vero ita facies..., facies et saga cilicina undecim. — Longitudo sagi unius habebit triginta cubitos, et latitudo, quatuor... Facies et altare de lignis sethim... » (Cf. *Exod.*, XXVI et XXVII.)
(2) « Si enim Judæi qui umbræ Legis deserviebant hæc faciebant, multo magis nos quibus veritas patefacta est et gratia per Jesum Christum data est, templa Domino ædificare, et prout melius possumus ornare, eaque divinis precibus et sanctis unctionibus suis cum altaribus et vasis, vestibus quoque et reliquis ad divinum cultum explendum ustensilibus devote et solemniter sacrare... debemus. » (*Decreti* Gratiani pars III, De Consecratione, dist. I, c. *tabernaculum*, in-f°, Autuerp., 1560, col. 1974.)
(3) « Quidquid autem Synagoga per Legem accepit, hoc nunc Ecclesia a Christo cujus sponsa est per gratiam recepit et in melius commutavit. » (Duranti, præsulis Mimat., *Rationale div. Officior.*, De Ecclesia et ejus partibus, lib. I; mihi, f° II, in-4° goth., 1494.)
(4) Voir, ci-dessus, la note 2 de la page 9.

image du monde reconquis par le Sauveur, au Saint Sépulcre de Jérusalem, était couronnée d'une coupole, pour rappeler cette grande voûte de l'univers au sommet de laquelle est placé le trône de Dieu (1). La croix transversale à cette voûte, et dont nous avons vu l'idée éclore des catacombes, différencie suffisamment ces monuments chrétiens des édifices païens, dont ils auraient pu sembler une imitation. Elle n'était qu'une transmission indigène du monde latin légèrement modifiée, et conservant sur le sol hellénique toute la force de son expression native, figurant le Sauveur étendu sur l'instrument de sa mort, ayant la tête où est l'abside, les bras où sont les latéraux, le corps où s'étend la nef médiane, et quelquefois même appuyant ses pieds au *suppedaneum* figuré par la porte occidentale, arrondie à l'intérieur du vaisseau, ou par le nartex qui la précède (2). Là encore, aux douze colonnes qui supportaient l'architrave, il était facile de reconnaître ces Apôtres du Christ, soutiens de l'Église catholique, fondements de l'inébranlable vérité (3). La croix latine, qui ne diffère de celle des Grecs que par la plus grande extension de sa partie inférieure, donnait plus d'élégance aux édifices de l'Occident, outre qu'elle représentait plus exactement celle du Calvaire ; mais quelles que fussent ses dimensions à Rome ou à Byzance, elle n'en représentait pas moins bien, comme le dit M. Boissérée, la base mystique sur laquelle le vaisseau spirituel devait reposer (4). Nous verrons bientôt, en recherchant les origines symboliques de nos peintures sacrées, combien stricte était la règle faite par l'autorité hiérarchique aux premiers

---

(1) Bâtissier, p. 382.
(2) « Dispositio autem materialis ecclesiæ modum humani corporis tenet. Cancellus namque, sive locus ubi altare est, caput repræsentat ; crux ex utraque parte, brachia et manus ; reliqua pars ab Occidente, quidquid corpori superesse videt. » (Guill. Duranti, *ubi suprà*.)
(3) « Estis fundati... super fundamentum Apostolorum. » (*Ephes.*, II, 20.) — « Ecclesia..., columna et firmamentum veritatis. » (*Tim*, I, 3.)
(4) *Monographie de la cathédrale de Cologne*.

artistes chrétiens. Serait-il croyable, en l'absence des prescriptions détaillées qui semblent nous manquer pour l'architecture, et dont nous citerons cependant un grand nombre, que celle-ci n'eût pas été assujettie aux mêmes règles, et se fût seule émancipée des surveillants naturels que l'Église ne dut pas se dispenser de leur donner ?

<small>Premières traces de ce fait dans l'histoire.</small>

Quelques nuages donc qui enveloppent, à cet égard, nos plus anciennes traditions, croyons bien qu'elles remontent jusqu'au premier siècle, comme celles que les découvertes de la science ont rattachées depuis trois cents ans aux autres arts du dessin. Nous savons d'ailleurs, par des contemporains de Trajan, quelle magnificence on admirait dans les églises construites avec tant d'empressement pendant les quelques années qui séparèrent parfois les persécutions. Lucien, entre autres, s'extasie sur les portes d'airain sculptées et les dorures prodiguées jusqu'au plafond d'un temple chrétien où il introduit un personnage de ses *Dialogues* (1). Un peu après, on voit le pape S. Calixte dédier à Ste Marie, au delà du Tibre, la première église que Rome ait possédée au grand jour (2). On sait qu'au siècle suivant, un autre souverain pontife, S. Sylvestre, construisit dans la Ville Éternelle un grand nombre de basiliques dont l'ornementation se fit par des mosaïques et des peintures indiquées par lui, et au milieu desquelles l'Agneau sans tache, accompagné de S. Jean, et tenant sous ses pieds le Livre évangélique, avait la principale place dans l'abside centrale. Il avait fait représenter ailleurs la Sainte Vierge, les apôtres S. Pierre et S. Paul, les bienheureux martyrs Processus et Martinien, puis des palmiers chargés de leurs fruits, et qui semblaient ombrager les restes des généreux Confesseurs : images fra-

---

(1) « Pertransivimus ferreas portas et ærea limina, multisque jam superatis scalis in domum aurato fastigio insignem ascendimus, qualem Homerus Menelai fingit esse. Atque ipse quidem omnia illa contemplabar... » — Cité par Baronius, *Annal. ecclesiast.*, ad ann. 57, n° 101.

(2) Idem Baronius, *Annal.*, t. II, ad ann. 224, n° 4.

giles, mais pleines d'espérances, des triomphes éternels promis aux Élus (1).

Ce soin des premières exigences du culte dans les chefs de l'Église n'était certainement qu'un écoulement de l'esprit Apostolique ; les Évêques du monde chrétien l'avaient reçu comme eux, et l'histoire se répand en faits du même genre qui, de toutes parts, attestèrent ces mêmes inspirations. C'est très-peu de temps après le règne pacifique de Constantin que les conciles formulent, comme une règle indispensable, l'intervention des Évêques dans la construction de nouvelles églises : le concile de Chalcédoine, tenu en 454, l'exprime par son quatrième canon ; à Agde en 506, à

Il se perpétue par les conciles. Les évêques obligés de surveiller ces travaux.

---

(1) « Multas basilicas ædificavit quas sacris imaginibus donisque, ac muneribus exornavit. » (*Breviar. rom.*, in festo S. Sylvestri, XXXI dec., lect. IV.) — « In fornice majoris alæ, crux miræ magnitudinis variis distincta coloribus contemplanda exhibetur, quæ præcipuum quidem christianorum inter exsurgentis fidei primordia signum ac ornamentum esse consueverat. Ibi pariter in altero inferioris ordinis fornice Christi salvatoris imago, una cum sanctorum *Pauli* apostoli et Processi martyris imaginibus *ad dexteram* cernitur ; ad *sinistrum* autem latus B. *Petri* apostoli et Martiniani martyris effigies coloribus adumbratur. In cujusdam item arcuati fornicis prospectu, agnus media quidem parte candidus, qui *Christi symbolum est*, Librum sub pedibus præferens..., quem a *dextris Joannes Præcursor* his plane verbis velut digito præmonstrare videtur : *Ecce Agnus Dei*... Eumdem vero *ad lævam Joannes Evangelista* illis itidem verbis prænotat : *In principio erat Verbum*... Præterea... sacer ille locus quam pluribus Deiparæ imaginibus diversimode pictorum penicillo delineatis nobilitatur, sanctarum item virginum... In tribus locis quæ fornicem usque pertingunt, tres palmarum arbores fructibus onustos... exhiberi : palmam quippe Justorum symbolum esse nemo sanctæ antiquitatis studiosus est qui nesciat... » (Aringhi, *Roma subterr.*, lib. IV, cap. XLIV, n° 7.)

Nous remarquons encore ici la droite donnée à S. Paul, ce fils de Benjamin, sorti de ce peuple juif qui est passé à la droite du Sauveur quand il a été appelé à ne faire plus qu'un avec les enfants de la promesse ; c'est un exemple de plus après ceux que nous avons donnés ci-dessus, t. II, ch. XIV, p. 451. Nous soupçonnons bien ici que la même raison a pu déterminer le peintre, guidé par le pontife, à placer à droite de l'agneau *blanc* (candidus) S. Jean le Précurseur, le dernier des Prophètes de la Loi ancienne, et à gauche le disciple *chéri*, qui semble aimer à s'effacer aussi devant cette grande fusion que sa charité doit adorer avec bonheur.

Orléans en 511, on la prescrit de nouveau (1), et bientôt cette disposition passa dans le droit, où nous la voyons en vigueur depuis cette époque reculée, et à travers le moyen âge, jusqu'à ceux de nos derniers conciles, qui rappelèrent les intentions de la discipline primitive. Cette règle, au reste, était d'une telle rigueur qu'on devait refuser de consacrer toute église pour laquelle on ne l'aurait pas suivie (2). On voulait aussi qu'en rebâtissant une église ruinée par quelque cause que ce fût, on lui conservât son emplacement primitif, comme avait fait Paulin pour l'église de Tyr, dont nous avons parlé (3). On voit donc que cette règle date d'une époque bien rapprochée des temps apostoliques : c'étaient un souvenir des premiers oratoires secrets, sur lesquels s'étaient élevés les temples publics, et une marque de respect pour des fondements qu'avaient sanctifiés les prières et les cérémonies de la liturgie. Ce respect, par la même raison, affectait jusqu'aux matériaux anciens, qui, ayant été bénis et même consacrés par les onctions du Saint Chrême, étaient replacés avec soin dans les murs de l'édifice nouveau (4). Voilà bien des preuves que la foi de nos pères attachait à ces détails autant d'importance qu'on en peut mettre à de véritables titres de famille.

Prescriptions d'usage sur ce point.

Mais déjà vers ce temps, les monastères commençaient à fleurir, et leur célébrité, qui leur était acquise par la culture des études, s'accroissait encore de l'habileté qu'on y montrait pour les arts. S. Benoît, premier instituteur de

Les monastères non moins appliqués à l'art religieux.

---

(1) « Nemo ædificet aut constituat monasterium aut oratoriam domum sine voluntate Episcopi urbis. » (Labbe, *Conc.*, t. I, p. 507.) — Les termes sont presque partout identiques dans les autres sources que nous indiquons.

(2) « Nemo ecclesiam ædificet antequam Episcopus veniat..., et sic domum ædificet. » (*Decretum*, pars III, De Consecratione, distinctio prima, in-f°, Autuerp., col. 1978.)

(3) Voir Eusèbe, *Histor. eccles.*, lib. X, cap. III; notre *Histoire de la cathédrale de Poitiers*, t. I, p. 6.

(4) Voir la description de l'église de Saint-Amand de Coly, en Périgord, *Bullet. monum.*, t. I, p. 211.

la vie monastique en Occident, et qui acheva d'écrire sa règle vers 530, y introduisit le travail des mains comme une occupation salutaire à un religieux. Il y est parlé des arts divers auxquels on pouvait s'appliquer sous l'obéissance de l'Abbé ; on devait remplir ces œuvres avec humilité, ce qui doit évidemment s'entendre des travaux où l'intelligence avait sa part, comme l'a fait observer un éminent archéologue (1), et non de simples métiers, comme d'autres, avant lui, l'avaient écrit sans trop de réflexion. Mabillon n'hésite pas à dire que, dès ce temps-là même, l'enseignement des lettres florissait au Mont-Cassin, où le saint Patriarche avait fondé son Ordre (2). Nous voyons qu'en Poitou S. Junien de Mairé bâtit son premier monastère à l'aide seulement de ses nombreux cénobites (3). S. Ouen, dans sa *Vie de S. Éloi*, parle, au sixième siècle, de l'abbaye de Solignac comme d'une école où l'on s'occupait de plus d'un genre d'industrie, outre la transcription des livres, sans laquelle il n'y avait pas de congrégation religieuse (4). Alors encore, on avait élevé autour du chevet de la cathédrale de Strasbourg, fondée en 504 par Clovis, des demeures pour l'évêque et les religieux qui vivaient en commun avec lui, comme firent dans la suite les Chapitres cathédraux (5) ; et l'on pense bien que cette identité de vie

---

(1) Voir M. de Montalembert, *L'Art et les Moines*, dans les *Annales archéologiques*, t. VI, p. 122.

(2) Voir Fleury, *Hist. eccles.*, lib. XXXII, n° 14, ad ann. 529 ; — Rohrbacher, *Hist. génér. de l'Égl. cathol.*, t. IX, p. 90 ; — l'*Explication de la règle de S. Benoît*, ch. XLVIII et LVII, Paris, in-12, 1738 ; — Mabillon, *Traité des études monastiques*, t. I, p. 90, in-12, Paris, 1692.

(3) Cf. Bollandus, XII aug. ; nos *Vies des Saints de l'Église de Poitiers*, p. 257, Poitiers, 1858.

(4) « Est autem congregatio magna diversis gratiarum floribus adornata ; habentur ibi et artifices plurimi, diversarum artium periti. » (Cité par M. de Caumont, *Hist. de l'ar. hit.*, p. 59.) — Cf. l'abbé Texier, *Dictionnaire d'orfévrerie chrétienne*, col. 937, in-4°, Migne, 1856 ; et *Histoire des argentiers et émailleurs de Limoges*, in-8°, Poitiers, 1849.

(5) *Bulletin du Comité des arts et monuments*, t. III, p. 351 et suiv.

religieuse, cette réunion continue d'esprits appliqués aux mêmes sujets d'études et de contemplation dut amener un concours naturel de pensées laborieuses et d'efforts pratiques au profit des constructions sacrées. On passait de la lecture des Livres saints et de leurs commentaires savants à la construction des plans, aux calculs de leurs détails. Des intelligences nourries de la lettre et de l'esprit de la Bible ne pouvaient manquer d'en rattacher la substance aux diverses parties de l'édifice matériel et de les y appliquer avec amour, comme d'autres le faisaient dans leurs écrits : de là le zèle à construire soi-même ou à diriger les travaux ; de là ces aptitudes d'abord exceptionnelles, et qui le furent bientôt moins, en certains évêques pour les occupations manuelles. S. Grégoire de Tours énumère dix-huit de ses prédécesseurs qui tous s'appliquèrent pendant leur épiscopat à élever des basiliques à la gloire des saints Martyrs (1). L'un d'eux, qui avait gouverné l'abbaye de Saint-Martin, excellait en plusieurs sortes de travaux, et, aimant surtout la menuiserie, utilisait ses talents à faire des tours en bois qu'il recouvrait de lames d'or pour servir de tabernacle à la Sainte Eucharistie (2). Voilà donc une relation formelle par les arts entre les monastères et les évêchés, qui, assez souvent d'ailleurs, n'étaient presque qu'une seule et même chose, l'Abbé devenant Évêque, et son monastère le Chapitre de la cathédrale. Ainsi en fut-il la plupart du temps en Angleterre, à Lobbes en Flandre, et, plus tard, à Maillezais en Poitou et à Tulle en Limousin. Et, une fois engagé dans cette vie de grosse tâche, ne croyez pas que le moine se contentât de poser sur le parchemin les lignes symétriques de ses

Nombreux exemples de cette double action du clergé.

---

(1) Cf. *Histor. Francor.*, lib. X, cap. XXXI.

(2) « Leo... fuit vir strenuus atque utilis in fabrica operis lignarii. (*Ubi suprà*, lib. III, cap. XVII.) — Tertius decimus Leo ex Abbate basilicæ Sancti-Martini ordinatur Episcopus. Fuit autem faber lignarius, faciens etiam turres holochryso tectas, ex quibus quædam apud nos retinentur. In aliis etiam operibus elegans fuit. » (*Ibid.*, lib. X, cap. XXXI, n° 13.)

crayons ; le plan fait, il ne laissait pas à d'autres le soin de l'exécuter. Des Abbés eux-mêmes se mêlaient à l'œuvre laborieuse de tous les jours, heureux de contribuer à la gloire de Dieu à titre de cimenteurs, après l'avoir cherchée comme architectes, et de ne s'interrompre que pour aller à l'autel ou au chœur : ainsi furent bâties les abbayes éternellement célèbres de Saint-Gall, du Bec, de Souvigny, et tant d'autres, chez nous et ailleurs, où tous les arts rivalisaient avec les lettres et les sciences exactes du *trivium* ou du *quadrivium* (1).

Mais à ne considérer que les évêques, cette époque leur devrait sa véritable gloire artistique. Beaucoup s'exercent autant à la confection des vases sacrés qu'à la construction des églises, et insistent sur des détails secondaires d'ornementation, de manière à nous en déceler l'importance. S. Remi de Reims, qui avait érigé l'évêché de Laon en 496, y avait laissé un calice d'argent fait d'après ses idées, et sur lequel était une inscription composée par lui. Un peu plus tard, vers 533, il ordonne, par son testament, de faire d'un vase d'or qu'il a reçu de Clovis une tour pour la Sainte Réserve, puis un autre calice orné de ciselures et de la même inscription (2). D'autres évêques suivaient cette voie ou-

---

(1) Cf., pour plus de détails, le beau et intéressant travail de M. de Montalembert, « l'Art et les Moines, » dans les *Annales archéologiques*, t. VI, p. 121 et suiv. Nous y renvoyons également pour tous les textes qui viennent à l'appui de ces assertions, qui sont celles du savant écrivain. Mais un fait caractéristique en cette matière se trouve consigné dans l'acte de consécration de l'église de l'abbaye de Champagne, dans le Maine. Cet acte, daté du 1er novembre 1269, porte que l'évêque du Mans, G. Freslon, l'abbé du monastère et plusieurs religieux avaient travaillé au saint édifice d'esprit et de corps : *Qui multum laboraverunt corporaliter et spiritualiter in fabricatura ecclesiæ.* (Cf. M. Hucher, Notice sur quelques monuments de la Sarthe, *Bullet. monum.*, t. XVI, p. 358.)

(2) « Vas aureum decem librarum, quod mihi Clodovæus rex donare dignatus est, hæredi meæ ecclesiæ jubeo turriculum et imaginatum calicem fabricari, et epigrammata quæ Laudunii in argenteo... ipse dicavi in hoc quoque conscribi volo. » (Flodoard, apud Bouquet, *Rerum*

verte au zèle du clergé, que le père de notre histoire nationale n'a garde d'oublier. Ainsi Agricole, à Châlon-sur-Saône, élève des bâtiments claustraux autour de sa cathédrale où les colonnes de marbre le disputent aux mosaïques (1). A Rhodez, Dalmatius mourait sans avoir pu achever la sienne, parce qu'il l'avait recommencée très-souvent, dans le désir de faire toujours mieux (2). A Clermont, Namatius s'appliqua à faire de sa basilique épiscopale un édifice remarquable par ses dimensions et la magnificence de sa parure : le symbolisme y règne par son abside, par sa forme de croix, le nombre de ses fenêtres, de ses colonnes et de ses portes, le jour harmonieux qui s'y répand; « en sorte, dit notre auteur, que tout y respirait les plus suaves parfums de la piété. » Et ne croyez pas que ce goût des bonnes choses artistiques n'aille bien qu'à ces Saints de profession : les femmes n'y demeurent pas étrangères. Pour qu'elles s'en occupent, il suffit qu'elles aient pris le voile religieux, et s'intéressent d'autant plus aux choses sacrées. Retirée du monde en même temps que Namatius, l'épouse de celui-ci nous est signalée par S. Grégoire, s'occupant d'élever une autre église en dehors de la ville, et dictant aux peintres qui devaient la décorer les sujets qu'elle y voulait avoir, et dont elle expliquait les motifs en s'aidant d'un livre ouvert sur ses genoux (3). Que n'avons-nous encore un tel livre !

franc. scriptores, t. II, ad ann. 533; — Fleury, lib. XXX, n° 46, ad ann. 496.)

(1) « Agricola, Cabillonensis episcopus..., homo valde elegans..., multa in civitate ædificia fecit, domos composuit, ecclesiam fabricavit quam columnis fulcivit, variavit marmore, musivo depinxit. » (S. Greg. Turon., *Hist. Franc.*, lib. V, cap. XLVI.)

(2) « Eo tempore (post ann. 541) et Dalmatius, Ruthenæ civitatis episcopus, migravit a sæculo... Ecclesiam construxit; sed dum eam ad emendationem sæpius destruxit, incompositam dereliquit. » (*Ibid.*, cap. XLVII.)

(3) « S. Namatius..... ecclesiam quæ nunc constat..., suo studio fabricavit, habentem in longum pedes centum quinquaginta, in latum pedes sexaginta, in altum infra capsam usque cameram pedes quin-

L'épiscopat ne se signale pas moins au siècle suivant. Il s'est emparé de la matière, non moins fervent que le clergé régulier, et, dans ces deux catégories, l'homme de prière ne voit rien de plus naturel que de régler les fondements du culte public par le zèle de la maison de Dieu. Et pendant que l'Occident s'anime ainsi à l'œuvre sainte, en Orient S. Jean l'Aumônier, patriarche d'Alexandrie, envoie d'immenses ressources à Modeste, abbé de Saint-Théodose, en Palestine, qui s'efforçait de relever à Jérusalem les églises détruites en 615 par les Arabes (1).

<small>Son zèle à favoriser les progrès de l'architecture.</small>

Mais alors se fit un progrès considérable, dû peut-être à la présence et à l'exemple des Visigoths, qui régnaient depuis cent ans sur le Midi de la France. A Cahors, en 630, S. Didier use d'énormes pierres de taille pour son église : c'est le grand appareil, qui ne cessera plus dans les constructions, et va désormais échelonner jusqu'à nous, à travers le moyen âge et la Renaissance, toutes les périodes de l'architecture européenne (2). Aussi vit-on bientôt les peuples du Nord emprunter à la France et à l'Italie, où les Goths s'étaient longtemps exercés, des ouvriers et des artistes capables d'y introduire cette méthode perfectionnée

---

quaginta : inante absidem rotundam habens, ab utroque latere ascellas eleganti constructas opere, totumque ædificium in modum crucis habet fenestras quadraginta duas, columnas septuaginta, ostia octo. Terror namque ibidem Dei, et claritas magna conspicitur; et vere plerumque inibi odor quasi aromatum suavissimus advenire a religiosis sentitur. » (*Ibid.*, lib. II, cap. XVI et XVII.) — Ce livre, que l'historien ne désigne pas, était peut-être la Bible; mais ce pouvait bien être aussi un choix des histoires bibliques accommodé aux besoins de l'art. M. Didron a rencontré en Grèce des peintres qui travaillaient leurs fresques de la même manière, en se faisant lire par des enfants un manuscrit qui les renseignait à l'instant même, et qui n'était pas le livre sacré. (Cf. *Manuel d'iconographie chrétienne*, introduction, p. xxv, in-8°, Paris, 1845.

(1) Rohrbacher, *Hist. universelle de l'Église catholique*, lib. XLVIII, ad ann. 615.

(2) « Non quidem nostro gallicano more, sed sicut antiquorum murorum ambitus magnisque quadrisque saxis exstrui solet. » (*Excerpta e Vita S. Desiderii*; Bouquet, ubi suprà, t. III, p. 331.)

dont les Méridionaux avaient eu les prémices. On voit S. Wilfrid, évêque d'York, Biscops, abbé de Waremouth, venir eux-mêmes en Normandie, vers 675, chercher des constructeurs et des verriers qui travaillèrent bientôt en Angleterre, et y laissèrent les notions et la pratique de ces deux arts (1). Ces magnifiques élans que les évêques et les moines inspiraient au monde en retour de ses religieux respects et de sa filiale soumission durent hâter le développement de l'iconographie symbolique, et de tels faits peuvent être indiqués, croyons-nous, dans l'histoire de l'art comme le point de départ de cette architecture mérovingienne qui diffère évidemment par tous ses caractères de celle qui jusque-là n'avait donné que des édifices en bois, toujours dévorés par l'incendie peu de temps après leur construction, et qui ne se prêtaient, d'ailleurs, que fort peu aux travaux symboliques de la sculpture.

Plan symbolique des monastères. — Un fait intéressant se rattache ici à la construction des abbayes. Leur plan général, tout en se dessinant d'abord à l'imitation des grandes habitations romaines, s'était plié néanmoins aux exigences différentes de la vie régulière, et le symbolisme y avait pénétré avec les austères habitants dont il remplissait la pensée. S. Éphrem, diacre d'Édesse, qui florissait dès le milieu du quatrième siècle, parle du cloître comme d'une fidèle représentation du Ciel, où tout est commun, où règne la paix des saintes extases et de l'unique préoccupation de Dieu. Par suite, rien d'étonnant qu'on l'ait embelli dès lors et plus tard de sculptures éloquentes, de peintures variées reproduisant les idées exprimées dans les livres mystiques, dont la lecture s'y

(1) Émeric David, *Mémoire sur la dénomination et les règles de l'architecture dite gothique*, parmi ceux de l'Institut, 1838, *passim*. — L'auteur, pour le dire en passant, s'y trompe plus d'une fois sur l'âge des monuments dont il parle, et semble ne s'être pas souvenu, en écrivant ce mémoire, de ce que le concile de Nicée lui avait appris sur la direction donnée par le clergé aux architectes depuis l'origine de l'architecture ecclésiastique.

faisait tous les jours, comme ceux, par exemple, du *Pasteur* d'Hermas et de l'*Échelle sainte* de S. Jean Climaque. C'est dans ce sens qu'il est parlé des monastères par Honorius d'Autun au douzième siècle, et par Durant de Mende au treizième. Le Sauveur avait dit que dans la maison de son Père on trouvait de nombreuses demeures distinctes les unes des autres : voilà les laures de la Thébaïde, les cabanes de branchages des solitaires de Saint-Maixent, de Ligugé et de Marmoutier, enfin les cellules où chacun habite avec Dieu seul, au milieu du silence et du recueillement. — S. Angilbert, au neuvième siècle, dotait la Picardie du célèbre monastère de Saint-Riquier sur un plan triangulaire, et le nombre *trois* s'y répétait systématiquement par celui des églises renfermées dans l'enceinte sacrée, des autels, des portes et des principaux Archanges qui en avaient le patronage. Ceci était imité, dans le même temps, à Fleury-sur-Loire par les moines qui y restauraient l'abbaye de Saint-Benoît. Livrés aux considérations qui résultaient de ces dispositions mystiques de leurs saintes habitations, les religieux devaient regarder leur maison comme une sorte de sanctuaire, comme le Saint des Saints du Temple primitif, et ils lui en donnaient le nom, selon qu'on le voit dans les Vies de Ste Marie d'Oignies écrite par le cardinal de Vitry, de Ste Paule par S. Jérôme, et de Ste Euphrasie, contemporaine de l'empereur Théodose (1).

On voit clairement combien était érigée en principe et comment se pratiquait cette continuelle surveillance des Pasteurs; et quand bien même elle n'eût pas été admise

La surveillance des évêques constatée par le deuxième concile de Nicée.

(1) Cf. *Evang. S. Joan.*, XIV, 2 ;—de Caumont, *Hist. de l'archit. relig.*, p. 362; *Bullet. monum.*, VI, 204 ;—S. Éphrem, *De Compunctione cordis*, cap. II, parmi ses ouvrages de piété, traduits par Le Merre; — l'abbé Crosnier, *Iconogr. chrét.*, p. 77 et 78 ; — Honorius Aug., *Gemma animæ*, lib. I, cap. CXLIX ; — Duranti Mimat. *Rationale*, lib. I, cap. VI ; — l'abbé Godard-Saint-Jean, *Essai sur le symbolisme architectural des églises*, in-8°, Caen, 1847 ; — Cornelius à Lapide, *Comment. in Exod.*, cap. XXVI, v. 33.

partout dès le commencement, elle serait devenue nécessaire pour préserver l'Église des imaginations de maladroits ouvriers ; et ce fut une crainte fondée de voir dénaturer la foi dans le plus sensible de ses éléments extérieurs qui nous valut le plus décisif de tous les textes sur cette matière. On sait les discussions soulevées au huitième siècle par l'hérésie des Iconoclastes, et avec quelle énergie le catholicisme lui opposa ses conciles et ses martyrs. De ces conciles, le deuxième de Nicée, tenu en 787, constate, en termes exprès, ce qui avait été de tout temps à l'égard de cette surveillance de l'Église sur les artistes qu'elle employait. Les ennemis des images se faisaient une objection des erreurs possibles de quelques peintres qui, par leur peu d'habileté, eussent compromis, disait-on, la dignité du culte ou la gloire de Dieu et des Saints. « Mais comment, » observèrent les évêques, nos peintres pourraient-ils se » tromper dans le plan et les détails de nos tableaux en » suivant la tradition conservée dans toute l'Église? et ne » sait-on pas que tout y est dicté par les Pères dès la plus » haute antiquité, que S. Basile regarde comme une preuve » d'autorité irrécusable? Eux seuls étaient les architectes » ou les constructeurs de ces lieux vénérés où leurs regards » se reposaient sur les saintes images, où leur cœur sa- » cerdotal offrait à Dieu des prières agréables avec le Sa- » crifice-non-sanglant. En tout cela, rien n'était du peintre » que l'art dont il usait ; mais l'ordre et la disposition des » sujets étaient bien des Pères de la sainte Église, qui déjà » avaient élevé le monument (1). » La règle était donc

---

(1) « Non est imaginum structura pictorum inventio, sed Ecclesiæ catholicæ probata legislatio et traditio. Nam quod vetustate excellit venerandum est, ut inquit divus Basilius. Testatur hoc ipsa rerum antiquitas et Patrum nostrorum, qui Spiritu Sancto feruntur, doctrina. Etenim, cum has in sacris templis conspicerent, ipsi quoque animo propenso veneranda templa exstruentes, in eis quidem gratas orationes suas et Incruenta Sacrificia Deo omnium rerum Domino offerunt. Atqui consilium et traditio ista non est pictoris (ejus enim sola ars est), verum

vieille déjà, elle datait de la plus haute origine possible ; mais aussi elle était absolue. Le peintre peignait, et *usait de son art*; il n'inventait pas, et, dans cette contrainte, il se trouvait préservé des inconvénients qu'aurait entraînés l'émancipation de son génie personnel, parfois peut-être plus ou moins iconoclaste... Que faudrait-il de plus que cette solennelle déclaration de l'Église pour signaler nos premiers évêques, et leurs successeurs par une conséquence naturelle, comme ayant eu toujours et partout la direction des artistes religieux ? Émeric David, Gori et d'autres l'avaient soupçonné sans en chercher les preuves : nous les avons maintenant, et nous remontons sans obstacle jusqu'à l'origine même des traditions chrétiennes, à la suite de ces Pères de Nicée, qui devaient bien les savoir (1).

ordinatio et dispositio Patrum nostrorum qui ædificaverunt. » (Labbe, *Conc.*, t. VII, col. 831 ; *Synod. Nicæna*, II.)

(1) Cf. Ém. David, *ubi suprà*, p. 73, où il cite Gibbon, historien de *La Décadence de l'empire romain*, qui outre de beaucoup, sans en comprendre la cause esthétique, les difformités de la peinture religieuse des Grecs au huitième siècle. — Gori s'exprime avec plus de respect et de justesse dans sa *Description de la chapelle de Saint-Antonin*, in-f°, 1728, et dans son *Symbole littéraire*, t. II, in-8°, 1748, Florentiæ. — M. Didron, que nous aimions beaucoup, mais dont nous ne pouvons adopter ici toutes les idées, se trompe aussi peut-être lorsqu'en avouant que nos artistes occidentaux du moyen âge ont toujours eu une véritable liberté dans leur allure artistique, il accuse l'Église d'Orient de les avoir comprimés en d'étroites limites dont il croit trouver la preuve dans le canon de Nicée. N'y voit-on pas, au contraire, que l'artiste grec a pour lui son art, *ejus enim sola ars est*, c'est-à-dire l'exposition du sujet désigné, ce qui est beaucoup pour son talent? Quant au dogme, quant à l'exégèse scripturaire, c'est autre chose, et rien ne peut l'autoriser à les traiter de lui-même. Nous verrons que Rome ne se distingua pas en cela de Byzance, puisque d'ailleurs ce n'est guère qu'au sixième ou septième siècle que les deux écoles commencent à se donner quelques points de divergence. — Durant de Mende, que M. Didron n'aimait pas assez, n'a donc pas tort d'appliquer aux peintres chrétiens la maxime d'Horace : *Quidlibet audendi*... Il est clair que Durant, qui savait parfaitement de quoi il parlait et ce qu'on prétendait de son temps, ne donne pas à ces mots: *Diversæ historiæ tam Novi quam Veteris Testamenti pro voluntate pictorum depinguntur*, un sens aussi large que notre savant et estimable ami paraissait le croire. Il dit cela après avoir

Elle fortifie et perpétue ainsi les traditions.

Au milieu des ébranlements subis au dixième siècle par l'empire d'Occident, la chaîne de nos souvenirs historiques ne perd pas un seul de ses anneaux. C'est encore le même académicien qui nous l'affirme. Il nous montre l'art se penchant vers sa décadence et menacé d'une ruine complète si des évêques vertueux, de pieux cénobites ne l'avaient protégé avec sollicitude dans les cloîtres pour l'ornement des temples et des autels. Il se complaît à dresser une liste d'évêques et d'abbés tout appliqués à orner et à construire des sanctuaires; c'est à leur voix que s'élèvent les murs sacrés, que se décorent ces intérieurs de basiliques où rivalisent de leur vif éclat les verres de couleur, les vastes pages de peinture, les retables en orfévrerie et les étoiles d'or multipliées aux coupoles des absides et aux plafonds des nefs. Auxerre, Autun, Reims, Fulde, Toul, Constance, Rome et Milan, York et Cantorbéry, Aix-la-Chapelle et Saint-Gall, prouvaient à l'envi qu'une pensée unique présidait aux magnifiques éclosions de la pensée chrétienne (1). Là c'était tout le génie de l'ornementation; ailleurs, comme à Paris, à Clermont, à Angoulême, l'architecture s'évertuait sur l'abbatiale de Saint-Germain-des-Prés, pour Notre-Dame-du-Port, pour la belle cathédrale byzantine de Saint-Pierre, et les architectes étaient encore les prélats, inspirateurs des plans normaux, de l'imagerie sculptée aux portails, des chapiteaux chargés de légendes locales, d'enroulements botaniques ou d'animaux hybrides préposés à

---

rappelé succinctement de quelle façon on représente le Paradis, l'Enfer, la Synagogue. Quant aux scènes historiques, elles sont laissées au choix peut-être, mais certainement à l'agencement du peintre, qu'on n'a pas intérêt à diriger dans la distribution des scènes et la position des personnages. On se fût bien gardé de lui laisser la même liberté dans les peintures où le symbolisme devait dominer la matière.—Voir le *Manuel d'iconographie chrétienne*, introduction, p. VII et VIII; Durant, *Rationale divin. Offic.*, lib. I, cap. III.

(1) *Ibid.*, p. 81 et suiv., et *Mémoire sur l'architecture gothique*, ubi suprà.

l'enseignement de quelques austères vérités (1). M. de Montalembert a fait observer, à propos de cette application du clergé aux choses de l'art, qu'en plein dixième siècle l'éducation d'un clerc était assez complète en tout ce qui regardait le bon goût de l'intelligence et l'habileté d'exécution pour faire honte au pédantisme moderne, qui n'affecte qu'un grossier mépris pour la prétendue ignorance de ces temps méconnus (2).

Ceci nous amène à l'époque où les Chapitres, constitués depuis l'origine en un corps diocésain et faisant vie commune avec l'évêque, commencent à se faire des intérêts distincts, séparent leur mense de la sienne, et s'appliquent d'eux-mêmes aux soins de l'église cathédrale, qui devient la leur propre autant que celle de leur chef hiérarchique (3). L'épiscopat continue à se faire architecte, d'autant plus entraîné vers les développements de l'art, que de toutes parts les écoles d'architecture se sont recrutées, et qu'à leur observance fidèle du symbolisme elles ont ajouté le grandiose des formes architectoniques dans les admirables constructions créées par les monastères les plus renommés.

Les Chapitres entrent dans le mouvement artistique.

---

(1) Renouvier, *Essai de classification des églises d'Auvergne*, Bullet. monum., t. III, p. 377 et suiv.

(2) S. Bernard, évêque de Hildesheim, avait été élevé, vers 950, dans le monastère des bénédictins de cette ville. L'annaliste de l'Ordre, notre célèbre Mabillon, indique en ces termes à quels arts s'appliquaient les jeunes gens instruits à cette école et, bien entendu, dans toutes celles qui vivaient sous les inspirations de la même règle : « In scribendo apprime enituit; picturam etiam limate exercuit. Fabrili quoque scientia et arte clusoria, omnique structura mirifice excelluit. » (*Acta Ord. Sancti Bened.*, t. VIII, p. 181.) — Voici donc un seul homme, et avec lui tous ceux qui venaient se soumettre à la même discipline, appliqué en même temps aux travaux de la calligraphie, de la peinture, de l'orfèvrerie, y compris l'art d'y enchâsser les pierres précieuses, et enfin l'architecture. De telles notions, il faut bien l'avouer, expliqueraient seules comment a pu naître et se perpétuer le *canon* invariable suivi si longtemps par nos artistes religieux. — Cf. *Annales archéologiques*, t. VI, *ubi suprà*.

(3) Cf. Bouix, *Tractatus de Capitulis*, pars 1, cap. 1, §§ 5, 6, 8; Fleury, *Institution*, 1re part., ch. XVII.

Cette influence monastique, vivante dans toute la période romano-byzantine, qui s'étend du sixième siècle au douzième, se termine pendant le cours de celui-ci aux vastes et saisissantes abbatiales des Clunistes et des Cisterciens, dont on sait la supériorité incontestable (1). Mais pour ces laborieux solitaires, un temps d'arrêt se fait ici, soit parce qu'ils ont doté leurs nombreuses maisons conventuelles d'églises aussi durables que magnifiques, soit parce que la plus grande partie des Siéges épiscopaux occupés par des membres de ces grandes familles tendent naturellement dès lors à remplacer les abbayes dans l'impulsion que l'art religieux doit encore recevoir. Voilà donc les évêques et les chapitres unissant leurs efforts et leurs richesses pour élever, à côté de Cluny, de Moissac et de Saint-Denis, de Vézelay, de Fontverault et de Lerins, les basiliques épiscopales de Chartres, de Paris, de Rouen et de Poitiers. De tous côtés, on voit surgir de nouveaux chefs-d'œuvre et s'épanouir les nouvelles fleurs de l'architecture, d'autant plus belles que l'art, parvenu à la possession de toutes ses ressources possibles, se complète chaque jour par ses charmantes productions de tout ce que le compas de l'architecte peut offrir au pinceau intelligent de ses peintres et au ciseau vraiment original de ses sculpteurs.

Preuves de ce qui précède dans les sculptures mêmes de nos églises ;

La part exclusive que le clergé a toujours prise dans la surveillance, la direction, et fort souvent dans l'exécution même des travaux, ne se voit pas seulement dans ces parfaites ressemblances de types qu'on remarque partout où fut le catholicisme : on la retrouve dans les plus minces détails d'ornementation sculptée aux façades de nos temples ou sous les corniches de leur intérieur (2). Là, maintes fois,

---

(1) Cf. *Notice sur les écoles d'architecture au moyen âge*, par M. l'abbé Crosnier, p. 2 et suiv., in-8°, Caen, 1849.

(2) En Normandie, les modillons ornent rarement l'intérieur de l'église, mais ils s'y trouvent souvent dans celles de l'Anjou, du Maine, du Poitou, de la Touraine et de beaucoup d'autres provinces.

au milieu des têtes grimaçantes et des personnages diversement occupés qui soutiennent en longues rangées les arcatures ou les entablements, on aperçoit certaines figures placides attentives à un phylactère qu'elles déroulent, ou assises près d'un *volumen* déployé, ou tenant le compas et l'équerre, ou avoisinées enfin d'une petite église finement taillée qu'elles contemplent avec amour; presque toujours ces figures sont couvertes de la cuculle du religieux ou du capuce du chanoine. Non loin d'elles, un évêque revêtu de ses insignes habituels, appuyé sur sa crosse, ou assis et calme devant ces grandes nefs où il semble présider encore, surveille, et assiste de son regard à tout ce qui s'est fait autour de lui (1). Soyez certain que ces témoins d'un autre âge sont les créateurs de la pensée première qui a rassemblé d'abord et dressé bientôt après tous ces matériaux. Là est le maître de l'œuvre, ici le maître maçon, là encore le consécrateur qui a donné leur valeur suprême à ces murs bénis. Ne voyez-vous pas aussi, dans un costume plus simple, tenant d'une main quelque attribut plus ou moins intact de leur honorable *mestier*, ces hommes obscurs députés là, pour y vivre en leur nom, par les ardentes confréries qui bâtirent tant de sanctuaires sous la conduite des prêtres : hommes de peine, au cœur chrétien, fouillant les carrières, s'attelant aux chariots des transports, enthousiastes de leur tâche consommée pendant des années entières au chant des cantiques et aux accents de leur composition ; généreux indigents payant de leurs peines sérieuses à l'édifice commun cette riche souscription que le noble lui-même et le seigneur ne secondent pas moins de leurs généreuses fatigues (2) ! Personne, en aucun temps, n'a

dans l'histoire de toutes ces fondations par les confréries de maçons ;

---

(1) Voir notre *Histoire de la cathédrale de Poitiers*, t. I, de la p. 216 à la p. 284 ; et pl. VIII, nos 10, 28, 44, 45, 50, 53 et 54.
(2) Cf., sur les confréries de frères-maçons dirigées par le clergé aux onzième, douzième et treizième siècles, le livre du docteur Schnaase, déjà cité, et qui a trait à ce fait si intéressant de l'histoire architecturale

60　HISTOIRE DU SYMBOLISME.

connu ni ces prolétaires ni ces prélats ; rien ne dit à côté d'eux le moindre souvenir de leur vie privée. Mais eux-mêmes suffisent à cette place, modestement enviée peut-être, pour remplacer la théorie non écrite de leurs idées artistiques; ils disent hautement qu'ils ont pris part, dans la sphère relative de leur zèle et de leur intelligence, à ce travail commun dont vous voyez autour d'eux les saintes et brillantes conceptions. Que dire de plus pour attester cette collaboration sacrée ? Voici les Docteurs et leurs disciples; autour d'eux et de vous se déroulent les pages merveilleuses de leur livre, où tout se lit, excepté leur nom ; mais, pour ces doctes et sublimes chrétiens, un tel silence n'est qu'un mérite de plus.

et l'exacte ressemblance de tant de types multipliés à l'infini sans aucunes règles écrites.

Chose étonnante ! l'architecture n'a pas eu, dans toutes ces encyclopédies si curieuses et si savantes dont le moyen âge se glorifie à si juste titre, une seule page consacrée à ses principes et à ses méthodes. Vous n'en trouverez rien ni dans Bède, ni dans Isidore de Séville, ni dans Hugues de Saint-Victor, ni dans Vincent de Beauvais. Et cependant quels rapports de ressemblance entre tous les monuments con-

---

dans le onzième volume des *Annales archéologiques*, p. 325. — C'est une grosse erreur de ne dater l'apparition des frères-maçons que du treizième siècle, comme l'a fait M. Weyer au congrès archéologique de Strasbourg en 1842 ; et c'était encore un mauvais argument pour cette thèse que le témoignage qu'on prétendait tirer des signes lapidaires inconnus, disait-on, avant le treizième siècle : nous savons beaucoup de monuments dans le Poitou où ils figurent dès le douzième ; et d'ailleurs ces signes n'étaient que des marques de tâcherons, comme nous l'avons expliqué ailleurs, et non des indices secrets se rapportant à quelques idées d'une société travaillant en dehors du clergé. C'est donc plus de deux cents ans avant Erwin de Steinbach qu'il faut regarder l'origine des associations d'ouvriers maçons ; elles se formèrent sous la direction des ecclésiastiques pour suppléer à l'insuffisance des ouvriers-moines formés dans les monastères par les Abbés, et furent dès lors un corps de métier ayant ses règles constitutives et ses droits reconnus. — Voir encore *Hist. de la cathédrale de Poitiers*, t. I, p. 286, pl. IX ; Bâtissier, *Hist. de l'art monumental*, p. 466 et suiv.; Renouvier et Ricard, *Des Maîtres de pierre et autres artistes gothiques de Montpellier*, in-4°, p. 3, Montpell., 1844.

struits à tant d'époques diverses ! Quelle identité évidemment calculée des dispositions principales et secondaires ! Comme il a fallu nécessairement que l'unité des règles fût acceptée de toutes parts pour produire partout ce résultat commun d'une pensée dominante ! Affirmons-le donc : ce fait acquis consacre l'existence d'une maîtrise générale d'autant moins soucieuse d'écrire, que le simple ouvrier, ne sachant pas lire, n'eût eu que faire de manuscrits, et que l'architecte, pouvant communiquer de vive voix les principes fondamentaux, n'avait pas de meilleurs moyens que la pratique même pour introduire à la connaissance de l'art les nombreux élèves formés par lui dans le silence du cloître et la contemplation des monuments.

Il en était ainsi dans le système général d'ornementation par l'imagerie, soit peinte, soit sculptée. Point de *Guides* composés pour ces travaux, où la pensée a presque toujours le plus beau rôle ; et cependant que d'innombrables sujets, toujours les mêmes partout quant au sens mystérieux qu'ils représentent, diffèrent à peine çà et là par le faire du peintre et du sculpteur ! Il est vrai qu'on possédait depuis les premiers temps des modèles qu'il ne fallait qu'imiter : les manuscrits étaient pleins de miniatures variées, où le symbolisme des anciens ou des contemporains s'était exercé, et qui, pour beaucoup d'expressions à rendre, étaient des sources abondantes et sûres. Combien on y rencontre de fleurs, d'animaux, de bons et de mauvais anges qui se reproduisent sur nos chapiteaux, dans nos verrières, aux reliefs des bases et des entablements ! C'était toujours d'après les notions de l'esthétique, reçues et sans cesse professées dans les cloîtres, que travaillaient à ces images précieuses de nos vieux parchemins les cénobites de l'un et de l'autre sexe. C'est ainsi que furent composés la *Bible* d'Alcuin et l'*Ortus deliciarum* de l'abbesse Herrade de Hohenbourg. Sans ces habiles mains, les ornementistes eussent manqué de modèles, devenus autant de règles

Comment les miniatures des manuscrits ont pu suppléer aux textes spéciaux pour les arts d'ornementation.

permanentes et qui portaient avec elles leur professorat de la pensée artistique. Voilà sans doute pourquoi, parmi tant de livres recherchés dans les obscurités de nos bibliothèques sur l'art et ses règles au moyen âge, on en trouve à peine deux qui traitent de la partie technique de certaines industries ; et encore ne faut-il pas remonter au delà du douzième siècle pour lire ces pages attachantes qu'on doit au moine Théophile, l'humble et savant auteur de l'*Essai sur divers arts* (1), ni s'éloigner beaucoup du quinzième pour tirer du *Guide* grec *de la peinture* les procédés manuels et l'économie spirituelle des saintes images (2).

Caprices de l'architecture civile en regard de cette discipline régulière des formes sacrées.

Pour dernière assertion nous voulons faire observer quelle différence existe entre l'architecture religieuse du moyen âge et l'architecture civile de la même époque s'exerçant aux habitations particulières, aux hôtels de ville ou aux palais. Souvent, il est vrai, des rapports très-apparents se manifestent entre ces éléments opposés, entre certains bâtiments de grandes dimensions et quelques églises voisines. Alors il faut, presque sans exceptions, considérer les

(1) Cf. *Schedula diversarum artium*, traduit par M. de l'Escalopier, et ce qu'en dit l'intéressant article que notre regrettable abbé Texier en a inséré dans son beau *Dictionnaire d'orfévrerie chrétienne*, vº Théophile.

(2) Le *Guide de la peinture* est du moine Denys, pieux et intelligent artiste du couvent de Fourna, au Mont-Athos. Les moines grecs, qui s'en servent encore pour l'exécution des tableaux sur mur de leurs églises, le croient du dixième ou du onzième siècle. Nous pensons, avec M. Didron, que ce serait un peu haut. Mais le savant archéologue le regarderait comme du quinzième ou du seizième siècle, et nous craignons que ce ne soit un peu bas. Il y a, en effet, dans la diction de l'auteur grec une naïveté de pensée et d'expression qui se perd déjà partout, nous semble-t-il, au quatorzième. Au reste, on est forcé en lisant ce livre de reconnaître une foule de traditions hiératiques rendues de la même façon que nos peintres de l'Occident l'ont fréquemment compris. C'est une raison de plus pour attribuer cette unité de méthode à une source canonique très-ancienne. Cela prouve encore qu'entre tant de différences par lesquelles on voudrait parfois distinguer les deux grandes Écoles de peinture chrétienne, il en est beaucoup de fort conjecturales, et sur lesquelles il faut revenir de l'assurance qui les avait fait affirmer.

premiers comme étant l'œuvre des religieux qui construisirent les secondes et qui les ont reliés mutuellement par un air de famille; le style, des deux côtés, se rapproche plus ou moins par quelques détails. C'est également, pour les ouvertures, l'arcade cintrée ou ogivale, quelquefois la colonne cylindrique et son chapiteau à feuillage; parfois aussi, dans les constructions purement nobiliaires, l'ornementation s'élève par plus de luxe et de recherche; mais regardez bien, et toujours des traits saillants viendront trahir à vos yeux la destination laïque de ces édifices et en indiquer l'origine : ainsi le plus grand nombre d'entre eux est en bois ou en briques, au moins dans les villes; de même qu'ils y sont relativement très-peu vastes, l'enceinte murale des fortifications ayant dû restreindre l'espace de la cité. On voit bien encore, surtout au douzième siècle, comme à Bazas, et au treizième, comme à Cluny, une arcature continue formant galerie au second étage, puis une projection de la toiture s'avançant en dehors du plan comme un appendice destiné à garantir de la pluie les accoudoirs des fenêtres et le seuil de la porte d'entrée. Mais toutes les façades sont plates et sans aucun retrait; les fenêtres, parfois à plein cintre, sont le plus souvent carrées, et coupées par une croisée en pierre; enfin les faîtages à pente plus ou moins rapide, où les *épis* ne paraissent pas encore, où des tuyaux de cheminée, rivalisant d'une élégance arbitraire, signalent surtout l'action de la vie civile : voilà, certes, des caractères bien éloignés de ceux d'une église, et qui ne permettent pas de confondre les mains qui les édifièrent.

C'est donc le caprice de chacun qui a présidé à ces constructions laïques, si nombreuses et si variées, et c'est raison, chacun se logeant selon son droit, et la société n'ayant aucun intérêt à lui imposer des formes préférées. Là, d'ailleurs, point de symbolisme à observer nécessairement, point de règles canoniques à suivre; la rigoureuse loi de l'alignement, qui, de nos jours, est parfois si ridiculement absolue, n'empêche même pas le bâtisseur vulgaire ni d'empiéter sur la voie publique ni de reculer vers son jardin. L'église, au contraire, maison de tous, mais lieu sacré destiné à la prière commune, doit se distinguer tout d'abord au regard qui la rencontre; elle frappe et saisit par ses lignes et ses dessins convenus; elle s'annonce à tous par des tracés qui ne sont qu'à elle, par la même raison qu'une fois installés dans son enceinte vénérée, ses enfants ont besoin que tout y parle à leur esprit et à leur cœur, que tout arrive par le regard à ces deux moitiés de la vie morale.

Résumé et résultat logique des considérations précédentes.

Il était donc indispensable de s'arrêter à un archétype universel, qui ne changeât point quant aux significations plus ou moins nombreuses, mais toujours nécessaires, dont la foi se nourrit. Donc, pour l'architecture chrétienne, non plus que pour ses moyens d'ornementation et d'ameublement, point de ces prétendus caprices auxquels des prétentions irréfléchies ont quelquefois voulu faire croire; point de banalités dans ce plan des monuments, en tout le même, et parlant toujours le même langage des traditions apostoliques sous l'influence du prêtre; point de vagues étrangetés dans cette flore pendante aux bords des chapiteaux, dans ces couleurs murales disant les mystères des faits bibliques aux parois du temple ou à la voûte du sanctuaire; nulle fantaisie dans ces légendes sculptées, dans ces verrières empreintes des histoires symboliques de tant de générations, non plus que dans ces types consacrés, mais inexplicables à l'ignorance qui n'y peut lire, à l'incrédulité qui les nie, à la demi-science laïque s'égarant en des sentiers qu'elle ne peut explorer complétement toute seule. Ce sont là autant d'empreintes qui ne se voient en aucune habitation séculière dans les siècles de foi, pas plus que de notre temps, et qui, en constituant une différence tout hiératique entre les monuments civils et ceux de l'ordre religieux, attestent aussi bien pour les uns l'exemption complète de toutes règles positives que pour les autres une soumission normale à des conditions symboliques dont le clergé seul était l'auteur et le gardien.

Ce que nous venons d'exposer pour établir cette influence absolue et irrécusable de la pensée sacerdotale sur les différentes branches de l'art catholique se prolongerait à l'infini ; mais tout ce qui va suivre, en s'appuyant sur cette vérité, ne fera qu'en multiplier les preuves. C'est que, pour résumer ici avec de grands maîtres tout ce qui regarde cette question, « dès le siècle des catacombes l'art chrétien devint une religion comme tout le reste ; il semble qu'une main souverainement maîtresse ait tracé alors le premier modèle, que tant de mains serviles répétèrent depuis (1) ; » et, « quant aux moyens d'exécution, il est certain que les ecclésiastiques les plus distingués et les plus instruits faisaient de l'architecture l'objet de leurs études : ils donnaient eux-mêmes les plans de leurs églises, ils travaillaient à les construire (2). » — Je ne terminerais pas si je voulais citer tous ceux qui, pour cette sainte et noble tâche, vouèrent toute leur vie aux œuvres de l'équerre, de la palette et du ciseau.

(1) Raoul Rochette, *Tableau des Catacombes*, p. 165.
(2) M. de Caumont, *Hist. de l'archit.*, p. 59, 60.

CHAPITRE II.

L'ÉGLISE DANS SON ORIENTATION. — CIMETIÈRES.

Revenons maintenant sur nos pas : il est temps de considérer la maison de Dieu dans son plan d'ensemble, et pour ainsi dire à l'extérieur, où nous apparaissent les formes générales du lieu sacré, après quoi nous passerons le seuil, nous aborderons le sanctuaire, nous parcourrons ses nefs, nous visiterons son transsept, ses absides et ses chapelles ; enfin nous chercherons encore dans tous les membres de ce corps mystérieux les leçons silencieuses mais fécondes de l'Épouse du Christ.

<small>Préliminaires de la construction. — La croix plantée sur l'emplacement du grand autel.</small>

C'est de loin que ces leçons préparent le saint édifice, et longtemps avant que les murs bénis n'aient reçu même leur première assise. Nous avons vu comme l'assentiment de l'Évêque est nécessaire à l'érection du moindre espace où se doit célébrer le Saint Sacrifice, la plus auguste des fonctions religieuses, et vers laquelle toutes les autres convergent. C'est à lui également qu'il appartient de désigner ou d'accepter le terrain ; car il est bon que, toujours par une pensée mystique, le sol où sera posée cette Jérusalem terrestre domine l'espace qui l'entoure, appelle de loin les regards de l'humanité, et ouvre le cœur de l'homme aux cantiques de son exaltation éternelle. Nous savons, du reste, que l'Église universelle, la société chrétienne tout entière est figurée par ce temple : en réalité, c'est la Jérusalem d'En-Haut. Il y a donc entre elle et lui des relations tropologiques et morales qui doivent *élever* l'un, dans toute son existence ici-bas, vers le règne surnaturel et inébranlable de l'autre. Les Prophètes sont pleins de cette similitude, qui leur revient sans cesse (1), et, quoiqu'on n'en ait guère tiré une prescription absolue quant à ces exhaussements du lieu choisi pour une église, on la verra cependant comprise et suivie de toutes parts. Pour peu qu'on l'examine, dans le plus grand nombre de nos monuments actuels on reconnaîtra souvent que, lorsqu'elle semble oubliée, ce n'est que par suite des transformations du sol modifié à travers les siècles, et l'importance n'en a jamais été méconnue, puisqu'au seizième siècle encore S. Charles prescrivait d'y obéir. On comprend bien aussi que cette disposition nécessitait, pour aborder le Lieu saint, l'usage de quelques degrés : c'était un caractère de plus pour compléter le symbolisme de cette *ascension* du chrétien vers le séjour de la paix ; là il se trouvait d'autant plus séparé du monde, et, par une autre raison tirée du respect qu'impriment aux nombres impairs l'unité et la trinité de Dieu, ces marches devaient être au nombre de trois, de cinq, de sept, etc. Cette remarque, confirmée encore par S. Charles, ne s'applique pas moins aux chapelles baptismales et aux autels (2), dont

---

(1) « Fundatur exsultatione universæ terræ mons Sion..., civitas Dei magni. » (*Ps.*, XLVII, 3.) — « Fundamenta ejus in montibus sanctis. » (*Ps.*, LXXXVI, 1.) — Voir S. Méliton, sur le mot *mons*, apud *Spicileg. Solesm.*, t. II, p. 142.

(2) « Qua in re valde spectetur ut ubicumque (ecclesia) exstruatur, loco editiori aliquanto fiat. » (S. Caroli Borromæi, *Instructionum fabricæ ecclesiasticæ* lib. I, cap. 1, De Situ ecclesiæ.) — Le saint évêque, doué de ce zèle éclairé qui s'échappe toujours d'un cœur sacerdotal, va plus loin, et n'abdique pas le droit de choisir lui-même ou d'approuver l'architecte destiné à une œuvre de cette importance : « Ecclesia cum ædificanda est, primum episcopi judicio, et de architecti *quem is adhibuerit probaritve* consilio, locus accommodatior eligi debet. » (*Ibid.*) — Qui ne comprendrait, en effet, que l'architecte dût dépendre de celui qui a par son caractère la première et la plus haute surveillance de tels travaux ? On était loin encore de nos architectes diocésains... — Voir les notes très-judicieuses données par M. l'abbé Van Drival dans l'édition de S. Charles publiée par lui, Paris, 1855, in-18.

les degrés sont comme les Apôtres et les Martyrs, la parole des uns et l'héroïque fermeté des autres ayant été comme les fondements du dogme et la double voie des peuples (1) pour arriver au salut.

L'emplacement; la première pierre, et ses conditions. L'enceinte ayant été ainsi désignée au préalable, et le plan général tracé suivant les règles canoniques, l'évêque doit planter une croix à l'endroit même où devra s'élever l'autel, image sensible de la Victime crucifiée. Cette croix doit donc être nécessairement de bois, afin de représenter plus vivement celle du Calvaire, centre de toutes les pensées catholiques, symbole primitif d'où tous les autres ont découlé (2). C'est encore un souvenir des premiers autels employés dans les catacombes, dont le bois fut remplacé nécessairement ensuite par la pierre, comme nous aurons à l'expliquer bientôt. Mais de toutes les pierres qui formeront l'édifice, la première de toutes sera bénie; on lui donnera des dimensions et des ornements mystiques; sa forme carrée sera celle de la Cité éternelle décrite dans

---

(1) « Gradus quibus ascenditur ad altare spiritualiter demonstrant Apostolos et Martyres Christi, qui pro amore Ejus sanguinem suum fuderunt. » (Hug. à Sancto-Victore, *Speculum de mysteriis Ecclesiæ*, cap. I; Migne, t. CLXXVII, col. 537.) — Durant ajoute, pour compléter cette explication : « Quia... Sponsa in canticis amoris vocat eos *ascensum purpureum.* » (*Ration.*, cap. II ; mihi, f° VI.)

(2) « Pridie igitur lignea crux in loco ubi debet esse altare, figatur. » (*Pontificale romanum*, pars II, p. 282, in-12, Mechliniæ, 1845.) — Cette prescription était déjà vieille de plusieurs centaines d'années quand le Pontifical en maintint la vigueur. Elle vient des Novelles de Justinien, mort en 565, lesquelles étaient adressées soit à des magistrats, soit à des évêques, et, dans la cent trente et unième, qui est de ces dernières, le prince indique à observer une particularité qui prouve assez quel intérêt les évêques attachaient à l'orientation : *Episcopus*, dit-il, *veniat, ibidem crucem figat, publice* ATRIUM DESIGNET. (Can. *Nemo*, De Consecrat., distinct. I.) — Désigner l'*atrium*, le vestibule ou porche toujours établi au-devant de l'église, c'était bien par cela même fixer l'orientation. A la fin du sixième siècle, on était donc revenu sur la prohibition *provisoire* faite par le pape S. Léon le Grand, de 440 à 461, uniquement pour déjouer les idées des Manichéens. — Voir De Ferrière, *Histoire du droit romain*, p. 307, in-12, 1788; Labbe, *Concil.*, t. I, p. 1480.

l'Apocalypse (1), dont toutes les proportions se rapportent, par le nombre *quatre*, à la perfection et à l'unité. Son plus bel ornement sera la croix, profondément gravée à sa partie centrale, éloquent témoignage de la foi universelle (2). Elle sera posée ainsi dans un angle, pour répondre à la pensée du Christ qu'elle représente, du Christ fondateur de l'Église, pierre angulaire et base certaine de la société catholique (3).

Toutes ces observances ne sont pas nouvelles : l'histoire du quatrième siècle nous les montre suivies, avec quelques autres tout aussi mystérieuses, par le pape S. Sylvestre, lorsqu'il présida à la fondation de la basilique vaticane par l'empereur Constantin. Ce prince, tout plein encore de la ferveur récente de son baptême, déposa son diadème en signe d'humilité, s'arma d'une pioche avec laquelle il ouvrit la terre, et, en ayant retiré douze corbeilles en souvenir des douze Apôtres, il les répandit sur l'emplacement que devait occuper le nouveau temple (4). On comprend de reste toutes ces allégories.

Le plan par terre, ou ichnographie d'une église, en tourne le chevet au soleil levant. Nous avons vu que cette prescription remonte aux Apôtres. Nous savons aussi que les païens eux-mêmes attachaient une idée religieuse à l'orientation de leurs temples et de leurs tombeaux. Ces faits sont tellement vulgarisés aujourd'hui, que nous n'aurions

<small>Encore l'orientation; son histoire, et ses raisons d'être.</small>

---

(1) Cf. ci-dessus, t. II, ch. XIII, notre explication du 16ᵉ verset du ch. XXI de l'Apocalypse.

(2) « Debet episcopus, seu sacerdos de ejus licentia, et primarium lapidem cui impressa sit crux in fundamento ponere. » (Duranti, episc. Mimat., *Rationale*, lib. I, cap. I; *Pontificale romanum*, ubi suprà.)

(3) « Angularis petra, Christus fundat urbis mœnia, » disait notre ancienne prose de la Dédicace; et le rit romain : « Bene fundata est domus Domini supra firmam petram. » (*Offic. in Dedicat. Ecclesiæ*.)

(4) Cf. *Breviar. roman.*, 18 novemb., in Dedicatione basilicarum SS. apostol. Petri et Pauli, lect. V.

que faire d'en citer les preuves qui abondent partout, et nous pouvons renvoyer, d'ailleurs, pour les connaître, à ce que nous en avons dit ci-dessus (1). La question doit donc se réduire ici à ce qui regarde l'Église chrétienne. Il semble, selon la remarque d'un interprète moderne, que Dieu ait tenu à garder pour les temples du Christianisme cette coutume, toute relative à Celui que les Prophètes nommèrent l'Orient par excellence; car, les Gentils se tournant vers l'Orient pour leurs adorations superstitieuses, les Hébreux ne pouvaient imiter ce rite sans partager en apparence leur idolâtrie, et c'est pourquoi la Loi divine dirigeait vers l'Occident les autels portatifs, comme plus tard ceux du Tabernacle et du Temple de Jérusalem (2). Mais aussi les Hébreux, toujours fidèles à la pensée de leur Dieu, se tournaient, où qu'ils fussent pour la prière, vers ce Temple, qui devenait le point central de leur plus légitime affection, comme on le voit faire à Daniel quand il veut protester contre les impiétés de Darius (3). De leur côté, les Apôtres, dispersés sur toute la terre, durent s'inspirer du même sentiment; la Bible est pleine d'allusions qui les y portaient. C'est donc à eux qu'il faut attribuer l'introduction de cet usage, de ce langage si élevé du sanctuaire chrétien, et nulle trace n'en existe avant celle qu'on leur attribue si justement. « L'Orient, dit un judicieux observateur, n'était-il pas regardé comme la région des prodiges? C'est de là que l'Étoile apparut aux Mages ; c'est là que le Verbe s'est fait chair, et, s'il est la Lumière du monde, l'Orient est le symbole de cette Lumière incréée. » Sur la

---

(1) Voir t. 1, ch. IX, p. 223.
(2) Cf. Sacy, *Comment. sur le ch.* VIII *d'Ézéchiel*, et dom Calmet, *ibid.*
(3) « Daniel..., fenestris apertis in cœnaculo suo contra Jerusalem tribus temporibus in die flectebat genua sua et adorabat. » (*Dan.*, VI, 10.) — Durant : « Daniel quoque in Babilonica captivitate et Judæi similiter versus Templum orabant. » (*Rationale*, lib. V, cap. II; mihi, f° v° CXX.)

croix, Jésus regardait l'Occident, d'où il invitait les peuples à venir à lui : ainsi encore, la croix, placée du côté de l'Est, soit au jubé, soit à l'arc triomphal, soit dans la verrière de l'abside, fait face aux fidèles réunis dans la nef occidentale, et leur rappelle ainsi la mystérieuse disposition du Calvaire. Au jour de la Pentecôte, les flammes célestes descendirent de l'Orient dans le Cénacle; enfin, suivant une tradition immémoriale, c'est de ce côté que le Christ viendra au dernier jour présider à la Résurrection et au Jugement (1).

N'est-ce pas aussi de ce côté qu'avait été le Paradis terrestre ? N'est-ce pas de là qu'est venue toute l'humanité, là aussi qu'elle est rappelée et qu'elle revient à travers les régions de l'exil ? A tant de raisons généralement reconnues, ajoutons-en une autre qui motive expressément la pose d'une église dans le sens qu'on lui a toujours donné. Comme l'Orient figure le règne de Dieu et de Jésus-Christ son Fils, *splendeur de la lumière éternelle* (2), étoile Lui-

---

(1) Cf. Jules Gondon, *Du Mouvement religieux en Angleterre*, p. 63, in-8°, Paris, 1842; Durant, *Ration. divin. Offic.*, ubi suprà ; Socrate, *Hist. eccles.*, lib. II, cap. XXII; Bergier, *Dictionnaire de théologie*, v° Église.

(2) « Candor est enim Lucis æternæ, et speculum sine macula Dei majestatis. » (*Sap.*, VII, 26.) — « Deus... locutus est nobis in Filio..., qui cum sit splendor gloriæ... » (*Hebr.*, I, 3.) — L'Église, dans toutes les fêtes de Notre-Seigneur, renouvelle cette pensée avec la plus riche variété d'images et d'expressions. Elle dit à Noël : *Deus qui hanc sacratissimam noctem veri Luminis fecisti illustratione clarescere...* (Collect. Miss.); — *quia per Incarnati Verbi mysterium nova mentis nostræ oculis lux tuæ claritatis infulsit* (Præfat. Miss.); à l'Épiphanie : *Nova nos immortalitatis luce reparavit* (Præfat. Miss.). — S. Ambroise a développé cette pensée, avec toute la douceur habituelle de son style et toute l'abondance de son génie vif et fécond, au commencement de son Commentaire sur S. Luc : « Magi de thesauris suis offerunt munera. Vultis scire quam bonum meritum habeant ? Stella ab his videtur; et ubi Herodes est, non videtur : ubi Christus est, rursus videtur, et viam demonstrat. Ergo stella hæc via est, et via Christus ; quia secundum Incarnationis mysterium Christus est stella. Orietur enim stella ex Jacob, et exsurget Homo ex Israel. Denique ubi Christus, et stella est. Ipse enim est stella splendida et matutina. Sua igitur Ipse

même montrant la route de la vie; comme l'étoile des Mages indiqua le chemin qui menait à Lui (1), l'Occident désigne fréquemment le règne de Satan, *prince des ténèbres* (2).

<small>Le Nord et le Sud considérés quant à leur symbolisme.</small>

Une autre opposition se fait dans le même sens du Nord au Midi; car le Nord, où n'est jamais le soleil, représente le règne du mal, par le froid qui y domine, et la mort de toute germination, qui ne peut y prospérer sans chaleur. C'est là qu'au témoignage d'Isaïe, l'Esprit infernal avait choisi sa demeure préférée, comme étant, par rapport à la Cité sainte, le pays de l'idolâtrie et de l'infidélité (3). L'Esprit-Saint, au contraire, est le souffle du Midi, où habite toute chaleur fécondante, d'où le soleil atteint à sa plus haute élévation. Par analogie, l'Aquilon fut le côté des méchants, les Justes gardèrent celui du Sud, et d'innombrables textes scripturaires, commentés dans le même sens par l'universalité des interprètes, dictèrent ainsi à l'iconographie sacrée la distinction, qu'elle a toujours faite dans ses œuvres, des symboles destinés au Sud ou au Nord de nos églises (4). On

luce se signat. » (S. Ambros., *In Luc.*, lib. II, cap. II.) — Par suite de cette acception symbolique de l'étoile, elle signifie aussi, selon les différents passages des Écritures où on la prend comme terme de comparaison, tantôt les Anges et les âmes justes de la terre, tantôt la Sainte Vierge et les Pasteurs de l'Église. Enfin, et par opposition, elle peut figurer encore le démon et ses satellites, quelques Anges étant devenus mauvais, puis les mauvais chrétiens, les hérétiques et autres dissidents, le dragon (dans l'Apocalypse, VIII, 12) ayant précipité sur la terre la troisième partie des étoiles (voir ci-dessus, t. II, notre exposit. de l'Apocalypse, p. 193 et suiv.) — Ainsi s'expriment à cet égard S. Mélitou dans sa *Clef*, S. Eucher dans ses *Petites Formules*, et l'auteur des *Distinctions monastiques*. (Cf. *Spicileg. Solesm.*, t. II, p. 67; t. III, p. 405, 451 et 483.)

(1) « Vidimus stellam Ejus in Oriente, et venimus adorare Eum...; et stella antecedebat eos. » (*Matth.*, I, 2, 9.)

(2) « Induite vos armaturam Dei, ut possitis stare adversus insidias diaboli, quoniam... est nobis colluctatio adversus mundi rectores tenebrarum. » (*Ephes.*, VI, 11, 12.)

(3) « Ponam sedem meam ad Aquilonem. » (*Is.*, XIV, 13.)

(4) Cf. *Vitraux de Bourges*, p. 94 et 95, où les PP. Martin et Cahier citent savamment, selon leur habitude, des textes fort complets d'Honorius d'Autun, de S. Isidore de Séville, de S. Ambroise et de S. Jérôme

conçoit, dès lors, comment on a pu trouver indispensable que le prêtre à l'autel, et les peuples en s'unissant à lui pour prier, pussent élever leurs regards vers le point du ciel le plus favorable à la piété, et y diriger leurs sentiments d'une manière facile en quelque sorte et plus directe. Il y a même une règle d'orientation qui exprime parfaitement cette intention liturgique : c'est que le chevet du saint édifice se dirige, par une ligne droite, non vers le point du ciel où le soleil se lève à l'époque du solstice, mais vers celui qu'il occupe lors de l'équateur. C'est que l'Église, vivante Épouse du Christ, dont l'église matérielle n'est que le symbole, marchant ici-bas entre les prospérités de la grâce et les rigueurs de l'épreuve, doit se tenir ferme, sans incliner de côté ni d'autre, se préservant également des régions de l'ennemi et des vaines attaches aux douceurs de la terre. La ligne équinoxiale forme pour elle une stricte limite de séparation entre ces deux excès. Ce sont de grandes autorités qui le disent, au moyen âge comme à présent (1). *Règle normale de l'orientation d'une église;*

On cite quelques exceptions, il est vrai, à cette règle si généralement comprise : elles ne font que la confirmer, puisque, chaque fois qu'il s'en présente une seule, on a grand soin de la faire remarquer et d'expliquer pourquoi on se trouve alors en désaccord avec la pratique ordinaire (2). *pourquoi on en trouve des exceptions en Italie,*

qui établissent clairement ce même principe. — Voir aussi dom Pitra, *Spicileg. Solesm.*, t. II, *Clavis Melitonis*, cap. III, nos XVII, XVIII, XIX, XX, avec les commentaires qui s'y rattachent; et le résumé de Théodulphe d'Orléans, no 4, *ibid.*, p. LXIX.

(1) « Debet quoque sic fundari (ecclesia), ut caput recte inspiciatur versus Orientem, verum versus ortum solis æquinoctialem, ad denotandum quod Ecclesia, quæ in terris militat, temperare se debet æquanimiter in prosperis et in adversis; et non versus solstitialem, ut faciunt quidam. » (Duranti, Mimat. episc., *Ration.*, cap. I, fo II vo.) — Voir encore la dissertation des PP. Martin et Cahier, *Mélanges d'archéologie*, t. I, p. 78, avec les sources nombreuses qu'ils indiquent; — et M. l'abbé Godard-Saint-Jean, *Notice sur l'église de Vignory*, in-8o, 1849, p. 5.

(2) Cf. *Encyclopédie du dix-neuvième siècle*, vo SYMBOLISME, par M. Trémolière. — Cet auteur, que nous avons déjà cité, est un des pre-

Nous indiquerons même sinon toute l'Italie, comme on l'a prétendu à tort (1), au moins la ville éternelle, Rome, regardée à la fois comme la terre normale des usages liturgiques et comme celle où se rencontrent de plus fréquentes négligences à cet égard : mais ces négligences fort nombreuses ne sont là qu'une règle de plus. Dès le principe, on put s'apercevoir qu'outre les païens qui adoraient Apollon et quatre ou cinq autres soleils, certains philosophes, plus nombreux à Rome qu'ailleurs, donnaient dans les rêveries de Zoroastre et de Mithra, puis dans les erreurs analogues de l'école d'Alexandrie. Les premiers hérétiques s'adonnaient aussi à des superstitions venues de l'Égypte et de la Perse, adoraient l'astre auquel ils attribuaient la vie de la nature et se tournaient vers lui pour leurs coupables pratiques. Les Manichéens, au témoignage de l'éloquent évêque d'Hippone, allaient jusqu'à regarder l'astre comme étant

miers qui aient traité cette question en homme d'études sérieuses, malgré certaines réserves que nous devons faire sur quelques points de détail. Il cite, à propos de ce que nous disons ici, une de ces exceptions mentionnées par S. Paulin de Nole (lettre xxxᵉ à S. Sulpice Sévère), et relative à l'église de Saint-Félix qui s'ouvrait *en face* d'une autre régulièrement orientée, et ne pouvait par conséquent l'être de la même manière. — Le P. Cahier expose aussi les développements curieux de cette question avec beaucoup de lucidité et de conviction dans son *Idée d'une basilique chrétienne des premiers siècles*, travail remarquable inséré dans les *Annales de philosophie chrétienne*, t. XIX, p. 342.

(1) Ainsi le racontent toutes les histoires ecclésiastiques : c'est ce que n'ont pas assez compris ceux qui se sont étonnés, sans se les expliquer, de ces exceptions plus nombreuses à notre règle qu'on remarque à Rome, où peut-être on s'est accoutumé à ne plus appliquer ce symbolisme aux monuments plus modernes parce qu'on le voyait négligé dans ceux de la plus haute antiquité. Car c'est du temps de S. Sylvestre et de Constantin que furent bâties en plus grand nombre les églises non orientées. De là on vit les idolâtres et les hérétiques du quatrième siècle prétexter leur opposition formelle et énergique. Un mot de S. Jérôme, contemporain de cette défense (334 à 420), prouverait seul qu'elle n'était que locale et toute restreinte à la cité impériale : *Sic versi ad Orientem, dit ce Père, pactum inimus cum Sole justitiæ. (Comment. in proph. Amos, VI, 15, lib. III.)*

Jésus-Christ lui-même (1). C'en dut être assez pour interdire aux chrétiens toute ressemblance avec eux dans l'orientation des nouvelles églises (2) ; car, pour certaines âmes encore trop accessibles aux extravagances du paganisme, il fallait préférer l'intégrité de la foi à l'observance trop scrupuleuse des meilleures théories symboliques. Aussi, quelque évidente que fût l'intention des Apôtres sur ce point, elle dut rester inappliquée jusqu'au sixième siècle, puisque ce fut le pape Vigile qui exigea le premier (de 537 à 555) qu'on revînt à une pratique dont l'importance n'avait apparemment diminué en rien par le laps des temps (3).

(1) « Non desit qui dicat apud semetipsum : numquid forte Dominus Christus est sol iste qui ortu et occasu peragit diem ? Non enim defuerunt hæretici qui ista senserunt. Manichæi solem istum oculis carneis visibilem, expositum et publicum non tantum hominibus, sed etiam pecoribus ad videndum Christum Dominum esse putaverunt. » (S. Aug., *Tract.* XXXIV *in Joan.*, post initium.)

(2) Cf. Bâtissier, *Hist. de l'art. monum.*, p. 362. — On sait que les empereurs païens, qui dominèrent l'Église pendant plus de trois siècles, se vantaient de représenter le soleil ; qu'ils furent plus d'une fois inaugurés sous ses traits dans leur apothéose, comme ils l'avaient été vivants sur les monuments et les médailles. Parmi ces dernières, on a des spécimens d'Héliogabale et d'Aurélien portant pour inscriptions : *Sancto Deo soli*, et *Sol Dominus imperii Romani*, ou *Domino soli*. Un obélisque, cité par Ammien Marcellin, portait cette consécration : *Sol Deus magnus, despotes cœli*. Constantin lui-même, avant sa conversion, bien entendu, c'est-à-dire avant l'an 313, eut des types où le soleil figure entouré des mots : *Soli invicto Comiti*. On comprend que c'était là un souvenir trop récent ou un exemple trop dangereux pour que l'Église ne cherchât point à en détruire les moindres traces. — Voir Gruter, *Inscriptiones antiquæ*, lib. XXXIII, cap. IV ; Ammiani Marcell., *Historiar.* lib. XVII.

(3) C'est notre liturgiste du treizième siècle qui atteste l'action du pape Vigile sur ce fait, de sorte que, dans les églises mêmes dont la porte était ouverte à l'Orient, le prêtre ne devait pas se tourner vers le peuple pour le saluer avant les oraisons de la Messe ; ce qui se faisait, au contraire, dans celles ouvertes à l'Occident. C'était toujours une orientation liturgique, et l'on suppléait ainsi très-symboliquement à l'établissement régulier du plan par terre : « *Licet Deus sit ubique, tamen sacerdos in altari, et in divinis Officiis, debet ex institutione Vigilii papæ versus Orientem orare.* » (Ubi suprà, lib. V, cap. II.) — N'omettons pas, d'ailleurs, d'observer qu'en Italie même, à Anagni, par exemple, lorsqu'une nécessité du terrain a forcé de tourner *mal* le plan

Depuis ces temps reculés, ce même principe s'est perpétué dans nos traditions sans jamais s'y endormir. C'est dans ce sens que le *Pontifical romain*, recueilli à la fin du quinzième siècle par ordre du pape Innocent VIII, mais dont les prescriptions et les formules sont de la plus haute antiquité, fait tourner les douze prêtres qui contribuent avec l'évêque à la confection des saintes Huiles vers l'autel majeur, toujours placé lui-même vers l'Orient (1).

<small>qui ne sont plus acceptables aujourd'hui.</small> De tant de documents, que nous abrégeons de tout ce qu'on a écrit sur cette matière, il faut bien conclure à la nécessité liturgique de l'orientation pour une église catholique. On sait donc pourquoi cette loi se rattache à toutes les constructions anciennes. Mais il ne suffit pas à l'Église que cette loi ait été portée et suivie autrefois : son esprit demeurant le même, Elle exige toujours le même respect pour ses pensées, et rien n'autoriserait aujourd'hui l'oubli et, à plus forte raison, le mépris de ses saintes prescriptions. C'est pourtant ce qui se fait quelquefois encore en certaines contrées, absolument comme si les pieux désirs de nos pères n'avaient pas traversé dix-neuf siècles pour venir jusqu'à nous. Nous le comprenons, hélas ! pour la Hollande, où le catholicisme est traité sous l'influence de tous les mauvais vouloirs d'un gouvernement persécuteur, quoique en Angleterre, où les idées religieuses ne valent guère mieux, les architectes catholiques prennent un meilleur soin de la loi chrétienne et de leur propre réputation (2). Mais d'où vient qu'en France

---

de l'église, on s'en est dédommagé en orientant vers le point liturgique l'autel, où le prêtre fait face dès lors aux fidèles et offre en leur nom vers le point normal le Sacrifice pour tout le peuple, qu'il personnifie devant Dieu. — Voir l'*Histoire de la cathédrale d'Anagni*, par M. Barbier de Montault, chanoine de cette église, in-4°, 1856, ch. II.

(1) « Posita sint scamna pro duodecim sacerdotibus, ita ut ibidem sedentes facies vertant ad altare... Facies semper ad altare vertentes. » (*Pontificale romanum*, p. 606 et 607). — Cf. aussi Zacharia, *De Usu librorum liturgicor.*, cap. II.

(2) Cf. le livre de M. Pugins, traduit par M. Jules Gondon, *Du Mouvement religieux en Angleterre*, cité plus haut, et la *Revue de l'art chrétien*, t. I, p. 175.

on prend si peu de souci, trop souvent, d'un principe qu'on y connaît mieux que partout ailleurs, et que, pour le moindre caprice d'une fabrique rurale ou d'une municipalité ignorante, on consent à bouleverser l'orientation que devrait prendre une église nouvelle, ou à déserter pour la rebâtir ses vieux fondements, dont il faudrait au moins garder toujours la plus grande partie? D'où vient encore qu'on est si peu attentif au principe, en certains Ordres religieux surtout, dans le sein desquels on devrait s'attendre à trouver pour cet objet un zèle qu'ils ne refusent à aucun autre? Supplions nos évêques d'interposer en cela leur autorité souveraine. L'histoire cite plus d'un de leurs prédécesseurs dans l'héritage des Apôtres qui tinrent à garder en ce point les antiques prescriptions; elles vont jusqu'à exiger une permission épiscopale, dont la formule même est consacrée par le droit, pour la démolition d'une église, ni plus ni moins que pour la reconstruction d'un autel (1). Hors de là, en effet, tout peut se déranger dans l'économie symbolique de la Maison divine, et ce dérangement est presque une hérésie contre laquelle s'élèvent nos plus respectables traditions. L'orientation une fois méprisée, où est le Nord, où sont le Midi et l'Occident, dont nous venons de voir l'importance? où sont toutes les idées corrélatives qu'un principe reliait comme le ciment unit les pierres mêmes de ce temple? Le grand Dieu que cherche l'âme chrétienne ne réside plus que dans un sanctuaire de convention. Il n'y est plus éclairé dès le matin par l'astre dont il a fait son tabernacle (2); il semble privé de son nimbe le plus éclatant. Et, en suivant jusqu'en ses dernières déductions ce sophisme d'une archi-

Combien les évêques y ont toujours tenu.

Graves inconvénients de son abandon.

(1) A la fin du dix-septième siècle, Paultier de Novion, évêque d'Évreux, refusa longtemps de consacrer l'église des capucins de sa ville épiscopale parce qu'elle n'était pas orientée. (*Histoire du comté d'Évreux*, par Le Brasseur, ad ann. 1696.) — Voir encore *Le Parfait Notaire apostolique*, t. I, p. 659 et 660, in-4°, Lyon, 1775; — d'Héricourt, *Lois ecclésiastiques de France*.
(2) « In sole posuit tabernaculum suum. » (*Ps.*, XVIII, 6.)

78   HISTOIRE DU SYMBOLISME.

tecture inintelligente, on peut regarder comme rejeté de l'enceinte sacrée chacun de ses symboles les plus chers : « Le grand arc au-dessus de l'ambon n'est plus l'arc de » triomphe ; on ne sort plus de la nef comme d'un ordre » inférieur pour entrer dans l'ordre suprême figuré par le » chœur et le sanctuaire tendant vers l'Orient ; vous ne ferez » plus regarder l'Orient à vos morts quand, au son de la » trompette du grand jour, ils lèveront la tête et demande- » ront où réside leur espoir. Ils ne trouveront pas la vallée » de Josaphat ; ils regarderont du côté de Valparaiso et de » Surinam : —et les sauvages se riront de vous (1)!... »— Et vous n'aurez plus une église chrétienne !

L'orientation ne s'applique pas moins aux cimetières, N'abandonnons pas ce sujet sans parler d'un autre qui y tient dans le Christianisme par des relations nécessaires. L'Église, qui ne se sépare pas dans ses prières des âmes qu'elle a guidées pendant cette vie, s'en préoccupe encore après la mort : elle a donc toujours voulu que le séjour des défunts ne fît qu'une même demeure avec celui où la prière est plus solennelle ; elle a placé ses cimetières soit dans les temples mêmes, soit à l'abri de ces murs bénis, et là l'orientation est encore de principe, sinon toujours observée autant qu'il serait convenable depuis que la liturgie y est malheureusement déléguée aux soins exclusifs d'un fossoyeur. Son intention fut toujours de nous rappeler, par cette identité ou ce voisinage, que la prière est un lien, une communion entre nous et nos frères trépassés. Sur ce point comme sur tant d'autres, les usurpations de la société civile ont imposé l'abandon des règles vénérées de nos pères, et bouleversé, avec le sol des cimetières, ce qu'ils avaient de *à l'égard desquels* profondément religieux (2). Qu'eussent dit les païens de

---

(1) M. l'abbé Corblet, *Revue de l'art chrétien*, t. 1, p. 176. — Voir aussi M. Pugins, *Du Mouvement religieux en Angleterre*, p. 62.

(2) Les *encyclopédistes* du dix-huitième siècle, qui savaient donner à leurs projets contre la religion un vernis d'*utilitarisme* (pardon de ce mot créé par leurs successeurs!), prétendaient qu'inhumer dans les

l'Égypte, de la Grèce et de Rome, si fidèles à cette observance, et dont les morts ne devaient être couchés qu'en face du soleil levant? Les Gaulois eux-mêmes tournaient leurs dolmens vers ce point mystérieux, et le plus grand nombre de ces monuments observés en France, en Bretagne, dans les îles de la Manche et, au delà de notre Océan, dans celles de la Scandinavie et de l'Irlande, conservent cette position ; de sorte que les exceptions, comparativement restreintes, ne peuvent s'attribuer qu'à des causes inconnues mais très-probablement symboliques, aussi bien que la règle générale (1). Nous pouvons même nous persuader, en voyant cette diversité affectée selon quelques lieux à cette observance des Celtes, que des raisons mystiques poussaient les diverses peuplades vers tel ou tel point du ciel qui répondait le mieux à une de leurs idées théologiques.

elle fut observée chez les anciens, et que les chrétiens appliquent aux leurs.

Les chrétiens, au contraire, partout et toujours, s'orientent dans la tombe comme dans leurs églises. Ils semblent chercher du regard de leur âme immortelle les plages d'où est venu le Sauveur ; ils aspirent toujours, en attendant leur résurrection promise, aux rivages d'où jaillira pour eux l'éternité : rangés autour de la croix de pierre ou de bois

Pourquoi nos cimetières avoisinent nos églises.

églises c'était « profaner les temples et souiller le sanctuaire » (t. VIII, in-4°, v° Cimetière). Passe encore d'avoir ainsi l'avis de tels juges ; mais comment ne pas regretter l'engouement qui se fit dans ce sens, même parmi les hommes sincèrement religieux, dont la simplicité trop peu prévoyante croyait devoir, avec d'excellentes intentions, seconder ces attentats contre l'autorité et l'esprit de l'Église ? C'est ainsi qu'on marchait docilement aux *grandes* réformes de 1789 et à la *Constitution civile* de 1791. Il n'y eut pas jusqu'aux évêques eux-mêmes qui consentirent à sanctionner par des mandements cette mesure qui devait éloigner les maladies, assurer la longévité de l'*espèce humaine*..., et prouver que la France avait à la fin du règne de Louis XV plus d'esprit et de bon sens que dans ses âges d'honneur et de foi. Plus tard on verra Paul-Louis Courier vanter dans sa *Gazette de village* les exploits de la *Bande-Noire*, démolissant à plaisir sous la Restauration les églises et les monastères épargnés par les apôtres de 93...

(1) Voir *Bulletin monumental*, t. I, p. 54; III, 2, 347, 349; XII, 320; XVI, 316, 317; XIX, 376.

qui symbolise encore leurs espérances, ils dorment du sommeil de la paix sous des tombes de calcaire ou de tufau, dans des sarcophages monolithes ou cloisonnés avec le marteau et la truelle. Ce sont toujours les siècles chrétiens qui, tout en variant la forme et l'ornementation de ces cercueils impérissables, se sont préoccupés, comme d'un soin pieux, de la conservation indéfinie de ces corps qui furent animés par le souffle divin et destinés à une seconde vie. Les cercueils de bois, qui, employés à toutes les époques depuis qu'on abandonna l'incinération (vers le commencement du quatrième siècle), étaient cependant, autant que possible, revêtus d'un sarcophage de pierre (1), ne furent adoptés seuls et sans cet accompagnement si convenable que depuis la décadence de nos mœurs religieuses, vers la fin du quinzième siècle. C'était abandonner aussi la marque la plus sensible de la respectueuse tendresse des survivants envers la génération qui s'écoulait devant eux, et dont la disparition préludait à celle de tant de principes sacrés et de louables sentiments.

Cercueils de bois et de pierre.

C'est également à nos temps modernes qu'il faut reprocher ces pierres plates qui ferment le coffre funèbre et qui semblent une caricature dérisoire de l'affaissement de la pensée symbolique, échappant au monde à mesure qu'il se matérialise et s'endort. Au commencement, il n'en fut pas ainsi. L'homme a semblé monter dans la vie, de l'enfance à l'âge mûr, puis redescendre à l'opposite de sa carrière vers le déclin de ses derniers jours. Comme le soleil, il a eu son lever et sa décadence : ainsi, reposant au fond de sa demeure sépulcrale, on l'abrita d'un couvercle mystérieux qui par son double versant rend bien encore cette dernière ascension dont la certitude lui fut donnée, et cette autre absorption qui doit la suivre, et l'immergera bientôt dans une

Symbolisme de leur forme à deux pentes.

---

(1) Voir Bollandus, *Vitæ S^{tæ} Radegundis*, ad XIII aug., et *S^{tæ} Bathildis* XXVI januar.

vie de joie ou d'expiation. Nous ne voyons guère comment expliquer, en dehors de ce symbolisme, cette persévérance générale et reconnue à imposer aux sépulcres cette forme unique si longtemps respectée, et dont nos cimetières nouveaux ne gardent plus que des spécimens incompris et sans conséquence mystique (1). Nous avons, au reste, parlé des autres formes de tombeaux en décrivant la résurrection des morts dans l'exposition du vingtième chapitre de l'Apocalypse (2).

Il y avait, dès les premières années de la liberté de l'Église, des cimetières communs où ces sarcophages reposent encore en grand nombre, mais qui s'en trouvent privés de plus en plus à mesure que triomphe la cupidité spéculant sur les cendres jusqu'à l'oubli de la dignité humaine. Ces grands rendez-vous de la mort étaient pourvus d'une chapelle funéraire presque toujours dédiée à S. Pierre ès Liens, ce libérateur fidèle à qui les clefs du royaume d'En-Haut étaient confiées, et qui, délivré autrefois par l'Ange des fers d'Hérode, était imploré pour une délivrance bien autrement importante par les captifs des ombres de la mort. Ou bien, quand ce n'était pas au Prince des Apôtres, c'était à l'archange S. Michel que la chapelle était dédiée, parce

Cimetières communs des premiers siècles chrétiens,

placés sous la protection de S. Pierre ou de S. Michel ;

---

(1) Cette forme des sarcophages à deux pentes s'observe depuis les premiers temps chrétiens jusqu'au quinzième siècle. Elle a varié dans ses détails, se pliant maintes fois aux besoins des cadavres par le rétrécissement de la partie inférieure, par l'élargissement du côté de la tête, qui avait elle-même son lieu de repos indiqué par un évasement arrondi ; enfin quelquefois par une dépression dans la partie médiane, où s'apuyait l'arrière-corps. Mais on trouve fort rarement une surface extérieure entièrement plate et horizontale. Celles qui semblent l'avoir laissée toujours apercevoir une sommité de l'axe longitudinal qui sauvait le principe quand la pierre n'avait pas toute l'épaisseur désirable. Il y a nécessairement exception, on le comprend bien, pour les tombeaux que recouvrirent, à partir du douzième siècle, des statues funéraires à la tête desquelles un coussin était soutenu par des anges, comme aux pieds par un lion pour les chevaliers, dont il symbolisait la valeur guerrière, et par un chien pour les femmes, en signe de leur fidélité conjugale.

(2) Ci-dessus, t. II, ch. XII, p. 344.

que, dans l'Offertoire de la messe des défunts, il est supplié, comme vainqueur du démon, d'ouvrir aux âmes les portes du Ciel (1). Ainsi consacrés par un vocable protecteur, ces lieux de repos et de prières furent d'abord privés de tout ombrage ; car les superstitions des païens pour les arbres les avaient fait bannir des cimetières comme pouvant y devenir, pour quelques-uns, l'objet d'un culte réprouvé : on le voit dans la Vie de S. Martin (2). Plus tard, et vers le huitième siècle, quand on n'eut plus à craindre les grossières erreurs, on se montra moins difficile sur les plantations ; on aima à s'abriter, aux abords de l'église, sous des arbres qui jetaient une teinte de mélancolie autour des tombeaux et semblaient y protéger le recueillement de la prière. De préférence, on choisit ceux qu'une verdure plus durable ou un bois plus vivace rapprochait plus de nos désirs d'immortalité : c'étaient le chêne, dont la feuille flétrie par les hivers ne tombe que pour faire place immédiatement à une végétation nouvelle ; le cyprès au bois incorruptible, l'if dont le pyramide s'élève vers le ciel, tous deux revêtus d'une verdure foncée, mais plus forte que les frimats. Quelques-uns de ces arbres sont devenus célèbres par leur vie de plusieurs siècles : Saint-Pierre-des-Ifs, près Pont-Audemer, en conserve qui sont devenus énormes (3). Des traditions respectables, et admises par de graves écrivains, attribuent à certains d'entre eux une vie non moins longue que celle de l'église du onzième siècle qu'ils avoisinent. Si l'on en croit quelques autres, on en trouverait encore du quatrième, dont on peut suivre l'existence à travers ces quinze cents ans par une suite non interrompue de documents aussi intéressants que sérieux (4).

plantés d'arbres symboliques.

(1) « Signifer S. Michael repræsentet eas in lucem sanctam. »—Voir l'abbé Lebœuf, *Dissert. sur les anc. cimet.*
(2) Bolland., XI novemb.
(3) Voir M. Raymond Bordeaux, *Traité de la réparat. des égl.*, in-12, p. 75.
(4) Voir Dubreuil, *Cours d'arboriculture* ; et Gadebled, *Dictionnaire statistique de l'Eure*, cités par M. R. Bordeaux, *ubi suprà*.

Le moyen âge avait aimé aussi à placer ses morts dans l'enceinte des forêts, lorsqu'après leur avoir emprunté un vaste emplacement pour une église ou un monastère, le cimetière était pratiqué autour d'eux sous les fraîches voûtes de ces feuillages pleins de vie : c'est l'origine la plus ordinaire des lieux appelés Épinay où l'Épine (*spinetum*). Là se retrouvent le plus souvent des cimetières francs ou gallo-romains, comme à l'Épinay, près de Dieppe, où la chapelle sépulcrale est encore dédiée à S. Pierre ès Liens (1). *Cimetières monastiques.*

Outre la croix centrale, et non loin d'elle, s'élevaient, dans le champ des morts, ces colonnes creuses connues sous le nom de lampadaires, de fanaux ou de lanternes des morts, plus fréquentes dans le Poitou, l'Auvergne et les contrées méridionales de la France. Quels motifs et quelles fonctions n'a-t-on pas attribués à ces monuments longtemps inconnus ! Ce qui n'était qu'un simple objet de dévotion touchante, un honneur rendu aux défunts du Christianisme, n'aurait été, au dire de quelques chercheurs, qu'un reste de superstitions grecques ou romaines, éclairant des danses religieuses et mystiques auxquelles se livraient des femmes en certaines fêtes funéraires qu'on a bien soin de ne pas déterminer ; ou bien c'était une sorte d'évocation de l'âme des morts ; enfin c'était un feu toujours prêt où les habitants d'un village venaient puiser tour à tour celui du foyer domestique dans les temps de contagion, où chacun s'isolait des habitudes de la vie commune (2). Voilà ce que c'est que d'écrire des choses sacrées sans en avoir étudié les éléments... Mieux inspirés furent ceux qui, venus plus tard et s'adonnant à une étude plus sérieuse, reconnurent dans ces cippes élégants, dans la croix qui les surmonta toujours avant certains accidents qui les en privèrent, dans l'autel surtout que les générations contemporaines avaient adapté à leur *Lanternes des morts. Réfutation de fausses opinions émises à leur sujet, et leurs raisons toutes chrétiennes.*

(1) M. l'abbé Cochet, *Sépultures trouvées à Saint-Pierre d'Épinay*, in-8°, 1847, *passim*.
(2) Voir M. Tailhaut, *Bullet. monum.*, t. V, p. 433.

base, les signes non équivoques de la religion, qui n'aime pas moins les morts que les vivants (1). Au point supérieur du petit édifice, en effet, était entretenue une lumière continuelle où l'huile se consumait comme celle du sanctuaire, pareille à l'âme fidèle, vivant pour Dieu et s'élevant sans cesse vers lui par les élans de sa pensée et de ses désirs. C'était encore un honneur rendu aux corps couchés dans le cercueil avec l'attitude de la prière, les mains jointes sur la poitrine et les yeux tournés vers la lumière de l'aurore à venir : c'était un avertissement aux habitants de la terre, lorsque le soir, attardés aux environs du village, ils se sentaient pressés par cette flamme éloquente de donner un pieux souvenir de leur cœur à ceux qui dormaient sous la colonne de feu. Le jour des Morts, ou à certains anniversaires, le curé offrait l'adorable Victime sur cet autel rustique, orné momentanément des chandeliers et de la croix de métal. Enfin c'était le rendez-vous des diverses stations faites au cimetière, soit lorsqu'après l'évangile des Rameaux on attachait à la croix principale l'*ozane bénite*, soit lorsqu'à l'occasion de quelques *services* pour certains défunts de la paroisse, le pasteur, s'élevant de cinq ou six degrés au-dessus de la foule, lui recommandait les âmes de ses frères et ramenait ses pensées au seuil de son éternité.

Des symboles divers sculptés sur les tombeaux. L'ascia n'est qu'un signe des populations païennes.

Des symboles s'attachaient aussi à la pierre même des tombeaux et y devenaient un langage extérieur en forme d'hiéroglyphes sacrés. Nous ne parlerons pas de l'*ascia*, ce fameux instrument jusqu'à présent incompris, de l'aveu même des plus savants (2), en dépit de toutes les explications

(1) Voir M. le comte de Chasteigner, *Mém. des antiquaires de l'Ouest*, t. X, p. 275.

(2) C'est l'opinion de M. de Caumont, qui fait observer que l'*ascia* fut usité dans les Gaules beaucoup plus qu'on ne le pense communément, mais qu'on ne le trouve que relatif à une époque où l'incinération était en usage. Le Christianisme n'a donc rien à voir ici. — Voir, sur l'ascia, *Bulletin monumental*, t. XVII, p. 152, et notre *Table* des vingt premiers volumes. Nous croyons aussi avoir démontré dans le

qu'on en a voulu donner : c'était là un signe païen représentant, d'ailleurs, beaucoup moins une idée mystique qu'un usage destiné à diversifier l'importance de quelques sépultures romaines : nous n'en voulons d'autre preuve que le silence gardé sur son compte par toute l'antiquité catholique avant et pendant le moyen âge. Mais nos tombes chrétiennes étaient bien autrement éloquentes. Dès l'âge des catacombes, et tout d'abord dans ces glorieux souterrains dépositaires des corps ou des membres mutilés des martyrs ou de simples fidèles échappés à la persécution, les inscriptions touchantes qui parlaient du mort s'accompagnaient de quelques images, qui nous redisent dans un langage mystérieux et les combats de cette vie périssable, et les vertus qu'on y avait pratiquées, et les espérances qui en avaient consolé la fin. Le chrisme, la palme, l'olivier, la croix, les instruments variés du martyre, les couronnes de laurier ou de chêne, le poisson, la colombe, l'abeille (1), y devenaient autant d'attributs dont nous savons l'explication (2). Quant

Quels furent, dès le principe, ceux du Christianisme.

Une des signifi-

vol. XI des *Bulletins des antiquaires de l'Ouest*, p. 214 et 305, que l'inhumation *sub ascia*, qu'*on ne trouve jamais* dans les cimetières chrétiens, était une recommandation spéciale aux soins de quelque employé funéraire, chargé de prendre un soin pieux de cette sépulture. M. Guénebault s'est bien trompé à cet égard, p. 950.

(1) L'abeille est, par son vol très-élevé, le symbole du Christ ressuscité : *Apis ætherea, Christus*, dit Pierre de Capoue. Mais elle devient aussi le symbole des juifs persécuteurs : *Circumdederunt me sicut apes*, dit le psaume 118. Dans Isaïe, elle est le type de l'hérésie : *Sibilavit apis assur* (VII, 18); mais, laborieuse, prévoyante, produisant son miel, aimant les fleurs, détestant toute souillure, elle ne représente plus que des idées douces, gracieuses, aimables. Elle est le Christ, la Vierge par excellence, la femme forte, l'Esprit de Dieu : *Spiritus meus super mel dulcis* (Ecclis., XXIV, 17). Elle passe pour ne pas dormir dans le *Physiologue des Arméniens* (n° XXXIV), et devient par là l'exemple de la vigilance chrétienne et du zèle pour l'acquisition de toutes les vertus : *Horrea replet ex omnigena omnium florum suaveolentia.* (Cf. *Spicil. Solesm.*, II, 512; III, 390.) — Et S. Ambroise n'appelle-t-il pas la jeune vierge Ste Agnès *apis argumentosa*, l'abeille pleine de sagesse ?

(2) Voir les chapitres XLVII et XLVIII du *Roma subterranea*, liv. VI, passim.

86   HISTOIRE DU SYMBOLISME.

cations du poisson.

La résurrection de Lazare aux catacombes.

au poisson cependant, il ne faut pas le regarder uniquement comme le symbole du Christ ou du chrétien, que la rédemption lui associe : souvent il devient là, pour ceux qui survivent, une leçon des incertitudes et de la brièveté de la vie humaine, toujours exposée à quelque hameçon de l'ennemi et aux subites épreuves de l'adversité (1). L'une des plus curieuses de ces épitaphes est citée par Aringhi, à qui nous l'empruntons, pour faire comprendre ici, d'un seul coup d'œil, jusqu'à quel système de complication allaient ces grands enseignements de la mort dans le mystérieux langage de nos pères. Dans un cadre oblong, où tant d'objets muets en apparence figurent cependant avec leurs rapports mutuels, nous voyons d'abord, au-dessous du chrisme, placée avant tout par une consécration préalable, l'image de Lazare ensuairé à la manière du temps et couché dans son tombeau : c'est à la fois la mort et la résurrection ; vient ensuite le chandelier à sept branches, lumière symbolique par laquelle le Seigneur doit *scruter tous les recoins obscurs de Jérusalem* (2), et manifester aux yeux de tous sa justice sur chacun de nous. Tenant le milieu, et comme la place principale de cet ensemble, une maison sans ornements quelconques, sans perspective aucune, à la toiture plate, dont la façade ne présente pour toute ouverture qu'une porte et deux fenêtres : c'est la dernière demeure de l'homme, telle que la mort la lui a faite, dépourvue de tout ce qui n'est pas absolument indispensable à ce suprême abri d'une humanité déchue, qui ne peut plus rien goûter ni sentir ; c'est même le symbole du corps humain emprunté à S. Paul et à divers endroits de l'Écriture (3). Au-dessus planent dans

---

(1) « Nescit homo finem suum ; sed sicut pisces capiuntur hamo, sic capiuntur homines in tempore malo cum eis extemplo supervenerit. » (*Eccl.*, IX, 12.)

(2) « Scrutabor Hierusalem in lucernis. » (*Sophon.*, XII.)

(3) «Terrestris *domus nostra* hujus habitationis dissolvitur.»(2 *Cor.*, V.) — « Ibit homo in *domum* æternitatis suæ. » (*Ecclis.*, XII.) — « Sepulcra eorum domus illorum in æternum. »(*Ps.*, XLVIII.)— Cf. Aringhi,

un strict équilibre les deux plateaux de cette balance dont le Prophète avait dit à Balthasar qu'il y avait été pesé et trouvé sans poids (1) : terrible arrêt qui menace chacun de nous. Enfin le poisson termine cette mystérieuse scène, et proclame que, tôt ou tard, après la course agitée de cette vie où l'homme n'a pas de repos, l'hameçon de la mort nous prendra, et que cette pensée doit nous remplir d'une sainte crainte et de salutaires précautions. Cette seule citation et cette explication si simple et si naturelle ne suffiraient-elles pas à autoriser, pour les moins crédules, le système interprétatif de S. Méliton, contemporain de ces vivantes images, et dont les *planches* furent certainement dans les catacombes avant d'être ailleurs ?

En fait de symboles, les sarcophages chrétiens n'en ont pas de plus fréquemment répétés, surtout dans les premiers temps, que la croix simple ou le chrisme. Le moyen âge, y compris l'ère mérovingienne, y varia les sujets et leur donna quelquefois de vastes développements, de sorte que, dans les cimetières, les églises ou les cloîtres, souvent, à côté d'une croix plus ou moins ornée, on put voir une épée chevaleresque, ou des instruments plus humbles de l'artisan

La croix et ses différentes formes. Instruments des diverses professions.

---

loc. cit., lib. VI, cap. XLVII, n° 7. — Complétons maintenant l'interprétation de cette curieuse lecture par la traduction du texte épigraphique, pour ceux de nos lecteurs qui sont peu familiers avec ce genre d'érudition, et qui d'ailleurs ne la pourraient chercher dans Aringhi : *Calevius* (ou Calidius) *a vendu à Avinius* (ou Avienus) *l'emplacement de trois sépultures où reposaient dans la paix Vinius* (ou Vinicius), *Calvinius et Lucius, sous le consulat de Stilicon.* Cette dernière particularité reporte ce petit monument à l'an 400 ou 405 de l'ère chrétienne, Stilicon ayant été consul deux fois. On voit encore dans ce terme *trisomum*, sépulture à trois places, un composé, quoique assez mal dérivé, du mot *domus*. Ces places données à chacun étaient donc dans les catacombes autant de *maisons*, de *demeures* suprêmes : c'est bien le *domum æternitalis* de l'Écriture. D'autres ont fait venir ce mot de *bis-homo* ; il faudrait donc tirer aussi *trisomum* de *ter-homo* ? Même dans les plus mauvais temps les étymologies ne se sont pas faites de la sorte.

(1) « Appensus es in statera et inventus es minus habens. » (*Dan.*, V, 25.)

ou du laboureur, comme on donna à l'architecte Libergier, dans l'église de Reims : la règle, l'équerre et le compas, avec une petite représentation de l'église même dans sa main droite. Cet usage de rattacher à la mémoire du mort les objets qui avaient occupé sa vie est aussi ancien pour ainsi dire que le monde, et s'est trouvé dans toutes les religions, comme sur toutes les plages : Homère et Virgile ne se font faute d'en orner leurs poëmes, dont l'un est un beau reflet de l'autre. Mais on doit se garder de confondre ces données toutes païennes avec l'imitation que tout naturellement les nations chrétiennes s'en sont permise, sans négliger toutefois le symbolisme inséparable d'autres images que presque toujours elles mêlèrent à celles du spiritualisme le plus pur.

Scènes historiées :

Mais les plus remarquables de ces souvenirs cédèrent de beaucoup, dans les monuments funéraires proprement dits, au luxe des grandes familles et des hommes illustres qu'elles voulurent honorer. On représenta souvent sur les sarcophages de véritables tableaux sculptés en bas-reliefs, la mort d'un personnage célèbre et quelques-unes de ses occupations favorites : comme la chasse de Jovien, à Saint-Agricole de Reims (1). Sous ces enveloppes agréables, les sujets les plus mondains en apparence réservaient toujours quelque leçon mystérieuse, et prouvaient de plus en plus, selon la pensée d'un de nos guides les plus sûrs, que rien n'était oiseux, pas un enseignement n'était oublié dans ce grand nombre de faits iconographiques toujours offerts aux regards du chrétien (2).

autant de symboles des tombeaux.

Résultat moral de ces enseignements élevés.

La pensée de la mort triomphait ainsi, pendant la vie du chrétien, des répugnances d'une nature condamnée, et ne se présentait jamais à l'homme qu'entourée des secours visibles qui en adoucissaient l'amertume en multipliant les

---

(1) Voir t. II, ci-dessus, ch. VIII, p. 457.
(2) « Ex quibus imaginibus, ut videre est, nil prorsus apud antiquos christianos otiosum exstitisse, quod peculiare mysterium non præferret, probe lector ediscit. » (Aringhi, *ubi suprà*.)

souvenirs des promesses divines. Est-ce que la croix surmontant le tombeau de nos proches et de nos amis ne console pas immédiatement de leur perte, éloignement passager, exil d'un jour? Le matérialisme terrestre, le sensualisme égoïste et charnel peuvent seuls demeurer froids et insensibles devant ces catéchismes de la foi. Le paganisme lui-même, qui se couronnait de roses tout en pensant à la mort, était plus raisonnable que ce philosophisme digne de la Renaissance. Ne croyant à rien, ou n'ayant que de vagues incertitudes sur l'avenir de l'homme, il jouissait du présent sous les inspirations d'Anacréon ou d'Horace, et s'en allait, victime aveugle d'une folie intrépide, rejoindre les disciples de Sénèque et de Cicéron. Cette belle morale fut celle de nos philosophes, jusqu'au moment où leur triomphe devint le signal des sanguinaires orgies dont la fumée enivre encore leurs dociles amis (1).

<small>La pensée chrétienne de la mort amène l'art jusque dans les cimetières.</small>

Le chrétien fit toujours mieux. La mort ne devait pas le surprendre et ne l'effraya jamais. Accoutumé à s'agenouiller sur des tombes où tant de traits divers, et jusqu'au majestueux silence de leurs ombrages, l'identifiaient à ceux qui n'étaient plus, il voulut ajouter à ces symboles, à ceux que les cérémonies funèbres remettaient à chaque instant sous ses regards, des traits plus vastes et plus durables. Dans ses chapelles funéraires, la large surface des voûtes ou des murailles se couvrit des énergiques leçons de l'éternité, et les cloîtres, encore si remarquables, qui entourèrent quelques cimetières monastiques, reçurent du pinceau des plus grands artistes les plus émouvantes pages de la chute de l'homme, de sa punition par la mort, mais aussi de sa réhabilitation par celle du Fils de Dieu. Ce sont

---

(1) ... Jouissons, vivons, mon cher Horace!
Sur le bord du tombeau je mettrai tous mes soins
A suivre les leçons de ta philosophie,
A mépriser la mort en savourant la vie,
A lire tes écrits pleins de verve et de sens
Comme on boit d'un vin vieux qui rajeunit les sens.....
(Voltaire.)

ces magnifiques scènes que la main d'habiles artistes jeta au milieu de ces arcades gothiques. En Poitou, une chapelle de l'église paroissiale d'Antigny (Vienne), fondée en 1421, par les seigneurs de Boismorand, voit encore ses voûtes couvertes, entre autres peintures, de la vie de Notre-Seigneur Jésus-Christ, qui se termine par la pesée des âmes à laquelle correspond, dans un autre compartiment de la voûte, une scène un peu dégradée par le temps, mais qu'on reconnaît aisément pour l'épisode alors si populaire des *Trois morts et des trois vifs*. Une inscription en lettres gothiques y fait lire : « Vous qui passez..., priez pour nous ! » Ce sont, en effet, trois morts qui sortent de leurs cercueils et se jettent, en prononçant ces paroles, à la suite de trois cavaliers chevauchant devant eux, et qu'à leur costume différent on reconnaît pour un chevalier, une dame et un varlet. La dame donne sur son poing l'appui à un faucon : c'est le signe de la vie noble et riche ; et pendant que ces grands du monde, oublieux peut-être des grands intérêts du ciel, vont lestement à quelqu'une de leurs joies mondaines, la voix sévère du trépas, les supplications lamentables des âmes qui souffrent en expiation des mêmes folies, leur deviennent, en présence de Dieu et en face de son autel, un salutaire avertissement. C'était une digne et généreuse pensée qui avait persuadé à ces nobles seigneurs de laisser ainsi à leur postérité, dans la chapelle où elle prierait après eux, une exhortation à mépriser la vie et à se souvenir de ses ancêtres qui ne seraient plus.

A Jouhé, non loin de là, sur les mêmes bords de la Gartempe, et isolé de l'église près de laquelle il servait de chapelle au cimetière, aujourd'hui disparu, un autre oratoire s'élève encore, et contient une scène, bien plus complète et bien mieux conservée, de la même *moralité*. Là, encore, le tableau de la mort est précédé de tous les autres, dont il est le complément inévitable, depuis la création jusqu'au dernier Jugement ; après quoi vient *le dict des Trois morts et des trois vifs.* Cette fois, il n'y a pas de dame ; ce sont trois jeunes seigneurs, dont l'un se croise avec les autres sur une route commune qui n'est que la traversée large d'un cimetière. Leur costume élégant, le bel harnachement de leurs chevaux indiquent toujours la même pensée de cette félicité périssable dont la mort profite tôt ou tard ; chacun, d'ailleurs, a son chien qui l'accompagne ; le faucon s'est déjà séparé de l'un d'eux, qui semble le rappeler, tout en s'éloignant au galop d'une scène que lui et son second compagnon paraissent s'empresser de fuir. C'est que, en arrière du grand crucifix qui s'élève à quelques pas d'eux, trois morts subitement sortis de leur cercueil de pierre semblent les interpeller avec une expression de sévérité à laquelle se mêle une évidente ironie. Nos deux jouvenceaux ne se sauvent que plus vite, répondant à ces importuns par un geste assez dédaigneux, pendant que le troisième, calme et du pas le plus réglé de sa monture, prend le chemin opposé et s'avance vers ces étranges apparitions, que peut-être il ne voit pas. N'y a-t-il pas, en effet, une grande portion de l'humanité qui ferme les yeux pour ne pas voir, et marche aveuglément à sa dernière heure, dont elle apporte la certitude en naissant ? ou bien est-ce vers la croix qu'il prétend s'acheminer ainsi, la regardant comme son refuge et cédant aux bonnes inspirations qui lui viennent d'elle ? Quatre ou cinq cartouches, autrefois chargés d'inscriptions, qui sans doute exprimaient les *dicts* de chaque personnage, nous eussent complété la légende si la disparition des caractères, devenus illisibles, ne nous forçait à en chercher le sens. Ces peintures paraissent de la fin du quinzième siècle, et sont probablement contemporaines de la fondation de la chapelle où la noble et ancienne famille des Moussy de la Contour avait sa sépulture. Si elles eussent été d'une époque plus hiératique, du douzième siècle par exemple, nous y trouverions, outre le symbolisme de cette moralité géné-

Le dict des Trois morts et des trois vifs.

rale, d'autres idées significatives prises dans les couleurs employées par le peintre. Les chevaux eussent eu les leurs, choisies conformément à quelques caractères divers donnés aux jeunes hommes, tels que certains vices plus particuliers à cet âge quand il vient à se séparer de la loi de Dieu. Leurs vêtements aussi n'eussent pas manqué d'avoir leur même analogie symbolique. Ici le peintre s'est contenté de viser à l'effet par les couleurs, dont l'agencement général est du moins bien plus heureux que le dessin, et ne manque pas d'une certaine harmonie (1).

Autre en Normandie, moins bien traité par la Renaissance.

Dans une chapelle de l'ancienne abbatiale de Fontenay-sur-Orne (Calvados), aujourd'hui démolie, le même sujet avait été peint au seizième siècle, avec des détails beaucoup meilleurs d'exécution graphique. C'était avec celui de Jouhé toute la différence que pouvaient mettre dans leur œuvre deux artistes, dont l'un possédait le talent que l'autre n'avait pas. Mais, chose remarquable, le sentiment religieux l'emporte évidemment dans cette dernière, quoique aux dépens de la vérité des poses et de la pureté du dessin. A Fontenay, avec plus d'élégance et de savoir, les chevaux qui se cabrent, l'habile tenue des cavaliers, leurs coiffures empanachées ou affectant le pittoresque d'un costume à effet, donnent à l'ensemble un air de cavalcade populaire un peu charlatanesque. Les squelettes, mieux anatomisés, ont un peu l'air de certaines gens arrêtant un voyageur au coin d'un bois; le second, surtout, semble éprouver un refroidissement qui le fait trembler. Ce que le seizième siècle a touché de nos affaires est décidément tronqué dans l'essence même de la pensée religieuse.

Les danses macabres en général;

Outre cet imposant sujet des *Trois morts et des trois vifs*

---

(1) M. de Longuemar, de la Société des antiquaires de l'Ouest, a publié en 1852 une bonne planche lithochromiée de ces fresques remarquables dans un *Essai sur la chapelle de Jouhé*. Nous différons quelque peu dans l'appréciation de certains détails relativement aux intentions du peintre.

que M. Paulin Paris a retrouvé dans trois poèmes du treizième siècle (1), on trouve au quatorzième la fameuse *danse des morts* ou danse macabre, qui ne fut, à l'époque des *mystères* ou *moralités* en action, que la mise en scène du poème primitif. C'est, à proprement parler, la *danse des cimetières* (2), où l'on sait qu'à partir du quatorzième siècle on commença à prêcher par des représentations qu'inspiraient des moralités fréquentes, les grands enseignements de la mort. Un de ces drames les plus célèbres fut joué, en 1424, au cimetière des Innocents à Paris. Beaucoup d'autres le suivirent, et il n'y eut guère d'églises, surtout dans les cimetières, où ne fussent répétés aux voûtes ou aux murailles ces actes solennels qui s'y épanchaient en d'innombrables allégories, dont le fond était une danse fantastique et dans lesquelles les acteurs rivalisaient par leurs déguisements à exprimer les plus lugubres idées. On peut s'en faire une complète de cet ensemble, moins bizarre en réalité qu'en apparence, par la danse peinte sur le mur du chœur dans le collatéral nord de l'abbatiale de la Chaise-Dieu, en Auvergne. Elle se compose de soixante-sept couples alternés de morts et de vivants. Là le pape et le moine, l'enfant et le vieillard, l'empereur et le bûcheron, prennent un rôle en face d'Ève, qui enfante la Mort au pied de l'arbre d'Éden. Nous voudrions que certains symbolistes de hasard, comme

celle de la Chaise-Dieu en particulier,

ses caractères esthétiques.

---

(1) Voir *Bulletin monumental*, xv, 137.
(2) De *magbarah* ou *magabir*, qui en arabe signifient *cimetière*. Cette étymologie, rapprochée de bien d'autres données par Ducange, et qu'a proposée en dernier lieu M. Van-Praët dans son *Catalogue des livres imprimés sur vélin*, nous paraît la seule raisonnable, parce qu'elle est la plus naturelle.— Voir une excellente dissertation de M. Branche dans le *Bulletin monumental*, viii, 326. Nous lui avons emprunté ce que nous disons sur ce sujet comme à celui qui nous semble l'avoir étudié avec le plus de succès.— On s'était tellement persuadé pendant longtemps que le mot *macabre* venait des *Machabées*, qu'à la cathédrale d'Amiens on s'était accoutumé à appeler *chapelle des Machabées* celle où une danse macabre apparaissait sculptée au-dessus de la porte. Cette sculpture était aussi du quatorzième siècle.

il s'en rencontre toujours parmi les écrivains qu'un parti pris porte à dénigrer le clergé du moyen âge et ses institutions religieuses, dont ils parlent avec d'autant plus de préjugés qu'ils en ont une plus grande ignorance; nous voudrions que ces érudits qui ont aimé à voir des satires ardentes des moines et des prêtres dans l'iconographie des mystères et des légendes étudiassent, avec ce morceau remarquable que la lithochromie nous a conservé, ce qu'il y a de variantes significatives dans ces physionomies si diverses; et comme, en découvrant les sentiments qui s'y expriment, on voit, à côté de l'effroi, de l'indifférence ou de l'étonnement de chaque mortel saisi par son cruel partenaire, combien le peintre s'est efforcé de laisser au pape, aux évêques, aux moines et aux religieuses le contraste facial du calme placide, de la douceur pieuse, du recueillement de la prière, et de la résignation du cœur. Quelle dignité dans leurs gestes, dans leurs poses et jusque dans la marche tranquille que leur imprime cet ennemi de tous, que seuls ils semblent ne pas redouter! C'était là une éloquente leçon, mais aussi c'est un beau modèle pour les artistes chrétiens..... Nous ne croyons pas qu'aucune de nos fameuses expositions annuelles nous ait donné depuis leur retour périodique aucune toile qui, pour le sentiment religieux, vaille ces fresques si malheureusement perdues (1).

Voilà sans contredit l'esthétique de l'artiste. Mais ce n'est encore qu'une portion du vaste tableau. Voyons le reste.

Non loin de la mère des vivants, un Docteur, dans une chaire, fait ressortir à l'intelligence de cette foule attentive la justice divine et le sort qui attend l'humanité. Puis la danse s'ébranle en une immense ronde, soit qu'on voulût rappeler ainsi certaines maladies convulsionnaires de ce

---

(1) Voir l'*Auvergne et le Velay*, atlas, pl. 119, 120 et 121.

temps, causes de deuils nombreux dans les familles, soit, comme nous le croirions plus volontiers, qu'on prétendît symboliser cette fatalité providentielle qui emporte tout si rapidement en une sorte de tourbillon irrésistible. Quoi qu'il en soit, l'action scénique avait besoin d'interprètes, et les poètes du temps se chargeaient de l'expliquer aux contemporains et, heureusement aussi, à la postérité, pour laquelle les manuscrits sont plus durables que la peinture. Des cartouches épars au-dessus de chaque scène en faisaient l'application morale à chaque assistant, à toutes ces conditions sociales qui se pressaient sur le théâtre, ou autour de lui, pour en saisir les sérieuses admonitions. M. Branche nous a copié les vers suivants, comme texte d'un poème de la même époque : ils conviennent très-bien aux fresques de la Chaise-Dieu, et ils sont le résumé de toutes les autres.

> O créature raysonnable
> Qui désires vie éternelle,
> Tu as cy doctrine notable
> Pour bien fixer vie mortelle.
> Cy la danse des morts t'appelle,
> Que chascun a dancer aprent;
> A hôme, à fême est naturelle :
> Mort n'épargne petit ne grant.
>
> En ce miroer chascun peut lire
> Qui le convient ainsi danser :
> Saige est celui qui bien s'i mire;
> La mort le vif fait avancer.
> Tu veois les plus grants commencer,
> Car il n'est nul que mort ne fière;
> C'est piteuse chose y panser....

Jusque-là nous n'avons vu que les préliminaires ; mais voici qu'un mort porte une bière à l'assistance effrayée : alors la danse se met en train. Prières, menaces, rires, pleurs s'exhalent à la fois de toutes parts : c'est l'étrange musique de cette ronde forcenée. Les cris, les plaintes, la terreur s'expriment à la fois dans une confusion où se mêlent toutes les appréhensions de chacun sur sa vie passée ; une confession générale sort de la bouche de tous ces hommes, de toutes ces femmes, qui exposent ainsi à la grande famille l'examen détaillé des fautes possibles dans chaque vocation. Après quoi la Mort a la parole : elle résume tout, elle prononce ses arrêts, et quand le sort de chacun est décidé, elle termine par une tirade poétique :

> Rien n'est d'hôme, qui bien y panse,
> C'est tout vent, chose transitoire ;
> Chascun le veoit par ceste dance :
> Pour ce, vous qui voyez l'histoire,
> Retenez-la bien en mémoire...
> Le panser en est prouffitable :
> Tel est huy qui mourra demain...
>
> . . Mais aucuns sont à qui n'en chault,
> Comme s'il ne fut paradis
> Ne enfer. Las ! ils auront chault !
> . . . Acquitez-vous qui cy passez !
> Et faictes des biens. Plus n'en diz :
> Bienfait vault moult aux trépassez.

Autre variante donnée par la Chronique de Nuremberg.

Cette poésie est énergique et élevée ; ces peintures, ces représentations sont morales et religieuses. Nous avons vu, nous verrons encore ce qu'en aura fait la *Renaissance*, en qui l'esprit du protestantisme souffla l'abandon de toute dignité surnaturelle. En attendant, voici un abrégé de la danse macabre, que nous empruntons à la *Chronique de Nuremberg*. Pendant qu'un mort se lève à peine de son tombeau, quatre autres ont déjà commencé le spectacle. L'un d'eux, encore revêtu de son suaire, joue de la flûte. Les trois autres dansent à grande force de contorsions. De ces trois, deux sont de purs squelettes ; le dernier a encore sa chair ; un long et étroit linceul le drape fort économiquement de la tête aux pieds, il a le ventre ouvert, d'où s'échappent ses entrailles en méandres horribles, dont l'effet n'est comparable qu'à la grimace de sa tête décharnée. Au-dessous de l'image sont dix vers latins qui, pour apporter leur contre-partie chrétienne à ce qu'on voit ici de répugnant à la nature, vantent les bienfaits du trépas, qui remet tout à sa place et couronne la vie vertueuse des récompenses qu'elle a su conquérir.

> Morte nihil melius; vita nil pejus iniqua.
> Optima mors, hominum requies æterna laborum,
> Tu senile jugum, Domino volente, relaxas,
> Vinctorumque graves adimis cervice catenas,
> Exiliumque levas, et carceris ostia frangis.
>
> Eripis indignis, justis bona partibus æquans,
> Atque immota manes, nulla exorabilis arte.
> A primo præfixa die, tu cuncta quieto
> Ferre jubes animo, promisso fine laborum.
> Te sine supplicium vita est, carcerque perennis (1).

Convenance des monuments funéraires dans les églises,

Avant d'en finir avec ce qui regarde la mort et les lieux chrétiens qu'elle consacre, ne devons-nous pas nous exprimer sur la convenance des monuments funéraires dans nos églises? Le symbolisme a perdu beaucoup, puisque la sculpture est un de ses meilleurs éléments, à voir bannir de nos temples les sépultures, qui n'y sont plus tolérées : non que nous voulussions faire de chaque église un lieu profane, comme le Westminster de l'anglicanisme, où le musée de l'hérésie remplace le tabernacle des temps chrétiens, où tout fatigue les yeux sans que rien parle au cœur. Nous regrettons surtout ces tombes qui, sans encombrement, élevées de quelques pieds au-dessus du sol, dans un

---

(1) C'est-à-dire : « Rien de meilleur que la mort, rien de pire qu'une mauvaise vie. Chère mort, repos éternel des travaux de l'humanité, c'est toi qui, sur un ordre divin, délivres le vieillard de son joug, romps les lourdes chaînes des captifs, termines leur exil et brises les portes de leur prison. Tu ravis au méchant ses biens mal acquis, exerçant une impartiale répartition envers les justes : ta fermeté inébranlable ne se laisse séduire par aucune prière. Annoncée à l'homme dès son premier jour, tu lui enseignes à tout souffrir avec patience, en lui promettant la fin de ses maux. Sans toi la vie ne serait qu'un long supplice et une interminable captivité. »

Nous doutons que Cicéron ou Sénèque pussent offrir en aussi peu de lignes autant de hautes pensées et d'aussi philosophiques consolations, et que qui que ce soit les eussent rendues en de meilleurs vers.

enfeu aux arcades sévèrement ornementées, laissaient voir aux vivants, dans une belle statue couchée les mains jointes, les yeux fermés, les traits nobles et l'honorable souvenir des bienfaiteurs du lieu saint. Nous redemandons ces expressions touchantes de la piété de nos pères, plus que ces flatteuses prétentions de nos statuaires nouveaux, qui confondent le grandiose de la pensée avec les dimensions d'un monument, et qui croient avoir tout fait quand ils garnissent une église d'une scène massive en l'honneur du maréchal de Saxe, comme à Saint-Thomas de Strasbourg, ou d'une autre dont le dessin et le plan vont jusqu'au ridicule, sous prétexte d'immortaliser Mgr Affre, à Notre-Dame de Paris (1). Ceci est digne tout au plus de ce pauvre cimetière du Père-Lachaise, où les morts, entassés pêle-mêle, sans distinction de juifs ou de chrétiens, de luthériens ou de musulmans, semblent n'avoir plus au service de leurs espérances que des pierres qui s'usent chaque jour, qu'un bronze plus ou moins solide, le tout accompagné de poses dramatiques et superbes, que rehaussent des inscriptions

mal comprise de l'art moderne.

(1) Sans doute le monument de Pigalle est un beau travail et se recommande surtout par l'harmonie et la noblesse du plan; mais à le considérer dans ses détails, quoi de plus froid et de plus faux à la fois que cette banale personnification du temps empêchant la mort d'approcher d'un héros qu'elle a déjà vaincu? quoi de plus commun que ce lion qui pleure? et que dire de ce luthérien sybarite qui ne lève les yeux au ciel qu'après son trépas? — Quant à l'œuvre de M. Debay, c'est du paganisme s'il en fût, c'est du marbre sans vie et sans idée, où la croix n'arrive qu'à la cachette, pour ainsi dire, et ne surmonte même pas le cippe gréco-égyptien, qui manque autant de caractère monumental que de dignité chrétienne. La pose forcée de la statue, dont la draperie affectée augmente la lourdeur, n'est même pas rachetée par la ressemblance de sa figure. Le bas-relief n'a qu'un mouvement vulgaire, comme son expression générale, et la distribution des personnages y est mal calculée, isolant beaucoup trop du prélat les ecclésiastiques, dont il ne devait pas être séparé. Pour le symbolisme, M. Debay ne s'est pas douté qu'il existât. Il le fallait bien pour imposer ces formes grecques à une cathédrale gothique! De sorte qu'après avoir examiné ce triste ensemble que les camarades ont cru louer en le qualifiant *sobre de détails*, on se trouve aussi touché que devant un autel de Jupiter ou un peulven druidique...

françaises, dont trop souvent le nom de Dieu même est exilé. O art moderne, tu ne symbolises que trop une époque d'orgueil aveugle et de scepticisme mesquin !

Avouons que là encore la vie est dans le catholicisme. A travers tous les siècles, sa doctrine, toujours la même, resplendit au milieu des ténèbres de l'esprit humain. Elle explique tout, elle sanctifie tout, elle tient l'homme élevé sans cesse au glorieux niveau de sa nature régénérée et de sa divine vocation. N'en jugeons que par ses pensées à l'égard du cimetière chrétien. A l'instar même de ses églises, elle le *consacre* (1), et, comme pour celles-ci, elle ne manque pas d'inviter ses enfants, témoins de ces plantations de croix, de ces encensements, de ces aspersions et de ces lumières répandus sur la terre de leur repos, à goûter le sens de sa belle et touchante liturgie : « O Dieu qui êtes le créateur de cet univers, et qui disposez parfaitement de toutes vos créatures, nous vous supplions humblement, et dans toute la pureté de notre cœur, de purifier, de bénir et de sanctifier ce lieu destiné, après la fin de cette vie, à réunir dans un repos commun les corps de vos serviteurs et de vos servantes... Donnez la consolation éternelle à ceux qui attendent la trompette de votre premier Archange... Vous qui avez béni la terre achetée aux enfants d'Hébron par Abraham pour sa sépulture, et accordé à Israël la terre de promission pour en faire son héritage, soyez le gardien de tous ceux dont les corps viendront chercher ici un lieu de repos... Vous qui êtes le Pasteur éternellement glorieux, lumière et honneur de toute sagesse ; protecteur inébranlable de toute prudence, salut des infirmes, santé des forts, consolation des affligés, vie des justes, gloire des humbles, daignez purifier de toute souillure et des embûches des esprits immondes ce lieu où dormiront les corps de vos fidèles ;

Contraste de ce style païen avec l'importance et l'honneur que l'Église donne à ses cimetières.

Belle liturgie de leur bénédiction.

---

(1) « Hanc terram... ad usum sepulturæ consecrare digneris. » (*Orat. in Pontif. Rom.*)

que tous ceux qui auront eu part au saint Baptême et persévéré jusqu'à la fin dans la foi catholique reçoivent, quand ils y seront éveillés par les trompettes de vos Anges, le gage du bonheur éternel promis à leurs âmes et à leurs corps... Ce corps, Seigneur Jésus-Christ, vous l'avez formé de la terre pour réparer la perte des anges révoltés ; vous l'avez pris vous-même pour notre Rédemption ; vous le réduisez en poussière par une condition de sa chair périssable, et vous le relèverez de cette terre pour ne plus mourir. Bénissez-la donc, cette terre, et accordez-nous d'y dormir dans ces saintes espérances, puisqu'elle a été achetée de votre Sang. N'est-ce pas vous qui êtes notre jour sans fin, la splendeur indéfectible, l'éternelle clarté ? C'est vous qui avez recommandé à qui veut vous suivre de marcher dans la lumière, d'éviter ainsi les ténèbres de la nuit sans bornes, et d'arriver heureusement à la lumineuse patrie. Votre humanité a pleuré Lazare, votre divinité l'a rappelé à la vie, comme elle a ressuscité le genre humain, accablé des quatre coins du monde sous l'énorme poids de ses péchés. Faites donc, ô Vie véritable et éternelle, que tous ceux qui seront ensevelis dans cette enceinte consacrée se sentent, au son de la trompette de vos Anges, délivrés des liens de leurs fautes, et que, rendus à l'éternelle félicité, admis dans l'assemblée de vos Saints, ils y célèbrent à jamais avec eux les louanges qui vous sont dues comme à l'auteur de la vie (1) ! »

Comme tout cela parle au cœur et à l'esprit ! Il manque un sens à qui n'y sent pas le souffle de Dieu.

(1) *Pontificale romanum*, De cœmeterii Benedictione, *passim*.

CHAPITRE III.

EXTÉRIEUR DE L'ÉGLISE CHRÉTIENNE.

De quelque distance qu'on aperçoive une église, et surtout si on la considère à vol d'oiseau, rien de plus facile à l'observateur instruit que d'y reconnaître un ensemble d'idées toutes surnaturelles et dignes de la maison du Seigneur. Le Dieu caché au fond du sanctuaire s'y révèle, y parle, et de si loin s'attire déjà l'adoration des hommes. Un premier fait à remarquer, indépendamment des raisons qui ont pu, à travers les siècles, en modifier l'évidence sensible, c'est le point relativement élevé choisi pour y établir les fondements du saint édifice. Si l'on tient compte des surexhaussements accidentels ou calculés qu'a subis autour de lui le terrain qui le supporte, on verra bientôt que les abords n'ont pu être changés que par des révolutions successives et des bouleversements dont la cause est plus ou moins appréciable, mais fort souvent historique. Soit qu'on aborde l'église par une nombreuse suite de degrés, soit qu'on n'en franchisse le seuil que par des marches intérieures, destinées à corriger les inégalités du sol, on se persuade, à l'examen des piliers, dont les bases n'ont pas toujours la même hauteur au-dessus du pavé, que le niveau a dû céder plus d'une fois à des remaniements. Les terres rapportées, l'adjonction des cimetières, les constructions qui sont venues se grouper plus tard autour des murs sacrés, sont autant de causes qu'il ne faut pas oublier quand on veut bien juger de la question.

L'Église chrétienne a toutes les marques spéciales d'un édifice consacré à Dieu, par l'élévation du sol qui la supporte,

Tout d'abord, donc, c'est l'éminence relative du plateau de l'église qui frappe les regards. Presque partout on constate ce fait, qui n'a pu être négligé que par quelques raisons locales et exceptionnelles. On s'est appliqué parfois à ce symbolisme, jusqu'à créer en sa faveur, pour une église à construire, une butte de terre rapportée, comme on le voit au village de Souain, en Champagne (1). C'est que l'église chrétienne est si bien la continuation morale du temple de Jérusalem posé sur la montagne de Sion (2), qu'en s'y dirigeant le chrétien s'élève dès lors vers le Ciel; que de là sa pensée et son cœur doivent planer au-dessus de tous les intérêts de ce monde et quitter tout contact volontaire de son esprit avec les intérêts matériels d'une terre dont il doit se détacher (3). Ce soin symbolique de s'établir bien haut garde, d'ailleurs, le saint lieu contre le bruit extérieur, contre les eaux, les boues et les autres immon-

---

(1) Voir *Bullet. monum.*, XVII, 576.

(2) « Levavi oculos meos in montes unde veniet auxilium mihi. » (*Ps.*, cxx, 1). — Si les montagnes sont, par leur hauteur, le symbole de l'*orgueil*, de l'*ambition*, et de la *dureté du cœur* par les rochers qu'elles renferment, elles ont aussi, par la bonne direction que l'âme peut donner à sa fermeté et au sentiment de sa dignité religieuse, une signification favorable que les commentateurs ont savamment développée. L'auteur, entre autres, des *Distinctions monastiques* (liv. III, ch. CLXXVI), y trouve l'image de Jésus-Christ, des Anges, de la sainteté, de la vie religieuse, de l'*Église*, de l'éminence des vertus. Certaines montagnes souvent nommées dans l'Écriture ont aussi leur enseignement spécial : la *montagne de Sion*, ce sont les Élus; des *Olives*, c'est la miséricorde; du *Liban*, la chasteté; du *Carmel*, la tempérance; du *Thabor*, la glorification; l'*Oreb*, c'est l'abstinence; *Gelboé* est le séjour des démons. On comprend tout de suite ces allégories, si l'on se reporte aux passages scripturaires où ces divers lieux sont rattachés à des événements historiques. (Voir S. Melitonis *Clavis*, De Mundo, cap. XV.)

(3) Voir à cet égard les instructions de S. Charles déjà citées (*Fabricæ ecclesiasticæ instruction.*, lib. I, cap. I) : « Cautio item sit, ut situs ejus modi quæratur, ubi ecclesia exædificari queat, insulæ instar. » — Il y a beaucoup d'exemples de cette situation, comme on peut le voir en particulier dans le *Bullet. monum.*, t. XVII, p. 570, 571, 576 et suiv., et XX, 305.

dices qui s'y écoulent plus facilement. Autour de lui, tout devient plus digne de lui, et cet isolement, d'ailleurs, dont on ne doit plus faire une question, puisqu'elle a toujours été résolue à son avantage, cette séparation de toute habitation humaine à l'égard de la demeure sacrée témoigne d'une bien plus haute vénération pour celui qui daigne y habiter avec nous (1). Quelque distinction qu'on puisse objecter sur ce point entre les églises séculières et celles des monastères, et tout en avouant que celles-ci, aussi bien que les cathédrales, quand les Chapitres vivaient en commun avec les Évêques, avaient des motifs irrécusables d'attenance avec les cloîtres ou autres lieux où se passait la vie commune ; tout en reconnaissant que ces conditions n'avaient rien qui blessât le respect dû au sanctuaire devenu comme une portion même de la grande maison; sans oublier enfin que les prescriptions de plusieurs conciles éloignaient des murs sacrés toute appartenance extérieure, qui devait en être séparés par quelque espace (2), nous reconnaîtrons de combien de malheurs on se fût affranchi maintes fois, combien d'incendies eussent épargné la maison de prières, si le feu dévorant les bâtiments adjacents avait trouvé un vide infranchissable entre eux et la plus sainte partie d'eux-mêmes. Quand des constructions en bois s'attachaient à des églises, où le bois est absolument

et sa séparation normale des autres habitations.

---

(1) Nous avons vu des églises auxquelles s'étaient accolées en certaines villes des échoppes plus ou moins considérables que l'administration municipale non plus que les fabriques n'y devraient jamais permettre. Ces voisins, par trop entreprenants, creusaient des caves au détriment des fondements de l'église; ils se procuraient des placards en démolissant l'épaisseur des murs ou des contreforts; ils bouchaient des fenêtres du monument et quelquefois en perçaient sur une tribune intérieure. On ne saurait trop s'élever contre ces excès, qui ne sont pas moins un scandale qu'un abus d'un prétendu droit de propriété.—Voir nos *Instructions de la Commission archéologique diocésaine de Poitiers*, p. 95, et le *Traité de la réparation des églises*, de M. R. Bordeaux, ch. IV (*Bullet. monum.*, XVII, p. 537).

(2) *Concil. Carth.*, IV, can. XIV.

nécessaire, ne fût-ce que pour la charpente, il était difficile d'échapper à ces funestes accidents. Et combien d'autres raisons combattent encore ce mauvais système d'adjonction! Nous en avons parlé ailleurs, et ne nous arrêterons pas davantage ici sur une question qui n'en peut plus être une (1).

<small>Les églises de Saint-Michel bâties de préférence sur des hauteurs.</small>

Si tant de convenances portaient à bâtir les églises sur des points culminants, il y avait une autre cause qui faisait rechercher surtout cette position pour celles qu'on voulait dédier à S. Michel ou à d'autres Anges. On sait le combat de cet Archange et de la milice céleste contre les anges révoltés, et l'opposition qu'il continue de leur faire dans leurs tentatives contre l'innocence de l'homme (2). Nous avons vu dans l'Apocalypse (xii, 9) ce grand guerrier de Dieu terrasser le dragon après un grand combat célébré par le prophète de Pathmos. Le démon vaincu n'a pas cessé de vouloir le mal ; il s'attache de préférence, et par un reste de ses instincts orgueilleux autant que par ses regrets du Ciel, aux lieux élevés, aux espaces aériens, ce qui le fait nommer par S. Paul « le prince de l'atmosphère, » de cet air ambiant dont il se sert comme d'un véhicule pour ses mauvaises inspirations et ses doctrines perfides (3) : c'est donc là, dans ces régions supérieures dont l'Archange a dépossédé l'ennemi de Dieu et le nôtre, qu'il fallait placer les églises dédiées à cet invincible défenseur. Un autre motif a pu se trouver en certains endroits dans les souvenirs mythologiques de Mercure, qui, en qualité de *messager* des dieux, et pourvu d'ailes comme on en a donné

---

(1) Voir nos *Instructions de la Commission archéologique diocésaine de Poitiers*, in-8°, Poitiers, 1851.

(2) « Princeps regni Persarum restitit mihi..., et ecce Michael, unus de principibus primis, venit in adjutorium meum. » (*Dan.*, x, 13.)

(3) «...Peccatis vestris, in quibus aliquando ambulastis, secundum... principem potestatis aeris hujus. » (*Ephes.*, ii, 2.) — Voir S. Hilaire sur ce passage, *Spicileg. Solesm.*, I, 107.

aux Anges, dont le nom signifie *envoyé*, avait ses temples sur les hauteurs (1). L'église de Saint-Michel-Mont-Mercure, en Vendée ; celle du Mont-Saint-Michel, en Normandie, attestent encore la consécration de ce principe, et montrent comment le catholicisme a su ramener les populations au culte de la vérité en les purifiant de leurs fausses croyances dans le centre même des plus grossières superstitions.

La forme de croix n'est pas moins sensible à l'œil de l'observateur dans le plan général que nous examinons. Deux grandes ailes, prolongeant le transsept au delà des limites latérales tracées par les murs, donnent, en effet, à l'édifice, qu'ils coupent par deux moitiés égales dans les églises grecques, ou au tiers supérieur de sa hauteur dans celles des architectes latins, une ressemblance frappante avec l'instrument sacré du salut des hommes. C'est dès la première constitution de la grande société chrétienne que nous voyons cette forme placée au nombre des prescriptions liturgiques : elle figura le plan envoyé, au quatrième siècle, par Eudoxie, femme de l'empereur Théodose II, à l'évêque de Gaza, S. Porphyre, qui lui avait demandé de faire construire une église pour sa ville épiscopale sur les ruines d'un temple des faux dieux (2). S. Grégoire de Tours nous parle

La forme de croix, et ses variétés.

(1) Il est aisé de voir dans ce Mercure une défiguration de l'idée primitive des Anges, dont le nom même et les fonctions de messager (ἄγγελος) ont été attribués à celui qui est venu, dans la raison humaine abaissée par les passions grossières, les remplacer aux yeux des générations détournées des enseignements divins.—Mais, à cette confusion de la matière et du spiritualisme, les hommes semblaient avoir toujours soin de mêler encore des caractères inséparables de l'erreur : ce demi-Dieu qui faisait les plus détestables commissions et se rendait l'intermédiaire des plus sales intrigues de la Cour céleste, était en même temps, nous l'avons déjà observé, le protecteur du commerce... et des voleurs ! Le symbolisme n'est pas moins frappant en cela qu'en bien d'autres choses ; et quand nous serons complétement revenus au paganisme, si les espérances de certains *sages* se réalisent, le dieu ancien n'aura pas besoin de revendiquer sa place, que nos mœurs modernes lui ont gardée soigneusement à la Bourse et dans les boutiques.

(2) « Erat intra litteras descripta forma ecclesiæ *in figuram crucis*..., ut convenienter dictæ figuræ sancta conderetur ecclesia. Lætatus est

de la cathédrale de Clermont, bâtie à la fin du cinquième siècle selon cette même prescription (1), puisée, au reste, dans les traditions apostoliques. Nous comprendrons mieux, dans l'intérieur du vaisseau, le sens profond de cette disposition mystique; toujours est-il que, dès à présent, nous en constatons l'apparence, et, si elle n'est pas également sensible dans tous les monuments, s'il y a même un grand nombre d'entre eux qui consistent dans une simple nef, longue et étroite, sans aucune indication d'un retrait au sud et au nord (2), on ne rencontre guère ces rares exceptions que dans les églises qui précédèrent les neuvième et dixième siècles. Après cette époque, la renaissance architecturale, qui multiplie les signes mystiques au service du culte, reprend généralement toutes ses traditions et n'en rejette aucune. Les lignes cruciales ne s'effacent plus sous aucun prétexte; elles se dessinent partout entre la nef et le sanctuaire, quelquefois encore à peine exprimé par un retrait d'une profondeur très-peu considérable; mais c'est le point de départ de ce progrès, qui bientôt, le onzième siècle arrivant, se développe jusqu'à une figure parfaitement accusée, et devient le type indispensable d'un monument catholique. Ce type le distingue de toute construction séculière; il l'élève par une dignité propre au-dessus de tous les bâtiments profanes, et, si l'impiété des mauvais jours le souille et le méconnaît, cette croix, incompatible avec ces déplorables souillures, restera toujours un reproche aux suppôts de l'esprit du mal (3).

autem S. Porphyrius cum... vidisset formam descriptam : sciebat enim hoc quoque factum fuisse ex divina revelatione. » (Bolland. in Vita S. Porphyr., xxvi februar.) — Ces derniers mots indiquent bien quelle importance on attachait dès lors à ce symbole. — S. Porphyre mourut en 420.

(1) S. Gregorii Turon. *Historia Francorum*, lib. II, cap. xvi.

(2) « Les premiers architectes de nos églises avaient emprunté aux plus anciennes de Rome leur plan basilical, modifié ensuite en croix latine par le symbolisme religieux. » (L'abbé Jouve : Notice sur la cathédr. de Valence, *Bullet. monum.*, XIV, 559.)

(3) Il n'y a pas d'archéologues à qui cette forme, pour peu qu'ils

Vous rencontrez cependant çà et là, et à peu près dans toutes les régions de l'Occident, des églises circulaires, dont le dessin a été presque toujours conçu en souvenir du Saint-Sépulcre de Jérusalem. Ceci était remarquable dans notre magnifique et regrettable abbatiale de Charroux, si célèbre par ses reliques du Sauveur, dont elle portait le vocable; dans celle de Sainte-Croix de Quimperlé, dans la chapelle sépulcrale des Augustins de Montmorillon, et dans plusieurs autres bâties par les Templiers à Metz, à Reims près Carcassonne, à Cambridge, à Northampton et au Saint-Sépulcre de Londres (1). Aussi ces monuments ne datent-ils pas d'avant le douzième siècle, et plusieurs sont du treizième, et se sont renouvelés en certain nombre à l'époque des croisades. C'est l'opinion de M. de Caumont et

Églises de forme circulaire.

s'en aperçoivent dans un monument, ne doive révéler son origine chrétienne, en dépit des fausses attributions qu'ont pu lui donner des traditions erronées. Avec un peu d'observation et de connaissance de l'esthétique religieuse, on n'aurait pas cru et répété si longtemps que l'église Saint-Laurent de Grenoble était un *temple d'Esculape*, ni l'église Saint-Jean de Poitiers le *tombeau de Claudia Varenilla*.

Le serpent d'Adam et d'Ève ressemblait à celui du fils d'Apollon et de Coronis tout autant que l'inscription latine de la dame romaine prouvait, une fois transportée dans une enceinte catholique, la destination païenne qu'on s'efforçait de prêter à celle-ci. — Voir encore *Bull. monum.*, XX, 210, et la Dissertation de M. Schweighauser sur l'église de Saint-Matthias de Cobern (près Coblentz), même ouvrage, t. IX, p. 117.

(1) Voir notre *Histoire de l'abbaye et des reliques de Charroux*. — M. de Lamonneraye, de l'Institut des provinces, a très-bien conjecturé que l'abbatiale de Charroux avait reçu la forme circulaire de son chœur des traditions de la Palestine, et ses observations ne s'y appliquent pas moins justement qu'à celles des autres églises sur lesquelles il avait des renseignements précis et qu'il cite dans son excellent *Essai sur l'histoire de l'architecture en Bretagne*. (Voir *Bulletin monum.*, t. XV, p. 531.) — Sauf erreur, il nous semble que Sicardi, *qui était Italien*, a le premier signalé, au commencement du treizième siècle, la forme ronde comme une signification de l'expansion de l'Église dans l'univers, et comme un encouragement pour nous à tendre du cercle de ce monde à celui de la couronne éternelle. *Quæ fiunt in modum circuli, Ecclesiam dilatatam per circulum orbis significant; unde : In fines orbis terræ verba eorum* (ps. XVIII); *vel quod de circulo orbis perveniamus ad circulum coronæ æternitatis*. (Mitrale, lib. I, cap. IV.)

d'architectes distingués (1). L'Italie en a plus que nous, et presque toujours ce sont d'anciens temples païens, donnés au Christianisme vers le temps de Constantin, et dont les idoles chassées furent remplacées par la Croix. Le baptistère de Florence, ceux de Saint-Jean de Latran, de Sainte-Constance et de Saint-Étienne-*le-Rond* à Rome, sont de ces conquêtes dont on s'empara d'autant plus volontiers qu'elles représentèrent fort bien l'image de cet univers (*orbis*), à qui le baptême devait être annoncé comme la bonne nouvelle de ce monde (2). S. Augustin interprète par le monde cette roue dont parle le Psalmiste : *Vox tonitrui tui in rota* (3).

<small>Le plan octogone, et sa signification mystique.</small>

Une autre raison fit établir des plans octogones, comme aux baptistères de la métropole à Ravenne, à Sainte-Marie *in Cosmedin* et à Saint-Vital de la même ville, et ailleurs. Cette raison a échappé à M. de Lassaulx, habile architecte prussien, qui attribue simplement l'existence de ces églises au désir qu'on eut d'abord de conserver ou d'imiter plus tard, comme plus commodes pour placer la foule, les petits temples romains qu'on destinait au nouveau culte (4). Pour qui s'est occupé du symbolisme des nombres, il est facile d'arriver à une explication plus élevée. On sait ce que nous

<small>Le nombre *huit*</small> en avons dit, l'on peut y recourir (5). Qu'il nous suffise

---

(1) M. de Caumont, *Histoire sommaire de l'architecture au moyen âge*, p. 96 et suiv. — *Bullet. monum.*, IV, 460, et VII, 305.

(2) Voir *Notes sur les monuments de quelques villes d'Italie*, par M. Renouvier, in-8°, 1841. — Voir aussi l'*Histoire de l'art* de M. Schnaase, et particulièrement ce chapitre dans les *Annales archéologiques*, t. XII, p. 320.

(3) « Euntes in mundum universum, prædicate Evangelium omni creaturæ. » (*Marc.*, XVI, 15.) — Le monde est symbolisé par un cercle ou une roue : *Rota, orbis*, dit S. Eucher (*Formulæ minores*, n° 288), — et S. Augustin : « Vox sacræ doctrinæ quæ terribiliter sonat… in toto mundo, quia in omnem terram exivit sonus Apostolorum. » (S. Aug., opp. t. IV, p. 981, ed. Bened.)

(4) Voir *Bullet. monum.*, IX, 118. — Montfaucon, dont l'époque était fort peu archéologique, prenait l'octogone de Montmorillon pour un *temple de druides*, et y trouvait à honorer les *huit* dieux de leur mythologie ! (*Antiq. expliq.*, préf. du Supplém. Ier vol., et t. II, p. 223.)

(5) Voir ci-dessus, t. I, ch. VI.

ici de rappeler le soin qu'a toujours mis l'Église à célébrer pendant une octave ses principales solennités. C'était comme une prolongation de la joie sainte que suscitait la pensée de l'Éternité, et dès le temps du concile de Nicée (en 325), un auteur inconnu dont un court traité sur les fêtes hébraïques a été retrouvé par le cardinal Pitra, faisait observer que par la grâce des sept dons du Saint-Esprit nous arrivons à mériter les huit béatitudes (1). Le regrettable P. Martin, à qui la théologie ne manqua pas plus que le sens archéologique, a parfaitement compris ce symbolisme, avant même que ce fragment ne nous fût connu. Décrivant le dôme d'Aix-la-Chapelle, élevé par Charlemagne, il en signale le plan comme un octogone inscrit dans un polygone de seize côtés (2). Cet octogone semble avoir servi de point de départ à toute l'ornementation dont les détails variés se reproduisent par *huit*, tels que les chapelles circulaires, fermées chacune par un chancel paré de mosaïques contemporaines de l'œuvre. La grande couronne de lumières, donnée par Frédéric Barberousse pour être suspendue sur la châsse, forme dans ses quatre mètres de diamètre une rose à *huit* lobes, dont les angles rentrants et les parties saillantes sont armés de petits édifices romans renfermant autrefois huit statuettes d'argent qui ont disparu; au dessous, huit plaques de cuivre représentant en ciselures les *huit* béatitudes, et *huit* des mystères de la vie du Sauveur.

<small>est encore appliqué à d'autres monuments.</small>

---

(1) « Ab omni opere malo quieti per septiformis Spiritus gratiam in octavæ Beatitudinis numeros pervenire mereamur. » (Anonymus, *De Solemnitatibus, Sabbatis et Neomeniis*; ap. *Spicileg. Solesm.*, t. I, p. 12.)

(2) Ces seize côtés, que n'explique pas ce savant antiquaire, n'en avaient pas moins aussi leur signification mystérieuse. *Seize* est un nombre sacré; il indique, en multipliant 4 par 4, la propagation des quatre Évangiles aux quatre points du monde. Si on le compose autrement de six ajouté à dix, il symbolise la Loi parfaite, car toutes les œuvres du Seigneur se sont accomplies en six jours et étaient parfaitement bonnes, *valde bona*, et l'usage de toutes créatures a été réglé par le Décalogue. Tout ceci est de S. Augustin, dans son commentaire *De Genesi ad litteram*.

« Des vers gravés sur les huit lobes de la rose indiquent qu'en faisant suspendre cette couronne au-dessus du tombeau de Charlemagne, la pensée de l'empereur Frédéric II et de Béatrice, son épouse, était de rendre l'image de la béatitude du Ciel (1). » Un fait de cette importance établit suffisamment l'intention des édifices à huit pans. C'est probablement dans le même but symbolique qu'on trouve un assez grand nombre d'églises des onzième et douzième siècles dont l'abside est ainsi coupée.

Églises hexagones, et mysticisme du nombre six.

Soyez assuré qu'à Saint-Matthieu de Cobern, l'hexagone a aussi pour principe, comme dans un certain nombre d'autres églises de cette forme, un sens arithmétique dont le mystère nous est bien connu. Là se manifeste encore une consécration des six jours du grand œuvre de Dieu. Ce nombre *six* est devenu, par cela même, un symbole de perfection et présidait, pour ainsi dire, à l'existence du monde resté intact avant le péché. Quand cette règle est violée par la désobéissance du premier homme, un autre nombre *six* se retrouve dans la réparation qu'en a faite le Fils de Dieu : c'est à la sixième heure du jour, selon la méthode ancienne de le diviser, que le Sauveur commença le Sacrifice qui effaçait les péchés du monde (2). Nous avons vu beaucoup d'absides qui, au douzième siècle, l'époque hiératique par excellence, ont pris la forme triangulaire, ce qui amenait naturellement au fond du sanctuaire une triple ouverture presque toujours d'égales dimensions, pour rappeler les trois personnes divines et leur parfaite égalité entre elles : *Tres sunt qui testimonium dant in cœlo* (1 Joan., v, 7). — Nous reviendrons sur ce symbole en examinant l'intérieur de l'église.

---

(1) Voir une très-intéressante description de ce beau meuble et les magnifiques planches qui l'accompagnent dans les *Mélanges d'archéologie* des PP. Cahier et Martin, t. III, p. 1 et suiv., — ou l'abrégé de ce mémoire, *Bullet. monum.*, t. X, p. 224.

(2) Voir S. Ambroise, *Commentar. in Luc.*, lib. V, cap. v.

EXTÉRIEUR DE L'ÉGLISE CHRÉTIENNE. 111

Fondements. —
Première pierre.

D'après le plan général ainsi reconnu pour avoir son langage, se sont posés les fondements qui figurent, inébranlables et fixes, la foi chrétienne, adhérant sans aucune hésitation ni faiblesse aux dogmes de la doctrine apostolique (1). L'église monumentale s'y appuie, comme l'Église morale, sur le Christ et les Apôtres, seuls et uniques fondements possibles de l'unité et de la vérité (2). C'est donc sur cette base solide dont la première pierre, nous l'avons dit tout d'abord, a été bénite, incisée du signe de la Croix, et posée dans un des angles des premières assises de l'enceinte, pour y tenir la place de Jésus-Christ lui-même, que tout l'édifice devra s'élever; car Jésus-Christ, c'est la *pierre angulaire*, *fondement immuable* des choses divines ici-bas, leur *commencement* et leur fin, *principe*, *accroissement* et *consommation* de toute œuvre louable (3). On voit, d'après

(1) La foi repose aussi, comme les fondements, sur des vérités cachées, dit Durant de Mende : *Fides quæ est de re non visa*. (*Rationale*, lib. I; mihi, p. 4.)

(2) « Fundamentum aliud nemo potest ponere præter id quod positum est (1 *Cor.*, III, 11). — Estis cives Sanctorum, superædificati super fundamentum Apostolorum. » (*Ephes.*, II, 19.) — Et enfin notre pensée à cet égard est toute dans cette autre parole du même Apôtre : « Ut sapiens architectus, per gratiam quæ data est mihi fundamentum in ea pono. » (1 *Cor.*, III, 10.) — Tous les Pères adoptent cette explication, et, comme toujours, ils donnent à ce symbolisme favorable (qui cache sous ses traits matériels Jésus-Christ, la foi, les Apôtres, et même les prédicateurs qui leur succèdent et continuent leur tâche) son opposition morale dans les puissances ambitieuses de l'orgueil humain, dans les délectations *terrestres*, qui n'aspirent qu'aux choses basses, tout en dissimulant leur origine. (*Spicileg. Solesm.*, III, 187.) — Il est bien clair que ce n'est aucun des sens pris en mauvaise part qui doivent s'appliquer au sujet qui nous occupe; c'est bien plutôt de cette maison de désordres et de passions mauvaises des âmes infidèles et réprouvées qu'il est dit : « Orientur in domibus eorum spinæ et urticæ, et replebuntur domus eorum draconibus. » (*Is.*, XIII, 21.)

(3) « Domine Jesu Christe qui es lapis angularis de monte sine manibus abscissus, et immutabile fundamentum, et Tu qui es principium et finis..... sis, quæsumus, principium et incrementum et consummatio ipsius operis quod debet ad laudem et gloriam tui nominis inchoari. » (*Pontificale roman.*, pars II, De Benedict. primarii lapidis; *mihi*, p. 288.) — Hugues de Saint-Victor, moins connu, mais tout aussi explicite, dit

cette importance des fondements, et par les mystères qu'ils expriment, combien fut motivée la loi déjà si ancienne qui conservait à toute église reconstruite ses fondements primitifs et son premier emplacement (1). C'est donc un grand tort, de la part de ceux que l'Église charge de maintenir ses prescriptions et leur esprit, que de négliger une règle aussi sérieuse. Ces murs cachés, étant eux-mêmes un symbole sacré, ne doivent pas être abandonnés légèrement à l'oubli et à la démolition.

Murailles.

Maintenant, les murs n'ont plus qu'à se construire. Quels mystères encore ! Ce vaste appareil, dans son ensemble, c'est l'humanité prise par le Verbe apparaissant à la terre et, par le seul aspect de sa Personne et de sa mission, inspirant l'admiration de l'esprit et le respect de l'âme qui le voit, à travers ces masses épaisses, humilié mais tout-puissant dans le martyre de l'autel. Que si nous considérons les

---

aussi : « In spirituali templo structura parietum est processus virtutum. » (*De Claustro animæ*, lib. III, cap. XIX, opp. t. II, col. 1122.)— On voit que la place même à donner à cette première pierre ne peut être qu'un angle des fondements, et non pas toute autre qui ferait mentir le texte de la Loi. Nous avons plusieurs exemples d'églises où l'on n'a pas craint, par un arbitraire inexplicable, de poser cette pierre angulaire soit à la base extérieure et visible d'une colonne, soit sous l'autel majeur, où chacun peut encore en lire l'inscription. C'est là un abus que l'autorité diocésaine ne peut tolérer, puisqu'il va à dénaturer le sens d'une cérémonie dont le caractère antique est tout dans la *pierre angulaire, qui est le Christ*. Sicardi, Durant et tous les liturgistes sont unanimes sur ce point, qui vaut bien la peine qu'on le respecte. Pour ne citer que le premier : « Pontifex, cruce impressa, lapidem *in fundamento* ponat, juxta illud : *Super* hanc Petram ædificabo Ecclesiam meam » (*Matth.*, XVI).— Il est clair aussi que, puisqu'on commence l'église par le chevet, la première pierre doit se placer à l'angle sud-est, sans quoi elle ne serait pas la *première* ni *angulaire*. Écoutons encore Adam de Saint-Victor chantant au douzième siècle dans une *séquence pascale* :

> Lapis iste nunc electus
> In trophæum stat erectus
> Et in caput anguli.

— Cf. D. Guéranger, *Temps pascal*, II, 136.

(1) Voir Eusèbe, *Histor. eccles.*, lib. X, cap. III ;— notre *Hist. de la cathédrale de Poitiers*, t. I, ch. I,— et un fait analogue dans le *Bulletin monumental*, t. I, p. 208.

quatre côtés formant un parallélogramme de dimensions plus ou moins inégales, les murs deviennent l'emblème des quatre vertus cardinales, basées sur la foi, et non moins sur la charité du Fils de Dieu ; elles enveloppent la vie spirituelle d'un quadruple rempart qui la rend inaccessible aux attaques des mauvaises passions ; ou bien on peut y voir, avec un des plus anciens commentateurs du poète Prudence, les quatre Évangélistes, fondements véritables et principaux appuis de cet édifice, qui ne s'est construit que comme une conséquence de leurs enseignements (1).

Mais les murs se composent de pierres, et celles-ci, réunies de tant de carrières différentes ouvertes en tant de lieux divers, expriment les gentils appelés des quatre points du monde vers Jésus-Christ, et en même temps les fidèles prédestinés à la vie et prenant leur place dans cette construction de l'Église universelle, qui se continuera jusqu'à la fin du monde. Hugues de Saint-Victor y voit la double personnalité des clers et des laïques, dont la réunion constitue la société chrétienne, et qui se tiennent à la droite et à la gauche du Christ, dont le corps est figuré par la longueur du vaisseau sacré (2). Dans les grands édifices du moyen âge, on dispose d'abord de beaux parements taillés et polis au centre desquels se jette une masse compacte de pierres brutes et plus petites : ce sont, avec les maîtres de la doctrine participant au travail commun et soutenant la vie sociale par l'enseignement de la vérité, les âmes moins

et leur appareil.

---

(1) « Per quatuor igitur frontes non inconvenienter quatuor Evangelistas intelligere possumus, præsidio quorum nisi hæc domus fulciatur, procul dubio sui ruinam patitur. » (S. Prudentii, Trecensis episcopi, *Tractatus super ædificium* Prudentii.) — Ce Saint fut évêque de Troyes de 846 à 861, et fit un Commentaire sur la description qu'avait faite d'une église le poète Prudence, son homonyme du quatrième siècle. — Cf. *Spicileg. Solesm.*, III, 421, où se trouve ce fragment poétique avec une explication du saint prélat qui n'est pas moins solide qu'ingénieuse.

(2) *Opp.* t. II, col. 417 : « De duobus parietibus Ecclesiæ, clericis et laïcis, quasi duo latera corporis unius. »

fortes, qui ont besoin d'appui et le reçoivent toujours du zèle dévoué de l'Église. Mais, à quelque degré d'utilité ou d'édification que ces pierres mystérieuses soient appliquées, elles ne seraient rien sans la charité qui doit les unir, et cette charité est le ciment qui relie entre elles tant de parties naturellement séparées (1).

Les contreforts. — L'église matérielle étant l'image de l'âme chrétienne, ses contreforts que nous voyons s'élever le long des murs jusqu'à l'entablement, et les soutenir contre la pesée des voûtes ou les ébranlements accidentels, rendent bien l'espérance qui nous élève vers le ciel et la force morale qui nous soutient contre les tentations de la vie. Des liturgistes y ont vu aussi « les puissances temporelles appelées à protéger le pouvoir spirituel de leur épée et de leur influence (2). »

La nef et sa toiture. — Et la nef elle-même, ce vaste espace allongé qui paraît unique, lors même qu'à l'intérieur il est accompagné de nefs secondaires, parce qu'une seule toiture ordinairement recouvre le tout, cette nef n'a-t-elle pas la forme générale d'un vaisseau, comme son nom l'exprime, et ne reproduit-elle pas *sur la mer de ce monde* l'arche salutaire où la famille des hommes évita le déluge sous la protection de Noé (3) ? Il n'y a pas jusqu'à la toiture qui ne nous figure par sa hauteur la sublimité de la contemplation, et ne nous engage à y demeurer avec Dieu en dehors des affaires du monde, comme le prophète se comparait au passereau demeurant solitaire sur le toit qu'il s'est choisi (4). C'est pour-

---

(1) Cf. Durant, *Ration. divin. Offic.*, lib. I, De Ecclesia et ejus partibus ; *mihi*, f° 3 ; — M. l'abbé Godard-Saint-Jean, *Essai sur le symbolisme architectural*, dans le *Bullet. monum.*, t. XIII, p. 408. — C'est S. Paul qui a dit (1 *Cor.*, XIII, 2) : *Charitatem si non habuero, nihil sum.*

(2) L'abbé Ricard, *Résumé du symbolisme architectural*, dans la *Revue de l'art chrétien*, t. III, p. 61 ; et tous les symbolistes.

(3) Voir l'opuscule de Hugues de Saint-Victor, *De Arca Noe mystica*, opp. pars II, col. 681 (Migne).

(4) « Sicut passer solitarius in tecto. » (*Ps.*, CI, 8.)

quoi S. Méliton, et après lui l'Anonyme anglais du douzième siècle, nous répètent cette parole du Sauveur : « Que celui qui est sur le toit de sa maison n'en descende pas, quand viendra le jugement dernier, pour y rien prendre, » la pensée de Dieu devenant alors la seule vraiment digne d'attention (1). On en a fait aussi le symbole de la charité, qui *couvre* la multitude des péchés, car c'est dans cet intérieur, protégé contre les intempéries du monde visible, que le cœur, après s'être régénéré dans l'onde baptismale, vient se purifier encore dans celle de la réconciliation, et jeter sur ses fautes un voile que nul ne déchirera jamais (2). C'est là que le manteau de l'Église met ses enfants à l'abri de la vengeance céleste. Il y a plus : les tuiles mêmes ou les ardoises qui recouvrent la charpente et la gardent contre les pluies, la grêle et les autres inconvénients de l'atmosphère, sont regardées comme autant de soldats préposés à défendre l'Église contre les païens, les hérétiques et ses autres ennemis (3).

Bien au-dessus de ce tout si éloquent, s'élèvent, dans leur élancement aérien, les tours romanes, les flèches gothiques, dont les formes ajoutent à l'auguste majesté et à la gracieuse beauté de l'édifice. D'abord, c'est du centre et d'au-dessus du transsept qu'elles semblent porter à Dieu l'hommage de la prière universelle, et comme cette portion de

Les tours et les clochers.

---

(1) « Tectum,.intentio cœlestis operationis (S. Melit. *Clavis*, cap. XI, n° XVI). — Tectum sublimitas est contemplationis; unde istud : Qui in tecto est non descendat tollere de domo sua quidquam (*Matth.*, XXIV, 17); quia qui in otio est vitæ contemplativæ, nullius terreni commodi causa descendere debet ad laborem vitæ activæ. » (*Distinct. monast.*, lib. V, De Tecto.)

(2) « Tectum, charitas, quæ operit multitudinem peccatorum. » (Durant. Mimat., *ubi suprà*.) — Voir encore, pour le résumé de tous ces aperçus rapides mais sûrs, *Beautés du culte catholique*, par M. l'abbé Raffray, t. I, p. 123.

(3) « Tegulæ tecti quæ imbrem a domo pellunt, sunt milites qui Ecclesiam a paganis et ab hostibus protegunt. » (Dur. Mimat.; ibi, *Rubrica* I.)

l'église, qui représente par son plan cruciforme le Sauveur crucifié, correspond à la poitrine de l'auguste Victime, on voit tout de suite l'analogie qui s'est présentée aux symbolistes quand ils ont fait du clocher et des cloches elles-mêmes le symbole des prédicateurs, dont les voix, écho de la Voix divine, expression des enseignements du Cœur divin, ont épanché de si haut sur le monde la grande pensée de la foi intime et de la piété en action. N'est-ce pas aussi la vigilance pastorale qui se révèle au monde par cette élévation des tours et des flèches dominant les villes et les campagnes, portant le signe de la croix qui les surmonte aussi loin que le regard peut le saluer, et rappelant aux âmes que les pasteurs veillent pour elles dans leur sollicitude active et dans la prière de leur cœur? La parole sacrée est donc naturellement figurée aussi par ces élégantes portions du saint monument, car elle protége et défend comme une tour fortifiée; elle proclame *sur les toits* les vérités annoncées d'abord à un petit nombre, et dont le silence laisserait retomber le monde dans la nuit de l'erreur et les incertitudes de la philosophie païenne (1); enfin, on a voulu encore, par ces appendices si magnifiques et si dignes d'attention, indiquer l'Église même, qui remplit toutes ces fonctions près de nous, et la Ste Vierge, qu'on voit toujours dans les allégories où l'Église est engagée avec le même caractère et les mêmes attributs (2).

(1) « Turres ecclesiæ prædicatores sunt et prælati, qui sunt munimen et defensio ejus. Unde Sponsus ad Sponsam in canticis amoris sic loquitur : Collum tuum sicut turris David cum propugnaculis. » (Durant., *Ration.*; mihi, f° III.)—Pierre de Capoue a développé tout cela fort nettement, *ad. litter.* XIX, art. 101.

(2) « Turris, Virgo Maria, vel Ecclesia : Et tu sicut turris gregis perfecti, nebulosa filia Sion (*Mich.*, IV, 8). Quidam autem hanc turrim Virginem Mariam intelligunt. » (S. Meliton. *Clavis*, De Civitate, cap. XI, n° 5.) — Et le même Pierre de Capoue : « Turris illa cœlestis, id est Virgo Maria, constructa est ex lapidibus etiam politis, id est sanctis personis quæ ponuntur in genealogia ipsius... A Deo erecta est hæc turris, et ascendit in altum, ut in utero suo susciperet Unigenitum Dei Verbum manens in sinu Patris. » (Petr. Cap., *ubi suprà*.)

EXTÉRIEUR DE L'ÉGLISE CHRÉTIENNE. 117

Au point culminant, voyez encore, s'élevant même au-dessus de la croix (1), dont son chant semble annoncer le triomphe, l'oiseau, que, dès le cinquième siècle, S. Eucher, et après lui tant d'autres autorités avouées, citait dans ses *Formules* au nombre des symboles de la surveillance zélée, de la prédication pastorale et de

Le coq, et ses diverses significations.

(1) Cette place *au-dessus* de la croix fut, en 1859, le sujet d'une polémique entre M. Joseph Bard, de Lyon, qui, pour être archéologue, n'en traitait pas moins de travers beaucoup de questions liturgiques embrassées par lui sans une instruction suffisante, et tous les journaux, de quelque opinion qu'ils fussent en politique, se rangèrent contre lui d'une voix unanime. Mgr Crosnier, vicaire général de Nevers, le réfuta victorieusement dans un mémoire où la vivacité du style n'ôte rien à la solidité des raisons, et dans lequel, tout en s'appuyant sur les textes originaux des Docteurs dont s'autorisent les symbolistes modernes, il cite tour à tour S. Ambroise, S. Grégoire le Grand, le V. Bède, Honorius d'Autun, S. Bonaventure, Durant, Altiati, Aringhi; puis il venge, contre les appréciations plus que hasardées de M. Bard, le célèbre évêque de Mende, qui, suivant sa bonne habitude, explique pourquoi le coq doit surmonter la croix : « VIRGA FERREA IN QUA GALLUS SEDET, *rectum repræsentat prædicantis sermonem ut non l quatur ex spiritu hominis, sed Dei, juxta illud : Si quis loquitur, quasi sermones Dei. Quod vero* VIRGA EST SUPRA CRUCEM *seu summitatem ecclesiæ posita, innuit sermonem Scripturarum consummatum esse et confirmatum; unde Dominus in passione :* Consummatum est. » (*Ration.*; mihi, fo III.) — Il suffit évidemment de ce passage pour établir solidement qu'au treizième siècle on faisait ainsi et l'on raisonnait l'usage préféré; et, s'il n'y a pas de loi positive imposant aux architectes cette place à donner au coq, on voit qu'il y a des raisons valables pour ne pas la lui ôter, et, qui plus est, beaucoup d'exemples, comme nous en avons remarqué en beaucoup de lieux, en Normandie, en Poitou et ailleurs. Ce qui est indubitable, c'est que le coq en lui-même a été *prescrit* au sommet des clochers par des statuts diocésains et des canons des conciles. Le Pastoral de Châlon-sur-Saône (IVe part., tit. III, ch. XXII) le recommande absolument; S. Charles Borromée le veut aussi dans ses *Instructions* (liv. II, ch. XXVI) prescrites à tout son clergé; il est vrai qu'en requérant en cela l'observance du mystère symbolique, *ut mysterii ratio postulat*, il n'exige pas que le coq domine la croix; il suppose même, d'après plus ou moins d'exemples de son pays, ou peut-être parce qu'il n'avait pas eu occasion de se préoccuper du contraire, que la croix doit être appuyée sur le coq : mais ce fait ne peut infirmer notre argumentation en général. On aura plaisir, du reste, à étudier cette intéressante question dans les mémoires déjà cités, auxquels il faut ajouter, comme étant l'un des plus concluants, celui du savant vicaire général de Nevers, *Bullet. monum.*, XV, 577.

l'apostolat évangélique, de l'excitation matinale à sortir d'un sommeil, image de la mort, « revêtu de sa parure d'or, résistant à tous les souffles du vent, qu'il brave sans défaillance ; plus rapproché du ciel qu'aucune des parties du saint édifice, caché même souvent dans les nuages qui s'abaissent jusqu'au-dessous de lui. Cette admirable créature de Dieu est l'intelligente figure de ce prêtre qui préside au soin de la paroisse et se pose en sentinelle contre les irruptions plus ou moins prochaines du mal ; elle rappelle également au troupeau qu'il faut songer aux choses du ciel, aimer la conversation des Anges et secouer toutes les atteintes des paroles qui offenseraient le Seigneur (1). »

(1) Tous nos amis du moyen âge, S. Eucher, Pierre de Capoue, Raban-Maur, S. Grégoire, Pierre le Chantre, l'Anonyme anglais et celui de Clairvaux, enfin S. Eucher et Honorius d'Autun, nous ont laissé d'admirables commentaires sur la valeur symbolique de cette « admirable créature de Dieu, » dont le rôle, contesté par quelques archéologues moins éclairés, a été savamment défendu par d'autres mieux inspirés et plus instruits. C'est pour les premiers que semblait écrire l'auteur inconnu d'un poème trouvé dans un manuscrit de la cathédrale d'OErhingen. On croit ce manuscrit des premières années du quinzième siècle, mais nous croyons personnellement le poème plus ancien par sa facture et la tournure générale de sa versification. Nous empruntons ce fragment à l'excellent livre de M. Bordeaux, que nous avons déjà loué plusieurs fois (*Principes d'archéologie pratique*, part. II, ch. III) :

> Multi sunt presbyteri qui ignorant quare
> Super domum Domini gallus solet stare ;
> Quod propono breviter vobis explanare
> Si vultis benevolas aures mihi dare.
>
> Gallus est mirabilis Dei creatura,
> Et rara presbyteri illius est figura
> Qui præest parochiæ animarum cura,
> Stans pro suis subditis contra nocitura.
>
> Supra ecclesiam positus gallus contra ventum,
> Caput diligentius erigit extentum ;
> Sic sacerdos ubi scit dæmonis adventum,
> Illuc se objiciat pro grege bidentum.
>
> Gallus inter cætera altilia cœlorum
> Audit super æthera concentum Angelorum ;
> Tunc monet nos excutere verba malorum,
> Gustare et percipere arcana supernorum.

Voir encore *Spicileg. Solesm.*, II, 488 ; — *Bullet. monument.*, t. XI, p. 158, 162, 199 ; XIII, 358 ; XIV, 216, 290, 500, et beaucoup d'autres mé-

EXTÉRIEUR DE L'ÉGLISE CHRÉTIENNE. 119

On sait combien la place assignée aux clochers a varié pendant les phases diverses du moyen âge. A de légers campaniers figurant une ou deux arcades, quelquefois trois dont une superposée aux autres, et assez économiquement ornementées de quelque colonnes passablement simples, on voit succéder en plus grand nombre, au onzième siècle, ces tours carrées ou polygones qu'une raison mystique dressa au-dessus de la croisée de l'église (1); on les vit bien aussi, en ce temps, se poser au-dessus de l'entrée, où leur base forma un porche ou nartex, et remplaça l'antique parvis pour les néophytes et les pénitents. C'est là encore que doivent s'arrêter les enfants qu'on présente au baptême, jusqu'après les exorcismes qui, en les délivrant de la puissance de Satan,

Formes multipliées des clochers;

moires de cet intéressant recueil, cités dans nos *Tables analytiques*, t. I, p. 89, et II, p. 175 ; — enfin Hugues de Saint-Victor, qui, dans son *Speculum de mysteriis Ecclesiæ*, cap. 1, résume tous ses devanciers et semble avoir été copié littéralement par Durant de Mende, ce qui laverait celui-ci des rigueurs de certains puristes, et l'autorise, au contraire, dans les prétendues subtilités qu'ils lui reprochent. — Mais nous indiquons surtout un très-bon *Mémoire* de M. l'abbé Barraud, dans le seizième volume, p. 277, de ce même *Bulletin*; — et le *Rational* de Durant : « Gallus supra ecclesiam positus prædicatores designat... Profundæ noctis pervigil horas ejus cantu dividit; dormientes excitat, diem appropinquantem præcinit, sed prius seipsum alarum verbere ad cantandum excitat. Hæc singula mysterio non carent. Nox enim est hoc sæculum; dormientes sunt filii hujus noctis in peccatis jacentes. Gallus significat prædicatores, qui distincte prædicant, et dormientes excitant ut abjiciant opera tenebrarum clamantes : *Væ dormientibus! exsurge qui dormis!* lucem venturam pronuntiant dum diem judicii et futuram gloriam prædicant, et prudenter, antequam virtutes aliis prædicent, se a summo peccati excitantes corpus suum castigant. » (*Ubi supra*, fº III.) — Voir enfin Hugues de Saint-Victor, *Speculum de mysteriis Ecclesiæ*, cap. I (Migne, t. CLXXVII).

(1) Cette raison est tirée de la ressemblance qu'on avait voulu trouver entre le transsept de l'église et la poitrine du Sauveur crucifié. En plaçant au-dessus de cet espace la tour d'où s'échappait la voix symbolique de la cloche, c'était comme du cœur même du Christ que paraissait sortir cette prédication aérienne. — Nous ne savons plus d'où nous vient cette explication, mais nous la tenons de nos études, et nous la trouvons très-naturellement déduite des principes posés ci-dessus.

leur donnent le droit de s'avancer vers les fonts pour y recevoir le titre auquel ils aspirent. C'est donc une place d'autant plus normale assignée au clocher, qu'en la lui choisissant on ne s'est presque jamais départi d'en ajouter un autre enté sur le transsept et portant une sonnerie moins solennelle.

<small>Leur place normale, trop souvent dérangée.</small>

Il s'en faut qu'aux époques suivantes le poste qui leur est donné corresponde aussi bien à une pensée théorique. Si l'on suit encore, aux douzième et treizième siècles, les belles traditions qui consacrèrent les temps hiératiques ; si alors on avance les tours qui se doublent sur la façade de l'église, comme pour en faire une sorte de rempart mystérieux et de défense symbolique à la Jérusalem nouvelle, on abandonne bientôt ces considérations précieuses qui complétaient si poétiquement le plan de la Cité divine, et le symbolisme, en s'en allant, laisse à l'ignorance dédaigneuse le choix du point si important où s'élèveront ces organes si éloquents des rendez-vous catholiques. Dès lors, on les voit promener leurs incertitudes du nord au midi; nous en avons vu même, par un oubli incroyable des plus sérieuses considérations, appliquées de nos jours à l'abside d'une église romane, retouchée en grande partie au quinzième siècle: tant il est vrai qu'une fois un principe abandonné, il n'est pas d'absurdité dont l'intelligence humaine ne soit capable! S. Charles (mais il vivait à une époque où presque toutes les églises ne se construisaient plus que sous l'influence des nouvelles données) écrit nettement que le clocher doit se construire au-dessus de l'*atrium* ou porche, et, s'il n'y a pas de porche, à main droite de la porte d'entrée, en observant de le séparer tellement de la masse de l'église, qu'on puisse facilement circuler autour de lui (1). On ne voit pas trop la raison de cet isolement qui détache du tout, sans aucun profit pour la grâce monumentale, un annexe

---

(1) S. Caroli *Instruct.*, pars II, cap. XXVI.

qui en est inséparable. Le service des cloches n'en pouvait être plus commode, et l'architecture y perdrait un de ses effets les plus gracieux. Nous aimons mieux, quoique nous n'en voyions pas la raison symbolique, ces puissantes et majestueuses masses flanquant l'un des côtés de l'édifice, comme on l'a fait souvent depuis le treizième siècle : elles y contribuent au moins à la grandiose idée que doit toujours donner d'elle-même la maison de Dieu.

Mais les voix sonores qui s'échappent de ces hautes stations partagent avec elles le droit d'exprimer des choses saintes. Comme Moïse avait donné aux prêtres des trompettes d'argent dont ils devaient sonner pendant le Sacrifice pour y réunir les tribus, et pendant sa durée afin d'exciter leurs adorations; comme l'éclat retentissant de cette musique sacrée, continuée devant l'arche d'alliance, fit tomber les murs d'une ville rebelle, il fallait au nouveau peuple de Dieu un moyen de s'unir aussi dans une commune pensée, de manifester ses triomphes sur l'ennemi des âmes, et de marcher ensemble pour les combats de son voyage vers la terre promise (1). Les cloches, d'abord si modestes par leurs formes restreintes, devenues, dès le dixième siècle, bien plus

Les cloches.

---

(1) « Deus qui per beatum Moysen... tubas argenteas fieri præcepisti, quibus, dum sacerdotes tempore Sacrificii clangerent, sonitu dulcedinis populus monitus ad Te adorandum fieret præparatus, et ad celebrandum sacrificia conveniret, quarum clangore hortatus ad bellum molimina prosterneret adversantium...; Deus, qui ante arcam fœderis per clangorem tubarum muros lapideos, quibus adversantium cingebatur exercitus, cadere fecisti, Tu hoc tintinnabulum cœlesti benedictione perfunde, ut ante sonitum ejus longius effugantur ignita jacula inimici, percussio fulminum, impetus lapidum, læsio tempestatum... » (*Pontif. roman.*, De Benedictione campanæ, *passim.*) — On voit que l'Église demande ici, par le son de la cloche, l'éloignement et l'innocuité des orages; mais bien entendu qu'Elle n'entend pas, avec cette physique de fort bon aloi, et quoi qu'en aient dit quelques docteurs qui n'ont pas de plus grande joie que de la contredire, favoriser les superstitions et les maladresses dont on voit tant de victimes dans nos campagnes, lorsqu'en dépit des enseignements, et oppositions du curé lui-même, des paysans, imbus d'une routine entêtée, s'obstinent à fendre, au lieu de l'éloigner, la nuée d'où la foudre se précipite et les écrase.

considérables (1), et dont la fonte habile est enfin parvenue à faire d'énormes chefs-d'œuvre, ont aussi leurs sens multiples et populaires, comme le dit un archéologue de mérite, et que le monde profane est peut-être fort peu disposé aujourd'hui à recevoir sans sourire (2). Il n'en faut pas moins accepter, avec les maîtres de la science, des interprétations dont nous savons du reste comment apprécier la raison et la force.

Symbolisme de leurs moindres parties. Voici donc ce que disent Hugues de Saint-Victor, le savant encyclopédiste du douzième siècle, et, à sa suite, beaucoup de liturgistes plus rapprochés de nous : « Les cloches, dont les sons éclatants convoquent le peuple à l'église, sont la signification mystique des prédicateurs. Fermes comme le métal, ces grandes voix se multiplient en proportion de la multiplicité de leurs œuvres. Le battant est comme leur langue qui, frappant aux deux bords, annonce à la fois les vérités des deux Testaments. Le mouton de la cloche qui la tient en suspens, c'est la croix ; les bandes de fer qui rattachent l'une à l'autre sont la charité, que le prédicateur ne ressent jamais mieux pour son auditoire que s'il est épris de Jésus crucifié. La corde, toujours agitée, est la vie surnaturelle et l'humilité du prédicateur. Comme elle, il s'élève jusqu'à Dieu par la pensée, redescend jusqu'à son auditoire par la parole, qu'il lui choisit simple et douce : l'Apôtre n'a-t-il pas dit aux Corinthiens : « Soit que nous nous élevions vers Dieu, soit que nous redescendions vers vous ? » — Enfin, les nœuds de la corde, ou l'anneau final qui en facilite

---

(1) On a des preuves historiques des progrès qu'avait faits l'art du fondeur de cloches bien avant cette époque. Il est mention dans les Actes de S. Pirmin, évêque régionnaire d'Allemagne, mort en 758, d'une cloche remarquable par sa matière, sa grosseur et la beauté de ses sons : « Campanum, quod ob electæ materiæ massam, et rite mixti metalli temperaturam, magnam habuit sonoritatis elegantiam, oratorio almo auferri... præcepit... » (Mabillon. *Annal. Ord. Bened.*, sæc. VIII. — Apud *Novarini* Schediasmata sacro-profana, p. 29.)

(2) M. l'abbé Godard, *Essai sur le symbolisme architectural des églises*, Bullet. monum., XIII, 408.

EXTÉRIEUR DE L'ÉGLISE CHRÉTIENNE. 123

l'usage, c'est la persévérance à annoncer la vérité ou la couronne qui en sera le prix (1).

Ces hautes significations ont été adoptées par tous les liturgistes : l'évêque de Mende ne les a pas négligées, et y ajoute, dans un chapitre spéciale de son livre, des développements aussi ingénieux qu'attachants (2). De là on comprend quel cas l'Église a toujours fait des cloches, et pourquoi elle en consacre l'usage par des bénédictions solennelles. C'est la doctrine des maîtres qu'elle y confesse par ses prières et ses chants ; et il n'est pas sans utilité à certains esprits *avancés*, qui la regardent comme un peu arriérée, de publier qu'aucune des vieilles croyances de nos pères sur la cloche, ni les raisons de ses divers usages, ni les effets qu'on a le droit d'en attendre, ne sont abolis dans les rituels ou formulaires catholiques. Ce qu'on prétendait au moyen âge des vertus de ces sons mystérieux envoyés dans les airs contre les esprits mauvais qui y suscitent les tempêtes, les tonnerres et toutes les calamités qui les suivent (3) ; cette

<small>Estime qu'en fait l'Église.</small>

<small>Vertus mystérieuses de leurs sons.</small>

---

(1) « Campanæ, quarum sonoritate populus ad ecclesiam convocatur, prædicatores mysticant, qui, quia ad multa sunt necessarii, multis designantur vocabulis. Plectrum, quod ex utraque parte sonum elicit, lingua prædicatoris est, quæ utrumque Testamentum resonare facit. Lignum, unde pendet campana, crucem significat; ligatura charitatem, per quam prædicator cruci adstrictus gloriatur, juxta illud : *Mihi autem absit gloriari nisi in cruce* (Gal., VI). — Chorda vita est et humilitas prædicatoris. Unde Apostolus qui propter alios condescendit : *Sive excedimus propter Deum, sive condescendimus propter vos* (2 Cor., V, 13). — Annuli, in fine, perseverantia vel corona præmii. » (Hug. à S.-Vict. *Speculum*, ubi suprà.) — Nous avons cité ci-dessus, t. II, p. 521, les mêmes termes, quoique abrégés, de Jean Béleth, liturgiste du douzième siècle, et un autre passage de Hugues de Saint-Victor.

(2) Lib. I, Rubrica IV, *Ration. div. Offic.*— Il peut se faire qu'on trouve tout cela plus édifiant et plus ingénieux que solide, comme le dit M. l'abbé Lecanu (*Histoire de Satan*, p. 261). Mais encore une fois, ces efforts mêmes de quelques liturgistes, et qu'il ne faut pas attribuer seulement à Durant, puisque nous lui voyons bien d'autres complices, prouvent certainement que le symbolisme existait en ce temps dans tous les esprits, et nous aurons occasion d'établir que M. Lecanu a été trop loin, dans un sens contraire, quand il a nié la plupart des enseignements mystiques de nos pierres sculptées.

(3) C'est la croyance universelle de l'Église : que le son des cloches

joie des Anges mêlant leurs cantiques célestes aux saintes émotions de la foule quand les modulations aériennes l'appellent aux solennités du Temple ou s'y mêlent aux accents du *Magnificat* et du *Te Deum*, tout cela vit encore comme aux jours de foi simple et fervente, où furent rédigés les *Eucologes* et les *Pontificaux* (1). Ce sont autant d'assertions que l'Eglise répète en bénissant ces *vases* admirables (*hoc vasculum*) que le Pontife lave d'eau consacrée, qu'il honore

<small>Rites de leur baptême.</small>

est utile à repousser la grêle, la foudre et les tempêtes qui les accompagnent. Trop souvent on a répété que c'étaient là autant d'effets naturels dus aux sons fortement réitérés de l'airain agité dans les airs, et séparant les nuages amoncelés sur les moissons ou les villages qu'ils menacent. Dans la pensée liturgique, ces fléaux ne cèdent en réalité qu'à la prière, à laquelle la cloche invite alors les fidèles, à l'usage d'un instrument béni qui a de lui-même sa vertu propre et comme des effets sacramentaux. C'est dans ce sens que les conciles en ont parlé, et c'est une des raisons qu'ils donnent des cérémonies sacrées dont s'entoure la bénédiction des cloches. (Voir *Concil. Mediol.*, tenu par S. Charles en 1576, constit. 1ª part., *de oratione*; — Concil. Coloniens. ann. 1536, De constitut. ecclesiæ, art. 4.) — Ces excellentes vues n'empêchent pas l'abus qu'on fait trop souvent dans les campagnes de ce moyen, qui, pris trop strictement par suite de fausses opinions populaires, et sans égard au principe chrétien, attire et fait éclater le danger qu'on voulait éloigner. Les choses saintes doivent se traiter saintement, et Dieu ne s'oblige pas à des miracles de sa bonté en faveur d'actes purement humains où l'on prétend ne se servir que de la matière. En pareil cas, la matière n'opère que selon sa nature; et ce qu'il y a de plus simple et de plus naturel quand on sonne en volée pendant qu'un nuage flotte sur l'église qu'on en veut préserver, c'est précisément que les ébranlements violents de l'atmosphère produisent l'effet contraire et soient la cause immédiate de grands malheurs. Les exemples n'en manquent pas, et seraient bien plus rares si l'on se contentait en pareil cas de tinter pour exciter à une prière commune.

(1) « Domine..., ubicumque sonuerit hoc tintinnabulum, procul recedat virtus insidiantium, umbra phantasmatum, incursio turbinum, percussio fulminum, læsio tonitruorum, calamitas tempestatum, omnisque spiritus procellarum. Et cum clangorem illius audierint filii christianorum, crescat in eis devotionis augmentum, ut festinantes ad piæ matris gremium, cantent Tibi in Ecclesia Sanctorum canticum novum, deferentes in sono præconium tubæ, modulationem psalterii, suavitatem organi, exsultationem tympani, jucunditatem cymbali; quatenus in templo sancto gloriæ tuæ suis obsequiis et precibus invitare valeant multitudinem exercitus Angelorum. » (*Pontificale romanum*, De Benedictione campanæ, *passim*.)

EXTÉRIEUR DE L'ÉGLISE CHRÉTIENNE. 125

d'onctions mystérieuses, soit avec l'huile des infirmes pour effacer du métal les souillures que le péché originel a communiquées à la matière, soit avec le Saint Chrême pour lui imposer une sainteté qui le rende plus digne de son objet ; puis des encensements lui sont donnés dont la fumée abondante remplit le vide entier de l'instrument glorieux de tant de grâces. N'est-ce pas lui qui annoncera par de joyeuses volées que des milliers d'âmes sont nées à l'Épouse du Christ ; qui par ses lamentations pourvoira aux secours de la dernière heure de l'homme ; qui se mêlera à toutes ses fêtes religieuses, et, par ses accents périodiquement répétés, ou réitérés aux plus sublimes moments du Saint Sacrifice, avertira, auprès et au loin, tout cœur fervent de redire la Salutation angélique, ou de s'unir au cœur du prêtre immolant la sainte Victime, aux chants d'actions de grâces qui la célèbrent et aux supplications qui l'implorent ? Tels sont les motifs qui ont fait des cloches un des plus magnifiques auxiliaires du culte ; aussi l'Église n'a rien omis dans les honneurs qu'elle leur rend de ce qui peut relever leur dignité et en inspirer le respect. C'est pourquoi leur bénédiction a certains caractères d'un baptême : le signe de la croix leur est imposé et fait corps avec leur matière précieuse ; elles reçoivent un nom que des parrains et marraines leur donnent ; elles sont revêtues, pendant leur inauguration, de la robe blanche des néophytes ; on chante des psaumes de joie, auxquels viennent bientôt se mêler leurs premiers accents. La cloche, en un mot, est presque une personne, car elle ne se séparera plus de la personnalité humaine ; elle est comme son âme, amie et dévouée, qui exhalera entre la terre et les cieux toutes les émotions de la vie et de la mort.

Avec tout ce qui précède, l'extérieur de notre église n'est pas encore complètement apprécié. Ces murs, cette façade, ces clochers eux-mêmes, ont leur parure et leurs beautés de détails, dont le symbolisme est aussi vivant que partout

Symbolisme des sculptures murales.

ailleurs. Que font au-dessous de ces entablements et de ces corniches ces longues rangées de figures animées, aux expressions si diverses, aux poses si variées et parfois si étranges? pourquoi ces chapiteaux imposés aux colonnes plus ou moins élancées qui servent de contreforts à l'abside, ou à d'autres qui, plus légères, semblent soutenir, à droite et à gauche des fenêtres, les ordres successifs de la construction, se parent-ils de têtes qui rient, qui pleurent, qui grincent des dents, qui se doublent sur un seul corps; qui, tenant de la nature humaine, s'associent à un quadrupède, ou, par un caprice contraire, relient la face d'un lion, d'un léopard ou d'un oiseau au torse et aux jambes d'un chevalier ou d'un moine, d'une femme ou d'un enfant? Nous dirons les significations multiples de ces singulières natures... D'autres se présentent encore dont nous avons pu voir déjà le but symbolique et le rôle avoué de tous. C'est le moment de nous en expliquer. Ici nous voyons une chasse, et un sagittaire perce de son trait un cerf qui l'emporte dans ses flancs; là, comme à l'abside de la cathédrale d'Angoulême, au milieu des feuillages un autre cerf fuit à toutes jambes devant un chien, et trouve un autre chien qui lui coupe le passage : c'est l'âme faible et poursuivie de part et d'autre par ses ennemis acharnés, se jetant de périls en périls : ceux-ci profitent de sa timidité pour la perdre. Le bas-relief du douzième siècle, très-bien exécuté, est borné, de droite et de gauche, par deux lions dans l'attitude de l'impassibilité; ils regardent cette scène sans en être émus et d'un air de majesté calme qui rend bien, avec leur pose, l'état contraire de l'âme que fortifient sa foi et son espérance (1). Ailleurs, une meute haletante poursuit un lièvre innocent qu'elle va atteindre peut-être, mais qui fuit vaillamment et pourra bien échapper aux dents qui le menacent : n'est-ce pas encore cette autre âme qui, plus avisée, évite la chute en fuyant devant la tentation?

---

(1) Voir *Bullet. monum.*, XIII, 353, 356; XV, 574; XIX, 141.

{Variété de leurs innombrables motifs.}

Le singe sans pudeur, le serpent astucieux, le chien refrogné se trouvent réunis comme en un congrès équivoque de malfaiteurs privilégiés, pendant que, d'un autre côté, on remarque une pacifique série de mines gracieuses, de joyeux volatiles, de fleurs épanouies, et jusqu'à des anges aux grandes ailes éployées essayant, dirait-on, sur mille instruments les louanges de Dieu et l'expression, suave comme leurs traits, de leur éternelle béatitude!

En effet, ces hôtes des recoins obscurs des saintes murailles, ou de leurs profils qu'éclaire le soleil de chaque jour, sont là comme autant de sentinelles pour crier au passant de la vie humaine une leçon de vertu, jusque dans les vices dont quelques-uns se font l'emblème hideux. Ceux-ci apparaissent au côté nord de l'édifice ; ils naissent d'un souffle de Satan, dont le cœur, privé de l'amour de Dieu, inspire le froid de la mort à ses suppôts avec ses affections coupables (1). Au midi, les créatures bénies qui se réchauffent au soleil de justice, et produisent des œuvres pleines d'amour et de fécondité. M. de Roisin, dans sa Description de la cathédrale de Cologne, a très bien fait remarquer cette distinction, qu'avait signalée avant lui M. Boisserée, aussi judicieux en cela qu'éminent architecte. Il y a plus : on a semé ordinairement moins de sculptures sur ce côté fatal ; et, si d'assez nombreuses exceptions se firent à ce qui nous semble, sur ce point, une règle bien arrêtée, ce n'a été qu'à condition d'y installer le péché et le vice exerçant leur redoutable empire sur les âmes qui les préfèrent au bien.

Savantes théories de ces belles œuvres ;

leur distribution calculée au sud et au nord.

On ne s'est pas départi de ce système pour *le dehors* de l'abside. Comme, à l'intérieur, l'autel et le Saint des Saints reposent le plus souvent dans l'hémicycle qui en est formé, et que là se trouvent avec Lui de charmantes images qui l'y hono-

Démonologie.

---

(1) Nous avons expliqué ci-dessus, t. II, p. 206, 442 et 452, cette différence de l'aquilon et du sud, et ses motifs symboliques.

rent, à l'extérieur le démon semble s'y installer de préférence, et c'est lui, nous l'avons dit, qui, à la cathédrale d'Angoulême, à Saint-Pierre de Chauvigny et bien ailleurs, se déguise en chasseur pour faire sa proie des pauvres bêtes qui, il faut leur rendre cette justice, détalent de toutes leurs jambes à son aspect. Il est vrai aussi que, tout près de là, l'auguste Patron de cette dernière collégiale se présente debout avec ses deux clefs, comme pour protéger la faiblesse des victimes contre la puissance du fort armé. Ici donc la pensée est complète, et l'âme qui fuit l'ennemi ne manque jamais du secours d'En-Haut.

Les vices et les vertus.

Les vices et les vertus se sont fait une vie considérable dans l'ornementation du saint lieu : tour à tour ou simultanément, ou par contraste et parallélisme, on les y voit catéchiser le peuple, prêcher le sentiment du bien, l'horreur du mal, et donner la plus juste idée des remords de la conscience, des tourments finals du pécheur, comme de la joie et du prix éternel donné aux Justes. Mais le vice exclusif, le mal vu à nu dans sa laideur morale, agissant seul, sans opposition de cette portion morale de l'existence humaine qui console ici-bas et y représente les inspirations de Dieu, ce vice, livré à ses instincts détestables et montré dans tout le hideux de sa forme, fut presque toujours et exclusivement gardé pour les parties du temple exposées aux regards de l'homme *extérieur :* c'est, le plus souvent, une traduction sur pierre soit des anathèmes de l'Apôtre excluant de l'enceinte sacrée tous ceux dont le cœur demeure empreint d'impuretés, de blasphèmes, d'idolâtries et d'homicide (1), soit de ces âmes dont un autre ne parle qu'en versant des larmes, et qui se font en tout les ennemis

Le chien dévo- de la croix (2). Un des exemples les plus frappants, et peut-

---

(1) « Foris canes, et venefici, et impudici, et homicidæ, et idolis servientes, et omnis qui amat et facit mendacium. » (*Apoc.*, XXII, 15.)

(2) « Multi ambulant quos sæpe dicebam vobis, nunc autem et flens dico, inimicos crucis Christi. » (*Ephes.*, III, 18.)

être les moins compris de l'une de ces multiples excom- rant le Pain des Anges.
munications qui relèguent le mal au dehors du sanctuaire,
se retrouve souvent dans les églises de la Guienne. En
Poitou, nous en connaissons beaucoup : cherchez attentivement parmi les modillons qui décorent parfois la façade
au-dessus de la porte occidentale, mais plus fréquemment
le côté nord des églises de campagne, vous verrez une tête
de chien tenant en gueule un objet presque toujours mutilé
et qui, par cela même, dissimule sa nature véritable. Cet
objet ressort de côté et d'autre de cette gueule, fermée
comme si elle tenait entre ses dents la moitié d'un disque.
On ne devine pas d'abord : l'objet et sa signification échappent à l'analyse. Que de fois nous avons cherché à nous en
rendre compte! Mais un jour nous découvrîmes au nord de
l'église de Gourgé (Deux-Sèvres) ce même quadrupède,
dont le disque saisi entre ses dents était parfaitement
rond, et de l'extrémité, restée entière, qui dépassait les
lèvres de l'animal, nous reconnûmes une ligne perpendiculaire qui partait du centre et descendait jusqu'au bord
inférieur. Cela ne manquait pas encore d'obscurité ; mais
le nuage se dissipait, et c'était un pas de plus vers une découverte ; car non loin de là, sur la façade principale, un
disque figurait dans la série des douze ou quinze modillons
rangés au-dessous du premier cordon horizontal, et cette
fois il était timbré d'une croix à quatre branches égales,
dégagé de tout appendice, fort visible, et donnant enfin la
fidèle reproduction des pains eucharistiques, tels que les
onzième et douzième siècles nous les exposaient dans toute
leur iconographie. Notre chien du voisinage en tenait donc
un dans sa gueule, qu'une mutilation cachait à l'observateur, mais qui, d'abord, avait été des plus reconnaissables.
Il n'y avait pas moyen de se défendre du texte biblique
foris canes, dont l'imagier s'était emparé pour rendre,
sous des traits sensibles, la communion sacrilége, ni d'oublier la parole du Sauveur, qu'on ne doit pas donner aux

chiens « le pain des enfants (1) », paroles que S. Thomas d'Aquin rendait expressément dans sa belle hymne de l'Eucharistie :

> Ecce panis Angelorum...
> Non mittendus canibus.

Le baril du vin eucharistique.

Nous ne jetons ici que des aperçus généraux sur cette grande thèse des vertus et des vices, des bons anges et des démons ; et nous n'en parlons que pour expliquer, avant de passer outre, et dès qu'ils se présentent à nos regards dans l'architecture du temple, le mystère de cette présence, sur laquelle nous reviendrons bientôt en étudiant l'intérieur. Mais n'omettons pas cependant de signaler, à cette occasion, que, non loin de ce pain eucharistique invitant le fidèle à la Table sainte, on voit souvent un charmant petit baril dont le langage s'y associe très-convenablement, car c'est encore le vin de l'Eucharistie, et c'est bien là la pensée du sculpteur, puisqu'après le treizième siècle, où la communion sous une seule espèce devint générale, on ne rencontre plus ce dernier motif (2). Poursuivons donc,

---

(1) « Non est bonum sumere panem filiorum et mittere canibus. » (*Matth.*, XV, 26.) — Nous avons vu déjà l'attribution faite aux hérétiques, aux gentils et aux juifs, de la nature morale du chien, qui est sans vergogne, sale, gourmand, querelleur. C'est dans ce sens que le Sauveur l'emploie à éprouver la foi humble et patiente de la pauvre Chananéenne. S. Paul dit aussi aux Philippiens : *Videte canes, videte malos operarios* (III, 2); et la Sagesse des Proverbes lui compare l'apostat retournant, loin de la vérité qu'il avait reconnue et embrassée, aux dégoûtantes erreurs et aux blasphèmes que sa bouche avait vomies d'abord : *Sicut canis revertitur ad vomitum, sic stultus ad stultitiam.* (Prov., XVI, 11.) — Voir les commentateurs dans S. Méliton, ch. IX, *De Bestiis*, n° LIX.)

(2) Deux barils, dont l'un est doré et l'autre argenté, sont disposés aussi, avec deux pains parés de la même manière, pour l'offertoire de de la messe lors de la consécration d'un évêque (*Pontific. roman.*, De Consecr. in episc.) : ils y sont le symbole de la puissance radicale de consacrer résidant en l'évêque comme dans sa source. Le Blanc (*Traité historiq. des monnaies*, p. 157) dit qu'il en était ainsi dans un cérémonial du sacre des rois de France, dressé au douzième siècle par ordre de Louis VII, et que l'usage s'en observait encore sous Henri II,

et, après avoir promené nos études sur le chevet et sur les murs latéraux, arrêtons-nous devant ces façades que nous connaissons déjà, il est vrai, par beaucoup de particularités de leur plan général, mais où beaucoup d'autres aussi nous restent à comprendre.

Et d'abord, les plus simples églises rurales ont eu un porche ou auvent s'élevant un peu plus haut que la porte d'entrée qui s'y encadre, lequel, installé depuis le neuvième siècle surtout, lorsqu'on commença à baptiser dans toutes les églises paroissiales, servit dès lors comme de lieu d'attente au néophyte. Là se faisaient les exorcismes préliminaires du sacrement, souvent en face même de ces têtes de démon qui frémissent de rage à la vue de ces conquêtes du Sauveur : c'était comme le vestibule de ce ciel mystique ouvert à l'homme régénéré. La croix en surmontait le faîte, comme le signe qui résume tout le Christianisme. Au quatorzième siècle et au quinzième, on la remplace souvent par une fleur à trois feuilles nommée *chou*, et dont le choix ne reste pas étranger à la notion fondamentale de la Trinité divine.

Le porche des églises rurales, et son usage.

Le chou sculpté en acrotère.

Quelquefois la maison de Dieu s'ouvre au sud, rarement au nord, quand sa porte principale n'est pas à l'occident. Cette dernière position est la seule normale, puisqu'elle s'inspire de l'orientation symbolique du chevet : toute autre n'a été qu'une anomalie imposée tantôt par une impossibilité matérielle, tantôt par une raison particulière. Quant aux monastères, par exemple, il y avait nécessairement d'autres règles à suivre : les préaux ou cloîtres qui entouraient ordinairement l'église indiquaient naturellement des portes d'entrée à y percer selon la plus grande commodité des religieux, qui s'y rendaient de nuit et de jour.

Portes de l'édifice, et côté où elles s'ouvrent de préférence.

en 1545. (Voir Vély, *Hist. de Fr.*, II, 467.) — Dans cette dernière cérémonie, c'était le signe de la promesse faite par le prince de protéger la foi contre l'hérésie ; il y communiait sous les deux espèces, usage qui s'est perpétué jusqu'à Charles X.

Le parvis,

Il n'est pas rare que le porche antérieur à l'église y forme un véritable vestibule ou parvis couvert, où le symbolisme étale toutes ses richesses aux chapiteaux et aux cintres des arcades avec une profusion pleine de magnificence. Les abbayes, surtout en France, se sont donné cette belle et éloquente distinction, qui n'empêche pas d'orner des plus belles sculptures le portail qui introduit de là dans la nef. Ce beau péristyle, qui n'a pas moins, à Saint-Benoît-sur-Loire, de quinze mètres de large sur une profondeur égale, est soutenu et divisé en trois nefs, que séparent seize colonnes rangées par quatre. Ces colonnes se couronnent de chapiteaux d'un grand luxe de sculpture, dont les scènes animées reproduisent, avec certains faits historiques, comme la Fuite en Égypte et la Visitation, des symboles évidents des tentations de la vie extérieure. On voit la main divine sortant d'un nuage pour protéger pendant sa marche la Sainte Famille, à l'encontre de laquelle un satellite d'Hérode, sinon lui-même, vient se jeter, armé d'un glaive et d'une lance. Derrière les saints voyageurs, S. Michel terrase le dragon infernal qui les poursuivait. Ici des moines enchaînent par le cou deux horribles spécimens du diable s'efforçant de saisir aux cheveux un petit être humain debout sous un arbre et à moitié caché par la gueule béante de l'enfer d'où les deux monstres viennent de sortir, et où ils voudraient plonger leur victime ; plus loin, ce sont des mondains prêtant l'oreille à des serpents et à des quadrupèdes équivoques leur persuadant le mal ; ou bien un ange disputant une petite créature sans sexe, une âme quelconque, à un démon qui la tire à soi ; puis diverses scènes de l'Apocalypse : S. Jean se prosternant au pied du trône de Dieu, ou recevant le livre de ses révélations ; enfin l'Agneau immolé, et, au-dessous de l'autel, « les âmes de ceux qui avaient été tués » pour sa cause. On voit qu'ici des enseignements chrétiens, soit comme histoires, soit comme symboles, deviennent une sorte d'introduction à la vie illuminative que le fidèle va chercher dans

et notamment celui de Saint-Benoît-sur-Loire.

Sujets variés de ses belles sculptures du douzième siècle.

l'enceinte sacrée. Ce livre de S. Jean qui révèle les plus hauts mystères de la vie sociale et individuelle ; cette *Visitation* que nous allons faire à Dieu et à sa Mère quand l'heure de la prière nous ramène en face de l'autel ; ce pèlerinage de la Sainte Famille, devant laquelle tombèrent les idoles de l'Égypte, et le vrai Dieu commença d'être connu ; ces épreuves de la terre dont Satan se fait l'instrument actif et perpétuel, et cette défense du bon Ange, image la plus douce et la plus vraie de la Providence, dont la grâce ne permet pas à notre faiblesse de succomber, ni à l'ennemi de régner sur nous : ne sont-ce pas là autant de pages d'une doctrine supérieure, et dont la méditation nous prépare bien à rentrer, quand nous quittons la foule oublieuse, dans le sein du Père, qui nous attire chez Lui pour nous y bénir ?

Parfois, et pour mieux condenser toutes ces idées en une seule, l'image en pied du Sauveur se présentait seule aux regards de la foule abordant le lieu saint. Elle garnissait la porte principale, comme on le voyait, au dixième siècle, à l'entrée du palais impérial de Constantinople, bâti sur les plans des basiliques. Une telle statue semblait répéter à chacun la parole du Maître rapportée au dixième chapitre de S. Jean : *Ego sum ostium ; per me si quis introierit, salvabitur* (1). L'image du Sauveur devant la porte d'entrée.

Devant certaines églises qui n'avaient pas ces beaux *atrium*, on ménageait un parvis découvert, espace qui ne dépassait pas ordinairement la largeur de la façade, et dont la profondeur égale donnait, par conséquent, un carré parfait. C'était surtout un annexe des cathédrales, des abbayes et des collégiales, quelquefois aussi des prieurés. Là se rendaient, à certains jours désignés, les décisions judiciaires ; là se faisaient les monitoires et autres annonces. Les témoins y étaient entendus, les causes jugées, et c'est à cette Parvis des cathédrales et des autres églises majeures. Leur principal emploi symbolisé par les lions.

(1) Labarte, *Description du palais impérial de Constantinople*, p. 63.

juridiction de haute, basse ou moyenne justice que se rapportaient ces figures de lions qui, de côté et d'autre du juge et de ses assesseurs, symbolisaient la justice, comme autrefois au trône de Salomon. Ce souvenir du grand roi n'était pas le seul qu'eût emprunté le moyen âge, où il finit par devenir commun. Édouard II, roi d'Angleterre de 1307 à 1327, avait un sceau où il était assis sur un trône dont deux lions grimpants formaient les côtés : ses pieds reposaient sur deux autres (1). — Canova, en docte sculpteur qu'il était, n'avait pas négligé cette idée. Il décora de deux lions le tombeau de Clément XIII, et comme le Pontife avait résisté avec courage pendant tout son pontificat aux entreprises et aux violences de la puissance laïque, l'un de ces lions, empreint d'une douleur magnanime, verse les larmes de la souffrance et de la tendresse outragée; l'autre respire dans ses traits une royale fermeté, et semble dire que l'athlète n'a pas été vaincu (2). Mais pour ce qui touche aux parvis, dès le onzième siècle on rencontre ces imposantes bêtes couchées sur le mur d'enceinte de ce *plaid* respecté, ou assises à la porte principale de l'église, ou supportant ses deux colonnes latérales, pour indiquer que la justice est la base et le fondement de l'édifice social. Quelquefois aussi le fier quadrupède retient sous ses griffes puissantes le serpent, génie de la ruse perfide qui n'a rien à faire dans une conscience de juge, et se replie vainement en efforts qui ne le peuvent délivrer; ou bien c'est un bouc (et non un bélier, comme on l'a trop répété), symbole des pécheurs et des réprouvés, qu'il écrase de son poids et maintient en respect : voilà donc le triomphe du Sauveur, *du lion de Juda*, sur l'injustice, la méchanceté et la fraude (3).

(1) Voir Rymer, *Fœdera*, t. I, 1re part., pl. I.
(2) Le P. de Ravignan, *Clément XIII et Clément XIV*, p. 253, in-8°, 1854.
(3) Voir *Spicileg. Solesm.*, t. III, 15 et suiv.; 51 et suiv. — On voit encore, sur les bases de deux colonnes soutenant une des archivoltes du portail méridional à Saint-Marc de Venise, deux griffons couchés

On a vu quelquefois aussi le lion, accompagné d'un bœuf, servir parallèlement, sur la façade d'une église, de base à

Action mystique du bœuf et du lion aux façades de quelques églises.

qui tiennent dans leurs pattes, l'un un homme, dans les yeux et le visage duquel il enfonce ses griffes ; l'autre, un bœuf moins maltraité que l'homme. (M. Julien Durant, *Annal. archéologiq.*, XV, 403.) — Le griffon est ici l'image de Satan maltraitant l'homme perverti au moment où il se disposait à entrer dans le lieu saint, dont il n'était pas digne. Le traitement imposé au bœuf, image des Juifs, d'après S. Grégoire, et aussi du démon, d'après le même Docteur, ou enfin des richesses terrestres et animales, est un analogue et un parallélisme facile à comprendre. (Voir *Spicileg. Solesm.*, III, 15.) — Mais toujours c'est l'action infernale exerçant la tentation sur l'âme *voyageuse*, ou le châtiment sur l'âme arrivée à son terme. Enfin, nous voyons aussi quelquefois des lions accroupis sous une colonne qui sert de support à un bénitier ou à un chandelier pascal, comme dans la basilique d'Anagni, en Italie. Là, il faut bien changer la signification de l'animal symbolique ; il y est pris en mauvaise part, et il représente, à notre sens, l'esprit infernal obligé de s'abaisser sous les bénédictions de l'Église qui l'y exorcise en une certaine manière, ou sous la lumière évangélique, laquelle n'est pas autre que Jésus-Christ. (Voir *Annal. archéol.*, ubi suprà, p. 244.) Il est vrai que Mabillon, cité dans ce même endroit, et que suit M. l'abbé Barbier, regarde le lion comme l'emblème de la résurrection, figurée aussi par le cierge pascal : c'est là une de ces interprétations multiples par elles-mêmes et auxquelles les archéologues peuvent s'arrêter diversement sans abandonner les principes fondamentaux de la science. — Quant au bouc, il est le symbole des pécheurs, placés à la gauche du Juge souverain au dernier jour, en opposition avec les brebis fidèles qui passent à la droite (*Matth.*, XXV, 33). — Voir S. Méliton, *De Bestiis*, n° XVIII ; et, quant aux parvis, beaucoup de détails sur leurs divers emplois, dans notre *Histoire de la cathédrale de Poitiers*, t. I, p. 173 ; — pour le lion, voir *Histoire symbolique et iconographique du lion*, par M. l'abbé Crosnier, *Bullet. monum.*, XIX, 283 et suiv. — On voit deux lions supportant les colonnes d'un tombeau à la cathédrale de Trèves. (*Bullet. monum.*, XII, 699.) — Il est clair que le sens de ces animaux n'est plus ici le même. C'est bien le démon vaincu par les vertus du défunt, d'autant plus que cette règle d'opposition est parfaitement autorisée par les affreuses grimaces de ces faces hideuses et refrognées. — Voir encore, sur les oppositions symboliques et les significations diverses du lion, *Bullet. monum.*, XIV, 328 ; XVI, 491 ; XX, 555. — Il pourrait bien se faire aussi que cette signification de la justice, qui fut donnée dès le principe à ces lions siégeant au parvis des églises, se fût détournée plus tard de ce sens primitif et se transportât jusqu'aux simples portes d'entrée sans aucun rapport à aucune juridiction, car la plupart des églises en étaient dépourvues ; mais alors le lion n'était plus là qu'un symbole de Jésus-Christ lui-même, *pierre fondamentale* et force morale des institutions chrétiennes.

des statues, et le portail en ruines de l'ancienne abbaye de Moreaux, non loin de Poitiers, offre ce spécimen d'un façon très-remarquable. Ce sont deux évêques qui se sont succédé sur le siége de cette ville au douzième siècle, et qui, ayant fait du bien au monastère, reçurent des moines l'honneur de cette belle effigie (1). Une inscription tracée sur l'une des voussures du tympan explique la présence des deux animaux qui leur servent de piédestal par une réminiscence du temple de Salomon, où les lions et les bœufs se répétaient fréquemment dans l'ornementation monumentale, comme dans celle du mobilier.

> Ut fuit introitus templi sancti Salomonis,
> Sic est istius in medio bovis atque leonis.

Cette intention de reproduire un symbolisme de l'antique monument des Juifs ne laisse aucun doute sur la signification qu'il faut donner à celui-ci. Tous les auteurs s'accordent à regarder dans le bœuf la force, la patience, l'amour du travail utile, la gravité, la sociabilité douce et complaisante ; on comprend qu'avec la force parfois sévère du lion on puisse composer de ces deux symboles un ensemble de vertus sur lequel s'appuie solidement la vie des évêques et des prélats, quels qu'ils soient. C'est cette pensée qu'exprimait dans ce distique un bénédictin du moyen âge qui avait à se plaindre de son abbé :

> Es leo terribilis, sed non es bos socialis.
> Unde decens basis non es, bobus tibi rasis.

Formule : Inter leones.

Pour en revenir à notre lion, cette attribution d'un tel symbole à la juridiction judiciaire ne nous paraît pas contestable, quoique d'érudits archéologues aient paru en douter. La formule *inter leones*, qui se lit dans beaucoup d'actes publics des onzième, douzième et treizième siècles, n'est pas toujours, il est vrai, le témoignage de cette juri-

(1) Voir *Bullet. monum.*, t. XI, p. 503.

diction; mais elle est comme l'indication d'un lieu plus vénérable, où une sentence a quelque caractère plus solennel et plus sacré. C'est la seule explication possible du soin qu'on avait parfois d'inscrire le mot *leones* au-dessus ou à côté de la figure de ces animaux. A Saint-Porchaire de Poitiers, par exemple, le sculpteur qui a orné les chapiteaux du portail de ces deux têtes majestueuses a écrit sur le tailloir qui les domine : *leones*, en belles lettres onciales. Quelques méchants ont pu nous ranger de leur avis en soutenant que cet artiste n'avait fait que prévoir le cas où ces lions seraient pris, aux traits qu'il leur avait donnés, pour de simples chats poitevins; mais à prendre la chose au sérieux, nous pensons que le mot qui fait toute l'explication de cette zoologie, en effet un peu équivoque, est là comme mention d'un lieu consacré à des arrêts et décisions ayant force de loi; il y rentre dans les habitudes de ces tribunaux dont nous parlions tout à l'heure, et ne peut être interprété autrement. Nous ne pouvons donc adopter l'idée un peu trop matérielle de M. Didron, expliquant nos lions aux portes du temple dans le sens prosaïque du *cave canem* des anciens, et faisant là, d'une façon un peu plus relevée par la nature de l'animal, le rôle domestique et conventionnel du quadrupède païen (1). Il nous semble y avoir entre ces deux symboles toute la différence d'une chose commune et sans dignité à une figure pleine d'enseignement et de noblesse. Si l'on a mis parfois des heurtoirs à tête de lion à la porte de quelques églises, c'était plus probablement dans la pensée qui avait amené là les lions dévorant le serpent ou le bouc, et le *cave canem* n'y avait rien à faire, pas même de loin et par analogie.

Un fait intéressant s'ajoute, sur cette même façade de Saint-Porchaire, à celui que nous venons de décrire. Au-dessus de l'un de nos deux lions, un médaillon ovale sert de

---

(1) *Annal. archéolog.*, XV, p. 244.

cadre à l'image que voici : un homme debout prie les bras en croix, comme on faisait encore au moyen âge, et comme on le voit fréquemment dans les fresques des catacombes. En dehors du médaillon, qui pourrait bien être une auréole, un lion lèche doucement, de chaque côté, les pieds de cet homme, qui est signalé par une inscription gravée autour de cet ovale : *Hic Daniel Domino (favente) vincit cœtum leoninum*. A côté, le prophète Habacuc tient deux vases contenant la nourriture qu'il avait préparée pour ses moissonneurs, et que, sur l'ordre de Dieu manifesté par la main divine sortant du nuage au-dessus de sa tête, il avait portée au prophète captif. On reconnaît là parfaitement le trait historique rapporté par le prophète lui-même au quatorzième chapitre de son livre (1). Or, on le voit bien, les lions n'auraient que faire ici de leur rôle reconnu de judicature : c'est bien plus pour rendre aux yeux du fidèle la puissance de la prière contre les périls des tentations, qu'ils oublient leur férocité naturelle, et rien n'allait mieux que cette pensée aux abords d'une église. Aussi ne l'a-t-on pas exclusivement consacrée à l'extérieur. On la retrouve souvent, surtout en Poitou, dans le sanctuaire même, d'où la prière s'élève plus directement vers le Saint des Saints ; telle on la voit sur un chapiteau de Sainte-Radégonde de Poitiers et sur un autre de Saint-Pierre de Chauvigny. Le tympan de la porte occidentale de Saint-Pierre de Tonnerre encadre un autre Daniel, qui prie comme celui de Poitiers ; les lions, *posés* et calmes, semblent lécher ses mains en signe de leur soumission miraculeuse (2). Au portail d'Amiens,

---

(1) Nous avons vu plusieurs descriptions de ce bas-relief hasardées par des laïques à qui il ne manquait que d'avoir étudié un peu leur chapitre XIV de Daniel. L'un s'embarrassait fort des *deux ampoules* portées par Habacuc ; l'autre voyait dans cette main nimbée un oiseau dont quelques plis des nuages faisaient des ailes, etc. Et l'on imprimait de telles choses !... Et l'on ne se doutait pas du sens mystique trouvé par les Pères dans cette image, où les lions ont bien leur motif d'être, mais où Daniel et Habacuc n'ont pas moins le leur.

(2) M. Lemaître, *Annuaire de l'Yonne*, 1848.

EXTÉRIEUR DE L'ÉGLISE CHRÉTIENNE. 139

un des médaillons si remarquables qui ornent la belle façade de Notre-Dame, Daniel est assis, plus conformément au texte sacré (1), et quatre lions reposent placidement à sa droite et à sa gauche, comme s'ils craignaient de troubler sa méditation (2). Enfin, comme dernier terme de comparaison, voici une agrafe en bronze, qu'on peut croire du huitième ou du neuvième siècle, représentant le même sujet, et où les lions, comme on les voit partout où ils doivent signifier les mauvaises passions assujetties à l'homme par le saint usage de la grâce, s'inclinent devant le Prophète et lèchent ses pieds. Ceci est d'autant plus à considérer qu'on ne peut refuser d'y voir l'explication de ces autres images où les animaux, s'accolant de droite et de gauche à un homme debout, tiennent absolument le même rôle qu'on leur voit ici. Ainsi s'élucident, les uns par les autres, les faits symboliques pour l'étude desquels il faut procéder toujours par l'esprit d'observation et de rapprochement (3).

rapproché de quelques autres pour confirmer nos déductions iconographiques.

Mais après ces traits de détail qui nous ont retenu autour de notre basilique plus ou moins spacieuse, il nous reste encore à contempler la grande page qui annonce tout l'intérieur, et où se développent encore les austères catéchèses de la religion. La variété des tableaux, le nombre des baies y sont toujours proportionnés à l'importance de l'édifice. Si modeste qu'il soit, un ou deux symboles au moins y apparaissent, et il est rare qu'une entrée d'église, si restreinte qu'on l'ait construite, ne signale pas une idée

Façades des grandes églises et leur décoration grandiose.

---

(1) « Surgensque Daniel, comedit. » (XIV, 38). — « Venit Rex..., et ecce Daniel *sedens* in medio leonum. » (*Ib.*, 39.)

(2) Les *sept* lions figurent rarement dans les sculptures des chapiteaux, nécessairement restreints par leurs dimensions, non plus que dans des médaillons quadrilobes, comme ceux d'Amiens. Mais le nombre ne fait rien ici dans la pensée du tailleur d'images, et l'on citerait, en pareil cas, maints pasteurs se tenant auprès d'un troupeau représenté par une brebis, un porc : l'histoire fait deviner le reste.

(3) Voir M. l'abbé Crosnier, *Iconographie chrétienne*, p. 78. — Cf. ce que nous avons dit d'après un texte de S. Isidore de Séville, ci-dessus, t. I, p. 235 et 236 ; t. II, p. 601, note 2.

chrétienne par les oiseaux, ou les serpents, ou les figures grimaçantes qui ramènent, sur le seuil même qu'on va franchir, aux religieuses préoccupations de la conscience chrétienne. Mais afin de grouper sous les yeux du lecteur la généralité de ces sujets instructifs, supposons que nous avons jusqu'à présent examiné une de nos vastes et antiques cathédrales des onzième, douzième ou treizième siècles ; arrêtons-nous devant ces étonnantes sculptures, en qui la délicatesse du travail le dispute à ce que peut avoir de plus énergique l'enfantement de la pensée. Quels grandioses tableaux que ces façades de Reims, d'Amiens, de Paris, de Chartres, de Bourges, de Poitiers ! Trois portes, dont deux moyennes, s'y ouvrent immanquablement, correspondent à la triple nef de l'intérieur. C'est tout d'abord, dans cette unité pleine de tant d'harmonie, l'image préliminaire de l'auguste Trinité, qui reviendra plus d'une fois dans ce vaste ensemble d'iconographie où tout parle de Dieu et de l'âme (1). La plus ample de ces baies, la porte royale, la porte médiane, est presque toujours partagée dans sa hauteur, pendant et après le douzième siècle, par un trumeau orné d'une statue qui lui est adossée, et qui est ordinairement celle de Notre-Seigneur, de la Sainte Vierge ou du patron. Quant au trumeau lui-même, il indique les deux voies qui s'offrent à l'homme et qui mènent à deux vies bien différentes sur la terre et au delà... Ce pilier, que couronne un chapiteau, ne doit donc jamais être supprimé, comme on l'a fait maladroitement, sous prétexte de faire entrer et sortir plus aisément l'énorme dais que nos ancêtres

Le trumeau de la porte médiane ; ce qu'il figure.

(1) Voir les détails de l'église de Paray-le-Monial (Saône-et-Loire), où tout est réduit au nombre *trois* (*Icon. chr.*, p. 77). — S. Paulin, décrivant deux églises de son temps, dont l'une était agrandie par ses soins, signale cette triple porte avec le symbolisme que nous y reconnaissons :

Alma domus triplici patet ingredientibus arcu
Testaturque piam janua trina fidem.

... Una fides trino sub nomine quæ colit unum,
Unanimes trino suscipit introitu.
(S. Paulin. *Epist.* xxxiii *ad Sulpit. Severum.*)

n'avaient pas le bonheur de connaître. Ce qu'on a gagné à cette suppression, c'est trop souvent l'affaissement de la plate-bande ou linteau supérieur, et de là une dislocation inévitable dans cette importante portion de la façade..... — Au-dessus de ces meneaux se déroule le tympan principal avec ses voussures nombreuses jetant autour des scènes bibliques leurs profondeurs, semblables à des horizons différents et que garnissent les savantes allégories des Vices domptés par les Vertus, des Ordres de la hiérarchie sacrée, des chœurs des anges, ou d'oiseaux et de quadrupèdes, ou des arbres ou des fleurs variées aux gracieux festons, aux guirlandes délicatement fouillées par un ciseau cinq ou six fois séculaire. Mais ce n'est là qu'une couronne de glorieux assistants, et les courtisans célestes, ces nobles combattants des jours d'épreuves, entourent le Roi des rois et procèdent avec Lui au jugement éternel des grands et des petits de la terre (1). Au-dessus des morts qui ressuscitent, des Élus, séparés déjà des impies, le Juge est assis. Son bras levé est le signe de la puissance qui va venger les mépris de la croix, qu'il soutient de l'autre main; à sa droite, côté le plus digne et celui des brebis fidèles, Marie agenouillée supplie, Mère de miséricorde; à gauche, S. Jean l'Évangéliste unit ses prières, et semble répéter avec la Mère du Christ, devenue la sienne sur le Calvaire : *Dieu est la charité*. Mais Dieu n'est pas moins la justice. Les pécheurs, qui étaient condamnés d'avance, s'en vont, traînés par les maîtres horribles qu'ils ont préférés, au lieu éternel des crimes et des aveuglements volontaires ; les Justes, passés à la droite, entrent, sous la conduite de S. Pierre muni de ses clefs *qui ouvrent sans que personne puisse fermer*, dans la Cité du bonheur, dont on voit, sur un autre plan, les tranquilles demeures, avec leurs tours éternelles et leurs rem-

Voussures sculptées des tympans;

leur Jugement dernier.

---

(1) « Sedebitis et vos super sedes, judicantes tribus Israel. » (*Matth.*, XIX, 28.)

parts que nulle main ne peut abattre ni ébranler.—Au reste, tous ces types sont inspirés par l'Apocalypse, et représentent tous, avec d'heureuses variantes, les images que nous en avons décrites dans le précédent volume de cet ouvrage (1).

<small>Autres motifs iconographiques partout répétés.</small>

D'autres fois et ailleurs, la scène principale, le jugement, se modifie par ses accessoires : à Fribourg en Brisgaw, c'est l'histoire du Christ, son crucifiement, avec la Synagogue aux yeux bandés ; ou bien les Vierges sages et les Vierges folles ; à Bazas, c'est le Pèsement des âmes, comme à Autun, au Mans et à Amiens ; à Vézelay, c'est le Christ triomphant qui verse de ses mains des rayons lumineux sur la tête de ses Apôtres tenant chacun le Livre de la doctrine qu'ils doivent répandre. Ailleurs, il siége encore au milieu des Douze, placés debout et tenant soit l'instrument de leur martyre, soit un phylactère où s'inscrit l'article du symbole que la tradition donne à chacun d'eux : là ils sont les vrais fondements et les portes véritables de l'Église mystique, comme les appelle S. Augustin (2).

<small>Symboles et attributs des douze Apôtres.</small>

Ici nous devons ajouter, aux notions éparses déjà données sur les Apôtres, l'explication des attributs fournis à chacun d'eux par les artistes, et la place qu'ils occupent respectivement quand on les destine à une grande représentation d'ensemble. Au portail principal de Chartres, ils accompagnent l'image de Jésus-Christ ; les Prophètes, véritables Apôtres de l'ancienne Loi, posent un peu plus loin, mais semblent tenir à leur droit de se survivre autour de Celui qu'ils ont fidèlement attendu. Comme tous les Saints, les Apôtres doivent toujours avoir leurs attributs spéciaux et l'instrument de leur supplice ; quelquefois ils portent en même temps, sur un parchemin déroulé, un des points dogmatiques de leur symbole. L'étude de leur représentation personnelle ferait un livre. Disons seulement ici, avec MM. Cros-

---

(1) Voir ci-dessus, t. II, ch. VI et XII.
(2) « Apostoli fundamenta et portæ Ecclesiæ, » in *Psalm.* passim.

nier et Jourdain, quels sont, pour chacun, les attributs et la sentence que les artistes doivent leur donner, en les indiquant dans l'ordre le plus habituel, bien plus que par tel rang spécial qu'on ait généralement imposé à chacun d'eux (1). Les quelques diversités qui se rencontrent à cet égard dans l'imagerie du moyen âge, les légères modifications qu'on en retrouve dans les liturgistes et dans le Canon même de la Messe, qui cependant devrait faire autorité par son antiquité plus reculée, sembleraient n'imposer aucune règle absolue sur l'ordre à suivre dans le placement de ces saints personnages ; nous préférons cependant celui que l'Église semble avoir consacré par sa liturgie, puisque la partie des prières du Saint Sacrifice où le Collége apostolique est invoqué tout entier remonte au moins au quatrième siècle, comme l'indiquent les noms des SS. martyrs Jean et Paul, qui souffrirent sous Julien l'Apostat (2). Ce devrait être, en effet, une raison d'adopter cet ordre, qui n'a rien d'arbitraire sans doute, puisque les traditions ecclésiastiques reposent toujours sur des raisons souverainement sages, quoique nous ne les sachions pas toujours.

1° S. PIERRE, les pieds nus, comme tous les autres qui le suivent, par la même raison que Notre-Seigneur et les Anges (3) ; le nimbe propre à tous les Saints, et dans lequel, depuis le douzième siècle, on trouve parfois inscrit le nom du personnage ; la tête presque entièrement chauve, parce qu'on lui attribue la loi ecclésiastique de la tonsure cléricale. Quelquefois son coq est près de lui. Il tient les deux clefs avant le quatorzième siècle ; plus tard, il n'en a souvent qu'une seule ; il a aussi la croix de sa mort dans la main droite. Sa devise est : *Credo in unum Deum, patrem omnipotentem, creatorem cœli et terræ.*

S. PIERRE.

---

(1) Crosnier, *Iconographie chrétienne*, p. 213 et suiv. — Jourdain, *Bull. monum.*, XIII, 287 et suiv.
(2) Voir Benoît XIV, *De Missæ Sacrificio*, cap. XIII, n° 22.
(3) Voir ci-dessus, t. II, p. 234.

S. Paul.

2° S. Paul. Nous avons dit pourquoi il réside souvent à la droite du Sauveur, dont S. Pierre n'obtient que la gauche (1). Sa figure ovale, son nez légèrement aquilin, la fermeté de son regard, son front large et serein, sa longue barbe bien fournie comme ses cheveux, enfin la vaste ampleur de son manteau, le désignent suffisamment : c'est le grand philosophe devenu chrétien. Il tient droite, et la pointe renversée, l'épée qui termina ses jours, ou plutôt ce glaive mystérieux auquel il compara lui-même la parole divine, dont il fut le plus éloquent prédicateur (2). Il ne dit rien du symbole, qui, sans doute, était déjà formulé lors de sa conversion, trois ans après l'ascension du Sauveur; aussi ne paraît-il pas toujours dans les réunions plastiques des Apôtres; il est remplacé par :

S. André.

3° S. André n'a pas un type personnel aussi caractérisé que celui des deux précédents. En effet, les autres Apôtres, moins connus de l'univers, dont ils n'évangélisèrent qu'une partie, n'ont eu qu'une notoriété bien moins populaire. On ne peut la comparer à celle du Chef du Sacré Collége laissant son empreinte dans les catacombes, à côté de celle de son inséparable compagnon, devenu le prédicateur des Gentils. Ils ne sont donc reconnaissables qu'aux seuls attributs que leur a mérités une glorieuse mort. S. André a sa croix spéciale, formée de deux bois croisés en diagonale (3). Il pour-

(1) Voir ci-dessus, t. II, p. 451.
(2) « Vivus est sermo Dei et efficax, et penetrabilior omni gladio ancipiti, et pertingens usque ad divisionem animæ ac spiritus, compagum quoque ac medullarum, et discretor cogitationum ac intentionum cordis. » (*Hebr.*, IV, 12.) — Quelle abondance! et comme on y sent bien l'homme tout plein encore de *la parole* qui l'a terrassé devant Damas, et l'a éclairé si vivement!
(3) Il paraît que la croix en sautoir dite de Saint-André ne s'est guère fait adopter que vers le quinzième siècle dans notre iconographie européenne. On l'y trouve rarement avant cette époque; et le P. Giry, qui avait vu à l'abbaye de Saint-Victor de Marseille, visitée par lui en 1667, cette précieuse croix, qu'on y vénérait, dit qu'elle ne différait en rien de la croix latine (*Vie de S. André*, 30 nov.).

suit, après S. Pierre, son frère par la chair, par l'esprit et par le supplice, le symbole de la foi, et semble dire : *Et in Jesum Christum, Filium ejus unicum, Dominum nostrum.*

4° S. JACQUES LE MAJEUR porta d'abord le glaive qui lui trancha la tête ; mais depuis la célébrité acquise au pèlerinage de Compostelle, au neuvième siècle, on lui donne une robe de pèlerin avec un camail garni de coquilles ; il porte le bourdon et la panetière.—*Qui conceptus est de Spiritu Sancto, natus ex Maria Virgine.* S. JACQUES LE MAJEUR.

5° S. JEAN est imberbe : c'est la personnification de la virginité, de la jeunesse candide, de l'innocence des mœurs et de la pensée. Les Grecs, dont le schisme a défloré la simplicité chrétienne, n'ont pas senti cela, et chez eux il est barbu comme les autres Apôtres, en qui la barbe est, d'ailleurs, le signe de la force, du cœur et de l'esprit (1). Il est regardé comme le premier qui ait célébré les Saints Mystères en habits sacerdotaux ; c'est pourquoi on les lui donne assez ordinairement, aussi bien que la tonsure, symbole de l'abandon des superfluités de la vie. C'est sans doute par la même raison qu'il porte toujours un calice auquel se réduisent le plus souvent ses signes distinctifs. Nous aimons mieux cette explication que celle qu'on tire de la *Légende dorée*, où le Saint avale un poison qui ne lui fait aucun mal. Ce poison, néanmoins, pourrait bien être symbolisé par le petit dragon qui semble s'envoler de la coupe, et qu'on ne manque jamais de faire planer au-dessus d'elle (d'autres l'en font sortir à moitié). Ce dragon est le symbole très-avéré du démon, instigateur de tout mal, dont on peut voir l'influence mauvaise dans l'action nuisible des créatures sur la vie humaine, et qui doit s'en séparer forcément dès lors qu'un acte de la protection divine s'interpose entre le criminel et la victime. — L'aigle du Tétramorphe est aussi le symbole de S. Jean, planant, comme cet oiseau, au- S. JEAN.

---

(1) Voir *Bull. monum.*, XI, p. 285.

dessus de toutes les générations humaines quand il raconte la naissance éternelle du Verbe. Cet oiseau est tantôt auprès de lui, supportant le livre de l'Apocalypse, tantôt au-dessus de sa tête, tenant en son bec la plume immortelle du disciple bien-aimé.— *Passus sub Pontio Pilato, crucifixus, mortuus et sepultus.*

S. Thomas.   6° S. Thomas fut lapidé, et il construisit de nombreuses églises aux Indes, qui reçurent son apostolat. Est-ce pour cela qu'il tient en main une grosse pierre? Serait-ce la raison qui l'aurait fait prendre pour patron par les architectes, et armer d'une équerre qu'on lui donne parfois? Rien ne semble justifier ni condamner ces idées. Ce qui paraît juste, c'est de renoncer à cette lapidation, car on s'accorde à lui donner une lance dont ses *Actes* disent généralement qu'il fut percé. Dès lors la grosse pierre, bien équarrie et parfaitement régulière, que nous lui voyons en quelques miniatures, demeurerait aux architectes comme un signe de sa protection. Puisse-t-il les inspirer et donner son esprit, qu'ils n'ont pas encore, à beaucoup de ceux qui s'adressent à nos pauvres monuments!— Ici se présente une difficulté qui va prouver combien doit susciter de doutes l'arrangement qu'on a fait des articles du symbole avec chaque Apôtre en particulier. Durant de Mende, que nous suivons pour cette partie de nos explications, place entre S. Jean, que nous venons de quitter, et S. Thomas, dont nous parlons, deux autres Apôtres : S. Philippe et S. Barthélemy. Il en résulte que la légende du *Credo*, prêtée à S. Thomas, ne serait pas celle qui suit immédiatement le *passus sub Pontio*, mais bien *inde venturus est* : c'est une interversion du cinquième article au septième. Il faut bien reconnaître dès lors ou que Durant s'est trompé, ou que la tradition est erronée. Quoi qu'il en soit, nous constatons, tout en suivant l'ordre du Missel, comme plus vrai, cette contradiction entre lui et les errements de quelques vieux livres. On doit croire que cette erreur a eu aussi des variantes;

car, à Sainte-Cécile d'Alby, les Apôtres ne sont ni placés dans le même ordre, ni, par conséquent, porteurs des mêmes articles de foi (1). D'après le Missel, S. Thomas devrait donc dire : *Descendit ad inferos, tertia die resurrexit a mortuis*, au lieu de dire, comme le veut Durant : *Inde venturus est judicare vivos et mortuos*.

7° S. JACQUES LE MINEUR, précipité du haut du temple à Jérusalem, fut assommé par un foulon, dont la masse ou bâton est devenu son attribut. Il y tient la neuvième place dans le *Rational*, et dit : *Sanctam Ecclesiam catholicam*, etc.; la septième, qu'il occupe ici, lui donne réellement l'*ascendit ad cœlos, sedet ad dexteram Dei Patris Omnipotentis*. S. JACQUES LE MINEUR.

8° S. PHILIPPE tient une croix triomphale ou à trois branches, parce qu'il fut crucifié à Hiéropolis, en Phrygie. Son phylactère porte : *Descendit ad inferos, tertia die resurrexit*, etc., ce qui appartiendrait à S. Thomas et devrait être remplacé ici par *inde venturus est judicare vivos et mortuos*. S. PHILIPPE.

9° S. BARTHÉLEMY fut-il écorché, comme le prétendaient les peintres, qui lui mirent un coutelas à la main gauche, ou crucifié sur cette croix longue et mince qu'on lui voit au portail d'Amiens? Ce sont des sujets controversés. On est autorisé à lui donner l'un de ces attributs; nous les lui donnerions plus sûrement tous les deux. Reculant encore de deux rangs, il doit dire : *Credo in Spiritum Sanctum*. S. BARTHÉLEMY.

10° S. MATTHIEU fut percé d'une pique à l'autel, et il la porte en triomphe : *Sanctam Ecclesiam catholicam, Sanctorum communionem*. Rien n'irait mieux à ce Martyr expirant pour l'Église dans l'acte le plus solennel de la communion des Saints. S. MATTHIEU.

11° S. SIMON : *Remissionem peccatorum*. Il fut scié par des S. SIMON.

---

(1) Ces contrariétés pourraient bien venir d'une pose inintelligente de quelques statues qui, ayant été sculptées séparément, ne furent ensuite placées, par l'inadvertance d'ouvriers maladroits, qu'en dépit des inscriptions déjà gravées peut-être sur les corniches ou linteaux qui devaient les avoisiner.

prêtres du Soleil pendant son apostolat en Perse. La scie de son supplice est entre ses mains.

S. Jude.

12° Sans trop savoir de quel supplice mourut S. Jude, nommé autrement Thaddée, on a lieu de croire qu'il dût être assommé, quelques-unes de ses anciennes images le représentant avec une massue. On lui donne autrement une palme et un livre, insignes habituels du martyre et de l'apostolat. Il prononce le *carnis resurrectionem*.

S. Matthias.

Mais ici nous reste encore S. Matthias, qui ne figure pas au Missel parce qu'il ne fut pas des Apôtres contemporains de la mission du divin Maître, ayant été élu par les onze pour remplacer Judas (1). Nous soupçonnons un peu qu'on l'aura mis après coup dans cette liste énumérée par l'évêque de Mende, dont S. Paul était exclu, pour ne pas laisser sans emploi le *vitam æternam* qui termine le symbole. Nous pourrions observer aussi que l'attribution de ces douze articles a été quelque peu arbitraire; car on remarque, en les parcourant, qu'on a dû les réduire à ce nombre pour en donner un à chaque Apôtre, mais qu'on aurait pu utiliser, sans faire tort à l'ensemble, sept Apôtres de plus et livrer à chacun d'eux une banderole où eussent figuré autant de *duplicata* faciles à distinguer. Pourquoi, par exemple, n'avoir pas séparé, comme autant de dogmes aussi réels que distincts, les traits suivants qu'on a forcément reliés à ceux qui les précèdent : *Creatorem cœli et terræ;* — *natus ex Maria Virgine;* — *crucifixus;* — *mortuus;* — *et sepultus;* — *resurrexit a mortuis;* — *sedet ad dexteram Dei;* — *Sanctorum communionem?* — Cet examen ébranle nécessairement la solidité d'une origine authentique pour cette légende (2). On n'en est pas moins autorisé,

---

(1) Le Missel a dédommagé le saint Apôtre, aussi bien que S. Barnabé, élu comme lui après l'Ascension, en les nommant, après le *memento* des morts, avec les premiers martyrs de l'Église. Ils y viennent immédiatement après S. Étienne.

(2) Ce qu'il y a d'important aussi à remarquer, c'est le peu de soin

nous semble-t-il, à en prendre le fond pour orner une façade ou des verrières, mais ce ne serait qu'à condition de rentrer dans l'ordre du Canon de la Messe, et d'y faire suivre, aux versets du *Credo*, l'ordre correspondant à chacun des personnages apostoliques. — L'attribut de S. Matthias est une cognée.

Revenons maintenant aux traits de notre façade symbolique. On voit qu'à l'aide de ces ingénieux moyens de décoration qui les animent et les vivifient, tous les motifs de terreur ou de consolation se présentent, sur ces merveilleuses pages sculptées, aux regards et aux méditations de l'homme ; le texte en est inépuisable, aussi bien que les innombrables symboles qui en surgissent. Ce que nous devons surtout remarquer dans cette étude tropologique de nos monuments, c'est que partout, chez toutes les nations où fleurit au moyen âge la pensée chrétienne, les mêmes images se retrouvent, les mêmes vérités s'enseignent par les mêmes moyens graphiques, les mêmes symboles les expriment ; et cependant il n'y avait pas de livres qui exposassent cette théorie universelle ; les traditions servaient seules le sentiment chrétien. Liberté entière était donnée à l'artiste, dont le génie rendait avec plus ou moins de naïveté ou de perfection la longue et poétique série des sujets iconologiques ; mais le fond restait le même : le ciel, le paradis, les vertus et les péchés, les démons et les saints ; l'histoire sainte et les bestiaires revenaient sans cesse sous le regard, en deçà ou au delà des mers, comme le fond lui-même des doctrines architecturales, comme la théologie catholique, dont

Preuve d'une tradition universelle inspirée par les mêmes pensées de foi,

qu'on avait pris, en diverses églises où ce système avait été adopté, de se conformer au moins à une donnée unique. Il n'en était rien, et à Saint-Hubert de Waville, en Lorraine, les mêmes Apôtres, représentés par des fresques du *quinzième siècle*, ne tenaient pas du tout les mêmes articles de foi. — Voir *Bull. monum.*, t. XIV, p. 220, et XX, 188. — Il faut bien avouer aussi que c'était là une nouvelle preuve que le clergé ne s'était mêlé qu'incomplétement ou pas du tout de cette décoration.

la puissante sève animait toutes les veines de l'art chrétien...

et qui était la véritable nationalité du moyen âge.

Qu'un peuple ainsi composé de tant de familles différentes est fort et digne avec ce lien des âmes qui l'unit dans la même morale et dans la même foi ! Nos rêveurs de nationalités ne s'y tromperaient pas plus que nous-mêmes, si cette unité prétendue, qu'ils veulent créer sans l'indispensable ciment d'une foi commune, n'était pas un prétexte maudit de tout renverser pour régner sur des ruines. Après la ruine de l'art, que leurs fatales maximes ont consommée, ils ont détruit l'harmonie des âmes. Ils ne sont plus qu'en dehors de l'Église, où ils réalisent les contorsions sataniques des inspirateurs de leur vie de désordres et d'agitations. Qu'ils y demeurent, s'ils s'obstinent à n'y pas rentrer ! Nous n'en franchirons pas moins les saintes barrières pour nous réjouir, dans le monde à part qui nous est fait, de ces autres harmonies qui nous y attendent encore.

CHAPITRE IV.

INTÉRIEUR DE L'ÉGLISE.

Les sens spirituels que nous avons appliqués à la lettre de l'Écriture sainte (1) sont également applicables à l'église matérielle. Quand nous y entrons, la matière sensible n'est plus là pour nos âmes toutes spirituelles : c'est l'esprit qui la recouvre de son enveloppe spéculative, et, sous ces apparences visibles à l'œil du corps, quelque chose existe de plus élevé, de plus réel, que la foi fait comprendre, comme elle fait adorer sous les espèces sacramentelles le Dieu qui réside sur l'autel, victime substantielle, Personne parfaite, Dieu et homme à la fois, que les sens ne peuvent atteindre, mais que le cœur contemple à travers les obscurités du mystère et sous les faibles dehors d'un Pain qui n'est plus.

Le spiritualisme plus actif dans l'intérieur de l'église qu'au dehors.

Ainsi, le vaisseau sacré renferme toutes les conditions merveilleuses d'une figure mystique. Le symbolisme qui s'attache aux moindres faits de la religion se dilate dans cet espace où Dieu réside, et les enseignements doctrinaux n'y parlent pas moins que dans les livres de nos Prophètes et de nos Évangélistes. Toute église, pour peu remarquable que la fasse sa nudité relative, n'en est donc pas moins pour le fidèle une allégorie du divin Maître, et l'Église militante le signe tropologique de l'âme chrétienne, un souvenir toujours vivant de la Jérusalem d'En-Haut à laquelle aspirent nos plus chères espérances. Si tant de caractères

Sens multiple de l'Église chrétienne, considérée en elle-même.

---

(1) Ci-dessus, t. II, ch. III.

résultent de ce que nous avons déjà dit des dehors du Temple, nous allons le voir bien plus distinctement encore en parcourant ses nefs, son sanctuaire et ses chapelles.

Symbolisme de la fenêtre orientale,

Et d'abord, nos yeux aperçoivent dans le lointain une vaste fenêtre d'où le soleil jaillit jusque sur nous-mêmes et inonde de ses splendeurs les mille richesses de la maison de Dieu. Prosternons-nous avant tout; et comme autrefois les pieux croisés, à l'aspect de la ville sainte, baisèrent le sol qu'avaient touché les pieds du Sauveur, inclinons notre tête, et, après avoir franchi cette porte qui nous rappelle l'obéissance aux commandements et dont le Sauveur a dit qu'il était lui-même celle par laquelle on entre dans le salut (1), imitons dans un véritable abaissement de notre cœur ces âmes simples des siècles de foi, encore imitées de nos jours plus rarement, mais avec d'autant plus de mérite, lesquelles n'entraient jamais dans le lieu béni par la présence divine sans coller leurs lèvres au pavé qu'ils allaient fouler de leurs pas

du pavé, orné d'intailles,

respectueux. Aussi bien le pavé est le signe de l'humilité; il est la plus basse composition de l'architecture, il est pressé par tout le monde et souffre volontiers toutes les sortes d'abjection. Il tient essentiellement à ces degrés de la même pierre, par lesquels nous sommes descendus peut-être sur ce plan partout égal où toutes les âmes se

ou d'ornements

font le même niveau devant Dieu (2). Là, selon que notre

---

(1) « Ostium obedientia, de qua Dominus inquit : Si vis ad vitam ingredi, serva mandata. » (Durant. Mimat., *Rationale*, lib. I; mihi, f° III.) — « Ostium Ecclesiæ Christus est; unde : Ego sum ostium; per me si quis introierit salvabitur. Nemo enim vadit ad Patrem nisi per Christum. » (Sicardi, Cremon. episcopi, *Mitrale*, lib. I, cap. IV.)

(2) « Pavimentum quod pedibus calcatur, vulgus est, cujus laboribus Ecclesia sustentatur. » (Sicardi, *ubi suprà.*) — « Pavimentum humilitas, de qua Psalmista : Adhæsit pavimento anima mea. » (Durant., *ubi suprà.*) — La plupart de nos assertions vont être tirées de ces deux auteurs, puis d'Hugues de Saint-Victor, d'Isidore de Séville et des autres qui, dans le même temps, ont écrit sur ces matières avec une remarquable unanimité de principes symbolistiques. Tous les détails sont expliqués par eux dans le même sens; nous n'en citerons donc plus le texte dans le

édifice est plus ou moins ancien et qu'il a mieux conservé ses ornements primitifs, ou qu'ils ont été remaniés à diverses époques de l'art, vous trouveriez des compartiments en marbre de diverses couleurs, des mosaïques en matières dures et en émail, ou, enfin, des pierres profondément gravées et rehaussées dans leurs incises de mastics colorés ou d'un coulage de plomb. Ailleurs c'était l'*opus alexandrinum*, composé de figures géométriques s'alliant entre elles avec beaucoup de symétrie et de pureté, d'un grand effet, quoique insignifiantes quant à leur but symbolique, soit qu'elles nous vinssent de l'Égypte, pourtant si préoccupée de ses hiéroglyphes, soit qu'elles aient paru d'abord sous le règne d'Alexandre Sévère, ce que nous supposons plus volontiers : car c'est surtout dans les basiliques romaines, aussi bien que dans les palais, qu'on les prodigua vers la fin du deuxième siècle. Ce genre d'embellissement suppléait aux tapis, sans se détériorer aussi vite qu'eux; il n'excluait pas non plus, après avoir bordé les nefs en y suivant les contours des piliers et les limites naturelles des latéraux du chœur et des chapelles, certains grands sujets représentant des hommes, des animaux, des attributs religieux. A Saint-Laurent hors les murs, près Rome, le pape Adrien Ier avait, au commencement du neuvième siècle, doté le pavé d'un guerrier à cheval, portant son étendard; celui de Sainte-Marie-Majeure garde les armoiries des Papes qui la firent construire ou restaurer. *privés d'abord d sens symbolique.*

Mais l'art chrétien s'empara surtout de ces grands espaces vers le douzième siècle, quand, dominant toute l'enceinte sacrée, il voulut, en complétant le système général de décoration qui s'attachait aux fenêtres par les vitraux coloriés, aux voûtes et aux murs par les fresques, honorer *Fécondité de ces compositions; elles sont remplacées par des allégories en mosaïques.*

---

cours de ce chapitre, réservant ce soin pour les autorités moins connues. — Voir la description de la cathédrale de Bayeux, *Bull. monum.*, XVII, 200.

même jusqu'aux surfaces inférieures. La ferveur y pouvait alors trouver des sujets de méditation partout autour d'elle, soit qu'elle élevât ses regards *vers Celui qui habite dans les Cieux*, soit qu'elle les rabaissât vers la terre pour songer à son indignité et à son court pèlerinage : alors la mosaïque se dessine en plus larges compartiments, et le symbolisme y trouve, comme sur les fresques murales et dans l'éclat des verrières, des histoires et des légendes. On se rappelle avec quelle mauvaise humeur S. Bernard se plaignait que l'on pût cracher dans la bouche des anges et sur la face des saints. Plus convenables, à son goût, auraient été « ces animaux tranquilles ou luttants, lions, griffons, paons et autres, » ces fleurs enfin et ces couronnes dont Prudence semblait parler dès le quatrième siècle, lorsqu'il décrivait, dans une église de Mérida, « les fleurs si agréablement colorées, qu'on semblait invité à les recueillir dans une corbeille, sur le vert tapis d'une prairie (1) ; ainsi encore ce merveilleux mélange de végétation et de zoologie versé avec tant de profusion, vers le milieu du septième siècle, sur les dalles d'une petite église byzantine des environs de l'ancienne Tyr (2). En Italie, c'est encore le grand luxe des pavés dans les parties hautes des grandes églises, comme à Novare et à Verceil. On voyait autrefois dans le chœur de Sainte-Marie-Majeure de cette dernière ville un pavé mosaïque représentant plusieurs instrumentistes jouant et dansant devant le roi David assis sur son trône. Ailleurs les scènes des deux Testaments s'y multiplient avec une richesse étonnante et y représentent à l'envi toutes les figures

(1) Saxaque cæsa solum variant
Floribus, ut revoluta putes
Prata rubescere multimodis.
Carpite purpureas violas
Sanguineosque crocos metite.
(Cité par M. Julien Durand, *Annales archéologiques* XV. 224.

(2) *Annal. archéolog.*, XXI, 151.

bibliques du Saint Sacrifice. A la cathédrale de Sienne, où le pavé n'est représenté tout entier que par des incrustations d'objets symboliques, *la roue de fortune* joue un des principaux rôles de ce grand drame, et semble y faire tourner avec elle des hommes victimes de leurs ambitieux mais inutiles efforts. Dans celle d'Aoste, toutes les natures d'animaux sont prodiguées : l'éléphant, symbole du grand pécheur, l'ours toujours féroce, la chaste licorne, toutes sortes d'animaux hybrides, et jusqu'aux quatre fleuves du paradis terrestre (1). Mais surtout on y prodigue les types variés des figures allégoriques ; alors le pavé parle, à l'instar des murailles et de toute l'ornementation sculpturale, un langage connu de la foule, au moyen des fleurs et des animaux. Des oiseaux, des léopards, des cerfs, des arbres, des sangliers, des chasseurs à pied ou à cheval, des chiens lancés à toute vitesse, tout en occupant des cases à part, mais rapprochées les unes des autres, concourent à une scène d'ensemble dont l'intention symbolique n'est pas douteuse : c'est encore la vie humaine exprimée par une roue toujours mouvante, ou comparée à une chasse active pour laquelle le démon et ses satellites poursuivent sans interruption l'innocence, dont la fuite est le meilleur moyen de salut (2).

Aux douzième et treizième siècles, viennent se mêler à cette parure les grandes pierres tombales, gravées en creux, des chevaliers, des dames, des évêques et abbés, des chanoines, des moines et des religieuses, lesquels, encadrés en de magnifiques dais gothiques, accompagnés de leurs armoiries, revêtus de leurs costumes spéciaux et portant leurs

Pierres tombales des douzième et treizième siècles.

---

(1) Nous empruntons la plus grande partie de ces détails à M. Albert Lenoir, qui les a consignés en 1841 dans le *Bulletin du comité des arts et monuments*, t. I, p. 240.
(2) Voir la description complète et très-attachante de toute cette iconographie dans un article intéressant de Didron, *Ann. archéol.*, XVI, 389 ; XX, 57.

attributs distinctifs, faisaient ainsi de chaque église une sorte de registre monumental où se gardaient, avec des dates certaines et des noms illustres, l'histoire et la physionomie propre de ces temps d'héroïsme et de foi. Une cause toute matérielle contribua peut-être alors à multiplier ce genre de travail dont les ateliers des architectes. Le marbre, épuisé en France, dont les carrières étaient fouillées depuis l'introduction dans la Gaule de la civilisation romaine, fut remplacé par ces belles pierres de liais dont le grain serré et homogène avait le poli du marbre sans en avoir toute la dureté, et se prêtait d'autant plus facilement au travail du ciseau; c'est sur de larges bancs de cette pierre que furent tracés, dans les grandes nefs des églises, quelquefois les zodiaques, dont nous parlerons, et souvent les labyrinthes, dont nous devons dire ici l'origine et la signification.

Labyrinthes. — Leurs plans divers;

A Poitiers, à Reims, à Arras, à Saint-Bertin, on voyait autrefois, et l'on voit encore à Chartres, à Saint-Quentin et en quelques autres églises, comme dans la salle capitulaire de Bayeux, de grandes figures rondes, carrées ou octogones, de superficie plus ou moins vaste, et présentant des compartiments multipliés formés de lignes affectant la forme générale, lignes dont le fond se composait de pavés en marbre ou émaillés, et qui, toutes revenant sur elles-mêmes, aboutissaient, après maints détours, à un centre ou une extrémité commune, et d'où l'on ne revenait qu'en suivant la même voie déjà parcourue, jusqu'à l'entrée qui y avait introduit. C'était ordinairement dans la nef médiane, quelquefois dans l'une de ses adjacentes, que se développait cette figure, tout d'abord énigmatique à l'observateur moderne, mais dont nos pères savaient faire un excellent

leur but.

emploi. En effet, par ces longs sentiers où ils trouvaient incrustés, à des distances égales, des griffons, des couronnes, des fleurs, des croix et d'autres symboles à l'usage des intelligences fidèles, ils parcouraient en priant une voie mystérieuse qui leur représentait celle que le Sauveur avait suivie du tribunal de Pilate au Golgotha, et qui, entreprise par eux dans un esprit de pénitence et de satisfaction disciplinaire, remplaçait, avec l'assentiment de l'Église, les peines canoniques remises depuis les croisades à ceux qui, en compensation, s'obligeaient au pèlerinage guerrier de Jérusalem. Toutes ces bêtes, toutes ces fleurs et ces couronnes se trouvaient successivement sous ces genoux qui se fatiguaient dans ces détours sinueux, et rappelaient à la ferveur chrétienne ses combats de chaque jour et ses espérances de l'avenir où elle aspirait, comme alors elle tendait à la croix qui terminait ce pèlerinage symbolique. Une dévotion plus complète en apparence, mais dont le résultat ne parle pas plus au cœur du fidèle que cette marche laborieuse d'autrefois, a pris la place, dans nos églises, de ce voyage de nos aïeux : le *Chemin de la croix* arrête aujourd'hui à chacune de ses stations le chrétien qui veut laver son âme dans la méditation des souffrances divines, et prêterait encore à nos saintes murailles une touchante éloquence, si nos artistes, en trop grand nombre, n'ignoraient pas absolument le sens des choses surnaturelles (1) ! *Ils se résument aujourd'hui dans le Via crucis.*

Ce luxe des pavés incrustés ou émaillés se manifesta surtout au douzième siècle par des progrès dont les derniers restes nous sont parvenus. On conserve encore à Saint-Denis quelques fragments curieux de l'époque de Suger, c'est-à-dire de 1122 à 1153 : ils sont en terre cuite, revêtus d'un solide vernis et incrustés d'entrelacs, d'arabesques et d'autres ornements de la seconde période romane. On voit donc qu'à mesure que l'art chrétien se développait, on abandonnait les premiers errements qui pavaient les basiliques en marbre et suppléaient parfois au symbolisme par la richesse de la matière et les variétés des couleurs. On serait mal reçu aujourd'hui, quand la renaissance des meilleures traditions brille de tout son éclat, à ramener dans nos cathédrales les *Spécimens de pavés du douzième siècle, mal suppléés par le marbre.*

---

(1) Voir notre *Hist. de la cathédr. de Poitiers*, I, pl. I.

pavés alternés de marbre noir et blanc, d'ardoises et de pierre calcaire, comme on le ferait dans un vestibule d'honnête maison. C'est la honte d'un architecte d'arriver à ces maigres et muets résultats, quand, de toutes parts, les fabriques lui offrent à l'envi d'heureuses reproductions du moyen âge où les symboles revivent pour renouveler à l'intelligence des hommes les douces et sérieuses pensées de leurs devoirs et de leur éternité.

Les murailles, et leur sens mystique.

Mais pendant que nous pressons de nos pieds ce sol mystérieux, nous nous sentons enveloppés de la paix; nous respirons un autre air, plus pur et plus léger, semble-t-il, dans cette vaste et majestueuse enceinte. Que ces murs qui circonscrivent notre regard ont eux-mêmes de majesté! comme leurs magnifiques dimensions se déroulent au loin en de merveilleuses perspectives! S'ils n'ont pas été déshonorés par ce badigeon blanc ou jaune qui a fait longtemps toutes les délices de nos malheureuses campagnes; si la teinte sombre de leur appareil, savamment taillé en grandes pierres ou en petit échantillon, conserve à l'ensemble une gravité vénérable et laisse arriver à l'âme un souvenir du plus beau temple de l'univers; si nous voyons dans ce travail de l'homme consacrant ses veilles et ses sueurs à la gloire de Dieu une sensible image de cette divine charité qui nous a faits autant de pierres vivantes destinées à l'édifice éternel, nous comprenons qu'il faut nous assouplir à la main de l'adorable Architecte qui, après nous avoir choisis, nous élabore et nous polit dans la pénitence d'ici-bas, afin de nous insérer un jour dans l'œuvre impérissable de la céleste Cité (1).

Importance des

Nous avons dit que le ciment doit être considéré comme

---

(1) Quisquis ambit huc venire
Inserique mœnibus,
Ante duris hic probari
Debuit laboribus.

(Ancienne hymne du Bréviaire de Paris et de Poitiers, aux vêpres de la Dédicace.)

figurant l'union des âmes dans la société chrétienne. A l'intérieur du temple, ce symbolisme devient plus sensible ; en effet, si rien ne nous le dérobe, si de méchantes couches de chaux ou d'habiles peintures ne l'ont pas entièrement effacé (et certains spécimens en restent toujours visibles quelque part), on le voit diviser en compartiments symétriques toutes les surfaces apparentes et témoigner de la savante patience qui superposa lentement et avec tant d'aplomb ces mille portions d'un tout si grandiose. Comme autrefois à l'abside de l'abbatiale du Ronceray, en Anjou, aujourd'hui encore à la cathédrale de Poitiers, des lignes transversales et perpendiculaires teintées en briques indiquent chaque pierre de l'appareil et en laissent ressortir les mesures variées sur un fond général qui se marie très-bien avec la teinte du calcaire siliceux : ainsi ressortent ces épaisses couches de mortier inaltérable qui sont un caractère monumental des onzième et douzième siècles. *lignes indiquées par le ciment dans l'appareil.*

A travers ces teintes extrêmement légères, un autre caractère non moins curieux, et toujours symbolique, nous transmet aussi un intéressant usage des maçons de nos âges de foi. Répandus en autant de spécimens qu'il y a de pierres formant le revêtement des murs, on voit d'innombrables signes lapidaires, imprimés à la pointe, variés à l'infini par les nombreux ouvriers qui les avaient adoptés, figurer comme autant de noms propres ou de signes conventionnels, et attester une fois de plus, par le plus incontestable de tous les témoignages, comme le simple artisan mettait à profit pour lui-même ses études symbolistiques, auxquelles chaque jour l'engageait sans efforts et presque à son propre insu. Au dehors ils apparaissent également, car ils appartiennent à des pierres taillées par diverses mains de travailleurs, et servaient moins à déterminer leur place dans l'œuvre, comme on a pu le croire d'abord, qu'à constater la tâche de chacun et le salaire qu'il en devait recevoir. Mais, quoiqu'ils y soient plus visibles parce qu'aucune *Signes lapidaires ;*

leur but mieux connu,

couche de peinture ne nous les cache, ils y sont réellement moins apparents que le long des nefs, où ils frappent plus sûrement le regard sous un jour moins vif et mieux ménagé. C'est dans les églises du dixième au quinzième siècle que ces symboles parlants furent surtout employés ; mais on les trouve également aux édifices militaires et civils, aux châteaux, aux murs d'enceinte des cités, aux maisons même des particuliers, dont l'importance atteste qu'un grand nombre d'ouvriers y furent commis. Outre des lettres alphabétiques, véritables initiales du maçon, les instruments du métier s'y répètent souvent par des équerres, des niveaux, des crochets, des clous, des girouettes. Des animaux forment probablement des noms de personnes, tels que l'oiseau, le poisson, etc.; des trèfles, des étoiles, des feuilles d'eau, des dards, des nœuds enlacés, font allusion à d'autres idées : ce sont donc là de simples symboles, et non, comme on avait pu le conjecturer, « un alphabet propre à éclairer un jour la science (1). »

Bien plus importantes aux yeux de tous, et nécessaires parmi les symboles d'une église, nous voyons les croix, signe de sa consécration, radier au nombre de douze, à des distances égales, ou sur la surface des murs ou sur les piliers qui en soutiennent les voûtes. Nous en reparlerons bientôt ; disons seulement qu'elles semblent se disséminer dans l'auguste enceinte comme la foi chrétienne dans toutes les parties du monde, et répéter comme l'Apôtre aux enfants de Dieu : *Fides vestra annuntiatur universo mundo* (2).

A ne consulter que le sens exprès des différents détails de la sainte demeure, on ne devrait y ouvrir qu'une ou trois portes au couchant, et ce dernier nombre, c'est, nous l'avons dit, un symbole de la Trinité, représentée aussi par

---

(1) Voir, pour plus de détails sur ce point, notre *Histoire de la cathédrale de Poitiers*, t. I, p. 287, pl. IX ; — *Annal. archéolog.*, II, 246 et 251.

(2) *Rom.*, I, 8. — Voir *Bullet. monum.*, XIII, 419.

les trois nefs qui divisent le plan intérieur; et ce nombre *trois* a paru d'une si haute importance comme symbole que, dans beaucoup d'églises où une seule baie est ouverte à l'occident, on a souvent simulé par deux autres, aveuglées à droite et à gauche, le complément qui semblait leur manquer. On a voulu, à tort, contester ce langage mystique de la Trinité, qui paraît si clairement dans une foule d'autres détails où le nombre *trois* ne peut se répéter obstinément qu'avec une intention évidente, et ceux qui prétendent infirmer cette raison en lui opposant les cinq portes de la façade de Bourges ne prouvent pas du tout qu'en les multipliant ainsi dans un édifice à cinq nefs, on n'ait pas voulu symboliser la Trinité par une façade qui n'en a que trois (1). Mais il a fallu aussi, par d'autres raisons, ajouter aux ouvertures normales quelques autres absolument nécessaires. Dans les grandes basiliques, il devient indispensable de se prêter au dégagement du local et de donner plusieurs issues à la sortie d'une foule plus considérable; peut-être d'ailleurs que les besoins du service, la prévision des incendies et des réparations ne sont pas restées étrangères à cette multiplicité d'ouvertures.

Néanmoins, quel que soit leur nombre, qu'aucune règle ne détermine absolument, le symbolisme qui les a ornées de riches sculptures nous y montre encore des souvenirs de la Cité céleste décrite dans l'Apocalypse. Là, douze portes étaient faites de douze pierres précieuses qui semblent bien être les douze Apôtres, docteurs par excellence, dont la doctrine est la seule qui puisse introduire au ciel. A chacune d'elles, un ange était préposé; et comme leurs pierres étaient sculptées et taillées avec un art admirable, nous pouvons bien retrouver dans cette belle ornementation le type idéal de

<small>Riche ornementation tirée des faits historiques ou des figures des deux Testaments.</small>

---

(1) Voir cette objection faite par Didron dans ses *Annales archéologiques*, t. XXI, p. 141. — Ce fait très-rare ne peut ici constituer une règle, ni infirmer celle déjà reconnue et presque partout observée.

tous les sujets que, dans toutes les portes de nos églises, le ciseau ingénieux du tailleur d'images s'est efforcé d'en reproduire avec une infinie variété (1). Ces sujets, au reste, encadrés ainsi dans des tympans secondaires, sont toujours quelque trait de la vie du Sauveur, ou de sa sainte Mère, ou du Patron ; ils n'étalent pas les enseignements de la vie purgative à laquelle est convié, avant tout, quiconque veut trouver Dieu et entrer dans l'intimité de son Tabernacle. Nous ne serions pas étonné que ces baies secondaires, bien moins larges que celles de la façade, et destinées plus habituellement à l'entrée des fidèles, qui sortent plus volontiers par les plus grandes, n'eussent dû reproduire l'invitation du Sauveur à ceux qui cherchent la véritable vie, où la porte large, la mollesse et la vie facile n'introduisent jamais (2).

Les portes étroites.

Les Cavaliers des façades.

Ici nous devons nous arrêter à un sujet de décoration sculpturale, dont nous avons promis de nous occuper et qu'il est temps d'éclaircir. Aucun archéologue n'ignore les chaudes discussions soulevées en diverses revues ou assemblées scientifiques sur le fameux cavalier qui semble s'être fièrement emparé, au douzième siècle, du tympan principal de nos églises romanes.

Il était impossible, sur ce point comme sur tant d'autres, que les esprits ne se fissent pas des thèses diverses appuyées plutôt sur des conjectures que sur des recherches, sans lesquelles, en fait de symbolisme, on ne découvre jamais rien. Aussi les champions se sont-ils égarés quant au personnage princier qui figure sur tant de façades éloquentes et y tient

---

(1) Voir notre explication du ch. XXI de l'Apocalypse, ci-dessus, t. II, ch. XIII. — S. Grégoire complète et développe toutes les idées symboliques posées par le prophète de Pathmos : « Portas ejus posuit in lapides *sculptos*. Hi quippe portæ sunt Ecclesiæ per quorum vitam atque doctrinam intrat in eam multitudo credentium. Qui pro etiam quod magnis operibus pollent, et id quod loquentes asserunt, viventes ostendunt, non *puri* sed *sculpti* lapides esse memorantur. » (*Moral. in Job; Milleloquium* ; mihi, p. 257, in-f°.)

(2) « Quam *angusta* porta et *arcta* via est quæ ducit ad vitam, et *pauci* sunt qui inveniunt eam! » (*Matth.*, VII, 14.)

la place d'honneur. On a été de Constantin à Charlemagne, d'Héliodore à S. Martin ; on a même été jusqu'à l'Ange de l'Apocalypse : tous rapprochements auxquels on s'est abandonné sous prétexte d'un cavalier et de son cheval, mais qui ne soutiennent pas l'examen pour peu qu'on les compare avec les faits historiques trop gratuitement invoqués. Mais pourquoi vouloir découvrir dans l'histoire ce qui fut exclusivement inspiré par le symbolisme? En fait, c'est vraiment le Christianisme vainqueur de ses antagonistes qu'on représente ici sous les traits du seigneur chevalier, la plus haute personnalité de la puissance humaine, défenseur-né de l'Église, figurant par ses attributs les plus honorables Jésus-Christ lui-même, *par qui règnent les rois*, couronné, *sortant en vainqueur pour suivre le cours de ses victoires*, et marquant ces victoires glorieuses par l'homme renversé et foulé aux pieds de la noble monture, dont l'encolure, la marche et toute la pose semblent démontrer qu'elle sent la dignité de son rôle et celle de l'illustre guerrier qui l'assouplit à sa main. Qui ne voit là, sans beaucoup d'efforts, cette scène que nous avons décrite au chapitre VI de l'Apocalypse (1), et partant le Sauveur lui-même, représenté ici sous les traits humains, comme dans le Livre sacré? Et par cela même ne rentre-t-on pas dans l'esprit des convenances chrétiennes, qui, du moment que l'esthétique s'empara des façades d'églises pour y exercer le ciseau du sculpteur, s'est appliqué à les parer toujours d'images bibliques, d'hagiographies, de symboles enfin, mais jamais d'aucune personnalité qui ne fût pas honorée d'un culte public? — Il n'y a donc plus à douter du caractère mystique du cavalier, si controversé jusqu'à présent, et, pour en convaincre notre lecteur, sans prolonger trop ici les développements de ce sujet, nous osons le renvoyer avec confiance au travail publié par nous en 1865, et dans lequel nous avons appuyé

---

(1) Voir ci-dessus, t. II, p. 266.

cette opinion de toutes les preuves données par la science de quelques-uns de nos devanciers (1).

Cependant poursuivons notre enquête.

Le symbolisme des nombres a-t-il été appliqué aux mesures du lieu saint ? — Raisons d'en douter.

C'est en examinant ce grand ensemble du Lieu saint, et encore indépendamment des innombrables détails qui en font la parure, qu'on cherche à comprendre comment le symbolisme des nombres a pu lui être appliqué. Nous avons émis la raison de nos doutes à cet égard ; nous répétons qu'il faudrait être plus sûr que nous ne le sommes de la juste valeur du pied et de ses parties aux diverses époques de nos principales basiliques, et avoir des renseignements écrits, dont nous manquons absolument, pour adopter définitivement les calculs de savants archéologues prononçant carrément sur ce fait, que nous récusons encore. Voir dans les 77 pieds de la largeur totale d'une église les 70 générations écoulées d'Adam à Jésus-Christ ; dans les 14 pieds des latéraux, l'union de la Loi ancienne à la Loi nouvelle ; déduire ainsi de beaucoup d'autres dimensions des symboles qu'a multipliés à l'infini l'imagination philosophique de l'architecte, c'est certainement fort ingénieux ; nous en avons presque fait la concession, mais nous craignons que ce ne soit pas aussi vrai que hardi (2). Que serait-il de ces savantes témérités, si l'on venait à savoir un jour sûrement la valeur comparative des mesures des solides, qui, aussi bien que les autres, ont varié dans le cours des siècles, selon les temps et les pays, comme les coutumes locales et les monnaies ? Il faudrait bien abandonner alors un système qui, d'ailleurs, et tout d'abord, paraît évidemment inadmissible. Il y a plus : d'habiles architectes ont comparé les dimensions partielles d'un grand nombre d'églises, et n'y

---

(1) *Des Statues équestres sculptées au tympan de quelques églises romanes, et de leur signification dans l'esthétique chrétienne*, in-8°, Caen, 1865.

(2) Voir M. l'abbé Crosnier, *Iconographie chrétienne*, ch. XIV, p. 154.

ont pas trouvé cette docte et imaginaire théorie dont nous parlent quelques archéologues modernes. Et il faut remarquer que ce système, émis d'abord en Allemagne, où les esprits rêvent assez facilement, y est entièrement réprouvé par M. Schnaase, dont on sait la science et l'esprit réfléchi.

Autre système plus admissible par rapport à cette observance.

Nous adopterions plus volontiers, avec M. le chanoine Devoucoux (1), qu'on eût voulu reproduire dans la composition d'un plan général certains noms sacrés dont chaque lettre, prise pour un chiffre, comme nous l'avons vu dans le nom de Dioclétien, amenât un total correspondant aux mesures linéaires de l'édifice ou de quelques-unes de ses divisions. Ainsi la cathédrale d'Autun, d'après le savant ecclésiastique qui en a écrit l'histoire, aurait trouvé dans le nom hébreu de Dieu, EL, le nombre de pieds (5 et 30) qui séparent en tout sens les arcs-doubleaux de la coupole centrale; ADONAÏ (136 pieds) ferait la largeur totale de l'église, et JÉHOVAH (100 pieds) celle de la nef médiane. Obligé de nous en rapporter à ces données, qu'il n'est pas facile de vérifier de loin, et sur ce que d'ailleurs l'auteur aurait fait ces mêmes expériences dans un grand nombre d'autres églises, nous ne pouvons mieux faire que de recommander aux savants ce genre d'observation, qui corroborerait d'un fait de plus, mais non absolument nécessaire, la thèse développée et soutenue dans cet ouvrage. Nous ne trouverions, du reste, au point de vue de nos idées, rien de surprenant dans cette application à une pareille matière des principes émis de tout temps et en tous les lieux où la pensée des Pères a pu s'insinuer dans l'art chrétien.

Rapprochement de cette méthode avec ce qu'enseignent les Écritures de l'arche de

Quoi qu'il en soit, les dimensions en elles-mêmes ont toujours sérieusement paru à nos écrivains ecclésiastiques fondées sur quelque mystère qu'on ne doit pas ignorer,

---

(1) Voir *Mémoire* sur la cathédrale d'Autun, par M. l'abbé Devoucoux, parmi ceux de la *Société Eduenne*, 1838.

Noé. — Opinions de S. Isidore de Séville.

pas plus qu'on ne les méconnaissait au moyen âge. Au septième siècle, Isidore de Séville, comparant l'Église à l'arche de Noé, portée comme elle sur les flots de ce monde, et ayant pour pilote le Juste, en qui il résume tous les traits de Jésus-Christ, expose le symbolisme des dimensions providentielles du vaisseau miraculeux qui répara le naufrage du monde : ce vaisseau avait trois cents coudées de long, cinquante de large et trente de haut, c'est-à-dire que sa largeur était le sixième de sa longueur, et que le dixième de celle-ci formait son élévation totale. Ce seraient là de belles et nobles proportions à suivre dans l'édification d'une église gothique, dont les voûtes sont toujours plus élevées que celles du genre roman. Pour ce dernier, il ne s'agirait que de quelques modifications inspirées par le goût, d'autant plus que le plus grand nombre des belles églises du moyen âge constatent, par la diversité de leurs mesures, qu'on se donnait à cet égard toute licence, aucune règle positive n'ayant été imposée, tant à cause des difficultés qu'y aurait parfois opposées la configuration du terrain, que parce qu'on ne désapprouvait point la forme ronde ou octogone, ni même la croix grecque, auxquelles il n'était pas facile d'assigner des mesures également régulières partout. Mais en supposant une église construite d'après les dimensions de l'arche, rien n'empêcherait de voir dans ce vaisseau (nef, *navis*) qui sauve les Élus des derniers temps, et dans ses parties principales, une complète allusion à la loi de Moïse et à la loi de grâce. Dès lors, les trois cents coudées, dans lesquelles on trouve six fois cinquante (ce nombre **50** consacré par la Pentecôte chez les Juifs), représentent les six âges du monde, pendant lesquels Notre-Seigneur n'a pas cessé de prêcher soit, durant les cinq premiers, par les Prophètes, soit, durant le sixième, par l'Évangile. — Les cinquante coudées de large sont le signe de la charité qui *dilatait* le cœur de l'Apôtre ; or cette charité vient dans nos cœurs par le Saint-

Esprit, qui nous a été donné cinquante jours après la résurrection. Quant aux trente coudées de la hauteur, c'est Jésus-Christ lui-même, par lequel l'homme s'élève à toute sa hauteur morale, et qui commença cette réforme salutaire à la trentième année de sa vie (1).

Les mêmes interprétations se reproduisent en d'autres termes dans Hugues de Saint-Victor, le grand symboliste du douzième siècle. A son avis, la longueur de l'arche, qui est toujours l'Église, *arca Ecclesia*, est, dans ces trois cents coudées, la connaissance parfaite de la Sainte Trinité se manifestant à trois époques différentes, par l'action visible du Père seul d'abord, puis du Fils dans l'Incarnation, et enfin du Saint-Esprit quand le Fils est remonté vers son Père. La largeur désigne l'effet des bonnes œuvres, l'action méritante envers le prochain; puis la hauteur indique l'excellence des trois principales vertus, dites théologales, parce qu'elles élèvent l'homme jusqu'à Dieu (2). Ces principes sont consacrés, à la fin du treizième siècle, par Durant, qui n'a donc pas tant inventé que suivi les prétendues exagérations qu'on lui reproche. « L'Église, dit-il, s'étend en long, en large et en

de Hugues de Saint-Victor,

et de Durant de Mende.

---

(1) « Arca Ecclesiam demonstrabat, quæ natat in fluctibus mundi hujus... Trecentis cubitis longa est, ut sexies quinquaginta compleantur, sicut sex ætatibus omne hujus sæculi tempus extenditur, in quibus omnibus Christus nunquam destitit prædicari, in quinque per prophetiam denuntiatus, in sexta per Evangelium diffamatus... — Quod vero cubitis quinquaginta latitudo ejus expanditur, unde, nisi charitate spirituali. Propter quod Apostolus dicit : « *Charitas Dei diffusa est in cordibus nostris per Spiritum Sanctum qui datus est nobis* (Rom., v, 5). Quinquagesimo enim die post resurrectionem suam Christus Spiritum Sanctum misit. — Quod autem altitudo in triginta cubitos surgit... quia Christus, altitudo nostra, qui triginta annorum gerens ætatem, doctrinam evangelicam consecravit... » (S. Isid. Hispal., *Quæst. in Gen.*, cap. vii; — t. V, Migne, LXXXIII, p. 230.)

(2) « Arca, Ecclesia... Longitudo arcæ est cognitio perfecta per tria tempora Sanctæ Trinitatis; latitudo, effectus in proximum boni operis; altitudo, excellentia trium principalium virtutum : fidei, spei, charitatis. ».(Hug. à Sancto-Victore, *Serm.* LXII, Migne, t. CLXXVII. col. 1090.) — Voir aussi dans ce même auteur : *De Arca Noe morali*, lib. I, cap. IV, sub fine.

» haut : il faut voir dans ces trois sortes d'espaces la longa-
» nimité et la patience qui soutiennent l'Épouse du Christ
» dans sa marche vers la patrie, la charité qui dilate son
» cœur et lui fait aimer en Dieu ses amis et ses ennemis, et
» enfin l'espérance des récompenses futures qui lui fait ac-
» cepter également les biens et les maux de cette vie, jus-
» qu'au jour où elle recevra l'héritage du Seigneur dans la
» terre des vivants (1). »

Le crucifiement du Sauveur symbolisé dans le plan général de l'Église.

Au milieu de ces proportions qui ont toutes leur langage, un autre symbole apparaît et s'y rattache à la forme cruciale que nous avons expliquée et dont il complète le sens. Ce n'était pas assez d'avoir voulu rappeler que la croix était le salut et la vie : il fallait y clouer pour ainsi dire de nouveau Celui qui s'y était fait victime, et dont le Sacrifice journalier se perpétue dans le temple. Aussi regardez bien : vous verrez que la disposition matérielle du monument représente le corps d'un homme. Le chevet (*caput*) en est la tête ; les bras de la croix sont les bras et les mains du crucifié, et les jambes sont simulées par la partie occidentale de la nef (2). De la sorte se reproduit très-bien la tradition, déjà posée dans ce livre (3), que sur l'instrument de son

---

(1) « Ecclesia longa lataque surgit in altum, id est in alta virtutum. Longitudo cujus longanimitas est qua patienter adversa toleret donec ad patriam perveniat. Latitudo charitas est, quæ dilatione mentis amicos in Deo et inimicos diligit propter Deum. — Altitudo vero spes est futuræ retributionis, quia prospera et adversa contemnit, donec videat bona Domini in terra viventium. » (*Ration.*, lib. I, *rubr.* I; mihi, v° 3.) — Isidore de Séville applique ces mêmes mesures mystiques à la vie morale du chrétien, *De Offic. ecclesiast.*, lib. I, cap. xxx.

(2) « Dispositio autem ecclesiæ materialis modum humani corporis tenet. Cancellus enim, sive locus ubi altare est, caput repræsentat. » — (Du temps de l'auteur, et jusqu'au douzième siècle, l'autel était toujours dans l'abside ; on ne l'en sépara que vers cette époque, où commencèrent les déambulatoires entre le chevet et l'autel qui s'en éloigna de quelque distance.) — « Crux ex utraque parte brachia et manus; reliqua pars ab occidente quidquid corpori superesse videtur. » (Durant., *ubi suprà*.)

(3) Cf. ci-dessus, t. II, p. 442 ; — et aussi *Pastoral de S. Charles*, part. IV, tit. III, ch. VII.

supplice le Christ avait le visage tourné vers l'occident, d'où il appelait vers lui les nations païennes. Des symbolistes modernes ont même regardé comme figurant les clous de de la croix ces coupoles arrondies qui signalaient au dehors les travées de la voûte; et les portes du sud, du nord et de l'occident, comme les plaies des mains et des pieds (1). Il y a plus : en certaines églises, une sorte de renflement se manifeste vers le milieu du vaisseau, pour mieux rendre l'expansion de la région costale dans l'homme (2). Quoi qu'en aient dit certains penseurs à qui le symbolisme n'était pas assez connu il y a vingt ans, nous croyons avec d'autres, bien plus autorisés par leurs études, qu'il faut attribuer ce phénomène de construction bien plus à la pensée que nous suivons ici qu'à un procédé de perspective qui peut en résulter sans en avoir été le motif déterminant (3).

(1) Gretzer, *De Sancta Cruce Christi*, t. I, lib. I, cap. XXVI, Ingolstad, 1616, in-f°. — Ce livre renferme beaucoup de choses curieuses, comme l'immense érudition de l'auteur sut en faire passer dans la plupart de ses écrits, au milieu de ce dix-septième siècle, qui pourtant s'éloignait si fort des traditions de la vénérable antiquité. On ne lit plus ces ouvrages du savant jésuite : mais ceux qui osent les aborder y peuvent recueillir une érudition solide et d'attachantes notions des choses sacrées.

(2) Ceci se rattache évidemment à une époque où, d'après une tradition que nous avons vue erronée (ci-dessus, t. II, pages 439, 452), les deux pieds du Sauveur eussent été attachés à la croix par un seul clou. — C'est ici le cas de faire observer combien M. Viollet-Leduc s'est trompé dans son *Dictionnaire d'architecture*, lorsque, parlant de cette forme donnée à nos cathédrales, il n'indique en rien le principe d'esthétique d'où elle est sortie. C'est là un péché de matérialisme bien involontaire sans doute dans l'habile architecte, mais il n'y apparaît que par suite d'une étude incomplète de cette importante partie de l'art religieux. — Au reste, Didron avait reconnu ce symbole en traits frappants dans la cathédrale de Reims. Il remarque même que l'exiguïté du chœur et du sanctuaire, relativement à la nef, qu'on blâme à tort, faute d'en comprendre la raison mystique, représente d'autant mieux la tête et le cou de l'homme. (Voir *Annal. archéolog.*, XIII, 294.)

(3) M. l'abbé Godefroy, professeur d'écriture sainte au séminaire de Nancy, attribuait ce caractère à l'un des canons apostoliques qui rappelle dans l'église matérielle la forme du navire, symbole de l'Église spirituelle. Cette explication, *bien qu'attrayante*, dit-on, fut combattue

Déviation de l'axe longitudinal du nord au sud.

Quelque forcés que puissent sembler à certains ces aperçus, pourtant très-bien établis d'après maintes expériences, il en est un autre sur lequel personne n'hésite plus, et qui apparaît d'ailleurs trop évidemment pour n'être pas généralement adopté : c'est la déviation systématique de l'axe longitudinal qui se remarque en toutes les églises, si antérieures qu'elles soient au quatorzième siècle, et dont on a faussement attribué l'extension à l'art ogival (1). Cette déviation, qui caractérise notre église Saint-Jean de Poitiers, justement attribuée au quatrième siècle, est une inclinaison de la ligne médiane du nord au sud, et part du chevet en se continuant jusqu'à la porte occidentale. Par ce moyen fort ingénieux, et qui parfait autant que possible l'attitude plus ou moins cambrée d'un corps qui s'affaisserait sur la croix, on a voulu certainement symboliser cet autre affaissement de la tête du Sauveur rendant son dernier soupir (2). La faire pencher vers le nord, c'était peut-être une touchante pensée qui rapprochait les derniers regards du Fils expirant, de ceux de sa Mère, debout, gémissante à ce côté de la croix ; c'était probablement aussi, sans que nous

---

par des archéologues *naturalistes*, comme il y en avait encore beaucoup. Nous préférerions la pensée de M. Godefroy à la leur, parce qu'elle a du moins l'avantage de rentrer dans les principes spiritualistes, qui ont *partout et toujours* présidé à l'architecture chrétienne.

Nous voyons, dans cet accord unanime à reconnaître le renflement de la nef par le milieu, un des détails qui tiennent à l'intention si généralement reconnue de figurer dans toute l'étendue de la croix architecturale le corps humain, qui symbolise celui du Sauveur crucifié. — Voir le compte rendu du congrès scientifique de Nancy tenu en 1850, *Annal. archéolog.*, X, 263. — Un peu plus tard, en 1853, on vit M. Didron, mieux inspiré par des études plus complètes, fortifier notre opinion par les observations que constate cette page de ses *Annales*.

(1) M. l'abbé Crosnier (*Iconographie chrétienne*, p. 93) nie ce principe; presque toutes les églises romanes proclament le contraire, et notre savant confrère de Nevers n'a pu faire qu'une inadvertance en établissant comme un fait ce qui se trouve contredit par tous les monuments de notre pays.

(2) « Et, inclinato capite, emisit spiritum. » (*Joan.*, XIX, 30.)

en trouvions la preuve directe, mais par une idée qui ressort bien des principes généraux admis sur le symbolisme de l'orientation, exprimer cette soif du salut des nations perdues dans les ténèbres, soif que le Sauveur venait de proclamer bien haut par une de ses dernières paroles: *Sitio* (1).

Mais que dire de cette invention, par trop subtile, qui a fait croire à certains archéologues qu'on aurait pu forcer une si belle idée en l'appliquant au hasard à d'autres qu'à Notre-Seigneur Jésus-Christ? Il est certain que cette règle de l'inflexion des églises, une fois généralisée, a subi quelques imperfections de la part de tels ou tels architectes qui en ont exagéré l'application, faisant subir à leurs plans une déviation si brusque et si mal ménagée, qu'au lieu d'y être l'objet de réflexions sérieuses et scientifiques, elle n'accuse qu'une imperfection considérable aux yeux de l'observateur instruit, comme un défaut d'intelligence architecturale pour qui n'en a pas le secret. On aura trois exemples frappants, entre un assez grand nombre, de cette aberration remarquable, si l'on entre à Notre-Dame de Montmorillon, à l'abbatiale de Saint-Savin ou à Saint-Génitoux du Blanc en

Certains architectes exagèrent ce principe en Poitou, en Berry et ailleurs.

---

(1) *Joan.*, XIX, 28. — Nous n'avons vu donner nulle part cette raison, mais elle ressort trop évidemment des traditions chrétiennes sur les points cardinaux pour n'être point devinée. Au reste, il est certain que les figures de Notre-Seigneur crucifié faites au moyen âge et penchant la tête sur l'épaule droite n'ont presque pas d'exceptions. Il en est de même de l'inclinaison de l'axe des églises, qui toujours va du nord au sud. Un ou deux exemples contraires, à nous inconnus, n'infirmeraient pas le principe, qui s'appuie sur des notions précises, sur d'exactes recherches, comme on peut le voir dans une notice sur ce sujet qui, sans être exempte d'erreurs que nous combattons ici, est intéressante par le fond de ses données sur la matière (voir *Bullet. monum.*, IX, 550). M. Blavignac, auteur d'une bonne *Histoire de l'architecture sacrée du quatrième au dixième siècle*, ne s'est donc pas égaré en consacrant comme une vérité cette excentricité de la ligne droite qui rejette un peu de côté le tracé des voûtes déjà admis dès le quatrième siècle; et Didron, qui lui reproche avec raison de s'être trompé dans l'interprétation forcée de certains autres symboles, aurait pu lui éviter, en 1854, une observation qu'il n'exprimerait pas aujourd'hui. — Voir *Ann. archéolog.*, XIV, 63.

Berry. Là on voit la ligne oblique se séparer violemment et sans ménagement de la ligne droite, et cette anomalie scientifique sort réellement des proportions gardées dans la généralité des monuments religieux. A quoi attribuer un tel excès, sinon à un léger défaut du plan, ou peut-être à une intention d'en mieux accuser le symbolisme ? Mais prêter au maître de l'œuvre une pensée qui détournerait ce motif architectural de sa destination sacrée ; le séparer de la forme cruciale de l'édifice, à laquelle il faut rattacher forcément le supplice du Fils de Dieu, pour faire de ce moyen une allusion aux tourments d'un martyr, c'est ce qu'on n'admettra jamais sans dénaturer le principe même aussi bien que l'histoire de la science allégoristique, laquelle s'est fait, à l'égard de Dieu ou de chacune des Personnes de la Trinité, des théories exclusives et incommunicables : ainsi nous verrons le nimbe crucifère uniquement réservé à ces trois Personnes, à qui seules est due notre adoration, et qui, par un accord unanime, ont correspondu à l'œuvre de la Rédemption par la croix (1). Mais se persuader que les prétendues contorsions du plan observées à Saint-Savin soient un symbole du martyre souffert sur *la roue* par le patron de cette église ; croire que ces mêmes errements suivis à Saint-Génitoux du Blanc expriment, par une subite intersection entre le chevet et la nef, la décapitation du saint Patron (2), cela est plus

Fausses conséquences qu'en tirent quelques archéologues.

---

(1) « Divisit sibi opus reparationis nostræ misericordia Trinitatis : ut Pater propitiaretur, Filius propitiaret, Spiritus Sanctus igniret..., quoniam, sicut Apostolus (*Gal.*, IV, 6) ait : *Misit* DEUS SPIRITUM FILII SUI *in corda nostra.* » (S. Léon pape, *Serm.* LXXVII ; *de Pentecoste*, III. — Opp. III, 226.)

(2) Voir cette thèse soutenue avec trop d'ardeur au congrès archéologique de Poitiers en 1843, *Bullet. monum.*, IX, 552. — L'auteur de cette ingénieuse invention, qu'ont adoptée avec trop de confiance d'autres archéologues de talent (*ibid.*, XIII, 403), exagérait un peu les prétendues *contorsions* du plan de Saint-Savin, dont la déviation, quoique très-sensible, comme tant d'autres, ne présente cependant pas l'exagération outrée qu'il veut bien lui donner. On voit d'ailleurs très-bien, dans le curieux ouvrage de Gallonius (*De Cruciatibus martyrum*, p. 37, pl. IX), que les contorsions étaient impossibles au supplicié sur la roue, où son corps avait forcément une position tour à tour perpendiculaire ou horizontale.

qu'une illusion pure, puisque, d'un côté, le martyr attaché sur la roue l'était en ligne droite, la tête et les pieds successivement abaissés ou relevés par le mouvement continu de rotation, et que, d'autre part, S. Génitoux, honoré au Blanc, n'est pas un martyr, mais seulement un saint confesseur qui fut abbé en Berry au cinquième siècle (1). L'imagination est une magnifique faculté, mais elle doit se subordonner à l'histoire, qui ne gagne rien à ses rêves les plus subtils. Cette idée ne serait jamais venue à des architectes aussi instruits des règles du mysticisme et de l'hagiologie que l'étaient ces moines des onzième et douzième siècles, dont l'œil surveillait de si près des plans travaillés par eux avec une si profonde connaissance du spiritualisme chrétien.

Quoi qu'il en soit, on voit par tout ce qui précède quel soin s'étaient donné ces pieux constructeurs d'assigner à ce vaste et bel ensemble une place d'honneur dans la théorie générale du symbolisme architectural. Tout n'est pas dit cependant sur cette merveilleuse harmonie entre les parties et le tout; nous sommes ici protégés par une voûte, éclairés par des fenêtres, entourés de chapelles latérales; nous pouvons passer de la nef médiane en des bas-côtés qui, sans en être séparés, s'en distinguent au milieu de piliers sveltes et élégants; peut-être même des arcades accolées aux murs et se répétant trois ou quatre fois sous chaque travée y font-elles une ornementation mystérieuse, à l'instar des portiques de la Cité divine dans l'Apocalypse.

Arcades murales.

---

(1) L'auteur, toujours dominé par la préoccupation scientifique, avait confondu, pour établir un fait docile à ses conjectures, S. Géniton ou Genitour du Berry avec celui de Touraine. Celui-ci fut martyrisé, en effet, au quatrième siècle, avec ses sept frères et leur mère Ste Maure à l'endroit où fut fondée ensuite la ville qui porte ce dernier nom. Il y est honoré au 25 octobre, d'après les martyrologes de Châtelain et de Saint-Allais. L'autre n'est que confesseur, et son culte se fait au Blanc, dans une église paroissiale de son nom, le 30 octobre, d'après les mêmes autorités.

Quant à celles qui supportent les voûtes, et dont les arcs-doubleaux se dessinent en plein cintre ou en pointe ogivale, ne sont-elles pas aussi comme ces demeures différentes dont parle la Sagesse du Verbe et qui nous attendent, selon nos mérites, dans la maison de son Père (1)?

Chapelles latérales. On en peut dire autant de ces chapelles qui, se révélant surtout au onzième siècle, où elles apparaissent au nombre de trois au fond de l'église, se multiplient, à partir de l'époque de transition, le long des nefs latérales et s'y avancent de plus en plus vers l'ouest au quatorzième siècle, ramenant ainsi, selon les besoins d'un plus grand nombre d'autels, à l'usage consacré dans les catacombes par les *confessions* particulières et les *mémoires* des martyrs (2). Il est vrai que le grand nombre des Saints qui, dès le temps de S. Bernard, envahissent le calendrier, jusqu'à deux ou trois pour le même jour, nécessitait cette multiplicité des chapelles, qui leur sont, dès lors, dédiées dans une même basilique. Il n'en est pas moins vrai que ce sont encore comme autant de haltes sacrées sur la route du palais éternel : ce sont des retraites ménagées à la méditation au milieu de cet immense intérieur où la foule va et vient. La piété y est plus solitaire et plus attentive; son recueillement y est moins troublé, et le ciel qu'elle cherche y devient plus sensible à son amour et à ses espérances.

Les bas-côtés. Et ces nefs secondaires qui dépassent les chapelles pour

---

(1) « In domo Patris mei mansiones multæ sunt. » (*Joan.*, XIV, 2.)

(2) Voir Raoul Rochette, *Tableau des catacombes*, p. 91, où l'auteur, en constatant ce fait de la multiplication des *arcuata* dans la Rome souterraine, comprend bien mal ce qu'elles avaient de touchant et de religieux, et leur trouve l'immense défaut d'avoir rompu *la ligne droite*, dont le brave académicien se montra toujours si jaloux. C'était bien préluder au système qui proscrivait, dans un rapport officiel à l'Académie des inscriptions et belles-lettres, l'emploi du style ogival dans l'église projetée de Sainte-Clotilde de Paris : c'était raisonner en homme qui ignorait jusqu'aux éléments de l'esthétique chrétienne. On peut voir tout cet échafaudage de mauvaises raisons exposées par lui et réfutées par des archéologues éminents dans le *Bulletin monumental*, XII, 543, 547 et suiv., 561, 564, 568; et XIII, 51.

mener jusqu'à l'abside destinée au tabernacle du Saint des Saints, ne sont-elles pas, à la suite de ces portes plus étroites qui y donnent accès, cette voie plus large et plus facile qui conduit l'âme voyageuse par les diverses stations de la vie humaine jusqu'au lieu de son repos pour toujours? Il n'y a pas jusqu'aux tombeaux qu'on y a souvent élevés qui ne parlent un langage plein de leçons. Si de tout cela nous considérons maintenant l'ensemble, ne voyons-nous pas la grande et fondamentale notion de la Trinité des Personnes dans un seul Dieu, lorsqu'à la fois se présentent à nos regards ces trois nefs qui, partant de trois portes, aboutissent à trois absides que trois fenêtres éclairent? Ce nombre mystérieux se reproduit ainsi toujours et partout. Une si haute convenance a été sentie si nécessaire, que là où fut une seule abside orientale, chacun des bras de la croix se termina par une autre abside, et que la lumière éternelle sembla jaillir dans le temple par une triple voie dont il n'était pas possible de méconnaître l'intention : ainsi avait-on fait, dès le quatrième siècle, à Saint-Jean de Poitiers. Il n'en fut pas autrement des trois nefs. Quand l'espace fut trop étroitement donné à une église du onzième siècle, on poussa l'amour du symbolisme jusqu'à lui donner des bas-côtés, en dépit des dimensions générales qui s'y refusaient : telle est l'église de la Caillère, au diocèse de Luçon. Là, nous avons observé avec étonnement un plan régulier d'église romane à trois nefs, mais dont les deux latérales sont tellement rétrécies qu'un homme n'y passe qu'à peine entre les piliers et les murs d'enceinte ; les voûtes s'y développent tout au plus en un arc de dix degrés, et les bases des colonnes se réunissent presque entièrement sur le pavé qui les supporte. Évidemment, pour façonner ainsi un si petit espace, et n'y vouloir pas sacrifier le principe ternaire, il a fallu que la règle inspirât un grand respect.

Quelques églises, comme Saint-Hilaire de Poitiers et Saint-Sernin de Toulouse, ont reçu jusqu'à sept ou cinq nefs, à

Le nombre trois symbolisant la Trinité, toujours et partout.

Preuve de cette prétention dans l'église de la Caillère, en Vendée.

Églises à sept et à cinq nefs,

l'exemple de quelques basiliques romaines. Nous ne reconnaissons aucune raison symbolique à ce nombre, qu'auront déterminé probablement les seules conceptions d'un plan plus grandiose, lequel, il est vrai, en étendant l'espace, semblait s'efforcer de donner une plus juste idée de l'immensité de Dieu. — Nous ne voyons pas assez par quelle raison les Dominicains, originaires du treizième siècle, où les règles architectoniques étaient si respectées dans leur sens anagogique, ont donné à leurs églises deux nefs seulement au lieu de trois, dont l'existence se rattachait à tant d'autres caractères significatifs. A Toulouse, à Paris, et bien ailleurs en France et en Espagne, cette sorte d'exception se remarquait, et les deux nefs, séparées par un seul rang de colonnes, aboutissaient à une abside commune : c'était peut-être pour rendre plus exactement le texte de la Sagesse : *Sapientia... excidit columnas septem* (1) : trois nefs en auraient nécessité quatorze... Mais ce puritanisme architectural, il faut l'avouer, a mal réussi ; on s'est bien gardé de l'imiter en Italie, où les trois nefs sont toujours conservées. D'ailleurs, l'effet d'une église à deux nefs n'est que peu commode et fort disgracieux. Revenons donc à celles qui ont respecté la méthode universelle.

Divers systèmes sur le nombre de piliers ;

Au milieu de cette *vastité*, comme disait Montaigne, s'élèvent douze colonnes dans la plupart des édifices : c'est en souvenir des douze Apôtres, *colonnes et fondements de la vérité ;* quelquefois on en compte quatorze, comme à la ca-

---

(1) « Sapientia ædificavit sibi domum, excidit columnas septem. » (*Prov.*, IX, 1). — En examinant les interprétations propres à ce verset des *Proverbes*, on y trouverait le motif probable qui a fait adopter par les enfants de Saint-Dominique cette disposition des sept colonnes. Ce nombre ayant paru aux commentateurs le symbole des sept dons du Saint-Esprit ou des sept sacrements que l'Église devait promulguer, il aura peut-être semblé convenable à la nouvelle famille religieuse, fondée au treizième siècle pour s'élever contre les hérésies et l'indifférence du siècle, et s'appliquer aux œuvres indiquées ici par la Sagesse divine, d'en compléter l'expression en prenant à la lettre ce dernier verset.

thédrale de Poitiers, où peut-être alors elles symbolisent la perfection (1) ; à moins qu'on ne préfère y voir le nombre *sept* doublé à chaque limite de la nef principale, et espaçant, comme les sept jours de la création, les œuvres de la vie spirituelle répandues dans le saint édifice avec une si généreuse profusion. En effet, s'élevant jusqu'aux retombées des nombreuses arcades qui séparent les nefs et les travées, embellies dans leurs élégants chapiteaux d'une foliation dont les belles ciselures ne le disputent en mérite qu'aux intelligentes légendes qui les y remplacent parfois ou qui s'y mêlent ; ornées jusque dans leurs bases de légères dentelures, de gracieux festons, de roses épanouies, de fleurs fantastiques : soit qu'elles s'élancent, rondes et minces, sous une voûte du onzième siècle, soit qu'à leur masse carrée viennent s'accoler, comme au douzième, des demi-colonnes engagées, flanquées encore de plus petites dans chacun des angles rentrants : on n'y peut méconnaître l'attribut de cette force supérieure qui soutient l'œuvre admirable du monde créé, non plus que cette vertu de l'âme chrétienne qui s'élève de la terre au ciel, et ne résiste ici-bas à toutes les tentations et à toutes les épreuves que par la ferme espérance de *la royauté qui n'aura pas de fin*. Mais à les

leur symbolisme général,

et celui de leurs détails.

(1) Le nombre 14 est celui de la perfection parce qu'il signifie l'union de la Loi ancienne et de la Loi nouvelle : 10 représentant la première par le Décalogue, et 4 la seconde par les quatre Évangiles. 14 multiplié par 10 produit 140, qui est le sommet de la perfection, l'Église étant figurée par le Tabernacle, dont Moïse compléta la décoration par les *dix* rideaux ou courtines dont il l'enveloppa (*Exod.*, XXXVI, 8) ; et 14 renferme l'un des mystères de la génération temporelle du Verbe, étant le nombre des familles qui se comptent (*Matth.*, I, 17) entre Abraham et David. — C'est encore le nombre 7 multiplié par 2 que S. Augustin appelle le nombre de la Loi de grâce (*In psalm.* CL). Les sept sacrements, les sept dons du Saint-Esprit, sont les sept colonnes élevées par la Sagesse divine dans la maison qu'Elle s'est construite : *Sapientia ædificavit sibi domum, excidit columnas* septem (*Prov.*, IX, 1). — Ce sont encore les sept étoiles de l'Apocalypse (I, 16), tenues dans la main du Fils de l'Homme. — Voir, sur tout cela, S. Méliton, *De Numeris*, dans sa *Clef de l'Écriture*, n° VII (*Spicileg. Solesm.*, III, 285, 286 et 288).

considérer en particulier et dans leurs détails, il faut voir dans ces supports de la voûte le symbole des évêques, successeurs des Apôtres, soutenant la vie de l'Église par la parole divine, comme étaient, au dire de S. Paul, Jacques, Pierre et Jean, les grands et intrépides prédicateurs des peuples païens (1). Les bases sont les hommes apostoliques, les prêtres qui coopèrent à l'action fondamentale de l'épiscopat; enfin, les chapiteaux sont les paroles de l'Écriture, qui y semblent inscrites par leur parure, peinte ou sculptée, d'où descendent pour nous des enseignements à méditer et des règles à suivre : ce qui prouverait encore très-bien, au besoin, que rien de ces ornements agencés dans ces gracieuses corbeilles n'a jamais manqué d'un sens moral et tout spirituel (2).

Encore les croix de consécration;

Vis-à-vis des colonnes, sur le plat des murs, et quelquefois sur les colonnes elles-mêmes, apparaissent, dans un cercle au fond diversement colorié, des croix grecques dont les couleurs et la dorure contribuent à faire un riche ornement : ce sont les places consacrées par l'onction du Saint Chrême lors de la dédicace du saint lieu, et dont nous avons déjà dit un mot; leur nombre de douze rappelle encore les Apôtres, qui, on le voit, reviennent souvent dans la pensée symbolistique. Pour rendre plus entièrement cette pensée, on a été, en maintes églises, jusqu'à faire tenir ces douze croix par les douze compagnons du Sauveur :

celles de la Sainte-Chapelle de Paris et de Saint-Hubert de Warville.

ainsi à la Sainte-Chapelle de Paris et à Saint-Hubert de Warville (Moselle). Dans ce dernier édifice, on débadigeonna, en 1847, toute la série des membres du Collége apostolique. Élevés sur le mur à sept ou huit pieds au-dessus du sol, chacun d'eux, les pieds nus, portait une longue robe et un

---

(1) « Columnæ quæ domum fulciunt sunt Episcopi, qui machinam Ecclesiæ verbo et vita sustentant... Jacobus et Cephas et Joannes, ut ait Apostolus (*Gal.*, II, 9), videbantur esse columnæ. » (Sicardi, *loc. cit.*)

(2) « Bases columnarum sunt apostolici viri, universalem Ecclesiæ machinam supportantes... Capitella sunt verba sanctæ Scripturæ, quorum meditationi subdimur, et observantiæ. » (*Ubi suprà*.)

large manteau, lesquels étaient alternativement bleus ou rouges, glorieuses couleurs du martyre et de la royauté éternelle : une inscription disait leur nom en lettres onciales au-dessus de leur tête. Quelques-uns, S. Pierre et S. Paul, par exemple, portaient d'une main leur attribut spécial ; de l'autre, ils présentaient le disque bordé de perles et timbré de teintes variées où brillaient les croix d'or : ce dernier rôle était donné à chacun, et il semblait le remplir avec un mélange d'entrain et de dignité qui respirait, au treizième siècle, la belle époque de l'art, dans toutes les compositions hiératiques ; mais la chaux en avait presque entièrement détruit l'ensemble. Au quinzième siècle, on l'avait reproduit, et alors, dans un genre de peinture encore moins bien conservée que les précédentes, on s'était inspiré de la légende, et les Douze, tout en présentant leurs croix toujours entourées d'un cercle richement orné, portaient dans un phylactère l'article du *Credo*, que chacun était censé avoir rédigé. Somme toute, et tout bien examiné, nous préférerions la facture du treizième siècle à celle du quinzième. Déjà, en ce dernier temps, la décadence de l'inspiration se faisait sentir (1).

Mais que ces images vénérables garnissent les parvis du temple ou s'accolent en statues aux piliers qu'elles personnifient par un nom sacré, nos regards, attirés par ces hautes et gracieuses colonnes vers les courbes savantes qu'elles atteignent pour les soutenir, n'admirent pas moins la hardiesse des unes que l'inébranlable attitude des autres. Là encore, tout parle à l'esprit et au cœur du chrétien. Avant que les voûtes en moellons vinssent signaler dans l'architecture un progrès de l'ère mérovingienne, on n'avait plus, depuis les grandes basiliques romaines, que des plafonds en bois, plats ou cintrés, d'un travail plus ou moins attachant,

Voûtes, et leurs détails symboliques.

---

(1) *Statistique monumentale de la Moselle*, par M. Boulangé, dans le *Bullet. monum.*, XX, 188 et suiv.

180   HISTOIRE DU SYMBOLISME.

mais auquel se mêlait toujours quelque mystérieuse donnée : des serpents en colère sortaient des murs, au-dessus de la simple et grossière corniche qui en terminait l'élévation, pour engueuler des entraits jetés sur les chapi- Diversités de leur ornementation peinte ou sculptée. taux des piliers de la nef. Des anges semblaient, ailleurs, soutenir le faîte de l'édifice, où ils entourent, invisibles, le tabernacle du Fils de Dieu; les poinçons s'élevaient en co- lonnes sculptées jusqu'au point intermédiaire de l'élégante charpente, et ce que le ciseau du sculpteur en bois n'avait pas exécuté, le pinceau l'avait représenté en coloriant les oiseaux, les quadrupèdes, les fleurs, tous symboles dont les foules s'émerveillaient, et dont on voit encore, en Bretagne plus qu'ailleurs, les traditions reproduites en beaucoup de voûtes en bois du quinzième siècle. S. Grégoire de Tours mentionne des ouvrages de ce genre qui, de son temps, fu- rent jugés dignes d'admiration et conservés avec un soin religieux (1). Notre S. Fortunat louait presque en même temps Léontius, évêque de Saintes, d'avoir doté, dans sa ville, l'église de Saint-Eutrope d'une voûte à caissons où des figures variées, taillées dans le bois, remplaçaient avanta- geusement les effets de la peinture (2). Mais on abandonna bientôt cette riche et belle ornementation quand on vint à créer des arceaux de pierre dont les intervalles, remplis d'un blocage de cailloux et de ciment, constituèrent une force de plus et comme un lien ferme et stable entre les Leurs principes parties de la masse commune. Toutefois, ce n'était encore là

---

(1) Pepétue, évêque de Tours, le cinquième depuis S. Martin, voulut élever à ce Saint, qui n'avait qu'une petite chapelle, une église digne de lui, dont nous avons la description dans S. Grégoire, son succes- seur (*Hist. Franc.*, lib. II, cap. xiv). Le pieux écrivain nous apprend qu'il ne voulut pas laisser périr la belle voûte en bois de cette cha- pelle, et qu'il l'adapta à une autre église, construite par lui en l'hon- neur de S. Pierre et de S. Paul.

(2) Hic sculptæ cameræ decus interrasile pendet;
      Quos pictura solet ligna dedere jocos
     Sumpsit imagineas paries simulando figuras;
      Quæ neque tecta prius hæc modo picta nitent.
                          (S. Fortun. Pictav., *Miscellan.*, lib. 1, 113.)

qu'une œuvre bien imparfaite, toujours grossière à l'œil, et dont la surface, quand les fresques ne venaient pas en dissimuler l'irrégularité, gardaient sans façon les traces des planches qui leur avaient servi de moules (1). Le douzième siècle mit ordre à ces expériences malhabiles. Son génie, en développant la théorie du symbolisme religieux, créa des éléments nouveaux à l'iconographie ; il distribua sur ses pierres de taille si gracieusement combinées une efflorescence inconnue d'ornements expressifs. Dans la pureté de ses lignes architecturales, dans l'exactitude mathématique de ses courbes, dans le faire patient de ses chapiteaux et de ses modillons, il compléta les vues de perfection qu'allait atteindre l'époque de Suger, puis de S. Thomas d'Aquin. Il ne pouvait refuser à ses voûtes le langage qu'il imprimait partout ailleurs, et en leur donnant ces claveaux de tuf aussi légers que solides, il sut encore leur imposer la gracieuse parure de ces clefs sculptées, où les nervures ne semblent aboutir que pour arrêter le regard sur une page de plus de cet enseignement universel. Là ce fut la main divine sortant d'un nimbe crucifère qui sembla épancher ses bénédictions sur les foules priant dans les nefs, comme à notre ancienne abbaye de la Réau ; ailleurs, comme à Saint-Pierre de Poi-

élémentaires se perfectionnent au douzième siècle.

Richesse des motifs sculptés qu'y reçoivent les clefs.

---

(1) Nous avons vu des églises tombées, sous prétexte de restauration, aux mains de nos architectes officiels, et dont les voûtes primitives existent encore, recevoir sur ces voûtes le complément d'une parcimonieuse décoration au pinceau qui suit, avec un inexplicable scrupule, les aberrations imposées à ces voûtes par l'inhabileté des ouvriers du onzième siècle. Telle est la belle collégiale de Saint-Pierre de Chauvigny, où les travées laissent apercevoir à l'œil de l'observateur toutes les irrégularités des lignes architecturales. Il ne nous semble pas que la peinture ait pour objet de faire ressortir les défauts d'un monument, et ce parti pris d'agir avec un puritanisme déraisonnable ne répond que trop à la raison qui fit priver le clocher d'une croix encore attendue. L'architecte s'obstina à la lui refuser, *parce qu'il ne lui paraissait pas* DÉMONTRÉ *qu'au douzième siècle ce symbole de toute la religion reçût encore cette place.* Pour s'appuyer de telles raisons fallait avoir lu et vu bien peu de choses sur l'histoire de l'architecture religieuse, qu'on maniait cependant tous les jours !...

tiers, le chardon de la pénitence, les couronnes de fleurs ou de branches de chêne, s'y mêlent aux figures aimables du Sauveur, de la Vierge Mère, du prêtre présentant aux yeux du fidèle *le Pain de la vie descendant du Ciel* (1).

<small>Abaissement successif et symbolique de leurs premières travées.</small>

A ce symbolisme, un autre bien préférable, quoique plus grave, s'ajoute encore, et nous prouve combien le sentiment de l'esthétique présidait aux dessins de l'architecte. Les trois premières travées qui abritent le sanctuaire et le chœur sont plus basses que les suivantes, qui couvrent la nef proprement dite. Par leur style de roman fleuri, elles diffèrent de ces dernières, qui ont toute la légèreté du genre gothique, et quelques-uns ont pu attribuer à une reprise des travaux interrompus pendant une assez longue période cette brusque transition et ce surexhaussement inattendu. Mais, admettant qu'il faille goûter cette raison qu'autorise effectivement l'histoire de cette belle architecture, il ne faut pas moins voir dans ces hauteurs inégales un principe qui, jusqu'à l'ère de la transition, fut consacré à la fois par l'art et par la liturgie : l'abside était dès lors plus basse que le chœur, pour former à l'évêque et au presbytère le siége commun d'où ils présidaient à la réunion des fidèles. La travée suivante, un peu plus haute, semblait honorer la Sainte Réserve sur l'autel ou dans l'armoire qui l'avoisinait, et la troisième s'élevait au-dessus des chantres. Cette disposition se remarque en beaucoup d'églises rurales du Poitou, de l'Anjou et de la Normandie. L'habile architecte anglais Pugins n'a eu garde, avec son entente de la liturgie et du symbolisme, de négliger cette donnée dans sa charmante église de Schéaldte. Durant donne pour raison de cette règle que le clergé et l'évêque, en voyant s'abaisser au-dessus d'eux la plus haute partie du monument sacré, étaient ramenés à des pensées d'humilité dont

---

(1) Voir, pour plus de développements, notre *Histoire de la cathédrale de Poitiers*, I, 317 et suiv.

ils doivent donner l'exemple, en proportion de la grandeur et de l'importance de leur dignité (1).

Outre ces grands moyens appliqués au plan d'ensemble, on savait aussi distribuer dans ce même sens les détails d'ornementation, et le but de l'architecte, dans cette diffusion de ses belles sculptures soit à l'intérieur, soit à l'extérieur de l'église, est toujours d'exposer et de prouver cette pensée que tout devient plus parfait en se rapprochant de Dieu. Richard de Saint-Victor reconnaît cette gradation systématique, selon la judicieuse remarque d'un archéologue distingué : « En avançant vers le sanctuaire, les clefs de voûte sont mieux soignées, dit-il ; les rinceaux se déroulent, les moulures se raffinent, les corbeaux sculptés se mêlent aux modillons en biseau, et à un tel point que parfois des personnes en prennent lieu d'imaginer des constructions successives. La raison naturelle qui a dirigé l'ouvrier ne détruit pas la raison mystique (2). » Cette remarque ne s'applique pas moins au caractère des modillons qu'à tout le reste de la parure sculptée. A mesure qu'on s'avance de la porte d'entrée vers l'autel dans les églises dont le pourtour est orné d'une série de corbelets, comme à la cathédrale de Poitiers, on devine que les sujets se rapprochent plus des divins mystères ; le péché y lutte contre la vertu secrète du tabernacle, et c'est là que se déroulent de préférence, non plus des images à part dont chacune peut avoir une personnification propre, mais celles qui doivent se grouper, comme pour rendre au Dieu du sanctuaire une adoration plus empressée et plus universelle.

Mais que seraient ces beautés visibles ou mystérieuses si

Les modillons, plus délicats en se rapprochant du sanctuaire.

Les fenêtres

---

(1) « Cancellus, id est caput ecclesiæ, humilior reliquo corpore ecclesiæ, *mysticat* quanta humilitas debeat esse in clero seu prælato, juxta illud : Quanto major es, tantum humilia te in omnibus. » (Durant. Mimat., *Ration.*, lib. I, v° 4.) — Sicardi, que Durant cite maintes fois parmi ses autorités, dit la même chose presque en mêmes termes (lib. 1, cap. IV).

(2) M. l'abbé Godard-Saint-Jean, *Essai sur le symbolisme architectural des églises*; Bullet. monum., XIII, 356.

le jour ne les faisait éclater au double regard du corps et de l'esprit? Les fenêtres ont ce double privilége, et, tout en servant l'intelligence et la foi, elles se revêtent elles-mêmes d'un caractère qui les fait entrer dans ce concert où vit tant d'harmonie et d'accord. Il n'y a qu'une voix parmi les symbolistes pour trouver dans ces ouvertures, d'abord si étroites et si basses de l'art roman, et bientôt après si larges, si hautes et d'une coupe si exacte et d'une ornementation si variée et si riche, un symbole des saintes Écritures qui s'opposent dans le monde moral à toute invasion des choses nuisibles. Comme les vitres interceptent les vents et la pluie dans la maison de Dieu, par cela même elles sont les Docteurs résistant aux tourbillons et à la grêle des hérésies et versant dans les cœurs fidèles une abondante lumière de doctrine et de vérité : cette même comparaison ne leur va pas moins, parce qu'elles laissent tomber sur les assistants les rayons lumineux de l'astre du jour. Leur évasement intérieur représente le sens mystique, bien supérieur au sens littéral, et plus lumineux, quelque respectable que soit celui-ci. On y voit encore, par la même raison, les cinq sens du corps humain, qui doivent se restreindre à l'égard des choses extérieures pour mieux se refuser aux vanités de la vie, et se dilater intérieurement pour s'ouvrir plus larges aux dons de l'Esprit-Saint. L'art décoratif a garni de deux colonnes les abords intérieurs, et quelquefois même les arêtes intérieures des fenêtres : ce sont les Apôtres envoyés deux par deux à leur mission divine, et, par cela même, le double précepte de la charité envers Dieu et le prochain. Il n'y a pas jusqu'aux barres de fer qui protégent la fenestration contre les assauts des tempêtes qui ne soient là comme des prophètes ou des docteurs de l'Église militante (1).

(1) « Fenestræ, quæ tempestatem excludunt et lumen inducunt, sunt Doctores qui hæresum turbini resistunt, et fidelibus Ecclesiæ lumen infundunt; unde : *En Ipse stat post parietem nostram, respiciens per fenestras* » (Cant., II), dit Sicardi, *ubi suprà*. — « Fenestræ ecclesiæ

Nous ne voyons pas, après ces grands maîtres de la science mystagogique, où d'autres allusions un peu autorisées pourraient se prendre sur ce sujet. Où donc M. Boisserée, qui, en général, a compris assez bien le symbolisme de la cathédrale de Cologne, a-t-il pu s'éclairer sur la part qu'il donne aux rois et aux empereurs dans l'interprétation de ses verrières ? A l'entendre, « les longues fenêtres ogivales, qui ne se séparent point des murailles, et n'entrent point dans l'intérieur de l'église, ce sont les rois et les empereurs, ces évêques du dehors, ces fidèles couronnés, revêtus de la pourpre des vitraux. Leur regard vigilant pénètre le temple, et, par sa noble protection, rassérène la mystérieuse obscurité du sanctuaire (1). » Ce symbolisme ne

Interprétations hasardées de M. Boisserée.

vitreæ Scripturæ sunt divinæ, quæ ventum et pluviam repellunt, id est nociva prohibent, et, dum claritatem veri Solis in ecclesiam per diem transmittunt, inhabitantes illuminant. » (Hug. à Sancto-Vict., *Traditionis theologicæ in speculum Ecclesiæ*, cap. I.) — Durant expose le même symbolisme en termes identiques. Il y ajoute : « Per cancellos vero qui sunt ante fenestras, Prophetas, vel alios Doctores obscuros intelligimus Ecclesiæ militantis, in quibus ob duo caritatis præcepta quandoque duæ columnæ duplicantur, secundum quod Apostoli bini ad prædicandum mittuntur. » (*Ration.*, loc. cit.)

Et quant à l'obliquité intérieure des embrasures, voici encore un curieux passage de S. Grégoire le Grand, mort en 604, et qui prouve qu'à cette époque, dont il ne nous reste qu'un très-petit nombre d'églises, ce système de fenestration était le même qu'aux onzième et douzième siècles. Il y a plus : c'était celui qu'Ézéchiel, à 1700 ans de là, avait vu dans le temple de Jérusalem, dont il prophétisait la reconstruction, et S. Grégoire, qui voit ce système continué de son temps, en applique l'interprétation aux choses de l'Église universelle qu'il gouverne : « Per obliquas etenim fenestras lumen intrat, et fur non intrat; quia bi qui vere speculatores sunt, semper sensum in humilitate deprimunt, atque ad eorum mentes intelligentia contemplationis intrat, sed jactantia elationis non intrat. Et patent itaque fenestræ et munitæ sunt, quia aperta est in mentibus eorum gratia qua replentur, et tamen ad se adversarium ingredi ad superbiam non permittant. » (S. Greg. *Homil. in Ezechiel.* XVII.) — Ainsi, d'après le saint Docteur, l'humilité arrive à notre âme avec la lumière évangélique; avec elle aussi on peut se défendre de l'orgueil et de la vanité, qui y mêleraient des obscurités nuisibles.

(1) Ce ne doivent pas être les termes de M. Boisserée, qu'il nous est impossible de vérifier, et que cite de mémoire M. Mazure dans sa

serait donc que celui de l'art ogival du treizième siècle surtout, où les vitraux de couleurs supposés ici parurent avec un éclat qui seul peut les faire entrer dans le plan que s'est fait le docte architecte. Tout ce que nous énonçons, au contraire, date des époques antérieures au gothique, et quoique nous en reconnaissions l'application tout aussi possible aux œuvres du treizième siècle et des suivants, nous réservons pour un chapitre spécial cette grande parure des fenêtres, dont nous n'avons à examiner ici que les rapports d'unité et de mysticisme avec le monument catholique.

Harmonie de leur demi-jour avec la destination mystique du monument.

Au reste, une remarque de haute valeur résulte de toute cette méthode de lumière si savamment ménagée dans le saint lieu : c'est que, dans ces demi-teintes tamisées par de rares et étroites baies, la prière symbolisait elle-même sa piété silencieuse et ses habituelles méditations (1). La vie plus austère d'un monde où dominaient la foi et les graves pensées se retrempait aux choses du ciel dans ce jour parcimonieux tombant de bien haut sur l'âme attentive aux mys-

---

Philosophie des arts du dessin, excellent livre dont la thèse en faveur du spiritualisme artistique est dignement acquise au symbolisme chrétien. (Voir son ch. VII : La cathédrale et le moyen âge, p. 287.) — Nous ne disons pas qu'il n'y ait pas beaucoup d'imagination, et qu'il ne faille pas y préférer quelque chose de plus positif sur les principes symbolistiques ; mais la tendance en est excellente, et, sauf certaines erreurs d'appréciation dans l'étude de certains monuments que l'auteur jugerait aujourd'hui tout autrement, ce livre continuerait d'être utile autant que d'une lecture attachante, s'il était ramené, dans une nouvelle édition, à des notions d'archéologie monumentale et d'esthétique, encore trop ignorées quand il fut publié, en 1838.

(1) « Horrorem... et inexplicabilem excitat pietatem, » dit S. Grégoire, qu'Émeric David traduit mal par « la terreur que doit inspirer l'Être suprême. » — L'*inexplicabilem pietatem* se rend plus naturellement par une piété *qui n'est point distraite*. — *Dérouler* sa piété, la *développer*, l'*étendre*, n'est point *se recueillir*. — Prenons dans le même sens ce que S. Grégoire de Tours dit de l'église cathédrale de Clermont, bâtie par l'évêque Namatius, pour mieux faire ressortir que le grand jour donné par ses quarante fenêtres et ses huit portes n'ôtait rien à son caractère de majesté silencieuse et sombre : « Terror namque ibidem Dei et claritas magna conspicitur. » (*Hist. Franc.*, lib. II, cap. XVI.)

tères du Christ, et ne pénétrait jusqu'à elle qu'à travers des vitraux où toute l'histoire de Dieu et de l'homme se reproduisait pour la préoccuper et l'instruire. A nous qui savons lire et qui voulons de *l'art pour l'art*, il nous faut du soleil aux rayons éclatants, et partout une égale clarté pour le vernis des toiles peintes et les dérisoires coquetteries de nos modernes ameublements... Nous avons bien dégénéré de nos pères, et, grâce à ces *progrès* qu'on ne saurait assez déplorer, nous n'apportons plus que des distractions sans excuses là où la voix solennelle du chant liturgique s'alliait avec le demi-jour et l'auguste majesté de la demeure de Dieu. Nous ornons nos églises comme nos salons, et par cela même les églises abdiquent, bien malgré elles, hélas ! ce ton mystérieux qui s'accorde si parfaitement avec l'esprit du grand Sacrifice, et qui traduit avec tant d'éloquence la vie de combats et de tristesses de l'Église, comme la vie pénitente du chrétien.

De ce monument dont nous venons de décrire et d'expliquer, croyons-nous, toutes les parties matérielles, toutes les inductions esthétiques, nous ne sortirons pas cependant sans avoir visité cette autre église souterraine que son obscurité et sa position ont fait nommer *crypte*, et qui fut en usage depuis les premiers temps du Christianisme jusque vers la fin du douzième siècle (1). Souvenirs des catacombes, formées presque toujours d'après le plan de l'église supérieure, quoique sur de bien moindres dimensions, ces cryptes servirent d'abord de sépulture aux Martyrs et aux Saints, dont les dépouilles sacrées furent ainsi conservées au-dessous du grand autel, de façon à reproduire le célèbre texte apocalyptique où paraissent les âmes de ceux qui s'étaient laissé tuer pour le nom du Seigneur (2) : telle fut l'origine des

Les cryptes, leur origine et leur but.

(1) Sicardi, mort en 1215, en parle comme d'un annexe que, de son temps, on ne refuse pas à une église : *Sic ædificatur ecclesia ut habeat pavimentum cum subterraneis cryptis.* (*Mitrale*, lib. I, cap. IV.)
(2) « Vidi subtus altare animas interfectorum propter Verbum Dei et propter Testimonium quod habebant. » (*Apoc.*, VI, 9.) — Voir l'explica-

Images du Saint Sépulcre,

cryptes de Saint-Hilaire de Poitiers, où reposèrent d'abord, au quatrième siècle, la femme et la fille du grand Docteur; de Sainte-Radégonde de Poitiers, qui reçut ses restes au sixième; de Saint-Maixent, où furent déposées, au septième, les reliques de S. Léger d'Autun, et de beaucoup d'autres. Mais le rôle symbolique était bien plus élevé, puisqu'on voyait dans chaque église souterraine un souvenir du Saint Sépulcre, où le corps du Sauveur avait été enseveli : c'était une allusion au texte de S. Marc (xv, 46) : *Posuit*

et de la vie contemplative.

eum in monumento quod erat excisum de petra. Leur obscurité presque complète les a fait regarder aussi comme une figure de la vie contemplative des ermites (1). Quoi qu'il en soit, cet espace, plus ou moins vaste, est aussi plus ou moins orné. Sous de magnifiques églises, on voit des chapelles souterraines privées de toute sculpture; d'autres en ont beaucoup, et alors la légende, les allégories scripturaires ont décoré les chapiteaux des piliers qui partagent le plan en trois nefs, outre que des sarcophages magnifiques y attestent encore, comme à Saint-Surin de Bordeaux (2), les illustres sépultures qui en augmentèrent la réputation à l'époque gallo-romaine ou sous les rois de la première race. En France, généralement, les cryptes sont peu remarquables; celles de Notre-Dame de Chartres, de Saint-Eutrope de Saintes, quatre ou cinq autres, sont de belles exceptions; mais il faut citer surtout, pour la richesse de ses détails symboliques, celle de Rolduc,

Crypte modèle de Rolduc.

près Bruxelles. Les seize colonnes qui la divisent en trois

---

tion de ce texte, ci-dessus, t. II, p. 179, et Raoul Rochette, ch. II de son *Tableau des catacombes* (mihi, p. 76), où il décrit le tombeau ainsi disposé de Ste Prisca.

(1) « Cryptæ, sive specus subterraneæ quæ in quibusdam fiunt ecclesiis, sunt eremitæ, cultores siquidem secretioris vitæ. » (*Ration. divin. Offic.*, ubi suprà.) — On voit ici que beaucoup d'églises n'avaient pas de cryptes.

(2) Voir le beau livre de M. l'abbé Cirot de la Ville sur cette église et sur les *Origines du Christianisme à Bordeaux*, in-4°, Bordeaux, 1869.

nefs, en se prolongeant jusqu'à l'autel, sont ornées sur leurs fûts et leurs chapiteaux de magnifiques sujets historiés, entrelacés de végétations habiles et de gracieux contours, tels qu'on les faisait vers 1120. Là, une teinte sombre et vigoureuse colore l'ensemble de l'oratoire et donne, par son vague et son indécision, une ampleur et une gravité heureusement calculées. Un certain cheval qu'un voyageur fut accusé d'avoir volé, et qui reparut tout à coup au milieu de l'assemblée où le prétendu voleur allait être jugé, constate, sur l'un des chapiteaux les mieux éclairés, un miracle dont l'abbaye fut témoin au temps des fondations (1104), et devient un fait de plus à inscrire dans l'histoire de la sculpture légendaire, appliquée assez souvent par les artistes à remplacer le symbolisme proprement dit. C'est encore une preuve que l'histoire locale peut seule, en de telles circonstances, éclairer l'archéologue sur la valeur d'un sujet iconographique (1).

En exposant les sens mystérieux de tant de parties différentes, reliées entre elles par une harmonie si majestueuse et si profondément philosophique, nous avons signalé parfois, en quelques mots, le sens anagogique, reportant notre pensée de l'édifice matériel à l'âme chrétienne, et maintes fois, sans répéter ce que nous avons dit antérieurement de cette méthode d'herméneutique biblique, nous sommes passé indifféremment d'un sens à l'autre par rapport au même objet, laissant à l'intelligence du lecteur à s'approprier lui-même ce qu'il avait déjà appris en suivant les phases successives de ce livre. Mais ce qui ressort particulièrement de ce mysticisme aujourd'hui enfin reconnu, c'est l'existence et la vie spirituelle de cette autre Église, Épouse du Christ, vaste construction dont les extrémités atteignent aux quatre points du monde, dont Jésus-Christ est

<small>L'Église chrétienne, image symbolique de l'Église universelle.</small>

---

(1) Voir *Univers*, 19 mai 1852; — *Revue de l'art chrétien*, t. V, p. 214, 1861; — M. de Caumont, *Cours d'antiquité monumentale*, I, 71 et 124.

la pierre angulaire, et les Apôtres le fondement, comme les fidèles autant de pierres taillées (1). Représentée d'abord par la Synagogue, dont Elle prend la couronne tombée, Elle se pare, Épouse choisie et préférée, des attraits extérieurs qui attestent sa royauté. Toutes les beautés du temple matériel se rapportent à Elle, s'animent de ses inspirations, représentent ses attributs, ses combats, ses victoires. Arche de Noé ou barque de Pierre, Elle vogue sur l'océan de ce monde, à travers les naufrages des âmes perdues, et, sûre de ses agrès comme de ses pilotes, Elle s'avance, en dépit des tempêtes, vers le port où Elle arrivera ferme et triomphante, pavoisée de toutes ses flammes et heureuse des dépouilles de ses ennemis.

<small>Traits mystiques de cette ressemblance.</small>

C'est à ce point de vue si varié, si riche et non moins éloquent de significations métaphoriques ; c'est sous ces aspects si pittoresques et si attrayants, que nous allons maintenant étudier les nombreux objets qui complètent l'ornementation de l'édifice religieux, aussi bien que ses fêtes et les instruments sacrés du culte qui s'y accomplit. Dans cette analyse de tant de beautés surnaturelles, on verra de plus en plus la main du clergé imprimée sur les meubles du temple comme sur la distribution de son plan, et quel génie tout divin a pu seul présider à de si hautes concessions dans l'intérêt de l'humanité. Ce que nous venons de dire n'est-il pas une dernière preuve irréfutable de cette vérité, déjà soutenue par nous, que des théologiens seuls pouvaient inventer et exécuter cet inimitable ensemble qu'on appelle une église catholique, dont pas une pierre ne reste sans un rôle à part, où toute chose matérielle exprime une vérité théologique ; où,

<small>Quelle profonde théologie en ressort,</small>

<small>aussi bien que l'influence du clergé.</small>

---

(1) « Estis cives Sanctorum, superædificati super fundamentum Apostolorum et Prophetarum, ipso summo angulari lapide Christo Jesu ; in Quo omnis ædificatio constructa crescit in templum sanctum in Domino ; in Quo et vos coædificamini in habitaculum Dei in Spiritu. » (*Ephes.*, II, 20.)

comme dans l'Écriture elle-même, il ne faut pas tant voir des lettres, des points, des syllabes, des noms ou des personnes, que des avertissements moraux cachés sous l'écorce de la lettre (1)? Or ces exigences de l'Église primitive, à laquelle a tant voulu nous ramener le protestantisme, qui s'en repent aujourd'hui, n'ont pas cessé de se produire jusque dans nos pastoraux mêmes du dix-septième siècle. Les prescriptions des Pères y sont rapportées, citées comme devant avoir encore leur exécution, et celui-là leur paraîtrait manquer de zèle qui s'y soustrairait, au mépris des opinions les plus justement vénérées (2).

En présence de ces faits, de ces doctrines et de ces principes féconds d'où jaillirent au moyen âge tant de sublimes choses, comment s'expliquer les théories hasardées de certains docteurs de nos jours, qui, préjugeant des causes morales de ces intéressantes évolutions de l'architecture chrétienne opérées à ces époques de foi, les regardent comme autant de phases d'un *libéralisme* chimérique dans lequel on se complaît assez pour lui attribuer ces admirables merveilles? A entendre, par exemple, M. Delécluse disserter sur la féodalité et l'art gothique, confondre les instructions chevaleresques avec la théocratie des douzième et treizième siècles, puis assigner les mêmes causes à la décadence de ces

Théories sans fondement de M. Delécluse sur l'histoire de l'architecture au moyen âge,

---

(1) Au cinquième siècle S. Pierre Chrysologue disait à son auditoire de Ravenne : « Quid tenemus, fratres? non apices, non litteræ, non syllabæ, non verbum, non nomina, non personæ in Evangelio divinis vacua sunt figuris... » Et il le prouve par les expressions du prophète Osée : « *Sponsabo* te in justitia et judicio, et in misericordia et in miserationibus, et *desponsabo* te mihi in fide. » (*Os.*, II, 19.) — Et il cite encore S. Paul (*Cor.*, XI, 2) : « Sponsavi vos uni Viro virginem castam exhibere Christo. » — Voir S. Petri Chrysol., *Serm.* CXLVI, *De Joseph Sponso*.

(2) Cf. *Pastoral du diocèse de Limoges, où l'on explique les obligations des ecclésiastiques et des pasteurs*, t. II, p. 146, in-12, 1837. — Ce livre, excellent sous bien des rapports, fut publié sous l'épiscopat et par les ordres de Mgr d'Urfé, c'est-à-dire de 1676 à 1695. — Il s'appuie beaucoup des décisions de S. Charles et de ses conciles de Milan tenus de 1555 à 1582.

grandes créations sociales pendant les deux siècles suivants, ne reconnaît-on pas un homme à qui les préventions révolutionnaires de notre temps bouchent les yeux sur la véritable portée comme sur l'histoire authentique des choses dont il parle? A propos d'architecture, il s'empare contre nous, catholiques, au profit de ses utopies politiques, des modifications qu'elle adopte, ou plutôt des humiliations qu'elle subit au souffle de l'hérésie et du schisme; il n'aperçoit pas le principe de cette chute dans l'esprit d'opposition né des impiétés de Philippe le Bel, continué jusqu'à la naissance du protestantisme en passant par les orgies de l'Arétin pour aboutir aux folies de Jean Huss et de Luther. Il vante les populations, encore si chrétiennes, d'avoir dédaigné enfin ces vieilleries artistiques en même temps que leur pensée s'émancipait au nom de la liberté!... Comme si le laïcisme, arrivant à la faveur de tant de fautes des princes et dépouillant l'Église de sa prépondérance maternelle, n'avait eu aucune action sur cette dégradation de l'art religieux! Ah! n'eussions-nous eu d'autre preuve de l'influence cléricale sur nos chefs-d'œuvre plastiques du moyen âge, on serait bien forcé de l'avouer en considérant l'abaissement des idées artistiques sous la main des architectes néo-grecs et néo-romains. Quand la force matérielle pèse sur l'Église et lui impose, avec la brutale maussaderie de ses violences, l'abâtardissement de sa vie extérieure et temporelle, l'Église est bien forcée de plier sa faiblesse physique à ces tyranniques prétentions. Mais vienne le temps (qui revient toujours tôt ou tard) où son entière liberté lui est laissée, où à force de revendiquer ses droits Elle les recouvre, et alors vous la voyez reprendre ses vieilles et chères traditions, resplendir des vêtements de son antique beauté à mesure qu'Elle se rapproche plus du foyer de Rome qu'on n'ose plus lui interdire; et sa main impose de nouveau à celles qui relèvent ses édifices la règle et le compas de l'art roman ou gothique, les deux seules formes qu'Elle veuille, parce qu'Elle y a imprimé les caractères, incommunicables à toutes les autres, de son spiritualisme immortel. C'est un malheur, sans doute, que les gouvernements, toujours plus ou moins jaloux de cette puissance morale, luttent contre Elle de tous les efforts de leur rationalisme révolutionnaire; qu'ils lui imposent des architectes mal entendus dont l'orgueil et les intérêts tirent parti de sa pauvreté méprisée : mais c'est aussi une preuve de plus que si on la laissait faire, de grandioses beautés renaîtraient encore sous son influence, dégagées des maladresses qu'y mêle trop souvent la suffisance de nos maîtres maçons. Quel est, en effet, aujourd'hui, le diocèse où deux ou trois ecclésiastiques au moins ne pussent suffire à la tâche, — ramener, si on voulait le leur permettre, les meilleures règles de l'art ancien trop longtemps oubliées, — et prouver encore, au grand honneur de l'Église, une compétence qu'on ne trouvera jamais ailleurs ni aussi complète ni aussi désintéressée ?

Voilà ce que M. Delécluse ne paraissait pas avoir compris. Étranger à l'esthétique, à la théologie, au droit canonique, autant qu'aux études sérieuses de l'architecture chrétienne, il ajoute à ses réflexions sur la prétendue politique du moyen âge les plus fausses idées sur les développements de l'art pendant les siècles hiératiques. Au lieu de voir la cause de ces magnifiques progrès dans l'élan donné au monde européen par la conversion des nations septentrionales, par les écoles d'architecture créées dans les abbayes, par les croisades et le goût des voyages qu'elles éveillent, enfin par la paix intérieure qu'elles donnent à la France en unissant sous le drapeau de la croix cette foule de grands seigneurs qui s'y disputaient le territoire et s'emparaient des biens ecclésiastiques; au lieu, disons-nous, d'ouvrir les yeux devant ces témoignages de l'histoire, le savant critique attribue l'agrandissement *excessif* donné par le treizième siècle à nos églises (il oublie que Cluny, la plus vaste église du monde, était du douzième), non pas à un élan religieux dû à un

L'insuffisance des études laïques mène à ces fausses idées sur l'art et les hommes du moyen âge.

mouvement général de la pensée humaine, mais à l'accroissement moral du pouvoir spirituel dans la papauté de Grégoire VII, d'Innocent III et d'Innocent IV... — Comme si ces temps de luttes contre la tyrannie impériale de Barberousse et d'Henri IV étaient bien favorables pour les papes à des études d'architecture religieuse! comme si, en présence de ces prétentions antichrétiennes du pouvoir temporel, et au milieu des agitations des Guelfes et des Gibelins, la papauté n'avait pas eu assez à faire de ses préoccupations et de ses revers! comme si, enfin, ces types toujours et partout uniformes qui règnent de 1000 à 1100, et de 1200 à 1300 dans toute l'Europe, pouvaient être sortis du même moule, ou plutôt de trois moules différents, puisque les têtes de trois papes, vivant à 100 et 150 ans de distance, en auraient dû fournir l'archétype et le lancer, à trois reprises, sur ce monde étonné mais docile, qui nous en aurait légué l'héritage!— Ajoutez à ces judicieuses découvertes les graves animadversions de notre académicien contre les chapelles qui, plus nombreuses depuis la fin du douzième siècle, rayonnent autour de nos grandes églises, soit comme le nimbe de la tête divine, soit comme les épines de sa couronne miséricordieuse d'ignominie (1)! Il les accuse de n'être qu'un défaut contre l'unité de la composition, de sorte que les détails nuiraient à l'unité d'un grand ensemble, et que les ailes de l'oiseau, par exemple, compromettraient sa forme et sa nature!... Ce n'est pas tout, il reproche aux architectes de ces inimitables monuments d'avoir, par un trop grand nombre d'autels, divisé la pensée catholique du grand centre auquel elle doit se reporter, de cet autel principal, lieu de repos du Saint des Saints. Une telle objection vaut-elle mieux que les autres ? N'y avait-il pas trois autels, bien avant le style ogival, dans chacune des trois absides qui terminaient l'église à l'orient ? S. Grégoire

---

(1) Voir ci-dessus, p. 174.

le Grand, au sixième siècle, ne mentionne-t-il pas une église de son temps qui en avait *treize*, selon le besoin d'un grand nombre de prêtres d'offrir chaque jour le Saint Sacrifice (1)? Et la liturgie, afin précisément de ne pas multiplier la Sainte Réserve, dont l'unité dans chaque temple est une image de celle de Dieu, n'a-t-elle pas prescrit un seul tabernacle où elle fût conservée, ramenant ainsi à un centre commun les adorations des fidèles (2)? Quelle intelligence des éléments chrétiens! et pourquoi s'aventure-t-on avec cette hardiesse inouïe dans une voie où rien n'est laissé à l'arbitraire, où tout est positif et normal (3)?

On ne sait pas assez combien ces idées, mal cousues à la vérité, qui les réprouve, se sont implantées dans l'esprit de nos littérateurs, avec quelle assurance elles émergent de leur encre, et comme ils se sont faits ardents à fonder une école où l'histoire de l'art soit professée au détriment de la religion. Quiconque a voulu une chaire dans cette école n'a eu qu'à entrer : on s'est placé d'abord au feuilleton de la presse. De cette tribune, on a préparé l'auditoire à tout accepter sur

<small>Caractère de l'école rationaliste, et de ses efforts à dénaturer l'histoire du catholicisme.</small>

---

(1) S. Gregor. Magni, lib. I, *Epist.* L, *ad Palladium*. — Cabassut, *Synopsis Conciliorum*, t. III, p. 419, in-8°, 1838.

(2) « Licet sacrosancto Domini nostri Jesu Christi Corpori, omnium sacramentorum fonti, præcellentissimus ac nobilissimus omnium locus in ecclesia conveniat..., tamen valde opportunum est ut illud non collocetur in majori vel in alio altari in quo episcopus vel alius solemniter est Missam seu Vesperas celebraturus; sed in alio sacello, vel loco ornatissimo, cum omni decentia et reverentia ponatur. » (*Cæremoniale Episcop.*, lib. I, cap. XII, n° 8.) — Ce texte est formel et exclut nettement la multiplicité de la Sainte Réserve dans la même église. Que devient la désolation de M. Delécluse, qui eût pu se l'éviter en ne traitant point de choses qu'il ignorait?

(3) C'est dans le *Journal des Débats* du 19 septembre 1854 qu'on lit ces singularités de M. Delécluse à propos du *Dictionnaire d'architecture* de M. Viollet-Leduc. C'était le tribut payé aux *principes de* 89 par un enfant de ce grand dix-huitième siècle qui nous a valu, on le sait, de si magnifiques théories sociales. Heureusement un rayon d'En-Haut est venu éclairer cet esprit, qui portait la droiture jusque dans ses ignorances, et M. Delécluse, mourant en 1863, est revenu à la vérité catholique en trouvant dans la mauvaise foi de M. Renan le plus sûr argument qui pût démontrer *la vie* et la divinité *de Jésus!*

la parole du maître, et, ce premier effet une fois répandu au loin, on a fait de ces beaux discours des livres que les mêmes journaux ont fraternellement recommandés. Et l'opinion s'est ainsi formée sur l'art et les tendances du moyen âge; et, une fois de plus, les simples, incapables d'examen et de discussion, ont salué le nouvel auteur et proclamé son livre un chef-d'œuvre. Ce n'est pas que, dans ce livre, il n'y ait du bon, mêlé parfois à ce mauvais et à ce médiocre dont le poète latin ne se croyait pas exempt (1); mais le mauvais apparaît surtout dans cet esprit de système qui travaille incessamment, Dieu sait par quel motif! à dénigrer les âges de foi et à exprimer forcément, de la simplicité de leurs croyances naïves, les mensonges empoisonnés des idées modernes.

Fausse histoire de la franc-maçonnerie, inventée au profit de ces erreurs.

Un autre littérateur de notre temps n'a pas moins sacrifié à ces idées, devenues à la mode il y a quelque trente ans. M. Vitet veut absolument que l'esprit d'émancipation populaire se soit fait jour jusque dans la pratique des arts, et que la franc-maçonnerie, d'abord si innocente de ses complots actuels, cette franc-maçonnerie si chrétienne alors, et dont le but unique était d'élever des temples et des autels que ses prétendus descendants voudraient incendier aujourd'hui, il veut, disons-nous, que ces grandes associations de *Logeurs du bon Dieu* et de *Frères pontifes* aient profité de je ne sais quelle nouvelle idée pour secouer tout à coup le prétendu joug du clergé, et s'attribuer exclusivement la gloire de travailler à ces ravissantes cathédrales dont le treizième siècle nous a dotés. On vous citera à l'appui de ce paradoxe une douzaine (tout au plus) de noms célèbres, comme Pierre de Montreuil, Ewin de Steinbach, Robert de Luzarches, Villard de Honnecourt, qui s'emparent de l'équerre et de la truelle, et qui,

---

(1) Sunt bona, sunt mala, sunt etiam mediocria plura.
(Martial. *Epigr.*)

laïques et bourgeois, *sécularisent* l'architecture au grand dépit de ce pauvre clergé qui ne s'en mêlera plus. Le dommage devant ces assertions toutes gratuites, c'est d'abord de se trop presser de cent ans, et d'attribuer au siècle où l'architecture chrétienne atteint son magnifique apogée une évolution qui ne signale réellement que les quatorzième et quinzième siècles, époque où précisément la franc-maçonnerie révolutionnaire prend son origine dans les réunions secrètes des Templiers et perpétue les traditions criminelles qu'avaient justement punies les bûchers de Philippe le Bel (1). C'est uniquement à partir de cette période historique, entre 1300 et 1320, que, pour être tombé aux mains des laïques, dont la pensée sortit alors, en effet, de sa dépendance religieuse, cet art divin que le principe d'autorité et la science sacrée avaient élevé si haut marcha rapidement vers sa décadence et abandonna peu à peu, avec sa simplicité majestueuse, le symbolisme qu'il ne comprenait plus. Si nous voyons, de 1200 à 1300, les plus précieuses de nos églises arrivées à l'idéal du beau par la gracieuse légèreté du style, la pureté des lignes, le fini de la sculpture et l'élévation de la science symbolistique, soyez sûr que ces admirables caractères ne sont pas tant dus à ces admirables ouvriers de génie dont vous nous faites une si triomphante exhibition, qu'à ces traditions monacales plus

et réfutée par l'histoire même du treizième siècle qu'elle invoque.

---

(1) Il ne faut pas oublier cette coïncidence de l'affaire des Templiers et de l'indépendance affectée des nouveaux architectes, qui, au commencement du quatorzième siècle, se détachent des traditions esthétiques et arrivent au paganisme de la Renaissance à travers les révoltes de Jean Huss et de Luther. — C'est là, et seulement là, le berceau véritable des affiliations modernes, qui ne peut être plus vieux de 200 ans, comme on voudrait le faire croire. Consultez Baluze, *Vie des papes d'Avignon*, t. I; —Rohrbacher, *Hist. universelle de l'Église*, t. XV, p. 511 et suiv., et le chevalier de Malet, *Recherches sur l'existence d'une secte révolutionnaire*, in-8°, 1817, p. 39. — Nous devons remarquer ici que les *Bulletins des Antiquaires de l'Ouest*, t. X, p. 321, ne se sont pas assez gardés contre les données fautives que nous y réfutons quelques pages plus loin.

sérieusement gardées que jamais, et aussi à l'immixtion dans les arts sacrés du corps épiscopal qui, à cette époque, succéda presque généralement aux moines et aux chapitres dans le soin de construire les cathédrales. N'est-ce pas dans la plus belle période du treizième siècle que Guillaume d'Auvergne, évêque de Paris (1228-1248) dirigeait la construction du magnifique portail de Notre-Dame, auquel se rattachent des noms célèbres parmi ceux que nous avons cités? Si le fait historique de cette intervention sacerdotale n'était pas généralement admis, nous aurions pour le constater l'opinion d'un érudit qui mérite quelque confiance, et qui nous semble avoir étudié les choses de plus près que M. Vitet (1).

(1) « Si nous jetons un coup d'œil sur la période romano-byzantine, nous sommes forcés de reconnaître pendant tout son cours l'influence des moines, en sorte qu'on pourrait l'appeler période monacale. A la fin du douzième siècle cette influence diminue et fait insensiblement place à l'influence sacerdotale ou plutôt épiscopale; puis, *vers la fin du treizième*, déjà on reconnaît *quelques tendances* laïques. » (M. l'abbé Crosnier, *Notice sur les écoles d'architecture au moyen âge*, Bullet. monum., XV, 414.)—M. Vitet, qui contrecarre nettement ces renseignements de l'histoire et de la science, comment peut-il s'être persuadé le contraire et émettre les faux principes que nous réfutons ici? (Voir *Notre-Dame de Noyon*, dans le deuxième volume des *Études sur les beaux-arts*, p. 304 et suiv., in-12, 1846.)—Tout en nous trouvant obligé de rendre justice au talent d'écrivain de l'honorable auteur, il nous permettra bien de réprouver des doctrines qui tendent à promulguer des idées si peu admissibles. On sait que les suffrages académiques ne sont pas sans appel, et qu'indépendamment du mérite intrinsèque d'un livre de haute science, l'opinion publique trouve souvent dans ce bon grain plus ou moins d'ivraie qui en altère singulièrement la valeur. Nous en disons autant d'un certain *Mémoire* sur cette question, imprimé dans les t. XIII-XIV *de la Société académique de Maine-et-Loire*, et qu'on a loué, sans assez de réflexion, dans les *Bulletins des antiquaires de l'Ouest*, dont nous parlions tout à l'heure (X, 321). Sur la foi de ce qu'on y appelle « l'érudition allemande, » on ne craint pas d'y faire remonter les francs-maçons de l'architecture chrétienne jusqu'au *neuvième siècle*... — C'est toujours de plus fort en plus fort. Mais remarquons bien que « les documents allé- » gués ne font pas connaître comment s'opéra parmi les constructeurs » d'édifices une substitution qui ne dut pas être sans des luttes, et » dont la trace se trouve *peut-être* dans ces sculptures empreintes

On fait grand bruit, pour établir le crédit exclusif des architectes laïques au treizième siècle, de ce que, pendant cette longue phase de cent ans, on ne trouve que très-peu d'architectes clercs signant leurs œuvres, et qu'au contraire beaucoup de ces noms bourgeois qu'on salue de si bon cœur se font connaître pour maîtres des grands ouvrages du temps. Voudrait-on nous dire combien on trouve de signatures monacales sur les constructions antérieures à cette période, et si jamais les laïques, même pendant le cours de celle qu'on leur attribue, se sont incrustés dans les pierres cimentées par eux? L'humilité du religieux se contentait d'un travail élevé à la gloire du Tout-Puissant : c'est tout le secret de ce silence gardé par eux sur leurs propres églises. Le même sentiment domine encore dans les séculiers, et ce ne sont pas ceux qui élevèrent un petit nombre des basiliques du treizième siècle qui s'en firent connaître pour auteurs : ils ne l'auraient pu d'ailleurs sans usur-

Impossibilité aux laïques d'avoir, avec leur symbolisme incomplet, créé les beaux monuments de cette époque.

» d'un esprit d'hostilité contre les ordres religieux. » — Ainsi on nous apporte toujours les mêmes arguments, que nous avons amplement réfutés dans le premier chapitre de cette troisième partie; mais, comme toujours, on s'appuie sur d'inadmissibles conjectures, et l'on n'apporte aucune preuve, « les documents du temps n'en faisant pas connaître. » — Eh bien! ne sommes-nous pas fondé à vouloir ces preuves avant d'adopter les rêves d'une science historique trop accoutumée à plier la vérité à ses systèmes? Nous défions sans crainte ces grands accapareurs d'idées nouvelles de nous apporter *un seul* témoignage écrit, *un seul texte* décisif en faveur de leurs affirmations, et, jusqu'à ce qu'ils parviennent à le produire, nous refuserons de croire à leur prétendue érudition.

Ceci nous rappelle les assertions non moins équivoques d'Hallam, qui, dans son *Europe au moyen âge* (IV, 231), attribue aux francs-maçons, d'après l'opinion de son devancier Hall (*Essai sur l'architecture gothique*), l'invention de l'ogive. Ce serait en Allemagne, d'après ces doctes maîtres, que l'architecture ogivale aurait germé et fleuri, et le premier, tout en regrettant la perte des archives primitives de la franc-maçonnerie, croit *qu'elles pourraient* éclairer cette question d'origine, encore très-obscure pour lui-même. En conscience, qui ne voit clairement qu'on ne peut rien conclure de toutes ces obscurités si nettement reconnues, sinon que pour faire une vérité, c'est toujours trop peu de myriades de conjectures?

per cette gloire à l'égard des plus beaux monuments, car ils ne firent pour la plupart que les augmenter ou les finir. Avant eux, on en avait fait le plus beau et le plus difficile. C'est aux moines eux-mêmes qu'ils doivent d'avoir sauvé leurs noms de l'oubli, soit dans les chroniques écrites seules encore par des plumes religieuses, soit par la modeste et glorieuse tombe qu'une gratitude désintéressée leur élevait dans un coin honorable de l'église qu'ils avaient entreprise ou terminée (1). Enfin peut-on avoir étudié la théorie du symbolisme catholique sans comprendre que les connaissances théologiques pouvaient seules donner à une intelligence humaine le plan et le sens profond de l'iconographie monumentale dont le treizième siècle ne se glorifie pas moins que le douzième, et oserait-on soutenir aussi que des hommes livrés aux obligations du monde et aux devoirs de la famille purent atteindre à cette hauteur de conception et à ces travaux de la pensée mystique si justement admirés dans les vitraux de Bourges, d'Auxerre, de Chartres, de Poitiers et de Saint-Denis? On voit combien, lorsqu'on les examine de près, ces nouvelles données de nos historiens modernes du moyen âge accusent d'inattention ou de parti pris ; ce qui n'empêche pas cette prétendue science d'avoir ses adeptes et de trouver des écoliers disposés à l'applaudir généreusement. Si bien que nous serions peu étonné, pour l'audace avec laquelle nous défendons ici la vérité contre leurs attaques, de voir bientôt quelques-uns de leurs chaleureux disciples, sinon eux-mêmes, signaler notre livre aux grandes autorités de l'ère présente comme reléguant leurs plus belles inventions dans les ténèbres du temps

---

(1) On peut voir dans le *Bulletin monumental*, t. X, p. 260, une liste des monuments élevés seulement dans les provinces rhénanes aux treizième et quatorzième siècles : on y en trouve peu, relativement, qu'on puisse attribuer à des architectes laïques, et encore beaucoup de ceux-là sont-ils des monuments civils, tels que des hôtels de ville, des halles et des châteaux.

passé..... Nous n'avons pas une telle prétention ; nous sommes persuadé que l'erreur aura toujours des défenseurs aveuglés et des victimes plus ou moins volontaires. Mais les livres restent : les faux principes y demeurent comme les plus lucides vérités. Nous laissons à l'avenir, qui jugera les uns et les autres, de voir sans passion et de se prononcer sur la juste valeur des utopies dont on a voulu faire de la science, ou des légitimes contradictions que l'Église leur opposa (1).

(1) Entre autres suppositions mal fondées que M. Vitet a émises dans sa *Notre-Dame de Noyon*, remarquons de quelle façon il voudrait nantir les francs-maçons des quatorzième et quinzième siècles de toute la gloire qui, en fait d'architecture, appartient aux deux précédents. Comme il a voulu leur attribuer les monuments du treizième siècle, que jamais personne ne leur accorda, il prononce magistralement et établit pour incontestable l'hypothèse que voici : « Si ces associations n'apparaissent pour la première fois dans l'histoire qu'à la fin du quatorzième siècle, elles n'en vivaient pas moins depuis au moins deux siècles *en confréries secrètes*. Il est vrai que pendant cette longue période de deux cents ans on ne les voit nulle part; mais *il faut les deviner*, jusqu'à ce qu'enfin, *leur institution se relâchant, elles commençaient à divulguer elles-mêmes leur propre existence*. Dans leurs nouveaux statuts, lesdits francs-maçons ne se recommandent si sévèrement le secret que parce qu'ils se surprenaient *sans doute* à ne plus le garder. *La formation des loges allemandes du quinzième siècle passe donc à tort pour la création des confréries maçonniques : elle n'en est qu'une réorganisation motivée* PROBABLEMENT *par des symptômes de décadence.* » (Étude sur les beaux-arts, II, p. 303.) — En vérité, que dire de pareilles assertions jetées à la tête du lecteur avec ces termes mêlés d'autant de doutes que de confiance ? Quel peut donc être ce secret gardé pendant 200 ans et plus par une association que personne n'aurait soupçonnée, *et qu'il fallait deviner* ? Quel besoin d'un tel secret pour construire des églises et se laisser gouverner en humbles chrétiens par les prêtres, *conducteurs des travaux*, lors de la construction de Notre-Dame de Chartres, par exemple, et de tant d'autres ? Comment ce secret divulgué vers la fin du quatorzième siècle a-t-il été si bien repris qu'on l'ignore encore de nos jours ? Quelles preuves, enfin, autres que les conjectures de M. Vitet, de ces trouvailles qu'on ne doit qu'à lui ? Il faut avoir grande envie de former le moyen âge à l'image du nôtre pour écrire de telles idées sur l'histoire de l'art, et décidément c'est bien du temps d'Innocent III et de Durant de Mende qu'il faut dater les principes de 89 !

Finissons-en donc avec ce fameux secret, et disons, en un mot, qu'il consistait non en des doctrines de quelque importance politique ou

Explication mystique par S. Nil de l'intérieur d'une église.

En finissant ce chapitre, et après y avoir dit, comme une continuation des deux précédents, tout ce qui regarde le symbolisme de la construction, donnons encore, pour lui servir de résumé, la preuve de ce qu'on en pensait dès le cinquième siècle dans une lettre de S. Nil que nous avions promise au cinquième chapitre du tome précédent. Némertius, homme lettré de son temps, lui avait demandé l'explication de plusieurs symboles relatifs à l'église matérielle, ce qui suppose que si quelques-uns manquaient de cette science, d'autres pouvaient s'employer à la leur donner. Le solitaire, selon sa coutume, y répond avec autant de précision que de brièveté : « Vous m'avez prié, dit-il, de vous donner la raison de quelques symboles de nos églises. Je vous réponds donc que les bénitiers indiquent la purification de l'âme ; les colonnes signifient les dogmes divins ; l'abside, qui reçoit la lumière de l'orient, caractérise l'honneur rendu à la sainte, consubstantielle et adorable Trinité ; les pierres représentent l'union des âmes fortement établies et s'élevant toujours plus vers le ciel ; les siéges,

religieuse, mais dans une suite de conseils formant un enseignement géométrique à l'usage des tailleurs de pierres, d'après lequel ils pouvaient tracer sans calculs, avec des cercles et des lignes, certaines figures plus difficiles, telles que le pentagone, et déduire, avec plus ou moins de clarté et de succès, du triangle équilatéral, ou du carré et du cercle, la base et l'édification de toutes les parties. Et encore, n'oublions pas que le plus ancien livre qui traite de ces principes plus ou moins praticables est le *Geometria Deutsch* (Géométrie allemande), qu'on attribue à Hans Hosch de Gmünd, et qui fut édité en 1472 ; que le dernier est de Rivius, médecin de Nuremberg, qui *traduisit*, vers 1530, une *traduction italienne* de Vitruve, avec des notes où furent développées les prétendues doctrines secrètes des francs-maçons allemands. Voilà donc les grandes et ténébreuses théories des treizième et quinzième siècles réduites à ne vivre que dans un misérable traité d'industrie facile, donné vingt-huit ans seulement avant le seizième siècle, et deux ou trois autres tout aussi forts qui apparaissent sous le règne de Charles Quint ; le tout parfaitement oublié depuis deux cent cinquante ans au moins. — On trouvera la preuve de toutes ces assertions dans M. Schnaase : *Geschichte der bildenden Künste*, dont un intéressant chapitre sur cette matière a été traduit dans les *Annales archéologiques*, t. XII, p. 320 et suiv., et 363.

les gradins et les bancs désignent la diversité des âmes où vivent les dons du Saint-Esprit, et rappellent celles qui entourèrent les Apôtres lorsqu'aux premiers jours les langues de feu reposèrent sur leurs fronts; le trône épiscopal qui s'élève au milieu du chœur des prêtres rappelle la chaire du Pontife suprême, Notre-Seigneur Jésus-Christ. C'est là tout ce que vous m'avez demandé : je m'arrête donc après ce peu de mots (1). »

Si, dans un exposé aussi succinct, nous voyons quelques symboles exprimés dans un sens qui semble différer un peu de celui que nous avons donné déjà, on s'en étonnera peu en se rappelant que la diversité des interprétations sur un même objet n'est jamais une contradiction qui prouve contre la science; mais on en conclura sûrement une fois de plus que celui qui parlait un tel langage n'était pas aussi étranger au symbolisme qu'ont pu le faire croire ses répugnances aux peintures de luxe; et surtout ceux qui attaquaient, sous ce prétexte, l'existence d'une théorie symbolistique, voudront bien se souvenir qu'il s'agit encore ici du cinquième siècle, d'une époque où cette théorie avait pris tous ses développements, et qui devait s'emparer, dans un prochain avenir, des moyens sensibles que la marche des arts devait mettre au service de ses pieux empressements.

---

(1) « Quædam Ecclesiæ symbola interpretari tibi rogasti. Propter quod scribo quia luteres indicant purgationem animæ. — Columnæ autem divina significant dogmata. — Porta vero, quæ illucescit ad orientem, glorificationem characterizat sanctæ et consubstantialis et adorandæ Trinitatis.—At vero lapides stabiliturum et proficientium animarum protestantur collegium.— Porro throni et gradus atque sedilia diversas animas designant, in quibus Sancti Spiritus donationes insident, sicuti et prius in his quæ circa beatos erant Apostolos, super quos linguæ sederunt tanquam ignis.— Cæterum episcopalis thronus, qui in medio cunctorum presbyterorum est, cathedram insinuat magni Pontificis Domini nostri Jesu Christi.— Usque ad hæc consuluisti, et usque ad hoc et ego compendio fere scripsi. » (S. Nili Senioris epist. ad Nemertium...; apud D. Pitra, *Spicileg. Solesm.*, III, 398.)

CHAPITRE V.

AMEUBLEMENT DE L'ÉGLISE.

Siéges primitifs du clergé.

Du quatrième siècle au onzième, la nef simple ou triple de l'église se prolonge jusqu'à l'abside. Là se trouve le *presbyterium* ou suite de bancs placés circulairement autour du siége de l'évêque. C'est de là que celui-ci surveille et préside, selon le sens de son nom, selon le devoir et le droit de sa dignité supérieure. De côté et d'autre, une autre

Places distinctes des hommes et des femmes.

abside plus petite, ou *absidiole*, se produit parallèlement, à la limite des collatéraux, s'il en existe; de ces deux nefs secondaires, celle du nord recevait les femmes, celle du sud appartenait aux hommes. Celle-ci était surveillée par

Chapelle de la Ste-Vierge dans l'absidiole du nord.

des diacres, l'autre par des diaconesses (1). La place des personnes du sexe au septentrion était naturellement assignée par la chapelle de la Sainte-Vierge, qui était l'absidiole de ce bas-côté, et celle-ci avait reçu une telle destination de la place même qu'avait occupée Marie au pied de la croix, lorsque son divin Fils y expirait. C'est encore, des deux collatéraux, celui que S. Charles indique pour les femmes (2). Durant de Mende atteste que cette division,

---

(1) Cette séparation, qui doit dater de l'église même des Catacombes, est indiquée dans le Sacramentaire de S. Grégoire à la fin du sixième siècle. S. Cyprien, qui écrivait dans la première moitié du troisième, parle du baiser de paix qui se donnait à l'offertoire de la Messe par les hommes aux hommes, et par les femmes aux femmes (*Epist*. 63). Clément d'Alexandrie le mentionne aussi dans son *Pédagogue*, ch. IX. — Ce rite suppose nécessairement que les deux sexes occupaient des places séparées dans l'église. — Voir Fleury, *Hist. ecclés.*, liv. XXXVI, n° 18, et *Mœurs des chrétiens*, n° XL.

(2) « Pars vero mulierum septentrionalis sit, nisi quibus in ecclesiis

fondée sur des motifs de convenance, et que le V. Bède indiquait de son temps comme déjà fort ancienne, avait aussi pour raison de rappeler que Marie et Joseph s'en étaient allés chacun de leur côté pour chercher Jésus, lorsqu'il s'était arrêté parmi les Docteurs. Que cette raison soit plus ou moins forcée et venue après coup, elle n'a pas moins une certaine justesse qu'il faut lui reconnaître. Le grand symboliste ajoute, au reste, d'autres motifs plus concluants quand il parle des convenances que nous venons d'exprimer, et alors il donne, croyons-nous, la véritable pensée de l'Église (1) : ainsi nous devons voir avec lui les deux portions de la société humaine s'acheminer, chacune de son côté, vers le Jésus du Tabernacle, qui, de cette chaire abritée dans le lieu le plus obscur de son temple, du milieu de ces ténèbres sacramentelles de l'Eucharistie, parle aux doctes du monde et les attire encore, s'ils savent le comprendre, par le charme de sa doctrine et les attraits de son éloquente douceur. Par cette même raison, nous voudrions que le culte de S. Joseph, qu'on a trop oublié,

Une chapelle de Saint-Joseph très-convenable dans celle du sud.

pro ratione situs aliave causa episcopus aliter statuerit. » (*Instruction.* lib. II, cap. xxv, p. 121.) — S. Charles suppose ici que l'évêque ordonnerait une autre place pour les femmes que celle du nord, si quelque cause, *en quelques églises*, venait s'y opposer. On comprend que cette cause pourrait être, par exemple, le changement d'orientation devenu obligatoire par la disposition peu favorable du local, et bouleversant avec lui une foule de conséquences liturgiques nées de son principe même. Alors il entre dans l'intention du saint évêque de laisser toujours aux femmes le côté de la Sainte Vierge, qui leur va si bien.

(1) « In conventu ecclesiæ mulieres et viri seorsim habitant, quod secundum Bedam a vetere consuetudine derivatum accipimus; et inde fuit quod Joseph et Maria Puerum derelinquerunt, quoniam alter illum quem secum non cernebant cum altero esse putabant. Causa autem divisionis est quia caro viri et mulieris, si propius accesserunt, ad libidines accenduntur : unde, cum ibi peccata deflere debeamus, necesse est tunc eorum fomenta delectationes carnales vitari. — Masculi autem in Australi, feminæ autem in Boreali sive in aquilonari parte manent, ut firmiores sanctos debere stare contra majores hujus sæculi tentationes. » (Lib. I, f° v°.)

reprît ses droits légitimes non loin de Jésus et de Marie, et que sa chapelle spéciale fût celle de l'absidiole sud. De là, il semblerait présider au côté des hommes, auxquels il faudrait rendre son illustre et glorieux patronage. Ce côté, qui est celui de la force, dont l'auguste chef de la sainte Famille donna de si nobles exemples, se mettrait bien sous sa protection, tandis que la faiblesse du sexe se trouve symbolisée par la nef septentrionale. A Ravenne, on voyait à Saint-Apollinaire, église du quatrième siècle, visitée par Mabillon en 1682, les Saints et les Saintes représentés en mosaïque dans le même ordre, pour indiquer, selon la pensée du docte bénédictin, cette même séparation des deux sexes, que les artistes ne devraient pas oublier (1). M. Flandrin, l'habile peintre qui décora à Paris, en 1856, la façade de l'église de Saint-Vincent de Paul, a certainement suivi cette inspiration des âges chrétiens lorsqu'il a placé à gauche la longue et intéressante série des Saintes marchant vers les portes du Ciel, et qu'aux Saints tendant au même but il a réservé la droite, qui leur convenait exclusivement. D'autre part, on le voit dans l'Apocalypse, la faiblesse du sexe se trouve symbolisée par sa nef septentrionale, où tout lui rappelle que les faibles doivent se maintenir plus fortement contre les tentations de l'esprit infernal. D'autre part, on voit dans l'Apocalypse (x, 2) que l'Ange posa sur la mer son pied droit, c'est-à-dire la nef méridionale de l'église, qui est à droite en entrant (2). Cette droite, aussi bien que la gauche, dont nous avons déjà exposé les règles normales, a donc varié parfois, selon l'idée particulière de chaque écrivain (3); il est bon de ne pas l'oublier, pour bien comprendre les distinctions consacrées par la liturgie *vraie*,

---

(1) Voir Chavin de Mallan, *Vie de D. Mabillon*, p. 359.
(2) « Joannes vidit Angelum fortem qui posuit suum pedem dextrum super mare. Nam et fortiora membra majoribus periculis opponuntur. » (*Id., ibid.*)
(3) Voir *Bullet. monum.*, XIII, 347; XIV, 142; — Schmit, *Manuel de l'architecture des monuments religieux*, p. 443.

qui prend la droite pour celle du crucifix tourné de l'abside orientale vers la porte du couchant.

L'absidiole nord, dans les premiers temps, servait de *sacrarium*, c'est-à-dire de dépôt des choses servant au culte, tels que les vases sacrés, les livres liturgiques, les vêtements sacerdotaux : c'était, en un mot, ce que nous appelons depuis longtemps la sacristie. Durant le douzième siècle, les collatéraux se prolongent en hémicycle en avant du rond-point oriental, entre l'abside et le sanctuaire, qui déjà s'était séparé de celle-ci, et installé dans la chapelle absidale, que venaient de quitter l'autel principal et la Sainte Réserve qu'on y gardait. Alors on fit en beaucoup d'endroits la chapelle de Marie de celle où n'était plus le principal autel, et, quelque bien inspirée qu'ait paru cette substitution à des archéologues de grand poids, nous affirmons croire que le symbolisme n'y a rien gagné : car n'était-ce pas une touchante pensée de laisser la Mère aux abords du sanctuaire de son Fils, aux extrémités orientales du temple, n'ayant de supérieur à elle que ce Fils lui-même, dont le trône était élevé de plusieurs marches et dominait tout le reste dans l'enceinte sacrée ? Elle y semblait aussi attendre le pécheur, comme une dernière assurance de la charité divine ; car on dirait qu'à cette place qu'elle avait choisie jadis au pied de la croix, elle a hérité des tendresses de Jésus pour les hommes, de la confiance que si souvent ce lieu solitaire, à demi voilé dans l'architecture générale, avait attirée et entendue en d'humbles et silencieuses prières. Toutefois, on peut avoir aussi de très-bonnes raisons de lui conserver cette extrême portion du temple. Il semble que là, plus éloignée des créatures, et également du Sauveur, l'âme pécheresse vient s'offrir dans une humble et douce espérance à la Mère de miséricorde, à la consolatrice des affligés. On peut donc, à ce double point de vue, suivre les convenances locales, que ne contrarie d'ailleurs aucune règle précise de la discipline sacrée.

Premières sacristies.

L'abside, simple ou triple, ayant ainsi trouvé une destination spéciale, et les trois autels ayant bientôt concouru à former des chapelles pour quelques dévotions populaires, il fallut chercher une autre sacristie, et l'on annexa au bâtiment un appendice ou édicule qui fut placé au sud, côté des bons Anges, dignes gardiens des objets sacrés, non moins que pour la meilleure température dont on y jouit, au grand profit des étoffes, que détérioreraient ailleurs le froid et l'humidité. Les églises, ainsi disposées par le fond, sont d'un majestueux aspect et d'une perspective admirable, laissant le jour s'épanouir dans leurs vides aérés, les vitraux scintiller entre les lignes diverses et les proportions régulières de l'œuvre. Ce sanctuaire, élevé de trois marches au-dessus du sol, et sur lequel repose encore, au-dessus de trois autres, l'autel vers lequel convergent toute l'attention et tout l'amour, s'entoure d'un ou plusieurs rangs de colonnes qui s'y multiplient en nombre mystérieux, s'y réunissent par des arcades, et supportent ou une coupole, comme autrefois à Saint-Sauveur de Charroux, ou une voûte en berceau, comme à Notre-Dame de Poitiers. Dans cette disposition, et lorsqu'on a fait de la grande abside la chapelle de la Sainte Vierge, se trouve une intention mystique tout aussi digne de notre attention que bien d'autres. A travers tant de vides laissés à l'air et à la lumière dans ce fond du temple où règne le souvenir de Marie, on aperçoit aussi de toutes parts, et de si loin que l'œil y plonge, son image bénie, soit sculptée sur le fond du mur terminal, soit coloriée sur la verrière que frappent les premiers feux du matin. Ainsi, après son Dieu et le nôtre, offert tout d'abord à l'adoration des fidèles au-dessous de la coupole principale, la douce et toute sainte Protectrice de Ses enfants leur apparaît de loin et ne les invite pas moins que Lui-même à s'approcher et à prier (1).

(1) C'est là une preuve sérieuse que la chapelle du Saint-Sacrement,

Mais ce précieux effet qui saisit l'âme et la pénètre, en entrant dans le Lieu saint, d'une pieuse et attachante confiance, nous doit imprimer aussi une crainte salutaire, et ce n'est pas sans une humble idée de soi-même que le chrétien, toujours plus ou moins pécheur, doit frapper sa poitrine avec le publicain d'autrefois, et provoquer la miséricorde du Maître en avouant l'indignité du disciple. C'est dans ce but que l'âme introduite vers Dieu trouve, dès ses premiers pas, l'eau lustrale qui lui rappelle son baptême et l'invite à se purifier des moindres souillures contractées dans les agitations de la vie mondaine. Comme nous avons vu aux murs extérieurs s'exercer, avec une sorte de liberté dont il abuse, l'être satanique imbu des puissances du mal; comme l'esprit méchant est là dans son élément et dévorant sa proie, cherchant même à interdire les abords du temple par l'effroi qu'il y inspire et ses persécutions haineuses, on voit souvent, dès le porche de l'église, cette action mauvaise atténuée par des symboles de l'affaiblissement de l'esprit du mal sous l'influence de la prière. Souvent l'ange déchu est là, s'efforçant en vain, comme à Saint-Denis, d'enlever au bonheur de *la terre des vivants* l'âme protégée de Dieu. Là c'est la Femme bénie déjouant, en s'élevant vers le ciel, le dragon qu'elle foule et méprise; ailleurs, S. Michel pèse les âmes, que le cruel, même en tirant de toute sa force sur un des plateaux de la balance, ne peut faire pencher à son profit. Une autre fois l'archange terrasse de son épée redoutable le monstre, qui n'a aucun pouvoir sur l'Église de la terre, non plus que jadis contre la demeure de Dieu. C'est par une

Bénitiers et eau bénite.

---

dans les églises où l'adorable mystère ne repose pas sur le grand autel, devrait toujours être l'abside orientale : c'est là que converge par les deux nefs l'affluence des fidèles, qui tout d'abord, en entrant dans une église, y cherchent l'Objet de leur adoration. Là aussi semble s'élever l'Étoile de Jacob, le Soleil de justice; là, enfin, la piété est plus recueillie, se sent plus loin du monde, et moins exposée au mouvement général qui se fait toujours plus ou moins dans les autres parties du temple qui servent d'accès à celle-ci.

juste conséquence de ces préliminaires que l'eau bénite nous est présentée dès notre premier pas dans la nef : c'est encore une de ces concessions que l'Église a su faire, dès le commencement, aux usages païens qu'Elle sanctifia en les laissant subsister pour l'Orient, où les ablutions, aussi nécessaires que religieuses, entraient pour beaucoup dans les rites sacrés. Les Juifs se lavaient les mains et la tête avant de passer le seuil du Temple, et même avant leurs prières particulières ; ces sortes de purifications paraissaient indispensables, et les chrétiens n'en furent pas privés, de sorte que l'Occident vit cette même coutume s'introduire dans toutes ses églises. Tertullien en fait foi au deuxième chapitre de son livre *De la Prière*. S. Paulin le mentionne aussi dans sa douzième *Lettre*. Il n'en est pas moins certain que, pour trouver l'origine de l'eau bénite, il faut remonter jusqu'aux temps apostoliques, comme Baronius le constate au premier livre de ses *Annales*. Le sel étant le symbole de la sagesse et de la prudence, l'eau celui de la pureté, rien ne semble plus naturel et plus convenable que de rendre l'homme, par l'usage de cette double efficacité, plus digne de paraître devant Dieu et de le prier saintement. Ce fut aussi une double raison d'orner la cuve de pierre, de granit ou de marbre, des beaux reliefs qu'on y vit surtout à partir du douzième siècle. Les feuillages des plantes aquatiques, les poissons, les colombes buvant au même calice, y font une charmante et significative bordure, tandis que, sur la circonférence, des traits évangéliques reproduisent les souvenirs de la prédication primitive ou quelque purification biblique comme la Samaritaine, la Madeleine, ou le Publicain justifié. Des ornements analogues décorent les bénitiers portatifs qui servent aux aspersions, aux bénédictions ou aux exorcismes.

Le tronc des aumônes.

A côté ou au-dessus de ce grand vase, soit posté à cet effet à l'extrémité occidentale de la grande nef, soit accolé à chacun des deux premiers piliers qui la séparent des nefs secondaires, est appendu le tronc des aumônes où se jette le denier de la veuve avec les générosités plus abondantes des riches et des heureux de ce monde. L'emploi de ce petit coffre, dans le but d'exciter et de recueillir les offrandes des fidèles, fut généralisé en 1200 par une disposition du pape Innocent III; mais il avait eu des précédents en France et en Angleterre, dès l'an 1166, en faveur des besoins de la Terre Sainte (1). Comme l'eau *benoiste*, l'aumône est une sainte supplication en faveur des péchés commis : elle prédispose bien à la prière, elle efface les aberrations de l'âme pendant le cours de la sainte liturgie : vous donnerez donc de vos deniers à la Mère commune qui les distribue, soit que vous veniez implorer les grâces d'En-Haut, soit que vous quittiez le saint Lieu après les avoir obtenues; car l'aumône, si elle est une demande, est aussi une action de grâces. C'est pour rendre ce sentiment de la charité qu'on donnerait bien au tronc, appelant ainsi notre attention dès les abords de l'église, cette forme de pélican qu'on lui a vue à Haarlem et à Douai. Le symbole du dévoûment qui va jusqu'à se dépouiller pour autrui conviendrait bien à celui qui dépense son avoir aux besoins des pauvres (2).

(1) Voir Raoul de Dicet et autres autorités cités par Ducange, v° *truncus*; ce qui prouve qu'une note donnée par M. Tudot à la *Revue de l'art chrétien*, t. II, p. 429, établit une erreur évidente en disant que ce *tronc* n'avait pas de mot équivalent dans la langue latine. Il nous semble même que d'après ce nom on trouverait peut-être que le premier vase employé à quelque usage analogue pouvait très-bien n'avoir été plus ou moins longtemps qu'une portion d'arbre creux dont l'art aura ensuite modifié la forme.

(2) Ce n'est pas que nous croyions beaucoup à la destination de ces deux pélicans dont parlent MM. Didron et de La Fons comme étant, l'un dans le chœur de la cathédrale d'Haarlem, l'autre dans celui de Saint-Amé de Douai (*Annal. archéolog.*, XVI, 97 et 375). Ce n'était guère dans le chœur de deux églises collégiales, là où les fidèles n'avaient point d'accès, qu'on aurait placé le tronc des aumônes communes. Il nous semble plutôt que, tout en servant de lutrin au lieu de l'aigle, ces deux beaux morceaux de dinanderie recevaient plutôt la masse des distributions à faire chaque mois ou chaque année aux membres du Chapitre, en raison de leur présence au chœur ou des absences qu'ils

Fonts baptismaux.

A gauche en entrant, sinon et mieux sous le porche (qui d'ailleurs n'existe pas toujours), doivent s'ouvrir les fonts baptismaux : c'est leur côté normal ; ne sont-ce pas les âmes du Septentrion que le Sauveur a introduites, par le sacrement de la régénération divine, dans les douces régions de la lumière et de la chaleur (1) ? A l'opposite, un autre baptistère, où l'âme déchue retrouve l'honneur et la paix de sa vie spirituelle, le confessionnal en un mot, trouve sa place la mieux choisie : c'est de là que le pénitent réconcilié s'avancera vers le sanctuaire, où la Table sainte est dressée pour lui. Rien de mieux que cette double disposition des petits espaces d'où le païen christianisé, comme le publicain justifié, s'élancent dans la pure région des réalités religieuses. On a tort d'oublier trop souvent de si éloquentes convenances, et toute l'attention des Pasteurs devrait se porter sur ces détails, et sur tant d'autres dont l'esprit et la vie sont destinés à influencer si profondément la pensée chrétienne et à la fortifier dans les cœurs.

Confessionnaux, et leur histoire.

A ce propos, disons que le confessionnal est un meuble du plus haut intérêt et qui mérite d'autant plus l'attention de l'archéologie sacrée qu'il remonte moins haut dans l'antiquité liturgique. Jusqu'au quatorzième ou quinzième siècle, on le voit consister en une simple escabelle qui sert de siège au prêtre ; le pénitent est à genoux à côté de lui, et si c'est une pénitente qui se confesse, un simple voile les sépare : ainsi est représentée l'administration du sacrement en de nombreuses miniatures des *Livres d'heures* et des *Sacramentaires* du moyen âge. Le concile de Milan de 1565 exigea une grille entre les deux personnes : c'était indiquer le meuble

en avaient faites. — Mais cela n'ôte rien à l'exécution possible d'un pélican comme tronc à aumônes.

(1) C'est pourquoi les anciens baptistères, lorsqu'on les bâtissait à part, et qu'ils formaient une véritable église, s'ouvraient vers le midi, ce que S. Charles recommande encore. (*Instruct.* lib. I, cap. xix). — On peut voir, raisonnant dans le même sens, Catalani, *Commentaire sur le rite romain.*—(*Pontif. Roman.*, II, 17, in-4°, 1851, Parisiis.)

tel que nous l'avons enfin, et qu'il a dû se perfectionner peu à peu (1). Il faut bien avouer que ce meuble, réduit à cette plus simple expression, est presque toujours un hideux *je ne sais quoi* façonné d'une détestable manière, et n'offrant en permanence, dans la plupart de nos pauvres églises, que le spectacle permanent d'un instrument fort indigne de sa noble et touchante destination. Le dix-septième siècle avait commencé à en faire un objet d'ornement par les recherches de la sculpture ; mais ces recherches elles-mêmes ne parvinrent à produire que des motifs froids, insignifiants, affectant les formes recherchées de la menuiserie, comme des chambres à coucher et des salons. Point d'images, aucune idée spéciale, nul symbolisme ; tout était là comme dans l'architecture prétendue chrétienne de l'époque. Avec nos idées nouvelles et le retour général aux pensées meilleures de l'art religieux, il nous faut autre chose aujourd'hui, et quand on meuble tant d'églises, on doit y vouloir des confessionnaux qui parlent de Dieu comme tout le reste. Nous ne voudrions pas qu'on s'y appliquât au style du treizième siècle, qui, si pur qu'il fût, aurait encore là trop de sa légèreté naturelle. Il faut à cette enceinte mystérieuse, où se déposent les plus graves secrets de la conscience et du cœur, où retentit, dans le silence des plus austères enseignements, l'écho terrible et consolant de la parole divine, il faut un aspect sérieux, plein d'une dignité tempérée cependant par le sentiment de la confiance et de la charité. On préférerait donc le style du douzième siècle, qui réunit tous ces avantages soit par le plan, où la sécheresse du plein-cintre est atténuée par les modestes élans de l'ogive encore timide, soit par la richesse de l'ornementation sculpturale, où peuvent s'étaler à divers degrés toutes les ressources d'un symbolisme éloquent. Une porte ajourée, en ménageant de l'air au confesseur, le dérobe

<small>Comment en faire de convenables quant au symbolisme ?</small>

---

(1) Voir Labbe, *Concil. Mediolan.*, pars II, tit. I ; — Didron, *Annal. archéol.*, I, 265 ; — *Bullet. monum.*, XIII, 405 ; XVII, 656.

suffisamment, par les entrelacs de feuillages significatifs, aux regards du dehors, qui ne doivent ni l'épier ni le distraire. On pourrait très-bien, au reste, remplacer ces entrelacs par une couronne d'épines, traversée dans son diamètre des instruments de la Passion qui s'y prêteraient le mieux, comme la croix, la lance, le roseau. Les deux compartiments latéraux, laissant entrer le pénitent par des ouvertures ménagées de biais, offriront sur leur surface une sorte d'appareil mural sur lequel se développeront les meneaux d'une grande fenêtre simulée. Les pendentifs pourront se remplir des expansions de la Vigne mystique, dont les grappes se foulent à l'intérieur sous le pressoir divin ; ou bien ce seront des roses avec leurs épines, qui rappellent les parfums d'une vie nouvelle recueillis au milieu des saints efforts de la pénitence. Couronnez le tout d'une corniche courante entrelacée de branches de chêne et d'olivier, d'amandier, de platane : vous aurez personnifié pour ainsi dire la force et la paix, la douceur et la charité, fruits excellents qui font toute la vie chrétienne (1) ; et si vous surmontez cela d'un pignon à deux rampants qu'amortisse un élégant acrotère, comme la transition en mettait à l'extrémité supérieure de tous ses monuments, la pensée ira avec ce gracieux et sévère ensemble, sans efforts comme sans résistance, vers ce séjour de Dieu dont vous aurez, non loin de l'autel, esquissé d'avance une élégante image (2).

(1) « Quercus, arbor dura et solida, designat fidei soliditatem...; » — « Sancti robusti, » dit Pierre de Capoue. — « Oliva, » dit Raban-Maur, « testimonium conscientiæ bonæ ; per amygdalum, arborem temperatæ naturæ, mansuetudinis lenitas figuratur, » selon l'auteur des *Distinct. monastiq.* — Enfin le platane (à πλᾶτος, quod est *latum*) « caritatem significat, » dit le même auteur. — Voir S. Méliton, ap. *Spicileg. Solesm.*, II, 361, 380, 390.

(2) Nous avons fait exécuter un tel meuble d'après ce plan, dont le point de départ a été la façade occidentale de la cathédrale de Lisieux, telle qu'on la voit dans l'*Abécédaire d'archéologie* de M. de Caumont, p. 210. Nous y avons apporté les modifications voulues par notre but, et, somme toute, ces détails ont fait un fort beau meuble, qu'on imiterait sans violer aucune règle d'archéologie imitative.

Avançons. Voici la chaire : c'est une véritable tribune d'où la parole de Dieu se répand sur l'auditoire fidèle. Cette destination dirait toute seule et sa position normale, et sa forme, et son ornementation. Il n'est pas indifférent, en effet, de lui assigner une place quelconque. Source d'enseignement et de lumière, c'est au sud de l'église, du côté de l'épître, qu'elle doit s'élever, pour souffler de là vers les régions de l'ignorance et du froid la science de l'Esprit-Saint et la féconde chaleur des inspirations divines. C'est la même raison qui fait diriger vers le nord la voix du diacre annonçant l'Évangile, dont les homélies et les sermons ne sont que d'amples et incessants commentaires. Ce n'est pas sans avantage pour l'ameublement de l'église qu'on est parvenu à faire de la chaire chrétienne comme une sorte de monument que son immobilité même élève à ce titre. Quelque ancienne qu'elle soit dans les usages de l'Église, puisqu'on en voit que des traditions locales font remonter jusqu'aux temps apostoliques (1), il ne faut pas se figurer qu'on lui ait toujours donné cette importance monumentale. Mobile d'abord et essentiellement transportable, ce n'est guère qu'au treizième siècle, quand on sentit le besoin d'en faire un ornement de plus pour nos vastes et riches églises, que ses formes et son ornementation prirent des proportions monumentales (2) ; et encore n'en connaît-on pas de plus ancienne que celle de la cathédrale de Strasbourg, dont l'abat-voix est cependant d'une date beaucoup plus récente.

Ici, nous ne pouvons penser comme certains archéologues qui prétendent priver les chaires d'abat-voix ou de draperies,

<small>La chaire; sa place normale.</small>

---

(1) M. Didron cite, à Salonique et à Corinthe, deux chaires où l'on tient encore que S. Paul a prêché ; d'autres sculptées au portail nord de la cathédrale de Paris, ou peintes dans les verrières de celle de Sens ; enfin une autre conservée depuis le douzième siècle à Saint-Barthélemy de Pistoie, en Italie. (*Annal. archéol.*, XIII, 239, et XVII, 315.)

(2) Voir *Notice sur les chaires à prêcher*, par M. l'abbé Barraud, p. 29, in-8º, Caen, 1871 ; — M. de Caumont, *Hist. de l'archit. relig. au moyen âge*, p. 21.

sous le prétexte tout gratuit que le cérémonial romain réserve cette distinction à la chaire de l'évêque seul (1). Où est-ce, d'abord, que l'évêque a jamais eu une chaire à part, où nul autre ne montât, ce qui supposerait qu'au moins dans les cathédrales il y en aurait deux, l'une pour lui, l'autre pour les prêtres ? Mais quand cette prescription serait formelle, ne faudrait-il pas considérer qu'elle serait comme toutes les autres du même livre, d'une époque déjà fort reculée, où l'art n'avait pas pris tous ses développements d'aujourd'hui, et que cette règle, comme beaucoup d'autres moins strictement suivies, pourrait sans inconvénients se modifier en faveur du meilleur effet qu'on doit se proposer ? Que ferait au-dessous de nos voûtes élancées, au milieu des piliers sveltes qui les supportent, une cuve mesquine, à peine apercevable dans la vaste étendue d'un immense vaisseau, tout au plus aussi digne que celle destinée aux catéchismes d'une chapelle ? Au contraire, donnez-lui cet appendice qui la relève aux regards, qui complète sa vie monumentale, qui centuple l'importance de sa forme en se prêtant à une ornementation habile et éloquente : dès lors vous mettez cette chaire en harmonie avec tous les autres détails de l'ameublement ; vous avez une voix de plus dans le temple, voix que l'oreille du cœur écoute pendant que l'œil de l'esprit s'y complaît, lit et approuve. Quel dommage ne serait-ce pas qu'un tel objet manquât, à peu près seul dans une église, du symbolisme que nous aimons tant à y trouver en tout !

(1) Une chaire sans couronnement, et apparaissant tout isolée et comme non achevée, aura toujours l'air, dans une grande église, d'une chaire roulante, manquant de style et de dignité ; au contraire, dans l'immobilité d'une masse monumentale, on retrouve la gravité sainte de la Parole éternelle : *Veritas Domini manet in æternum* (ps. CXVI, 2). — Nous ne concevons donc pas comment des archéologues ont pu s'élever contre un couronnement indispensable en alléguant une prétendue défense du *Cérémonial des évêques*. Ce livre ne parle que du dais ou baldaquin dont le trône épiscopal doit être recouvert, et encore pourvu que le même honneur soit rendu au maître-autel. (Voir *Cæremon. episc.*, lib. II, cap. VIII ; lib. III, cap. IV.)

Nous insistons, c'est ici le lieu de le dire, pour qu'on ne s'avise jamais de construire une chaire en pierre, comme il est arrivé trop souvent, par un caprice qui confondrait encore un meuble avec le monument même, dont il ne doit pas faire partie intégrante. Car, dans ce système, le meuble est accolé aux parois de la nef, s'il n'y en a qu'une, et se confond avec le mur qui la soutient. On avouera, avec un peu de goût, que cet appendice se distinguera mieux de l'édifice s'il est construit en chêne, qu'on se gardera bien de peindre, le temps devant se charger seul d'en foncer la teinte. Il saillira bien plus convenablement du mur, ou bien il s'élèvera entre deux des piliers qui distribuent l'église en trois nefs, et y sera d'un effet digne et religieux. Nous parlerons plus loin de ses sculptures, qui peuvent varier à l'infini.

Inconvenance des chaires en pierre.

Vis-à-vis la chaire, on s'est évertué fort souvent à dresser un autre genre de meuble utile, nécessaire même dans les grandes églises : c'est le banc d'œuvre dans lequel il est bon que le clergé ait sa place distincte pendant les sermons. Mais, comme la chaire doit s'isoler des piliers pour n'en pas interrompre la majestueuse harmonie, en coupant brusquement les lignes architecturales qui s'y suspendent dans toute leur belle pureté, le banc d'œuvre aussi doit rester presque inaperçu dans le vaisseau, ne s'élevant donc qu'à une hauteur inoffensive aux détails qui l'entourent, et tout dépourvu de ces hauts dossiers qui restreignent le rayon visuel, et cachent tous les objets d'art que l'œil rencontre avec tant de bonheur dans l'étendue calculée de l'enceinte sacrée. De grâce, ne gâtons rien sous prétexte d'embellissement !

Le banc d'œuvre.

Au delà de la chaire, s'éleva longtemps, comme un complément nécessaire, l'ambon (ἄμϐων) ou jubé, galerie plus ou moins vaste, élevée au-dessus d'une arcade laissant communication entre la nef et le chœur : c'est là que se chantaient solennellement l'épître et l'évangile. De là aussi s'adressaient au peuple les enseignements de la prédication,

L'ambon ou jubé.

depuis l'époque antérieure au onzième siècle, où la foule commença à choisir ses places à l'église, souvent sans distinction des sexes dans les deux collatéraux ; car c'est vers ce temps que se multiplièrent les églises à trois nefs : pour celles-ci, l'ambon avait été placé, comme à Saint-Clément de Rome, où il l'est encore, à droite et à gauche du chœur ; on observait donc la coutume normale d'annoncer l'évangile du côté nord, et l'épître, avec les leçons des Apôtres, vers le sud, comme nous continuons de le pratiquer.

Jubés symboliques de Ravenne. — Un des plus curieux jubés qui se soient conservés jusqu'à nous, et des plus symboliques par son ornementation, est celui de la métropole de Ravenne, qui date du sixième siècle, et fut fait, comme l'indique une inscription qui lui sert de frise, par l'évêque *Agnellus ;* il est en marbre. La vaste ampleur de son développement a permis de diviser sa façade carrée en trente-six compartiments, dont chacun renferme un oiseau ou un quadrupède symbolique, toujours le même pour chaque rang, et dont, par conséquent, chacun est répété jusqu'à six fois, ce qui cache certainement une intention où le nombre *six* a son rôle. On distingue donc encore très-bien six agneaux, allusion au nom de l'évêque et en même temps à celui du Sauveur ; six paons exprimant l'immortalité espérée du chrétien ; six daims, rappelant le mépris du monde par leur amour de la solitude ; six colombes, qui sont toujours l'innocence et la charité ; six palmipèdes, bêtes aquatiques symbolisant le baptême, et six poissons, dont nous savons l'analogie avec le chrétien (1).
— Deux autres jubés du même siècle se voient encore en deux autres églises de la même ville, dont l'un reproduit la même série d'animaux symboliques donnée par Agnellus. N'omettons pas d'observer que ce prélat pourrait bien avoir travaillé de ses mains ces intéressantes sculptures, car son inscription :

SERVVS XRI AGNELLVS HVNC PYRGVM FECIT

(1) *Bullet. monum.,* XXV, 685.

permet de le supposer : ce serait donc un évêque artiste à ajouter au Dalmatius et au Némertius du siècle de S. Grégoire de Tours, qui sans doute n'avait pas à s'occuper de lui dans une *Histoire des Francs*.

Le beau jubé de Saint-Étienne-du-Mont, à Paris, était un modèle parfait sous tous les rapports, et un charmant spécimen de l'art gothique. Parvenu jusqu'à nous depuis le seizième siècle et à travers le vandalisme de l'ignorance qui, au dix-septième, le détruisit presque tout entier, on a parlé de le ruiner avec tant d'autres, comme obstruant le regard des fidèles vers l'autel et séparant trop les fidèles du clergé officiant. Ce sont précisément les deux avantages que la vieille liturgie, trop dénaturée aujourd'hui, voulait se ménager. Pourquoi ne sait-on plus que jadis la riche portière du jubé s'ouvrait au moment de la consécration, pour figurer le voile du Temple déchiré à l'instant solennel où Jésus sauva les hommes par sa mort? N'y avait-il point quelque enseignement encore dans ce recueillement du sanctuaire, dans cette séparation entre le prêtre priant et sacrifiant dans le silence, et ce peuple agenouillé au dehors, aspirant à la possession de la Terre promise et de l'Église éternelle? Conservons donc, partout où elles existent, ces clôtures éloquentes, d'ailleurs si riches presque toujours du plus beau langage sculpté ou peint; et si, dans le système actuel de nos constructions religieuses, on s'obstine à se passer de l'ambon et de tout ce qu'il pourrait ajouter de convenance au culte sans gêner l'aspect des cérémonies, du moins gardons ceux qui n'ont pas été renversés par des mains barbares, et respectons la pensée qui s'y manifesta si longtemps (1).

Celui de Saint-Étienne-du-Mont, à Paris.

Souvenirs symboliques qui s'y rattachent.

(1) Voir l'abbé Ricard, *Revue de l'art chrétien*, t. III, p. 282. — Ne serait-il pas possible de ramener le jubé dans nos églises construites d'après les meilleurs plans du style gothique, en les établissant au-dessus d'une vaste arcade qui laisserait une communication suffisante entre la nef et le chœur? Ce serait une clôture grandiose, fermée après les offices, et qui, sans gêner en rien dans une vaste basilique, en augmenterait singulièrement le caractère religieux.

Le transsept. — Le transsept, en avant du chœur, forme les deux bras de la vaste croix qui forme le plan général. Là sont ordinairement deux chapelles, comme à la cathédrale de Poitiers, et, presque toujours aussi, deux portes s'ouvrant sur deux façades secondaires, mais surmontées, à l'intérieur, de verrières coloriées où l'art et la liturgie ont rivalisé d'efforts pour instruire l'âme en séduisant le regard. Nous dirons quel choix de sujets convient mieux à ces baies élégantes dont le coloris, savamment ménagé, amoindrit convenablement le jour vers la partie supérieure de l'église, où la prière a besoin de plus de mystère et de recueillement.

Le chœur. — Nous arrivons au chœur, limité à son extrémité occidentale par une clôture quelconque, soit une simple grille depuis la disparition des jubés, grille qui doit être d'autant plus remarquable de dignité par ses proportions et son beau travail qu'elle tient à un ordre de choses plus élevé qui va se dérouler à nos méditations de chrétiens et d'artistes. *Les stalles.* Au delà, sont les stalles, garnitures d'une extrême élégance, chefs-d'œuvre de menuiserie bien souvent, depuis qu'au quatorzième siècle on s'évertua à les orner de sculptures où, pendant trois cents ans, le symbolisme s'est fait un rôle si large et si varié. On sait le mérite des magnifiques stalles de notre belle basilique de Poitiers, dont les formes, avec leur ornementation si curieuse, furent établies de 1236 à 1250. Ce sont les plus anciennes que l'archéologie connaisse en France, et nous ne craignons pas de dire en Europe (1). Durant de Mende, qui écrivait quelques années plus tard, fait des stalles un avertissement des faiblesses de cette vie, où la force active a besoin de quelques intervalles d'allégement et doivent nous faire aspirer au repos inaltérable de l'éternité (2). Sicardi de

---

(1) Voir la description et les dessins de ce bel œuvre de menuiserie dans notre *Histoire de la cathédrale de Poitiers*, t. II, p. 30 et suiv.

(2) « Stalli ad sedendum in choro designant quod aliquando corpus

Crémone fait de tant de places différentes l'image de celles du ciel, qui différeront entre elles d'après les mérites divers des Élus (1). Que dire de cette idée barbare que nous avons entendu professer à Bordeaux et ailleurs sur le renversement *nécessaire* de cette magnifique ceinture, où les chanoines cherchèrent bien moins, quoi qu'on en ait osé dire, un abri contre le froid des nuits passées au chœur qu'un refuge contre les distractions du dehors et un recueillement indispensable à l'esprit de prière ? N'était-ce pas dans cet esprit que le ciseau des maîtres avait représenté sur ces vastes et merveilleuses surfaces tant d'histoires sacrées, tant de feuilles et d'animaux dont chacun savait parfaitement alors la signification esthétique ? Et, en admettant que ces travaux de la main chrétienne n'aient point partout la même valeur, ne sont-ils pas une décoration tout à fait dans l'esprit de la chose ? Voudrait-on nous dire ce que nous aurons gagné à ce *dégagement* de notre *enceinte* si convenablement *réservée*, lorsque nos chanoines, mêlés pour ainsi dire à la foule devenue si peu respectueuse dans le Lieu saint, nous serons entraînés malgré nous, au milieu des fonctions les plus sacrées, vers un mouvement général incompatible avec les saintes préoccupations de l'âme contemplative ; lorsque l'autel même où nous sacrifions sera, contrairement à l'esprit de l'Église, exposé aux regards curieux et trop souvent profanes de ces faux chrétiens, à qui l'on devrait cacher les mystères, et qui viendront, épiant nos moindres gestes liturgiques, saisir pour ainsi dire sur nos livres les incommunicables paroles de la redoutable Transsubstantiation ? Comment peut-on dégénérer ainsi de ses pères, et apporter ses idées personnelles à la place de si religieuses conceptions (2) ?

recreandum est : quodque caret æterna requie, durabile non est. » (*Rationale*, lib. 1; mihi, v° IV.)
(1) Dorsalia sedentium multæ mansiones in domo Patris, sicut in *Joan.*, XIV, legitur. » (*Mitrale*, lib. I, cap. IV.)
(2) Nous aurions à signaler ici une sortie étonnante de feu l'abbé

Le chœur (χορός) est l'espace destiné au clergé *qui chante*, comme le sanctuaire à celui qui offre le sacrifice ou y concourt par son action unie à celle du prêtre officiant. C'est pour cela que le chœur, où se remplissent des fonctions plus élevées que celles des simples assistants, est distingué du sol de l'église par une élévation qui s'observe généralement et dont les marches, comme S. Charles le remarque, doivent toujours être en nombre impair : nous en savons la raison mystique (1). Plus beau de décor que la nef, moins que le sanctuaire, on y arrive souvent, surtout dans les églises du onzième siècle, où la forme cédait très-fréquemment à l'idée mystique, par une arcade qui se rétrécit beaucoup en comparaison de la nef, et parfois l'espace même consacré au chœur et aux saints mystères n'a que les mêmes dimensions de cette porte étroite. Une inscription placée au-dessus de cette arcade amoindrie, dans l'église de Tournebu (Calvados), explique ce qu'il en faut penser là et ailleurs : c'est la parole du Sauveur dans son discours sur la montagne, rappelant comme il faut se faire petit et multiplier ses efforts pour entrer au ciel, *dont la porte est si étroite, aussi bien que la voie qui y conduit* (2).

Arcade triomphale et crucifix.

Cette dernière partie de l'église, formée du chœur et du sanctuaire, symbolise le Ciel, où sont les personnes et les choses sacrées par excellence. La nef par elle-même n'est aussi que l'image du monde inférieur qu'habitent les sim-

---

Pascal, qui, dans ses *Origines et Raisons de la liturgie catholique*, col. 317, prêche dans le sens du vandalisme moderne contre la conservation de l'enceinte des chœurs. Il est au moins surprenant d'entendre un prêtre parler en 1844 de l'Office canonial comme aboli et perdu, et conclure de là que la *raison d'être* n'existe plus pour les hautes stalles, comme si les Offices capitulaires n'avaient pas été rétablis par le concordat de 1802 en même temps que les Chapitres.

(1) Voir *Bullet. monum.*, XIII, 552; XIV, 503; XVIII, 66; XX, 180, 260; — S. Caroli *Instruction.*, lib. I, cap. IX, X, XI et XII.

(2) « Quam angusta porta, et arcta via est quæ ducit ad vitam, et pauci sunt qui inveniunt eam ! » (*Matth.*, VII, 14.) — Voir *Bullet. monum.*, XIII, 149.

ples fidèles, figure, en un mot, de l'Église militante; et comme on ne peut passer de ce monde à l'autre que par la croix, on avait autrefois l'habitude, aujourd'hui presque partout abandonnée en dépit de son caractère de tradition apostolique, et d'autant plus regrettable, d'encadrer au haut de l'arcade qui séparait les deux espaces un crucifix de grandes proportions qui frappait sans cesse les yeux des assistants (1) : c'est de là que l'arcade susdite avait reçu le nom de *triomphale*, aussi bien que cette croix. En certains lieux on ajoutait, non sans avantage pour la piété, comme les architectes d'Angleterre en reprennent l'habitude dans leurs églises catholiques, d'adjoindre au Christ crucifié Marie et S. Jean, tels qu'on les représente sur le Calvaire (2). Dans les cathédrales et autres grandes basiliques où les dispositions de l'architecture ne se prêtaient pas à cet agencement, on transportait ces dignes objets de la vénération chrétienne dans la verrière terminale, où leurs belles couleurs ajoutaient à l'effet des saintes images : tel on le voit encore dans le beau vitrail du treizième siècle, à Saint-Pierre de Poitiers.

Tout contribue à donner au chœur le sens mystique de la Cité céleste. Pendant que, dans le sanctuaire où siège l'Évêque, l'Agneau s'immole, et qu'autour de l'autel se développent en couronne mystique les lévites qui secondent l'action du Saint Sacrifice, les chants sacrés alternés ou simultanés rappellent les cantiques des Esprits célestes répétant à jamais l'*Hozanna* éternel, ou célébrant la paix apportée par le Christ aux hommes de bonne volonté. Là se balancent les couronnes de lumière jetant sur la fervente assemblée l'éclat mystérieux de ce jour d'En-Haut, qui éclaire de sa vérité quiconque aspire à la recevoir. Ici l'aigle déploie ses ailes pour soutenir les livres d'où s'échappent les notes tristes

L'aigle ou lutrin.

---

(1) Voir S. Charles, *Instruct. fabricæ eccles.* lib. I, cap. II; — l'abbé Raffray, *Beautés du culte catholique*, II, 44.
(2) Durant, *Rationale*, ubi suprà; — *Bullet. monum.*, XVIII, 68.

ou joyeuses de l'action de grâces ou de la prière : c'est la sublimité de ce vol de l'âme, exprimé si bien par la louange divine et les ardentes supplications. Enfin les prêtres, les clercs ont leurs places assignées par les prescriptions canoniques dans les hautes ou basses stalles, selon qu'ils sont élevés ou non aux ordres majeurs, symbolisant l'ordre merveilleux de la cour céleste, et unis aux saintes aspirations de l'autel, participant de cœur et d'esprit, par les alternatives du silence et des cantiques, à l'œuvre incessante de la communion des Saints.

Le sanctuaire. Mais le sanctuaire va s'ouvrir... Trois ou cinq degrés, nous l'avons dit, y donnent accès : il est donc supérieur, par son élévation au-dessus du sol, à tout ce qui l'environne, et ainsi il témoigne de la haute supériorité des mystères qui s'y accomplissent. Par un autre symbolisme qui a le double avantage d'annoncer à l'extérieur cet espace privilégié et de le distinguer aussi nettement dans l'enceinte sacrée, la voûte s'y abaisse plus encore que pour le chœur, et indique à tous un lieu à part, et comme une église plus mystérieuse dans l'église entière (1) : c'est un complément de la pensée qui rétrécit cet espace et l'environne de plus de solitude et de silence, de moins de mouvement et de jour. Là encore une clôture doit entourer l'autel : moins élevée que la grande grille du chœur, dont les dimensions doivent s'harmoniser avec la majesté qu'elles défendent, elle sert d'appui au fidèle qui vient chercher la nourriture eucharistique; mais elle n'en a pas moins le sens d'une vérité morale, car elle dit au clergé, avec l'abaissement même des voûtes, selon les litur-

---

(1) C'est une observation consignée dans toutes les descriptions d'églises anciennes : cet usage était bien antérieur au onzième siècle; on le pratique encore au douzième pendant la belle période dite *de transition*, comme à la cathédrale de Poitiers. Il faudrait tenir à ce point si convenable dans les constructions d'églises modernes. — Nous avons fait remarquer cette importante disposition, quant à la cathédrale de Poitiers, dans l'*Histoire* de ce monument, I, 311, et dans le *Bullet. monum.*, II, 70, et IV, 325.

gistes du moyen âge, que plus il est élevé au-dessus du reste des hommes, plus il doit s'humilier lui-même dans son esprit et dans son cœur. Comme point de séparation, le chancel indique l'éloignement des choses de la terre et le désir du bonheur qu'on ne trouve qu'en Dieu (1). C'est là aussi, entre cette table où il était venu si souvent pour nourrir les âmes, et l'autel où il prenait pour elles le Pain de vie, que le curé reposait après sa mort, lorsque la philosophie triomphante n'était pas encore parvenue à l'en exiler.

Le sanctuaire, que serait-il sans l'autel? C'est vers ce dernier que se réunissent toutes les pensées de la foi; c'est en vue de ce qui s'y passe et de ce qu'il contient que s'est fait tout le reste. Si notre Dieu n'était pas là dans sa réalité éternelle, dans son immolation qui ne cesse pas; s'Il ne s'y maintenait jusqu'à la consommation des temps pour ceux à qui furent dites ses infaillibles promesses, combien de choses manqueraient à l'ensemble d'une église! combien de symboles réunis à grands frais n'y eussent jamais été! et quelle raison de donner à cet étroit asile, où la Majesté infinie se voile et réside humblement, tous les caractères de magnificence relative qui dépendent de la dévotion de l'homme! C'est ici l'occasion de regretter qu'en voulant se conformer trop exactement à ce qu'on appelle le rit romain, on se soit fait, dans beaucoup de paroisses, un devoir mal entendu de priver l'autel *majeur et principal* de ce qu'il avait de plus touchant et de *plus divin*. En forçant le texte du *Cérémonial des Évêques*, qui ne parle que des cérémonies épiscopales, on n'est parvenu qu'à isoler le Très-Saint Sacrement du trône véritable qui convenait mieux à sa gloire; les offices dont il est l'objet réel, les louanges qui

L'autel et ses détails.

Le tabernacle mal à propos isolé du grand autel.

(1) « Cancellus, humilior reliquo corpore, mysticat quanta humilitas debeat esse in clero, juxta illud: *Quanto major es, tantum humilia te in omnibus.* » (Eccli., III.) — Hug. à Sancto-Victore, *Speculum de mysteriis Ecclesiæ*, cap. I. — Et Durant, *Ration.* (mihi, f° III), ajoute: « Cancelli vero quibus altare a choro dividitur, separationem cœlestium significant a terrenis. »

se rapportent toutes à lui, les cérémonies qui ont en lui leur dernier terme et la raison de leur existence n'y manquent-elles pas de leur vie, n'y perdent-elles pas la plus grande part de leur sens pieux et de leur religieuse application (1)?

Mais qu'il en est autrement lorsqu'on aborde en ce lieu consacré l'autel où demeure le Saint des Saints ! Trois marches le surexhaussent, car il doit être la plus haute expression d'un amour qui réponde à celui d'un Dieu, et la

---

(1) Le *Cérémonial des Évêques* a des prescriptions vénérables relatives aux moindres détails des offices pontificaux, et auxquelles il faut nécessairement s'en tenir quand ces fonctions liturgiques s'accomplissent. L'évêque devant être tantôt paré de sa mitre, tantôt la tête nue, ou assis, on a cru plus convenable, soit pour ne pas mêler à l'action générale des génuflexions gênantes que la présence du Saint-Sacrement exigerait, soit pour ne rien déranger à l'ordre des mouvements prescrits, d'éloigner la Sainte Eucharistie de l'autel majeur où se font les offices épiscopaux. Toutefois il faut bien observer que le Cérémonial n'exige pas cet éloignement : il ne l'indique tout au plus que comme très-opportun : *valde opportunum est*. Aussi cet usage n'était pas suivi en France, où les cérémonies étaient bien plus majestueuses avant la reprise du rit romain, et encore, depuis cette reprise, on le néglige en certains diocèses, où l'on aime mieux prier Dieu devant Dieu lui-même. Quoi qu'il en soit, ce rite n'a plus la même raison d'être dans les églises paroissiales, où rien ne s'oppose à ce que l'autel principal conserve le pain sacré vers lequel doivent convenablement aller toutes les adorations, toutes les prières qui se font au chœur. C'est là d'ailleurs que la piété des fidèles va naturellement chercher l'objet de ses adorations ; c'est vers ce centre commun que chacun *s'oriente* dans toutes ses stations à l'église : *In sole posuit tabernaculum suum* (ps. XVIII, 6). Et n'est-ce pas manquer à ce symbolisme, dont nous avons dit le sens admirable, que de placer la Sainte Réserve, sans aucune attention à ce principe, dans la première chapelle venue, au risque de ces innombrables *processions du Saint-Sacrement* qui se répètent à chaque fois qu'on a consacré au grand autel, ou qu'on y doit avoir le *salut*? (Voir *Cæremoniale Episcopor.*, lib. I, cap. XII, n° 8.) — Remarquons encore que le *Rituel* romain recommande aux curés (Malines, 1850, in-12, p. 70) de conserver la Sainte Réserve *in altari majori vel alio*; d'où résulte certainement la plus grande liberté à cet égard. Pourquoi donc s'imposer des coutumes nouvelles, auxquelles l'Église n'oblige pas, quoi qu'on en dise, et qui ont toujours pour regrettable conséquence de jeter le peuple dans des incertitudes qui affligent ou ébranlent sa piété?

glorification de ses charitables abaissements. Ces marches sont encore, d'après Hugues de Saint-Victor, les Apôtres et les Martyrs qui ont répandu leur sang, en l'offrant pour ainsi dire aux pieds de Jésus-Christ (1). L'or, les pierreries, les couleurs, les images sculptées des deux Testaments, de l'Apocalypse; tout l'éclat extérieur de cette table du nouveau cénacle, les nappes de fin lin, nouveau suaire, mais couvertes de délicates broderies, revêtent cette masse oblongue, véritable tombeau où reposent les reliques des martyrs, et consacrée par la liturgie avec autant de vénération que l'église elle-même. Comme c'est un digne appui de la victime céleste de chaque matin, c'est aussi le support naturel de ce tabernacle, refuge obscur de la Souveraine Grandeur. Si l'autel est la représentation du Sauveur lui-même, sans lequel aucune offrande n'est utilement présentée à son Père, s'il est une sorte d'Église spirituelle, d'où s'échappent vers Lui l'encens des plus suaves prières (2), le Tabernacle est la résidence véritable de l'Agneau de Dieu; il est l'Arche de l'alliance nouvelle qu'il a contractée avec les hommes dans son Sang; il est la continuation et le perfectionnement de ce premier Tabernacle dont Moïse devint l'architecte par ordre de Dieu, et dont chaque partie essentielle, comme chaque ornement, devenait un souvenir des bienfaits divins et une figure prophétique de Celui où réside la Manne nou-

---

(1) « Gradus quibus ascenditur ad altare, specialiter demonstrant Apostolos et Martyres qui pro amore Christi sanguinem suum fuderunt. » (*Specul. de myster. Eccles.*, cap. I.) — Durant marche toujours à la suite de notre auteur et dit la même chose dans les mêmes termes. Ils ajoutent l'un et l'autre la cause mystique de cette signification : l'Épouse des Cantiques appelle une *montée de sang* (*ascensum purpureum*) les degrés du temple de Jérusalem, où des Prophètes avaient été massacrés. (Mihi, f° vi, v°, col. 2.)

(2) « Altare Christum significat, sine quo nullum munus Patri offertur acceptabile. Unde Ecclesia ad Patrem orationes solet dirigere per Christum. » (Hug. à Sancto-Vict. et Durant, *ubi suprà*.)— Voir tous les liturgistes, puis Raoul Rochette, *Tableau des catacombes*, p. 66, 72, 75 et suiv. ; — l'abbé Raffray, *Beautés du culte catholique*, II, 42 et suiv. ; — *Univers*, feuilleton du 5 août 1855.

velle (1). On sait les magnifiques rapprochements qu'a faits S. Paul entre ces deux Tabernacles, et combien il relève le nouveau au-dessus du premier (2) : c'est pourquoi nous aussi nous avons autour du corps mystique les lumières, emblèmes de l'intelligence éclairée par la foi, signe le plus expressif de la lumière indéfectible apportée par le Christ, entretenue par l'Église; la lumière est ici, dans la lampe du sanctuaire, la compagne fidèle et inséparable de la solitude perpétuelle du Fils de Dieu, et, soit par la cire de l'abeille, soit par l'huile de l'olivier, elle reproduit à son regard divin la fidèle image de la candide pureté des vierges ou de la charité qui se consume pour lui (3).

La croix.

Mais quelque beaux et significatifs que puissent être tous les objets qui dépendent de l'autel et concourent à sa glorification spirituelle, il n'en a pas de plus digne, de plus éloquent que la croix, signe par excellence du salut et du bonheur éternel. Elle brille comme l'étendard du grand Chef partout où la religion commence, s'épanouit ou se termine : c'est notre guide du baptême à la tombe. La liturgie n'a pas de rite sans la croix ; on n'offre pas le Saint Sacrifice sur un

---

(1) Voir les ch. XXVI et XXVII de l'Exode, où se trouve la description de ce tabernacle, pour l'intelligence des rapports frappants établis entre lui et nos sanctuaires chrétiens, et de quels respects la pensée de Dieu même l'avait entouré par ses grands voiles qui dérobaient le *Saint des Saints* aux regards curieux et profanes. N'en conclurons-nous pas que nous dévions par trop de ces inspirations si révérencieusement suivies par l'antiquité catholique, lorsque nous laissons à découvert, comme des choses vulgaires, l'objet si digne de nos adorations et de nos hommages?

(2) « Tabernaculum factum est primum...: quæ parabola est temporis instantis..... Christus autem, assistens Pontifex futurorum bonorum, per amplius et perfectius tabernaculum..., per proprium sanguinem introivit semel in sancta, æterna redemptione inventa. » (*Hebr.*, IX, 1, 9, 11 et 12.)

(3) Voir la liturgie du feu sacré dans la bénédiction du feu nouveau au samedi saint, où le cierge à trois branches, allumé au foyer bénit, est appelé *lumen Christi*; — et comment S. Grégoire interprète de la charité l'huile dont les vierges folles avaient laissé manquer leur lampe (*Homil.* XII *in Evang. S. Matth.*).

autel qui n'en est pas pourvu, et c'est là particulièrement qu'elle est appelée à briller d'une splendeur triomphante. Sur l'autel, elle doit dominer tout ce qui l'entoure ; elle couronne le tabernacle ; elle y maintient la pensée visible du Fils de Dieu toujours immolé pour sa créature; elle s'élance même au-dessus des lumières aussi indispensables qu'elle. A l'arc triomphal on a pu s'en passer et la laisser tomber en désuétude ; ici cette omission n'eut jamais de prétexte : on omettrait plutôt le Saint Sacrifice, tant elle en est l'image vive et nécessaire, destinée à expliquer au regard l'invisible immolation de la Victime pascale (1).

Sur les étroites surfaces de ce petit meuble, mille richesses symboliques ont étalé à l'envi leurs enseignements scripturaires et les recherches les plus savantes de l'art chrétien. Nous en parlerons pour dire quels sujets lui ont convenu dans tous les âges, et doivent encore lui donner toujours son langage sacré.

Sur le gradin qui, depuis le seizième siècle, s'étend de côté et d'autre du tabernacle, se placent des chandeliers dont le nombre a varié, étant ordinairement de six aujourd'hui. Ils ne furent pas toujours non plus de hauteurs inégales, comme on s'efforce généralement de l'observer (2). Ce nombre resta donc et demeura encore arbitraire : d'abord, il ne fut que d'un seul, comme le constatent les liturgistes du treizième siècle, et il s'augmenta peu à peu avec la longueur de l'autel, qui n'était guère d'abord que de trois à quatre pieds, et que l'ordre actuel des cérémonies étend de six à neuf, selon les dimensions du sanctuaire. Quoi qu'il

Les chandeliers.

---

(1) Voir tous les Rituels.
(2) Observons encore que le nombre des chandeliers n'est porté à sept que pour les seuls offices épiscopaux : nous en avons dit la raison (voir t. II, ch. VI, p. 150). — A Rome, on ne s'y astreint qu'à Saint-Pierre et à l'autel du Pape, nul autre que lui n'y ayant les honneurs complets de l'épiscopat. Tous les autres autels n'ont que six cierges, et de hauteur progressive ; ils peuvent même n'en avoir que deux d'égale hauteur. Tous ces détails ont été réglés par le *Cérémonial des Évêques*, lib. I, cap. XII, nos 12 et 16.

en soit, ces flambeaux sont le symbole de la lumière morale que l'apostolat a répandue dans le monde par la parole de Jésus-Christ (1).

Reliquaires. — Entre les chandeliers, sur le gradin, et souvent dans l'intérieur même de ce gradin, où se trouvent ménagés des jours garnis d'un cristal, on place souvent des reliquaires contenus dans de petites châsses. Ces charmants petits meubles peuvent devenir aussi l'objet de travaux remarquables où le symbolisme a un rôle très-déterminé. Les emblèmes, les scènes historiques, les légendes du Saint peuvent trouver là un vaste essor que la gravure, les émaux, les filigranes relèvent toujours plus ou moins richement, mais d'une façon aussi religieuse qu'attrayante. Nous avons parlé des reliques introduites dans la table même de l'autel comme indispensable condition de sa dédicace. On s'est trop habitué à placer ces reliques dans un vase quelconque, par exemple dans une boîte de ferblanc, qui s'oxyde et expose à une détérioration assez prompte les vénérables restes qu'il est si important d'y conserver. Le moyen âge faisait mieux : il figurait en un métal plus ou moins précieux, mais inoxydable, une petite châsse de telle ou telle forme consacrée, et la déposait dans la pierre ouverte à cet effet, garnie des reliques voulues. Une de ces châsses fut trouvée en 1843 dans une chapelle en ruines du Loudunais; elle avait la forme d'une petite église romane, était de plomb, parfaitement scellée, et renfermait des ossements de S. Georges, des SS. Innocents, *et aliorum*, que nous y trouvâmes parfaitement intacts dans leurs enveloppes de soie rouge, après sept cents ans constatés très-bien par les caractères du douzième siècle qui formaient les inscriptions (2).

---

(1) « Oportet et (altare) habere candelabrum ut bonis operibus luceat... Est opus bonum quod alios per bonum exemplum accendit. » Durant. Mimat., *ubi suprà*.)—Hugues de Saint-Victor : Luminaria ecclesiæ sunt illi quorum doctrina fulget Ecclesia, ut sole luna ; quibus voce Domini dicitur: Vos estis lux mundi..... » (Hug. à Sancto-Vict., *loc. cit.*)

(2) Voir la description de cette découverte et de ce curieux objet,

Nous reviendrons, dans notre avant-dernier chapitre, sur tout ce qui regarde dans celui-ci l'orfévrerie ecclésiologique.

Mais à tout cela il faut un couronnement, et, dans ce but, l'autel est ordinairement surmonté d'un dais ou baldaquin fait ou recouvert de riches étoffes, dont une partie s'échappe de tous côtés en courtines ou rideaux élégamment drapés, et se reliant à quatre colonnes de matière précieuse, bronze, marbre ou bois étranger tel que l'ébène, susceptible d'un beau poli, ou d'ornements que peut relever l'emploi de l'or, des pierres, des émaux et de l'ivoire. Cet abri, qui parvient avec ces conditions à composer un ensemble très-majestueux et digne, autant que possible, de son emploi, est le même que nos vieux auteurs appellent *ciborium*, ce qui indique très-nettement son but de servir comme de tente à la *Nourriture* divine. Aussi n'est-il de rigueur, dans l'Ordre romain, que pour les autels dont le tabernacle renferme habituellement la Sainte Eucharistie. Donc, il faut s'en abstenir au-dessus d'un autel qui manque de tabernacle et de la Sainte Réserve, si en quelques églises on persiste à ne pas la garder au grand autel, par un système regrettable, comme nous l'avons dit, à tous égards (1). Encore plus faut-il renoncer, partout où le *ciborium* est adopté, à le suspendre à la voûte sans aucun appui inférieur, ce qui a toujours autant de mauvaise grâce que peu de dignité. Une colombe brodée en or ou en argent sur le fond de ce pavillon symbolique rappellerait bien les anciens ciboires

<small>Le baldaquin ou *ciborium*.</small>

Bulletin de la Soc. des Antiquaires de l'Ouest, t. IV, p. 257, — et *Revue de l'art chrétien*, t. III, p. 411. — Au cinquième concile de Carthage, en 254, le canon XIV décida qu'aucun autel ne serait consacré sans reliques, et ordonna de renverser ceux qu'on trouverait n'en avoir pas. Ceci fut renouvelé en 787 par le deuxième concile général de Nicée, can. VII, et s'est toujours strictement observé depuis. — Voir Cabassut, *Synops. concilior.*, II, 82; — Labbe, VII, col. 907.

(1) Rien ne s'oppose, dans les prescriptions liturgiques, à ce que le Saint-Sacrement soit transporté ailleurs pour la durée des cérémonies épiscopales, et qu'on le rapporte à l'autel central, dont il est la vie, lorsque ces mêmes Offices sont terminés.

suspendus autrefois au-dessus de l'autel sous cette forme mystérieuse; mais surtout on devrait y éviter, comme du plus mauvais goût, ces couvertures plates et carrées bizarrement apposées, en manière de ciel de lit, et qui, aussi mesquines par leurs vieilles étoffes poudreuses que ridicules par leur effet, rappellent trop une chambre à coucher de la plus modeste demeure d'un maire de village.

Siége épiscopal. Dans les cathédrales, le siége épiscopal, d'où l'église prend son nom (*cathedra*), doit être adossé au nord, afin que le pasteur regarde et reçoive à pleins rayons la lumière céleste, image sensible du Christ, qui est la *splendeur de la lumière éternelle de son Père*. Ce siége, élevé de trois degrés au-dessus du sol, peut être de bois ou de marbre, ou de toute autre matière, mais ne peut être orné de drap d'or que pour les évêques cardinaux, dont, par cela même, il indique la dignité supérieure. C'est un de ses caractères d'être fixe et immobile, pour indiquer l'inamovibilité du pouvoir épiscopal, qui est celui-là même du Sauveur (1). C'est donc un meuble tout d'une pièce, sans parties séparées, embelli de draperies, surmonté d'un dais de forme noble et élégante, à moins que l'autel n'en eût pas, car alors on ne devrait pas traiter ce siége mieux que celui où s'abaisse le Seigneur lui-même (2). Un usage des plus anciens faisait recouvrir le siége épiscopal d'étoffes précieuses qui le distinguaient des siéges communs, comme on le voit de S. Cyprien dont les fidèles garnirent ainsi le banc sur lequel il allait souffrir le martyre, « afin, disent ses Actes,

---

(1) S. Nil, dès le commencement du cinquième siècle, écrivait: « Episcopalis thronus qui in medio presbyterorum est, cathedram insinuat magni pontificis Domini nostri Jesu Christi. » (*Epist. ad Nemertium*, Spicil. Solesm., III, 398.)

(2) « Sedes episcopalis erit locanda a latere Evangelii; tribus gradibus ad eam ascendatur... Forma erit præalta et sublimis, sive ex ligno, sive ex marmore, aut alia materia fabricata in modum cathedræ et throni immobilis... Super eam umbraculum... appendi poterit, dummodo aliud super altari sumptiosius appendatur. » (*Cæremon. Episcopor.* lib. I, cap. XIII, nos 2 et 3.)

qu'il mourût avec les honneurs de l'épiscopat (1). » Tout en gardant l'emploi d'ornements de soie pour garniture d'ensemble de ce meuble important, le moyen âge lui conservait son coussin de laine, qu'on laisse exclusivement aujourd'hui au président du parlement d'Angleterre, sans songer qu'on s'est privé, en l'abandonnant, du symbole qui rend le mieux, d'après les Écritures et les Pères, ce mélange de simplicité, de douceur, de pureté d'intention et de force morale qui conviennent excellemment à celui qui, comme l'évêque, doit présider, juger et conduire (2).

Piscines. — Nous ne pouvons omettre ici de mentionner ce double compartiment, creusé ordinairement dans le mur latéral du côté de l'Épître, et qu'on appelle piscine, pourvu de deux cuvettes communiquant par un canal avec une sorte de puits-perdu; on y déverse, d'un côté, l'eau qui a servi au *lavabo* de la messe, de l'autre celle qui résulte de la purification des linges sacrés. Les piscines de Notre-Dame de Sémur, de Saint-Urbain de Troyes, de Donfield en Angleterre, de la Sainte-Chapelle de Paris, sont des modèles des treizième et quatorzième siècles qui réalisent, dans une richesse ou une simplicité plus ou moins grande, tout ce qu'on peut désirer de mieux en ce genre (3). L'architecture religieuse n'avait pas plus négligé ce petit détail que tant d'autres. Il se rattachait, en effet, à des précautions dictées par le respect des choses saintes; car, outre les eaux dont nous venons de parler, on y déversait encore les

---

(1) « Sedile erat fortuito linteo tectum, ut sub ictum passionis episcopatus honore frueretur. » (Bolland. *Acta*, in 16 sept.)

(2) La laine pure est blanche et sans teinture : c'est la simplicité du Juste; moelleuse et douce, on s'y repose commodément; objet du travail de la femme forte (*apprehendit lanam et fusum* (Prov., XXXI), elle indique l'activité qui engendre la vie utile. — Voir Raban-Maur et Pierre de Capoue dans le Commentaire de S. Méliton, *Spicileg. Solesm.*, III, 152.

(3) Voir les dessins de ces beaux ouvrages dans les *Annal. archéologiq.*, IV, 88; VII, 36; X, 283; XIX, 162; — et dans Bâtissier, *Hist. de l'art monum.*, p. 604.

cendres produites par la combustion des linges sacrés, qu'on doit brûler quand ils sont hors de service, et ne jamais employer à d'autres usages moins dignes. Les piscines, antérieures au treizième siècle, où Innocent III ordonna que les ablutions n'y fussent plus jetées, mais consommées par le prêtre, ne furent plus employées dès lors que pour les usages indiqués ci-dessus, et c'est là qu'après la sainte Communion le prêtre descendait se laver les doigts, comme il le fait encore à l'autel. L'habitude de purifier au coin de l'Épître les doigts consacrés se prit au quatorzième siècle ; aussi, depuis cette époque, ne voit-on que très-peu de piscines aussi ornementées. Il n'est pas moins vrai que l'emploi en est très-convenable, et constitue un des besoins du culte qu'on doit bien se garder de négliger en construisant une église. C'est, d'ailleurs, aux abords de l'autel une parure très-digne qu'on peut y sculpter selon le style du monument ou de l'autel lui-même, et qui convient parfaitement à compenser la nudité habituelle du mur. Pour ceux qui savent les choses de la foi, la piscine y gardera toujours le symbolisme de la pénitence confiante ; c'est là que le prêtre qui célèbre se rappelle les saintes paroles : *Lavabo inter innocentes manus meas* (Ps., xxv, 6) ; et il aimera mieux voir soustraire ces eaux bénites auxquelles se mêlent plus ou moins les particules sacrées de l'Eucharistie, que de les savoir exposées aux hasards d'un vase sans valeur ou sur le pavé que foulent les pas inattentifs des subalternes d'une église (1).

Comme la piscine offre par son plan un fond et des contours qu'on a souvent ornés de délicates sculptures, on peut aussi l'embellir de peintures polychromes représentant

(1) « Prope altare, quod Christum significat, collocatur piscina seu lavacrum, id est Christi misericordia, in qua manus lavantur ad notandum quod in baptismo et pœnitentia, quæ per illam significantur, a peccatorum sordibus diluimur. » (Durant., lib. 1; mihi, f° IV, v°, col. 2.) — Voir un travail très-bien résumé de l'histoire des piscines par Mgr Crosnier, *Bullet. monum.*, XV, 50 et suiv.

soit quelque trait relatif au Saint-Sacrement, comme celle qu'on découvrit en 1858 dans l'ancienne collégiale de Saint-Quentin (1), soit des scènes de l'Ancien ou du Nouveau Testament, relatives à la miséricorde de Dieu, ou simplement des tiges vivaces des plantes symbolisant ces dispositions de l'âme. En tout parlons au cœur par le regard, à l'esprit par les pieuses données de l'enseignement scripturaire et artistique.

Avant de quitter le sanctuaire, il nous reste à parler de la crédence, petite table placée non loin de l'autel, et du côté de l'Épître, pour recevoir jusqu'à l'Offertoire le calice garni de l'hostie à consacrer, et revêtu de son voile, puis les burettes qui contiennent le vin et l'eau. Ces matières du Saint Sacrifice rappellent, pour cette table à laquelle *on les confie (credere)* le souvenir de cette autre table qui supportait, dans le Tabernacle de Moïse, les pains de proposition. On y dépose aussi l'encensoir, jusqu'à ce qu'il soit garni du feu, et les livres contenant les épîtres et les évangiles. Cette petite table, d'après l'usage romain, doit être en bois, revêtue, des quatre côtés, d'une nappe qui en cache les pieds jusqu'au bas, et ne doit pas être confondue avec celle qui sert aux offices pontificaux et que le cérémonial romain se plaît à décrire (2). Il est clair qu'un tel objet est essentiellement mobile et transitoire. Au contraire les crédences, dont nous devons parler ici, demeurent en permanence dans le sanctuaire; leur usage a précédé celui de la piscine. Embellies de plus ou moins de décors, elles ont reçu le pain et le vin

Crédence.

---

(1) Voir *Revue de l'art chrétien*, II, 429.
(2) « Mensa, quam *credentiam* vocant..., in missis tantum solemnibus præparari solet a latere epistolæ, in plano presbyterii, *si loci dispositio patiatur.* » (*Cærem. Episcop.* lib. I, cap. XII, n° 19.) — Il est clair par ce texte et par tous les autres objets auxquels cette table est destinée, la mitre, la barrette, et jusqu'aux sandales épiscopales, qu'il ne peut être ici question d'un meuble qui reste en permanence dans le sanctuaire, comme les crédences qui y servent chaque jour soit aux messes basses, soit aux messes solennelles.

du Saint Sacrifice, les vases destinés aux encensements et aux ablutions. Plus tard, leurs formes se sont modifiées selon les goûts de l'artiste ou les besoins des lieux ; aujourd'hui, elles sont devenues, pour la plupart, de simples tablettes supportées par un ou plusieurs pieds de forme élégante ; on les a fixées au mur par des ferrures qui les consolident. Le plus souvent elles sont placées au nombre de deux, en regard l'une de l'autre, ou parallèlement à l'autel, et sont devenues un ornement de ses abords ; car on en trouve en de certaines églises qui sont de marbre précieux, de métal ou de bois doré. On comprend de quelle utilité elles sont ainsi, puisqu'elles remplacent, en quelques circonstances et pour certains objets, ces armoires pratiquées dans l'épaisseur de l'abside et qui renfermaient, jusqu'à l'apparition des piscines, les vases sacrés, les livres et quelquefois même les hosties consacrées avec celles qui n'étaient encore destinées qu'à le devenir : ainsi le pratiquait-on chez les Chartreux et les Cisterciens. Mais depuis l'adoption, qui semble rationnelle, de ces petites tables aussi utiles que gracieuses, il est bon, quand on les confectionne exprès pour le service de l'autel, qu'on les ornemente et les enrichisse de tous les genres de beautés les plus capables de symboliser quelques idées analogues à leur emploi.

L'orgue.

Un meuble, après cette longue énumération, semble cependant nous manquer encore, non qu'il soit indispensable, mais parce qu'il est le complément de tout le reste, et qu'outre son emploi, qui va directement au culte, il a pour but secondaire d'embellir aussi une des parties les plus apparentes de la basilique. Est-ce donc au fond du sanctuaire, ou sous la rose occidentale, ou dans l'un des bras du transsept, qu'il faut établir le grand et mélodieux instrument qui prête toutes ses voix à nos fêtes, et s'y fait l'*organe* éloquent de nos prières et de nos joies ? Point de règles à cet égard, sinon celle de la perspective et de l'acoustique, lesquelles sont donc subordonnées au local autant qu'aux formes plus ou moins artistiques du grand buffet et du positif. Ce qui nous importe surtout, c'est l'ornementation que l'orgue doit recevoir. En y évitant la peinture polychrome, qui accuserait la pauvreté de la construction, et en lui donnant un bois solide, comme le chêne, et paré de sa seule teinte naturelle, on fait acte de bon goût; et l'on n'a plus qu'à augmenter l'effet par la sculpture, qui peut y distribuer les nombreux symboles de la musique sacrée, les concerts d'esprits bienheureux, les histoires de l'Ancien Testament qui se rapportent à la musique. Une condition essentielle est de conformer l'architecture de ce bel instrument à celle du vaisseau qui le reçoit, par sa forme générale, par ses moulures, ses divisions, ses amortissements; en un mot, il se pliera, pour accomplir une grande et pleine unité avec le style des voûtes, des piliers et des chapiteaux, avec celui des stalles, de la chaire et des autres meubles dont le bois est la matière obligée.

Nous n'avons fait, on le voit, qu'esquisser à grands traits dans ce chapitre les principaux détails de l'ameublement ecclésiologique, non sans intention de revenir, au besoin, sur chaque objet en particulier, pour en mieux compléter l'esprit et le sens, pour en indiquer les meilleures formes et tracer le cercle des hautes convenances religieuses et artistiques dont ils ne doivent jamais s'éloigner. Cet esprit a été de tous les temps dans le catholicisme; il n'y a que ceux dont l'intelligence reste au-dessous de ces grandes choses qui n'en sentent ni le mérite ni la nécessité. Voyez cet immense catalogue du mobilier des églises des neuf premiers siècles que nous a laissé Anasthase le Bibliothécaire sous le titre de *Vies des Papes* (1) : c'est un inventaire minutieux des moindres objets, liturgiques ou autres, employés dans les usages ecclésiastiques; on y voit comme

<small>Quel est l'esprit de l'Église dans le soin de tout ce qui précède.</small>

---

(1) *Liber Pontificalis, sive De Vitis summ. Pontific.*; dans Muratori, *Script. rer. italic.*, au commencement du t. III. in-f°.

les papes attachaient une grande importance à munir leurs églises de ces objets, et quels caractères symboliques leur étaient constamment donnés par eux. L'esprit de l'Église ne change pas sur des pratiques de si haute importance, et c'est une des hontes de notre temps de l'avoir oublié si généralement, quoique tout près de nous encore les Saints se soient crus obligés de le propager et de l'entretenir. Nous avons maintes fois cité le zèle de S. Charles à l'endroit des moindres portions de l'église et des choses de son ameublement. Ce sont les mêmes principes qu'ont suivis, à la même époque, Molina, de son *Instruction des prêtres* (1), et le vénérable M. Ollier, l'une des dernières lumières qui nous soient restées de ce siècle où la foi, encore si puissante, gardait son foyer chaleureux dans le cœur d'un certain nombre de bons prêtres, évidemment suscités de Dieu pour conserver le feu sacré qui s'éteignait de toutes parts. Les siècles de la piété catholique se maintenaient réellement dans cet homme de Dieu, cherchant, par son exemple, à persuader au clergé son propre zèle en faveur de ces meubles pleins de sens mystérieux, et indiquant par là dans quels sentiments on doit les considérer et s'en servir (2). Enfin, que dire des laïques de nos jours qui, en grand nombre, participant à ce zèle que Dieu a mis dans tous les cœurs touchés de l'honneur de sa maison, en cherchent la beauté, y travaillent en des veilles laborieuses, et, aussi pieux dans leur vie qu'intelligents dans leur génie de rénovation, répondent à une vocation véritable par des écrits utiles à l'Église, dont ils sont les athlètes dévoués (3)? Marchons

---

(1) Traité III, ch. xvi, in-12, 1836; t. ii, p. 235.
(2) Voir *Vie de M. Ollier*, in-8°. — Paris, 1841, t. II, p. 243, 671, et *passim*.
(3) Nous ne pouvons indiquer ici que bien sommairement les écrits de MM. de Montalembert, de Caumont, Didron, Schmitt, de Linas, Raymond Bordeaux, et autres que nous sommes trop heureux de voir dans nos rangs et qui se sont fait, en ces matières, une autorité justement acquise.

donc au moins avec eux! Que nos pauvres églises si longtemps muettes et si souvent, hélas! méconnues et incomprises, se ravivent sous des efforts intelligents, et ne reçoivent pas moins de nous le lustre sacré et la vie spirituelle dont, avant tous, nous sommes, par notre caractère et notre foi, les instigateurs et les gardiens!

CHAPITRE VI.

DÉCORATION ARTISTIQUE DE L'ÉGLISE PAR LA SCULPTURE.

Développements de l'art sculptural au onzième siècle.

Nous avons vu à quel genre d'iconographie encore restreinte la période architecturale qui précéda le roman fleuri s'était bornée dans la décoration des églises. C'étaient tout au plus des chapiteaux à végétation élémentaire et peu variée, comme l'acanthe et les feuilles d'eau; quelques animaux aux tympans des grandes portes, rarement la figure humaine, plus rarement encore l'homme en action et prenant un rôle quelconque dans la dramatique épopée de la vie du temps ou de l'éternité. Après la Renaissance du onzième siècle, quand tout se couvre d'églises nouvelles et que cette activité même suscite, en faveur de la beauté visible des monuments, l'imagination créatrice, on ne se contente plus des lignes tracées par l'architecte; celle de l'imagier va venir, et, sur ces pierres taillées avec soin, elle jettera les multiples images des conceptions les plus savantes. Qui

Son caractère encore rudimentaire.

n'a vu ces timides essais de sculpture encore attachés aux nombreuses églises dont elles disent si bien la date, grimaçant surtout aux frises de la façade et paraissant se pencher, avec leur expression aussi grossière de dessin que variée de forme, sur le passant qui ne s'y intéresse plus aujourd'hui, faute de les comprendre, mais qui, s'il eût vécu au temps de leur apparition, aurait compris leur langage et accepté toutes leurs leçons? Là figurent, en des actions

qui a pourtant son symbolisme.

diverses, des têtes d'hommes et d'animaux qui, tantôt groupées, tantôt alternées, résument dans un espace amoindri beaucoup plus qu'elles ne semblent dire, et avec leurs couronnes, leurs gueules ouvertes, leurs yeux saillants ou leurs dents allongées, leur nudité complète ou leurs draperies équivoques, indiquent aux différentes classes de ce monde leurs titres à la gloire d'En-Haut et les passions mauvaises qui en éloignent. Mais tout cela n'est encore qu'à l'état de tâtonnement et d'incertitude. L'expression artistique qui vient d'éclore est bien plus indécise que la pensée, déjà aussi vieille que le Christianisme, et qui ne s'est pas affaiblie comme l'art, parce que, durant le sommeil forcément imposé à celui-ci par trois siècles de persécutions et six ou sept autres de dévastations et de barbarie, la science symbolique ne vivait pas moins dans les écrits des Pères et des Docteurs. Aussi l'essor se fait vite. L'art, à peine libre de reparaître, s'exerce avec un zèle qui semble se dédommager de ses trop longues entraves et se trouve bientôt capable de reproduire, par des images d'une perfection progressive, tout ce que la science théologique va lui demander à l'appui de ses enseignements. A mesure que le onzième siècle s'avance, déjà le faire est meilleur ; le ciseau, plus assuré, donne à ses œuvres un sens plus délicat et plus fin, de sorte qu'à l'époque où cette période fait sa jonction avec la suivante, ce douzième siècle si beau, si esthétique, si pittoresque de formes visibles et si profond de spiritualisme, s'est peu à peu manifesté et ne marche plus, dès ses premières années, qu'à la conquête assurée des plus réelles beautés de la forme et de l'esprit. C'est cette élévation de la pensée, n'en doutons pas, qui inspire alors l'élancement de l'arcade caractéristique, exhausse sa pointe et donne une physionomie nouvelle aux portiques et aux voûtes, et quand la transformation est achevée par l'application, devenue générale, de ce principe qui distingue enfin complétement le Christianisme des croyances païennes; quand la religion de l'Europe catholique a trouvé son art

Progrès merveilleux de cette époque.

Beau prélude de l'ère ogivale.

religieux propre et exclusif, l'iconographie s'inspire à son tour, par un docile abandon, des joies triomphales de l'Église, et, célébrant par ses ogives et ses roses l'avenue de cette glorieuse période, elle exalte dans un même enthousiasme la victoire assurée de la société moderne sur le monde païen; elle devient autonome, et, comme si elle surgissait des catacombes, ses images reprennent leur place voulue dans le grandiose ensemble de constructions sacrées, d'où elles ne disparaîtront encore, hélas! qu'à l'approche de cette nouvelle barbarie dans laquelle, quatre siècles après, le protestantisme s'efforcera de nous étouffer (1).

La sculpture participe de ce progrès.

La sculpture, le premier des arts d'imitation par son importance, puisqu'elle rend, outre les traits qui caractérisent un objet, la vérité de ses contours et tout le saillant de sa pose et de ses gestes, la sculpture est restée à cette hauteur de mérite dans le soin qu'elle s'est donné de rendre, selon les exigences de la religion, la pensée mystérieuse de ses dogmes les plus abstraits. Nous l'avons vue, chez les anciens (2), atteindre le sublime de la beauté plastique, et montrer sous les plus saisissants dehors toutes les passions de l'humanité. Ce *nec plus ultra* de la forme se relevait encore

Ce qu'elle prend alors de vie esthétique;

du sentiment moral que l'œil de l'âme y découvrait. Mais il s'en fallait bien que l'étude du cœur humain y atteignît le développement dont l'art chrétien avait besoin, et qu'il s'efforce continuellement à inspirer. Nous savons comme il a réussi; quelle plus grande variété de formes et de sentiments il a communiquée à la matière; comme la vie s'y est plus répandue et attachée en proportion de cette multiplicité de sensations diverses qu'il fallait rendre, et de tous les secrets du cœur humain qu'il était nécessaire d'ex-

---

(1) Voir le développement de ces idées dans un intéressant travail de M. Albertdingk Thijm, catholique hollandais, inséré dans les *Annal. archéolog.*, XIV, 47.

(2) Voir t. I, ch. x, *Symbolisme de la statuaire antique.*

poser. L'art des nations païennes procédait par de grandes allégories, d'une action rétrécie et peu profonde. Le public n'y comprenait pas toujours la finesse de l'artiste, et tout était dit pour son intelligence (le cœur n'y entrait jamais pour rien) quand il avait reconnu à quelques traits de convention Jupiter ou Vénus, Neptune ou Apollon, ou quelques-uns des demi-dieux de leur race. Chez nous, ce n'est pas seulement la personne qui figure et qui parle ; ce sont toutes les passions de l'âme, tout ce qu'elle pense et peut vouloir : le bien, le mal, les vertus, les vices, les devoirs, les occupations de la vie commune, les états multiples de la société chrétienne, et cette activité incessante qui agite l'homme ici-bas comme dans un chemin qui le mène à l'éternité par les mille embranchements où il s'engage. On n'avait pas encore songé alors, comme nos libres penseurs d'aujourd'hui, à séparer l'Église de l'État, le Christianisme de la politique, les droits de l'homme de ses devoirs, Dieu du gouvernement de ce monde ; et partout apparaissaient, sous des traits devenus pour le philosophisme actuel des mythes ridicules, les leçons de la foi en images tout empreintes d'originalité piquante et d'austères avertissements. La nature entière était conviée à cette grande prédication des âmes, et, dans tous les monuments sacrés, elle s'emparait d'elles en allégorisant jusqu'aux moindres objets de ses *trois règnes ;* ainsi, donnant à toutes les idées, même les plus métaphysiques, *un corps, un esprit, un visage*, elle attirait l'attention par la curiosité, retenait l'intelligence par le coloris de ses images, et popularisait pour les plus simples de la foule le plus haut enseignement qui ait jamais existé ! Cherchez dans le paganisme des efforts analogues : vous n'en trouverez pas trace ; tout s'y borne à des conceptions générales, à de grands effets d'ensemble. Il ne pouvait être donné qu'à la vérité de se rapetisser jusqu'aux humbles détails pour élever l'homme à sa hauteur. Une autre preuve s'en trouve dans les hérésies et dans toutes les doc-

_{sa supériorité sur l'antiquité païenne,}

_{par la fécondité de ses enseignements.}

trines hétérodoxes, qui, hostiles au Christianisme, et par conséquent incapables de la charité, bornent leur zèle à parler beaucoup, mais n'agissent en rien pour rattacher à Dieu le cœur des masses par les ingénieuses inventions d'études sérieuses et dévouées. Voyez la froideur du protestantisme, et ce qu'il a inventé depuis l'an 1517.

Distinction entre la statuaire et la sculpture proprement dite.

Nous avons à distinguer ici la statuaire de la sculpture proprement dite, l'une représentant la figure humaine, le corps de l'homme en action, et même les animaux d'une certaine taille; l'autre reproduisant les bas-reliefs qui nous rendent les scènes variées de l'histoire de la matière, et les innombrables symboles qui les spiritualisent aux frises, aux chapiteaux, aux entablements, sous le ciseau des ornementistes : deux sortes d'artistes que le moyen âge désigna également sous le nom d'*imagiers*, et qui ont laissé dans nos temples tant d'incontestables témoignages de leur riche et vaste imagination.

L'une agit d'après un type convenu et invariable;

Il y a, toutefois, cette différence à noter entre ces deux genres de sculpture : c'est que le statuaire semble agir d'après ses propres inspirations, possédant en lui le type de son œuvre, qu'il comprend, dispose et perfectionne bien plus par ses idées personnelles qu'en vertu d'un thème imposé d'avance, comme il arrivait pour le simple sculpteur. Ce n'est pas que le premier n'eût ses détails invariables d'après lesquels il agissait comme par autant de règles précises, indiquant pour tel personnage qui l'occupait la pose, les attributs distinctifs, quelquefois même le type facial, comme il arrive souvent de Notre-Seigneur, de S. Pierre et de S. Jean. Ce sont là des faits dont les statuaires

l'autre suit un plan et une conception prescrits d'avance, mais variables à l'infini.

ne se sont jamais affranchis. Mais, à côté de ces quelques principes reçus de tous et dont il ne fallait s'écarter en rien, tout le reste s'ébauchait et s'achevait selon le génie qui guidait une main plus ou moins habile. Chez le sculpteur, au contraire, avec les mêmes différences de talent dans l'exécution, il y a toujours l'obéissance à une pensée qui vient moins de lui que de l'architecte. La variété de ses sujets, leur symbolisme absolu, supposent nécessairement un plan arrêté d'avance jusque dans ses moindres effets; les groupes et la place relative de leurs personnages, les poses toujours significatives, le fond du sujet et ses rapports avec ce qui précède ou ce qui suit, font l'objet d'une science véritable, d'une philosophie en action, qu'on s'est acquises par l'étude des Écritures et de leurs commentaires, et qu'un ouvrier ordinaire n'aurait pas jetées de lui-même sur la pierre, où il n'est que le traducteur d'une vaste pensée scientifique. Mais ce traducteur rend presque toujours, surtout dans les monuments de premier ordre, l'intention de l'inventeur avec une précision et une entente qui vont jusqu'à la finesse du sentiment et du bon goût. Quelque fini que fût le dessin primitif de telles œuvres, il fallait encore le comprendre et le sentir pour l'exécuter comme on le fit souvent; et dans ces pages éloquentes inscrites ainsi sur nos surfaces de pierre, le regard n'admire pas moins l'œuvre manuelle que l'esprit n'en savoure l'idée morale et les ingénieuses conceptions.

Si l'on observe la marche de la sculpture à travers les âges, on lui trouve, chez les peuples qui s'en occupent, des rapports frappants avec leur caractère national, semblable en cela à l'architecture elle-même, dont nous avons parlé dans le même sens (1). L'Égypte, n'ayant que des sciences exactes, est grave et mystérieuse dans les œuvres de ses imagiers; la Grèce communique aux sciences la finesse et le calme de sa littérature polie et tranquille; Rome, dans le sein de laquelle les lettres ne fleurissent réellement de toute leur beauté qu'au dernier siècle de sa gloire, a négligé pour la guerre les arts que la paix alimente seule, et ses vastes ouvrages d'ornementation, comme les monuments qu'ils décorent, se remarquent par le massif de la forme et la négligence du travail. C'est cette lourdeur qu'on voit régner

La sculpture toujours et partout empreinte d'un caractère national.

---

(1) Voir t. I, chap. IX, *Symbolisme des arts chez les anciens*.

dans la période latine de l'art chrétien ; il conserve ce caractère en dépit de la pensée symbolique imposée au choix des sujets, jusqu'aux jours de résurrection où, se dégageant de cette austérité quasi-barbare, il arrive au style fleuri d'où naîtront les belles sculptures des treizième et quatorzième siècles. N'allons pas plus loin, puisqu'aussi bien nous restons encore dans le moyen âge, et voyons maintenant comment la statuaire s'y est faite un rôle toujours digne de son emploi.

Pauvreté matérielle de notre statuaire romano-byzantine.

On s'accorde à regarder l'époque de la première statuaire chrétienne, en tant qu'elle est une portion de l'art monumental, comme n'allant pas au delà de la dernière partie du onzième siècle. Antérieurement, on se borne à la ronde-bosse, qui ne donne que des bustes enclavés dans les modillons des façades romanes, ou des faces humaines détachées au centre d'un groupe de feuillages : mais jamais l'homme agissant en entier et mêlant un rôle quelconque à la vie extérieure ou spirituelle. Et encore quelles faces humaines ! On peut, dans les nombreux monuments qui nous restent de cette école, s'extasier sur ces figures anguleuses, types de formes bizarres et incorrectes, au regard fixe, aux yeux remplis de charbons ou d'émail, là où la prunelle est censée rayonner de jour et de lumière. La plupart de ces demi-personnages, dont toute l'expression est barbare et repoussante, appartiennent aux chapiteaux ou à des bas-reliefs où ils ne reçurent que des proportions restreintes. C'est à peine si quelques statues assises, mais presque toujours d'une fort médiocre épaisseur, ornent alors les façades relativement assez simples de nos églises. De ces spécimens, on peut se faire une idée exacte dans la bénédiction donnée à Ste Abre par S. Hilaire au Musée lapidaire de Poitiers, et par le Christ assis qu'on voit encore sous le porche intérieur de Sainte-Radégonde de la même ville.

Bizarre agencement du costume et de la draperie.

Ces sujets sont ordinairement, pendant cette période, remarquables par les caractères byzantins de leurs formes et de leurs détails. La rudesse donnée à la figure humaine se retrouve aussi dans les draperies saccadées et raides, dans les poses du corps étroit et allongé, sur lesquels se développent d'amples vêtements dont la parure principale consiste presque exclusivement en galons frangés et en perles prodiguées avec une riche abondance. Les plis de ces costumes manquent de grâce et de souplesse, ne s'arrondissent jamais qu'aux coudes et surtout aux genoux, et se distribuent de là aux parties environnantes en des rayons difformes, droits et guindés, qui ne s'y effacent qu'à peine, et contribuent à rendre tout ce dessin fort désagréable à l'œil.

Mais sous ces disgracieuses apparences persiste encore le symbolisme de cette taille qui tend à s'allonger outre mesure, et de cette somptuosité de pierreries et d'agrafes dont la richesse matérielle indique la valeur morale du personnage ainsi affublé : telle fut, au reste, l'intention des artistes grecs, dont l'influence dut agir sur les nôtres lorsque s'opérèrent maintes fois, du cinquième au neuvième siècle, les migrations imposées aux catholiques par les persécutions des tyrans de Constantinople (1). C'est ici qu'il faut réfuter une opinion trop répandue qui attribue aux défenses faites, en 794, par le concile de Francfort, l'inaction de la statuaire chrétienne en Occident. Les Pères de ce concile avaient compris dans le sens le plus absolu l'*adoration* que ceux du deuxième concile de Nicée avaient appliquée aux images des Saints. Ils ne pouvaient pas, ignorant le grec, comprendre comme une *salutation* et un honneur extérieur l'hommage conservé aux saintes images par le mot ἀσπαζόμεθα (*salutamus*), et ils crurent rejeter une erreur en condamnant une vérité : de là pendant longtemps peut-être l'abstention de toute sculpture de Saints. Mais en conclure, avec quelques archéologues, à une interdiction générale, ce serait se mettre en contradiction avec l'histoire, avec tous

[marginal notes: influencés par la manière des Grecs de Constantinople, bien plus que par le concile de Francfort.]

---

(1) Voir *Bulletin monumental*, XII, 224, 405; XIV, 8, 9, 132, 539.

les monuments qui, nombreux avant le onzième siècle, prouvent encore, par mille exemples, qu'il faut reconnaître une autre cause à cette stagnation des arts du dessin. Voyons-la plutôt dans les guerres incessantes qui désolent l'Europe de toutes parts. L'Espagne et l'Italie envahies par les Sarrasins, la France tourmentée par les querelles de ses dynasties, pouvaient-elles voir leurs artistes créer de ces chefs-d'œuvre qui n'éclosent que dans la paix (1) ? Ce que nous dirons de la peinture dans les églises et dans les manuscrits répond victorieusement d'avance à des persuasions trop peu fondées, et si la statuaire s'est émue un peu plus et a créé tant bien que mal ses nouvelles œuvres entre les règnes de Hugues Capet et de Philippe-Auguste, nous croyons fermement devoir en rapporter la raison à ces pèlerinages forcés des artistes d'outre-mer qui, en cherchant le repos et la sécurité sur nos plages, y apportèrent, avec leurs procédés, le type invariable qui les avait occupés dans leur pays.

Action des Croisades et des études littéraires et théologiques de cette époque sur l'art monumental.

Cette même influence se développa bien mieux encore par les Croisades. En effet, quand le onzième siècle s'achève et qu'elles commencent, l'art prend un nouvel essor, l'étude se perfectionne, et voilà notre belle statuaire byzantine inaugurant le douzième siècle et s'avançant avec lui vers des progrès qui font encore notre admiration. Rapprochons, d'ailleurs, cette marche progressive du développement des études littéraires. C'est la théologie qui inspire l'iconographie tout entière; jamais les légendes des Pères, les symboles des commentateurs n'ont été si prodigues de détails attachants. L'expression des bas-reliefs se perfectionne dans les voussures et les archivoltes, dans les métopes, les modillons et les chapiteaux. Alors la statuaire se dégage de ses formes trapues, la face humaine se rassérène, les vêtements s'assouplissent, les poses et les gestes prennent de

---

(1) Voir *Bull. monum.*, t. V, p. 213 et suiv.

la dignité, et s'élèvent parfois jusqu'au grandiose. Alors les statues surgissent de partout. On en flanque les portes des églises, on les élève sur les pignons, on les dresse dans les galeries au-dessus des principales entrées, on les adosse aux piliers et aux trumeaux. Tout cela est encore byzantin, quoique beaucoup moins, jusqu'au milieu du douzième siècle. Mais, vers la fin de cette période si remarquable, l'artiste se nationalise, abandonne les traditions étrangères, et la statuaire, suivant la marche ascensionnelle de l'architecture, arrive à une imitation plus complète des formes naturelles; malheureusement, c'est aux dépens de ces caractères surnaturels qui rendaient plus visible le symbolisme de la grandeur spirituelle. On sent, en comparant les œuvres du treizième siècle, qui nous légua nos plus magnifiques cathédrales, avec celles du siècle précédent, que, si l'église est plus belle, la statuaire plus séduisante, il y a dans celle-ci moins de pensée, moins de profondeur intime; on ne s'en dédommage que par le développement, pour ainsi dire sans limites, donné au plan général de l'iconographie, où le symbolisme déroule toutes ses ressources avec une ravissante prodigalité des plus hauts enseignements. Voyez les splendides façades des basiliques de Reims, de Chartres, d'Amiens, de Bourges, de Paris et de celle de Poitiers, que nous citons toujours pour la dédommager d'une trop injuste indifférence; comptez, s'il est possible, leurs statues éparses sur les étages magnifiquement superposés et qui semblent se multiplier à l'envi pour recevoir un plus grand nombre de personnages; étudiez ces grandes formes de la vie humaine, posées sur des bases où se tordent sous leurs pieds victorieux les hideux symboles des péchés; ces médaillons où s'inscrivent les mille allégories des vices et des vertus; cette belle flore qui court s'épanouissant aux corbeilles des colonnes, ou aux gorges des arcades ogivales; ces myriades d'animaux jouant leurs rôles divers dans cette création du génie terrestre; étudiez ces livres aux pages naguère oubliées, aujourd'hui revivant pour nous avec leur langage mieux compris : c'est la floraison de ce vaste champ de l'architecture dont la moisson va se lever bientôt sous nos yeux dans le dénombrement de leurs mystiques significations.

Le nu, honoré à l'époque païenne, et proscrit par le Christianisme.

Quand nous comparons la statuaire antique à celle des temps chrétiens, la principale différence n'est pas tant dans la beauté des formes matérielles, par lesquelles Rome et Athènes l'emportent évidemment, que dans le costume, qui d'abord est presque entièrement oublié, les mœurs païennes, peu difficiles, autorisant sur ce point toutes les licences, que le Christianisme a si complétement condamnées. Les premières images des catacombes, sauf quelques-unes que nous réservons, se font remarquer par le soin du vêtement. Là, point de nu inutile ou dangereux : hommes et femmes portent la chlamyde et la robe du temps, la saye ou le manteau, selon leur rang et profession. Personne d'entre eux ne s'afflige de se trouver en une compagnie plus qu'équivoque : c'était digne de ces mœurs austères qui se manifestaient, dès l'aurore de la loi nouvelle, sous l'influence d'un Dieu né d'une Mère Vierge, et dont un Apôtre exhortait tout le monde à la continence ou à la virginité (1).

Différence très-significative dans leur manière de symboliser la chasteté.

Nous pourrions donc établir ici cette différence notable comme signalant, en faveur de notre foi, un genre de symbolisme inconnu aux anciens. Qu'ils aient sculpté la chasteté sous les traits d'une dame *romaine* portant un sceptre et ayant deux colombes à ses pieds, c'est là tout au plus la chasteté conjugale, modérant par son pouvoir absolu les passions, même légitimes, et prenant pour modèles les oiseaux de la fidélité. Et puis cette vertu n'était point tellement universelle que les Grecs en aient tiré la moindre image des ateliers de leurs sculpteurs. Ce qui nous est resté de leurs Vénus nous fait honte, et, s'il est vrai

---

(1) « Volo enim vos omnes esse sicut meipsum... Dico non nuptis et viduis : bonum est illis si sic permaneant, sicut et ego. » (1 *Cor.*, VII, 7 et 8.)

qu'ils aient toujours voilé Minerve sous les molles draperies d'un vêtement complet, c'est qu'en vérité le sentiment intime des convenances, qui n'abandonne pas même les libertins, leur faisait un devoir instinctif de ne pas dénaturer l'idée même de la Sagesse. Vous observerez toutefois que dans ce visage de Pallas qui garde quelque chose de viril, dans cette pose guerrière qui représente la Sagesse armée contre les mauvaises passions, on ne trouve rien de comparable à ces têtes ravissantes où Giotto et Ange de Fiesole ont épanché la pudeur chrétienne sous les noms de Marie, de Catherine de Sienne ou d'Agnès. C'est là une science qui est toute chrétienne, et qui distribue à la fois sur tout visage de femme vouée à l'amour du Christ les teintes merveilleuses de la candeur, de la placidité intérieure, d'une incomparable innocence, tel que la vie spirituelle le fait tous les jours encore pour les âmes choisies qu'embellit la sainte pureté du cœur. Si vous ajoutez à ces traits une action propre qui détermine cette vertu plutôt qu'une autre ; si, par exemple, vous lui faites terrasser la luxure sous les traits d'un animal immonde, comme à Montoiré (Loir-et-Cher), ou prendre sous sa protection une licorne réfugiée en son giron, comme au portail d'Amiens et bien ailleurs, vous aurez posé l'idée complète de la chasteté chrétienne, rayonnante d'une fierté modeste, belle de son maintien grave et digne, autant que de la limpidité de son regard virginal.

Pallas et la femme chrétienne.

C'est une des plus ingénieuses inventions du Christianisme que d'avoir, sans inspiration aucune de l'art antique, formulé sur ses monuments l'histoire du peuple de Dieu, la doctrine dogmatique et morale que nous enseigne l'autorité apostolique, les rites de ses cérémonies sacrées, et cette innombrable foule d'allégories qui exposent tout cet ensemble d'idées surnaturelles avec une précision d'où ressortent clairement une théorie convenue et des règles déterminées. Les temples païens avaient sans doute leurs

Richesse d'invention de notre iconographie comparée à la froideur restreinte de l'art païen.

sculptures qui décoraient les colonnes et les chapiteaux, les frises et les entablements ; les métopes étalaient une symétrie de petites figures qui avaient bien leur symbolisme spécial; des têtes de bœufs et de lions, des serpents en spirale, des oiseaux et autres sujets, mais tous isolés et sans aucune liaison mutuelle, complétaient la série assez mesquine des ressources esthétiques de l'époque, lesquelles peuvent bien avoir renfermé en germe l'idée, devenue si féconde, de nos corbelets ou modillons. Après tout, on n'y pouvait trouver ni une série de devoirs, ni une école de vertus, ni des promesses éternelles auxquelles le monde ne croyait plus, et qu'il n'aurait pu préconiser sans se condamner lui-même. C'était à l'art chrétien de se donner un tel livre dont les pages reproduisissent à l'œil de l'intelligence ce que l'œil de la chair ne pouvait pas toujours lire dans les Prophètes, les Évangélistes et les Docteurs ; et il l'a fait avec une entente admirable du sens mystique des sujets sacrés, des besoins du cœur de l'homme et de l'harmonie nécessaire entre ses monuments de divers styles et l'iconographie qui leur va le mieux.

Raisons contre l'éclectisme architectural et artistique dans la construction des églises et l'exécution de leurs ornements.

Qu'on nous permette de protester ici de nouveau en faveur des vrais principes de l'archéologie chrétienne, et de l'objet spécial qui nous occupe maintenant, contre une école moderne qui s'autorise trop de ses idées personnelles sur le beau d'un système qui transformerait, au détriment du sentiment chrétien, toutes les règles de l'imagerie monumentale. Il n'est pas rare de rencontrer des hommes et des livres qui professent une tendance déterminée soit à l'éclectisme architectural, soit à l'emploi exclusif des formes modernes du dessin dans l'exécution de notre statuaire religieuse. Eh bien ! nous le répétons de toutes les convictions de notre amour pour l'art : cette double théorie n'arriverait qu'à une impasse où toute notion du moyen âge catholique se perdrait dans le vague d'un art nouveau, sans plus de signification chrétienne que celui d'Athènes et de

Memphis. Les architectes se persuadent vainement qu'ils exprimeront la pensée de l'Église en des temples mélangés de toutes les inspirations de leur génie ennuyé. Les statuaires, et ceux qui les suivent dans les œuvres du crayon et du pinceau, n'aboutiront qu'à de séduisantes bizarreries, s'ils veulent donner à leurs personnages le ton et le faire de notre école des beaux-arts. Les premiers ne réussiront, après des essais sur lesquels la critique aura peut-être tergiversé quelque temps, qu'à nous donner des Panthéons détestables d'irrégularité et de froideur ; les autres auront retrouvé, comme nous l'avons vu déjà, le secret d'asseoir dans une église romane ou gothique une Vierge aussi belle que Minerve, un Père éternel qui aspirera à la majesté du Jupiter Olympien. Et cependant la beauté dans l'art est-elle donc si absolue qu'elle ne dépende point de certaines convenances à chercher entre elle et les objets qui l'environnent ? Comme il y a un certain agencement de couleurs qui les fait mutuellement ressortir, et produit des effets plus caressants à la vue, n'y a-t-il pas aussi entre une statue et le milieu qui la reçoit des relations de style et de formes générales à consulter avant tout pour la bien placer ? Soutiendra-t-on, en y réfléchissant bien, que rien d'harmonique ne doit exister entre les plis de ses vêtements, les encadrements qui l'enveloppent, et les arcades, les galeries et les moulures qui règnent de toutes parts autour d'elle dans l'enceinte plus ou moins vaste qu'on lui a destinée ? Ce serait méconnaître, pour des objets infiniment plus dignes, les conditions qu'on exige pour tout ameublement, qui partout se subordonne au caractère de la pièce qui l'embellit. Dès lors, on garnirait forcément une église romane de meubles gothiques, sous prétexte que *c'est plus joli;* d'autres, trouvant cette qualité au roman, lui donneraient la préférence : partant, plus aucune harmonie dans les formes ; et tous consacreraient ainsi de déplorables anomalies nées du caprice de chacun.

> L'art doit être un et ne le serait pas sans un parfait accord de style entre le monument et son imagerie.

Les anciens plus sages sur ce point que certains artistes modernes,

Ainsi donc les anciens auraient eu tort de distinguer cinq ordres d'architecture tellement rigoureux dans leurs règles de proportions que si l'on se fût égaré de l'un à l'autre, ce qui n'eut pas d'exemple, on se fût réclamé du singulier constructeur qui eût donné le premier cette preuve irrécusable d'une impardonnable ignorance ou d'une hardiesse malheureuse. On le voit bien par le *composite* qui, en combinant les éléments des autres pour se créer un tout à soi, n'est parvenu

quoique leurs monuments fussent souvent privés de l'unité qu'on admire dans les nôtres.

qu'à former quelque chose de fort mauvais. Or, qui ne voit, à la moindre inspection d'une église chrétienne, que, dans l'architecte qui en a combiné les merveilleuses idées, les *ordres* sont avantageusement remplacés par les *styles*, et que la classification qui les distingue en autant d'*époques* s'oppose nécessairement, dans l'intérêt de l'unité, qui restera toujours une des premières conditions de l'art, à ce mélange de proportions incohérentes, de formes inégales qui ne sont qu'une réelle confusion? Une des plus grandes beautés de l'architecture catholique, déjà si magnifique dans les vastes basiliques des onzième et douzième siècles, c'est d'avoir tendu au grandiose, de s'être élevée à d'immenses hauteurs sans manquer jamais à l'unité de plan, défaut auquel les Grecs et les Romains se voyaient forcés par les proportions normales de leurs colonnes et la superposition de leurs étages au moyen d'attiques, dont l'effet général était de multiplier d'autres monuments les uns sur les autres. Quand on a un aussi beau système que le nôtre, on se garde bien de le gâter; on ne fait pas mépris du *style* jusqu'à en brouiller les éléments; on s'en tient fidèlement aux données de chaque époque; on ne s'essaie pas en de mauvaises tentatives à dresser des monuments, comme nous en voyons partout s'évertuer depuis trente ans, dans l'unique but de faire du nouveau en bravant les règles respectées des hommes sérieux. Le beau génie qu'il faut avoir pour se heurter ainsi, au hasard et sans aucun succès, à des impossibilités tout à la fois matérielles et morales, démontrées par tant d'exemples, étalées trop nombreuses sous nos yeux pour confirmer les répugnances et les animadversions des véritables artistes! Cette question, avouons-le, se résout donc presque toujours dans l'inintelligence des architectes; quand on voudra la vider, il ne faudra que mettre en regard la charmante église de Bon-Secours, près Rouen, due au talent remarquable de M. Barthélemy, et la Sainte-Clotilde de Paris, dont le gothique est de M. Gaud (1).

Soyons donc aussi en sculpture ce qu'est le style de nos temples, ou byzantin, ou roman, ou ogival, et sachons préférer, selon les exigences des lieux, le sérieux ou la grâce, les formes courtes et ramassées ou hautes et sveltes dans notre statuaire mystique. Si vous procédez à la restauration d'une église, la première condition posée n'est-elle pas de vous conformer strictement, pour les détails à lui rendre, aux indications données par l'ensemble du monument? Irez-vous remplacer la belle et grave coupe d'une fenêtre du douzième siècle par les meneaux grêles, les minces colon-

Ceux-ci doivent surtout être ornés dans le style de leur construction.

(1) Qu'on examine encore la cathédrale et le baptistère de Pise, l'Annonciade de Gênes, et, en France, Saint-Eustache de Paris, Saint-Pierre de Dreux, mais surtout les cathédrales de Luçon et de Bazas, particulièrement dans leurs façades, et qu'on nous dise si, vraiment, ce ne sont pas de fort malheureux témoignages en faveur de ce pot-pourri de tous les styles implanté à diverses reprises sur un monument qui n'a plus rien que d'excentrique et de faux? Comparez au contraire toutes ces anomalies avec la belle cathédrale romano-byzantine de Valence ou l'abbatiale de Pontigny, et même avec notre belle cathédrale de la transition qui fait une des gloires monumentales de Poitiers, et dites-nous si l'âme n'y est pas autant séduite que le regard par la pureté de leurs lignes, l'harmonie de leurs détails, qui tous correspondent si majestueusement à l'ensemble? Pourquoi donc chercher mieux que cela? pourquoi se fatiguer à faire des livres, à dresser des théories contre les lois arrêtées et admises jusqu'à nous, au risque de tout renverser dans les nobles et gracieuses traditions de nos ancêtres? Nous le disons encore : ces essais, ces prétentions ne réussiront pas; ils n'aboutiront qu'à prouver que de petits esprits osent souvent se dresser contre le génie; et les plus sages parmi les artistes seront ceux qui, au lieu de sacrifier *aux idées modernes*, resteront simples et fermes dans l'imitation des siècles où le génie sut marier si noblement ses dignes aspirations à celles de la foi.

nettes et la tête trilobée d'une baie ogivale, ou par les flammes tourmentées du gothique fleuri? Ainsi, donnez donc à une statue, à un bas-relief qu'appelle un sanctuaire du onzième siècle, la pose raide, les draperies sèches et anguleuses que nous signalions tout à l'heure. Plus tard, lors du style de transition, vous deviendrez plus élégant, vous vous dégagerez de cette manière embarrassée pour vous conformer aux traditions du progrès; vous arriverez, avec des formes *meilleures*, jusqu'aux magnifiques développements de l'ère gothique, et partout vous aurez gardé le grand principe d'unité, vous aurez associé des parties homogènes; votre édifice aura recouvré son caractère propre, et rien n'y laissera croire, au détriment de sa beauté réelle, qu'il s'est produit en plusieurs jets, à des intervalles éloignés, semblables à certains autres dont le plan, les matériaux, l'appareil, l'ornementation quelconque attestent des reprises disgracieuses séparées par des intervalles bizarres de plusieurs siècles, reconnaissables à leurs physionomies diverses et à leurs ridicules désaccords.

Les gargouilles et leur symbolisme.

Un genre de statuaire qui a bien son intérêt, tant par la variété de ses formes que par les nombreux symboles qu'elles expriment, doit être signalé ici: ce sont les gargouilles, dont la projection en saillie sous les corniches est un moyen de décoration aussi original qu'il est utile (1). Cette sorte de chéneau, que le style roman réduisait presque toujours à un conduit de pierre coupé dans sa plus grande simplicité, prit de l'époque gothique une variété d'expressions dues aux nombreux symboles qu'on se plut à lui imposer. Ce fut un champ fort large à l'imagination des imagiers, qui s'évertua partout à rendre, par leur figure,

---

(1) Les gargouilles, dont le nom semble un peu arbitrairement formé d'une onomatopée qui a produit aussi le verbe *gargariser*, le substantif *gargouillement*, et même *gargarisme* et *gargouiller*, sont effectivement, d'après le docte Huet, une traduction de γάργυρα et γαργάρειν, l'une des nombreuses étymologies que Morin a oubliées dans son *Dictionnaire des mots français dérivés du grec*.

leur attitude et leur fonction même, les tortures de ces démons dont nous avons parlé déjà et dont nous parlerons encore. Il est clair que les fonctions qu'on leur a données autour et aux façades de nos édifices ne sont pas moins significatives que tous leurs autres détails. Tout en déversant loin des murs les eaux qui ne s'écouleraient pas sans dommage sur leurs parois et dans leurs fissures, nos monstres n'ouvrent pas seulement leur bouche toujours béante pour les cracher ou pour aspirer les mauvais instincts de cet air du monde au milieu duquel ils semblent vivre. Outre le sens favorable que nous avons vu à l'eau dans maints endroits de cet ouvrage, nous savons aussi par les *Dictinctions monastiques* le sens d'opposition qu'il faut souvent lui donner selon les passages de la Bible où l'on parle de cet élément de vie ou de mort, de vertu ou de péché, de purification ou de souillure, de profit ou de destruction. Ici, et en rapprochant l'action des eaux de cette action des monstres qui les déversent, ne voit-on pas que c'est en mauvaise part qu'il faut les prendre? Nuisibles aux toitures et à l'économie générale de l'église, les pluies doivent s'en écouler, et le Maître qui présida à l'établissement de cette maison de prières, et *sans lequel les travailleurs eussent vainement essayé de la bâtir* (1), force le dragon infernal ou toute autre bête qui le représente à s'utiliser dans ce but comme les peuples anciens employaient les esclaves aux œuvres les plus pénibles, comme, dans l'Église primitive, c'étaient les énergumènes qui balayaient le Lieu saint. L'eau est donc prise, en ce cas, pour la prudence de la chair, pour la sagesse mondaine, pour la doctrine folle et erronée des Pharisiens, pour les enseignements de l'hérésie (2) : toutes choses qu'il faut repousser

---

(1) « Nisi Dominus ædificaverit domum, in vanum laboraverunt qui ædificant eam. » (*Ps.*, CXXVI, 1.)
(2) « Aqua spiritualis multiplex est... Est aqua prudentiæ carnis; unde : *Quid tibi cum via Ægypti, ut bibas aquam Geon turbidam?* »

au loin, et dans lesquelles la pauvre intelligence humaine risque si souvent de se noyer; aussi l'ennemi des âmes semble-t-il s'efforcer de les inonder en dehors de l'enceinte sacrée qu'il déteste. Sous mille figures hideuses, attachées à la pierre au-dessous des entablements, entre chaque contrefort, c'est tantôt le monstre hybride, grimaçant de ses traits humains sur un corps de quadrupède fantastique; tantôt un chien, au furieux regard, rejetant quand il pleut la bave de ses instincts hargneux, aboyant quand il ne pleut pas. Nous avons exposé ailleurs, avec un soin inspiré par nos propres observations sur la cathédrale de Poitiers, le sens identique de ces mêmes personnages de l'enfer, multipliés en gargouilles sous les traits variés du serpent, du lion et d'autres quadrupèdes réprouvés (1).

Toutes ces faces animées ont donc une signification particulière qu'il n'y faut pas méconnaître comme l'ont fait des archéologues de mérite (2), trop facilement entraînés à des concessions que l'histoire de l'art ne nous semble pas autoriser. Ces respectables écrivains n'ont pas assez distingué le caprice de la forme, qu'il faut leur accorder bien souvent, de l'idée mère qui dominait leur intention, et nous préférons le sentiment de M. l'abbé Ricard (3) développant le rôle indubitable des démons dans ces mêmes

---

(Jerem., II, 18.) — « Est aqua sapientiæ sæcularis, quæ est stultitia apud Deum : *Quid tibi cum via Assyriorum, ut bibas aquam fluminis?* » (Ibid.) — « Doctrina hæreticorum : *Aquæ furtivæ dulciores sunt* (Prov., IX, 17), stultis scilicet qui adulationibus hæreticorum delectantur..... » — Voir *Distinct. monastic.*, lib. I, xv, De Aqua ; — *Spicileg. Solesm.*, III, 454.

(1) Dans notre *Histoire de la cathédrale de Poitiers*, se trouve exposé en beaucoup de développements le sens de toutes les gargouilles de la belle basilique; nous devions en effet nous efforcer d'y faire une histoire de l'art chrétien aux douzième et treizième siècles, comme il convient dans un ouvrage de ce genre, où la partie descriptive ne serait pas comprise si on ne l'accompagnait de notions spéciales sur les idées qui en furent le type originel (voir t. I, p. 87, 128 et 408).

(2) Voir M. l'abbé Godard, *Cours d'archéologie sacrée*, t. I, p. 409.

(3) *Revue de l'art chrétien*, t. III, p. 66, année 1859.

œuvres que nous analysions, il y a vingt ans, sous l'impulsion de la même pensée. C'est aussi l'opinion des architectes et des savants les mieux initiés aux mystères de nos études esthétiques (1).

C'est probablement en des images bien antérieures à ces sculptures qu'il faut chercher leur origine quant à leur application architecturale. Ce même nom de *gargouilles* fut donné à des serpents fantastiques ou à d'autres monstres imaginaires dont la tradition avait fait le symbole du démon dans son opposition primitive au Christianisme. En plusieurs églises, comme à Rouen et à Tarascon, des sculptures d'animaux hybrides, de serpents volants et d'autres précédaient, jusqu'à une époque encore peu éloignée de nous, toutes les processions générales, et souvent même elles y étaient précédées de la croix, dont elles devenaient le trophée en signe des victoires remportées enfin sur le paganisme vaincu lors de l'établissement de nos premiers diocèses (2).

Quant à la statuaire des bas-reliefs ou des rondes-bosses, que nous appellerions volontiers *la petite statuaire*, destinée à se répandre sur les façades ou sur les murs latéraux, soit en épisodes de la Bible ou de la légende, soit en des modillons séparés, on sait combien il y a là encore d'observation à exercer et de précaution à se faire. Pour les comprendre, il faut d'abord s'être exercé à l'étude des Livres sacrés, des Pères de l'Église, de l'histoire générale, des légendes locales et des Vies des Saints. La liturgie n'y est-elle pas aussi avec ses expressions si variées? La flore symbolique, la zoologie morale n'y ont-elles pas leur rôle comme dans un vaste drame où s'exercent toutes les facultés, bonnes et mauvaises, de l'âme humaine? Que de pensées, que de souve-

Étude et intelligence de la petite statuaire des bas-reliefs.

---

(1) Voir Daly, *Revue générale d'architecture*, VII, 206, — et *Congrès scientifique de Bordeaux* en 1861, t. I; — le P. Cahier, *Mélanges d'archéologie et d'histoire*, I, 74 et suiv.
(2) Voir encore notre *Hist. de la cathédr. de Poitiers* sur *la Grand'-Gueule*, II, 51, — et ci-dessus, t. II, p. 336.

nirs il faut évoquer, et quels rapprochements on doit se faire pour arriver à l'intelligence de ces personnages! Et que d'erreurs dans ces interprétations, faute des connaissances spéciales, toujours indispensables à qui veut traduire cette langue si riche, si variée et si mystérieuse!

Clefs de voûte. Enfin, les clefs de voûte offrent encore un puissant intérêt à qui cherche le symbolisme de notre art plastique. Nous ne parlons pas de celles qui, aux quinzième et seizième siècles, modelées sur les prétentieux motifs de l'architecture abâtardie, se plièrent trop fidèlement aux caprices d'une transformation malheureuse. Il faut remonter à deux cents ans plus haut pour délecter son regard sur de petits chefs-d'œuvre presque toujours inscrits en des médaillons circulaires où s'épanouissent des couronnes de fleurs, où de petits anges portent tantôt les symboles des souffrances du Christ, tantôt les vases sacrés de la Communion; où le Sauveur apparaît sur les genoux de sa sainte Mère, où la Colombe divine plane sur l'assemblée des fidèles (1). Là, rien de moins qu'ailleurs pour nos études, et tout y parle bien mieux que ces culs-de-lampe prolongés outre mesure, sculptés en spirales, et qui semblent tomber de la voûte, dans l'unique but d'étonner un spectateur profane ou d'offrir à ses regards des écussons armoriés. Autant les uns sont distingués de pensée ingénieusement chrétienne, autant les autres sont inutiles et vains dans l'accomplissement laborieux de leurs tours de force. Si cela plaît à l'œil, rien n'y parle à l'âme, et tout y concorde trop bien avec ce bas-empire de l'art religieux qui s'acheminait à une déchéance dont il n'est pas encore complétement guéri.

Après avoir parlé dans ce chapitre, en termes généraux, des conditions essentielles d'une bonne sculpture religieuse, il nous resterait à exposer beaucoup de détails d'exécution

---

(1) Voir ce même ouvrage, où nous avons décrit les charmants spécimens de ce genre qu'on pourrait imiter partout avec succès, I, 317; II, 210.

qui la rendent pratique, et à compléter la théorie de ses attributs si nombreux. Mais ces principes se rattachent aux notions d'iconographie générale dont nous devons traiter bientôt en parlant de la peinture. Arrêtons-nous seulement, puisque c'est la sculpture seule qui les crée et les dispose, à ce qui nous reste à dire de l'ornementation et de l'ameublement d'une église. Le catholicisme, qui a suspendu ses gargouilles et ses modillons aux portes élevées de nos temples, ne peut non plus demeurer indifférent à la forme de ses autels, de ses baptistères, de ses bénitiers et de ses tombeaux. Étudions successivement ces intéressants détails de la vie symbolique du monument chrétien.

CHAPITRE VII.

(Suite du précédent.)

AUTELS, — TABERNACLES, — BAPTISTÈRES, — TOMBEAUX.

Revenons donc sur trois des détails que nous avons simplement esquissés dans le chapitre V, et auxquels une place a été assignée dans nos églises par des usages toujours fondés sur des raisons symboliques. Ici, en effet, des notions générales ne peuvent suffire ; il faut que chaque objet en lui-même nous dévoile ses formes les plus convenables, les détails mystiques de sa confection, la pensée spiritualiste qui y préside et que le peuple, les artistes surtout, doivent y lire pour les comprendre ou les imiter. — Examinons d'abord ce qui regarde les autels.

Origine de l'autel chrétien.

Il est de notoriété commune que, dès le temps des catacombes, la célébration du Saint Sacrifice se fit sur le tombeau de quelques martyrs; c'est pourquoi nous nous persuadons beaucoup que ces auges en marbre, creusées en tombeaux, ornées du chrisme et d'autres sculptures symboliques, tels qu'on en voit dans les cryptes de Saint-Surin de Bordeaux, étaient primitivement des autels taillés à l'image exacte de beaucoup de tombeaux des catacombes. On peut s'en convaincre en jetant les yeux sur les belles et intéressantes gravures dont Bosio et Aringhi ont orné leur *Rome souterraine*, et M. l'abbé Cirot son *Église de Saint-Surin*.

Nécessité d'y insérer des reliques.

Remarquons aussi que bien ailleurs on choisit pour autels ces mêmes tombeaux, où souvent les martyrs reposaient encore, et que cet usage leur fut maintenu strictement pendant les trois premiers siècles, si bien que le pape S. Félix (269-274) en fit une règle absolue (1). De cette antique et touchante dévotion naquit cette prescription liturgique dont nous avons parlé (2), de placer des reliques de martyrs dans tous les autels, pour que l'honneur insigne qu'on leur avait fait d'abord fût continué aux serviteurs de Celui qui s'était volontairement sacrifié sur la Croix. C'est pour cela aussi qu'un autel n'est jamais consacré sans que le Saint Sacrifice n'y soit offert aussitôt. Il y a plus : c'était une coutume reçue encore du temps de Guillaume Durant que si l'on ne pouvait se procurer de ces reliques lors de la consécration d'un autel, on devait y suppléer par des fragments du Corps du Sauveur, c'est-à-dire par des portions d'une hostie consacrée (3). Ceci aurait lieu de nous étonner s'il ne s'agissait, dans cette prescription, des seuls autels *fixes*, qu'aucun déplacement ne pouvait exposer à une profanation, et démontre jusqu'à quel point l'autel s'identifiait dans l'Église avec Jésus-Christ, dont il est la figure sensible (4). Des monuments antérieurs nous montrent cet usage sous un aspect plus singulier encore. Du temps d'Urbain II, qui siégeait en 1100, on prenait trois portions de l'Hostie consacrée qu'on enfermait dans l'autel avec de l'encens, et l'anonyme qui écrivit à cette époque *La Vie des abbés de Marmoutiers* raconte que ce pape en usa ainsi lorsqu'en 1096 il fit la dédicace de l'église de ce monastère (5). On voit que déjà, à deux cents ans de

On y a même placé des fragments de la sainte Eucharistie.

(1) « Constituit supra memorias martyrum missas celebrari, » dit le *Bréviaire romain*, 30 mai, d'après Anastase le Bibliothécaire, *Vita S. Felicis*, n° 2.
(2) Ci-dessus, t. II, sur le ch. VI de l'Apocalypse.
(3) « Sine Sanctorum reliquiis, aut ubi illi haberi non possunt, sine *corpore Christi* non fit consecratio altaris fixi. » (Durant. Mimat., *Ration. div. Offic.*, f° XVIII.)
(4) « Altare significat Christum, sine quo munus nullum acceptabile Patri offertur. » (*Ibid.*, v° 5.)
(5) Voir dom Chardon, *Hist. des sacrements*, De l'Eucharistie, ch. IX ; — dom Martenne, *De Antiq. Eccles. Ritib.*, t, I, p. 440.—Dans un Sacramentaire de S. Grégoire, écrit avant l'an 986, se trouve le texte qui

là, on n'avait apporté à cette rubrique qu'une très-légère modification. Nous ne pouvons découvrir à quelle époque antérieure au seizième siècle elle a disparu du Pontifical romain.

Symbolisme du sépulcre de l'autel.

Quoi qu'il en soit, c'est par allusion à ces tombeaux sacrés, que l'autel n'a pas cessé de reproduire par son sens mystique, qu'on a donné le nom de *sépulcre* à la cavité ménagée dans la partie antérieure de sa *table*, et qui reçoit, pour l'y cacher, la capse où les reliques sont déposées. Ce sépulcre représente l'urne d'or remplie de la manne céleste que Moïse avait placée dans l'Arche du témoignage (1) : preuve de plus entre mille que l'Église retient autant que possible quelque chose des anciens rites, qui lui semblent le type divin de la Loi nouvelle.

Autels portatifs.

Le temps des persécutions ne permit pas toujours de célébrer sur des autels fixes, tels que les *Confessions* des catacombes. Il fallait procurer ce plus grand des secours religieux à des populations réunies ailleurs; les voyages de l'apostolat n'impliquaient pas moins la nécessité de transporter la partie essentielle du mobilier sacré : de là les

établit formellement cette pratique comme suivie au dixième siècle : « In nom̄e Ptr̄is et Fil. et Spūs S^{ti}. — Pax tibi. — Responsiorum : Et cum Spū tuo. — Et ponat tres portiones corporis Domini intus, et tres de incenso. Recludantur tunc reliquiæ, canentes antipham : Exsultabunt Sancti n gloria. — Psalmus, Laudate Dominum de cœlis. Antipha, Sub altare Dni sedes accepistis. » — Ce texte, dont le manuscrit est à la Bibliothèque Richelieu, fond Saint-Germain latin, n° 287 (*olim* Corbie, n° 587, f° 13), a été reproduit en *fac-simile* par M. Nat. de Wailly, *Traité de diplomatique*, II, p. 254, pl. vi. — Observons qu'il y a longtemps que cette pratique ne s'usite plus, car le Pontifical romain, édité pour la première fois au seizième siècle, ne parle que de reliques incluses dans le petit vase à ce destiné, lesquelles sont placées par l'évêque dans le *sépulcre* de l'autel, pendant que les clercs chantent les mêmes antiennes *Exsultabunt* et *Sub altare*. — Voir *Pontif. roman.*, p. 409 et suiv.

(1) « Secundum Tabernaculum..., habens... arcam Testamenti..., in qua... urna aurea habens manna. » (*Hebr.*, ix, 4.) — « Sepulcrum vero, sive foramen in quo reliquiæ recondi debent, significat urnam auream plenam manna quæ in arca Testimonii posita erat. » (Durant., *Ration.:* mihi, f° xviii.)

autels portatifs, consistant le plus souvent en une sorte de stèle en bois, ou en une pierre étroite : *superaltare*, *altare viaticum*, et quelquefois en une plaque de métal précieux appelée *propitiatoire*, et dont s'accompagnait le prêtre, aussi bien que du calice indispensable. Ce n'est pas qu'on n'eût trouvé d'abord un moyen plus simple et surtout plus touchant, car on avait vu des Évêques et des Prêtres réduits à n'offrir les Saints Mystères que dans une solitude écartée, poser le calice et le pain sur les mains ouvertes d'un Diacre, et consommer ainsi sur un autel vivant le sacrifice auquel ils étaient peut-être eux-mêmes réservés. Mais c'était le temps où d'autres, non moins saintement inspirés, prenaient pour table sacrée, dans une prison où ils attendaient le martyre, la poitrine nue d'un Confesseur étendu sur le sol, et dont des ceps retenaient les pieds et les mains (1).

<small>Comment on y supplée quelquefois.</small>

Mais ces remarquables exceptions prouvaient que les règles n'étaient pas encore absolument établies, et tout d'abord on avait dû se servir d'autels de bois, les Apôtres ayant certainement consacré, comme Notre-Seigneur lui-même, sur une table imitée de celle du Cénacle. On voit encore dans l'église de Latran, à Rome, l'autel dont S. Pierre s'était servi ; et nul autre que le Souverain Pontife en personne n'y peut célébrer, depuis le pape S. Sylvestre, qui l'ordonna ainsi. Mais depuis ce temps aussi, et par ordre du même Pape, la liberté rendue à l'Église demandant une matière plus solide et qui restât perpétuellement à l'abri des injures de l'âge et des accidents, les autels ne purent être consacrés qu'autant qu'ils seraient de pierre : c'est ainsi que l'autel primitif ordonné par Dieu à Moïse, tout en se faisant de bois pour la plus grande commodité du transport, devait être de bois de séthim, par cela même incorruptible, ce qui rapproche, dans l'intention du divin législateur, l'idée antique de la nouvelle (2). Ce même Pape institua aussi les

<small>Les autels doivent être de pierre.</small>

---

(1) Voir Surius, *Act. S. Stephani*, die 2 aug.
(2) « Facies et altare de lignis sethim. » (*Exod.*, XXVII, 1.) — Voir en-

cérémonies de la consécration des églises et des autels, dont il usa pour la première fois lors de la dédicace de Saint-Jean de Latran (1). Le droit canonique a plus d'une fois renouvelé cette prescription ; les autels portatifs eux-mêmes ne doivent plus être que de pierre, ou de marbre, ou d'ardoise. Une petite cavité ménagée à leur intérieur doit contenir les mêmes reliques voulues pour les grands autels, et, comme pour ceux-ci, c'est toujours l'Évêque seul qui en peut faire la consécration (2). Il faut même que la pierre soit une et d'un seul morceau, afin de rappeler la base solide de l'unité de l'Église, son inébranlable résistance aux puissances du monde et de l'enfer, et sa perfection enfin qui ne la laissera jamais diviser par les schismes et les hérésies (3). Il est bien clair ici que ces significations symboliques l'emportent dans l'esprit de l'Église sur toute autre considération, puisque la pierre consacrée ne peut servir qu'au-

---

core Durant sur ce texte, *De altaris Consecrat.*; mihi, f° XVIII. — Pierre de Riga donne une autre raison également symbolique :

De lignis altare sethim contexitur; inde
Collige quod justis vita perennis erit.
(*Aurora*, in Exod., v. 1439.)

(1) « Ritus quos in consecrandis ecclesiis romana servat Ecclesia, beatus Sylvester papa primus instituit. Nam, etsi jam ab Apostolorum tempore loca fuerunt Deo dicata quæ a quibusdam oratoria, ab aliis ecclesiæ dicebantur..., non tamen ea adeo solemni ritu consecrabantur, nec in eis adhuc in titulum erectum erat altare, quod chrismate delibutum, Domini nostri Jesu Christi, qui altare, hostia et sacerdos noster est, figuram exprimeret... — Beatus Sylvester postea in consecratione altaris principis Apostolorum decrevit ut deinceps nisi ex lapide altaria ædificarentur. » —Voir la curieuse légende des trois leçons du 2º nocturne de la Dédicace de la basilique du Saint-Sauveur, *Breviar. Rom.*, IX novemb.; — voir aussi *Roma subterranea*, t. I, p. 234 ; lib. II, cap. VI, n° 8.)

(2) « Altaria, si non fuerint lapides, chrismatis unctione non consecrentur. » (Cap. XXXI, *De Consecrat.*, dist. I.) — « Lapis enim Christum significat, » dit S. Thomas, sent. IV, dist. XIII, quæst. 1, cap. II.) — « Altaria placuit non solum unctione chrismatis, sed etiam sacerdotali (episcopali) benedictione sacrari. » (Can. XXXI, *De Consecrat.* dist. I.)

(3) Durant, Béleth, et les autres rubricaires.

tant qu'elle demeure entière, et que si les reliques s'en étaient perdues, elle deviendrait également incapable de son emploi. La multiplicité des autels dans une même église, nécessitée depuis longtemps par les variantes apportées dans le culte, a fait autoriser ces pierres de petites dimensions encadrées dans la table supérieure d'un autel, même de bois, qu'on tolère moyennant cette condition essentielle; car le véritable autel est toujours cette portion principale sur laquelle reposent le Corps et le Sang de la sainte Victime. Le principe est dès lors observé : la pierre est toujours là pour symboliser Jésus-Christ ; aussi la dédicace en est faite sous les mêmes rites essentiels que celle des autels fixes, quoique avec une moindre solennité.

Symbolisme de leur consécration;

Cette dédicace, intimement liée, nous l'avons dit, à celle de l'Église, est, comme celle-ci, pleine d'enseignements symboliques : tout s'y rapporte au Sauveur, dont il semble que le Corps sacré soit réellement honoré par tous les détails de la liturgie. La matière est purifiée par quatre choses très-efficaces contre le démon : l'eau, qui signifie l'effusion des saintes larmes dans la prière; le vin, qui représente la joie spirituelle; le sel, qui est la discrétion de la conduite chrétienne, et la cendre l'humilité de la pénitence (1); les encensements le parfument, les onctions du chrême lui impriment la royauté du Christ et rappellent cette pierre mystérieuse que Jacob inonda à Béthel de l'huile prophétique qui en fit un monument sacré (2); les chants, les oraisons, les signes de croix se multiplient : en tout, partout,

---

(1) « Circa aquæ benedictionem notandum est quod hujusmodi aquæ exorcisatio fit ad effugandum inde inimicum..., quoniam quatuor sunt qui inimicum expellunt: lacrymarum effusio, quæ per aquam ; spiritualis exsultatio, per vinum; naturalis discretio, per sal ; cinis, pœnitentiæ humilitas. » (Durant. Mimat., et les autres liturgistes.)

(2) « Jacob tulit lapidem... et crevit in titulum, fundens oleum desuper..., appellavitque nomen urbis Bethel (domus Dei). » (*Gen*, XXVIII, 18.) — Voir ces belles et majestueuses cérémonies dans le *Pontifical romain*, part. II, *De ecclesiæ... et altaris consecratione*.

les allusions aux souvenirs bibliques, à la mission de l'Église, à l'immolation de l'Agneau sans tache.

Jeur multiplicité, après le cinquième siècle, dans une même église.

Jusqu'à la fin du cinquième siècle, les églises n'avaient généralement qu'un autel. On y voyait un signe d'unité, et d'ailleurs on sentait moins le besoin d'en avoir plusieurs lorsqu'on n'avait chaque jour qu'une messe dans chaque église, comme il est encore d'usage en Orient. Mais dès le siècle suivant, la multiplicité des messes, soit dans les monastères, soit dans les grandes paroisses, appela celle des autels. Mabillon nous apprend qu'à Saint-Germain-des-Prés, consacré en 558, le roi Childebert en fit placer quatre, dont le plus grand était d'une riche magnificence. Avant lui, Constantin avait doté de sept autels d'argent l'église de Saint-Jean de Latran, à laquelle il avait travaillé de ses propres mains (1). Au douzième siècle, les autels secondaires furent placés surtout dans les chapelles rayonnant autour de l'abside. La dévotion aux saints et aux reliques entra pour beaucoup aussi dans cette nouveauté, car elle coïncide avec les nombreuses translations d'objets précieux rapportés des pèlerinages de la Terre Sainte. Mais l'autel principal, l'autel *majeur*, fut toujours le plus vénéré : c'est lui, en effet, qui forme le point central du temple; vers lui se rapportent

Symbolisme de leurs parements.

les adorations du cœur et ses pieux hommages. Il n'y a pas jusqu'à ses parements qui ne soient pleins de significations spirituelles. Les trois nappes qui en recouvrent la pierre et la préservent des immondices et de la poussière doivent être en nombre triple, pour parer aux inconvénients d'une effusion accidentelle du Précieux Sang; mais surtout elles doivent être de toile de fil, à l'exclusion du coton ou autre matière, comme elles furent dès le commencement, parce qu'elles rappellent le linge très-pur dans lequel

---

(1) Mabillon, *Acta* ord. Sancti Bened., I, 201.— Eusèbe et Anastase le Bibliothécaire, *Vita Constant.* — L'abbé Texier, *Dictionn. d'orfévr.*, v° AUTEL.

Joseph d'Arimathie ensevelit le corps du Seigneur (1). Le lin est d'ailleurs, dans l'Écriture, le symbole de la pureté du corps et de l'âme (2) : c'est aussi pourquoi il est prescrit exclusivement dans les usages du Saint Sacrifice et dans certains des vêtements sacerdotaux.

La pierre, indispensable comme matière, n'exclut pas cependant l'emploi d'autres substances comme accessoires ou ornements. Le moyen âge ne pouvait négliger, sur ce point, d'appeler l'art au secours du culte et d'y prodiguer toutes les richesses dont un objet aussi important semblait susceptible; mais la pierre n'en formait pas moins le fond, et c'était alors un massif de maçonnerie sur lequel régnait toute la table, et qu'on couvrait de toutes parts d'un revêtement d'or ou d'argent, de bronze ou de cuivre, auquel s'appliquaient des plaques d'émail, des ornements de verroterie ou de mosaïque, et même des pierres précieuses. Tel était déjà, dès le quatrième siècle, la magnificence déployée par Constantin pour l'autel de Sainte-Sophie, dont les auteurs byzantins nous ont laissé d'admirables descriptions (3). D'autres, en grand nombre, et qui nous restent encore en une foule d'églises, attestent que la même richesse n'était pas possible partout. Mais dans leur simplicité, que dérobaient certainement aux regards des parures que le temps leur a enlevées, le symbolisme sévère des pierres cimentées que surmontait leur table monolithe se relevait encore d'un caractère qui nous les rend toujours aussi respectables, en

Richesse des autels au moyen âge;

Leur simplicité plus habituelle.

---

(1) « Accepto corpore, Joseph involvit illud in sindone munda. » (*Matth.*, XXVII, 59.)

(2) Ce qui indique dans la femme forte des Proverbes (*Quæsivit lanam et linum, et operata est* [XXII, 13]) les deux qualités essentielles d'une épouse : la foi, figurée par la laine, comme nous l'avons vu, et l'inviolable pureté des mœurs. — Voir *Clavis S. Melit.*, ap. Pitra, III, 152 et 403.

(3) Voir Paul le Silenciaire, chroniqueur grec du sixième siècle, commenté par Ducange, *Descript. Constantinop. christianæ*, lib. III, n° 53; — et Cedrenus, contemporain de Justinien au sixième siècle, dans son poème grec de *L'Église Sainte-Sophie*.

dépit de leur nudité. Sur la tranche de cette table, et parfois aussi sur les pilastres qui en ornaient les angles antérieurs, se lisaient des inscriptions votives ou historiques par lesquelles nous savons maintenant et l'âge de ces petits monuments et leur vocable primitif. Notre belle basilique poitevine de Saint-Savin (Vienne) est riche de ces pieux souvenirs, qu'on retrouve aussi tout à fait identiques dans l'abside de l'ancienne abbatiale de Saint-Denis, et un autre non moins curieux fut découvert, en 1841, dans une chapelle ruinée de la ville de Vienne, en Dauphiné (1). D'autres fois ces inscriptions étaient symboliques, ou bien de simples sentences relatives aux saints mystères, et, au lieu d'être sur le bord courant de l'autel, elles se distribuaient sur le devant, sur les côtés, ou sur la base courante qui supportait la masse totale. On peut lire ce que tous les archéologues ont écrit en ce sens du célèbre autel d'or que l'empereur S. Henri donna, vers 1020 (2), à l'église du Mont-Cassin, et qui est aujourd'hui au musée de Cluny.

Celui de Mazerolles, en Poitou.

Un jour, nous découvrîmes dans une petite église rurale de notre diocèse (3) un autel de pierre encore appliqué au fond de l'étroite abside où, sans doute, il avait toujours été. Cette abside était depuis longtemps cachée par un de ces retables que le dix-septième siècle se plut à interposer si fréquemment entre le chœur et le sanctuaire, au grand dommage de ce dernier, qui s'en rétrécit d'autant plus, et afin de

---

(1) Dessiné dans le *Bullet. monum.*, VII, 615.
(2) Cette description se trouve dans le *Cours* d'antiquités *monumentales*, par M. de Caumont, VI, 14 et 151. — Lettre de M. l'abbé Crosnier dans les *Annal. archéolog.*, III, 359, et IV, 243. — S'il fallait discuter le sens que le docte écrivain donne aux deux vers grecs-latins qu'on lit sur cet autel, nous exposerions notre pensée, qui n'est pas tout à fait la sienne, sur le mot grec οὐσίας et sur l'attribution qu'on fait de la première interprétation à Mgr Cousseau, évêque d'Angoulême. — Voir encore une *dissertation* du colonel Theubet, in-8°; — enfin l'abbé Texier, *Dictionn. d'orfévr.*, col. 199 et suiv., où ce beau et regrettable meuble est décrit avec soin dans tous ses détails.
(3) A Mazerolles, près Lussac-les-Châteaux (Vienne).

se ménager une sacristie à peine suffisante, et qui dérobe ainsi aux regards ce que l'intérieur sacré avait de plus symbolique et de plus curieux. Quoi qu'il en soit, notre petit autel me parut être au moins du neuvième siècle, et certainement n'est pas postérieur à cette époque; il pourrait même remonter beaucoup plus haut si l'on se rapporte à la fondation du petit monastère qui était du sixième, et aux formes extrêmement élémentaires de l'objet. Il consiste en une simple table de pierre de cinq à six centimètres d'épaisseur, longue d'un mètre au plus, encastrée dans le chevet oriental par sa partie postérieure, et posée sur deux colonnes placées quelque peu en arrière du bord antérieur. Ce rare et curieux petit monument est d'un grand prix, car il témoigne de l'usage le plus ancien et d'un temps où les rites du Saint Sacrifice n'avaient pas reçu encore les développements que nous leur voyons depuis plusieurs siècles.

Il est à observer que ceux qu'on retrouve ainsi sont constamment, et sans exception, de pierre plus ou moins polie, mais prise dans les carrières du pays. Plus tard, le luxe artistique apporté à l'œuvre des églises depuis le onzième siècle fit employer pour les autels, comme pour les pavés et autres ornements, les marbres de couleurs variées, qui, alors, étaient fort communs en France. Mais dès le douzième, et au treizième surtout, les carrières vinrent à n'y plus suffire, et la pierre de liais, au grain délicat et poli, prêta ses surfaces élégantes au ciseau du sculpteur et aux couleurs symboliques du peintre. Nous avons donc à peine un regret à donner au changement que nous signalons. Le marbre, aussi froid au regard qu'au toucher, ne souffre pas la peinture, et le plus habile ciseau ne lui donne qu'un relief toujours insuffisant, dans lequel les ombres n'ont qu'un rôle trop secondaire et presque nul d'effet et de perspective. C'est aux autels portatifs, à ces pierres sacrées destinées aux voyages et aux églises moindres qu'il faut laisser une telle matière, fort convenable par son poli et

De l'emploi du marbre,

peu avantageux à l'effet artistique,

mais très-convenable aux autels portatifs.

sa dureté, et que, d'ailleurs, une règle expresse prescrit d'envelopper d'une toile sous laquelle on l'abrite contre les mains profanes et les accidents. On a de nombreuses mentions, dans les inventaires du onzième au seizième siècle, de pierres sacrées en jaspe, en porphyre et en marbres de diverses couleurs, encadrées dans des châssis d'or ou d'argent (1). Il n'est même pas sans exemple qu'en leur lieu et place on se soit servi parfois de véritables boîtes d'or ou d'argent, enrichies de gravures, de gemmes et d'émaux, dans lesquelles se renfermaient les reliques, et qui servaient d'autels portatifs en les encastrant dans une table improvisée au besoin (2). Mais nous dissuaderons toujours d'employer le marbre, fût-il le plus magnifique, aux autels de quelque importance : encore une fois, il est trop rebelle à toute décoration, par conséquent à tout sentiment artistique. Toutefois, pour suppléer absolument à cette espèce de nullité, nous ne voyons guère que le mélange des marbres et des pierres précieuses aux couleurs diverses, réalisant pour l'œil des mosaïques distribuées en compartiments, en y encadrant des sujets dont la science symbolique et le bon goût inspireraient le nombre et le choix. Mais quelles dépenses, et que de déceptions maintes fois sur l'exécution de telles œuvres, qui ne sont assez ni de notre temps ni de notre pays!

Autels en orfévrerie ; insignifiance de quelques-uns de notre époque.

L'orfévrerie réussirait mieux à nous donner de riches autels, mais encore faudrait-il que les architectes, qui veulent absolument s'en mêler sans connaître les plus minces éléments de la matière, se fissent un devoir d'en étudier l'esprit et le sens. Ils nous préserveraient dès lors de ces coffres insignifiants, brillants d'une dorure plus ou

---

(1) Voir, comme spécimen donnant une idée complète de ces marbres et du luxe d'ornementation qui les décore, l'autel du trésor de Conques des onzième et douzième siècles, *Annal. archéolog.*, VIII, 77.
(2) Voir l'abbé Texier, *Dictionn. d'orfévr.*, v° AUTEL, col. 208 et suiv.

moins solide, guillochés d'estampages symétriques d'un dessin pauvre et monotone, où quelques fleurs sans idée se distribuent sans plus de conception que de bonheur, jurent aux yeux, ne disent rien à l'âme, et dont l'ensemble, en un mot, n'offre, à quelques pas, que le spectacle inerte d'une masse jaune dépourvue de toute impression religieuse, et perdant chaque jour, sous une couche de plus épaisse poussière, l'éphémère éclat de sa trompeuse beauté.

En dehors de ces merveilles inabordables au plus grand nombre des églises, nous pouvons trouver des somptuosités qui, pour être moins chères, n'en seront pas moins éloquentes. Ce que l'art moderne a pu faire depuis vingt ans au moyen du sculpteur et du peintre a réalisé, pour certains sanctuaires, des plans qui méritent l'attention et rappellent aux solides pensées de la foi. Partout on rencontre aujourd'hui des dessins et des lithochromies dont l'effet, en reproduisant les sujets du moyen âge, en reflète l'idée symbolique, et rattache à l'autel les plus douces et les plus graves pensées de la religion.

Inspirations plus heureuses à suivre.

La sculpture, considérée comme moyen d'ornementation, est, aussi bien que tous les autres genres de décoration qu'on y doit employer, d'une haute importance dans l'art chrétien, et il faut nous y arrêter, le symbolisme n'ayant jamais été plus nécessaire ni plus convenablement admis que dans l'exécution d'un pareil objet, le plus nécessaire de toute la liturgie, et tous les jours mis en contact avec le Dieu même de l'Eucharistie. Supposé donc, et tout d'abord, le choix attentif d'une bonne pierre de liais, d'un grain fin et serré, d'autant moins accessible à l'action de l'humidité et de l'air, cherchons à la décorer avec plus ou moins de richesse, mais toujours sous l'inspiration des symboles chrétiens. Combien ces symboles sont nombreux, et quelles infinies ressources ils ont offertes aux mains habiles de nos vieux dessinateurs! Les Livres saints, traduits en ciselures ou en saillies; l'Apocalypse, surtout, avec

Conditions symboliques.

Variété infinie des motifs esthétiques à sculpter

274 HISTOIRE DU SYMBOLISME.

ou à peindre sur un autel.

ses allusions si claires au Fils de Dieu et aux promesses éternelles; les Pères, avec leur génie iconographique, exposant en mille commentaires les vérités dogmatiques et morales; les Saints, dans les principaux traits de leur admirable vie; l'auguste Mère du Christ, les Apôtres, le Tétramorphe; enfin les emblèmes innombrables de l'Eucharistie, ne sont-ils pas autant de sources inépuisables auxquelles ont été faits d'heureux emprunts, et qui nous prêteront généralement ou des imitations toujours heureuses, ou des combinaisons nouvelles que l'étude et l'intelligence ne manqueront pas de s'approprier?

Où en puiser les bonnes données?

Le champ de l'imagerie religieuse est si vaste chez nous, que partout il peut offrir à l'artiste des motifs très-adaptables à nos autels. Les verrières, les miniatures, les fresques ne sont-elles pas autant de surfaces à consulter, et qui se prêteront toujours, soit tout entières, soit partiellement, au besoin de nos décorations symboliques? N'avons-nous pas aussi ces sarcophages si précieux des premiers jours du Christianisme, dont les côtés sont chargés de faits historiques fouillés dans le marbre, et tous se rapportant à quelques-uns des mystères évangéliques rapprochés des faits parallèles de l'ancienne Loi? l'adoration des Mages, Zachée regardant le Sauveur lors de son entrée à Jérusalem, le Christ donnant sa mission aux Apôtres, Daniel au milieu des lions, Moïse tirant du rocher les eaux d'Oreb, l'aveugle guéri, les pains multipliés, Madeleine absoute dans sa pénitence, Jonas délivré de la baleine, Abel offrant un sacrifice, la Samaritaine écoutant le *Prophète qui lui dit tout* (1). Bien souvent, au lieu de ce luxe des Saints ou des riches du monde, ce sont de simples monogrammes du Christ, des palmes, des couronnes, des croix, des colombes portant au bec l'olivier de la paix éternelle. Quels trésors pour les artistes! et com-

---

(1) « Venite et videte hominem qui dixit mihi omnia quæcumque feci; numquid ipse est Christus? » (*Joan.*, IV, 29.)

ment s'étonner que ceux du moyen âge soient devenus si féconds, lorsqu'ils avaient de telles inspirations et de si beaux modèles !

C'est encore au douzième siècle qu'il faudra emprunter les éloquents motifs que réclament nos sanctuaires pour les églises romanes, dont le style s'y marie si complétement. A cette époque favorite de l'art symbolistique, on voit tantôt l'élégance unie à la simplicité, tantôt la prodigalité des ornements jointe à la profondeur du sens allégorique. Toutes les ressources de la science se déploient dans des arcades savamment élaborées, et la plus séduisante harmonie se fait admirer dans l'agencement calculé de ces détails, où l'habileté du sculpteur seconde parfaitement les plus belles lignes architecturales. La charmante église de Saint-Germer (Calvados) possède un autel cubique de son époque dont la table, ornée d'une élégante et épaisse moulure, repose sur une suite de quatre arcades cintrées, séparées par des palmettes doubles qui se posent perpendiculairement, et supportées par cinq colonnes à bases attiques dont les chapiteaux se composent uniquement de deux ou trois feuilles grasses d'un effet très-simple, mais parfaitement d'accord avec le style grave et sévère du tout. Cette sévérité est encore relevée par le fond de l'arcature, qui est plein et sans nulle ornementation aujourd'hui visible. Mais qu'on se représente ce beau meuble, imposant comme masse, et si énergique dans son expression générale, qu'on se le représente, disons-nous, paré de tout ce que l'or et les couleurs peuvent ajouter à la pierre trop nue par elle-même, et qui réclame toujours cette parure; qu'on remplisse par des gemmes les petites moulures creuses des archivoltes; qu'on jette la verdure sur ces feuilles palmées qui s'élèvent dans leurs intervalles; dorez les corbeilles et les bases en revêtant les tailloirs et les piédestaux de teintes plus sombres qui les fassent ressortir; couvrez les fûts de jaspes, de porphyres, ou de

Beaux modèles à choisir dans le moyen âge;

y appliquer la peinture.

marqueteries, ou d'émaux ; ornez les fonds plats de quelques statuettes, ou de fleurs symboliques, ou de tous autres emblèmes qui y ressortent d'accord avec l'idée mère et la destination de cet autel, et nous doutons que, même dans une cathédrale, on l'accuse d'un rôle trop inférieur. A Saint-Florent-des-Bois, en Vendée, nous l'avons fait exécuter en bois sur de plus grandes proportions, et sa forme générale y répond parfaitement, aussi bien que ses décors, aux dimensions de l'édifice et au digne objet de sa destination.

A Avenas (Saône-et-Loire), un cadre à peu près le même, sauf la division en arcades, offre un sujet d'ornementation plus riche et plus généralement adopté. Le Christ en occupe tout le milieu, assis et bénissant, sur un trône que circonscrit un nimbe elliptique, et flanqué aux quatre côtés de l'un des animaux du Tétramorphe; puis, sur deux lignes qui se partagent horizontalement tout l'espace, à droite et à gauche de ce grand médaillon, les douze Apôtres accompagnent le divin Maître, assis comme lui, trois par trois (1), dans chacun des quatre compartiments. Faites encore revivre tout cela au moyen de la coloration que le moyen âge lui avait certainement donnée, et vous avez un modèle de plus à imiter.

Des retables;

Au treizième et au quatorzième siècle, l'époque gothique fit naître et maintint les retables pour les autels qui n'avaient pas cessé d'être appliqués au fond de l'abside : c'était un moyen d'ornementation dont on profita avec une profusion étonnante, que le seizième siècle surtout développa puissamment. Les modèles ne manquent pas en ce genre; il faut seulement se méfier, surtout quant à cette dernière époque, dite de la Renaissance, du laisser-aller des artistes qui abandonnent la tradition, mêlent leurs idées personnelles à celles des grands esthétiques du

y bien observer les convenances théologiques.

---

(1) « Sedebitis et vos. » (*Matth.*, XIX, 28.)

moyen âge, et dérangent, avec l'ordre naturel des idées, le sens si rationnel puisé par nos pères dans une plus pure théologie. Citons pour exemple la donnée si connue de l'arbre de Jessé. On en voit une gracieuse exécution à la chapelle Sainte-Anne, dans l'église Notre-Dame de Poitiers. Certainement l'idée est fort gracieuse d'avoir choisi ce motif pour ornementer l'autel consacré sous le vocable de la mère de la Sainte Vierge. Rien de plus heureux, en pareil cas, que cette tradition de famille exaltant l'efflorescence de la sainte lignée du Fils de David. Mais une grosse faute est là, malheureusement, diminuant la dignité de la conception artistique et rabaissant l'effet principal que le même sujet produit mieux partout ailleurs. Pourquoi le sculpteur a-t-il préféré aux autres modèles si nombreux celui où je ne sais quel précurseur de Raphaël et de Michel-Ange, au lieu de faire partir la racine symbolique du cœur de Jessé, la fait sortir de ses reins, au grand détriment d'une pensée élevée et chaste, et au profit d'une idée par trop naturelle et toujours prise en mauvaise part (1)? La beauté générale d'une telle composition n'est pas le seul mérite qu'il lui faille : elle perd tout son charme sans la pensée intime qui doit en dicter la donnée spirituelle, et, n'eussions-nous que

<small>Observation sur un retable de Jessé, à Notre-Dame de Poitiers.</small>

---

(1) Voyez, en effet, comme à cet égard le symbolisme s'est exprimé clairement. Ne dirait-on pas que c'est relativement au point qui nous occupe ici que le Psalmiste aurait chanté: *Eructavit cor meum Verbum bonum? (Ps.*, XLIV, 2.) — S. Méliton l'a pensé, quand il ajoute : *Cor, secretum divinæ generationis (Clavis,* cap. v, De Homine, n° XL); et Pierre de Capoue adopte fort bien et développe dans notre sens cette interprétation (*Spicileg. Solesm.*, II, LXXV). — Au contraire, les reins sont le siège de la luxure et des passions charnelles : « Renes, carnalis delectatio, » dit ce même S. Méliton (*ibid.*, n°⁵ XLVII et suiv.). D'après le Psalmiste: *Ure renes meos* (ps. XXV, 2); « Renes mei commutati sunt » (ps. LXXII, 11); et Jérémie (XVI, 10) : *Renes vestros accingite.* — Théodulphe d'Orléans dit aussi : « Lumbi, luxuria. » — Voir idem *Spicileg.*, II, 238. — N'est-il pas évident que l'artiste qui traite Jessé comme nous venons de le voir s'est éloigné par trop des véritables notions convenables à une image du saint Patriarche, dont le sang fut la source du sang très-pur du Sauveur et de ses parents selon la chair?

cet exemple à citer contre l'insuffisance des notions fondamentales d'esthétique dans certains artistes, on comprendrait parfaitement quel soin on doit prendre, pour mériter ce titre, de méditer le fond des choses, et de ne pas s'arrêter aux conditions matérielles du beau visible, au risque de négliger l'âme pour le corps (1).

C'est dans le midi de la France, et en Belgique surtout, que l'art gothique a laissé un plus grand nombre de ses retables, vraiment attachants par la fécondité de leurs images et le symbolisme de leur conception. Les dessins en sont partout répandus, et il sera facile de leur emprunter pour les travaux modernes des idées qu'on peut modifier à l'infini, pourvu qu'on s'y attache strictement aux principes de l'archéologie chrétienne qu'on y aura observés, ou qu'on en rectifie les erreurs si quelques fautes étaient venues s'y mêler à d'heureuses inspirations.

Parements et antipendium mobiles.

Les autels du moyen âge s'étaient fait et conservèrent encore, jusqu'à la fin du seizième siècle, d'ingénieuses

(1) Nous venons de décrire une planche d'un de ces livres nouveaux où le luxe de l'impression et des gravures brille presque toujours à côté d'une érudition plus qu'équivoque et dont les éditeurs n'ont pas tant de souci que de ce qui peut se vendre en séduisant le regard. Pour prouver d'autant mieux sa haute intelligence du sujet, le savant renommé qui s'était chargé d'expliquer cette planche n'y a vu qu'un songe royal dans lequel le Psalmiste endormi écoute un concert céleste !... C'est M. Paul Lacroix, autrement dit le *bibliophile Jacob*, qui nous raconte cela au bas d'une gravure qu'il n'a pas comprise puisqu'il y prend Jessé pour David, et toute la suite des rois de Juda, échelonnée sur les rameaux de la tige symbolique, pour des musiciens célestes charmant les loisirs du prétendu roi. Et voilà un livre (d'*étrennes !*) qui, sous le titre spécieux des *Arts au moyen âge*, « est destiné, » si l'on en croit le prospectus, « à vulgariser des connaissances aussi utiles qu'agréables, *et restées trop longtemps du domaine exclusif des érudits...* » — Au reste, c'est le quinzième siècle qu'il faut accuser de ce renversement des véritables idées. On peut voir dans Didron (*Annal. archéol.*, VIII, 275) une fenêtre anglaise de cette époque où l'arbre semble aussi s'échapper *des reins* du patriarche endormi. De grâce, qu'on se garde bien de se régler d'après ces pauvres exemples que notre savant archéologue n'indique, au reste, que pour en faire éclater la bizarrerie et l'inconvenance.

ressources pour varier leur parure symbolique. On les *habillait*, pour conserver ici l'expression des anciens temps, c'est-à-dire qu'on changeait à volonté l'ornementation de la partie antérieure en cachant à volonté cette même partie au moyen de *devants* mobiles de soie, de tapisseries d'étoffes quelconques où la broderie et même la peinture multipliaient à l'envi des sujets fort remarquables et toujours symboliques. Ces tentures, connues sous le nom latin d'*antipendium*, étaient aussi quelquefois en cuir guilloché et doré, ou bien des sculptures sur chêne, au fond d'or ou de couleur, qu'on appliquait, au besoin, devant l'autel même, et qui pouvaient suppléer aussi à la sculpture, toujours chère, d'un autel de prix. On pouvait encore, par ce procédé si simple et si économique, assortir aux ornements du prêtre la couleur variable des offices journaliers. On comprend de quelle riche décoration est susceptible, avec tous ces changements à vue, ce meuble principal de l'église, vers lequel tous les regards convergent, et que l'œil du fidèle aime tant à voir parer de toutes ses beautés liturgiques. Nous avons pu y ajouter quelquefois un cadre mobile que de simples crochets rattachaient à la masse de l'autel. On glissait alors dans des rainures de légères planchettes peintes des couleurs liturgiques, soit à fond mat, soit chargées de figures de Saints ou d'emblèmes ; on les changeait à volonté, on leur faisait exprimer des scènes variées. Un grand effet résulte de ce stratagème, qui réussit merveilleusement et se prête à une foule de combinaisons artistiques.

Il semble que, si l'autel exige toutes ces conditions de somptuosité relative et de pieux embellissements, le tabernacle a bien plus de titres encore à nos soins et à notre attention. Ici l'histoire est pleine d'intéressantes curiosités, et, quoique nous ne devions l'aborder que dans ses rapports avec le symbolisme, la tâche du symboliste s'y trouve amplement unie à celle de l'historien. Et d'abord, autant que nous comprenons par *tabernacle* cet édicule placé au mi-

<small>Des tabernacles ; leur histoire.</small>

lieu de l'autel, où la sainte Eucharistie est conservée, et auquel, comme nous l'avons dit, se rapporte toute la magnificence de celui-ci, il ne faut pas le chercher sous cette forme dans l'antiquité ecclésiastique, pas même généralement au moyen âge. Ce serait à l'expiration de cette période, au quinzième siècle au plus tôt, qu'il faudrait attribuer les plus anciens, selon quelques archéologues. Cependant, dès le treizième siècle, Guillaume Durant en parlait comme admis en quelques églises, et représentant sur l'autel l'Arche d'alliance de la vieille Loi (1). Antérieurement, ils étaient d'abord séparés, mais non pas éloignés, de l'autel majeur. Celui-ci, toujours (jusqu'au douzième siècle) placé dans l'abside, était accompagné, à droite ou à gauche, d'une petite armoire creusée dans le mur latéral, qu'il est facile encore de reconnaître en un grand nombre de nos églises romanes. Là étaient la Sainte Réserve et les hosties destinées à la consécration, aussi bien que les vases sacrés et les reliques (2). Devant la porte, un conopée, ou rideau de soie, orné de broderies, épanchait ses plis et indiquait l'humble demeure du Fils de Dieu ; c'est de là qu'est venue l'habitude, encore en vigueur, de couvrir le tabernacle d'une enveloppe d'étoffe, à laquelle on pouvait tenir encore lorsque plus tard on n'eut, en quelques pauvres églises, que des tabernacles en bois dépourvus de toute parure artistique.

Combien les conopées leur sont maintenant défavorables.

Mais ne semble-t-il pas qu'une fois admis et employé le luxe si convenable que le tabernacle exige absolument, il n'y a pas lieu à l'entourer d'une enveloppe qui y devient un

(1) « In quibusdam ecclesiis *super altare* collocatur arca seu tabernaculum in quo corpus Domini et reliquiæ ponuntur. » (*Rat. Off. divin.*, cap. v.)

(2) Ce fait a été établi de la manière la plus claire dans l'église d'Autreville (Vosges), où l'on voit du côté de l'Évangile, adossé au mur de l'abside et dans l'épaisseur dudit mur, un petit monument dont la forme indique qu'il n'a jamais pu être placé ailleurs. Il est supporté par un cul-de-lampe sur lequel se trouve un Ange tenant un phylactère ; on y lit : *Ecce Panis Angelorum*. C'est donc là qu'était la Sainte Réserve. (*Bulletin monumental*, XVI, 508.)

contre-sens? S. Charles, dont les précautions en matière liturgique indiquent un esprit tout sacerdotal, pieusement occupé des moindres détails de son sujet, recommande le plus grand soin et toute la somptuosité possible dans l'exécution de cette vénérable demeure du Dieu caché; il n'oublie pas de prescrire l'étoffe de soie qui doit en garnir l'intérieur(1). Nulle part il n'indique, par un seul mot, le rideau extérieur, qui ravirait aux regards les ornements de sculpture, les dorures et les pierreries. Quant à la forme, le saint évêque demande, par un de ces principes de bon goût antérieurs à toute notion d'archéologie pratique, qu'on l'assimile à celle de l'église (2), c'est-à-dire aux dispositions générales du sanctuaire, à ses moulures, à ses baies : preuve de plus de l'excellence de notre thèse sur ce point, et du tort que se donnent les architectes qui l'oublient. *Ils doivent se construire d'après l'architecture de l'église et de l'autel.*

Quoi qu'il arrive depuis le treizième siècle, où nous voyons, d'après un témoin oculaire, que le tabernacle reposait déjà sur l'autel, les boîtes ou pixides destinées à recevoir et à garder la sainte Eucharistie eurent des formes variées, mais toutes symboliques, sans exceptions. Nous ne savons si, dans les catacombes, le Sacrement était réservé d'un jour à l'autre et gardé dans l'intervalle des messes : ce qu'il y a d'incertain sur la liturgie du Saint Sacrifice à l'époque des origines chrétiennes nous laisse dans une profonde obscurité sur ce point; mais le symbolisme était déjà trop affermi dans ces églises ignorées pour n'avoir pas, si besoin était, consacré sous des formes significatives les vases sanctifiés *Leurs formes variées : les tours,*

---

(1) « Panno serico rubri coloris, si Ambrosiani ritus Ecclesia sit; aut albi, si Romani, intus ab omni parte vestitum atque ornatum sit (tabernaculum). » (*Instruction. fabricæ ecclesiasticæ* lib. I, cap. XIII.) — Nous ne pouvons trop engager à lire et relire cet excellent ouvrage, dont toutes les prescriptions sont parfaitement en harmonie avec les principes archéologiques, et que nul archéologue ne devrait ignorer.

(2) « Forma vel octangula, vel sexangula, vel quadrata, vel rotunda, prout decentius et religiosius accommodata videbitur ad ecclesiæ formam. » (S. Caroli *Instruct.*, ubi suprà.)

par le contact du Sauveur. Nous voyons, dès le sixième siècle, S. Grégoire de Tours mentionner, aussi bien que S. Remi, des tours d'or pur ou de bois recouvertes de feuilles d'or; S. Fortunat de Poitiers loue S. Félix, évêque de Bourges (de 568 à 580), d'en avoir fait exécuter une toute d'or pour en doter son église, et, au onzième, Flodoard parle d'un autre bijou de ce genre que l'archevêque Laudon avait placé (de 643 à 649) sur l'autel de sa métropole (1). On comprend, d'ailleurs, le mysticisme de cette forme choisie pour un emploi si digne et si élevé, si l'on consulte nos sources habituelles. On voit nos saints ouvriers désigner, sous cet emblème, le Christ lui-même, dont il est dit que « son nom est une tour fortifiée. » La Vierge Marie est comparée à « une tour destinée à la garde d'un troupeau précieux : » c'est pourquoi sans doute l'antiquité l'a nommée Tour d'ivoire, *Turris eburnea*, et pourquoi encore les tours eucharistiques ont été façonnées quelquefois en cette matière précieuse, symbole elle-même de la pureté de ce sein virginal qui renferma l'Homme-Dieu pendant les neuf mois de sa formation corporelle. C'est encore la vie parfaite, indiquée par la tour dont parle le Sauveur, qu'un certain homme commença sans s'être assuré des moyens de la finir; c'est un refuge enfin,

---

(1) Ces faits, que nous retrouvons cités maintes fois par les archéologues, et notamment par l'abbé Texier, *Dictionn. d'orfév.*, col. 1410, ne manquent pas d'analogues dans les auteurs de ces premiers temps; mais on peut être embarrassé par quelques expressions des textes qu'il est bon de faire observer ici comme importantes à comprendre. Ainsi Fortunat dit dans son huitain adressé à S. Félix :

Quam bene juncta decent sacrati ut Corporis Agni
Margaritum ingens aurea dona ferant!
(*Miscellanea*, pars I, lib. III, cap. xxv.)

Sur ce mot *margaritum*, le P. Brower, qui a édité et annoté utilement le poète poitevin, remarque qu'on a donné, avec les Grecs modernes, le nom de *margaritum* à la Sainte Eucharistie, qui est la perle précieuse par excellence. Μαργαρίτις. — Ce mot est employé dans le même sens par Prudence *in Psychomachia*. — Voir Flodoard, *Chronic. Rem.*, lib. II, cap. vi; — Greg. Turon., *Histor. Francor.*, X, 31; — *De Gloria martyr.*, lib. II, cap. lxxxvi.

une défense, un asile où l'âme qui va chercher l'amour et la confiance demeure calme et ferme, quoique entourée d'ennemis (1). Tout cela n'est-il pas applicable au Pain de vie, et le symbolisme a-t-il trouvé nulle part plus que là une abondante série de justes et faciles applications ?

Ste Claire, morte en 1253, est représentée ayant à la main une tour, parce qu'elle mit en fuite les Sarrasins qui envahissaient la ville d'Assise, où elle demeurait, en se portant vers eux avec la tour eucharistique de son église conventuelle (2). La tour était en ivoire, et indique bien, avec le texte déjà cité de Guillaume Durant, qu'au treizième siècle cette forme était généralement gardée.

Les tours n'étaient pas toujours posées sur l'autel. Quelques-unes étaient suspendues par des chaînes au-dessus de la pierre sacrée, et devenaient ainsi visibles à tous, aspirant pour ainsi dire les adorations; et ces chaînes étaient soutenues par une crosse dont la hampe partait soit de l'autel, soit de la partie supérieure du retable ou du ciborium. Cette crosse, que nous ne voyons signalée nulle part comme symbolique, devait l'être cependant, et nous confirmons cette idée en observant que les ciboires ainsi soutenus ne paraissent l'avoir été que dans les églises cathédrales et abbatiales. Si on a pu en voir en quelques autres, c'est probablement qu'elles y avaient été transportées depuis la fin du dernier siècle, lorsque l'interruption révolution-

<small>suspendues au-dessus de l'autel.</small>

---

(1) « Turris, Christus : Turris fortissima, nomen Domini. » (Prov., XVIII, 10.) — « Virgo Maria vel Ecclesia : Et tu sicut turris gregis perfecti. » (Mich., IV, 8.) — « Vita perfectionis : Quis ex vobis volens turrim ædificare, non prius sedet...? » (Luc., XIV, 28.) — Ainsi S. Méliton développe cette allusion toute biblique, ch. XI, De Civitate, n°s 5 et 6. — Pierre de Capoue, qu'on peut lire parmi les commentateurs de nos saintes Écritures, développe d'une façon charmante sous combien de faces ce nom de Tour convient à Marie, Spicileg. Solesm., III, 175.

(2) Voir Bollandus, Acta Sanctor., 12 aug., et t. III, jun., p. 27. — Consulter aussi, sur les tours d'or, d'ivoire ou d'argent servant de tabernacle, un article fort complet et très-érudit de M. l'abbé Corblet, notre docte collaborateur de la Revue de l'art chrétien, II, 337 et suiv.

naire du culte catholique ferma un si grand nombre de lieux sacrés dont les richesses furent attribuées ensuite à ceux qui leur survécurent (1). On ne verrait, en effet, aucune raison de choisir cet insigne plutôt qu'un autre partout où la juridiction d'un ordinaire n'aurait pas été en vigueur.

<small>Les colombes en métal, et leur raison symbolique.</small>

Mais à côté de la tour semble avoir été parallèlement employée, dès l'origine, la colombe de métal précieux dans laquelle on suspendait aussi bien la Sainte Réserve. On en a un exemple remarquable dans la vie de S. Basile de Césarée, qui, vers 360, se servit aussi d'une colombe d'or pour renfermer le Pain qu'il avait consacré pendant la messe (2). On en citerait beaucoup d'autres, et toutes les industries de l'art aidèrent les orfèvres à rendre ces vases, si gracieux par eux-mêmes, dignes de la haute pensée qui les inspirait. L'or, l'argent, le cuivre doré se couvraient pour eux d'émail et de pierreries. Tout concourait à en faire un objet d'admiration et de respect. Nous ne savons ce qui a pu faire croire à M. Viollet-Leduc que celle qu'il a vue en Bourgogne devait « porter dans son bec la chaîne qui tenait suspendue la pyxide eucharistique. » C'était la colombe même qui était la pyxide dont les ailes, jouant par une charnière, ouvraient ou fermaient à volonté le saint réceptacle. On peut s'en convaincre par la gravure qu'en ont

---

(1) Voir une note de M. An. de Barthélemy dans la *Revue de l'art chrétien*, II, 333. — Il y est mention d'un jugement sévère porté, sur l'usage de cette suspension dans l'ancienne abbaye de Saint-Maixent, par feu M. de La Liborlière dans ses *Souvenirs du vieux Poitiers d'avant 89*. Il n'avait pas tenu à nous, quand notre spirituel collègue écrivit cette page, qu'il ne comprit bien l'erreur d'appréciation dans laquelle il tombait, et que nous explicâmes dès 1849 en parlant de la suspension pratiquée dans notre cathédrale au seizième siècle (Voir notre *Histoire* de ce monument, t. II, p. 219); mais on risque toujours de se tromper quand on écrit sans études préalables sur un point inattendu et qui se lie à des connaissances auxquelles les gens du monde restent trop souvent étrangers.

(2) Voir Amphilochii, Icon. episc., *S. Basilii Magni Vita*, ap. Surium, 1 januar.

publiée si souvent les Recueils d'archéologie sacrée (1). Quoi qu'il en soit, le symbolisme de la colombe autorisait bien le choix de son image pour une telle destination. Type de la simplicité, de l'amour chaste, des saints désirs du ciel, de la vie intérieure et méditative, nos pères avaient saisi nettement, d'après les Livres saints et les interprètes ecclésiastiques, tout ce qui, dans cet oiseau, plein de douceur et de paix, convenait si bien au Sacrement où Jésus appelle les âmes ainsi disposées (2). Mais elle devint, au baptême du Christ, la forme visible de l'Esprit-Saint, et, dans ce sens, elle semble encore fixée au-dessus de nos têtes, reposer, comme l'Esprit du Seigneur, sur les humbles et les pacifiques, sur ceux qui écoutent dans une crainte respectueuse les pensées et la parole de Dieu (3).

S'il n'est pas facile de donner cette forme d'oiseau à nos tabernacles, tels que nous les disposons aujourd'hui sur l'autel, on pourrait très-bien y revenir, du moins, pour les ciboires qu'on y renferme : on relèverait fort convenablement les colombes en relief sur leur circonférence, comme sur celle des calices ou des ostensoirs, et nous ferions revivre ainsi une des plus touchantes allégories de nos vieilles et saintes traditions. *qui les ferait très-bien employer aussi comme ciboires.*

Quant aux tabernacles en eux-mêmes, les plans, nous le voyons, peuvent en être variés à l'infini. Ce serait donc *Formes choisies à donner aux tabernacles.*

---

(1) *Annales archéolog.*, t. V, p. 193. — *Revue de l'art chrétien*, II, 391.
(2) Le Sauveur n'a-t-il pas dit : *Estote simplices sicut columbæ?* (Matth., x.) — La Sagesse Éternelle n'aime-t-elle pas à s'entretenir avec les simples de cœur : *Cum simplicibus sermocinatio ejus?* (Prov., III.)
(3) « Super quem *requiescet* Spiritus meus nisi super humilem et trementem sermones meos? » (*Is.*, XVI, 2.) — Cassiodore dit, en se servant d'une mauvaise étymologie, mais en définissant très-bien l'oiseau : « *Columba* dicta est quasi *cellæ alumna*, quæ vitam sine alterius gravamine peragit; avis innocens, mansueta, quæ in nullum animal fellica voluntate consurgit (la colombe passait chez les anciens pour n'avoir pas de fiel), nec escis sordidis ullatenus acquiescit. » (*In Matth.*, cap. x.)

tantôt une tour, symbole de force et de sécurité, tantôt une façade d'église, car Jésus-Christ s'est appelé *la porte par laquelle on entre dans le salut*, et quand sommes-nous plus sûrs de ce bonheur éternel que lorsque le Sauveur descend dans notre âme et vient nous chercher? N'avez-vous pas à y frapper vous-même en sollicitant l'entrée que voulait de sa colombe le chaste Époux des cantiques (1)? Puis ne voyez-vous pas à travers ce voile artistique, derrière cette porte mystérieuse, le divin Captif vous inviter au sacrement de sa charité? N'est-ce pas là encore ce seuil béni pour les Élus que distingue le Sang de l'Agneau? Enfin n'est-ce pas en face de ce temple figuratif que vous pouvez dire dans le recueillement de votre piété, en attendant le jour des adorations éternelles : « *Je vous adorerai près de votre Temple* (2)? » Aimez-vous mieux le Bon Pasteur comme aux catacombes? l'Ange de l'agonie confortant la Victime des Oliviers? l'Hostie resplendissant d'une auréole glorieuse? la flamme qui brûle sans se consumer sur l'autel où le prêtre doit l'entretenir en vue du sacrifice qui n'aura pas de fin (3)? les Bergers entourant de leurs hommages l'Enfant-Dieu, *le Pain de vie de Bethléem?* Quelle foule d'images, et comme vous pouvez les unir avec succès aux métaux, aux bois, à la pierre même, qu'enrichiront avec de gracieuses sculptures toutes les beautés accessoires que les gemmes et les couleurs rendent encore plus éloquentes, puisque chacune d'elles, nous le savons, représente une idée et parle d'une de nos vertus!

Mauvais goût   Mais l'autel seul avec son tabernacle n'est pas un tout

---

(1) « Ego sum ostium; per me si quis introierit salvabitur. » (*Joan.*, X, 9.) — « Ecce sto ad ostium, et pulso. » (*Apoc.*, III, 20.) — « Aperi mihi, soror mea. — Surrexi, et aperui Dilecto. » (*Cant.*, V, 5 et 11.)

(2) « Compelle intrare. » — (*Luc.*, XIV, 23.) — « De sanguine Agni imponent in utraque poste. » (*Exod.*, XII, 7.) — « Adorabo ad templum sanctum tuum. » (*Ps.*, V, 8.)

(3) « Ignis autem in altare semper ardebit, quem nutriet sacerdos. » (*Levit.*, VI, 12.)

complet. Nous avons parlé de ces dais ou *ciborium* qui le surmontent, et, en cela, il est indispensable encore de joindre aux exigences de la liturgie celle de l'art qu'elle écoute toujours utilement. On s'évertue aujourd'hui, faute de goût, et souvent aussi parce qu'on suit trop des architectes qui en manquent, à combiner autour ou au-dessus de l'autel des éléments capricieux, des matériaux hétérogènes, d'où naît une ornementation insignifiante ou ridicule. On s'éloigne ainsi, pour créer de l'arbitraire et du nouveau, des grandes inspirations de la foi éclairée et de la piété pleine d'amour. On dégage le Saint des Saints des voiles qui feraient vénérer sa présence mystique. Au lieu de commander le respect aux peuples par cette demi-obscurité du sanctuaire où la prière est si calme, si douce et si aimable, on veut leur plaire en découvrant de toutes parts l'autel à leurs yeux, en leur dévoilant les profondeurs si précieuses du plus saint des *mystères* : hélas ! on n'y gagne que de trivialiser les choses célestes, d'abaisser les dogmes fondamentaux au niveau d'un spectacle vulgaire, et d'accoutumer la foule inintelligente à mesurer de son stupide regard les mouvements sacrés du prêtre et l'action divine qu'elle épie sans la deviner. Oh ! combien mieux faisaient nos ancêtres ! Ils entouraient leur autel de toute l'ombre possible, de splendides tentures, de riches étoffes qui en faisaient un autre tabernacle ayant son Arche d'alliance, dont les moindres détails, prévus et indiqués par Dieu lui-même, montraient clairement quelle révérence devait remplir ceux qui venaient adorer là en esprit et en vérité. Le chœur, réservé au prêtre, n'était pas ouvert à tout venant; ceux qui n'y devaient que prier et chanter les louanges divines ne s'y trouvaient pas confondus en quelque sorte à une foule même respectueuse et recueillie, et si l'on eût osé alors, comme aujourd'hui, parcourir une église comme une promenade publique, y regarder les rites sacrés comme un spectacle plus ou moins curieux sur lequel on

des ciborium ou baldaquins actuels.

Déplorable nudité qu'on fait aujourd'hui à nos sanctuaires.

Mauvais système qui les découvre, quand ils devraient être isolés de la foule.

se blase sans inconvénients et sans scrupules, au moins d'heureux obstacles s'élevaient entre ces scandales et nos regards, et l'âme sacerdotale se réfugiait vers le Dieu caché pour y ravir sa prière aux influences malheureuses de cette tumultueuse dissipation. Où est maintenant le Saint des Saints.? Voyez comme, dans toutes nos basiliques, on a renversé toute barrière entre lui et les profanateurs! Là où ces barrières existent encore, on se dispose à les dévaster, et nous donnons dans l'*esprit moderne*, comme si, dans toutes ces funestes conséquences, l'Église elle-même, de sa voix magistrale et infaillible, ne l'avait pas formellement condamné!

<small>Idée et plan d'un sanctuaire où tout parle au cœur.</small>

Pour nous, qui voulons toujours, comme nos lecteurs le veulent maintenant, trouver à lire sur chaque objet du culte une pensée qui nous y enchaîne et le fasse aimer de plus en plus, nous demandons à ceux que leur caractère a rendus compétents de donner à nos autels cette gloire imposante qui touche les cœurs, et dont le seul aspect est un enseignement de foi active, et propage la piété dans les âmes. Que, surveillé par eux, et noblement posé à sa place triomphale, l'autel majeur s'élève dans un sanctuaire supérieur au niveau de l'église, sous le point d'intersection de la voûte abaissée à son intention et qui, toute seule, peut lui servir de pavillon sacré et d'abri liturgique, sans aucune adjonction d'autre couverture quelconque ne prenant là que l'importun caractère d'un double emploi; que toute cette travée s'entoure d'une précieuse enceinte qui protége le Dieu *caché* et l'honore par un silence plus complet et plus mystérieux. L'art du sculpteur et du peintre décorera d'insignes consacrés, de pieuses *histoires*, cette clôture dont jadis de belles et éclatantes tapisseries recouvraient au moins la nudité. Ces saints, ces emblèmes, ces images riches d'expression, de souvenirs, de couleurs, d'or, de pierreries, de plaques ou de fleurs émaillées qui pareront la face antérieure de l'autel et son retable, se marieront, par un agencement habile et des combinaisons sérieusement étudiées, au reste de l'ameublement béni. Les quatre piliers qui marquent les limites du sanctuaire, soit qu'ils l'isolent des bas-côtés, soit qu'ils s'engagent dans les murs latéraux d'une nef unique, supporteront la voûte abaissée symboliquement pour former la couronne du sanctuaire et de l'autel. Donnez-leur une action dans ce grand et bel ensemble; couvrez leur surface des nuances variées des douze pierres précieuses, dont chacune a sa signification énergique; faites courir sur toute leur hauteur le jaspe de la foi, la sardoine du martyre, la topaze des vertus surnaturelles, et toutes les autres, qui figureront si bien autour de l'Homme-Dieu (1); donnez une vie plus abondante à leurs chapiteaux en colorant leurs oiseaux, leurs feuillages et leurs fruits; que le tabernacle, de qui tout cela relève, surmonte la table sacrée de son élancement svelte ou de ses formes plus sévères, selon le style de l'édifice; mettez-y toute la somptuosité que permettent les ressources locales, pour qu'il se rapproche autant que possible de la grandeur de son objet; que les chandeliers qui l'accompagnent, que la lampe dont la lumière n'y doit jamais cesser se mettent, par les détails de leurs ciselures et de leurs reliefs, en harmonie avec ce grand tout; et quand le fidèle, agenouillé devant lui, exhalera son cœur vers le Dieu qui l'y attire, que l'infidèle lui-même, ignorant des saines doctrines de la foi, comprenne aussi que sous ces mystérieuses apparences qu'il admire il y a un langage secret qui touche l'âme, et que peut-être un Dieu n'est pas loin de là.

Passons au Baptistère.

Là encore se résume tout ce que le culte chrétien a *Des Baptistères, et des plans à y observer;*

---

(1) « Jaspis, *fides*, viror desiderii : Ponam jaspidis propugnacula tua. » (*Is.*, LIV, 12.) — « Sardonyx *rubri coloris* est et designat cruorem Christi. » — « Topazius, *virtutibus plena*, habet duos colores, unum sicut aurum, alterum quasi cœlum. » — S. Meliton, *De Metallis*, cap. LVIII et seq.)

d'intime et de pénétrant ; là donc on a aimé à reproduire le luxe des grandioses pensées de la foi. Ce furent d'abord de véritables églises, succursales réelles des cathédrales, dans lesquelles seules le baptême était administré par un droit réservé à l'évêque (1), et la liturgie y exigeant d'abord un vaste emplacement pour la cuve, puis pour les catéchumènes, toujours très-nombreux, et auxquels il fallait des lieux distincts selon leur sexe, afin d'y quitter et reprendre leurs vêtements. Mais ces grandes chapelles ne pouvaient être antérieures à Constantin, et les plus anciennes qu'on ait encore, en petit nombre, ne datent pas d'avant le quatrième siècle, comme l'église Saint-Jean de Poitiers. On sait, par Eusèbe et les autres historiens de cette époque, de quelles richesses le grand empereur avait doté le baptistère de Saint-Jean de Latran. Les murs en étaient recouverts de porphyre ; la cuve baptismale était d'argent, et recevait l'eau de la bouche d'un agneau en or dans lequel on la versait au préalable. Ce symbole de la douceur chrétienne et de l'innocence de l'âme purifiée avait à sa droite et à sa gauche deux statues en argent, l'une du Sauveur, auteur du baptême, dans lequel ses mérites nous sont appliqués ; l'autre du saint Précurseur qui avait baptisé en son nom ; enfin, distribués à distances égales autour de ce riche bassin, des cerfs en argent, au nombre mystérieux de *sept*, image des sept dons de l'Esprit-Saint reçus avec le baptême (2), contribuaient à verser l'eau de concert avec

---

(1) Un concile de Verneuil, en 755, rappelle qu'il ne doit y avoir de baptistères que dans les lieux désignés par l'évêque. C'est que dès lors, quoiqu'ils se fussent nécessairement multipliés par les conquêtes mêmes du Christianisme sur les populations païennes, on ne trouvait pas opportun de doubler ainsi les églises, même rurales, d'une seconde église, qui compliquait la surveillance épiscopale. Quand cessa le baptême par immersion, au douzième siècle, on commença à le donner plus généralement dans les paroisses. — Voir Labbe, *Conc. ad ann. cit.*, t. VI, p. 1664 ; — Rohrbacher, *Hist. de l'Église*, XI, 141.

(2) « Septenarius ad septiformam gratiam Spiritus Sancti, *qui sunt septem Spiritus Dei missi per omnem terram.* » (Apoc., v, 6.) — Dans

l'Agneau *qui efface les péchés du monde,* comme l'avait dit le fils de Zacharie, dont la présence semblait rappeler naturellement ces consolantes paroles (1). Ajoutez à ce riche groupe, tout d'or et d'argent, les peintures et les mosaïques resplendissant de toutes parts au dedans et au dehors, et vous aurez une idée de l'importance qu'on mettait à relever le mystère sacramentel par tout ce qui pouvait flatter le regard, en attirant les méditations sérieuses de l'esprit, dans ces beaux monuments des premiers âges de la foi.

On les bâtissait toujours, d'ailleurs, près des églises mères, dans les cités épiscopales, comme on le voit par un sarcophage fort ancien qu'a décrit Raoul Rochette (2). Tous ceux que nous possédons encore à notre époque sont des rénovations faites au moyen âge, et presque tous appartiennent à l'Italie. On les retrouve, datant du neuvième au quinzième siècle, à Volterra, à Lucques, à Crémone, à Padoue, à Pise, à Orviète (3). Dans ces édifices, le symbolisme s'intronisait par les peintures, comme dans tous les sanctuaires : ainsi, à Poitiers, on voit encore, non loin des chapiteaux de marbre où nagent les dauphins, reproduits maintes fois sur des sarcophages primoséculaires, le paon, aussi ancien que les catacombes, et dont la signification se rattache tout aussi bien aux mystères de la naissance chrétienne que nos âmes doivent au baptême (4).

---

ce sens de *missi*, les cerfs sont pris aussi pour les Apôtres : « Vox Domini perficientis cervos » (*Ps.*, XXVIII, 8); et enfin pour les hommes spirituels, remplis des saints désirs de la vie éternelle : « Sicut desiderat cervus ad fontes aquarum, ita desiderat anima mea ad te, Deus » (*Ps.*, XLI, 2). — On voit tout de suite quels rapports a le nombre *sept* avec ces diverses catégories des Saints de la terre. — Voir ce que nous avons dit de ce nombre, ci-dessus, t. I, ch. VI, et II, *passim* ;— puis S. Méliton, *De Numeris*, cap. VIII; — D. Pitra, *Spicileg. Solesm.*, III, 68, 385, 389 et 401.
(1) Voir Anastas. Biblioth., *De Vitis Roman. Pontif.*, in *Vita S. Sylvestri.*
(2) *Tableau des Catac.*, p. 216 et suiv.
(3) *Tableau statistique et chronologique des églises d'Italie*, par Willis (*Bullet. monum.*, VII, 140 et suiv.).
(4) Le dauphin passait pour le roi des poissons, et plein de qualités morales qui rapprochaient son instinct de la raison humaine guidée

Soins à se donner pour la chapelle des fonts dans les églises de notre temps.

Ces données primitives, et tout à fait adoptées par les meilleures périodes du symbolisme, indiquent assez quels sujets l'iconographie peut choisir pour ornementer nos baptistères actuels ; car, si la discipline ecclésiastique a dû changer avec les temps et arriver à ne plus restreindre l'administration du premier sacrement à des enceintes privilégiées, il n'en faut pas moins, d'après les plus sages prescriptions (1), entourer de tout le respect possible cette

par le Christianisme. Il aimait l'homme et le sauvait des naufrages ; il recherchait les eaux les plus élevées et les plus pures, évitant le sable et la vase ; il poussait sur le rivage, pour les y ensevelir, ceux d'entre les naufragés qui mouraient au sein des mers. Ces traditions, recueillies par Pline (*Hist. natur.*, lib. IX, cap. VIII) et Aristote (*De Hist. animal.*, lib. IX, cap. XLVIII), adoptées sans examen par la bonne foi populaire, suffisaient pour autoriser à voir en de si nobles animaux le symbole des vertus chrétiennes, de la charité dévouée, de la pureté : n'était-ce pas aussi par cela même l'emblème du Sauveur, et les eaux où se passait leur vie ne pouvaient-elles pas représenter celles du baptême, dans lequel est la source de tous nos biens spirituels ? — De son côté, le paon, considéré dans le retour de ses nuances riches et diaprées à chaque printemps, était resté pour les chrétiens ce qu'il était déjà pour les religions idolâtriques, le signe de l'immortalité et de la résurrection. Cette attribution si ancienne se retrouve dans un sermon de S. Antoine de Padoue (mort en 1231) : *In generali resurrectione qua omnes arbores, id est omnes Sancti, incipiunt virescere, pavo ille... peccator... qui mortalitatis pennas abjecit, immortalitatis pennas recipiet* (Serm. feriæ V post Trinitatem). Ainsi encore ce *pécheur*, qui est parfois le symbole de l'orgueil et de la vanité quand il étale avec tant de complaisance l'éclat de son plumage renouvelé, devient, par *opposition*, l'idéal du plus grand bien désirable, par cette transmutation de la mort dont parle l'Apôtre : « Oportet mortale hoc induere immortalitatem » (1 *Cor.*, xv, 53). — C'est la raison qui fait figurer des paons sur le tombeau de marbre de Gauthier, évêque de Bemberg au treizième siècle, lequel tombeau se voit encore dans la cathédrale de cette ville. (Cf. les PP. Cahier et Martin, *Mélanges d'archéologie*, t. II, p. 259.) — Il pourrait se faire toutefois que ces paons fussent des perroquets ou des oiseaux du Paradis, ou tous autres, dont l'iconographie de cette époque ne se targue pas de traduire les formes très-distinctement. Nous reparlerons de ces oiseaux et des fleurs qui s'y trouvent mêlées, en observant toutefois, dès à présent, que les paons dont M. de Caumont attribue la découverte au P. Martin ne sont réellement, d'après celui-ci (*loc. cit.*), que de véritables perroquets (*Bullet. monum.*, XI, 210).

(1) « Baptisterium cum sacrario in singulis cathedralibus, et item (ut in conciliis nostris provincialibus præscriptum est) parochialibus,

portion de chaque église où l'onde régénératrice est conservée, où elle coule sur le front des nouveau-nés. Si, depuis le septième siècle, nous n'avons plus besoin d'églises spéciales, qui cessèrent alors généralement de se bâtir à part, il n'en faut pas moins dans toute église paroissiale un lieu distinct, une chapelle consacrée au baptême, et dont la structure et l'ornementation rappellent par tous leurs détails et les premières pensées de la liturgie et les enseignements qu'elle nous conserve. Il y a à rougir de honte en présence de ces espèces d'enceintes carrées dont rien n'annonce le caractère sacré, sinon une assez mauvaise toile de S. Jean-Baptiste et une cuve quelconque presque toujours aussi insignifiante que mal tenue : voilà, le plus habituellement, ce qu'on appelle une *chapelle des fonts*. Et vraiment, qui devinerait à cette parure sans goût, à cet espace si étroit, à ces murs poussiéreux, à ce pavé noir et humide, que là s'accomplit le premier des adorables mystères de la vie chrétienne? Après l'autel rien ne devrait mériter nos soins à l'égal de ce lieu privilégié. Nous en devrions faire une petite église dans la grande et la rapprocher autant que possible, par son plan et sa décoration, des premiers baptistères du Christianisme ; car si tout alors y indiquait, par un enseignement dogmatique, le but que le sacerdoce proposait au néophyte, le même but doit être cherché toujours, puisque rien n'a changé dans nos dogmes, pas plus que dans les conditions de son enseignement. Circulaires, pour exprimer l'universalité de la prédication évangélique, dont le baptême est le premier bienfait, ou octogones, comme le plus grand nombre de ceux qu'a observés la science archéologique en France, en Italie et en Angleterre, cette dernière forme semble préférable, d'après le sens que les Pères ont donné symboliquement au nombre *huit*. Nous

Règles symboliques à y observer.

atque in aliis etiam quibusvis ecclesiis, ubi vel animarum cura geritur, vel facultate ab episcopo ob causam data, illud constitui concessum est. » (S. Carol. *Instruct.*, lib. I, cap. XIX.)

savons déjà que ce nombre est celui de la Résurrection, qui s'est opérée le dimanche, premier jour de la semaine que le Christianisme a substitué au septième pour l'observance du quatrième commandement. S. Augustin est, sur ce point, d'accord avec S. Ambroise, qui, par la même raison, symbolise par ce même chiffre la régénération spirituelle ; c'est d'ailleurs en lui que se trouvent aussi les béatitudes louées et promises par le Sauveur. Ces grandes idées, que nous avons développées et motivées (1), subsistent toujours et doivent garder leur influence.

Élevez donc un noble et imposant monument de cette forme préférable, soit sous le nartex de votre église, soit sous sa première travée de l'intérieur du côté nord, comme nous l'avons dit au chapitre précédent ; ouvrez-en l'entrée au midi, vers les rayons resplendissants du Soleil de Justice, qui, tout en pénétrant l'intérieur du petit temple, pourra verser sur le néophyte sa mystérieuse lumière et sa vivifiante chaleur. Au milieu, sur une base massive et solide, qui nous représente bien la stabilité de la grâce et le droit immuable qu'elle donne à l'éternité des biens futurs, posez la piscine sacrée, source des eaux qui jaillissent jusqu'à la vie du ciel : non un de ces vases mesquins trop souvent semblables à un bénitier ou à un lavoir que soutient sans grâce un pédicule sans dignité, mais un autre octogone dont chaque pan, aussi bien que ses bords, offre autant de surfaces à des images infiniment variées et qui parlent à tous des saints engagements de l'homme et des divines récompenses de sa fidélité. La loi de Moïse et celle du Christ n'ont-elles pas des traits saillants que l'antiquité a savamment distribués sur ses baptistères, comme à Florence et ailleurs ? Les frises, les chapiteaux de ce petit monument, ses colonnes, ses bases n'y sont-elles pas couvertes de reliefs empruntés aux

---

(1) Voir ci-dessus, t. I, ch. vi, *Symbolisme des nombres*; voir aussi une excellente *Étude sur les fonts baptismaux*, par M. l'abbé Van Drival, dans la *Revue de l'art chrétien*, t. II, p. 18 et suiv.

feuilles de nos rivières, aux palmipèdes qui les fréquentent, aux poissons qui les peuplent? Ne garnira-t-on pas avec raison ses parois extérieures, ses entre-colonnements et ses arcades des mystérieuses images des vertus chrétiennes, des péchés anéantis, de la prédication évangélique, des différents baptêmes célébrés dans l'Écriture? Il n'y a pas jusqu'au couvercle de cette piscine, devenue si précieuse, qui ne s'élève avec grâce en une pyramide sculptée, et qui ne puisse devenir encore une large page d'enseignements dogmatiques. — Quant au *sacellum* lui-même et à son plan d'élévation, quels ornements tour à tour gracieux et austères ne recevront pas ses colonnes, ses frontons et tout cet intérieur où tant de feuillets de la Bible peuvent déposer un trait significatif, une leçon parlante, depuis la chute originelle jusqu'au couronnement des Élus dans la Jérusalem céleste! Mille modèles nous en sont donnés aujourd'hui. Avec eux on ne peut oublier les règles, on n'est plus excusable de ne pas les savoir, si, contrairement à l'esprit qui doit animer un prêtre, on n'a pas dédaigné une des excellentes publications qui, chaque mois, en France, en Angleterre et en Allemagne, établissent sur toutes les choses archéologiques des principes trop longtemps négligés.

S. Charles, dont les *Instructions*, nous l'avons dit, sont d'une exactitude et d'une précision admirables, a donné les règles qui toutes résument, sur ce point, les habitudes liturgiques et artistiques du moyen âge : il veut donc tout ce que nous venons d'exiger pour tous les baptistères qui ne sont pas construits en dehors de l'église et séparés d'elle, comme il n'est plus possible que nous les ayons. Mais quant aux usages adoptés depuis longtemps, et d'après lesquels nous avons écrit ce qui précède, le Saint reste parfaitement d'accord avec l'esprit des Pères et des Docteurs, que nous ne faisons que retracer. Il n'oublie même pas de recommander pour la cuve baptismale la forme d'un sarcophage ou tombeau, comme rappelant mieux le mystère de

Importance des *Instructions* de S. Charles sur ce point.

l'ensevelissement symbolique du baptisé, qui meurt au monde avec Jésus-Christ, et dont la triple immersion, encore suivie dans le rite ambroisien, rappelle les trois jours que le Sauveur passa dans le sépulcre. Ces principes sont conformes aux textes de S. Paul (1) et des Pères, qui l'ont expliqué avec S. Denis l'Aréopagite, S. Justin, Tertullien, Origène et toute l'École théologique (2). C'est donc encore une idée à réaliser que celle exprimée en ce sens par le saint évêque. N'oublions pas non plus qu'on peut établir la piscine sur un plan carré, le nombre *quatre* étant celui de la perfection absolue, de Dieu lui-même, égal dans tous ses attributs (3). Toutefois, n'abandonnons jamais l'ordre recommandé par le bon goût comme par toutes nos règles d'archéologie pratique, et modelons toujours les formes de l'accessoire sur celles du principal : *Forma autem sit rotonda vel octangula, vel* ALIA *quæ cum forma capellæ conveniet.*

Du tableau à placer sur l'autel de cette chapelle, et des éléments de sa composition.

Enfin, un autel proportionné à l'intérieur de cette chapelle doit en compléter le caractère et rappeler d'autant mieux les baptistères primitifs. Ses conditions seront celles de tous les autres autels quant à la matière, à la forme, à la balustrade qui l'entoure, à l'ornementation qui le décore. Surtout il doit être orienté comme l'église, et au dessus on veut un tableau de S. Jean-Baptiste versant l'eau du Jourdain sur le Sauveur. S. Jean-Baptiste est le grand patron des baptisés, et a toujours été décoré de cet honneur. Ce tableau est indispensable, car il est là l'expression la plus sensible du mystère, et il devrait toujours y figurer, lors même que l'autel y deviendrait impossible eu égard à l'é-

---

(1) « Consepulti enim sumus cum Illo per baptismum in mortem : ut quomodo Christus surrexit a mortuis..., ita et nos *in novitate vitæ* ambulemus. » (*Rom.*, VI, 4.)
(2) Voir S. Caroli *Instruct.*, lib. I, cap. XIX; — Dionys. Areopag., *De Divina Hierarch.*; — Tertull., *De Corona militis*; — Origen. lib. V *In Epist. ad Rom.*
(3) Voir le ch. VI du t. I, ci-dessus.

troitesse du lieu (1). C'est ce sujet, en effet, qu'on retrouve pour exprimer le sacrement dans les plus anciens cimetières de Rome, particulièrement dans celui de S. Pontien, où une fresque représente cette mémorable scène avec des traits qui ont mérité les éloges de Bosio et d'Aringhi (2). L'Église, sortie des catacombes, conserva cette prédilection pour le Précurseur, et, entre autres exemples, nous voyons Ste Odile, fondatrice du célèbre couvent d'Hohenburg, illustré plus tard par l'abbesse Herrade, fonder vers 690 une chapelle dédiée au Saint en souvenir du miracle qu'il lui avait accordé lorsqu'elle recouvra la vue au jour de son baptême (3). On n'a plus à discuter maintenant sur la composition d'un pareil tableau. Il faudra y éviter les erreurs mêmes des grands maîtres, tels que Raphaël et Poussin, qui se sont trop éloignés de la simplicité historique du fait, en posant le Sauveur sur le rivage à genoux devant le Précurseur, qui le baptise par infusion. On sent bien que là manque le symbolisme essentiel de cette immersion, regardée par S. Paul comme un type de notre mort spirituelle. Lebrun a mieux fait en représentant le Christ debout au

---

(1) « Forma autem reliquorum altarium, et modo prætinito fiat, muniatur, sepiatur, instruatur, atque ornetur... ad orientem versum, super quo in pariete expressa sit sacra historia S. Joannis Baptistæ Christum Dominum baptizantis. Si vero ne altare quidem exstrui potest, illius saltem loco sit pictura. » (S. Carol., *ubi suprà*.)

(2) « Picta itidem in pariete sanctissimi Joannis Baptistæ Præcursoris Christum baptismatibus aquis in Jordanis alveo abluentis historia exprimitur. » (*Roma subterr.*, t. I, p. 376; lib. II, cap. XXII, n° 8, et lib. VI, cap. IV, p. 526.) — L'abbé Pascal, qui semblait né pour les assertions les plus paradoxales, a nié qu'avant le cinquième ou sixième siècle on eût représenté le sujet que nous traitons ici comme nous le voyons partout : les catacombes lui donnent un démenti formel, comme l'a fait M. l'abbé Van Drival dans une analyse très-concluante des « Institutions de l'art chrétien » (*Revue de l'art chrétien*, II, 73). — Voyez encore ce même M. Pascal, t. I, p. 142 et 143, démentant, par ces exemples qu'il cite, le principe absolu qu'il a posé d'abord sur le baptême donné uniquement par immersion.

(3) Cf. M. le vicomte de Bussière, *Histoire de Ste Odile*, in-12, 1853, p. 101.

milieu du fleuve, dont les eaux montent jusqu'à sa ceinture, et Jean s'y tenant avec lui et versant l'eau sur la tête divine. Cette double application de l'élément sanctifié par le contact sacré du Sauveur est autorisée par de très-anciens monuments soit peints, soit sculptés, que citent Catalani et Mabillon (1).

<small>Types de sculptures symboliques pour les fonts.</small>

Le moyen âge n'a pas failli à cet enseignement ; il nous a laissé des chefs-d'œuvre de sculpture, de dinanderie, ou de peinture murale, parmi lesquels on peut choisir des motifs pour rendre ce grand sujet du baptême donné par le saint Précurseur. Citons comme modèles de fonts détachés, pour les paroisses qui ne peuvent faire de grandes dépenses, mais qui doivent toujours tenir à n'avoir que des meubles convenables, ceux de Magneville (Manche), de Chéreng (Nord), puis celui de Saint-Evroult-de-Montfort (Seine-Inférieure), dont la cuve en plomb a pour relief des sujets tirés du Zodiaque, travaux de la vie humaine indiquant à l'homme arrivé au premier pas de sa vie qu'elle devra s'écouler dans le travail ; enfin un autre fort curieux, caché dans une paroisse rurale du diocèse d'Évreux : il est du quatorzième siècle, plus ornementé et convenant bien à une église ogivale, car on y voit une suite de frontons aigus à ogives trilobées, puis des têtes sortant de feuilles d'acanthe et encore entourées du bandeau dont on garnit la tête du baptisé après l'onction du saint Chrême (2).

<small>Les fonts de Sainte-Marie de Liége.</small>

Un trait tiré de la légende de S. Jean l'Évangéliste a inspiré, au douzième siècle, le beau relief en cuivre qui ornait autrefois Sainte-Marie-aux-Fonts, église de la ville de Liége, et qui reçoit, depuis 1793, l'hospitalité dans

---

(1) Voir un assez grand nombre de ces spécimens dans le *Cours d'antiquités* de M. de Caumont, sixième partie, — et dans le *Bulletin monumental*, t. XI, p. 56 ; XII, 296 et 347 ; XVIII, 423.

(2) Voir un intéressant article de M. Didron sur ce sujet, enrichi de fort belles gravures dans les *Annales archéologiques*, t. V, p. 21 et suiv.

celle de S. Barthélemy : c'est une cuve sur laquelle est représentée l'immersion de Craton le Philosophe par le Disciple bien-aimé : celui-ci pose sa main droite sur la tête du baptisé, plongé à moitié-corps dans cette belle piscine ; une autre scène y montre le Fils de Zacharie opérant de la même façon sur le Fils de Dieu qu'ombrage la colombe et que des Anges assistent tenant ses vêtements qu'ils vont lui rendre ; puis vient encore le baptême de Corneille par S. Pierre. Dans deux de ces scènes, la colombe symbolique est remplacée par la main divine perçant le nuage et dirigeant vers le néophyte des rayons qui expriment la présence de la grâce donnée par l'Esprit-Saint. La cuve sur laquelle tout cela est battu et ciselé se pose sur douze bœufs de magnifique aspect, image en même temps des douze Prophètes de l'ancienne Loi et des douze Apôtres de la nouvelle, réunissant ainsi la double pensée du baptême et de la circoncision qui en était l'annonce, et faisant aussi de la belle vasque baptismale un souvenir de cette mer d'airain que Salomon avait consacrée dès l'entrée de son temple à la purification légale, où se préfigurait notre baptême chrétien (1).

Liberté laissée aux artistes par l'Église sur tous ces points.

Ce sont là de beaux motifs, et très-variés, pour créer des tableaux destinés à une chapelle baptismale ; car, tout en respectant fort la scène du Jourdain et les personnages qui la composent, nous ne savons aucune loi qui ordonne de s'en tenir à elle exclusivement. Nous voyons ici comment on pourrait bien choisir un des baptêmes devenus célèbres dans nos Livres saints. Une décoration générale de toute une chapelle appellerait avantageusement le parallélisme de l'ancien et du nouveau Testament : par exemple, l'ablution du lépreux Naaman dans le Jourdain, dont les eaux le guérissent (2), et quelques-unes des ablutions plus merveilleuses encore dont nous venons de parler. En quelques églises, nous

---

(1) Voir III *Reg.*, VII, 44.
(2) Voir IV *Reg.*, V, 1 et seq.

avons vu S. Remi versant l'eau sur le front de Clovis; ailleurs, c'est encore le Précurseur, non pas baptisant, mais prêchant dans une campagne, aux bords d'un fleuve, et préparant au baptême, par la parole de Dieu, ce peuple qu'il exhorte à la pénitence : ainsi l'ont représenté S. Matthieu, S. Marc et S. Luc (1).

Des tombeaux dans les églises, et de l'esprit qu'on devrait y garder. Combien ces choses sont attachantes avec leur coloris d'antiquité chrétienne, avec tout ce qu'elles disent à l'âme religieuse, qui y rencontre les éléments primitifs de sa foi et des preuves de ses constantes traditions contre les mensonges de l'hérésie! Ainsi se parcourt toute la vie humaine entre ses luttes laborieuses qui commencent à son premier jour, et les saintes espérances qui la consolent par delà les appréhensions du tombeau! C'est encore pour ramener l'âme à ces vérités salutaires que, sous les voûtes mêmes où se recevait le baptême, se multipliaient aussi les images du trépas, le souvenir des dernières fins de l'homme. Nous avons dit (2) quel esprit devait présider à ces monuments funéraires, que nos églises du moyen âge se gardaient bien de dédaigner, parce qu'ils y étaient une leçon non moins éloquente que la chaire évangélique. On sait, du reste, comment on y retrouvait dans tous ses caractères l'ardeur de la foi, la simplicité d'un cœur humble et la confiance chrétienne. C'est ici le lieu d'insister pour que jamais d'autres idées ne viennent s'y rattacher à ces derniers souvenirs

---

(1) « Venit Joannes Baptista, prædicans in deserto Judææ et dicens : Pœnitentiam agite... — Tunc exibat ad eum Jerosolyma, et omnis regio circa Jordanem. » (*Matth.*, III, 1 et seq.) — « Venerunt autem et publicani..., interrogabant eum et milites. » (*Luc.*, III, 3 et seq.) — Tous ces détails ont servi de motif au fond qu'on voit encore dans l'église de Mousson (Meurthe), que le *Bulletin monumental* a donné dans son treizième volume, p. 179. — Il faut observer seulement que ce travail très-symbolique n'est pas du onzième siècle, comme cherche à l'établir M. Digot, mais du douzième très-certainement, d'après sa sculpture, et surtout les empattements qui relient les bases des colonnes à leurs socles.

(2) Ci-dessus, dans ce volume, ch. II, p. 89.

de l'homme sur la terre, qui doivent être en même temps conformes à sa nature coupable et au sentiment du besoin qu'il a de son pardon devant le tribunal où il a déjà paru. Il a fallu l'orgueil et le sensualisme de la Renaissance païenne, consommée à l'époque de Jean Huss et de Luther, pour donner à des morts ces airs de grandeur empruntée qui ne sont plus que la ridicule parodie d'une puissance à jamais perdue. Voyez-les se dressant par une vie d'emprunt, en face même de la mort qui les lie, sur un marbre où se lisent de fastueuses vertus qu'ils n'eurent jamais qu'à moitié... Comparez ces immobiles prétentions, cette action humaine, ces gestes impérieux, en un mot tous ces mensonges sculptés, avec cette pose placide et naturelle de nos héros des douzième, treizième et quatorzième siècles couchés sur la pierre comme des morts véritables et attendant, les yeux fixés vers le ciel, ce jour éternel qu'ils ont toujours espéré. Que tout cet ensemble est chaste et respectueux ! comme cette armure du chevalier, ces robes de la châtelaine expriment bien, dans leur noble agencement, les combats méritoires de la croisade ou les vertus tranquilles du foyer féodal ! La prière n'est-elle pas dans ce cœur qui semble revivre encore sous les apparences de la piété recueillie ? Ces mains, qui défendirent le faible contre le persécuteur, ou l'État contre l'Anglais, ou l'Église contre les routiers de Montfort, se joignent maintenant pour prier ; et quel que soit celui que cette tombe renferme, vous reconnaissez en lui une vie surnaturelle, que ses pieds reposent ou sur le lion, emblème du courage et de la force, ou sur le lévrier docile, qui symbolise encore le sentiment de la fidélité conjugale. Là, rien de fastueux ni d'altier. Si parfois des armoiries s'y rencontrent, elles sont bien plutôt un nom propre, un titre de famille, qu'un signe d'ostentation nobiliaire. Quant à l'épitaphe, éloge funèbre d'une vanité dont on n'avait pas encore le secret, vous l'y trouvez rarement, sinon par quelques mots indispensables que termine toujours

Les modèles du moyen âge préférables en tous points.

l'humble demande d'une prière pour l'âme qui n'est plus là.

Nous voudrions que, désabusés des prétextes irréligieux qui exilèrent nos morts de l'église où ils avaient prié et où revenait plus souvent pour eux le tribut de la prière commune, leurs neveux, mieux inspirés, leur consacrassent encore, sous le regard du Sauveur eucharistique, non d'insignifiants cénotaphes parlant moins au cœur qu'à l'imagination, mais de véritables sépulcres renfermant les dépouilles réelles et complétant dans nos temples catholiques les sublimes leçons que l'humanité doit y trouver. Si ce vœu s'accomplit un jour pour un peuple revenu à la vérité, et glorieusement honteux de l'avoir trop longtemps délaissée, que les chefs de la prière, que les Évêques, les Chapitres veillent pour chaque diocèse, et chacun dans ses attributions respectives (1), à ranimer ces pieuses habitudes de nos pères; qu'ils veillent, comme on devrait le faire depuis longtemps, à ne rien laisser construire dans le Lieu saint qui ne soit digne de lui, d'accord avec la sainteté du culte, et très-conforme aux pensées de l'Église sur l'état humble et suppliant des âmes du purgatoire. En vain on invoquera le *progrès* et des *goûts modernes* en faveur de ces monuments qui dépassent toutes les limites des convenances et insultent à l'esprit de la religion: ces plaintes ne viennent jamais que des mercenaires intéressés à faire *beaucoup*, et à qui il faut apprendre nécessairement à faire mieux. Quelques belles œuvres de ce genre ont d'ailleurs prouvé tout récemment ce qu'on gagnait à se régler sur le

---

(1) Nous disons *dans ses attributions respectives* parce que, soit dans les cathédrales, où le Chapitre doit toujours être consulté pour ce qui regarde leurs biens meubles ou immeubles, et dans les paroisses, où les fabriques ont un droit légal d'administration du temporel, les évêques ne doivent exclusivement s'attribuer en rien les œuvres de réparation ou de restauration. Le droit canonique est formel sur ce point, qui, mieux observé, eût maintes fois préservé les plus belles églises des tristes dévastations qui s'y sont faites sous prétexte d'embellissement. — Voir Laurenii *Forum ecclesiasticum*, tit. x, in *Decretal.* lib. III, quæst. 109, — et Bouix, *Tractat. de Capitulis*, p. 388.

[marginal note: Combien il importe de les imiter.]

moyen âge, et comme le style roman ou ogival, dont nous ne pouvons pas sortir pour la construction de nos temples catholiques, s'allie bien plus heureusement avec des enfeux ou des statues couchées qu'avec ces ambitieux cénotaphes qui, dans le premier style venu, rapetissent jusqu'à l'autel et luttent de forme et de travail avec les magnificences du tabernacle ! N'encombrez pas le sol qui doit laisser à tout fidèle un libre passage ; ne cachez pas sous les altières sculptures de vos monuments funèbres les murs qui doivent se parer de fresques symboliques ; imitez plutôt ces belles et simples sépultures, aussi peu embarrassantes qu'admirables d'exécution, dont s'ornèrent au treizième siècle les églises de Cérisiers et de Dillo, dans l'Yonne (1), et encore cette belle tombe que la cathédrale de Nîmes éleva, en 1855, aux restes de son évêque, Mgr Cart, sur les plans de M. Revoil (2).

Ou bien cherchez jusque dans les catacombes ces pieuses allégories des agneaux, des colombes, des croix, rangés autour du chrisme antique, et les plantes vivaces des vertus les plus douces : la rose et le lis, le palmier et le cèdre, l'ancre de l'espérance et du salut, la lyre qui prélude aux concerts éternels, et le cerf altéré, et l'arche de Noé, et la barque de Pierre..... Quel immense champ à récolter dans ces chères idées des premiers âges ! *Symboles qui peuvent y être appliqués de notre temps.*

Et pourquoi, en attendant que la Loi spirituelle reconquière pour les morts, dans leur propre église, une place que chacun devrait aspirer à leur rendre, pourquoi ne pas anticiper sur cette réparation de toute justice, en obtenant des fabriques, moyennant un droit proportionnel, la place de quelques pierres tombales à incrustations, à inscriptions funéraires qui parleraient encore, sous le regard de Dieu, *Inscriptions funèbres à restituer aux églises,*

---

(1) Le *Bulletin monumental* en a publié des gravures, t. XIII, p. 262 et suiv.; XIV, 469.
(2) Voyez-en la description et le dessin dans la *Revue de l'art chrétien*, II, 76.

des âmes absentes qu'un souvenir ami viendrait soulager souvent, et enfin délivrer? Ces modestes hommages de la piété s'encastreraient dans les surfaces des murs, ne raviraient aucun espace aux chapelles ou aux nefs, et des noms aimés, dignes de la mémoire des bons, se perpétueraient comme un nécrologe lapidaire sous les précieuses influences du sacrifice de l'autel.

<small>pour y remplacer les monuments funèbres et les sépultures.</small> Ainsi on obvierait, autant que possible, aux profanations légales que les administrations urbaines répètent trop fréquemment en bouleversant les places étroites des cimetières, au mépris des dépouilles dont une société affaissée méconnaît les droits sacrés ; ainsi, dans la maison de Dieu, se perpétuerait, sans aucun risque d'y être troublée, la vie de ceux qui s'aimèrent en Jésus-Christ pendant le court pèlerinage de la terre; ainsi encore l'intelligence des peuples se nourrirait chaque jour des symboles qui l'intéressent le plus, et apprendrait à y lire, comme autrefois, ses plus intimes croyances et ses plus utiles leçons.

Cette idée, qui a servi de base à une fondation de prières pour les morts à Saint-Jean-de-Montierneuf de Poitiers, s'y révèle depuis quelques années par un grand nombre d'inscriptions funéraires. Nous louons beaucoup l'adoption de cette pensée par M. le curé de Montierneuf. On s'aperçoit déjà, en attachant ses regards aux parois d'une des chapelles de la magnifique abbatiale, combien l'attention se reposerait pieusement sur une telle série de *commémoraisons*, infiniment plus désirables que beaucoup de peintures murales qu'on n'est pas toujours sûr d'y réussir. Puissent d'autres églises honorer ainsi la mémoire de leurs amis par un spectacle non moins utile que touchant!

CHAPITRE VIII.

DES MODILLONS.

Les aperçus généraux que nous avons donnés sur les nombreuses images décoratives que la main des artistes jeta sur les murs de nos temples n'étaient, nous l'avons dit, qu'une vue d'ensemble préludant alors à ce que nous devrions exposer des intentions de l'architecture chrétienne et de ses moyens d'action sur l'intelligence (1). Mais nous avons promis de revenir sur ce vaste objet d'études sérieuses, qui mérite notre attention et dont nous avons maintenant à développer la théorie.

Lorsqu'en 1849 nous donnâmes dans notre *Histoire de la cathédrale de Poitiers* (2) l'explication de tous les modillons qui en décorent si élégamment le pourtour intérieur, certains critiques nous trouvèrent au moins *ingénieux*, d'autres nous accusèrent de trop de hardiesse... On est bien revenu aujourd'hui de ces étonnements et de ces doutes. Un savant anglais nous disait naguère que la Société des antiquaires de Londres, émue de la netteté de nos affirmations, s'était occupée de les examiner, et nous regardait comme le premier *divulgateur* de ces mystères. En effet, en écrivant sur ce sujet dans un livre où l'histoire de l'art s'associait nécessairement à celle de la basilique poitevine, nous ne suivions personne qui nous eût encore précédé

Études déjà anciennes de l'auteur sur ce sujet;

---

(1) Ci-dessus, ch. III.
(2) T. I, ch. IV et suiv.

qui a trouvé de nombreux antagonistes,

dans cette carrière. On n'avait pas encore traité de ces petits sujets ; on n'en avait écrit que quelques lignes dédaigneuses, uniquement pour en signaler la prétendue bizarrerie, et déclarer que, s'ils « répondaient à je ne sais quelle idée symbolique, on ne pouvait guère les interpréter que par des imaginations et des conjectures. » — C'était là seulement à quoi croyaient pouvoir aspirer des esprits droits, mais timides, sur un point dont rien ne leur avait révélé le fond. D'autres tâtonnaient, il est vrai ; le sentiment mieux inspiré de quelques consciences chrétiennes les avertissait que, sous ces formes difficiles à traduire, se cachaient savamment autant de pensées toutes pleines de christianisme (1). Mais d'autres, à qui les Pères et la Bible n'étaient pas assez familiers, déclaraient ne rien entendre « à ce sens figuré, » et le présentaient « comme un vaste champ d'énigmes aux partisans du symbolisme absolu (2). » En vain, au congrès scientifique de Tours, tenu en 1847, nous avions déjà élaboré toute notre doctrine. Complétement opposée à celle d'un ou deux antagonistes, zélés partisans d'idées qui éblouissaient un peu trop des yeux mal exercés, en vain nous y avions été entendu par des soutenants de bonne force, armés de raisons vraiment admissibles ; il fallut encore quelques années pour obliger au silence et probablement à des convictions nouvelles les anti-symbolistes que nous

mais qui n'en peut plus avoir.

avions combattus (3). Plus de vingt ans se sont écoulés depuis lors ; dans ce long espace, les études sont devenues plus attentives, des découvertes se sont faites, et, pour arriver au point où nous sommes enfin, c'est-à-dire à l'admission définitive d'une théorie qu'on ne peut plus nier et qu'on ne discute plus que sur de faibles nuances de détail,

(1) Voir une dissertation de M. de Fleury, imprimée en 1843 dans le compte rendu du Congrès archéologique de Poitiers, *Bullet. monum.*, IX, 460 et suiv.

(2) Congrès archéologiques de Beauvais et de Saintes, *Bullet. monum.*, X, 318, 562.

(3) *Congrès scientifique de Tours*, t. I, p. 102 ; t. II, p. 85.

il a fallu se trouver tout simplement forcé d'adopter nos vieilles leçons, de reconnaître comme triple source des modillons sculptés l'Écriture, les Pères et la Légende; et après tout ce qu'on a dit pour ou contre notre sentiment, nous n'avons qu'à poursuivre notre même thèse, appuyé de plus sur le curieux et décisif ouvrage de S. Méliton, avec lequel notre lecteur est déjà familiarisé, et que nous devrons avec lui retrouver encore plus d'une fois.

Nous n'avons pas à nous étendre sur l'origine de ce genre d'ornementation murale. On sait qu'au dehors ou à l'intérieur des temples, sous les entablements et les corniches, il représente les extrémités des poutres qui d'abord saillissaient des murs pour soutenir les profils. La part du génie dans ce que nous voyons fut de trouver à utiliser ces moyens de solidité en les faisant servir comme décoration artistique, et d'ajouter par là, selon la pensée dominante de l'art chrétien, un auxiliaire de plus à l'ensemble de ses doctrines théologiques. Ainsi, de matériaux inutiles en apparence, et en effet de très-mauvais goût, l'architecte se créa une nouvelle ressource. Toutes ces extrémités disgracieuses d'arbres écarris, que l'édifice ne pouvait guère dissimuler ou que des formes insignifiantes laissaient muettes et sans but, devinrent autant d'expressions nouvelles d'une pensée philosophique, autant de phrases d'un traité de morale plus ou moins développé. On remarque surtout ce soin d'une parure ingénieuse dans les vieilles églises de Bretagne, dans celles mêmes qui ne remontent qu'au seizième siècle, et parfois, comme nous l'avons observé à Vannes et à Ploërmel, les chevrons destinés à supporter les formes ou les entraits de la charpente en bois qui forme la voûte s'avancent au-dessus de la nef jusqu'à 40 ou 50 centimètres des murs d'où ils sortent, et présentent à l'œil comme des gargouilles dont la tête varie en mille expressions diverses, presque toutes de mauvais génies et de démons. Il a dû sembler piquant à des artistes imbus de leur rôle de faire

Origine et objet des modillons.

supporter le temple du Dieu vivant par l'auteur de la mort éternelle. Rien n'étonne donc l'intelligence du vrai chrétien dans ces leçons publiques, professées à l'aide de figures mystiques, il est vrai, mais bien moins obscures aux contemporains qu'on n'a bien voulu le dire, lorsqu'elles étaient destinées, comme tant d'autres, à faire cortége à tout ce qu'avait de mystérieux dans le temple la vie cachée, et cependant très-réelle, du Dieu que la foi sait y voir, y adorer et y prier.

connus des Romains et des Juifs, Mais ce n'est même pas le Christianisme qui trouva le premier ce genre d'ornementation scientifique. Les découvertes modernes en ont fait sortir des fouilles de Jublains, et ceux-ci prouvent que l'architecture romaine en parait l'intérieur de ses temples (1). Quoi qu'il en soit, et pour rentrer positivement dans l'idée hiératique, le temple de Salomon, de cet écrivain dont toutes les pages restent les dépositaires de la plus haute sagesse antique, et qui aimait à proposer des problèmes à ses illustres correspondants (2), s'embellissait, mille ans avant notre ère, de sculptures qui n'étaient autres que nos modillons, et qui toutes avaient leur sens déterminé et éminemment religieux. Des murailles du temple semblaient jaillir des palmes, des figures de chérubins, et autres moulures sculptées qui se détachaient du fond et que, pour cela, on appelait des anaglyphes *et naturellement* (ἀναγλύφῳ) (3). Quelque variés que paraissent ces motifs, ils

---

(1) Voir *Bullet. monum.*, XIX, 590. M. de Caumont y signale simplement des modillons trouvés dans les ruines du *castellum* élevé par les Romains dans le Maine; mais il n'en donne pas la description, qu'on ne devrait jamais omettre en pareil cas, puisqu'elle ajouterait aux notions déjà acquises, et servirait utilement l'étude comparative, qui devient impossible avec de si incomplets renseignements.

(2) « Omnesque reges terrarum desiderabant videre faciem Salomonis ut audirent sapientiam. » (III *Paralip.*, ix, 23.) — « Regina Saba venit tentare eum in ænigmatibus...; non fuit sermo qui regem possit latere, et non responderet ei. » (III *Reg.*, x, 1 et 3.)

(3) « Omnes parietes templi per circuitum scripsit variis cælaturis et torno; et fecit in eis cherubim, et palmas, et picturas varias *quasi*

faut croire qu'ils ne sont indiqués dans le livre biblique que fort succinctement et seulement pour donner en quelques traits une idée du tout. Mais la religion du symbolisme par excellence, celle qui avait transporté dans ses premières images le parallélisme des deux Testaments, qui abritait le nom et la personnification adorables de Jésus sous les noms de Moïse, de Jonas, et déguisait enfin le divin enchanteur des âmes sous les traits factices d'Orphée et d'Apollon, ne pouvait se contenter de si peu. Plus contemplative, plus préoccupée des rapports chrétiens entre la terre et le ciel, elle fit passer naturellement dans l'art cette métaphysique supérieure, et recula jusqu'aux limites infinies du possible le domaine de la pensée et les conquêtes de l'imagination. De là cette variété inappréciable de symboles empruntés à tous les règnes de la nature, à tous les ordres de l'existence humaine ou surnaturelle, et qui, toujours plus vive et plus féconde, est venue peu à peu, selon que l'architecture prit un essor plus vaste, blasonner de ses pièces et de ses couleurs toutes les idées qui devaient servir, dans toutes les parties du temple nouveau, le dogme et la morale de l'Évangile. *adoptés par le Christianisme.*

La marche de ce moyen plastique s'est montrée, en effet, presque insensible et progressive. A en juger par ce qui nous reste des églises les plus anciennes, telles que les temps primitifs de nos deux premières races en ont laissé jusqu'à nous des vestiges plus ou moins considérables, on peut certainement établir que les images produites par le symbolisme se réduisirent à un petit nombre souvent répété et ne remplissaient qu'à peine des surfaces étroites. A l'époque carlovingienne, tout empreinte de ce qu'il y a de massif et *Marche progressive de ce moyen dans l'histoire de l'art.*

prominentes de pariete et *egredientes*... Et sculpsit in ostiis picturam cherubim et palmarum species, et *anaglypha* valde prominentia... » (III *Reg.*, VI, 33 et suiv.) — « *Anaglypha* vox est græca, significans imagines et picturas e superficie parietis, tabulæ vel ostii exstantes et prominentes. » (Estius, *in h. loc.*; Cornel. à Lapide, Sanctius et alii.)

de lourd dans la construction architecturale, on les voit se produire sous des traits qui, pour n'avoir rien de gracieux, n'en ont pas moins un langage très-reconnaissable. Les figures d'animaux, les signes de géométrie, les fleurs, les astérisques, les entrelacs, y paraissent presque toujours isolés un à un sur chaque petite pierre dont ils ornent la surface ou les contours. Ce sont évidemment des souvenirs des textes bibliques réduits à leur plus simple expression. La face humaine n'y est pas rare, mais c'est un type de peu d'effet, sans expression arrêtée peut-être, mais jouant un rôle évidemment intentionnel dans l'ensemble de ces scènes dont on ne découvre pas facilement la pensée dominante : sans doute on doit ces grimaces-là à une moindre entente des artistes bien plus qu'au dessein arrêté de l'inventeur.

Une période de trois ou quatre cents ans se maintient dans cette négligence de la forme. Le onzième siècle lui-même, en dépit de son élan architectural, ne prodigua point une grande variété de ces figures significatives, quoique sous le nom de *têtes plates* on les reconnaisse facilement dans les monuments de cette époque. Cependant, quand ce siècle est près de sa fin, on voit naître à ces premières données une agréable modification; les modillons se rejoignent par des arcades saillantes, au fond desquelles saillissent en ronde bosse d'autres sujets qui ne sont peut-être pas sans rapport avec ceux des modillons eux-mêmes : c'est ce qu'on appelle des métopes ($\mu\epsilon\tau\delta\pi\eta$). Ils sont conservés de l'ordre dorique, où ils représentaient les intervalles des tri-

<small>Elle se développe surtout au douzième siècle,</small>

glyphes; mais, arrivant le douzième siècle avec son efflorescence si féconde, avec l'abondance fertile de ses symboles et sa théologie appliquée si savamment à la pierre, comme à la peinture murale et aux vitraux, nous sommes en présence d'immenses richesses; les motifs antérieurs ne sont pas entièrement bannis; on les voit encore se mêlant, par leurs caprices de végétation, avec les dents de scie, les billettes et autres fantaisies du roman, puis épanchant de tous côtés un ordre d'idées bien supérieur et bien mieux suivi. Toute la métaphysique du genre se plie aux tentatives du ciseleur. Le treizième et le quatorzième siècle suivent la même tendance avec plus de perfection dans la forme, et, par ce dernier, avec une certaine licence qu'il ne faut pas omettre de signaler, car c'est surtout alors que la philosophie catholique commence à déchoir de sa pureté doctrinale dans le choix des symboles ; la légende y pénètre avec un esprit plus mondain ; le paganisme s'y répand avec ses personnages et ses faits, qui sont beaucoup plus de l'allégorie que du symbolisme. On revient presque à ce grossier et matériel usage des Romains qui ornaient de têtes d'esclaves ou d'ennemis vaincus les frises ou les impostes de leurs arcs de triomphe. C'est ainsi que *le Lai d'Aristote*, dû à un romancier du treizième siècle, a jeté au commencement du quatorzième, sur un chapiteau de la nef de Saint-Pierre de Caen, à Saint-Jean de Lyon comme sur la grosse tour du château d'Amboise, le philosophe réduit à marcher sur les genoux et sur les mains, et prêtant son dos à une femme qui le mène par la bride comme un cheval.

et déchoit au quatorzième avec la simplicité chrétienne.

Ainsi déjà, vous le voyez, le fait légendaire, passable, à la rigueur, dans l'ornementation du monument civil ou militaire, se glisse dans le temple, où il n'avait que faire. Déjà l'esprit antichrétien préludait à multiplier les cultes et à laïciser la religion. Le *Roman de la Rose* a fourni aussi son contingent aux imaginations d'artistes fourvoyés : on trouve en certaines églises le Palmerin de ce poème traversant la mer sur sa bonne épée. Évidemment ce sont là des observations que le bon goût n'eût pas conseillées ; elles sont le cachet d'une époque de décadence, et pourtant elles n'en prouvent pas moins une volonté arrêtée, quoique moins religieuse par l'expression, d'enseigner comment l'homme, créature raisonnable, comme un philosophe devrait l'être toujours, peut s'abaisser par ses passions au-dessous des conceptions les plus frivoles ; et le héros de Jehan de Meung n'est-il pas, de son côté, une allégorie de la force surnaturelle d'une âme chrétienne entreprenant, pour arriver à sa fin, les choses les plus ardues et les plus impossibles en apparence (1)? On rencontre bien d'autres légendes de cette force au quatorzième siècle, et la cause principale de ces débauches de l'esprit est surtout dans l'envahissement que nous avons signalé plus haut de l'œuvre sainte par la franc-maçonnerie laïque, déjà plus ou moins révolutionnaire. Le treizième, encore à lui-même, et ne ressentant qu'à peine les premiers symptômes de cette usurpation malheureuse, était bien mieux avisé. Tout en sortant quelque peu de l'idée dogmatique, préférée par le douzième, il reste cependant encore dans le cercle sévère de la piété catholique. Son iconographie se rattache aux faits des deux Testaments, à la vie des Saints, à des mi-

<small>Le treizième est bien plus théologique.</small>

(1) Nous rappelons encore ici aux antagonistes du symbolisme qui se servent de certaines hardiesses pour nier toute son action raisonnable, que nous avons toujours distingué ce quatorzième siècle, où l'art chrétien s'incline vers sa décadence, de tous ceux qui l'ont précédé, et cela jusqu'à le *répudier* et jusqu'à promettre *de venger la religion*, comme nous le faisons dans ce livre, *du peu d'honneur qu'il lui a fait sous ce rapport*. (Voir *Congrès scientifique de Tours*, I, 104, *ubi suprà*.) — M. de la Sicotière, qui plaidait alors contre nous, et tout en acceptant avec joie ce qu'il appelait *une concession nouvelle*, prenait acte de notre répudiation du quatorzième siècle et nous alléguait comme parfaitement étrangers à l'Écriture et aux traditions religieuses les deux épisodes que nous citons ici. C'était trop s'en rapporter à des citations *de plusieurs membres du congrès* qui ne savaient pas assez considérer que leur objection et la sienne reposaient précisément sur des faits engendrés par la période qui se trouvait reniée par nous deux. Et, pour comble d'inattention, notre adversaire ajoutait à ces traits du quatorzième siècle la licorne, qui se trouve très-peu sur les monuments de cette dernière époque, mais beaucoup sur ceux du siècle précédent, comme le prouvent S. Isidore de Séville, Hugues de Saint-Victor, Vincent de Beauvais, Raban-Maur, Pierre de Capoue, Alain d'Auxerre et bien d'autres, tous antérieurs au quatorzième siècle. (Voir *Spicileg. Solesm.*, III, 57.) — On était donc bien préparé alors à cette grande question, dont un prompt avenir devait éclairer si vivement les obscurités prétendues. Qu'a-t-on trouvé depuis ? tout simplement ce que nous soutenions alors.

racles, à des traditions mystiques. Ses chapiteaux et ses modillons (car les uns ne sont guère séparables des autres quant à l'examen de l'œuvre d'art) gardent encore le respect fidèle des règles fondamentales : tout y est pris des invariables notions du dogme et de la morale évangéliques ; et pour peu qu'on sache l'une et l'autre par l'étude des Pères et des commentateurs de l'Écriture, on lit sans trop de difficulté ces pages, dont les obscurités apparentes ne voilent qu'à demi de réelles et imposantes beautés.

C'est pourquoi, préalablement à tous détails d'iconographie, et avant de nous faire un classement qui divise en catégories distinctes les modillons qui doivent servir à notre étude, il nous faut développer quelques idées générales, qui suffiraient très-raisonnablement à expliquer les images si nombreuses dont s'étonneraient encore certaines imaginations arriérées. N'oublions pas, tout d'abord, le principe déjà développé plus d'une fois dans cet ouvrage : l'impossibilité absolue que l'Église ait jamais permis, surtout dans nos siècles les plus hiératiques, de placer au hasard, sous les yeux de la foule, des sujets d'observation qui n'y pussent être qu'une distraction frivole, et souvent même des invitations aux vices les plus détestés.

Exposition générale de la méthode suivie,

Ceci bien entendu, remontons à l'origine de ces curieux dessins, interrogeons-les tour à tour, et d'abord pris séparément et comme isolés les uns des autres. Nous disons qu'en ne les considérant qu'à ce point de vue, on trouverait dans chacun d'eux, avec l'unique secours de l'Écriture et des Pères, un sujet de réflexions qui ne manquerait pas d'amener à autant d'interprétations péremptoires. Sans doute, la multitude des textes scripturaires exprimant les mêmes pensées feraient naître, selon le génie de l'interprète, des explications diverses pour une même figure; la règle d'opposition, que nous avons plus d'une fois exposée, en tirerait même avec un égal succès le germe fécond d'idées contradictoires; mais toujours on se rendrait compte d'une inten-

dans les modillons isolés de tous autres.

tion symbolique ; on verrait une raison à ces êtres si nombreux et si variés. Telle fut certainement l'idée mère qui, avant toute méthode arrêtée, dut inspirer à un artiste quelconque l'envie de faire de chacune de ces pierres d'ornementation une abstraction capable de susciter dans l'esprit des souvenirs et des comparaisons relatives aux choses de la foi.

<small>Cette méthode puisée dans les Pères : — S. Denys l'Aréopagite,</small>

N'était-ce pas la pensée de S. Denys l'Aréopagite quand il écrivait : « C'est louer Dieu dignement que d'embrasser dans sa louange toutes les choses créées, pourvu que nous les considérions toujours dans leurs rapports avec Lui (1) ! » Or c'est là précisément ce qu'est appelé à considérer celui qui examine tant de figures suspendues à nos corniches, et dont l'âme cherche toujours à se rendre compte. Ce qui doit, avant tout, lui paraître incontestable, c'est qu'elles doivent se rapporter aux liens qui rattachent Dieu à la créature. N'est-ce pas Lui, en effet, qui fit pour

<small>S. Clément d'Alexandrie,</small>

elles, selon la remarque de S. Clément d'Alexandrie, tous ces éléments, tous ces animaux dont le plus noble a reçu certains caractères tout divins ? n'est-ce pas Lui qui, ayant créé cet être à son image, et tant d'autres sur lesquels respire le souffle de sa Sagesse, s'est applaudi dans ses œuvres

<small>S. Théophile d'Antioche ;</small>

en voyant que tout y était souverainement bon (2) ? S. Théophile d'Antioche, donnant les preuves de l'existence de Dieu,

---

(1) Nous ne savons plus d'où est tiré ce texte de S. Denys que nous trouvons parmi les notes recueillies pour ce travail, mais que nous empruntons à l'*Univers*, feuilleton du 18 juin 1851.

(2) « Ipse namque opifex et Dominus omnium in operibus suis exsultat. Cœlum enim suprema sua potentia stabilivit illudque incomprehensibili sua sapientia ornavit. Terram quoque ab aqua quæ illam ambit, separavit..., et animalia quæ in illa versantur, jussu suo præcepit esse. Mare etiam et quæ in illo vivunt animalia, cum prius creasset, sua potentia inclusit. Præ omnibus, animal excellentissimum et intellectu maximum, hominem sacris manibus formavit, imaginis suæ characterem... Hæc omnia cum perfecisset, laudavit ea et benedixit... Habentes itaque hoc exemplar, impigre ad voluntatem Ejus accedamus; exstatis viribus nostris operemur opus justitiæ. » (S. Clementis *Ad Corinth. Epist.*, opp. t. I, p. 166.)

disait, vers le même temps, à Autolycus, combien devait nous convaincre cette diversité de choses muettes ou animées qui composent l'ensemble de cette merveilleuse nature dont les évolutions sont aussi constantes que précises ; et chaque mot, pour ainsi dire, de cette éloquente apologie de la Providence est à lui seul un modillon (1). Ne voyons-nous pas ces mêmes images transportées de ces pages attachantes sur les corbelets de nos églises, sur les chapiteaux, dans les archivoltes des fenêtres, dans les cintres des portails ? Au onzième siècle surtout, dont il nous reste encore beaucoup d'églises, ou dans la sculpture mérovingienne, dont quelques débris se prêtent à nos recherches, voyez comme se montrent à nos regards ces nombreux sujets isolés, poissons, oiseaux, fleurs, serpents, quadrupèdes, têtes humaines, posés là évidemment pour y représenter l'œuvre de Dieu et nous élever jusqu'à lui. Et le Psalmiste, dans les poétiques élans de son enthousiasme, n'avait-il pas énuméré aussi tous ces chefs-d'œuvre de la création? ne les exhorte-t-il pas à louer leur auteur, comme s'ils avaient le sentiment et la vie morale? Et que font autre chose aux murs de nos temples ces arbres et ces collines, ces fleuves ondulés, ces soleils, ces étoiles et ces croissants, ces visages souriants de jeunes filles et de jeunes hommes, ces rois couronnés et ces juges de la terre, ces instruments de musique et ces têtes d'anges (2)? Dites-nous quel est le sens de

et dans l'Écriture. — Variété infinie de ses sujets,

(1) « Considera... tempestatum vicissitudines..., mensium et annorum rite descriptas vices, seminum, plantarum et fructuum amœnam varietatem, diversos pecudum fœtus, quadrupedum, volatilium, reptilium, natatilium fluvialium et marinorum..., dulcium et perennorum perennes fluxus..., corporum cœlestium diversos motus, Luciferum exorientem et perfecti astri adventum prænuntiantem..., quibus omnibus multiplex Dei sapientia propria nomina imposuit... » (Theophil., Antioch. episc., *Ad Autolyc. epist. prima*, apud S. Justinum, p. 340 et seq.)

(2) « Laudate Dominum, sol et luna..., montes et omnes colles, ligna fructifera et omnes cedri..., bestiæ et universa pecora..., reges et omnes judices terræ..., juvenes et virgines. » (*Ps.*, CXLVIII, passim.) —

tout cela : s'il n'est pas une émanation des Livres sacrés, dont ils semblent une traduction aussi fidèle que souvent élégante, et si réellement le rôle qui leur est assigné sur tant de pierres n'est pas aussi digne du sculpteur que du poète divin.

<small>prêchant à toute créature.</small>

Si vous doutiez encore que telle soit l'intention de l'Église, et que ce ne soit pas pour nous les pages et comme les chapitres d'un livre profond qui nous enseigne et nous anime, consultez un de nos oracles qui nous a parlé tant de fois, et rendez-vous du moins à sa doctrine : c'est S. Grégoire le Grand. Un jour, il exposait à son peuple, avec sa clarté si judicieuse, la signification des paroles du Sauveur confiant aux Apôtres, avant son ascension, leur mission évangélique, et, sur cette parole : *Prêchez l'Évangile à toute créature*, il disait : « Qu'entendre ici par ces mots à *toute créature* ? » Est-ce que le saint Évangile devait être annoncé aux animaux sans intelligence, aux objets inanimés ? Sans doute, en quelque façon ; car c'est l'homme lui-même qui est ainsi désigné. L'homme participe réellement de toute créature : n'a-t-il pas l'existence comme les pierres, la vie végétative de la plante, les sensations de l'animal, l'intelligence de l'Ange ? Or avoir quelque chose de commun avec toutes ces créatures-là, n'est-ce pas être toute créature jusqu'à un certain point ? Prêcher aux hommes la bonne nouvelle, c'est donc y faire participer tous les êtres de la création (1).

<small>Explication de S. Grégoire le Grand.</small>

« Cantate Domino canticum novum... In choro, in tympano et psalterio..., in sono tubæ..., in cithara..., in cymbalis bene sonantibus..., omnis spiritus laudet Dominum. » (*Ps.*, CXLIX, passim.)

(1) « Numquid, fratres mei, sanctum Evangelium vel insensatis rebus, vel brutis animalibus fuerat prædicandum ut de eo discipulis dicatur : *Prædicate omni creaturæ ? Sed omnis creaturæ* nomine signatur homo. Omnis autem creaturæ aliquid habet homo : habet namque commune esse cum lapidibus, videre cum arboribus, sentire cum animalibus, intelligere cum Angelis. Si ergo commune habet aliquid cum omni creatura homo, juxta aliquid omnis creatura est homo : omni ergo creaturæ prædicatur Evangelium, cum soli homini prædicatur. » (S. Greg. Magni *Homil.* XXIX *in Evang.*)

Voyez-vous maintenant la raison théologique de tant de créatures diverses rappelant à l'homme, dans ces rangs qu'elles occupent, qu'il est l'abrégé et le complément de toute la création, et que, si le ciel et la terre racontent ainsi jusque dans une église *la gloire de Dieu, à qui ils appartiennent* (1), ce roi de toutes les créatures, pourvu de tant d'esprit et de raison, doit d'autant mieux se faire le fidèle adorateur de cette Providence, qui veut par-dessus tout ses louanges, et présente ici à son imitation l'exemple de cette adoration universelle ?

Cela posé, et le principe une fois admis dans ses rudiments les plus élémentaires, il n'y eut rien de plus naturel que de lui donner toutes ses conséquences relatives, comme en eurent toujours les découvertes de l'esprit humain. Bientôt donc, ce ne furent plus seulement des sujets à part qui ne présentaient la nature, pour ainsi dire, que d'un seul côté ; on ne s'en tint plus à une invitation générale de bénir l'Auteur de toutes choses ; on crut possible d'offrir aux méditations de l'âme une série abondante de considérations puisées dans tous les dogmes, dans toutes les idées morales, dans les caractères du vice et de la vertu, dans tout ce qu'il fallait croire, faire ou éviter ; ce fut une grande extension donnée à la pensée primitive, et une sorte de poétique appliquée à la pratique du bien. Une suite étudiée de toutes ces petites consoles déroula, avec une surprenante variété de poses, de gestes et d'intention, des histoires suivies, et comme de longs traités de morale qu'on n'a jamais assez voulu soupçonner ni reconnaître.

<small>Ce plan général particularisé dans son application à des idées complexes.</small>

On ne peut plus nier ce plan ingénieux qui dessina, à la la suite les unes des autres, ces pages vivantes d'un grand livre ouvert à tous les regards, avec ses épisodes et son imagerie. Si l'on se promène autour d'une église du douzième siècle, que le roman fleuri a parée de ces mille

<small>Méthode d'études, et découvertes à cet égard.</small>

---

(1) « Cœli enarrant gloriam Dei. » (*Ps.*, XVIII, 1.) — « Domini est terra, et plenitudo ejus. » (*Ps.*, XXIII, 1.)

figures qui nous occupent, ou si on les analyse à l'intérieur en les suivant de gauche à droite comme les livres d'une bibliothèque, il sera possible, après une revue plus ou moins laborieuse, de reconnaître une suite d'idées corrélatives, déduites les unes des autres, et offrant un long discours plein de méthode et de sens. Nous osons affirmer que ce système est élaboré partout avec la même persévérance, quoique partout il ne soit pas également facile d'en lire les phrases; car, deçà et delà, au milieu de ce grand nombre de petits sujets qui se succèdent sans interruption d'une travée à l'autre, comme à la Cathédrale et à Sainte-Radégonde de Poitiers, pourquoi rencontrerait-on souvent, comme nous l'avons fait observer pour le premier de ces édifices, des groupes divers dont les membres se relient nécessairement et indiquent, sans aucun doute possible, l'élaboration d'un sentiment, d'un dogme, d'une vérité consacrée par l'Écriture ou la tradition, et s'exprimant par un enchaînement de types très-reconnaissables? Ici, en effet, un campagnard armé d'une houe en dirige un coup violent contre une tête de diable qui l'avoisine; là, c'est le Tétramorphe s'espaçant à droite et à gauche du Christ assis et bénissant au milieu d'âmes charmantes ou hideuses, de visages radieux et de musiciens pleins d'une joie expansive; plus loin, c'est le jugement dernier, car des Anges sonnent de la trompette autour des tombeaux d'où les morts se soulèvent; ailleurs, c'est encore un mélange de bons et de méchants que distinguent la douce placidité de leurs traits ou des contorsions affectées; un homme, symbole de l'humanité tout entière, blessé au pied comme la nature humaine qui boite depuis le péché originel, et la femme divine s'échappant de la fleur de Jessé pour guérir cette blessure qui nous entrave tous ici-bas (1). N'y a-t-il pas là évidence quant à un plan donné à l'artiste, et sont-ce des

---

(1) *Hist. de la cathédr. de Poit.*, I, 252 et suiv.

DES MODILLONS.

jeux du hasard que tous ces détails d'une création si habile et si éloquente ?

Voilà sans doute de quoi instiguer la curiosité scientifique de plus d'un archéologue et surtout des architectes qui ne voudraient pas s'endormir sur ces importantes études. Nous en savons plus d'un, cependant, qui n'hésitent pas à traiter de bizarres et d'inintelligibles ces formes précieuses et si riches de la pensée chrétienne au moyen âge. Ils ne comprendront ce qu'ils calomnient que lorsqu'ils l'auront étudié ; mais nous craignons bien, d'après ce qui se passe depuis si longtemps sous nos yeux, que cette science ne soit ni comprise ni justement appliquée que du moment où le clergé, seul compétent pour de telles études, voudra s'emparer encore de la conception, de l'édification ou de la surveillance des monuments religieux.

Combien ces observations sont dignes des hommes sérieux.

Quoi qu'il en soit, et puisque, dès à présent, quelques prêtres de science et de goût se donnent çà et là à l'œuvre que nous recommandons à tous, il importe de vulgariser cette méthode d'enseignement iconographique dont les modillons nous donnent un spécimen des plus curieux et des plus significatifs. C'est dans ce but que nous-même avons voulu en donner le premier exemplaire aux parties nouvellement reconstruites de l'église archipresbytérale de Châtellerault.

Cette église, dont la façade fut renouvelée en 1863, avait perdu, sous les morsures du salpêtre, la plus grande partie de sa riche ornementation. Tout en ménageant et conservant avec soin les charmantes sculptures qui, dans les voussures de la porte, avaient gardé quelque chose de la pureté et des gracieuses formes du douzième siècle, on pouvait se donner, dans ce vaste champ de pierre, les éléments d'un travail éloquent et instructif. Le Christ, assis au plan supérieur et entouré du Tétramorphe traditionnel, préside le sénat des douze Apôtres, représentés comme lui de grandeur naturelle; deux clochers flanquent

Composition de l'auteur en ce sens pour l'église St-Jacques de Châtellerault.

majestueusement les abords de l'édifice, et se couvrent à tous leurs étages d'une efflorescence d'idées chrétiennes. Mais les zones de ces tours, savamment dessinées par un digne et intelligent architecte, M. Godineau, ne pouvaient manquer d'une parure qui leur fût propre : on ne devait pas priver d'une sorte de catéchèse les cordons de cette façade luxuriante, dont le luxe avait besoin de se spiritualiser comme le reste; toutefois fallait-il y attacher des sujets quelconques pris au hasard, ou en composer de nouveaux, et leur donner sous le ciseau un sens où l'èsthétique vînt remplir son rôle, si légitimement exigé de la pensée religieuse ?

Tel architecte, comme on en voit beaucoup, n'étudiant que la matière brute à poser sur le mortier, aurait bientôt résolu cette question. Au lieu de se casser la tête sur des difficultés qu'il ne soupçonne même pas, il eût jeté à distances égales, sous le cordon de chaque étage, une suite de consoles à peine ébauchées, au profil banal et ne disant rien ni à l'âme ni à l'œil. Un prêtre ne pouvait agir ainsi. Sollicité d'animer ces pierres muettes, nous nous crûmes obligé, absolument comme au moyen âge, de les faire chanter et de compléter, comme alors, par un enseignement de plus, cette grande prédication qui s'épanchait de toutes parts autour de nous.

Diversités des sujets selon les diverses orientations du monument. — Les bons et les mauvais anges.

Procédant par analogie, et appuyé sur les principes déjà émis maintes fois, nous avons soutenu les cordons qui se relient sur les quatre faces du clocher septentrional par des têtes de *démons* aux côtés du nord et du couchant, et de *bons Anges* au sud et au levant; celui du midi a reçu de la même manière les *vices* ou les *péchés capitaux* et les *vertus*. Ces motifs se rencontrent partout employés de la sorte : c'est continuer la pensée vive des temps hiératiques que de les reproduire sur les constructions qui leur succèdent.

Le symbole des Apôtres exécuté

Une telle donnée est d'autant plus facile à ramener que, s'il est bon d'être fidèle aux enseignements du passé, cette fidélité n'est pas de l'invention capricieuse, elle n'a pas le mérite de la nouveauté; mais elle vaut mieux qu'une idée nouvelle dont l'origine serait moins conforme aux traditions. Il fallait autre chose pour ce grand frontispice de moyen appareil imbriqué, sur lequel se déroule la scène imposante de ce Sénat Apostolique présidé par le Fils de Dieu. Rien ne nous a paru plus convenable à installer entre le Collége Sacré et la vaste porte qui ouvre le temple à la foule que les douze articles du Symbole, dont nous avons vu que les vieilles légendes attribuent chacun à un Apôtre différent (1).

Dans notre pensée, cette combinaison, quoique nouvelle, car nous ne l'avons vue ainsi rendue nulle part, a cependant ses analogies dans le soin que des sculpteurs du moyen âge se sont donné, comme à la cathédrale de Poitiers que je citais tout à l'heure, de relier les uns aux autres, pour exprimer une pensée commune, d'intéressants petits sujets constituant une suite de phrases distinctes, mais connexes, formant un récit, ou une maxime, ou l'énoncé d'un enseignement dogmatique. C'est ainsi que l'on voit, mêlés aux modillons que j'ai décrits dans l'histoire de ce beau monument, d'horribles figures de diables répandues autour de figures riantes de nos bons Anges (2). Comment nier les rapports calculés de ces groupes si expressifs ?

Nous étions donc fondé à ressusciter ce moyen, et nous avons disposé vingt-quatre scènes, liées entre elles par leur connexion théologique, pour rappeler au chrétien les fondements de ses croyances dès l'avenue du temple où il va prier. De ce nombre, les seize premières occupent une ligne supérieure, au-dessous de laquelle courent les huit autres. Ce sont donc comme autant de chapitres du catéchisme catholique. Ces chapitres sont quelquefois doubles pour le même sujet, selon qu'il a dû se rendre par l'expression

en modillons près de leurs statues.

---

(1) Ci-dessus, p. 142 et 179.
(2) *Hist. de la cathédr. de Poit.*, I, 257 et suiv.

de deux idées, comme la création *du ciel* et de *la terre*, l'Annonciation par l'*Ange* à *Marie*, le jugement des *vivants* et des *morts*; enfin, ces deux derniers, qui, représentent *la vie éternelle*, ne le peuvent qu'en offrant la *béatitude des Élus* dans le sein de Dieu, et les tourments des *damnés précipités dans les flammes*. Tous les articles, ainsi sculptés d'après la touche artistique du moyen âge, sont précédés et terminés par un Ange dont l'un ouvre la série des tableaux en déroulant un phylactère où se lit le premier mot du Symbole : *Credo;* l'autre chante sur une viole l'éternel *Amen* des Élus, et met fin à cette longue suite des termes de la Foi.

<small>Le style de ces compositions nouvelles à prendre sur celles du moyen âge.</small>

Et enfin, pour donner à nos sujets le caractère iconographique de cette grande époque, nous avons emprunté aux sources originales, traduit exactement les images de nos devanciers, et demandé communication officielle de leurs pièces aux évêques, aux abbés, aux chanoines qui, au Mans, à Poitiers, à Bourges, à Auxerre et bien ailleurs, avaient composé les verrières, les grandes façades ou les ciselures de nos plus belles œuvres architecturales. Ce caractère pouvait seul se marier à l'ensemble de ce portail, qui tendait à retrouver sa beauté première dans la seconde ville du haut Poitou. Il fut très-bien saisi d'ailleurs par M. Bonneau, artiste modeste autant qu'habile, qui plia complétement son talent de sculpteur aux exigences que si peu d'autres veulent écouter. C'est encore le lieu de conjurer, à ce propos, ceux qui suivent la même carrière, les architectes surtout qui dessinent leurs plans sur des données où ils oublient trop l'art chrétien pour n'écouter que leurs rêves de progrès chimériques; oui, il faut les conjurer de se reporter à la vie spirituelle, qu'ils doivent souffler sur la moindre pierre, et de bien se souvenir, comme base de leur succès en ce genre, qu'on doit tout au sentiment chrétien, et que sans lui rien ne marche que d'une allure impertinente et ridicule. On

<small>Les architectes ne doivent pas s'en dispenser.</small>

a gâté assez de belles églises, assez dépensé de sommes considérables sans fruits réels, pour en venir au moins, après ces coûteux et déplorables apprentissages, à des œuvres qui parlent un langage propre, et qui procurent à nos contemporains et à nos neveux autant d'édification qu'elles apportent d'argent et de bien-être à ceux qui trop souvent les élaborent malgré nous (1).

Mais revenons à nos modillons, en résumant avec plus de précision les diverses époques de leur existence, et répondons à certaines objections qu'il ne faut même pas dédaigner malgré leur peu de valeur.

On a vu, par ce qui précède, que tout d'abord ce genre d'ornement fut appliqué aux édifices chrétiens dans un but qui ne pouvait être que didactique. Autour de Dieu tout saisit, l'homme de Dieu lui-même; l'existence de l'un ne peut se séparer de celle de l'autre, sans lequel il n'aurait ni l'être, ni le mouvement, ni la vie (2). C'est le principe qui sert de point de départ à l'œuvre que nous traitons. Mais ce principe s'est vu nécessairement subordonné, dans l'appplication, aux développements de l'art plastique : de là les nombreuses variations de la forme marchant de con-

Combien ce genre de décoration donne de vie spirituelle à un monument chrétien.

---

(1) Nous avons inséré, dans la *Revue de l'art chrétien*, t. III, p. 178 et suiv. (1859), une suite d'observations sur le *faire* et les *profils* de nos architectes connus sous le nom de *diocésains*. Attirer l'attention du gouvernement sur la faute qu'il avait faite en donnant le jour à cette très-nuisible institution est le devoir de quiconque sent l'importance de l'art religieux; mais les gouvernements ne reviennent pas facilement de leurs fautes, et un ministre d'alors donna pour raison de cette idée, sortie tout armée du cerveau de Jupiter, « qu'on avait ainsi trouvé en 1848 un moyen de se débarrasser de trois cents jeunes gens qui encombraient l'école d'architecture. » — C'est un expédient de première force! encore faudrait-il que l'emploi de ces messieurs atteignît un autre but; *restaurer* n'est point *gâter*, comme il arrive le plus souvent, et l'on peut voir contre les résultats de cette hardiesse politique, outre ce que nous en avons noté dans la *Table générale du Bulletin monumental*, 2e série, p. 34 et suiv. (*Architectes modernes*), ce qui est cité par l'ouvrage lui-même, t. XVI, p. 155, sur *les architectes officiels et leurs restaurations.*

(2) « In ipso enim vivimus, movemur et sumus. » (*Act.*, XVII, 28.)

cert avec l'immuable stabilité du fond. C'est donc ce fond, toujours invariable, qu'il faut étudier à travers les diverses périodes de ses reproductions sensibles. On y verra la pensée religieuse dominant la matière, la pliant aux besoins de sa philosophie : c'est l'histoire de l'art tout entier réduit, dans un but de propagande spiritualiste, à ses plus minces proportions. Il est arrivé maintes fois qu'on ait trouvé de fort anciens corbelets sur des monuments plus modernes qu'eux de plusieurs siècles. Ce n'était pas une raison à quelques archéologues de prétendre à faire remonter ces monuments au temps qui avait vu sculpter ces figures plus ou moins grotesques. C'était tout au plus un motif de croire que le constructeur avait employé, trois ou quatre siècles après, les débris d'une église à en construire une autre, sans égard, comme on l'a vu souvent, à la différence des styles et aux progrès que l'ornementation monumentale avait pu faire entre ces deux époques. De même, il faudrait attribuer à un ciseau plus récent les sculptures imposées à un monument dont la date évidente accuse une construction antérieure à ses sculptures; car il est arrivé plus d'une fois qu'un édifice à peu près achevé n'ait reçu que bien plus tard sa parure sculpturale.

Erreurs de quelques archéologues appréciant certaines difficultés sans le secours de la science.

Mais on reconnaît facilement à quelle phase de l'art appartiennent les séries si différentes que l'œil observe sous les corniches de nos temples. Leur caractère les rapproche tant de l'épaisseur des murs, des parcimonies de l'ornementation générale, de l'étroitesse des baies, de la rudesse des arcades et des voûtes encore élémentaires, qu'on peut, sans erreur possible, les attribuer aux maîtres ou aux maçons qui construisirent nos plus vieilles églises, sous les inspirations de l'architecture romane primitive. La sécheresse du ton, l'aridité de la pensée, qui s'exprime à peine par monosyllabes, c'est-à-dire ne va presque jamais d'un sujet à l'autre pour continuer ou étendre l'idée préconçue; la grossière réalisation de la face humaine, bien plus rare d'ailleurs que celle des animaux qui foisonnent, ressemblant à peine à leurs similaires de la nature animée ; enfin la simple expression de toutes ces bêtes dont on devine à peine la nature personnelle réduite à elle seule, sans adjonction d'aucun détail de vêtements ni de harnais quelconque : voilà à quoi parvint ce premier âge des modillons, qu'on distribua cependant d'une façon intelligente, en plaçant, par exemple, à la porte extérieure du temple ceux des animaux que les traditions bibliques présentent comme impurs ou de mauvaise réputation, et ces têtes démoniaques et ces idoles bizarres qui se trouvent condamnées dans les textes de Moïse et de S. Paul (1); on y reconnaît très-bien, quoique assez grossièrement traduits, le porc, le bouc, le chien, le taureau et mille autres. C'est aussi l'époque des *obscena*, dont nous parlerons à part, et qui, en dépit des mœurs devenues plus douces et des grands développements donnés à la théologie dans les meilleurs siècles de notre littérature sacrée, se retrouvent jusqu'au treizième, quoique plus rarement, mais persistent à y prouver, par leur présence, qu'ils sont nés du symbolisme et ne mourront qu'avec lui.

Mais, à mesure que tout se purifie, que l'art reçoit un rayon de jour plus parfait et qu'on s'avance vers sa splendeur, comme on admire aussi les délicatesses qui surgissent de tous côtés dans la sculpture! Les modillons mêmes en acquièrent leur part, soit qu'après le onzième siècle ils participent au mouvement des croisades par l'admission des fleurs, des perles et des entrelacs qui séduisirent nos Francs sur les rives du Bosphore, soit qu'à la fin du douzième et dans toute la durée du suivant, les scènes s'ani-

<small>Les modillons s'identifient complétement par leur facture au style de l'édifice et à son âge.</small>

---

(1) « Hæc sunt animalia... quæ inter immunda reputabitis : chœrogryllus, lepus et sus... » (*Levitic.*, XI, 4 et seq.) — « Foris canes, et venifici, et impudici, et idolis servientes... » (*Apoc.*, XXII, 15.) — Voir aussi S. Méliton, cap. IX, *De Bestiis*; — Wolfgangi Franzii *Anim. hist. sacra*, p. 39 ; — William Carpenter, *Zoologia sacra*, ap. *Script. hist. natur.*, pars III.

ment, les personnages s'y mêlent, et que tous les règnes de la nature, avec leurs naïves persuasions et leur science un peu fantastique, viennent former, sous le regard des fidèles, une suite d'images dans lesquelles les hagiographes et les Pères salueraient autant de réminiscences de leurs doctes écrits.

Objections sans valeur opposées à l'esprit général qui a dominé le choix des sujets.

Redisons maintenant que ces petits modèles ont donc toujours leur langage symbolique, et que, parmi eux, il n'en faut voir aucun qui soit privé de ce type respectable, très-propre à nous réconcilier avec l'apparente sauvagerie, avec l'espèce de négligence qui d'abord présida à leur confection. Laissons le champ libre aux conjectures des savants sur les causes plus ou moins probables du peu de perfection des têtes humaines; permettons-leur de disserter sur les similitudes ou les ressemblances qui s'établissent pour l'observateur entre les modillons de la Normandie et ceux des provinces méridionales, questions d'art et non autres. Ce que nous soutenons ici, c'est que sous ces formes d'écoles diverses réside une pensée religieuse. Un fruit se cache sous cette écorce plus ou moins séduisante; il s'agit de le découvrir, de le voir de près et de le goûter. Nous excepterons, si l'on veut, quelques figures historiques placées dans le coin d'une tour et qu'on appellera arbitrairement d'un nom d'architecte ou de celui d'un roi, d'un évêque ou d'un doyen qui n'a jamais pensé à s'y faire mettre : ce seront là des jeux d'esprit et des énigmes capables de défrayer les imaginations des Salomons de notre temps. En effet, qu'un ouvrier qui ne comprenait pas aussi parfaitement que son maître le sens d'une image qu'il s'agissait de transporter du parchemin sur la pierre ait échappé à la surveillance et posé là un de ses caprices qu'il espérait soustraire au contrôle, ce serait un fait des plus rares, une exception que la hardiesse d'un travailleur grossier pourrait expliquer, mais que l'esprit même du moyen âge, avec sa soumission chrétienne à l'autorité et au sentiment religieux ne permet pas d'attribuer, aussi souvent qu'on l'a fait, à un homme payé pour faire tout autrement. Passons donc sur ces étrangetés sans importance. Nous n'y tenons pas plus qu'à ce pauvre et très-honoré baudet de Saint-Germain d'Argentan, lequel, pour avoir porté les pierres et le mortier des constructeurs, reçut, avec son portrait au naturel, le droit de siéger éternellement sur un chapiteau de la nef. Qu'une tradition populaire lui donne rang parmi les travailleurs, personne ne s'en scandalisera, quoique nul n'en ait la preuve authentique, et nous pourrons toujours recourir, pour l'expliquer, à d'autres ânes bien plus illustres qui figurent dans maints chapitres de la Bible ou dans les récits de Métaphraste et de Surius.

Le baudet d'Argentan.

N'omettons pas d'observer aussi que c'est avec de telles objections que les adversaires du symbolisme se sont armés contre lui d'un ridicule par trop facile, et qu'il ne suffit pas, pour gagner une cause, d'avoir en sa faveur de tels arguments. N'a-t-on pas vu des archéologues encore peu avancés s'autoriser d'un texte de Durant de Mende rappelant que, de son temps comme toujours, les artistes devaient user, dans leurs œuvres, de certaines licences de leur génie, pour prouver que, par conséquent, au moyen âge, avec la permission et de l'aveu d'un grand maître, les ouvriers travaillaient au hasard les sculptures de nos églises? Comme si la vraie science ne prouverait pas le contraire! comme s'il ne fallait pas entendre cette liberté artistique du *faire* et de la disposition du sujet plutôt que du sujet lui-même! En face de ces affirmations trop hardies, on n'oubliera donc pas qu'il ne peut suffire de les énoncer; on en doit donner d'autres raisons que des conjectures, et l'on ne doit rien admettre qui ne soit attesté par un texte original ou par un dessin fidèle. Il nous est plus d'une fois arrivé, en procédant par ce moyen, de démontrer le contraire d'une thèse un peu trop vite conçue et hasardée sans assez de discernement. Nous supposons qu'il en sera ainsi très-

Le poulet de Saumont.

souvent encore quand on y voudra regarder de près. Qui ne serait curieux, par exemple, de voir à l'œil nu ce fameux poulet qu'on signalait au congrès archéologique de Falaise comme figurant sur un modillon de l'église de Saumont (Calvados), « prêt à être mis à la broche (1)? » ni plus ni moins ! — Ce sont de ces choses dont on ne décide rien jusqu'à plus ample informé, et, en admettant une telle originalité sans en tirer de conséquence, nous en montrerons bien d'autres, et plus sûres et plus extraordinaires, dont l'explication est faite depuis longtemps.

Ce sujet n'est pas épuisé ; mais, parce qu'il est identique par son iconographie à beaucoup d'autres motifs d'ornementation qu'il nous reste à traiter, nous y reviendrons forcément à l'occasion des chapiteaux et des autres décorations de l'église chrétienne, et on pourra encore leur appliquer ce que nous y dirons.

(1) *Bullet. monum.*, XIII, 152.

CHAPITRE IX.

DES CHAPITEAUX.

L'architecture antique, avec toutes les ressources de ce génie qui se perfectionna jusqu'à nous donner les Propilées, le Panthéon d'Agrippa et tant d'autres chefs-d'œuvre dont nous admirons encore les restes, cette architecture, si noble dans sa simplicité, devait une grande partie de son effet général à l'art qu'avaient eu les constructeurs d'y semer, comme supports indispensables ou comme ornements des façades et des pourtours, un grand nombre d'élégantes colonnes, dont le jeu naturel ou les ombres, jetés sur les murailles, remplissaient d'harmonie les abords ou l'intérieur du monument. C'étaient de magnifiques choses dont l'ordonnance générale saisissait, dont les proportions grandioses commandaient l'admiration, mais auxquelles on n'avait adapté le symbolisme qu'avec une certaine parcimonie qui allait souvent jusqu'à le leur refuser entièrement. C'est là un des caractères principaux qui séparent l'architecture païenne de celle qui s'inspira plus tard de toute la pensée du Christianisme.

<small>Les chapiteaux distinguent tout d'abord l'architecture païenne de la nôtre.</small>

Et cette différence ne paraît nulle part autant que dans l'ornementation des colonnes. Les *ordres* des Grecs et des Romains, tels que Vitruve nous les a décrits, ne manquaient certes pas de dignité et d'élégance ; mais, pour répondre à ces frontons, à ces attiques et à tout ce luxe qui sentait toujours un peu la recherche et la prétention, on est obligé d'avouer que les chapiteaux étaient d'une simplicité ex-

<small>Froideur du chapiteau corinthien.</small>

trême. Il n'y avait que le corinthien (le composite n'en étant qu'une surcharge moins heureuse) qui s'alliât bien à la délicatesse des frises et se mariât dignement aux nobles hardiesses des grandes constructions; aussi le voyons-nous employé presque toujours de préférence pour les édifices du plus haut caractère. Le panthéon d'Agrippa, la Maison-Carrée de Nîmes, l'Arc-de-Triomphe d'Orange, et tant d'autres non moins remarquables pour la hardiesse du style, n'avaient rien pu concevoir de mieux pour leurs chapiteaux que ces deux ou trois rangs de feuilles d'acanthe superposées, gracieuses il est vrai, mais singulièrement monotones, et se représentant invariablement sous la même forme pour tous les chapiteaux d'un même temple, et n'hésitant pas à passer d'un édifice à l'autre sans aucune modification possible, qui fût devenue un attentat contre les inflexibles règles de l'art.

L'art chrétien le modifie à son avantage, et le fait entrer dans ses plans d'esthétique. Ce système d'immobilité ne pouvait convenir aux notions chrétiennes. Ces surfaces, multipliées à l'infini dans les églises remplies de symboles, devenaient un vaste champ à d'autres symboles sans nombre, réunissant le double mérite de l'élégance artistique et d'un religieux enseignement. Le ciseau s'empara donc de cette révélation et en reproduisit sur des corbeilles nues les sujets, qui y figurèrent comme autant de pages nouvelles des histoires sacrées, des légendes ou de la théologie des Pères et des Docteurs; c'était moins froid et moins insignifiant que le feuillage corinthien, c'était bien plus conforme au prosélytisme de la religion et aux besoins de ses adeptes. On dut à ce sentiment l'incroyable variété qui régna dans les motifs sculptés des chapiteaux depuis l'époque où ils commencèrent à se revêtir de cette remarquable éloquence; et quand ces motifs ne furent pas *historiés*, c'est-à-dire quand ils n'eurent pas pour base principale les figures d'hommes, de femmes ou d'animaux, ou des scènes qui en représentaient les actions diverses, ils furent du moins remplacés, sans trop de désavantage, par la variété des formes données à la corbeille, laquelle, imitant les ordres antiques et s'en appropriant les détails, se para avec un succès nouveau d'un ensemble jusqu'alors inouï, soumit à ces heureux caprices les formes absolues des systèmes anciens, et mêla sur une même pierre toutes les coupes inventées par la fantaisie, toutes les ressources de l'imagination européenne, auxquelles vinrent bientôt se mêler, à partir du onzième siècle, celles que les Francs rapportèrent des plages orientales.

Origine de ce détail d'ornementation.

Le chapiteau dorique, espèce de disque privé de tout ornement et aplati sous un tailloir aussi pauvre que lui, se retrouve souvent dans les ruines gallo-romaines; mais il montre assez, par sa nudité même, qu'il n'appartint qu'à l'architecture païenne (1). S'il a pénétré dans les catacombes, ce n'est qu'avec certaines modifications peu importantes, il est vrai, mais qui le montrent souvent allié à la corbeille corinthienne, qu'il surmonte comme une superfétation d'assez mauvais goût. Dans ces souterrains vénérables, au reste, on ne rencontre pas encore le symbolisme appliqué aux ornements de l'architecture. Il est tout dans le parallélisme colorié de l'Ancien et du Nouveau Testament, dans le rapprochement entre Jésus et les Patriarches ou les Prophètes, dans les paraboles du Bon Pasteur et de la vraie Vigne, etc. Aucun autre sujet n'y apparaît à titre d'ornementation d'un chapiteau ou d'une frise. Le poisson, qui s'y retrouve si souvent, à côté d'une épitaphe, ne figure jamais ailleurs. Il faut donc, pour rencontrer ce genre d'enseignement, arriver à une époque postérieure. Le quatrième siècle nous semble être le premier qui l'ait essayé. A cette époque on construit la crypte de Jouarre, dont les chapiteaux de style roman sont d'un beau travail et habilement fouillés selon les règles des ordres composite et corinthien; mais d'autres indiquent déjà à côté d'eux la marche nais-

Les poissons observés comme l'un des motifs les plus anciens de notre imagerie,

_____
(1) *Bullet. monum.*, XVIII, 243.

sante du symbolisme imprimé sur ces beaux ornements : ils portent des poissons affrontés qui semblent boire à deux vases posés au-dessus des feuilles d'acanthe (1). On ne peut méconnaître en cela l'idée du baptême, dont les poissons représentent le dogme, et cette interprétation se confirme par la présence d'autres poissons sculptés sur les chapiteaux de colonnes de marbre dressées en avant de l'abside orientale au baptistère Saint-Jean de Poitiers. Quant à cette avidité que les poissons de Jouarre semblent exprimer en accostant leur bouche aux vases qui les avoisinent, on voit évidemment qu'ils aspirent aux eaux sacrées de la grâce et de la vie spirituelle, unique désir du chrétien, dont ils sont la figure. C'est dans ce même sens que nous voyons plus tard, surtout aux onzième et douzième siècles, les colombes buvant à un calice, c'est-à-dire les âmes justes participant à l'Eucharistie.

<small>les entrelacs et les feuilles grasses.</small>

A cette époque primitive qui nous préoccupe surtout ici, apparaissent encore, soit pour décorer des lambris, soit pour dissimuler la nudité des murailles, soit enfin pour parer des chapiteaux à surfaces plates, les entrelacs, dont l'art roman s'emparera plus tard jusqu'à en faire l'expression symbolique d'idées abstraites, de bonnes ou de mauvaises passions. Ces dessins se reproduisent également pendant les cinquième et sixième siècles, qu'il est bien difficile de distinguer, à cet égard, du quatrième. Là on voit encore les feuilles grasses, expression rudimentaire de cette belle végétation qui devait se développer si magnifique, et dont les progrès furent plus rapides que ceux de la sculpture zoologique. En avançant dans les progrès de l'art, la pensée se développe et ne se contente plus de sujets dont l'intention

<small>La tête humaine mêlée aux feuillages.</small>

reste passablement conjecturale ; on voit, au neuvième siècle, une tête d'homme apparaître au milieu des feuillages, et ce simple exposé de la vie humaine respirant le même

---

(1) *Bullet. monum.*, IX, 185.

air que les plantes, se livrant au soin de leur culture providentielle, éveille d'autres imaginations qui bientôt vont attacher des *histoires* et des drames à toutes les parties de l'édifice sacré. Nous allons bientôt revenir sur ce fait.

Cette grande suite de scènes, bibliques ou autres, prend son essor le plus vif au onzième siècle, à cette période de régénérescence où l'art monumental sort de son sommeil de presque tout un siècle, et dédommage de ce trop long engourdissement l'œil et l'esprit, qui s'étaient accoutumés à ne rien deviner et à ne rien voir. Quelque tâtonnées, disons même quelque grossières que soient les premières œuvres du ciseau (ou de la peinture, car elle remplace parfois le travail du sculpteur absent), on y découvre avant tout une intention bien arrêtée d'interpréter les Livres saints ou d'en reproduire les traits principaux : c'est le sacrifice d'Abraham, la chute du premier homme, Daniel et ses lions, Nabuchodonosor et son orgueil, tout cela mis en opposition avec l'humble naissance du Fils de Dieu, la foi simple des bergers adorateurs, la ferveur éclairée des mages, la réparation par le calice ou par la croix. Si d'abord, et pendant la première période de la sculpture hiératique, il arrive que ces sujets soient traités à la hâte, pour ainsi dire, et restreints au juste nombre de personnages indispensables, peu à peu et à mesure que l'artiste est dirigé par une intelligence plus habile, comme au douzième siècle, où le clergé s'adonne plus zélé aux compositions iconographiques, les scènes s'étendent, les actes se multiplient, le drame se développe et s'achève. C'est ainsi que nous voyons sur un chapiteau du beau parvis de Saint-Benoît-sur-Loire trois scènes fort reconnaissables de la première phase du monde primitif. Trois personnages y paraissent, dont un est revêtu d'une longue robe et la tête entourée du nimbe ; les deux autres, homme et femme, à la nudité complète mais décente, sont devant lui et paraissent l'écouter : c'est Dieu, unissant Adam et Ève par le mariage. Derrière ceux-ci s'offre la tentation : un pommier

Les faits bibliques.

Développement des sujets au onzième siècle.

L'histoire d'Adam à Saint-Benoît-sur-Loire.

chargé de fruits sert de support à un serpent qui s'y allonge en spirale et s'adresse à la femme qui va succomber; de l'autre côté est Adam, dont le sculpteur n'a pas voulu confondre le degré de culpabilité avec celle de son épouse, car elle est nue et il est revêtu d'une sorte de chlamyde. Cette idée est d'une haute théologie, qui fait déjà prévoir, à travers les formes peu harmonieuses d'une facture très-imparfaite, la méthode mystique dont le douzième siècle fut surtout l'expression très-remarquable. Enfin, nous voyons un Ange, poussant devant lui hors du Jardin profané le couple désobéissant. Au-dessus de cette trilogie, trois dragons repliés sur eux-mêmes expriment, dans l'attitude du repos, le paisible succès dont ils jouissent. Ils durent assez travailler ; leur proie est assurée, ils n'ont plus qu'à s'endormir dans leur triomphe. Non loin de là est la Fuite en Égypte: Marie, portant sur ses genoux l'Enfant Dieu que désigne son nimbe croisé, est montée sur un âne dont S. Joseph tient la bride ; au-devant de la sainte caravane, un soldat, l'un des satellites d'Hérode, se présente armé d'une lance et d'une épée à deux tranchants ; derrière la Vierge, un autre monstre devait chercher aussi à entraver les pieux pèlerins : c'est encore le dragon infernal ; mais un Ange le terrasse avec une croix. On peut bien voir d'intelligents symboles dans les expressions diverses et très-significatives de ces six personnages, dont la physionomie se prête merveilleusement au rôle de chacun ; mais le théologien a parlé avec ce langage d'artiste un autre langage bien plus élevé. Quelle est cette main qui apparaît dans un angle supérieur du chapiteau, bénissant à la manière latine l'Enfant qui doit sauver Israël et rendant très-bien la parole du Père céleste : « Celui-ci est mon Fils bien-aimé (1) ? » N'est-ce pas une ingénieuse manière de rappeler la protection divine promise

La Fuite en Égypte.

La main divine, symbole de protection.

---

(1) « Et ecce vox de cœlis dicens : Hic est Filius meus dilectus, in quo mihi bene complacui. » (*Matth.*, III, 17.)

par l'Ange de la vision? Cet Ange, dans la pensée de l'artiste, n'est-ce pas S. Michel lui-même qui tient sa promesse? Mais un autre signe complète la pensée. Au niveau de cette main et à l'autre côté du tableau, l'étoile des Mages apparaît, large et splendide des plus beaux rayons. Rien ne parle, dans le texte sacré, de ce voyage de l'astre subordonné à celui du Sauveur fugitif; mais, puisque l'étoile indiqua aux rois de l'Arabie la demeure de Bethléem et la présence de l'Enfant Dieu, elle vient ici attester aussi bien sa divinité. Elle affirme, avec tous les autres détails de cette scène, que c'est bien là le récit de S. Matthieu, et cette licence du sculpteur qui ajoute à l'histoire sans manquer au sentiment de la vérité est du symbolisme par excellence et l'une des plus ingénieuses données de la science scripturaire. C'est encore le sens que nous avons appelé *superhistorique* (1). Belle et savante esthétique de tout ce morceau.

Ce magnifique poème biblique inscrit dans le majestueux *atrium* de S. Benoît est une des plus riches merveilles qu'on puisse étudier en ce genre; le symbolisme doctrinal s'y déploie avec une ravissante exubérance. Il a été assez mal compris par beaucoup d'interprètes, nous l'avons fait observer ci-dessus (2); nous trouverons occasion d'y revenir.

Ce que nous avons remarqué plusieurs fois de l'ornementation sculpturale, plus luxueuse à mesure qu'elle s'avance dans le sanctuaire, ce que nous avons observé de l'adoption des sujets spéciaux qui apparaissent au nord ou au sud des églises, s'applique également aux sculptures des chapiteaux. Les scènes choisies pour le sanctuaire sont ordinairement celles qui parlent plus éloquemment de Jésus-Christ et de sa sainte Mère, soit dans leurs rapports immédiats avec la rédemption des hommes, soit dans les types anciens qui symbolisent le Sacrement de l'autel, la nourriture par excellence de l'âme chrétienne. Daniel y figure Scènes des chapiteaux graduées dans leur importance en se rapprochant du sanctuaire.

Symboles eucharistiques à Chauvigny.

Daniel et Habacuc.

---

(1) Voir ci-dessus, t. II, 238, 428, 462, 516, 559, 560, 565.
(2) Voir ci-dessus, p. 132 et suiv.

entre ses lions, mangeant le dîner apporté par Habacuc; et S. Ambroise y voit l'emblème de l'âme fidèle nourrie du pain des forts au milieu des tentations de la terre (1). S. Augustin exprime la même pensée et admire, à ce propos, comment le Sauveur se porte dans le Pain sacré à ceux qui l'envient, après s'être porté soi-même de ses propres mains dans l'institution du Sacrement (2). C'est dans le même esprit que ces mêmes images sont tant prodiguées dans les catacombes, où l'on dérobait aux païens la vue des saints Mystères. Ce n'est donc pas sans raison qu'elles se rencontrent aux chapiteaux du sanctuaire à Saint-Pierre de Chauvigny (Vienne); les chapiteaux voisins du même côté sud y montrent la Vierge Mère présentant le saint Enfant au prêtre qui accomplit à l'autel ses grandes fonctions, puis l'étoile des Mages, et les pasteurs qu'elle éclaire pendant qu'ils veillent à la garde de leurs troupeaux.

Marie et l'Enfant Dieu.

À côté est la Babylone prostituée, l'esprit du monde vaincu par la venue du Sauveur; le diable pesant inutilement sur un des plateaux de la balance tenue en parfait équilibre par S. Michel: c'est le salut mérité par la grâce, en dépit de notre plus cruel ennemi. Du côté opposé, c'est-à-dire au nord de ce même sanctuaire et à la gauche du prêtre officiant, le démon a son rôle actif; il s'impose sous des formes diverses à l'homme qu'il persécute et veut faire tomber. Là sont les sauterelles de l'Apocalypse, ces grandes enchanteresses qui perdent les âmes par les inspirations des hérésies (3); ou deux diables hideux s'efforçant de prévaloir

La pesée des âmes; protection contre Satan.

Les sauterelles de l'Apocalypse.

---

(1) « Quam insuperabilis Daniel qui circa latera sua rugientes non expavit leones ! Fremebant bestiæ, et ille epulabatur. » (S. Ambrosii lib. I *Officior.*, cap. XXXIII.)

(2) « Vere magnus Dominus et misericordia Ejus ! Ferebatur Jesus in manibus suis, quia cum commendaret Ipsum et Sanguinem suum, accepit in manus suas quod norunt fideles, et Ipse se portabat quodammodo, cum diceret : Hoc est Corpus meum. » (S. Aug., *Concio secunda in psalm.* XXXIII.)

(3) Voir ci-dessus, t. II, ch. VIII, p. 199 et suiv., exposition du ch. IX de l'Apocalypse.

contre un homme qui résiste par son immobilité même ; puis un autre non moins embarrassé par deux bêtes identiques dont l'une s'élance à sa tête et souffle à son oreille le langage des passions qui ont l'orgueil pour principe, l'avarice, l'ambition, la vengeance, tandis que l'autre, s'attachant à développer les passions basses et dégoûtantes, exprime ses perfides désirs en léchant les pieds de la victime. Outre l'avertissement donné ici de la résistance aux impressions du mal, n'y voit-on pas cet éloquent parallélisme qui répète à tous que les blessures faites par l'ennemi peuvent être guéries, et que notre secours doit venir de l'Agneau qui efface les péchés du monde ? La force contre les tentations.

C'est une pensée nettement arrêtée, et que nous avons signalée à la cathédrale de Poitiers, que, partout où devaient être des autels, soit à l'abside orientale, soit aux chapelles latérales du transsept, le sculpteur avait eu soin, en terminant son œuvre, d'orner les chapiteaux, aussi bien que les modillons, de sujets qui rappelaient le triomphe de la foi sur l'esprit de ténèbres. Cette règle apparaît donc aussi à Chauvigny ; nous la retrouverons partout ailleurs. C'est par la même raison que les tympans de nos grandes portes fourmillaient de chapiteaux et de vastes pages où les démons affluaient sous toutes les formes, non pas tant à l'état de tentateurs qu'en qualité de coupables, forcés, en dehors de l'église, à jouer le rôle ignominieux de malfaiteurs condamnés au pilori : c'est le triomphe de l'Église sur l'esprit du mal ; c'est la reproduction en petit des vastes bas-reliefs où les morts ressuscitent pour être jugés, où les bons et les méchants sont séparés par les Anges, où toute vertu, comme tout vice, reçoit sa récompense ou son châtiment. Tel est le but réel du sculpteur, interprète fidèle, comme nous l'avons prouvé, des doctrines morales de la théologie, et non, comme l'ont voulu MM. Mérimée, Michelet et autres fantaisistes romantiques, l'envie d'épouvanter les populations plutôt que de les persuader. Dans ces intrépides commentateurs, à qui la première idée, tant absurde soit-elle, sert de texte contre l'Église, on ne trouvera jamais plus de justesse que de bonne foi, et ce n'est pas à leurs rêveuses folies qu'il faut aller demander le sens véritable de nos mystères, qu'ils n'ont jamais sérieusement étudiés... Et ce qu'il y aurait de pire pour l'archéologie chrétienne, si de telles autorités pouvaient la compromettre, c'est qu'à la suite de ces étranges paladins de l'herméneutique sacrée on trouve toujours des écuyers prêts à vanter leurs exploits en se targuant d'y avoir commis leur flamberge.

en opposition avec l'histoire de l'architecture et l'active surveillance de l'Église au moyen âge.

Revenons, à l'égard de tant d'images singulières, aux principes que nous avons posés comme incontestables dès le commencement de ce livre : l'impossibilité que l'Église chrétienne, asile des graves et saintes pensées, inspiratrice des plus sérieuses méditations, dépositaire exclusive de l'enseignement divin, ait pu jamais permettre un seul instant à un seul imagier, même des plus habiles, l'énorme licence de remplacer par ses idées personnelles l'expression scrupuleuse du dogme irrévocable et des éternelles vérités. Si, comme on n'en doute plus, l'imagerie était au moyen âge le livre où devaient lire les ignorants, on comprend fort bien qu'elle ait répandu sur toutes les parties du temple cette science que tous y venaient chercher ; mais comment se persuader qu'à droite ou à gauche de ces théories souverainement exactes, on ait pu aller jusqu'à semer des petitesses insignifiantes ou de grossières caricatures, ou de prétendues indécences dont nous aurons à parler ? Un tel système d'opposition était une preuve d'imagination quand il fut exposé, il y a trente ans, par des hommes plus spirituels que bien appris. Nous nous rappelons parfaitement qu'à cette époque on reniait le symbolisme, à peine visible, disait-on ; on croyait avoir écrit un mémoire irréfutable en annonçant une longue suite de questions sur lesquelles on s'évertuait à proclamer des non-sens. On se donnait alors le plaisir de nier l'objet de ses vives interrogations..., et la cause était entendue. Il n'en peut être ainsi de nos jours. Outre l'intention formelle, et que nous venons d'établir, de poser ses sujets dans un ordre méthodique et rationnel, consacrant au lieu le plus digne ceux qui s'y rapportent le plus naturellement, on ne sortit pas plus de l'allégorie dans le *semis* qu'on sut faire par toutes les autres portions du temple.

Il ne faut pas même séparer de cette théorie générale un certain choix qu'on fit alors pour les grands chapiteaux d'une végétation partout expressive. On sait avec quelle gracieuse abondance furent épanchées, au fond et au dehors de ces charmantes corbeilles, les feuilles vraies ou fantastiques destinées à leur belle et riche décoration. Un motif d'embellissement ne fut pas le seul qui patronisa ce moyen; tout en l'empruntant au profit des murailles sacrées, de ses arcatures, de ses clefs de voûtes et de leurs retombées, on prétendit bien y rattacher des mystères dont l'Église est pleine, et fournir à chacun de quoi s'instruire ou s'édifier. Les fleurs, les feuillages sont, en général, l'emblème des grâces spirituelles et de la bonne odeur des vertus (1). L'Écriture les compare tantôt aux justes rassemblés autour de la Table sacrée dans une jeunesse éternelle, ou à l'arbre fructueux planté le long des eaux; tantôt aux pécheurs, qui s'élèvent et disparaissent comme l'herbe desséchée (2). Les Prophètes sont pleins de ces fraîches comparaisons. Dieu dit, dans Osée, aux Juifs qu'il exhorte à revenir vers lui : « Je serai comme une

<small>Belle foliation des chapiteaux, non moins expressive que tout le reste.</small>

<small>Symbolisme des arbres et des fleurs dans l'Écriture.</small>

---

(1) L'évêque, en bénissant le Saint Chrême et mêlant à l'huile le baume qui en exprime mieux la vertu sanctifiante, dit : « Hanc odoriferam sicci corticis lacrymam, quæ felicis virgæ profluendo sudorem sacerdotali nos firmat unguento, acceptabilem... sanctifica. » (*Pontif. roman.*, in-8°, p. 616.)

(2) « Filii tui sicut novellæ olivarum in circuitu mensæ tuæ. » (*Ps.*, CXLIII.) — « Vir qui non abiit in concilio impiorum erit tanquam lignum quod plantatum est secus decursus aquarum, quod fructum suum dabit in tempore suo. » (*Ps.*, I.) — « Homo, sicut fenum, flos ejus..., decidet et arescet...; peccatores sicut fenum. » (*Ps.*, XCI, 8.)

rosée sur Israël; il germera comme le lis; ses racines seront profondes comme celles des arbres du Liban; ses rameaux s'étendront au loin; sa gloire sera comme une abondante récolte d'oliviers; elle aura des parfums comme ceux de ses montagnes (1). » Devant ces textes, s'étonnera-t-on de voir le ciseleur planter dans l'église les branchages et les fleurs, en entourer les autels de Dieu et de ses Saints? Quoi de plus conforme au sentiment qui faisait répandre les branches verdoyantes sous les pas du Sauveur? quoi de plus intimement lié aux sympathiques idées de la théologie chrétienne? « La nature, dit Sacy, est l'image de la grâce; l'esprit de Dieu est une rosée divine. Toutes les vertus sont comme des lis, des blés, des oliviers, des vignes qui croissent dans l'âme. Ces plantes spirituelles doivent jeter leurs racines dans le cœur; elles ont besoin des ministres de Dieu qui les plantent, les arrosent, les cultivent; mais tout dépend des *pluies volontaires* qui viennent de nous, et de l'influence de Dieu *qui donne l'accroissement* (2). » Ce que le docte commentateur voyait si clairement dans l'Écriture comme autant de symboles frappants, il ne se doutait pas que, pour le trouver traduit sur la pierre, il ne fallait que lever les yeux un peu au-dessus du Tabernacle, pour peu qu'un décorateur de son époque ne se fût pas ingénié à le voiler, à la façon moderne, sous les plastiques à demi païens d'un retable gigantesque, ou sous l'épais badigeon d'un ignorant barbouilleur.

Zachée sur le sycomore.—Signification de l'un et de l'autre.

Un des types les plus curieux donnés à nos chapiteaux, mais aussi l'un des plus inaperçus, et dont nous ne pensons pas qu'un autre que M. le comte Auguste de Bastard ait jamais donné l'interprétation avant nous (3), est cepen-

(1) « Ego quasi ros Israel; germinabit sicut lilium et erumpet radix ejus sicut libani; ibunt rami ejus, et erit quasi oliva gloria ejus, et odor ejus sicut libanus. » (*Os.*, XIV, 1, 6 et 7.)
(2) Sacy, *Commentaire sur Osée.*
(3) M. le comte de Bastard, dans son *Rapport sur une crosse trouvée à Tiron*, a développé son travail jusqu'à en faire, par la variété et le

dant répandu très-fréquemment du onzième au quinzième siècle. Il est peu d'églises dans lesquelles la décoration joue quelque modeste rôle où ne se voie une figure d'homme apparaissant au milieu d'un feuillage touffu. Quel mystère est caché sous cette singularité inexpliquée ? Un passage de S. Ambroise nous a fait penser à Zachée monté sur le sycomore pour voir passer le Sauveur ; et, en effet, dans la plupart de ces représentations, le petit homme qui surgit de cette végétation lapidaire dénote par ses traits une vive attention, et de ses mains se cramponne fortement aux branches qui l'entourent : évidemment, il cherche à voir un objet quelconque, et cet objet est le Christ. Or ce Zachée, dit le docteur de Milan, prenait place déjà, par l'élévation de sa foi, parmi les fruits des œuvres nouvelles. La fécondité des siennes paraissait déjà dans celle de cet arbre. Le Sauveur était venu pour faire naître des hommes de l'arbre de la croix, et non plus des fruits ordinaires (1). Ceci s'explique encore par un passage de Bède sur le même fait évangélique : « Zachée, dit-il, signifie *justifié* ; il représente le peuple des croyants se séparant des Gentils en s'élevant au-dessus d'eux. Cette séparation est indispensable ; l'idée du sycomore se rattache d'ailleurs

---

nombre de ses observations, aussi bien que par de savantes notes, un livre des plus intéressants et des mieux raisonnés sur le symbolisme. Il regarde ces hommes tenant les feuilles de l'arbre au milieu duquel ils surgissent comme une représentation du sage de l'Écriture s'attachant à l'arbre de vie et y trouvant son bonheur : *Sapientia, lignum vitæ, est his qui apprehenderint Eam, et qui tenuerit Eam beatus* (Sap., III, 18). — Rien de plus naturel que cette explication : le paradis terrestre existe encore, en effet, pour l'âme vertueuse, et plus celle-ci s'attache à l'arbre mystérieux, qui est l'Église, plus elle se félicite de la paix qu'elle trouve dans le saint usage de ses fruits. — Voir *Bulletin du comité de la langue, de l'histoire et des arts de la France*, t. IV, p. 784. — Paris, 1860.

(1) « Zachæus sublimitate fidei inter fructus novorum operum, velut fecunda altitudine eminebat... Ad hoc enim Christus advenit ut ex lignis non poma, sed homines nascerentur. » (S. Ambros., *In Lucam*, lib. VIII, sub fine.)

à celle du figuier, dont il est une espèce quoique sauvage. Cet arbre prend un double rôle à l'égard des bons et des méchants : comme la croix, il nourrit les premiers de ses fruits pleins de saveur, et il devient pour les seconds un objet de dérision ou d'indifférence (1).

Transition de ce sujet à la mandragore.

Cependant cet homme dont nous parlons, qui surgit plein de vie et à mi-corps du sein d'une foliation abondante, a reçu maintes fois une variante qui des chapiteaux s'est transportée tantôt aux miséricordes des stalles, tantôt aux pendatifs des arcatures ogivales qui en décorent les hauts dossiers ou qui forment le soubassement des vastes façades de nos grandes basiliques. Là, souvent, une figure grimaçante, aux larges yeux animés, à la vaste bouche, aux joues ridées, s'épanouit au milieu d'une plante à feuilles dentelées comme les chicoracées, et qui l'entoure comme une longue et épaisse chevelure. C'est la mandragore anthropomorphe, que les naturalistes anciens ont encore appelée *pomme d'amour*, d'après ce qu'on croyait de ses prétendues

Vertus et attributs de cette plante.

propriétés. En effet, ils la croyaient bonne pour se faire aimer, et l'employaient dans leurs philtres pour s'exciter à cette passion. Julien l'Apostat écrivait à Calixène qu'il en buvait le jus dans ce dessein. Josèphe lui attribue entre autres vertus de chasser les démons, qui ne pouvaient supporter sa présence ni son odeur, et quittaient les possédés sur lesquels on s'empressait de l'appliquer. Ces faits, énoncés dans les auteurs compétents, indiquent assez que la mandragore figure dans notre imagerie à plus d'un titre, et soit comme le symbole d'un vice à éviter, soit comme

---

(1) « Mystice Zachæus, qui interpretatur *justificatus*, credentem ex gentibus populum significat... — Sycomorus... ficus fatua dicitur. Et eadem dominica crux quæ credentes alit ut ficus, ab incredulis irridetur ut fatua.» (Bed., lib. V, *In Luc.*, cap. LXXVII.)—On peut voir S. Augustin d'accord avec ces pensées dans son Commentaire sur S. Luc, *prope finem:* « Zachæus in sycomoro, novum videlicet temporis pomum, ut in hoc quoque compleretur illud : Arbor fici produxit grossos suos. » (*Cant.*, II, 13.)

invitation d'une force à se donner contre les tentations de la chair et de l'esprit. La Chine aussi a sa plante identique nommée gin-seng, et à laquelle les savants du pays attribuent des vertus toutes particulières qui n'échappent à aucune de leurs encyclopédies (1).

Quelquefois, sur le sycomore où Zachée a paru d'abord, vous voyez, au lieu d'une tête humaine, celle d'un oiseau, qui est parfois une chouette, et semble là reposer dans son nid, tranquille spectateur de ce qui se passe au-dessous de lui, échappant par la solitude aux agitations du monde : là cet oiseau devient le symbole de la sagesse méditative (2). Ou bien c'est la tendre et innocente colombe réfugiée à tire d'ailes vers les hauts lieux où elle cache ses petits, et qui gémit dans son exil de la terre (3). S. Méliton indique en effet la tourterelle comme le symbole de la chasteté qui craint les regards et exprime les gémissements des âmes saintes (4). Rien donc que de bien conforme aux pensées de l'Église dans ceux qui ont placé de tels symboles aux approches du sanctuaire où l'homme semble se rapprocher davantage du Dieu qu'il y cherche, où l'âme plus recueillie se livre à de plus profondes et de plus douces méditations. C'est là qu'est la vie unitive; c'est elle qu'on retrouve sous ces emblèmes aussi touchants que mystérieux, dont l'étude, on le voit, ne manque pas plus de charmes que d'attraits.

Oiseau dans les branches, colombe de la solitude, signifiant la vie unitive.

Mais que dire de ces entrelacs si nombreux et si variés qu'on rencontre si fréquemment sur les chapiteaux les plus anciens, à l'état rudimentaire, n'offrant d'abord à nos regards qu'un ornement sans importance, et dont on ne soup-

Les entrelacs des chapiteaux, et leurs variétés.

---

(1) Cf. Dom Calmet, *Commentaire littéral sur la Genèse*, ch. xxx, v. 14.
(2) « Factus sum sicut nycticorax in domicilio. » (*Ps.*, CI, 7.) — « Meditabor ut colomba. » (*Is.*, XXXVIII, 14.)
(3) « Ecce elongavi fugiens, et mansi in solitudine. » (*Ps.*, LIV, 8.) — « Invenit turtur nidum sibi ubi ponat pullos suos. » (*Ps.*, LXXXIII, 3.)
(4) « Turtur castitatem, vel gemitum Sanctorum significat. » (S. Melit., *Clavis, De Avibus*, cap. XI.)

çonnerait pas le sens ; dont la simplicité ne flatte les yeux que par des enroulements plus ou moins agréables, mais qui, à mesure qu'on s'avance vers la belle époque, deviennent de jolis dessins, de véritables rubans mêlés de perles, de tresses et de guirlandes qui se croisent et s'élancent avec autant d'harmonie que de régularité? Là, direz-vous sans doute, le symbolisme fait place à une idée moins profonde, et le sculpteur s'est contenté de jeter sur sa corbeille un tissu quelconque, dont le mérite est d'en cacher la nudité. Mais il en est autrement si vous contemplez les entrelacs formés par les enroulements symétriques des queues de léopards ou de lions, s'ils enveloppent de leurs contours des oiseaux fantastiques aux têtes de serpents ou de griffons qui s'y joignent : alors reconnaissez à ces traits l'hérésie, hostile à Dieu, à son Église et à ses enfants. Ce sont ces sectes rebelles excommuniées par Grégoire IX et Innocent IV, « lesquelles, sous quelques noms qu'elles se produisent, cathares, pauvres de Lyon, arnaldistes ou autres, se revêtent de faces diverses, mais s'unissent en réalité par les plis de leurs queues et s'entendent très-bien à épancher les vaines théories de leurs erreurs (1). » C'est le treizième siècle qui s'exprime ainsi par la plume de deux de ses grands docteurs; au douzième, nous avons vu S. Bernard attribuer à des hérétiques entêtés le même caractère et des symboles semblables (2). Donc, pour tout homme de bonne foi il n'y a plus moyen d'attribuer à des caprices sans valeur ces figures demeurées jusqu'à présent sans explication. N'est-ce pas

---

(1) Cf. l'abbé Lecanu, *Histoire de Satan*, p. 268 et suiv., in-8°, Paris, 1861.

(2) « Excommunicamus et anathematizamus universos hæreticos, Catharos..., l'auperes de Lugduno..., Arnaldistas, et alios quibuscumque censeantur : facies quidem habentes diversas, sed *caudas ad invicem colligatas*, quia de vanitate conveniunt in idipsum. » *(Decretal.*, lib. V, tit. VII, cap. XV, Greg. IX; — et Innocent. IV, *In Sext.* lib. V, tit. III, cap. II, -- mihi, *Decret.*, p. 1834.) — Voir aussi Densinger, *Enchiridion symbolorum et definitionum*, in-12, Wirceburgi, 1856, p. 162.

sur beaucoup de nos chapiteaux que ces paroles sont copiées, ou bien ces paroles n'ont-elles pas inspiré beaucoup des ouvriers qui, à cette époque, se sont plu à les reproduire avec des variantes qui se manifestent dès lors sous des caprices de formes si irrégulièrement fécondes? et quand les Papes du treizième siècle ont représenté les *tortueuses* façons de l'hérésie avec ces caractères si décisifs, pouvaient-ils ne pas faire allusion à ce type, déjà vulgarisé depuis longtemps, du mensonge hypocrite et de ses perfides efforts?

Si de ces étonnantes images, maintenant devinées, nous passons aux grotesques peu connus encore, et si souvent attaqués par les petits de la science comme inexplicables ou ridicules, nous étonnerons bien davantage en assignant à chacun son rôle propre, et démontrant qu'il n'y a en eux, non plus que dans les plus simples, rien qui ne tende à un but avéré. Ainsi, avant de dire, comme le Comité des arts et monuments dans ses *Instructions*, que « ces motifs étaient infligés par la théodicée bizarre et raffinée du moyen âge (1), » il aurait fallu bien comprendre les éléments mêmes de cette théodicée, exposer sa propre doctrine sur Dieu et savoir quel enseignement on opposerait bien sur ce sujet à celui des théologiens de ce moyen âge si orgueilleusement dédaigné. Pauvres connaisseurs! qui croient savoir leur moyen âge dont ils voudraient faire leur chose, et qui n'ont jamais su comprendre que cette belle époque de la religion et de l'art avait sa manière à elle, son école plastique ou chronographique, où s'enseignait la manière de représenter les mystères et les dogmes de la religion! Ne serait-ce pas à ces demi-savants qu'il faudrait reprocher plutôt un *raffinement* de critique audacieuse puisée dans les préjugés qu'ont accumulés, dans certains esprits, les théories du calvinisme, du jansénisme et du philosophisme? Ne

Ignorance de certains savants en fait de religion et d'art chrétien.

---

(1) ln-4°, p. 35, 82-84. — Cette rédaction est de M. Mérimée.

sont-ce pas eux qui ont perdu ou abandonné, jusqu'à n'en plus rien savoir, les traces vénérables de la vérité artistique et la simplicité naïve de la foi de nos aïeux? Quelles études ont-ils faites de ces emblèmes, si difficiles à tout autre qu'au chrétien, de ces énigmes dont l'obscurité ne disparaît qu'à la lumière de l'Évangile? Quand ont-ils passé une seule de leurs nuits à méditer les rapprochements possibles entre les éléments de nos symboles parfois si éloignés les uns des autres, et toujours rapprochés dans un but sacré de sainte propagande et d'ardente évangélisation?

Méthode d'intuition pour ces études, aussi difficiles que sérieuses.

C'est pour n'avoir rien appris de ces principes que nos seigneurs de la prétendue science moderne se sont hasardés à des dissertations plus grotesques sans contredit que beaucoup des symboles qu'ils calomnient. Pour nous qui analysons ces figures de sang-froid, dans le calme d'études attentives et prolongées, nous en cherchons la pensée intime et nous la découvrons à ses vraies sources. Nous distinguons, à la faveur de cette méthode, les époques de l'art, les livres qui l'ont inspiré, l'action de l'Église dans tous les temps, et son active surveillance sur ses propres affaires, dont aucunes jamais ne lui furent plus importantes, nous l'avons prouvé, que la construction de ses temples et leur embellissement. Revenons un peu sur ce triple sujet d'observations.

L'inspiration esthétique variant selon les siècles qu'elle traverse.

Quant aux époques diverses où l'art a jeté ses radieuses expansions sur la pierre des chapiteaux et des modillons, ou sur le bois des stalles aussi bien que sur le parchemin des manuscrits, nous n'entendons pas juger ici ces phases différentes par le mérite graphique et sculptural des œuvres du talent ou du génie : nous voulons parler uniquement du genre d'inspiration qui souffla sur l'artiste pour faire éclore de ses mains les images plus ou moins mystérieuses que nous lui devons. C'est une remarque indispensable au juste discernement des motifs traités par lui. Les onzième et douzième siècles, en effet, sont tout hiératiques et restent dans une gravité qui n'exclut ni la variété des sujets ni la richesse de l'imagination. Les deux siècles suivants ne conservent pas sans quelque modification ce double caractère. Le champ où se recueillent les chefs-d'œuvre lapidaires du symbolisme s'est élargi. A côté des écritures sacrées, de l'histoire du peuple de Dieu, une littérature nationale s'est faite, les artistes laïques sont arrivés, et de ces deux sources nouvelles ont surgi des idées non moins instructives, non moins intelligibles, mais parées d'une sorte de dehors profane et tout d'abord moins convenable, en apparence, à la sainte austérité des leçons divines. Mais, en fait et sous ce revêtement inusité, on aperçoit le fond de la pensée chrétienne, et l'on voit bien que, si le ciseau devient l'interprète des poèmes et des fabliaux, c'est toujours au profit du décalogue, dont le texte vit à travers ces voiles diaphanes.

La période triséculaire qui s'écoula entre l'an 1000 et les premières années du quatorzième siècle est certainement la plus remarquable depuis l'origine du Christianisme, quant à la science théologique étudiée sérieusement dans les monastères, et aux aptitudes qu'elle enfanta : c'est le temps des Pierre Damien et des Anselme de Cantorbéry, des Gratien et des Pierre Lombard, des Albert le Grand et des Thomas d'Aquin, des Bonaventure et des Vincent de Beauvais. Ces beaux génies, familiarisés avec les plus hautes études de leur âge, pouvaient en concevoir le mysticisme, lui appliquer les mystères des sciences perdues aujourd'hui, telles que la cabale et la gnose, ceux même de la philosophie antique, dont quelques Pères, philosophes avant d'être chrétiens, comme S. Justin et S. Clément d'Alexandrie, avaient laissé les traditions dans leurs ouvrages. On avouera que c'étaient là d'immenses ressources applicables à l'iconographie, et que cette variété de connaissances encyclopédiques ne put demeurer étrangère à l'art chrétien, non plus qu'à l'enseignement théologique. Ce n'est pas à dire, avec un auteur moderne qui l'a supposé trop gratuitement, que des sectes cachées conservant les croyances et les mœurs

Belle période du onzième au quatorzième siècle.

Action des sciences et de la démonologie sur la sculpture de ce temps.

des gnostiques se soient appliquées à en reproduire les erreurs en influençant la main des artistes de ce temps : ce n'est là qu'une supposition sans valeur aucune. Une telle supercherie était impossible sous les yeux vigilants qui présidaient à leurs travaux.

Origine des figures bizarres d'hommes et d'animaux répandues dans les nefs de nos églises.

Mais, dans les exagérations dogmatiques de ces hérésies, qui, tout en s'infiltrant au milieu des erreurs contemporaines, avaient bien perdu réellement leur autonomie et leur vie propre, on trouvait des représentations du mal, des expressions vives du péché, des souvenirs écrits des mauvais vouloirs et des instincts les plus blâmables du cœur humain : c'est l'origine véritable de tous ces masques d'hommes ou d'animaux qui se partagent, sous des traits si divers, l'espace abandonné aux sculpteurs soit pour les modillons des vastes murailles, soit pour les corbeilles des chapiteaux. Tant de grimaces et de contorsions, quand elles n'accompagnent pas certains signes évidemment démoniaques, lesquels ont encore là, nous le verrons, leur raison d'être, indiquent sans aucun doute les mille hérésies qui se sont disputé le monde spirituel depuis l'apparition du Christianisme. Ce sont celles dont Grégoire IX et Innocent IV disaient tout à l'heure l'excommunication. Ces princes des impies sont là comme « fixés à la pierre, écrasés sur ces rocs, figure de l'Église, pierre fatale qu'ils ont voulu ébranler et qui les broie (1). »

Ces doctrines coupables, qui induisaient les âmes dans les plus grossières erreurs, tenaient aussi de la magie et rentraient dans celles de la cabale, qui était la philosophie occulte des Juifs, hostiles à l'Église dès son berceau. Ces chimériques recherches, toutes fondées sur des calculs erronés et de fausses traditions, n'étaient que des inspira-

(1) « Absorpti sunt juncti petræ judices eorum. » (*Ps.*, CXL, 7.)—Voir, sur ce passage et la fidèle interprétation que nous en donnons ici, Genebrard, *Commentarium in psalmos*; et Berthier, *Notes et réflexions sur les psaumes*, in h. loc.

tions diaboliques propres à détourner les hommes de la Vérité par essence, et, si les docteurs catholiques du moyen âge, guides infaillibles de l'art religieux, n'y virent qu'un fécond élément d'instruction populaire et de pures allégories dont le but était de dénoncer le mal et ses fauteurs, il est vrai cependant que les plus fortes têtes, à l'expiration du moyen âge, ne cessèrent pas d'y croire et d'en professer la valeur. Trithème, à la fin du quinzième siècle, fut l'un de ceux qui mirent leur confiance dans un art cabalistique dont quelques formules magiques pouvaient procurer la connaissance. Au seizième, Pic de la Mirandole, dans sa fameuse thèse *De omni re scibili*, soutint un monstrueux assemblage de toutes sortes de propositions tirées des livres cabalistiques. Reuchlin, qui, tout en demeurant catholique, subit quelques influences du protestantisme, et vit condamner à Rome son traité *De Arte cabalistica* et ses trois livres *De Verbo mirifico*, avait agencé une foule de rêveries, d'après celles des rabbins, qu'il avait trop suivis (1).

Or ces savants n'avaient pas inventé leurs fausses et séduisantes théories ; ils n'en étaient que les continuateurs, et leurs idées s'allièrent souvent à celles de l'astrologie judiciaire, si fameuse de leur temps, et qui, beaucoup plus ancienne aussi, a pu laisser, nous ne le nierons pas absolument, quelques traces jetées par des savants de bonne foi dans cette foule d'étoiles, d'astérisques et autres phénomènes célestes qu'on voit encore sur nos plus vieux chapiteaux des églises romanes. On conçoit, en effet, que, l'idée de Dieu, de la création, des études bibliques, étant inséparable de telles conceptions, qui en naissaient même comme de leur source plus ou moins comprise, ces savants à imagination mobile et ardente ont pu s'y arrêter comme à autant

La cabale et l'astrologie plus ou moins judiciaire y laissent peut-être aussi leur empreinte;

___

(1) Voir Pluquet, *Dictionn. des hérésies*, v° CABALE ; — Audin, *Hist. de Léon X*, II, 243, 249 et suiv.

de symboles propres à représenter les attributs de Dieu, son action sur le monde matériel et sur celui des intelligences. En avait-il été autrement des Pères eux-mêmes, qui acceptaient dans le même but les erreurs populaires d'Aristote, de Pline et de Platon sur la métaphysique et sur les merveilles de l'histoire naturelle? Lors donc même qu'on n'aurait pas toujours la clef de ces figures si variées de caractères et d'expressions, de ces horribles laideurs qui les distinguent de remarquables beautés placées à côté d'elles comme un contraste significatif, on aurait assez de ces données de la science pour n'être jamais autorisé à taxer d'insignifiante cette suite parfaitement calculée d'images sérieuses, trop pleines de sentiments pour n'être pas imbues d'une vérité.

et jusqu'à la mythologie païenne qui s'y rattache.

Une autre preuve de cette influence des époques sur l'art contemporain, qui s'y pliait tout en servant la religion, ressort évidemment de ce qui se passa en ce genre vers la fin du quinzième siècle, et ne fit que s'accroître pendant toute la durée du suivant, avec le renouvellement des études grecques et romaines. On vit l'idée païenne, patronisée sous toutes les formes, envahir la littérature et les arts, et forcer les répugnances de ceux-ci, jusqu'à leur imposer les poétiques absurdités de la mythologie. On sait les travaux d'Hercule à la cathédrale de Limoges et à Saint-Michel de Dijon, le tombeau de l'évêque Jean Olivier dans la cathédrale d'Angers, et tout cela se reproduisant au même titre dans les chapiteaux, qui n'auraient jamais dû s'en souiller, sous la forme d'arabesques, d'animaux capricieux ou de figures humaines. Il est vrai que, sous ces formes fabuleuses, pouvaient bien subsister, en certaine mesure, des intentions chrétiennes, et que l'Hercule, par exemple, qui figure encore dans la première église du Limousin, peut être considéré comme symbole de la force, dont la foi nouvelle a fait une vertu cardinale; ces travaux du héros, douze fois vainqueur d'obstacles jugés insurmontables, symbolisaient évidemment pour la philosophie antique l'énergie humaine aux prises avec la nature et la domptant par son courage. Et le Christianisme, que demande-t-il de plus à l'homme entouré des mille tentations de la vie du monde et toujours assez fort par la grâce pour en triompher chaque jour? Mais ce n'était pas moins une condamnable hardiesse de remplacer ainsi la doctrine des Pères par les enseignements d'Ovide et de Lucien, de les reproduire en scènes peu chastes dans une église, et d'ouvrir ainsi la carrière à ces hordes de folles idées qui devaient envahir le domaine divin. De trop prochaines conséquences le firent bien voir. La fantaisie succéda bientôt à ces grossièretés impies, les égarements de l'imagination s'emparèrent avec une audace sans frein du champ où le symbolisme chrétien n'était plus admis; puis bientôt l'art grec, triomphant partout avec ses froides conceptions, ramena avec lui, pour suprême expression du symbolisme religieux, ce chapiteau corinthien dont la beauté originelle était si peu faite pour patronner un mélange bizarre autant que varié de motifs sans valeur ni convenance.

A propos de ces capricieux essais du ciseau qui s'évertue, quand apparaît cette décadence de l'art, à ne plus donner que des futilités inexplicables, il faut bien se garder de les confondre avec une foule de sujets très-sérieux dont la signification a paru très-peu symbolique d'abord, et que nous devons néanmoins signaler comme tels. Tout en avouant que beaucoup de modillons et des chapiteaux du quatorzième siècle appartiennent bien plus à l'ordre des choses naturelles qu'à celui de la théologie mystique, on doit reconnaître aussi qu'un très-grand nombre ont été regardés plus tard comme de simples jouets d'une pensée arbitraire, qui ont cependant leur sens profond, dont on n'a pas suffisamment étudié l'origine et le but: c'est ainsi qu'en se plaignant du renard qui prêche les poules à Saint-Germain-des-Prés de Paris, du singe habillé en moine et qui

Sens véritable, cependant, de sujets moins frivoles que leurs apparences.

joue de la viole à Notre-Dame de Saint-Lô, et de beaucoup d'autres non moins choquants en apparence, on retrouve, pour peu qu'on le veuille bien, le zèle hypocrite de l'hérésie à s'attribuer la parole de Dieu, ou les futilités du monde qui se mêlent en trop de gens aux habitudes extérieures de la vie chrétienne. On n'a donc vu que le côté *naturaliste* de ces faits plastiques, au lieu d'en considérer le sens intime, qui n'échappe plus à personne d'instruit.

A ces observations générales, nous pourrions, on le voit bien, ajouter une foule de détails qui ne feraient qu'en maintenir l'évidence en les confirmant de plus en plus. A défaut d'un plus large développement, elles indiquent du moins un curieux sujet d'études auxquelles de nombreux volumes s'ouvriront au besoin, et c'est ce qu'il nous faut indiquer rapidement, comme notre second moyen de discerner le travail que s'imposa le moyen age en faveur de sa doctrine symbolistique.

Comment les écoles architecturales du moyen âge enseignaient sans livres techniques.

On s'est maintes fois étonné de n'avoir rencontré dans les recherches suivies des livres techniques de cette époque aucune théorie du symbolisme indiquant aux adeptes une règle de faire, une méthode de composition. Mais de quoi eussent donc servi de tels livres quand les ouvriers ne savaient pas lire, comme le prouvent beaucoup de fautes sur des inscriptions qu'ils savaient à peine mieux *imiter* que *copier*, quand les clercs seuls disposaient, en les leur dictant, des sujets à sculpter ou à peindre? Les manuscrits peints et dorés par les calligraphes des monastères et des universités suffisaient, par leurs innombrables images, à formuler toute la partie spéculative du symbolisme, et nous savons qu'ils ne s'en faisaient pas faute.

Le livre Des Arts du moine Théophile.

Là, en effet, il n'y avait qu'à regarder pour imiter sûrement; mais il n'en fut pas ainsi de la peinture murale, à qui des règles positives devenaient indispensables quant à la variété de ses procédés, aux exigences des légendes et des traditions. C'est pourquoi le moine qui, vers le douzième siècle, se donna le nom symbolique de Théophile, écrivit son curieux *Traité des arts*, dont la moitié se réduit à des recettes soit pour obtenir, quant à la peinture, les couleurs et les différents effets qui en résultent, soit pour le bon emploi des instruments mêmes de l'artiste (1). Nous ne parlons ici que de cet objet, quoique dans ce beau livre, où la foi n'est pas moins remarquable que le génie, tous les arts, comme le dit son titre (*Diversarum artium schedula*), soient tour à tour éclairés, au profit de l'Église et de son culte, de tous les enseignements qui inspirèrent tant de chefs-d'œuvre pour nos tabernacles et nos verrières. Les premières années du quatorzième siècle virent aussi un moine anonyme donner, à la suite de Théophile, qu'il cite souvent, une sorte de compilation qu'il intitula *Lumen animæ* : c'était le même but, avec moins d'étendue mais autant de détails techniques. On voit bien que la sculpture, plus simple dans ses moyens, se devait contenter de données plus nettes et plus précises; toutefois il lui fallait des sources comme à tous les arts d'imagination, et ces sources s'ouvrirent pour elles non moins larges, non moins profondes.

En outre des Pères et des écrivains ecclésiastiques dont nous avons démontré l'influence et le crédit tout-puissant sur les conceptions artistiques, le monde savant eut d'autres docteurs adonnés aux méditations de la philosophie catholique, et dont la sculpture sacrée profita à certaines époques pour agrandir le champ de ses doctes méditations. Puis vinrent les écrivains liturgiques, qui, en dissertant sur les choses du culte public, en développèrent les raisons et semèrent à pleines mains les gracieux symboles qui nous charment encore dans leurs hymnes et leurs séquences. La poésie ne manquait pas dans ces belles compositions, et ses

> Ces ouvrages doctrinaux remplacés par la liturgie et la poésie.

---

(1) L'*Essai sur les divers arts* a été traduit avec le texte latin en regard par M. de l'Escalopier, in-4°, Paris, 1843. Ce livre est précédé d'une excellente introduction par M. Guichard.

créations, aussi riches que variées, s'élancèrent bientôt de leurs livres aux modillons, aux clefs de voûte et aux chapiteaux. Nous avons vu Durand de Mende et Vincent de Beauvais : ajoutons, à propos de celui-ci, que toutes ses inductions des faits historiques de la Bible se retrouvent en mille sculptures de la cathédrale de Chartres. S. Thomas d'Aquin, Adam de Saint-Victor, ne furent ni moins féconds ni moins ingénieux dans l'enthousiasme de leurs chants sacrés.

<small>Influence de Dante sur l'ornementation des treizième et quatorzième siècles.</small>

Mais une voix encore inconnue, en ce qu'elle n'était l'écho de personne et qu'un génie tout personnel inspirait, à la fin du treizième siècle, Dante, la gloire de Florence et la plus sublime expression de la poésie de ce temps, devint surtout l'organe du symbolisme chrétien, et eut ce bonheur que ses chants furent mis en images impérissables par les sculpteurs et les peintres de la plus belle époque de l'art. Après avoir analysé au point de vue général l'ensemble symbolistique des compositions de ce grand génie (1), il est à propos de faire observer ici quels détails pleins de vie il a fournis à notre décoration monumentale. Sa magnifique trilogie semblait faite pour inspirer les artistes de nos églises gothiques, et, dans la longue exposition des motifs prodigués de toutes parts à leur enceinte, il serait difficile de ne pas reconnaître des épisodes nombreux empruntés au *Paradis*, au *Purgatoire* et à l'*Enfer*. Pour ne citer que le *Purgatoire*, ne voit-on pas apparaître sous le voile de mystérieuses allégories, au chant XXIX, les Patriarches vêtus de leurs robes blanches, les vingt-quatre Vieillards couronnés de lis, le Tétramorphe évangélique, l'Église figurée par un char à deux roues que traîne un griffon, c'est-à-dire Jésus-Christ symbolisé dans ce mystérieux animal avec sa double nature d'aigle et de lion ? Le chant XXXII exprime les persécutions souffertes par l'Église, dont les cruels en-

---

(1) Voir ci-dessus, t. II, ch. XVIII, p. 663 et suiv.

nemis revêtent ensemble ou tour à tour les formes inattendues de l'aigle, du renard, du dragon. Que de fois beaucoup se sont arrêtés devant des murailles où trônent sur des chapiteaux ou des modillons ces bêtes terribles, sans qu'un souvenir de cette littérature brillante leur ait divulgué le mystère de ces représentations étranges ! Aux chants XXI, XXII et XXV, ne reconnaissez-vous pas ces démons « féroces d'aspect, » aux défenses de sanglier, aux ailes de chauves-souris, ces damnés aux dents qui grincent, ces grenouilles se tenant à fleur d'eau, et mille autres motifs empruntés aux mêmes livres et rappelant les déplorables allégories de l'éternité des méchants? Et, si nous pouvons dire avec le regrettable interprète de Dante, Frédéric Ozanam, « qu'au treizième siècle la poésie n'était pas réfugiée dans le cœur du citoyen de Florence, mais qu'elle était partout (1), » le symbolisme qui prêtait tant de richesse à cette poésie était donc partout aussi, et ne dépassait pas la portée des plus ordinaires intelligences. Ce n'était donc pas dans le but de faire comprendre aux savants du dix-septième siècle ces éloquentes paraboles que Florence fondait, en 1673, une chaire de son Université pour l'explication de ces beaux poèmes (2). Alors encore, la science des choses saintes les révélait aux doctes du monde : il s'agissait, dans ces leçons publiques, bien moins du côté religieux de *La Divine Comédie* que des personnages allégoriques dont l'identité importait à l'histoire, et de recon-

---

(1) Cf. Ozanam, *Dante et la Philosophie catholique au treizième siècle*, p. 326, in-8º, Paris, 1845. — Quelques auteurs catholiques, nous le savons, ont accusé le poète d'erreurs religieuses et de passions contre quelques papes de son temps. Mais ces reproches tombent, dans ce qu'ils ont de plus considérable, pour peu qu'avec Ozanam on observe de près les passages qu'on incrimine le plus. Qu'on lise surtout les chapitres V de la troisième partie et I de la quatrième, et l'on se réconciliera aisément avec le poète, qui put se tromper en quelques thèses philosophiques, mais qui demeura toujours sincèrement attaché à l'orthodoxie catholique.

(2) Voir *Biogr. univ.* de Michaud, vº DANTE.

naître, à l'aide d'études patientes et raisonnées, sous quels noms y étaient cachés les partis qui se disputaient l'Italie à la suite de l'Empire ou de la Papauté. Ce qui le prouve de reste, c'est que l'art italien eut aussi dans ses églises gothiques, ruinées plus tard par les guerres, ses modillons et ses chapiteaux dantesques. Il n'y a pas à douter que les figures coutournées qu'on remarque surtout dans les monuments de la Sicile ne soient là pour représenter les intentions du grand poète (1).

Lutte énergique du clergé de ce temps contre l'envahissement laïque des francs-maçons.

Il est vrai qu'à l'époque où cette noble idole des Italiens jouissait d'une telle vogue qu'on cherchait de préférence en lui seul les décorations artistiques, le laïcisme s'emparait déjà des constructions sacrées, et la franc-maçonnerie faisait irruption dans le domaine de l'Église, où elle préludait à bien d'autres oppositions que nous y avons vues et d'une tout autre importance (2). Mais ce n'était encore qu'une immixtion sans victoire définitive : le clergé, luttant avec énergie, ne cédait rien de ses droits ; il continuait de les exercer sur les matériaux qu'il spiritualisait ; il maintenait donc sa suprématie séculaire, il dirigeait le crayon, il animait la pierre, il tenait ouvert le livre de Théophile sous les yeux de ses peintres, et le symbolisme ne perdait rien de l'action qu'il lui avait toujours imprimée. Genebrard raconte (3), à ce sujet, un fait curieux qui caractérise trop bien le temps où il se passe et le crédit absolu que le clergé gardait encore sur les choses de l'art pour n'être

Pierre de Cugnières et son marmouset.

pas rapporté ici. — Pierre de Cugnières, dit-il, avocat général au parlement de Paris, plaida en 1325, devant Philippe de Valois, en faveur du droit absolu des rois sur l'Église, contre Bertrandi, évêque d'Autun, et Pierre Roger,

---

(1) Voir Gally-Knight, *Excursions en Sicile*, ch. VII et XXII ; — *Bull. monum.*, V, p. 125 et 215.

(2) Voir ci-dessus, p. 59 et suiv.

(3) *Chronographiæ* lib. IV, ad ann. 1329, in-f°, Paris, 1580 ; cité dans l'*Univers*, feuilleton du 27 mai 1847.

archevêque de Sens. La victoire resta aux défenseurs de l'Église et de la liberté ; le roi répondit aux évêques protestant de leur attachement inviolable, et jusqu'à la mort même, aux principes de l'Église, « qu'il ne donnerait à personne l'exemple de la molester... » Le clergé et le peuple mirent la statue de Philippe au portail de la cathédrale de Sens, tandis qu'une tête en marmouset, sous les traits de Pierre de Cugnières, grimaçait sous les murs de Notre-Dame de Paris, « attirant les mocqueries des clercs et des écoliers. » — Le clergé alors était donc encore dans la plénitude de ses droits. Si la satire dont l'époque reflétait les tendances nées des agitations publiques trouve sa place dans ces énergiques protestations, elle n'en prouve que mieux à qui appartenait la direction des idées et que les choses de l'Église ne se faisaient qu'aux mains de ses maîtres et de ses docteurs. Ceux-ci étaient donc les seuls juges de la méthode interprétative, les livres vivants ou les échos des livres écrits d'où sortaient les enseignements et les symboles. Donc encore, quelque étranges que puissent nous paraître aujourd'hui certains faits plastiques dont le sens nous reste muet, nous découvrons çà et là, par l'étude ou par la réflexion, ce qu'il faut en penser ; les figures les plus insolites en apparence s'expliquent ; le mystère s'efface pour laisser place à l'évidence, les ténèbres deviennent le jour ; on conçoit que tous les êtres peuvent avoir été réunis en un vaste concert pour rendre hommage à Dieu, à l'idée religieuse, à leur impression sur les sens et l'imagination de l'homme, et rien ne semble plus vrai, après ces intéressantes découvertes, que la pensée que nous avons déjà citée de S. Denis l'Aréopagite : « C'est louer Dieu dignement que d'embrasser dans sa louange tous les résultats de la création, pourvu que nous les considérions toujours dans leur rapport véritable avec lui. »

La suite de nos dissertations va nous faire briller ces principes d'une lumière nouvelle.

CHAPITRE X.

DÉMONOLOGIE.

Objet de ce chapitre.

Nos modillons et nos chapiteaux, en tant qu'ils se prêtent à reproduire la vie mystique de l'ange infernal, n'offrent, dans les proportions rétrécies de chaque scène, que des paragraphes très-insuffisants de son histoire générale. Il s'en faut que ce soit là tout ce que l'art nous en peut donner, tout ce que peut représenter l'action incessante de cet ennemi acharné de la race humaine. D'autres actes, aussi nombreux que suffisants, se rattachent encore à ce grand drame de notre vie spirituelle, et il faut les lire et les étudier, il faut les comprendre afin de pouvoir, au besoin, les expliquer. Ne sont-ce pas autant de chapitres encore ignorés de la Bible, des légendes sacrées, des catéchèses populaires? Nous avons tracé rapidement déjà l'histoire fatale du mauvais Ange et de sa chute éternelle (1); nous l'avons retrouvé ensuite plus d'une fois dans l'Apocalypse accomplissant son incessante et cruelle mission sur la race perdue des impies et des prévaricateurs (2). Voyons maintenant quelques-unes de ces vastes pages où il se révèle sous tant de formes, et, soit par l'exposé de sa vie plastique, soit par les multiples inductions qui en peuvent naître, complétons tout ce que la théorie de l'art catholique a pu nous apprendre de ses innombrables étrangetés.

Le démon si-

Avant de montrer les *gravures sur pierre* consacrées à la

---

(1) Voir ci-dessus, t. I, ch. x, p. 247.
(2) Voir t. II. ch. IX, sur les ch. XII, XIII et XIV de l'Apocalypse.

mémoire de l'Ange maudit, il est bon de remonter aux sources de ces inspirations visibles, afin d'en déduire plus irrévocablement l'application dans le domaine de l'art. La révélation de S. Jean nous le représente sous mille aspects tout divers et propres à dévoiler clairement ses multiples malices. Toutes les images les plus terribles et les plus dégoûtantes y expriment ses intentions perfides et ses continuelles persécutions sur l'homme et sur la société : c'est le *dragon* qui cherche à dévorer le Fils divin de la femme bénie entre toutes (1). Un grand combat se livre entre lui et l'archange S. Michel, qui le terrasse avec ses satellites et l'exile du ciel avec eux : c'est le même que cet *ancien serpent* que tous les âges ont appelé le criminel et le calomniateur, l'adversaire acharné, *Diabolus, Satanas* (2). L'apôtre S. Jude, parlant du respect dû sur la terre aux autorités constituées de Dieu, rappelle aux fidèles du premier siècle une autre altercation qui s'éleva plus anciennement, après la mort de Moïse, entre ce même *Diable* qui veut faire ensevelir le corps du Patriarche sur le mont Nébo, aux yeux de tout Israël, qu'il espère amener par là à l'idolâtrie, et ce même Michel qui, pour éviter ce malheur, soustrait les restes vénérés à la connaissance des hommes (3). Cette même bête à sept têtes et dix cornes (4), elle devient la monture féroce de l'idolâtrie personnifiée dans une audacieuse prostituée qui tyrannise l'Église et ses Saints. Les ravages

gnalé par les Apôtres sous diverses formes et caractères;

---

(1) « Ecce draco magnus rufus... stetit ante mulierem..., ut cum peperisset, Filium Ejus devoraret. » (*Apoc.*, XII, 3 et seq.)

(2) « Michael et Angeli ejus præliabantur cum dracone; et draco pugnabat, et angeli ejus, et non valuerunt; neque locus inventus est amplius eorum in cœlo. Et projectus est... serpens antiquus, *qui vocatur Diabolus et Satanas*..., et projectus est in terram. » (*Apoc.*, XII, 7 et seq.)

(3) Voir Fromond, *In Epist. B. Judæ commentarium*, v. 9; apud Migne, *Sacr. Script. cursus compl.*, t. XXV, col. 987.

(4) Ces assertions étant tirées de l'Apocalypse, aussi bien que beaucoup d'autres que nous allons citer, nous renvoyons à ce que nous en avons exposé ci-dessus, sur les ch. IX et X de ce livre.

qu'elle fait sur la terre en ouvrant le puits de l'abîme, les fléaux qu'elle suscite de tous côtés par la guerre, la famine et la peste, cette nuée de sauterelles dévorantes, de crapauds impurs, d'oiseaux nocturnes, tant d'autres motifs enfin, seuls capables de symboliser les actes et les intentions de l'infatigable ennemi du bien et de la paix, tout cela s'est traduit mille fois dans les tympans de nos églises et dans les bas-reliefs qui en décorent les façades ou les contours.

<small>grande pour qu'en avaient nos pères.</small> Cette profusion d'images sur un tel sujet, qui tenait de si près aux pensées intimes et habituelles du peuple chrétien, entretenait dans toutes les âmes la croyance active au démon et le soin de se garder contre ses malignes influences; la peur en était grande parmi eux, et le nom même de l'Esprit mauvais n'était jamais prononcé sans nécessité, à plus forte raison par manière d'imprécation et de blasphème. Nos pères du treizième siècle étaient surtout d'une grande délicatesse sur ce point, et Joinville affirme de S. Louis que « jamais ne lui ouyt nommer ne appeler le déable, si n'avoit esté en aulcun livre, là où il le faillist nommer par exemple (1). » C'est dans ce même esprit que les Pères de l'Église ont affecté de le qualifier du nom de *mauvais*, comme on le voit dans Tertullien, dans S. Cyprien, dans S. Paulin et dans S. Jean Chrysostome. Celui-ci assure, entre autres, que si nous voyions l'épouvantable figure du démon, nous en serions si éperdus et si transis que cela suffirait pour nous faire perdre l'esprit et même la vie (2) : c'est l'Ange déchu, d'abord d'une beauté ravissante, et perdant cette splendeur au moment où le péché est entré dans son cœur et a perverti sa volonté. Ainsi la lèpre, qui défigure horriblement sa victime, passe pour le symbole le plus expressif du péché, maladie suprême de l'âme. Le péché

---

(1) Joinville. *Mémoires.*
(2) *In psalm.* XLI.

obscurcit les yeux de l'intelligence et l'aveugle, dit Isaïe (1). De là tant d'aveugles parmi nos sculptures ; d'autre part, le pécheur est fou, sa folie perce visiblement dans le hasard auquel il expose son éternité. C'est dans ce sens qu'il faut entendre le reproche de Moïse : *Popule stulte et insipiens* (2).

Ces pensées furent très-bien comprises dès les premiers jours de la foi ; aussi dut-on prémunir les chrétiens contre cet ennemi commun en enseignant de lui tout ce qu'il en fallait savoir, et, à mesure que l'art se développa chez les peuples formés par la civilisation nouvelle, lui-même dut contribuer à la propagande de ce dogme en lui vouant tous ses genres de démonstrations ; tous les monuments en parlèrent. Ces sujets y devinrent si fréquents, si indispensables même, qu'on les rencontre partout avec le même caractère, et que les variantes qui s'y remarquent ne sont que des modifications de cette idée, mais toujours le type fidèle de cette idée même. Il est remarquable que l'Écriture, qui a dû souvent revenir aux opérations diaboliques exercées sur le monde, s'est créé, pour les réaliser à nos yeux, une foule d'images toutes faciles à comprendre, et dont les artistes n'ont fait faute de s'emparer : c'est en cela que Dieu est l'auteur de l'art et qu'on l'outrage en le profanant. Les deux Testaments sont pleins de ces allusions instructives. L'aspic et le basilic qui blessent le voyageur, le lion qui dévore, le dragon qui attaque et s'insinue, le sanglier qui dévaste un héritage, sont dans le Psalmiste autant de souvenirs d'embûches et de tentations pour l'homme encore dans la voie (3). Job l'avait nommé bien antérieurement Béhémot, *la bête démesurée*, Léviathan ou *la légion*, de ce

<small>Figures bibliques dont on lui fait autant de symboles.</small>

---

(1) « Spiritum soporis et veternum. » (*Is.*, XXIX, 10.) — Et Sophonie : « Ambulabunt ut cæci, quia Domino peccaverunt. » (I, 17.)
(2) *Deutéronome*, XXXII, 6.
(3) « Super aspidem et basiliscum ambulabis, et conculcabis leonem et draconem. » (*Ps.*, XC, 13.) — « Vineam exterminavit aper de silva. » (*Ps.*, LXXIX, 14.)

même nom que Satan se donne dans S. Marc, lorsque le Sauveur, qui veut nous instruire par cet aveu, lui demande quel nom le distingue de tant d'autres (1). Enfin, dès le commencement du monde, nous le voyons, dans le récit de la Genèse, se présenter à la première femme sous les apparences d'un serpent, *le plus rusé de tous les animaux* (2) ; c'est un des rôles qu'il affectera le plus, sous lequel il semble voué plus souvent aux malédictions divines, et deviendra dans l'avenir le type des impies, soit qu'on le considère comme le premier instigateur du mal, soit qu'on trouve en lui le principe de l'orgueil originel (3).

Son culte dans le paganisme.

Il n'en fallait pas plus pour que l'idolâtrie en fît un de ses dieux, et ce même génie du mal qui l'inspirait y trouvait un excellent moyen de perpétuer le trophée de sa victoire sur les hommes : on sait le culte qu'il recevait à Épidaure. Les dragons sacrés deviennent communs chez les Égyptiens, en Phrygie et à Babylone, où Daniel dévoila les perfides mensonges des officiers de Bel, *la vieille idole*, et du dragon qui la remplaça (4). Ainsi, le Maudit se plie à tous les rôles, et son règne, qui se continue chez les nations sauvages, s'est illustré de toutes les abominations dont s'assouvissent les âmes perverties (5) ; mais aussi on lui fera payer cher cette cruelle complaisance : cette forme qui servit son premier mensonge, on la lui prodiguera dans toutes les scènes où il apparaîtra à la race humaine avec son caractère de tentateur, et les nombreux appen-

---

(1) « Behemoth ipse et rex super universos filios superbiæ. » (*Job*, XLI, 25.) — « Maledicunt diei (qua natus sum) qui parati sunt suscitare Leviathan. » (*Ib.*, VIII, 3.) — « Quod tibi nomen est? Et dixit ei : *Legio* mihi nomen est, quia multi sumus. » (*Marc.*, V, 9.)

(2) « Serpens erat callidior cunctis animantibus. » (*Gen.*, III, 1.)

(3) « Serpentes, genimina viperarum. » (*Matth.*, XXIII, 33.) — « Mulier conteret caput tuum. » (*Gen.*, III, 14.) — « Supra pectus gradieris. » (*Ibid.*)

(4) « Et erat draco magnus in loco illo, et colebant eum Babylonii. » (*Dan.*, XIV, 22.)

(5) Voir *Dict. de la Bible* de dom Calmet, v° SERPENT.

dices qu'il recevra de l'iconographie religieuse, les embellissements de détail destinés à dévoiler toute sa laideur intime, vengeront largement l'humanité de ses antiques perfidies.

Toutefois d'autres symboles, en grand nombre, généraliseront cette vie de crimes et de turpitudes : selon qu'on voudra rappeler un vice, une mauvaise tendance, une expression quelconque de la nature corrompue, on la revêtira des formes animales plus capables de désigner ces infernales passions; son hypocrisie se traduira, au grand portail de la cathédrale d'Amiens, par un singe recevant, assis, et avec la pose et les traits d'une indigne moquerie, les adorations d'un riche personnage stupidement agenouillé devant lui. Cette insolente bête semble désignée dans Isaïe comme celle dont la race doit habiter l'Idumée après la dispersion de ses habitants. Ce serait, d'après quelques commentateurs, le *pilosus* du Prophète, sinon le bouc que d'autres veulent voir sous cette robe velue et qui ne vaut pas mieux, puisqu'il aurait la signification convenue des sales plaisirs de l'impureté, et celle de la réprobation infaillible et cruelle qu'il essuie (1).

<small>Formes symboliques de son iconographie.</small>

<small>Singe et bouc.</small>

Voulez-vous retrouver un autre emblème des attaques violentes du démon, de ses embûches ouvertes ou de ses inspirations cachées ? voyez ces centaures et ces sagittaires qui n'en sont qu'une variante, se déroulant aux voussoirs des grandes portes d'entrée, comme à Verville et à Sainte-Marie-du-Mont, en Normandie. Là ils décochent leurs flèches contre un cerf, emblème des âmes qui soupirent après les fontaines du Sauveur. Aux stalles de la cathédrale de Poitiers, c'est un ange qu'il va frapper d'un trait, car l'ange déchu se plaît toujours dans sa révolte contre la sainteté et la justice. Ces diverses attaques sont toujours, en abrégé, une de ces chasses mystérieuses que nous avons déjà signa-

<small>Centaures et sagittaires.</small>

---

(1) Voir S. Jérôme, lettre 43e, t. II, p. 49.

lées, et qui résument sans cesse la piste incessante du lion avide toujours prêt à nous dévorer (1).

Renard. — Une autre fois, c'est la ruse qui domine et qui triomphe. Voici notre renard, déjà bien connu : on l'a vu prêcher des poules innocentes, imbéciles qui se laissent prendre à ses discours, comme tant d'autres ; ses merveilleux sermons les ont endormies, et le moment arrive enfin où le pauvre oiseau se voit mangé par le prédicateur, comme dans quelques médaillons de la cathédrale d'Amiens. Ainsi, la fable d'Ésope est ici très-distinctement sculptée ; d'après elle, maître renard dévaste le poulailler, comme ailleurs le fabliau l'a présenté sous une autre forme, et toujours dans le même but (2).

Crapauds ou grenouilles. — Nous avons vu, au chapitre XVI de l'Apocalypse, trois grenouilles ou crapauds (c'est ici tout un), esprits impurs jetés vers les dominateurs impies de ce monde, afin d'y souffler la guerre et tous les maux qui doivent précéder le dernier avènement du Seigneur. Ces crapauds signifient, d'après S. Méliton, les démons eux-mêmes, et on le devinerait aux cruelles fonctions qu'ils assument. C'est, en effet, un de ces horribles reptiles classés par le Lévitique au nombre des animaux impurs ; il a quelque chose du serpent dans ses habitudes les plus vitales : il rampe, il mange la terre, il est pour tous un objet d'horreur. Les autres symboles dont le côté principal est désavantageux ont toujours leur opposition, comme le serpent lui-même, qui, en dépit de ses caractères iniques, devient au moins quelquefois l'emblème de la prudence, et celui de Notre-Seigneur dans le Serpent d'airain ; la grenouille, au contraire, n'a

---

(1) MM. Jourdain et Duval, dans leur savante monographie du *grand portail de la cathédrale d'Amiens* (Bulletin monumental, XI, 438), citent le P. Hector Pinto comme l'un de ceux qui font cette remarque dans son Commentaire sur Isaïe, ch. XXIV. Les autres commentateurs ne sont pas moins d'accord sur la double signification qu'on peut donner ici à ces deux animaux.

(2) Voir *Bullet. monum.*, XIX, 252, 295, 316.

aucun bon côté qui la dédommage, et tous les commentateurs s'épuisent en traits hideux sur son compte sans lui rien accorder qui nous la réconcilie quelque peu (1). C'est de telles notions que sont venues, dans nos bas-reliefs, ces statues si nombreuses, qui ont si longtemps excité la curiosité des archéologues (et dont le sens n'est plus méconnaissable enfin), de femmes allaitant ou des crapauds ou des serpents qui s'élèvent du milieu du corps à la poitrine, et par lesquels on a voulu, d'après les physiologues du moyen âge, exprimer la débauche dans ses plus honteux excès : ainsi les voit-on à Saint-Sernin de Toulouse, à Moissac, à Saint-André de Bordeaux, à la chapelle funéraire de Montmorillon (2).

La femme aux serpents et aux crapauds.

Mais en dehors de ces formes animales que Satan a su prendre maintes fois, et dont tant de légendaires ont trouvé la preuve dans l'Évangile même, le monstre a souvent aussi revêtu les apparences de l'humanité, comme lors de la tentation au désert, et même dans la tentation du premier homme : car beaucoup d'images, par une ingénieuse combinaison d'idées très-acceptables, ont montré Satan, au Paradis terrestre, s'enroulant à l'arbre par toute la partie inférieure de son corps, qui est celui d'un serpent, mais ayant tout le buste d'un homme et une tête fort gracieuse dont le regard est très-capable de séduire la malheureuse créature qui va l'écouter. Du douzième au quatorzième siècle, les manuscrits à miniatures reproduisent fréquemment ce motif, qui résulte évidemment de l'idée que c'est encore un ange qui est là, dont la déchéance n'a pas altéré toute la nature. Quelquefois même, le séducteur ainsi métamor-

Le serpent-homme du paradis terrestre.

---

(1) Voir *Bullet. monu n.*, XII, 100 ; XIII, 647 ; XIV, 335.
(2) « Ranæ, dæmones..., hæretici, qui in cœno vilissimorum sensuum commorantes, vana garrulitate latrare non desinunt. » (S. Melitonis *Clavis Script.*, De Bestiis, LXVII ; apud dom Pitra, *Spicileg.*, III, 82 et seq.) — « Qui tangit reptile, et quodlibet immundum, cujus tactus est sordidus, immundus erit. » (*Levitic.*, XXII, 5.) — *Bullet. monum.*, XI, 192 et suiv.

phosé cueille de sa main criminelle le fruit qu'il fait accepter à Ève, comme à l'ancienne abbaye de Vézelay, comme à Lescure, non loin d'Albi. Le voulez-vous en homme complet mais pauvre, malheureux, épouvantable à force d'attributs spéciaux? lisez dans la *Légende dorée* la vie de S. Barthélemy (1) : l'y voilà en nègre, postérité de Cham réprouvée pour ses crimes ; une tête dont la chevelure en désordre retombe jusqu'à ses pieds, une longue barbe épaisse et sale, son regard animé par des charbons ardents, sa bouche vomissant des vapeurs enflammées complètent le portrait du grand criminel, dont les mains crispées sont retenues en arrière par des chaînes de feu. Tel est le beau génie qui animait, invisible mais forcément visible bientôt, l'idole d'Astaroth, et s'opposait aux succès de l'Apôtre. C'est en revanche de cette opposition satanique à la rédemption des âmes que le sculpteur de la cathédrale d'Amiens a placé l'ennemi commun sous le socle qui soutient la statue du premier missionnaire des Indes. Là « il est cornu, velu, muni d'une ignoble queue, et a deux ailes prenant naissance à la cheville du pied (2) » ; à ses grincements de dents, à son horrible bouche aux lèvres écartées, on devine ses rugissements.

Son rôle au jugement dernier ;

C'est dans ce bel apparat, le corps velu comme un satyre, les cornes surmontant sa tête de chien, le postérieur garni de sa queue en trompette, l'air triomphant et le regard hautain, qu'on le voit, dans la scène du jugement dernier, chasser devant lui ou traîner à sa suite, au moyen d'une corde, la tourbe malheureuse des damnés qui deviennent

au lit des mourants.

son domaine inccessible. On le trouve aussi veillant au chevet du moribond, soit pour ménager d'avance au profit de l'enfer une conquête qu'il espère, soit pour s'emparer, au sortir du corps, de cette âme qu'en effet il tire avec un crochet de fer

---

(1) *Legenda aurea* : De S. Bartholom. — *Portail de la cath. d'Amiens*, Bullet. monum., XI, 298.

(2) Cf. *Bullet. monum.*, XI, 192 et suiv.

de la bouche béante de sa victime. D'autres fois il pèse les âmes, comme à Chauvigny, à Bazas, à Argelès, à Grisolles et à Autun surtout, où l'imagination de l'artiste s'est évertuée à créer une scène aussi curieuse que variée ; et toujours, en pareil cas, c'est une nature hybride telle que nous venons de la dépeindre et dont l'ensemble se perfectionnera encore par une face d'homme monstrueuse qui s'étend sur toute la largeur de son ventre, et quelquefois sur plusieurs autres parties du corps. Que cette prodigalité de traits difformes et révoltants soit destinée à multiplier, au grand portail de Bourges, les allusions à cette malice infernale qui règne dans tout l'esprit réprouvé, nous le croirions volontiers, comme l'a cru un habile observateur (1); mais il nous semble aussi plus conforme à d'autres notions mieux autorisées de rattacher cette bizarrerie apparente à l'action funeste de la mandragore, dont nous avons parlé au chapitre précédent, comme employée aux philtres diaboliques : c'est donc là un emblème de sa nature et de ses instincts. Raison des diverses figures dont son corps est quelquefois couvert ;

Que si, là ou là, vous le voyez avec trois faces horribles, autres symboles de sa triple puissance comme esprit, c'est une *opposition* à la pensée même de l'auguste Trinité, qui, étant le Bien par essence, et voyant en même temps le passé, le présent et l'avenir, trouve son principe adverse dans cette trinité du mal pourvue, en une certaine mesure, de ce même attribut. Et cette idée n'est pas seulement emblématique et de convention, c'est de bonne et pure théologie, parfaitement rendue par les artistes de nos siècles de foi savante. Satan est le principe du mal; il ne veut que le mal, il ne fait que le mal auquel seul, dans ses intentions et ses efforts, concourent toutes les préoccupations de son monstrueux génie; il le voit à la fois de tous les côtés : de là ce triple regard jeté de toutes parts sur le monde physique et moral, comme on le voit dans un de ses trois têtes, en quelques images, comme trinité du mal.

---

(1) Mgr Crosnier, *Iconographie chrétienne*, ch. XI.

médaillon des *Emblemata biblica* que nous avons souvent interrogés et cités précédemment. Feu Didron en a représenté plusieurs, dont un surtout mérite notre attention parce qu'il résume plusieurs des attributs principaux donnés au malicieux personnage. Assis sur un banc à dossier privé de tout ornement, et encore assez bon pour lui, ses pieds, ornés de griffes comme ses mains, sont enchaînés au marchepied de ce siége peu commode ; de ses trois figures sortent trois langues, tirées autant que possible, et qui indiquent sa manie du mensonge hypocrite et du blasphème audacieux ; sa tête, à cheveux ras, qu'embellissent deux oreilles de satyre, est surmontée en manière de cornes de trois bois de cerf épineux et acérés; son corps, entièrement velu, est retenu sur son trône dérisoire par une chaîne qui s'y rattache de côté et d'autre en ceignant sa taille fortement proportionnée : il est ainsi condamné à une immobilité qui représente ici l'éternité de son supplice. Sa poitrine, à la moitié de sa hauteur, est couverte de deux figures qui ne valent guère mieux que la sienne ; elles se répètent sur chaque genou, mais le ventre est entièrement occupé par une autre face bien plus horrible, à longue barbe, à bouche ouverte d'où la langue se répand, et dont les yeux expriment la méchanceté. Cette différence de caractère entre cette physionomie et les quatre autres, sa ressemblance avec la tête principale indiquent suffisamment qu'à une telle place on n'a pas enlaidi pour rien ce masque auquel notre idée de la mandragore paraîtra d'autant moins étrangère. Pour comble de symbolisme, ce roi des ribauds, dont la main gauche s'appuie sur son cœur, soutient de la droite un sceptre qui se termine à une autre image de sa propre trinité : ce sont deux têtes de serpent tournées de droite et de gauche et que surmonte une figure qui paraît être, si l'on en juge d'après ses oreilles et ses cornes, celle d'un taureau, méchante bête que les interprètes nous désignent comme le type reconnu de l'orgueil, de la force brutale et des passions indomptées (1).

L'histoire de ces transformations serait longue, sous quelques traits que le *mauvais* se reproduise, selon les différents buts qu'il se propose. Examinons-le maintenant dans ses diverses fonctions iconographiques. *Iconographie du démon dans ses formes diverses;*

Entre Nîmes et Aigues-Mortes, on voit encore la magnifique abbatiale byzantine de Saint-Gilles, ancienne dépendance de Cluny, dont le portail est remarquable par la beauté de ses sculptures symboliques. Dans un des nombreux médaillons dont cette façade est ouvragée, Abel offrant ses purs sacrifices est accompagné de son Ange gardien, qui lui montre le ciel comme la dernière fin de son oblation. Par opposition, Caïn cède, en tuant son frère, à la jalousie que l'Ange maudit lui inspire; et déjà le monstre qui a soufflé le crime jouit de sa perfidie. Compagnon du coupable, sous la figure d'un énorme dragon il s'est jeté sur lui et s'acharne à le déchirer; ses griffes aiguës s'enfoncent dans la tête du fratricide, qui cède à cette force cruelle et succombe dans une lutte inutile : voilà la tentation et les redoutables remords qui déchirent l'âme séduite par elle (2). Mais les Saints à qui fut confié l'apostolat des peuples infidèles ont de fréquents triomphes, dans la légende, sur l'ennemi qui s'y oppose toujours. Les Bollandistes nous racontent, au 11 août, comment S. Taurin, premier évêque d'Évreux, s'approchant de la ville encore païenne pour la convertir, rencontre aux portes mêmes trois démons prenant la figure d'un ours, d'un lion et d'un buffle; le Saint n'en a peur, il entre hardiment et malgré eux, en leur reprochant de prendre des formes de viles bêtes après avoir été de la cour du Roi des rois. Ces trois bêtes n'en étaient pas moins autant de symboles des vices que le diable allait opposer *inspirant et vengeant le fratricide d'Abel, s'opposant à l'entrée de S. Taurin à Évreux.*

---

(1) Crosnier, *ubi suprà*; Didron, *Iconographie chrétienne*, p. 520 et suiv.
(2) *Bullet. monum.*, XIV, 148, 155, 323.

à la prédication du Saint : l'orgueil, la violence et la luxure, qui en effet furent les liens dans lesquels se maintinrent ceux qui résistèrent à la grâce de sa vision (1).

La bête de l'Apocalypse reproduite avec beaucoup de variantes.

Cette bête de l'Apocalypse que nous avons montrée, au dix-huitième verset du chapitre XIII, sous un nom figuré par des chiffres mystérieux exprimant le nombre 666, devient la monture de la Babylone symbolique allant par le monde pour y jeter ses influences contre la foi et la vertu : c'est la grande tentation qui résume toutes les autres. Pour comble de trahison, cette femme séduisante est couronnée; elle veut régner sur ce monde qu'elle égare ; et celui qui la produit et la pousse à ses conquêtes d'iniquité, afin de mieux tromper les regards de la foule étourdie, a revêtu chacune de ses pattes difformes des caractères divers que portent celles des quatre animaux évangéliques : c'est là comme la marche générale de l'esprit tentateur. Mais

Variété de ses moyens et de ses attaques.

ce grand et long voyage ne s'effectue pas sans des stations nombreuses et variées; partout donc où il s'arrête, il cherche des dupes, et, pour les prendre, il essaie de nouveaux moyens. A Vézelay, ces scènes de son métier se répètent sous toutes les formes. Il a pénétré jusque dans le cloître; car personne, hélas ! n'est à l'abri de ses attaques, et ici, personnifié par deux démons, il tourmente un moine en le tirant par la barbe. Là, c'est le démon du désespoir qui s'efforce de jeter ce sentiment coupable dans l'âme d'une femme pécheresse à laquelle s'applique le mot *time* inscrit sur le chapiteau ; mais, par un contraste qui se rattache sans doute à l'efficacité de la confession, un prêtre est là, tenant un livre, sans doute celui des formules sacrées, et lui disant: *spera*, langage tout divin qui fortifie l'âme tombée et la ramène à sa réconciliation, dont la condition essentielle est une confiance pleine d'amour. Plus loin, une femme chaste et vêtue reste calme non loin d'une

---

(1) Cf. Bolland., *loc. cit.*

autre toute dépouillée, livrée aux impudicités d'un démon ; deux musiciens célèbrent sur leurs instruments cette victoire immonde. Au musée de Marseille, on peut remarquer sur un sarcophage un serpent enroulé au tronc d'un arbre dont le feuillage abrite un nid de colombes sur lesquelles le vilain animal darde sa langue vénimeuse. A Lescure, dont nous avons déjà parlé, un homme s'entretient avec une femme qui semble la sienne ; mais Satan n'est pas loin, et vient lui en offrir une autre que ne recouvre aucun vêtement : n'est-ce pas une tentation d'adultère, ou un avertissement contre le danger de certaines fréquentations (1)?

En fait de tentation, en voici un type curieux : c'est le soin que ce criminel inspirateur se donne de souffler le mal au cœur qu'il veut séduire en se penchant à l'oreille d'un personnage quelconque. Aux portes de bronze de l'abbaye d'Hildesheim, et dans un vitrail de la cathédrale de Sens, un petit monstre posé sur l'épaule de Pilate paraît lui dicter la sentence du Sauveur. A la cathédrale de Poitiers, le portail du nord en a un dans la même position, et disant tout bas à l'oreille d'Hérode comment il doit engager les Mages à revenir lui apporter des nouvelles de l'Enfant qu'il veut égorger (2).

Il persuade le mal ;

Loin de persuader à cet ennemi insatiable une modération que sa nature ne peut admettre, la mort des hommes active son zèle cruel, et lui fait livrer un dernier assaut à cette âme qu'assiste le bon Ange, mais que l'Ange prévaricateur poursuivra jusqu'à la fin. Il se tient au pied du lit et ne le perd pas de vue ; quelquefois il triomphe aisément de la perversité du moribond que la justice de Dieu lui abandonne déjà, et il se saisit de l'âme au moment où elle s'exhale de sa poitrine sous la forme d'une petite

Il saisit l'âme du moribond,

(1) Crosnier, *ubi suprà.*
(2) Voir les PP. Martin et Cahier, *Vitraux de Bourges*, p. 218, n° 1 ; — notre *Hist. de la cathédr. de Poit.*, I, 105, pl. v.

figure humaine; une autre fois, c'est l'Ange gardien qui emporte cette figure, et pendant que ses mains bénies l'élèvent vers le ciel qui l'attend, Satan fuit désespéré, trahissant par d'affreuses grimaces sa colère et sa déception. Cette image est très-fréquente et ne manque pas dans les manuscrits.

joue de la viole au bal d'Hérodiade.

Mais aussi le monstre a ses joies de mauvais cœur: c'est lui qui joue de la viole au portail de l'église d'Ainay, à Lyon, pendant cette danse d'Hérodiade qui va coûter la vie à S. Jean-Baptiste; ou bien, se bornant à une espièglerie dont le fond est bien plus sérieux qu'il ne le paraît, il éteint la lampe de Ste Gudule travaillant à ourdir une tapisserie, ou le cierge de Ste Geneviève que rallume aussitôt un Ange béni. Ces feux étaient le symbole des bonnes œuvres, de la charité, de la lumière intérieure; que deviendront les Saints si de telles lueurs peuvent leur être ravies!

Les tentations des Saints et celle de S. Antoine en particulier.

Mais il arrive que ces tentations, déjà si difficiles à supporter, se changent en d'autres bien plus cruelles. Des vies de nos Saints sont pleines d'épisodes où l'on voit un ou plusieurs diables exercer la patience d'humbles anachorètes, de faibles femmes, par des violences où les verges et le bâton jouent un rôle des plus importants. On sait la tentation de S. Antoine, immortalisée par le grotesque burin de Callot, qu'avait d'ailleurs inspiré, sans qu'on le sache beaucoup, le récit de S. Athanase (1). Beaucoup d'autres revivent dans les souvenirs historiques entourés d'attributs semblables; non qu'il faille regarder comme purement emblématiques ces représentations innombrables de bizarreries traditionnelles: on ne peut douter de certains faits semblables racontés par des hommes graves dont beaucoup furent des Saints; mais il ne faut pas oublier non plus que ces mille animaux, dont chacun a sa signification par-

---

(1) Voir Croiset, *Exercices de piété*, octobre, p. 570, in-12, Lyon, 1745; — Baillet, 21 octobre, p. 310, in-4°; 14 mai, p. 256.

ticulière, ces innombrables lutins engagés en tant d'actions inouïes, ces étranges fantômes répandus sous tant de formes diverses autour du saint solitaire, sont autant d'allégories contre les plus ou moins riches imaginations qui troublent la prière, et y apportent des distractions plus ou moins importunes ; c'est là le côté symbolique de la chose, auquel le moyen âge avait cédé dans les représentations de ces scènes ingénieuses: car Callot, Breugel, Teniers et d'autres n'ont rien inventé de ces tableaux merveilleux ; ils ne sont que la réunion des richesses empruntées çà et là aux bas-reliefs des monuments, aux pages des manuscrits de nos époques calligraphiques et aux légendes les plus respectées. On lit dans les hagiographes les moins suspects, tels que le P. Croiset et Baillet lui-même, que S. Antoine était troublé dans son désert par les improvisations les plus inattendues: c'étaient tantôt des plaintes lamentables de petits enfants et des pleurs de femmes désolées assiégeant la porte de sa cellule ; tantôt des bêlements de brebis, des mugissements de bœufs, des rugissements de lions, des hurlements de toute nature. Un jour, s'étant mis en oraison la tête appuyée contre terre, il sentit comme le poids d'un homme qui le foulait aux pieds en lui disant d'un ton moqueur : « Eh quoi ! tu te distrais, tu t'amuses ; » des loups en hurlant, des renards en jappant, sautaient sur lui. Une fois, en chantant ses psaumes, il eut pour spectacle un combat de gladiateurs dont l'un, tombant comme mort à ses pieds, le priait de lui donner la sépulture. Vous trouverez dans les vies de S. Pacôme, de S. Hilarion, et dans celles de beaucoup d'autres Pères du désert, autant de faits analogues, sans lesquels on ne pourrait jamais expliquer les travaux légendaires de nos cathédrales.

Mais il serait décourageant pour notre pauvre nature de ne la montrer jamais que livrée à sa faiblesse et près de succomber à ces funestes attaques : la leçon fût restée incomplète, et ce n'est pas le défaut de l'Église de s'arrêter

Comment ils y résistent.

avant d'avoir fini. En beaucoup de tympans, on a sculpté un homme debout, repoussant deux griffons ou lions ailés qui s'élancent sur lui de chaque côté, la gueule béante et l'œil ardent. L'air calme et tranquille de cet homme indique bien qu'il compte sur la victoire. — La même résistance est employée à Hérouville (Calvados) contre deux dragons dont le vainqueur serre la tête horrible de chacune de ses mains; une autre fois, ce sont deux bêtes hybrides s'efforçant de déraciner un arbre vigoureux, qui n'en garde pas moins sa verdure et son feuillage. Et où n'a-t-on pas vu le Christ foulant aux pieds le lion et le dragon, et des Saints en grand nombre affirmant, par ce même attribut, leur force surnaturelle? C'est pour eux, dit S. Hilaire, que le Sauveur avait prononcé ces consolantes paroles : « Je vous ai donné d'écraser du pied les serpents et les scorpions; vous foulerez sous vos pieds toute la puissance de votre ennemi (1). » On sait aussi la lutte, assez fréquemment représentée, du dragon et du pélican : celui-ci, emblème du Sauveur, reste victorieux de la haine infernale, et doit l'être toujours avec les serviteurs de Dieu. L'athéisme, s'attaquant à Dieu même avec sa cynique audace, explique bien ces combats, et n'ôte rien à la placidité de nos espérances.

Tourments des démons.

Il y a plus, Dieu a daigné quelquefois manifester à ses Saints les horribles tourments des démons. S. Jérôme rapporte, dans l'éloge de Ste Paule, qu'elle vit dans la Palestine les démons, tourmentés de divers supplices, éclater en plaintes et en gémissements. Sous une forme humaine, ils rendaient tous les cris des bêtes féroces les plus exaspérées : c'étaient à la fois des loups, des chiens, des lions, des serpents, des taureaux qui hurlaient, aboyaient, rugissaient, sifflaient, beuglaient, selon l'espèce qu'ils avaient revêtue.

---

(1) « Ecce dedi vobis potestatem calcare super serpentes et scorpiones, et super omnem virtutem inimici. » (*Luc.*, x, 19.) — S. Hilarius, *In psalm.* CXVIII.

D'autres, se pliant en deux, touchaient la terre de leur tête à la renverse, puis des femmes demeuraient suspendues par un seul pied et la tête en bas (1). Qui n'a vu tout cela mille fois imprimé sous nos corniches et nos entablements?

Cependant, et en dépit de ces allures publiques et officielles, si nous considérons l'Ange des ténèbres à part lui, et dégagé de tout rapport avec la créature qu'il poursuit de ses fureurs, nou lui trouverons des attributs qui font mieux ressortir ou son caractère propre ou les prétentions de son orgueil.

Et d'abord, il affecte souvent la forme humaine, par cela même que les bons Anges, qu'il veut singer aussi bien que Dieu, l'ont revêtue en plus d'une occasion que mentionne l'Écriture : témoin les trois Anges qui apparaissent à Abraham sous le chêne démembré, le Raphaël du jeune Tobie, et bien d'autres. Toutefois ce sont là des beautés de premier ordre ; sur ces faces célestes brillent la lumière et la sérénité ; ils ont des ailes, comme étant d'une vie tout aérienne, toute spirituelle ; leur tête se pare d'un bandeau ou d'un nimbe, diadèmes exceptionnels qui conviennent à leur titre de princes de la maison du Seigneur. De légers vêtements flottent sur leur corps svelte et gracieux, sur leurs pieds nus qu'on voit bien ne tenir en rien à la terre et toujours prêts à reprendre la route du ciel (2). Satan, de son côté, veut avoir tout cela, mais ce serait une usurpation ; et depuis que son crime lui a ravi sa gloire, s'il conserve quelques attributs de son premier état, ce n'est qu'avec un mélange forcé de traits si différents, que personne un peu attentif ne s'y trompera. Lui aussi il aura donc des ailes, car elles indiquent sa nature spirituelle et son activité à traverser l'espace, à pénétrer jusqu'au fond du cœur insensé

Ressemblances extérieures que l'Ange des ténèbres se donne avec les Anges de lumière.

---

(1) Crosnier, *ubi suprà*, ch. x. — *Bullet. monum.*, XII, 20, 206 et suiv.; XIV, 114 et suiv.

(2) *Bull. monum.*, ibid., p. 211; XIV, 116, 68, 322;—Didron, *Iconogr. chrét.*

qui s'ouvre à lui. Il porte un nimbe; mais le nimbe, désignant pour les Saints, par ses rayons d'or ou par ses couleurs variées, d'honorables distinctions toujours symboliques, sera pour lui un signe tout opposé d'opprobre et d'infamie. Nous verrons dans la suite que cet attribut n'a pas été seulement réservé à la sainteté, et que certains peintres des écoles reculées, imités par les écoles suivantes, l'ont donné même à Judas Iscariote, dont le crime n'avait pu effacer le caractère apostolique : c'est pourquoi le diable lui-même n'en est pas toujours privé; mais, par une ingénieuse idée qui tendait à ne pas le laisser confondre avec les Saints, des peintres, qui pouvaient en cela mieux faire que les sculpteurs, l'ont nimbé de noir, couleur du deuil, du remords et du crime confondu. Observons néanmoins que les sculpteurs ont évité cette même erreur quand ils ont nimbé leurs démons sous des formes animales ou avec des caractères diaboliques auxquels on reconnaît forcément de quel génie il est question.

Il est assez rare que ce génie destructeur reste isolé sur nos monuments et s'y voie réduit à un rôle solitaire; le plus souvent, il s'y mêle à la vie de l'homme, il y épanche la libre expression de ses vouloirs pernicieux. Cependant, si l'on regarde bien, on le rencontre aussi séparé de la foule, s'exerçant tout seul au mal, ou accomplissant quelque office laborieux sous des formes qui, d'abord, n'auraient pas semblé les siennes, et toujours avec des apparences qui ne permettent pas de le méconnaître : tel on le voit, à Saint-Jean de Nantes, planté sur un piédestal d'où il tend, avec un mélange d'efforts et de grimaces, un arc dont la flèche est dirigée vers le ciel. Orné d'une double queue dont l'une retombe de sa tête et l'autre *d'ailleurs*, démesurément joufflu, griffé, armé d'un ergot de coq entre le talon et le mollet, il n'a rien d'équivoque, pas même son nez de perroquet et une sorte de joie méchante que son visage ne dissimule pas. Tel vous le verrez au tour extérieur des églises, soutenant, courbé et accablé de fatigue, le poids des colonnes qu'il voudrait vainement ébranler; d'autres, obligés à faire l'office de gargouilles, rejettent au loin sur le pavé de la place, comme d'horribles chiens *revenus à leurs vomissements* (1), les eaux pluviales qui nuiraient à la maison de Dieu. Dans beaucoup d'édifices romans, comme à Fleury-sur-Loire, on a rempli de plomb les prunelles évidées des personnages, mais le diable y a toujours un point de charbon formant sa prunelle et lui donnant une teinte noire qui le rend horrible; il décore même les rampants et les crêtes des toitures, étant le prince de l'air, d'après S. Paul; et les architectes l'ont fixé sur ces points élevés, par allusion à ces peuples de Gog et Magog qui forment l'armée de Satan au xx⁰ chapitre de l'Apocalypse : il est juste que l'armée soit là où reste le chef (2). A Moissac, le voici « en homme de grande taille, monté sur un animal fantastique…; il porte sur sa tête des serpents au lieu de cheveux, et de l'autre un crapaud (3). » Ce sont les symboles de l'hérésie et de la luxure, qui ne vont guère l'un sans l'autre.

les gargouilles.

Gog et Magog.

Personnification de l'hérésie et de la luxure.

Une page à ne pas oublier dans l'histoire de Satan, c'est celle qui, dès les premiers temps du Christianisme, nous montre les chrétiens, imbus en cela d'un principe bien antérieur au Christianisme, se persuadant que toutes les idoles adorées par les païens étaient animées par les démons. C'est à ces faux dieux que le Psalmiste, s'adressant aux Gentils, reprochait d'immoler jusqu'à leurs enfants; S. Paul répète ce reproche dans les mêmes termes (4), et les Pères jetaient sur les dieux de Rome et d'Athènes un ridicule mordant

Satan animant les idoles païennes.

---

(1) « Canis qui revertitur ad vomitum suum, sic imprudens qui iterat stultitiam suam. » (*Prov.*, xxvi, 11.)
(2) Voir Bruno Astensis, *In Apocal.*, cap. xx ; — le P. Cahier, *Mélanges d'archéologie, d'histoire et de littérature*, I, 76 ; — Raymond Bordeaux, *Principes d'archéologie pratique*, 2ᵉ part., ch. iii.
(3) *Bullet. monum.*, XVIII, 482.
(4) « Immolaverunt filios suos et filias suas dæmoniis. » (*Ps.*, cv, 37.) — « Gentes dæmonibus immolant et non Deo. » (1 *Cor.*, x, 20.)

quand ils répondaient aux stupides adorateurs de tant de statues par des descriptions qu'on dirait reproduites sur nos modillons et nos chapiteaux. Les Romains s'étaient avisés de représenter le Sauveur avec des oreilles d'âne, un pied de corne, un livre à la main, et vêtu de la toge. « Nous en avons ri, leur disait Tertullien; mais, en vérité, un tel monstre convenait bien plus parfaitement comme dieu à ceux qui adorent des divinités pourvues de têtes de lion et de chien, de cornes de chèvre et de bélier : boucs depuis les reins, serpents depuis les cuisses, portant des ailes au dos ou aux pieds (1). Et le grand pape Innocent III ne semble-t-il pas avoir préparé un texte à nos sculpteurs quand, après avoir signalé le tentateur comme l'auteur de tous nos maux, il énumère de combien d'autres avanies nous sommes éprouvés ici-bas, et quels monstres semblent se liguer contre notre repos dans les limites rétrécies de la nature? « Le sanglier de la forêt nous dresse ses embûches; chaque bête sauvage s'évertue à tout dévorer autour de nous : ici c'est le loup et l'ours, le léopard et le lion, le tigre et l'âne sauvage, le crocodile et le griffon, la vipère et l'aspic, les scorpions et tous les reptiles, et jusqu'aux poissons et aux oiseaux. Dieu n'avait-il pas menacé, en effet, les rebelles à sa loi d'être livrés aux dents des bêtes, et de nous faire subir les morsures de tous les animaux (2)? »

Bien antérieurement, S. Paul l'avait signalé comme

---

(1) « Risimus et nomen et formam. Sed illi debebant adorare statim biforme numen, quia et canino in leonino capite commistos, et de capro et de ariete cornutos, et a lumbis hircos, et a cruribus serpentes, et planta vel tergo alites Deos receperunt. » (Tertull., *Apologet.*, cap. XVI). — Notons ceci pour nous en souvenir quand nous reviendrons à S. Bernard.

(2) « Insidiatur aper de silva, et singularis ferus depascitur; lupus et ursus, pardus et leo, tigris et onager, crocodilus et gryphus, serpens et coluber, basiliscus et aspis, cerasta et draco, scorpiones et viperæ..., pisces et volucres...Scriptum est enim (*Deut.*, XXX) : Dentes bestiarum mittam in eos, cum furore trahentium super terram atque serpentium. » (Innocentii papæ III, *De Contemptu mundi*, lib. 1, cap. XVIII).

l'homme de péché, le fils de perdition se révélant à chaque instant comme notre adversaire, s'élevant contre toute parole de Dieu, opposant au culte divin son propre culte, et poussant l'audace jusqu'à s'asseoir dans le temple de Dieu comme s'il était Dieu lui-même (1). Quand le Livre de Job nous montre un juste en butte aux méchancetés de Satan, à qui Dieu permet d'éprouver un serviteur fidèle pour faire éclater sa patience et encourager les faibles dans leurs tentations ; quand l'ennemi soulève contre ce juste les tempêtes de la nature et les plus tristes événements domestiques, les chrétiens ont pu se persuader justement que ce même ennemi pouvait se faire toujours un instrument de supplice pour ceux dont il voudrait vaincre la fidélité, et, haine pour haine (il n'y en eut jamais de plus légitime), ils lui ont bien rendu ce qu'il s'est plu à leur jeter. Si l'Église, si les artistes qui l'ont secondée se sont plu à dévoiler ses laideurs et ses ruses dans son iconographie universelle, c'est autant pour le ridiculiser dans ses fonctions détestables, dont les justes n'ont jamais à redouter aucune conséquence éternelle, que pour en inspirer l'horreur et la crainte. Il a pu *rire* aux dépens de la pauvre humanité, qui lui fournit tant de victimes, et employer à loisir contre celles-ci, comme on le voit dans le vitrail du Mauvais Riche de Bourges (2), des raffinements de cruauté qui aillent jusqu'à infuser dans la bouche d'un avare damné de l'or et de l'argent fondus ; on s'en est bien vengé, et ceux qui le connaissent l'ont chargé de rôles diversifiés à l'infini, capables peut-être, et c'était probablement leur intention, d'ajouter par la confusion de son orgueil et de sa méchanceté au supplice incessant de ses souffrances expiatoires.

C'est dans ce but qu'on l'a mêlé, comme suppôt forcé et

---

(1) « Homo peccati, filius perditionis qui adversatur et extollitur supra omne quod dicitur Deus, aut quod colitur, ita ut in templo Dei sedeat, ostendens se tanquam sit Deus. » (2 *Thessal.*, III, 4.)
(2) Voir Martin et Cahier, *Vitr. de Bourg.*, p. 236, note 3.

de très-mauvaise humeur, à tout ce qui devait s'employer au service de Dieu, soit pour l'œuvre du Saint Sacrifice, soit pour les instruments des autres sacrements distribués aux fidèles, depuis le Baptême jusqu'à l'Extrême-Onction. En proportion que la pensée du démon et de l'enfer est très-salutaire pour interdire le péché à l'âme qui s'y abandonnerait naturellement, on la prodiguait partout par des images toutes plus horribles les unes que les autres ; mais nulle part on ne la vit exprimée avec plus de prodigalité à la fois et d'énergie que sur les reliquaires, où elle jaillissait des émaux ou des nielles, ou au pied des croix, dont un dragon vaincu mordait le pied de ses dents impuissantes, ou dans la composition des beaux chandeliers en bronze, où on le voyait contourné en mille façons et obligé, sous un châtiment qui punissait son amour de la nuit et des ténèbres, à porter la lumière, toujours regardée comme un des symboles du Christ. Quelquefois ce ne sont que des pieds de dragon, de lion ou de bêtes hybrides qui servent de supports à un flambeau privé de tout autre emblème ; mais cette simple indication suffit à exprimer la même intention, et ne doit pas être méconnue; sous ces apparences, c'est toujours la figure du serpent qui domine (1).

Les reliquaires, les croix, les chandeliers,

et les crosses pastorales.

Et que dire de ce même serpent et de ses enroulements de si bon goût et de si riche exécution sur les crosses épiscopales des douzième, treizième et quatorzième siècles, aussi riches de travail que de pensée ? Là se représente toujours, avec une inépuisable diversité de ressources, la pensée fondamentale de la rédemption et du péché originel : deux dogmes inséparables que l'Agneau n'exprime jamais seul, non plus que le cerf, mais qu'il oppose, dans sa placidité pleine de douceur, au dragon, dont l'affreuse gueule

---

(1) Voir les belles planches I, XIV, XXI, XXIII et XXIV du premier volume des *Mélanges d'archéologie* des PP. Martin et Cahier.

s'ouvre vainement pour l'engloutir (1); quelquefois aussi le loup ravissant joint ses efforts, contre des oiseaux inoffensifs, à ceux que le dragon multiplie contre la Vierge Mère et l'Enfant divin, qui le regarde sans effroi. Le bronze, l'argent doré, l'ivoire ont prêté leurs surfaces à ces merveilles du ciseleur. Le moindre rôle que Satan y joue se borne à exercer sur une croix la rage de ses morsures : on le représente aussi sur les nœuds de la hampe en sirène, avec une tête de bouc ou de diable cornu. Le *tau*, qui parfois remplace la crosse, n'était pas moins remarquable par ses bizarres inventions zoologiques à l'endroit de notre personnage; mais c'est surtout aux fonts baptismaux qu'il convenait de l'attacher comme un esclave, et nous savons qu'on ne lui a pas épargné cet honneur (2).

Les idolâtres mêmes, n'ayant de lui que des idées justement acquises, préféraient pour leurs idoles des formes plus capables d'épouvanter ses adorateurs. L'art païen, où avait-il pris chez les Grecs et les Romains, qu'on aurait moins soupçonnés de cultiver le laid, toutes ces recherches de monstruosités que tant de découvertes nous ont révélées dans les fouilles de leurs villes et de leurs musées ? Cette

Satan toujours visible dans l'art païen.

---

(1) Il ne faut pas confondre, dans ces images qui décorent la volute de certaines crosses, le dragon, ou serpent foulé par l'Agneau, avec d'autres serpents solitaires, qui alors sont toujours un symbole du Sauveur et un emblème de simplicité, de prudence et de vie retirée, tel qu'il convient à un évêque de les pratiquer à l'exemple du divin Modèle. Cette attribution est bien plus sensible si le serpent tient une croix entre ses dents ou la porte comme un diadème bienfaisant au-dessus du front, et à plus forte raison si le reptile a reçu de l'artiste une tête d'agneau, comme on l'a cru de quelques spécimens. Une telle distinction, qui est d'une haute importance pour éviter toute erreur, n'a pas été négligée par M. le comte Auguste de Bastard dans son beau travail, déjà cité, *sur la crosse abbatiale de Tiron*; non plus que par M. l'abbé André, qui, dans l'examen de ce savant ouvrage, a fait justement ressortir l'habile perspicacité du docte antiquaire.— Cf. *Bulletin du Comité de la langue, de l'histoire et des arts de la France*, t. IV, 1857, p. 401 et suiv.

(2) Voir *Mél. d'archéol.*, ubi suprà, t. IV, texte et planches des p. 185 à 256.

prédilection venait, à n'en pas douter, d'une tendance bien décidée à personnifier le mauvais génie dans toutes les occasions où la crainte des maîtres du monde était bonne à inspirer au vulgaire; ainsi, les chaises curules, les trônes des empereurs ou des consuls ornés de têtes hideuses de lion, de léopard, de reptiles quelconques, tenaient la foule en respect en donnant une sorte de caractère redoutable à la magistrature et à la royauté. L'Inde, l'Égypte, les différents États de l'extrême Orient, ne cultivent guère encore que de tels symboles. C'était Satan, sous tel nom convenu, qui agitait ses ailes étendues et dardait sa langue perfide au-dessus des casques des guerriers, comme, à l'époque franque et mérovingienne, il figurait avec d'horribles contorsions de ses traits grossiers sur des agrafes militaires ou sur des ornements d'architecture destinés sans doute à des antéfixes, tels qu'on les voit dans les recherches de quelques archéologues (1). Si on le voit frappant S. Apollinaire d'une massue, aussi bien que S. Boniface, on lui rappelle sa défaite par S. Michel, qui l'envoie aux flammes préparées pour lui et ses satellites; on l'étend humilié sous les pieds de Ste Marguerite; sa tête est écrasée par le talon de la Femme bénie qu'il ne peut éviter; il est vaincu sur le Calvaire lorsqu'il épuise en vain ses derniers efforts sur la croix où Jésus va sauver ceux qu'elle attirera à sa Rédemption.

Ces images étaient donc fort encourageantes pour les fidèles, car, s'ils devaient redouter les assauts de leur ennemi mortel, ils pouvaient aussi ranimer leur énergie en voyant que la foi leur devenait une force de résistance. De son côté, et tout près de ces démonstrations salutaires, l'Église avait pour ainsi dire placé sa liturgie, arsenal habituel où se gardaient contre lui les armes de la prière et des sacramentaux. L'ignorance des gens du monde, celle même des chrétiens dont l'instruction religieuse n'a été soignée

---

(1) Voir *Bullet. monum.*, XXII, 487 et suiv.

qu'à demi, rit aujourd'hui au seul nom de possédés et d'exorcismes, vieilles redites d'époques où l'esprit de l'homme acceptait tout sans examen et se laissait tromper par des superstitions... On serait moins hardi peut-être à de telles négations si l'on savait que les protestants, qui ont abandonné en tant de points la croyance quinze fois séculaire de leurs ancêtres, ont nié ce dogme comme tant d'autres, et que Becker, l'un des plus entêtés parmi eux, a vu son livre du *Monde enchanté* savamment réfuté par Stackouse dans son *Traité sur le sens littéral de l'Écriture sainte*, où il n'emploie contre le protestantisme que l'Écriture même, dont Luther et Calvin font l'unique règle de leur opposition. Mais la foi antique, pour être dégénérée dans ces docteurs-là, n'en vit pas moins dans les dogmes, que rien n'a changés, et les arguments logiques ne peuvent rien perdre de leur primitive valeur.

Dès le commencement de l'Église, les énergumènes, c'est-à-dire les possédés qui ne pouvaient être délivrés du démon que par les exorcismes, apparaissent en grand nombre, proportionnément aux efforts que l'esprit de mensonge opposait plus énergiquement à la diffusion des saintes vérités. L'exemple avait été donné de les chasser par Notre-Seigneur, qui expulsait le démon du corps des possédés, et donnait ce même pouvoir à ses Apôtres. A Philippes, à Éphèse, S. Paul en use, et les Pères des quatre premiers siècles, qu'on peut interroger contre les protestants, puisque ceux-ci prétendent que l'Église conserva pendant tout ce temps la vérité inaltérée, ces Pères, disons-nous, sont unanimes à constater des faits analogues contre lesquels on ne pourrait que les accuser de mensonge, en dépit des mille témoins qu'ils attestent. Le quatrième concile de Carthage, si célèbre par ses canons de discipline, ordonna, en 398, que les énergumènes balayeraient le pavé de l'église (1).

Histoire et marche séculaire de la liturgie à cet égard,

(1) Voir, pour preuves de toutes ces assertions : *S. Matthieu*, XII, 26, 43 ;—*S. Luc*, VIII, 27; IX, 1; X, 17 ;—*S. Marc*, XVI, 17 ;—*Actes des Apôtres*,

reproduites dans les sculptures de nos églises,

Ne seraient-ce pas ces personnages infortunés, soumis aux convulsions que le démon ne manquait pas de leur imposer durant les exorcismes, et souvent dans les intervalles de ces cérémonies, que nos sculpteurs auraient reproduits, entre autres motifs, par ces figures si diversement caractérisées de nos têtes démoniaques? Tant de grimaces, de contorsions, de formes hybrides, d'horribles regards jetés sur la foule qui fréquente le temple, et qui semblent autant d'insultes à sa piété, qui peuvent être aussi l'expression de leur désespoir en se voyant forcés aujourd'hui de soutenir les pierres du sanctuaire, ne sont-ce pas là des symboles encore vivants de tant de scènes antérieures à leur reproduction lapidaire, et qui se sont continuées ensuite par elle

et sur la scène des théâtres.

dans l'histoire du monde spirituel? Le théâtre lui-même, qui, à son origine, eut pour but de former les mœurs sur la doctrine chrétienne, n'avait eu garde, à la fin du moyen âge,

---

XVI, 16; XIX, 12 et 15; — S. Paulin, *Vie de S. Félix de Nole*; — Sulpice Sévère, dialogue III, ch. VI; —*Concil. Carthag.* IV, apud Labbe, ad ann. 398, II, 1207. Voici le texte : « Pavimento domorum Dei energumeni verrant. » (Can. 91.) — Beaucoup de faits plus récents, dispersés dans tous les siècles de l'histoire ecclésiastique, ne permettent pas de douter de faits semblables, reparaissant à toutes les époques et se multipliant de nouveau au seizième siècle, quand le démon se sentait réveillé en quelque sorte par les menées du protestantisme. Ç'a été une des plus perfides séductions employées par l'ennemi du salut d'avoir persuadé à nos contemporains, au moyen des iniques dérisions de la philosophie, devenue enfin l'athéisme, que la magie, la sorcellerie et tout ce qui en résulte ne sont que des visions d'esprits rétrécis. Reste à prouver encore par ces grands génies comment les tribunaux, les témoins et les hommes les plus doctes de leur temps furent tous et partout assez imbéciles pour dénoncer, condamner et exécuter des coupables qui, presque toujours, se dénonçaient eux-mêmes, et comment, par conséquent, l'histoire n'eût été sur ce point qu'un tissu d'erreurs absurdes et de mauvaise foi. Ne serait-ce pas là quelque chose de plus difficile à croire que tous les miracles du monde et les enchantements les plus merveilleux? Ajoutons encore que les savants les plus sérieux, comme Martin del Rio dans son traité des *Contr. verses et Recherches magiques*, ont écrit, sur la théorie et les moyens de la démonologie, des livres où rien n'échappe à leur attention, et forcé de conclure à l'existence d'une science occulte qu'il faudrait au moins étudier un peu avant d'en rire et de la ridiculiser.

de refuser à la scène un si grand élément d'intérêt et d'émotions. Les diables y avaient un rôle incessant de méchanceté qui finissait toujours, il est vrai, par se voir déçue sous la puissance de Dieu qui triomphait. Ils y apparaissaient en plus grand nombre que possible, sous une forme humaine modifiée des appendices que nous savons, l'air farouche et rébarbatif, tout empreints d'orgueil et de désordres, déshonorés d'avance par les noms hébreux qu'ils ont dans la Bible : Lucifer, Satan, Astaroth, Belzébuth, Bélial, et même par quelques autres tirés de la mythologie ancienne, tels que Cerbère, Jupiter, Proserpine ; sans compter certaines idoles figurant au milieu de cet intéressant personnel pour établir une fois de plus que les adorations païennes se reportaient bien aux anges infernaux (1).

Mais revenons à nos sculptures.

On remarque, parmi les figures qui couvrent les murailles sacrées, des têtes humaines dont les cheveux, tombant en deux tresses de chaque côté des oreilles et s'épanchant jusque sur la poitrine, indiquent assez qu'on a voulu donner à l'ennemi universel les traits de ces païens conquérants qui, sous le titre de Germains, de Normands ou autres aussi mal famés, étaient devenus la terreur des populations chrétiennes, lesquelles s'en vengèrent un peu plus tard en leur donnant la physionomie et la place qu'ils ont méritées. Il dut en être ainsi des princes persécuteurs de la foi, qui durent être classés dans nos modillons avec leurs têtes couronnées et la fatale expression de douleur et de difformité donnée à leurs traits. Comment mieux assigner à Hérode, à Néron et à tous les rois iconoclastes la place qu'ils méritaient si bien pour tant d'exilés et de martyrs ? *aussi bien que les barbares et les persécuteurs.*

Les exorcismes figurent aussi très-souvent dans l'art de cette époque, et le démoniaque placé par Raphaël sur le premier plan de sa Transfiguration n'est rien en compa- *Exorcismes des vitraux de Bourges.*

---

(1) Voir *Annales archéologiques* : Mystères des Apôtres, XIV, 75.

raison de ceux que le dessin du moyen âge a su imprimer dans ces œuvres pleines de génie et de verve. Sur un des vitraux de la cathédrale de Bourges, S. Denys exorcise un possédé ; celui-ci indique très-bien le moment où Satan obéit aux injonctions sacerdotales en s'échappant par dessous la robe violette de la victime qu'il est forcé d'abandonner. On voit fort bien d'où il sort, ce qui lui est peu honorable ; de plus il semble fort éperdu et peu content de l'opération ; mais là on observe du moins en action une ressource que la peinture seule pouvait se faire et qui manquait à la sculpture : les couleurs symboliques des personnages ajoutent à l'idée qu'il faut s'en faire. Le saint évêque est revêtu d'une chasuble blanche comme les Élus de l'Apocalypse ; l'énergumène a une robe violette, couleur de la pénitence et du deuil ; le diable qui s'échappe de son corps est vert, comme le plus souvent, car il a la teinte du serpent, tenant quelque chose de la terre par ses instincts comme par son origine. Parfois on lui a varié un tel agrément ; ainsi, à Bourges encore, l'histoire du Mauvais Riche nous montre un certain nombre de ces satellites de Satan, attirant avec des crochets l'âme de l'*épulon*, qui s'exhale de sa poitrine sous la forme d'une petite figure humaine. Là, un diable vert a la tête rouge couleur de feu ; un autre a la sienne blanche, par opposition à ses habitudes perfides, hypocrisie qui servit peut-être à tenter le riche avant de le tourmenter dans son malheur. Un autre, qui a la tête rouge, est fauve du corps, ce qui le range parmi les bêtes féroces ; d'autres sont tout rouges, comme les lueurs de l'enfer. Il est vrai que les Anges, vêtus de rouge et de vert, accueillent l'âme du pauvre et bienheureux Lazare (1). Mais nous avons vu par quel système d'opposition les mêmes couleurs employées dans un sens fatal l'étaient aussi dans un sens favorable : il est fort ordinaire de voir les méchants

---

(1) Voir *Vitraux de Bourges*, pl. IX et XII.

coloriés de la même manière que les bons, et alors, selon le personnage qu'elles révèlent, ces teintes doivent être interprétées contrairement. Nous l'avons expliqué dans notre première partie (1), et nous savons que la confusion n'est pas possible entre les sujets que sépare une si énorme différence morale : *A fructibus eorum cognoscetis eos* (2).

On conçoit que l'imagination des symbolistes avait dû résumer tant de détails en un ensemble qui unît comme une formidable chaîne tous ces anneaux vivants et animés. La pensée théologique de l'enfer, qui avait besoin aussi d'une forme saisissable, trouva dans un si grand nombre d'images de quoi se matérialiser aux regards. *L'Enfer* et *le Purgatoire* de Dante offraient beaucoup à copier ; nous avons vu comment on avait su les approprier aux arts du dessin. *Le Purgatoire de S. Patrice*, qui eut une grande vogue au moyen âge, mais qui n'était fondé que sur une vision plus ou moins autorisée du saint archevêque, n'en avait pas moins aussi ses données attachantes, que des miniatures curieuses nous ont conservées et qui se reproduisirent sur la pierre en plusieurs épisodes encore vivants (3). Au reste, les peines du purgatoire et celles de l'enfer ne diffèrent, d'après la foi, que par leur durée, qui n'est éter-

Types officiels de l'enfer et du purgatoire.

Le Purgatoire de S. Patrice.

(1) Cf. ci-dessus, t. I, ch. XII, p. 303.
(2) S. *Matth.*, VII, 16.
(3) Ce purgatoire était le résultat d'une vision que S. Patrice, archevêque d'Armach, en Irlande, avait eue, disent ses biographes, sur les tourments subis en l'autre monde par les âmes qui doivent y achever l'expiation de leurs péchés. Quoi qu'en aient dit des critiques peu compétents sur de telles matières, cette tradition, qu'ils attribuent à Denys le Chartreux, moine du quinzième siècle, doit être aussi ancienne que celui dont elle porte le nom et qui évangélisa l'Irlande jusqu'en 464. Comme le Saint avait coutume de se retirer dans une caverne déserte du lac Dearg (Utonie), le peuple s'y rassembla après sa mort, et ce qu'on savait de sa vision, rattaché à ce lieu solitaire, fit croire plus tard que c'était là l'entrée du purgatoire dont il avait parlé. Quoi qu'il en soit, le récit de notre Saint ou de tout autre contient une description des tourments du purgatoire, qu'on peut voir dans *Le Monde enchanté*, de M. Ferdinand Denys, in-32, 1843, p. 157 et suiv.; mais surtout dans les Bollandistes, XVII mars.

nelle que pour ce dernier; il n'y avait pas toujours une sensible différence dans l'expression plastique de l'un et de l'autre. On voit en quelques manuscrits, et, entre autres, dans un de ceux de la Bibliothèque Richelieu, ce lieu d'expiation représenté par l'énorme gueule d'un monstre, au dehors de laquelle veille un démon armé d'une sorte de trident. Cette gueule est pleine de petites figures entassées derrière les dents horribles de la bête; mais, au lieu de se tourmenter et d'exprimer leur désespoir par des contorsions et des fureurs, elles gardent, comme il convient à des âmes rachetées et sûres de leur salut, une attitude paisible et calme : c'est le caractère de l'Espérance fondée qui se résigne et qui attend la miséricorde en se soumettant à la justice. Quant à ce gouffre béant des cavernes infernales, dont nous avons déjà dit l'idée originelle et l'expression si énergique (1), rien ne pouvait mieux rendre certainement et l'avidité du monstre éternel et les angoisses de la gent infortunée engloutie dans cet abîme d'où l'on ne revient pas !... On le trouve aux tympans des portes centrales, dans les manuscrits, aux chapiteaux, aux modillons; il n'y a pas une scène du Jugement dernier où il n'ait sa place : les flammes en jaillissent, saisissant d'avance les âmes perdues, que les satellites de Satan s'empressent d'y enfourner; ces cruels serviteurs les apportent par centaines, les poussent à coups de fourche, et la bouche insatiable dévore tout et demande encore, sans jamais se vider ni se remplir !

Une autre cause dut multiplier, en les variant, les représentations de supplices éternels. Des passages de la Bible, entre autres de Jérémie et de l'Apocalypse, avaient persuadé à quelques interprètes qu'il fallait attribuer aux réprouvés des supplices en harmonie avec leurs passions dépravées de la terre; ils étaient donc punis soit par les mêmes appétits

---

(1) Voir ci-dessus, t. II, p. 179, 324, 337; III, 132.

du corps, dont la privation leur était continuellement imposée puisqu'ils n'étaient plus que des esprits, soit en gardant en eux-mêmes, pour leur propre tourment, le caractère bestial par lequel ils s'étaient avilis ; et comme il y a toujours, d'après de savants observateurs, une certaine ressemblance que nous avons reconnue nous-même des traits de quelques personnes à ceux de certains animaux dont elles acceptent les instincts ou les habitudes, on s'était facilement persuadé de représenter les vices par les masques ou la *pourtraicture* complète des bêtes dont les âmes humaines avaient imité les penchants : c'est de la sorte que Vincent de Beauvais dépeint les genres si nombreux et si divers des supplices infernaux (1). Il s'agit ici des révélations, faites à quelques Saints, de ces habitudes d'outre-tombe et de ceux à qui elles sont éternellement imposées. « Là se trouvaient diverses personnes religieuses, moines, nonnes, évêques, prêtres et autres clercs, dont les uns riaient pendant que les autres pleuraient ; ceux-ci s'accablaient de reproches, ceux-là dévoraient sans cesse des aliments qui ne les rassasiaient jamais ; d'autres se livraient à toutes les passions, non pas sans doute qu'après la mort il soit encore loisible de les satisfaire : ce n'était qu'une détestable représentation de leurs crimes passés, à laquelle ils étaient contraints par les démons en punition des excès qu'ils y avaient commis. Quant à ces démons, ils étaient noirs comme des charbons ; leurs yeux lançaient, comme autant de lampes, des feux ardents ; leurs dents étaient plus blanches que de la neige ; ils avaient des queues comme des scorpions, leurs ongles étaient des crochets très-aigus, et ils portaient des ailes de vautour. »

Ce morceau n'est-il pas une exacte reproduction des œuvres artistiques, et ne dirait-on pas que les artistes s'entendaient avec le Dominicain de Beauvais ?

---

(1) Vincent de Beauvais, *Bibliotheca mundi* : De Inferno, § De Revelationibus, — cité par M. Lecointre-Dupont dans le même sens que nous ici, *Mém. des antiq. de l'Ouest*, X, 456.

La magie au temps de l'Église primitive, et les exorcismes,

Quoi qu'il en soit, l'Église, qui fut toujours la dépositaire des vérités éternelles, s'appliqua dès le berceau de sa religion à protéger par elle ses enfants contre les malignités de leur ennemi et de ses suppôts ; car la magie avait reçu une étonnante activité parmi les païens, et, soit par des pactes formels établis entre quelques-uns d'eux et le démon, soit par les croyances superstitieuses qui les portaient à vénérer son crédit, ils persécutaient les chrétiens pour les porter au mal ou à l'apostasie, et ils allaient jusqu'à attribuer à des enchantements les miracles dont s'entourait si souvent la mort des martyrs. C'est contre ces attaques du démon, ou indirectes par les hommes, ou directes par ses propres et personnelles incitations, que l'Église, appuyée sur la parole même du Sauveur, établit des ministres ayant charge expresse et pouvoir spirituel de conjurer par des prières spéciales son action momentanée sur les fidèles, action manifestée soit par l'obsession qui agit au dehors et par des moyens extérieurs, soit par la possession qui s'exerce sur l'intérieur, reste invisible dans son principe et ne se trahit que par des effets dont on n'aperçoit pas la cause sensible. Ceux qu'on honore de ce pouvoir reçoivent le troisième des Ordres mineurs ; dès le principe, ils étaient appelés exorcistes, et devaient apprendre dans le livre des exorcismes les formules dont il leur fallait user dans leurs *souvent représen-* fonctions. Les fresques, les vitraux, les manuscrits, et aussi *tés dans les égli-* les sculptures, sont pleins de sujets puisés dans cette idée ; *ses.* et le style même des imprécations sacrées, telles que les gardent encore nos rituels et pontificaux, montre assez quel mépris fait l'Église de l'Ange rebelle soumis à sa puissance, et quelle autorité elle s'attribue sur ses efforts criminels.

Usage très-fré-quent de ces derniers,

Mais elle n'emploie pas ces adjurations seulement contre la personne de Satan ou de ses complices ; elle les adapte aussi à toutes les créatures, dont elle veut user pour la sanctification des fidèles. Le sel, l'eau, l'huile, qui deviennent la matière ou l'accompagnement obligé de ses sacrements, sont tout d'abord, avant de les y employer, exorcisés, comme entachés, depuis le péché originel, d'un principe mauvais qui s'empara alors de la matière et dont il faut la purifier préalablement. On exorcise aussi avant de les bénir, et par la même raison, la première pierre des églises, le métal qui doit se changer en cloches, le lit nuptial, dont la profanation attire de si terribles châtiments, comme on le voit dans le Livre de Tobie ; les animaux eux-mêmes, dont certaines maladies sont justement attribuées à une invasion du démon, comme on en voit des exemples dans l'Évangile ; enfin les maisons habitées par l'Esprit infernal s'efforçant de jeter l'inquiétude dans une famille, d'y attirer l'attention sur son pouvoir chimérique, et de soulever toujours ainsi parmi les incrédules des discussions qui n'ont pour résultat que de les rendre plus coupables, comme on le voit par le livre si complet et si concluant de M. de Mirville sur les manifestations des esprits (1).

Mais rien n'a rendu plus vivement autrefois cette grande excommunication jetée par l'Église sur l'Ange détesté que ces dragons monstrueux connus sous les noms de gargouille, de tarasque, de grand'gueule, et autres non moins significatifs donnés à cette illustre bête qui précédait les processions solennelles, s'avançant devant la croix, dont elle précédait la marche triomphale, et qui semblait la pousser comme un vaincu destiné à lui servir de trophée ; c'était surtout à la fête de l'Ascension et aux Rogations, qui la précèdent, car c'était la dernière victoire de la Croix et du divin Crucifié. A Rouen, à Poitiers, à Tarascon, et bien ailleurs, cette grosse *vermine* avait, aux yeux du peuple,

variés encore par d'autres moyens liturgiques.

---

(1) *Des Esprits et de leurs Manifestations diverses*, 5 vol. in-8°, Paris, 1863. — Ce livre n'a pu, en dépit de toutes ses preuves les plus évidentes, arracher à l'Académie des sciences, que l'auteur conjura plus d'une fois de s'en occuper, aucune explication de ces faits, qu'elle s'obstine cependant à regarder comme naturels. — Voir encore *Tobie*, VI, VII et VIII, puis le *Mémoire à l'Académie* formant l'appendice du premier volume de M. de Mirville.

un rôle très-important ; car elle gardait ses traditions, variant selon le pays, et représentait réellement le gain de quelque grande bataille gagnée sur le paganisme par les premiers missionnaires de la contrée : c'est ce qui avait sans doute frappé l'habile dessinateur des gravures du Bréviaire de Poitiers, édité en 1765, lorsqu'il donna au dragon que terrasse et foule aux pieds le grand vainqueur de l'arianisme des traits et des contours presque identiques à ceux de la grand'gueule, rééditée à neuf en 1677. Ce symbole a disparu avec tant d'autres, parce qu'on avait fini par en oublier le sens, faute de notions écrites ; de longues interruptions firent surgir nécessairement des erreurs et des superstitions que l'Église fit sagement d'abroger (1). Ce que nous avons à conclure ici, c'est que des faits pareils, qui se rattachent à cet ordre d'enseignements théologiques, se réitèrent très-fréquemment dans l'iconographie chrétienne, et qu'il faut tenir compte de l'opinion et des pratiques de l'Église si l'on veut en avoir le sens et pénétrer les mystères, prétendus inexplicables, de ces curieuses manifestations de l'art. Et comme les formes de notre héros infernal prises par lui en maintes occasions, ou inspirées à ses iconographes, sont toujours bonnes à reconnaître, finissons ce chapitre en analysant un des plus curieux tableaux qui puissent nous mettre sur la trace de sa physionomie et nous le signaler sûrement au milieu de nos laborieuses recherches.

De la magie et de son action contre la société chrétienne,

Les livres de magie ne sont pas rares ; les grandes bibliothèques ont encore tous ces vieux traités de sciences occultes, dont la plupart, en se faisant l'interprète de superstitions ridicules, étaient cependant plus coupables qu'on n'a voulu le croire et méritaient l'indignation publique autant que la sévérité des magistrats. Le catholicisme, qui ne

---

(1) Voir notre *Hist. de la cathédr. de Poit.*, II, 50 et suiv., où nous avons tracé l'historique de cet usage.

semble plus mériter aujourd'hui ni la protection des souverains ni le respect des légistes, était alors la loi fondamentale de toutes choses. Jésus-Christ était le Roi des rois, et l'on n'entendait laisser le droit de l'insulter, de le nier, à aucun de ses ennemis, qui, par la profession ouverte de l'hérésie, attaquaient les racines mêmes de l'arbre social, depuis si longtemps fécondé par Lui ; à plus forte raison ne pouvait-on permettre à la raison humaine de pactiser avec le hideux antagoniste de Dieu et du bien.

Tant que l'Église suffit à cette tâche au milieu des populations dociles et confiantes, tant qu'elle ne se vit pas destituée du bras séculier institué d'En-Haut pour seconder sa mission, ce qu'on savait du démon et de ses menées, ce qu'en crurent les peuples fidèles se borna aux notions nettes, précises et purement théologiques, recueillies de la chaire chrétienne et des enseignements écrits des Docteurs. Mais vinrent les temps de foi moins vive, d'hérésies antisociales, comme celles des Albigeois, des Vaudois et autres illustres devanciers de nos illustres démagogues du temps présent, si dignes de leurs ancêtres, et qui ne les justifient si bien dans leurs congrès de progressistes que parce qu'ils se défendent eux-mêmes en les justifiant. A ces époques fatales, on vit s'augmenter la tourbe de ces esprits égarés, qui ne mirent plus de honte à s'ériger en sectes rebelles, et qui prétendirent à une résistance dont les fruits devaient être si amers.

C'est surtout à la renaissance des lettres antiques, et à partir de la fin du quinzième siècle, que le génie des innovations, nous l'avons dit, plana sur le monde avec les hypocrites figures des deux grands patriarches de la Prétendue-Réforme. On vit toutes les erreurs diaboliques faire assaut de hardiesse contre l'Église. Trompeurs ou trompés, des esprits pervertis ou égarés s'adonnèrent aux pratiques démoniaques, et ce devint le jeu de leurs adeptes de nier audacieusement leur participation réelle aux trames de

surtout aux dixième, quinzième et seizième siècles.

l'enfer, pendant que l'examen sérieux de leur conduite, leurs aveux même déterminaient à des condamnations capitales des juges qui n'avaient intérêt qu'à connaître et à punir d'horribles vérités, plutôt que des innocents qui ne leur étaient connus d'aucune autre part. La gent artiste, dont la tête évaporée aime beaucoup plus les passions sans frein que le calme des études sérieuses, ne manqua pas aux antagonistes de l'Église ; elle leur vint en aide au moyen de ses pinceaux et de ses burins, comme les lettres par le mensonge et la satire ; elle s'efforça, en des pages ardentes, à dénaturer le vrai en l'exagérant, et le déprécia sous les mille formes d'absurdités incroyables : de là ces livres où le diable feignit de se réfuter lui-même, ces gravures où le crayon, en exagérant les grosses bestialités de Satan et en forçant le type de ses traits sous celui des monstres les plus impossibles, parvint à ne rien laisser dans un peuple frivole de ce que la foi y avait mis. En tout cela pourtant, Satan s'était fait le plus beau jeu ; on n'avait plus peur de lui dès lors qu'on se le représentait comme une simple image de fantaisie, et, ainsi, plus on se moquait de lui, plus il triomphait.

Estampe remarquable de cette époque.

Une de ces images les plus forcées fut composée au seizième siècle par un artiste inconnu, mais dont le travail fut évidemment inspiré par un génie satirique disposé à cet excès d'imagination qui calcule ses effets et compte sur leurs conséquences (1). Il avait voulu représenter une de

(1) Cabinet des estampes de la bibliothèque Richelieu. On la trouve aussi reproduite au premier volume du *Moyen âge et la Renaissance*, ouvrage dont les planches sont fort intéressantes, mais dont le texte, à côté d'une érudition souvent douteuse quand il s'agit des arts, reste trop souvent au-dessous de l'ignorance permise quand il s'agit de dogme, de morale, de croyances ou de pratiques chrétiennes. On dirait que les écrivains de cette grande et *chère* compilation ont voulu créer une encyclopédie à l'usage des demi-savants. Encore est-il que, lorsque celle du dix-huitième siècle voulut se faire une renommée, elle confia sa partie théologique à un estimable théologien qui ne manqua guère à sa mission. Nous protestons, pour notre compte, à l'égard de cette encyclo-

ces cérémonies cabalistiques nommées le *sabbat*, et il a groupé, pour cet effet, diverses scènes toutes plus bizarres les unes que les autres, mais fort instructives pour nous. Nous y retrouvons tous nos animaux symboliques déjà connus, avec toutes les singularités de leurs allures, avec toute l'excentricité des plus drôlatiques modèles. Au premier plan, deux sorcières, devant une chaudière profonde d'où s'élève une double colonne d'épaisse fumée, s'occupent à confectionner un *philtre;* elles jettent dans le liquide bouillant des poignées de serpents, des crapauds qu'elles écartèlent, pendant qu'une troisième active d'un énorme soufflet, sous la chaudière magique, le feu qui s'entretient par des têtes et des membres disloqués de jeunes enfants. En arrière, un homme nu, couché sur le flanc, barbu, échevelé, semble attendre le sort qui l'appelle à subir la même opération, et déjà il en reçoit un présage dans l'attitude menaçante d'un certain reptile arrêté sous ses yeux et lançant vers sa personne un dard non moins formidable que toute sa nature visible, formée du lézard par sa longue queue squammée, par ses reins dont une suite d'énormes vertèbres partage le double hémicycle, et qui a dans sa tête du crapaud et du serpent. Deux scènes correspondent à cette première; le spectateur y voit à sa gauche un étang fort rapproché de la marmite, où de jolis enfants, debout ou assis au bord de l'eau, semblent préposés à la garde des grenouilles ou crapauds qui y fourmillent. On devine leurs fonctions à l'usage que chacun d'eux sait faire d'un bâton dont on les a armés, aux gestes par lesquels ils montrent fort bien

<small>Scènes du sabbat avec tous ses horribles épisodes.</small>

---

pédie nouvelle, contre les systèmes et les faussetés jetés par MM. Paul Lacroix et Ferdinand Denys dans les articles *superstitions, sciences occultes*, etc. Nous en citerions bien d'autres...; mais, en conscience, pourquoi attacher des noms capables de mieux s'honorer à un livre qui devrait être plus digne, et qui n'a pour lui ni l'ordre, ni la méthode, ni la véritable érudition ? Il est impossible de digérer de telles études, qui, en définitive, n'apportent aucun profit à l'art et ne servent de rien à la science.

que les animaux groupés sur le rivage ne doivent pas s'en éloigner, puisqu'ils sont l'ingrédient nécessaire de l'opération principale. Par un raffinement de perfidie, ces enfants aux jolies petites poses, et qui semblent prendre avec une charmante naïveté le rôle qu'on leur donne, sont destinés eux-mêmes à devenir bientôt les victimes de ces horribles maléfices ; car à droite, autour d'une table dont les plats contiennent encore la tête et d'autres restes d'un enfant de leur âge cuit pour ce détestable festin, siége à l'aise, dévorant ces mets impies, un pêle-mêle de diables et de gens destinés à le devenir. Femmes de toutes conditions, dans le costume de leur ordre, depuis la grande dame au col monté, au riche vertugadin et dont les cheveux s'élèvent sur le sommet du front, comme deux cornes indubitables, jusqu'à l'humble bourgeoise aux grossières étoffes, sont là attablées et goûtant avec un air de satisfaction visible les délices de ces ossements décharnés qui paraissent aux mains de tous, et que la plupart sucent encore dans l'extase de leur infernale gourmandise. Une conversation animée semble unir d'étranges propos aux autres mérites d'un tel repas.

Pas un homme ne s'est adjoint à cette réunion féminine. Est-ce une malice à l'adresse du sexe, toujours admis de préférence dans ces réunions sataniques? Nous l'ignorons, mais il faut que ces femmes qui se rassasient ainsi de jeunes enfants ne songent guère aux leurs, surtout en voyant près de la table, dans l'attitude d'une créature fort occupée, un chien dévorer sa part de cette monstrueuse viande; mais si les hommes sont absents, les diables ne manquent pas ici. Grâce à la rotondité de la table, le peintre nous les montre de tous leurs beaux côtés : horribles faces de bouc sur des corps de femme, corps velus, queues de vache ou de porc, ailes de papillons nocturnes ou de chauves-souris, visages hagards où l'humanité s'allie au diabolisme par un choix d'oreilles et de cornes qui accusent dans chaque individu le caractère de la bête dont il tient; voilà qui peut donner au premier plan une idée préliminaire de ce qui va se passer à tous les autres.

Le milieu du second plan s'enveloppe des nuages ascendants d'une fumée épaisse qui s'échappe de la chaudière inférieure. Cette fumée se divise en trois colonnes de spirales dont l'inégalité et les divagations laissent des espaces vides que remplissent à l'envi soit des sorciers et des sorcières, soit des personnes ensorcelées, les unes transformées en diablotins qui s'amusent à faire voler au bout d'un fil des papillons, lesquels, on le sait, sont le symbole de l'âme; les autres traversent seuls les airs, qu'ils fendent avec une indicible rapidité, ou montent des chimères qu'ils fouettent avec des nœuds de serpents; d'autres enfin ont enfourché le balai traditionnel, se livrant sur cette étrange monture à des voyages aériens, dans un costume plus ou moins réchauffant. Deçà et delà, traversent l'atmosphère, en retombant sur le sol, quelques-uns de ces ossements que sans doute, dans la rapidité imprévue de leur départ, les adeptes avaient emportés de la table où ils participaient à l'exécrable régal. Quant au balai que nous voyons figurer ici, on l'attribue à une dégénérescence, créée par des esprits peu respectueux, du thyrse de Bacchus, jusqu'auquel on fait remonter l'origine du sabbat. Ce nom, au reste, viendrait de Σαβάζιος, nom phrygien du dieu *Sabaz* (*Sabazius*), avec lequel le Bacchus des Grecs et des Latins trouve dans la mythologie antique de frappants rapports d'identité (1).

---

(1) En lisant l'article que M. Parisot a consacré à Sabaz dans sa partie mythologique de la *Biographie universelle* (t. LV, 406), on reconnaît qu'en effet ces assemblées démoniaques avaient précédé de longtemps l'ère chrétienne, et que, pour arriver jusqu'à nous, elles ont dû traverser les orgies du paganisme et prendre l'empreinte de ses impuretés. Les danses lascives, mentionnées dans les assemblées des païens adorateurs de Bacchus, se reproduisent, on le voit, dans les scènes de la Renaissance, et nous savons très-pertinemment qu'elles ne sont pas

Haine du Christianisme, de ses vertus, et des institutions sociales.

Mais cette équitation excentrique n'est pas la seule qui étonne dans cette page dévergondée. Au-dessous et à côté de ces cavaliers des deux sexes enfourchant tout ce qui leur reste du sceptre primitif du dieu des orgies, voici d'autres vestiges de ces désordres où les mœurs étaient nécessairement compromises autant que la raison. A droite, et dans la partie la plus élevée de notre estampe, figure Satan assis dans une sorte de trône qui ne lui laisse montrer que son buste, et au-devant duquel pendent ses deux jambes de bouc; sa tête de chèvre est parée de quatre cornes et surmontée d'un globe aux rayons lumineux. Il est assisté par deux femmes, assises de côté et d'autre, tenant chacune un faisceau de serpents; l'une est couronnée comme une reine, l'autre a un simple voile qui couvre sa tête et se répand sur ses épaules; toutes deux gardent une attitude qui ne manque pas d'une certaine dignité. Nous craignons bien que l'une d'elles ne soit une indigne parodie d'un des plus magnifiques passages des Livres saints, où la Sagesse divine exalte ses propres beautés en termes d'une suavité charmante et d'une éloquence inimitable (1); l'autre nous semble moins facile à deviner. Quoi qu'il en soit, on dirait que toutes deux représentent dans la différence de leur costume, ou très-riche ou assez simple, et une reine et une femme de condition plus modeste, lesquelles feraient encore là contribuer les deux extrêmes de la société humaine aux horreurs de ces abominables sorcelleries. En effet, au pied du trône, un petit enfant tout nu est présenté à Satan par une femme et par

étrangères aux mœurs actuelles de certaines sectes de libertins où, sans invoquer le diable, auquel ces aveugles ne croient pas, on cède à ses seules inspirations en mêlant dans les orgies ce que la débauche la plus dégoûtante peut allier à la plus révoltante impiété.

(1) Voir au ch. VIII des Proverbes, où se révèle toute la science des choses physiques et surnaturelles, telle que l'Esprit de Dieu la donnait à ses prophètes plus de mille ans avant Jésus-Christ. Jamais langue humaine n'a proféré un langage empreint d'une aussi haute majesté et d'une doctrine aussi sûre. On sait que l'Église a reconnu la Sainte Vierge symbolisée dans cette Sagesse du Très-Haut.

un démon, nus comme lui; d'une main ils lui tiennent chaque bras, et de l'autre lui montrent le prétendu dieu auquel il est évident par leur pose qu'ils veulent déterminer le pauvre petit à se consacrer pour devenir bientôt l'aliment de l'homicide repas que nous avons vu. La malheureuse créature semble, du reste, ne céder que malgré elle : une force irrésistible la maintient; mais on voit bien, à la tournure de sa tête baissée, qu'elle ne peut se défendre et prévoit son sort. Remarquons qu'une tonsure fort apparente couronne le sommet de sa tête, ce qui semble indiquer assez clairement ou une consécration dérisoire au maître cruel qui le condamne, ou une allusion au clergé, que les Vaudois aimaient si peu.

Quoi qu'il en soit, cette infâme cérémonie va se renouveler, car de tels sacrifices appellent des victimes nombreuses, et en voici d'autres qu'un messager de malheur entraîne vers le tribunal où on les attend : c'est une femme échevelée, les mamelles pendantes, se crispant à cheval sur une chèvre dont elle serre les flancs de ses jambes et les cornes de ses deux mains. L'animal est lancé à toute vitesse au milieu d'un de ces nuages de fumée fournis par la chaudière du premier plan; il porte en croupe deux petits enfants dépouillés de tout vêtement, dont l'un passe ses mains autour du corps de la sorcière, et l'autre s'enlace à celui-ci. Ce petit couple est sans doute de ceux que nous avons vus faisant la garde de l'étang aux grenouilles, et, en effet, si l'on se reporte vers eux, on les trouve espacés au bord du gouffre de façon à laisser deviner la place vide de deux ou trois autres qui y manquent. L'un des absents est donc celui qui figure au plat du festin infernal; les deux autres s'acheminent sur la chèvre à une même destinée. Observons ici que ce crime d'infanticide fut très-commun de la part des sectes qui vouaient leur haine à l'Église; la pensée d'un Dieu enfant leur était hostile, et ce n'est pas sans y trouver une grande force contre les philosophes, toujours prêts à nier les crimes pourvu qu'ils soient le fait de leurs amis, qu'on voit ce signe de guerre au Christianisme apparaître si fréquemment dans les récits les plus authentiques, aussi bien que dans les légendes populaires. Les annales judiciaires n'en ont pas moins que la *Chronique de Nuremberg* (1).

Revenons à notre sabbat.

Comme dans toutes les affaires où le diable a ses entrées libres, l'immoralité devait s'y classer à côté de l'assassinat. Rien n'y ressort mieux que ce nouveau caractère de la plus basse corruption : voilà, à l'angle supérieur du tableau et à gauche, un groupe de quatre musiciennes, les unes assises, les autres à genoux, jouant de la flûte, de la harpe, de la viole et d'une sorte de basson, et que préside une cinquième aux cheveux encouleuvrés et dont les doigts s'exercent sur une guitare. Tout ce monde-là, évidemment, est encore de conditions différentes, très-reconnaissables à la variété des costumes féminins; elles mènent une de ces rondes infernales connues chez cette nation sous le nom de grand-mezcle, et dont la condition unique, mais essentielle, est pour elles d'être entièrement nues et d'exprimer le plus éhonté libertinage. Elles ont pour pendant, à droite et non loin du tribunal de Satan indiqué naguère, une autre danse de même caractère où des femmes, alternativement habillées ou non, sont mêlées avec aussi peu de retenue à des démons ailés affectant la forme humaine ou celle des satyres; enfin, en revenant aux premières danseuses, nous remarquons, au-dessous du plan qu'elles occupent, une sorte d'assemblée fort nombreuse où les deux sexes conservent toutes les convenances de leur costume habituel et complet; seulement on voit bien s'élever

(1) Cf. *Chronicarum Liber* cum figuris et imaginibus Michaelis Wolgemuth et Willelmi Pleydenwurt, per magistrum Harman Schedel, doctorem Patavinum, Nurebergensem, p. CCLI et CCLII, in-f°, Nuremberge, 1493.

au-dessus de la foule quelques paires de cornes et certaines poitrines découvertes qui témoignent assez que le diable s'en mêle, et que les conversations qu'on écoute de lui et de ses suppôts avec une complaisance visible se rapportent à des choses de haute importance. La princesse, avec son luxe d'atours recherchés, la paysanne, coiffée de sa simple cornette, la bourgeoise en robe retroussée, sont une fois de plus convoquées à cette réunion, destinée peut-être par le peintre à démontrer que toutes les classes participent avec plus ou moins d'entrain à ces funestes œuvres de la magie noire. Il n'est pas jusqu'aux jeunes enfants signalés plus haut dont les vêtements ne trahissent ou l'humble état ou l'aisance des parents auxquels sans doute on les a ravis. Il y a plus : des costumes indiquent parfois, au milieu de ceux qu'alors on portait dans la France de Charles VIII, de Louis XII et de François Ier, d'autres modes qui rappellent des peuples étrangers : ainsi on voit en première ligne, parmi les rangs de cette assemblée mondaine qui nous semble figurer le monde avec son plus ou moins de participation à l'œuvre diabolique, on voit, disons-nous, deux personnages, homme et femme, dont le costume espagnol trahit nettement dans le peintre une intention arrêtée. Ainsi, on ne peut douter que cet ensemble d'épisodes si divers, mais tous parfaitement reliés à l'idée principale, ne soit un programme complet de la démonomanie *à l'usage* de tous les peuples et de toutes les conditions sociales.

Il n'en résulte pas moins, quant à nos études, que celle qui nous occupe dans ce chapitre a de fortes raisons dans la croyance catholique au diable, dans ses manifestations personnelles et dans l'enseignement théologique des temps chrétiens. Cette bizarre représentation que nous venons d'analyser dans ses moindres détails n'est que la reproduction évidente de tant de scènes démonologiques de nos églises, qui, pour y être écrites moins largement, n'en sont pas

Conséquences morales qui en découlent, et ses rapports avec le symbolisme démonologique.

moins les fréquentes redites de ce que la foi apprenait à nos pères sur le purgatoire ou l'enfer. Si, dans ces siècles profondément religieux, le peuple avait su lire; si les grands, qui ne le savaient guère mieux que lui, eussent pu chercher ailleurs la science des choses éternelles, nous ne les verrions pas aujourd'hui au nombre de celles qu'on étudie à grand'peine et que tant d'incrédules discutent encore. Toujours est-il qu'on ne devra jamais confondre l'origine de ces deux catéchèses, dont l'une fut longtemps très-populaire au profit du bien, l'autre ne lui succédant si généralement que parce que, semblable en tout au génie fatal qui l'inspirait, elle tendait à patroniser son pouvoir au moyen d'une usurpation. C'est pour avoir méconnu la première que la seconde règne seule aujourd'hui sur le monde, façonné par la main des factions impies.

et avec l'immoralité de notre temps. En réfléchissant sur ce tableau de la Renaissance, on y voit le germe des maux qu'elle nous a laissés : les princes qu'elle avait corrompus abandonnèrent la piété catholique en abdiquant la pureté des mœurs; en faillissant à l'Église, ils apprirent aux peuples à ne l'aimer plus autant, et de jour en jour ils en sont venus à ne pas valoir mieux les uns que les autres. Ces modes désordonnées; ces lascivetés impies; cet homicide des âmes dans la personne des enfants, symboles de charmante innocence et d'irréprochable vertu; ces danses sans pudeur, ces idolâtries du dieu Satan que suivent et propagent à l'envi les écervelés du pouvoir ou la foule stupide qui les imite, tout cela n'était-il pas comme une sorte de prophétie où se reflétaient d'avance les habitudes sensuelles, les nudités systématiques, les lubriques plaisirs, la perversion méthodique et gouvernementale des esprits et des cœurs? Oh! grands philosophes de notre siècle, vous faites le mal en niant qu'il existe; vous n'aspirez qu'à une vie de matérialisme et de péchés capitaux! Vous riez des esprits mauvais et de leur chef, dont vous activez d'autant plus le triomphe! C'est que vous ne savez rien ou que vous avez tout oublié! Endormiez-vous dans ces suprêmes bonheurs de l'indifférence et du mépris, jusqu'à ce que ces pierres suspendues à vos regards et à qui vous refusez un langage prennent une voix pour vous confondre et s'ébranlent pour vous punir!

CHAPITRE XI.

DES OBSCŒNA.

Jugements erronés sur ce sujet.

Après tant de traits saillants de sa vie intime et publique, nous n'en avons pas fini encore avec Satan. Il est un genre de prédication que l'art chrétien devait tirer de ses habitudes perverses, et qu'il fallait répéter à satiété pour mieux en exprimer l'horreur. Nous arrivons au point de notre travail où ces grands mystères d'iniquité si peu connus, si mal compris, se révéleront enfin sous leur véritable jour; le temps doit être passé où l'ignorance croyait bien faire de se scandaliser, heureuse d'avoir une grave animadversion de plus pour ses attaques envers l'Église. Combien cependant, naguère encore, accusant le douzième siècle d'une dépravation « poussée à un degré incroyable, » auraient dit, avec un encyclopédiste du dix-huitième, un anathème complet « aux livres de dévotion, aux ornements des temples et des chaires, dont les peintures et les sculptures étaient si obscènes qu'on serait scandalisé aujourd'hui d'en rencontrer de pareils, même dans les mauvais lieux (1) ! » Voilà ce que c'est : les faibles se scandalisent !

---

(1) Ces belles phrases sont élaborées par Sulzer dans sa *Théorie générale des beaux-arts*, dont un fragment fut inséré dans l'*Encyclopédie* de Diderot, t. III, p. 470, in-4°. Sulzer était un homme de talent, mais jugeant de telles choses à son point de vue luthérien, outre les préjugés qu'il empruntait à une époque aussi éloignée du moyen âge que nous le sommes de la primitive Église. — Et voilà pourtant les maîtres que le public de notre temps a crus sur parole, et dont l'influence inspire aujourd'hui les jugements sur cette matière du plus grand nombre des *érudits*.

Pour s'éviter un tel inconvénient, il aurait fallu vouloir bien apprécier tout d'abord l'esprit de cette Église tant calomniée, et ensuite juger sans prévention arrêtée les temps qu'elle a traversés, le génie des peuples qu'elle a dirigés, et les résultats de cette direction par rapport aux mœurs et aux idées de chaque époque. On se serait convaincu dès lors que cette dépositaire la plus digne et la plus élevée de toute morale n'avait point méconnu la Sagesse divine qui l'inspire, et que les populations confiées de Dieu à ses maternelles sollicitudes, loin de souffrir d'un prétendu relâchement, n'avaient trouvé sous tant de formes plastiques injustement décriées que des leçons du bon et du bien aussi profondes que sérieuses. Ce que nous avons dit du Cantique de Salomon peut s'appliquer parfaitement à ce que nous allons examiner dans ce chapitre ; mais avant tout nous devons raisonner sur le fond des touchantes répugnances exprimées avec tant de persistance par nos puritains de la libre pensée. Ce que nous avons à en dire servira après tout, en temps et lieu, à raisonner sur toutes les questions de ce genre.

Il faut admettre avant tout, comme une vérité incontestable appuyée sur les plus sévères observations de l'histoire, que ce qu'on appelle aujourd'hui la pureté morale du langage, comme la convenance et la réserve des habitudes privées ou publiques, ne s'est formulé en règles austères et précises que graduellement et en proportion que les mœurs ont subi les atteintes successives qui les ont amenées jusqu'à la décadence où nous les voyons depuis trop longtemps. Cette considération vient encore prouver la justesse et la véracité de la Genèse quand, après avoir raconté la désobéissance des deux premiers époux, elle ajoute qu'aussitôt « leurs yeux s'ouvrirent, ils s'aperçurent d'une nudité qui jusque-là ne les avait point embarrassés, et ils se firent des vêtements. » Et encore cette première industrie de la pudeur ne leur parut-elle qu'insuffisante,

La retenue du langage humain proportionnée à la dépravation des mœurs. — Origine de ce sentiment,

puisque bientôt après ils se cachaient aux approches de Dieu, et rougissaient devant lui de leur nudité (1).

Mais à côté de cette honte salutaire, qui devenait une sauvegarde pour l'avenir contre les emportements des passions charnelles, naquit en même temps la sainte retenue qui préludait au sixième commandement, jeté dès lors en germe dans le cœur humain : retenue qui, n'ayant pas suffi contre la corruption et ses excès, dut être formulée nettement par le législateur du Sinaï comme une des plus importantes préservations de la société nouvelle : de là, dans les idées sociales comme dans le plus intime sentiment des deux sexes, un respect *naturel* pour la chasteté ; de là les moyens de protection qu'elle reçut partout en face des dangers que la nature corrompue lui offrait de toutes parts. Ces moyens durent être secondés par les moralistes, et il n'est personne qui n'ait lu souvent et admiré l'éloge aussi doux que magnifique épanché dans le livre de *la Sagesse* par l'Esprit divin sur cette « famille des chastes qui brille d'une si pure splendeur aux regards de Dieu et des hommes (2). » Or il faut bien croire que ces leçons furent entendues, et qu'en présence même des trop nombreuses exceptions dont la race d'Adam subit toujours plus ou moins les tristes entraînements, l'estime et la pratique de la vertu durent cependant se propager et se maintenir : de là cette retenue du langage qui n'admettait pas d'exprimer ce qu'il ne fallait pas faire ; de là même, et à plus forte raison, cette modestie secrète de la pensée et des habitudes dont les intimes rapports avec les sens commandaient forcément la prudence discrète et la prévoyante circonspection. Ces règles furent, à divers degrés, de tous

---

(1) « Et aperti sunt oculi amborum ; cumque cognovissent se esse nudos, consuerunt folia ficus et fecerunt sibi perizomata... Vocavitque Dominus Adam, qui ait : Timui eo quod nudus essem, et abscondi me. » (*Gen.*, III, 7 et seq.)

(2) « O quam pulchra est casta generatio cum claritate ! Immortalis est enim memoria illius, quoniam et apud Deum nota est et apud homines. » (*Sap.*, IV, 1.)

les temps et chez tous les peuples ; sans elles, on n'eût vu que désordres dans le monde et confusion dans la société, où la famille ne se fût jamais constituée.

Et c'est précisément de ces règles vénérables, toutes d'institution divine, que les sages durent se faire un rempart contre l'irruption de toute pensée déshonnête dans l'exposé ou dans la discussion de certains faits matériels qui durent entrer bientôt dans le domaine de la science. La théologie, ne fût-elle encore que la simple morale naturelle ; la médecine considérée comme science pratique ou spéculative ; l'esprit humain tout seul livré à ses méditations dans ses rapports de conscience avec la vertu, eurent besoin d'exposer des principes dont l'énoncé n'était pas possible sans des termes techniques et spéciaux, sans des idées propres et déterminées. Personne donc n'eut à s'effaroucher de telles choses traitées de la sorte et par de tels motifs. Ainsi, l'âme la plus honnête dut se familiariser avec un ordre d'idées qu'elle n'acceptait que dans un but d'utilité incontestable. *modifié nécessairement par quelques besoins de la vie sociale,*

Mais à mesure que les mauvais penchants élargirent le chemin du vice, et que la pasion, plus envieuse de satisfactions sensuelles, s'en préoccupa jusqu'à les chercher, à défaut des faits coupables, dans le langage, les livres ou les égarements de la réflexion, les habitudes s'imposèrent nécessairement plus de ménagements, le langage affecta plus de délicatesse, et la naïveté primitive s'effaça. Les crimes qui avaient amené le déluge reparurent bientôt après la dispersion des enfants de Noé, et c'est de cette époque surtout qu'il faut dater la rechute des hommes et les religions idolâtriques nées de cette seconde rébellion. La grossièreté des mœurs, suite indispensable de l'oubli de Dieu, s'accusa plus nettement chez les nations orientales, dont la pensée religieuse dégénéra jusqu'à consacrer, comme dans l'Inde, l'Égypte et la Syrie, les symboles les plus étranges à la vénération populaire. Plus touchés de leur existence terrestre *mais ramené à une plus grande sévérité par la dépression des mœurs.*

Superstitions impures des fausses religions de l'Orient, contrastant avec la simplicité de quelques peuples primitifs.

que d'aucun autre sentiment, on vit ces peuples porter en procession avec les plus grandes marques de respect les deux organes qu'ils regardaient comme le principe de la vie. C'était pour eux le dieu *Chib*, et devant lui les assistantes s'évertuaient aux postures les plus indécentes. Il y avait loin de ces lascivetés superstitieuses aux naïves amours des patriarches, aux simples et naturelles narrations des faits bibliques en quelques chapitres de la Genèse, et au bain d'Ulysse, préparé et soigné dans tous ses détails par la vieille Eurynome (1). A cette même époque, ne voit-on pas aussi « le jeune Télémaque conduit au bain par la belle Polycaste, la plus jeune des filles de Nestor, » puis après « l'eau pure et les parfums précieux qu'elle répand sur lui, » n'est-ce pas elle encore qui « le revêt d'une fine tunique et d'un riche manteau (2) ? » Athénée, comme le remarque Bitaubé, cite cet usage inséparable de l'hospitalité comme une preuve de la pureté des mœurs honorée à Pylos (3). Ainsi, pour que les mères se fussent décidées à suspendre le *Chib* susdit au cou de leurs enfants contre de certains maléfices, et à le porter elles-mêmes pour obtenir la fécondité, il fallait bien que ces remèdes, que ces objets de parures ne blessassent en rien l'honnêteté publique (4). On en était venu là, et dès lors on pouvait ne plus se gêner, et de telles étrangetés n'influaient en rien sur les habitudes de la vie morale. Si des païens peuvent demeurer calmes devant ces spectacles au moins scabreux, à plus forte raison les Juifs adorateurs du vrai Dieu, mais accoutumés à voir professer de telles singularités chez les nations de leur voisinage (5).

(1) Voir *Odyssée*, ch. XXIII.
(2) *Ibid.*, ch. III.
(3) Voir Bitaubé, *Odyssée*, t. I, ch. III, et les notes correspondantes.
(4) Voir *Mémoires de l'Académie des sciences de Toulouse*, t. I, p. 110, in-4°, 1782. — *Ezour Vedam*, I, p. 23, 33 et 88, éd. in-12, Iverdun, 1778.
(5) « Manus Domini Azothios percussit in secretiori parte natium... Et posuerunt arcam Dei super plaustrum et capsellam, quæ habebat similitudines anorum... » (I *Reg.*, V et VI, *passim*.)

DES OBSCOENA. 409

On sait l'histoire des anus d'or racontée au premier livre des Rois, et comment les Philistins, frappés de Dieu par une maladie intestinale et une irruption de rats qui dévoraient tout, en punition de la violation de l'Arche, n'obtinrent leur guérison qu'en offrant en sacrifice, avec la représentation de ces animaux, celle de la partie où ils souffraient (1). L'histoire profane raconte une particularité toute semblable des Athéniens, qui, ayant mal reçu les mystères de Bacchus, furent affligés par ce dieu d'une maladie honteuse, dont ils ne se guérirent qu'en portant, en l'honneur du dieu, des figures obscènes conseillées par l'oracle (2). On voit assez par ces figures ce que devaient être *les mystères* d'un tel dieu. Mais nous voyons aussi, par les œuvres de nos propres ancêtres, avec quelle bonhomie ils travaillèrent ces mêmes sujets bibliques. La *Bible historiale*, manuscrit français du quinzième siècle, conservé à la Bibliothèque Richelieu (3), montre, dans une de ses miniatures, quatre Philistins dont les rats dévorent les *naches* (*nates*), et le texte, sur lequel nous aurons occasion de revenir, indique sous ce symbolisme ceux qui « l'idole de péché aourent, et Dieu se courrouce à eulx, et les lessa pourrir en vils et ords crimes qui ne sont mie à nommer. » De leur côté, les Prophètes, dans les énergiques reproches qu'ils adressent au peuple de Dieu, invoquent les comparaisons dont nous nous garderions fort aujourd'hui : témoin entre autres le chapitre XVI d'Ézéchiel, où Dieu expose à la fille de Sion avec quelle miséricorde paternelle il l'avait relevée de l'abjection de ses premiers jours. Les termes de cette comparaison sont des plus vifs, des plus rebutants, à en juger d'après nos idées actuelles ; mais, pour n'appeler ici qu'un témoignage, et certes des

Idée et usage des peuples de la Palestine sur ce point.

Langage du Prophète conforme à ces usages.

Remarquable réflexion de Voltaire à cet égard.

---

(1) Voir Dom Calmet et Sanchez *in h. loc.* — N'était-ce pas là une contrefaçon de l'histoire biblique des habitants d'Azoth ?
(2) Voir Diodore de Sicile, cité par Sabbathier, *Dictionn. des auteurs class.*, t. XXXV, p. 275.
(3) F° 66, r°, n°s 1 et 2.

moins suspects, en faveur d'une telle littérature, nous citerons un des plus audacieux profanateurs des pages bibliques pris dans un de ses bons moments, et qui pense absolument comme nous à cet égard. « Ces images, dit Voltaire, nous paraissent licencieuses et révoltantes : elles n'étaient alors que naïves; il y en a trente exemples dans le Cantique des Cantiques, modèle de l'union la plus chaste. Remarquez attentivement, poursuit-il, que ces expressions, ces images sont toujours très-sérieuses, et que dans aucun livre de cette haute antiquité vous ne trouverez jamais de railleries sur le grand objet de la génération. Quand la luxure est condamnée, c'est avec des termes peu propres, mais ce n'est jamais ni pour exciter la volupté, ni pour faire la moindre plaisanterie. Cette haute antiquité n'a rien ni de Martial, ni de Catulle, ni de Pétrone (1). »

Cynisme de la littérature et de l'art des anciens, tout inspirés par les passions.

Cette observation est, en effet, de la plus grande justesse. Les auteurs païens sont dégoûtants de crudités affreuses : c'est pour le plaisir coupable de dire des obscénités et d'en rassasier avec eux des lecteurs plongés dans les débauches de leur temps qu'ils abordent certains sujets dont un esprit décent n'a que faire. Tibulle, Catulle, Pétrone, Martial, Ovide et autres gens de cette famille éhontée ne se vautrent-ils pas pour le plaisir de le faire, et comme des pourceaux, dans la fange de leur littérature immonde ? Les artistes de ces âges antiques ne valurent pas mieux très-souvent, et il est clair que leurs statues de dieux et de déesses, nus jusqu'au cynisme des représentations les plus provocantes, n'avaient pour but que de favoriser de honteuses prostitutions. Vénus, Pan, Priape, ce dernier surtout dont on n'avait d'abord institué les honneurs divins que pour symboliser la génération et la propagation éternelle de l'espèce humaine (2), enfin tous les satyres du monde, sans compter les scènes

---

(1) *Questions sur l'Encyclopédie*, v° EMBLÈME.
(2) Parisot, *Mythologie* dans la *Biogqaphie universelle* de Michaud.

mythologiques où se perpétuaient les amours de ce que Lucien appelait la canaille céleste, ont toujours fait rougir la vertu, et si ce sentiment était pour quelque chose dans le cœur des mères de famille de Rome et de la Grèce, on ne voit guère cependant que ces insolences leur déplussent, au moins pour leurs jeunes enfants, et qu'elles cherchassent à en détourner leurs regards.

Peut-être alors l'habitude créait-elle une espèce d'indifférence, ou bien de telles erreurs du sens moral n'ajoutaient rien à une corruption dont on ne préservait pas même l'âge le plus tendre, au témoignage d'un certain passage de l'*Ane d'or*. Ce qui est certain, c'est que, plus ou moins suivie, la chasteté avait aussi de quoi commander le respect, puisque ces nudités sans aucun voile figuraient alors, comme nous le verrons plus tard, à l'école chrétienne, dans quelques monuments où la vertu était mise en honneur. C'est ainsi que sur une urne sépulcrale, découverte et publiée par Mautfaucon, un bas-relief d'une exécution très-remarquable indique une femme attaquée, en présence de son mari et de ses serviteurs, par un audacieux criminel que ceux-ci viennent de terrasser et s'apprêtent à punir du glaive qu'il a trop bien mérité. Tous ces hommes sont nus à la manière antique, sauf la feuille de figuier dont le sculpteur ne les a point privés; mais rien ne protége la pudeur de la femme, qui fuit visiblement toutefois aux bras de son époux qui la protége; et celui-ci, qui lui a survécu, en faisant représenter cette action sur la pierre funéraire, l'a surmontée d'une inscription qui célèbre la *pudicité incomparable* et la *singulière modestie* de Livilla Harmonia (1). Un éloge si explicite d'une vertu si estimable eût contrasté singulièrement avec la modestie de la jeune femme, exposée d'une tout autre manière que nous ne le ferions aujourd'hui, si la vertu eût été blessée

<small>L'habitude familiarisait alors avec les objets d'art, qu'elle rend moins dangereux?</small>

(1) Montfaucon, *Antiquité expliquée*, V, 90, pl. LXXIII.

alors par de telles images; et il faut ajouter que, dans une foule de marbres du même genre, on ne s'embarrasse plus des vêtements ou même des plus simples voiles. Une preuve bien plus saillante que la modestie n'en était en rien blessée, c'est que les premiers artistes chrétiens ne songèrent nullement à modifier cette méthode. Les murs des catacombes reproduisent le plus souvent les Prophètes, les trois enfants de Babylone dans une complète nudité qui n'offusque pas le regard; si Adam et Ève y ont quelque appendice, c'est comme un souvenir de leur première ceinture du paradis terrestre. Mais la différence entre les chrétiens et les païens sur cette matière n'en existe pas moins dans les mœurs, qui d'un côté gardaient toute la corruption d'une nature dégradée, et, de l'autre, élevaient jusqu'à la gloire du martyre l'honneur de la virginité.

témoin les peintures des catacombes,

et les écrits des Pères de l'Église.

Les lubricités de la vie païenne, la sainte vertu des fidèles étaient donc un double sujet d'exhortations ferventes ou de sévères invectives de la part des Pères et des écrivains ecclésiastiques des premiers temps; et dans ces éloquentes attaques, ils suivaient le génie de leur temps et n'avaient pas plus honte des termes que les infidèles ne rougissaient de leurs actions. S. Jean Chrysostome a des homélies où l'expression du vice qu'il réprouve est nue et toute naïve. Dans l'une d'elles, il va jusqu'à comparer l'avare possédant tout sans en jouir à une sorte d'impudique inassouvi, dont personne ne réprouvait en ce cas la mise en scène (1). Quoi de moins caché dans ce même Père que l'étonnement

---

(1) « Quæ igitur est divitiarum voluptas? Ego molestias video. Et quæ molestiæ? inquies. Æterna sitis et dolor. Num si quis puellam complectatur, nec concupiscentiam explere possit, extremo dolore cruciatur? sic etiam dives rerum quidam copiam habet, illamque complectitur, cupiditatem vero suam explere nequit, sed item contingit quod ait vir sapiens (*Eccl.*, xx, 2): « Cupiditas eunuchi virginitatis flo-
» rem puellæ eripit. Sicut eunuchus virginem amplexus ingemiscit,
» sic divites omnes. » (S. Chrys., *Homil.* LXXXIII *in Matth.*, t. VII, p. 793.)

qu'il témoigne en termes si évidents de la naissance humaine du Fils de Dieu (1)? Devant un tel prédicateur que diront les savants, qui n'ont pas eu assez d'anathèmes contre ceux beaucoup moins osés du seizième siècle, Barlette, le petit père André, et surtout le jésuite Garasse à qui ils en veulent bien moins qu'à sa Compagnie? S. Épiphane dévoile, en les énumérant, les plus détestables infamies des gnostiques : « Pourquoi craindrais-je de dire ce que vous ne craignez pas d'accomplir? en parlant ainsi j'inculquerai à mes auditeurs l'horreur des abominations que vous commettez (2). » Ce sont à peu près les mêmes expressions qu'emploie S. Cyrille de Jérusalem pour dénoncer les crimes obscènes des Manichéens. « L'Église vous parle ainsi, disait-il; elle fouille dans les ordures de ces impies afin de vous apprendre à ne vous en pas souiller; elle dévoile ces blessures hideuses pour vous en garantir vous-mêmes (3). » Ne voyez-vous pas en ce peu de paroles une raison de tous les *obcœna* reprochés à nos modillons? Mais n'anticipons point, et voyons le langage des moralistes catholiques autoriser ces dessins jusqu'à l'époque même où la décadence des mœurs oblige enfin à tout voiler.

Il semblerait que le génie de la langue latine, exclusivement employée au moyen âge dans tout l'Occident, eût laissé une plus grande licence à la parole, et ce serait le sens du fameux vers :

Le latin dans les mots brave l'honnêteté.

Le poète aurait pu en dire autant du grec et de l'hébreu;

---

(1) « Admodum stupendum est Deum ineffabilem... Patri æqualem per Virginem venisse vulvam. » (*Homil.* II *in cap.* I *Matth.*, n° 2.)
(2) « Non erubescam dicere quæ ipsi facere non erubescunt, ut modis omnibus horrorem incutiam audientibus turpia quæ ab ipsis perpetrantur facinora. » (S. Epiphan., *Hæres.* XXVI.)
(3) « Annuntiat Ecclesia hoc et docet, attingitque sordes illas ut tu non polluaris, dicit vulnera ut tu non vulneraris. » (S. Cyril. Hierosol. *Catech.* VI, sub fine.)

mais le plus ou moins de liberté tient beaucoup moins à la langue qu'au temps où elle était parlée, aux idées morales des peuples qui s'en servaient et aux exigences variables de sa littérature. Voyez comme S. Augustin hésite peu à exprimer les plus vénérables mystères de la foi en décrivant ce que la nature a de plus intime et de plus épineux (1). Évidemment, ce n'était pas là *braver l'honnêteté*, mais parler un langage clair et précis pour faire comprendre nettement qu'il n'y avait rien que de surnaturel dans l'Incarnation du Verbe divin.

Mêmes exemples dans la littérature du moyen âge.

Mais pour en revenir à nous-mêmes, n'est-il pas vrai que, du moment où la langue française commence à se faire et qu'on l'emploie aux fabliaux, aux mystères, aux romans et aux chansons de gestes, les traductions qu'elle se fait des auteurs latins, sacrés ou profanes, ne continuent pas moins de s'exposer à l'intelligence des auteurs avec la complète naïveté des âges précédents? Nos plus vieux manuscrits le témoignent à l'envi; nos premiers livres, imprimés trois ou quatre siècles après, l'attestent comme eux. Ce n'est pas à dire qu'il faille confondre, quant au sujet et à la chasteté intentionnelle du discours, le roman de la *Rose* avec les *Loyales et pudiques amours de Théagène*, pas plus que la charmante simplicité de S. François de Sales avec les grossièretés cyniques de Rabelais; mais toujours est-il que si l'on examine attentivement les influences simultanées de la langue et des mœurs sur notre littérature, on verra clairement que la première n'est devenue plus timide qu'en

Le Cantique de

---

(1) « Dic mihi jam, quæso, sancta Sanctorum Mater, quemadmodum materni odoris lilium convallium nivei coloris sine succo humanæ propaginis, et sine imbre carnalis seminis in sinu Ecclesiæ germinasti... Qua cogitatione ad hoc pervenisti, ut sine ulla sui mutabilitate in uterum tuum veniens, ita castellum castum tui ventris incoleret, ut et ingrediens non læderet, et exiens incolumem custodiret? » (S. Aug. *Sermo* 11 *de nativit. Virginis.*) — Et encore : « Intumescunt ubera Virginis, et intacta manent genitalia Matris. » (*Ib.*, *De Virginitate Mariæ.*)

DES OBSCŒNA. 415

proportion des plus grandes hardiesses de celle-ci. Il fallait, *Frauenlob au treizième siècle.*
quoiqu'on médise du moyen âge, une grande naïveté au treizième siècle pour qu'un poème que nous avons déjà cité de l'Allemand Frauenlob (1), renommé cependant pour la chasteté de ses poésies, ne puisse être cité par son éditeur du dix-neuvième, grâce à des licences et à des nudités qui ne seraient plus de notre goût, parce qu'elles blesseraient outre mesure les convenances littéraires et religieuses : et ce poème, après tout, n'est qu'une paraphrase du *Cantique* de Salomon, devant lequel on sait que la sainte et touchante chasteté de S. Bernard n'a pas reculé, non plus que celle de tant d'autres (2). Qui ne trouverait étonnant, appliqué à notre époque, le langage de S. Louis rapporté par Joinville, et ce roi insistant au lit de mort, dans ses avis à son jeune fils sur cette recommandation textuelle : « Fai à ton pooir les b... et les autres malgens chacier de ton royaume si que la terre soit de ce bien purgée (3). »

Ne soyons pas plus étonnés de lire dans les bibles françaises *Les traductions de la Bible du seizième siècle.*
du seizième siècle, et, qui plus est, du dix-septième, des mots et des choses dont il faut absolument nous abstenir aujourd'hui, quand la langue n'a plus ses allures aussi dégagées. Et qu'on n'objecte pas que ces livres n'étaient pas lus : les familles conservaient encore avec soin les lectures journalières de la doctrine et de l'histoire sacrées, et toutes nos présentes observations se rattachent à une édition du Nouveau Testament donnée en 1632, quoique le style en soit beaucoup plus ancien, et dédiée par Sébastien Huré *aux Révérendes Mères Supérieures de l'Ordre de la Visitation :* de sorte que voilà toute une famille de pures vierges que la moindre mauvaise pensée eût effrayées, et qui pouvaient se jeter sans le moindre péril dans les deux épîtres aux

---

(1) Voir ci-dessus, t. II, ch. v, p. 129.
(2) Voir feuilleton de l'*Univers*, 5 juillet 1852, article de M. de Genouillet.
(3) *Mémoires de Joinville.*

Corinthiens et en beaucoup d'autres endroits qu'on ne saurait plus rendre qu'avec l'indispensable précaution de longues périphrases.

Les prônes du dimanche jusqu'au dix-huitième siècle.

Et ces saintes filles n'étaient pas les seules nourries de ce style énergique. Chaque année, depuis le mois de février 1556, une ordonnance du roi Henri II était lue, le troisième dimanche de l'Avent, au prône de chaque messe paroissiale, renouvelant les peines portées par cet édit contre les femmes enceintes qui auraient célé leur grossesse. Ordre était donné de cette lecture annuelle, et certes personne aujourd'hui ne voudrait se charger de la faire dans les termes du texte officiel. Elle fut cependant maintenue jusqu'en 1789, sans que personne réclamât jamais contre les singularités d'un langage qui, en traversant plus de trois siècles, avait cependant revêtu un air d'étrangeté incontestable (1) : tels étaient alors la simplicité de la foi et le calme chrétien des consciences.

C'était l'équivalent du symbolisme des obscœna,

De tout ce qui précède il faut conclure, avec Piérius Valérianus, qu'il est chez tous les peuples une enfance qui laisse plus de calme aux passions, pendant laquelle il n'y a aucune honte fondée là où plus tard les raffinements de la *civilisation* produisent la décadence de la pensée et des mœurs. Le libertinage a donc fini par remplacer une placide et respectable philosophie, qui ne craignait pas d'énoncer et de matérialiser par les arts plastiques des pensées qui, même dans le secret de l'âme humaine, ne dépassaient pas les bornes assignées par l'honnêteté de la conscience aux moindres écarts de l'imagination (2). Ce que l'écriture égyptienne avait admis dans ses hiéroglyphes, ce que les nations primitives avaient adopté pour exprimer les idées les plus élevées et les plus sages dut passer avec elles dans l'Occident, sans changer de signification. Les symboles, si commodes en eux-mêmes pour exposer brièvement les profondes doctrines de la

(1) Voir *Rituel du diocèse de Poitiers,* in-4°. 1766, p. 240.
(2) Voir Pierii Valeriani *Hieroglyphicorum* lib. XXXIII, cap. xx et seq.

métaphysique et de la morale naturelle, se firent jour et pénétrèrent jusque dans la théologie catholique ; mais là il y eut cette intention de beaucoup supérieure : on n'y pouvait prétendre à établir par des images spéciales une doctrine superstitieuse et inutile sur la génération des êtres, dont le public chrétien n'avait pas tant à s'occuper que d'éviter les tentations de la chair; ce furent celles-ci qu'il fallut combattre, et ce genre d'enseignement trouva, comme tous les autres, de graves et intelligents professeurs. En effet, quand le langage obligatoire de ces matières épineuses demeure autant innocent que possible en présence du besoin de s'en exprimer ; quand des livres comme ceux d'Arnobe, de S. Augustin, de Ratramne, de Baronius justifient par leur côté sérieux les traités écrits sur ces choses par des plumes supérieures que nous avons invoquées ailleurs (1), il faut bien se ranger de leur parti, et l'on doit, avec de telles autorités, croire posséder le véritable sens et la droite opinion de l'Église : c'était celle qu'exprimait l'un de nos plus célèbres symbolistes, Durant de Mende, en plein moyen âge, et quand tous les élans de l'art religieux se portaient plus ardemment vers ce genre d'allégories. « User dans une certaine mesure, disait-il, des peintures pour représenter le mal à éviter et le bien à faire n'est point répréhensible. C'est dans cette intention que le Seigneur disait à Ézéchiel : Entre dans Jérusalem, et vois toutes les détestables abominations qui s'y pratiquent. Et il y vit en effet d'abominables ressemblances de toutes sortes de reptiles et d'animaux, et sur les murs étaient représentées toutes les idoles de la maison d'Israël (2). »

---

(1) Voir notre *Histoire de l'abbaye de Charroux et de ses reliques*, où nous avons traité cette question par rapport au saint Prépuce de Notre-Seigneur qu'on avait cru longtemps reposer dans ce monastère ; ch. XI, §§ 1-IX.

(2) « Moderate vero uti picturis ad repræsentandum mala vitanda et bona incitanda reprehensibile non est; unde Dominus ad Ezechielem (VIII, 9) : Ingredere et vide abominationes pessimas quas isti faciunt.

Maintenant, il s'agit de voir appliqués par les artistes chrétiens les principes que nous venons d'exposer, et de conclure, en présence des étranges sujets devenus enfin très-intelligibles, que rien n'y blessait la chasteté, n'y attaquait la pudeur quand ils furent sculptés aux murs de nos temples ; que tout, au contraire, y était utile, saint, y révélait l'expression d'un système arrêté d'enseignement moral, et une prédication de vertu par des maximes comprises et respectées de tout le monde.

qui devient pour l'art ce que le style était à une certaine littérature.

Cela une fois bien établi, nous savons parfaitement à quoi nous en tenir sur les nombreuses et très-évidentes nudités offertes aux regards des fidèles en des lieux et à des époques où toutes les âmes sont pénétrées d'un religieux respect pour Dieu et son culte. C'est qu'en effet c'est Dieu, c'est le culte de la vertu dont il s'agit ; rien autre chose ne pouvait inspirer les créateurs de ces surprenantes ressemblances. En vain des archéologues dont les études étaient trop hâtées ont voulu y voir le type du relâchement moral « qui s'était introduit dans les monastères ; le résultat de certains caprices de quelque moine travailleur ayant des fantaisies comme un autre ; l'expression d'une littérature qui s'affaissait dans le cloître comme ailleurs (1). » De telles assertions ne tiennent pas contre l'histoire, qui nous dépeint les douzième et treizième siècles, où naît presque toute cette imagerie, comme ceux où les lettres ont eu le plus de splendeurs, où l'art a eu sa plus belle efflorescence, où la ferveur monastique, renouvelée au souffle de S. Bernard, de S. Thomas et de tant d'autres, produit ses plus remarquables effets d'esthétique et de piété. Ainsi, point de contraste, mais au contraire, dans ces temps-là, fermes et nobles harmonies entre la foi et l'art, entre l'homme de la prière et

Ils sont un mode d'enseignement, et rien autre chose.

Ils appartiennent à la meilleure époque de la littérature sacrée et de l'art religieux,

---

Et ingressus vidit omnem similitudinem reptilium et animalium et abominationem, et universa idola domus Israel depicta in pariete. » (Dur. Mimat., *Ration. divin. Officior.*, lib. I, cap. III.)

(1) Voir M. Schmid, *Manuel d'architecture religieuse*, p. 70 et suiv., Paris, 1845.

le sculpteur de nos plus vastes et superbes basiliques.

La conséquence absolue de ce double caractère de science élevée et de piété ardente est, sans contredit, l'estime et la pratique plus austère de la chasteté chrétienne dans la vie religieuse. Or ne le perdons pas de vue : alors c'est le prêtre, c'est le moine qui est artiste, et, nous ne craignons pas de le dire, tout ce que touche leur ciseau se change en quelque chose de chaste et de pur. Consultez toutes les œuvres de cette époque, depuis les plus simples jusqu'aux plus remarquables par le fini de leurs détails, pas un doute ne vous sera laissé sur ce point : sculptures, ciselures, manuscrits, enluminures, étoffes, vitraux, tout ce qui est du domaine de l'art religieux respire le sentiment de la décence la plus scrupuleuse. Si l'artiste se trouve parfois amené, par les nécessités de son sujet, à se passer de ces amples et riches draperies qui sont alors un de ses plus beaux succès, ce n'est pas sans de certaines précautions convenues qu'il rend la nature humaine à sa condition native. Le nu y est également ménagé selon les exigences de l'histoire et conformément à des règles de décence que le génie chrétien pouvait seul inventer.

qui respectent et pratiquent le mieux la décence,

et gardent une grande modestie jusque dans leurs nudités nécessaires.

Ainsi, dans ce bel *Arbre de la Vierge* identifié à la cathédrale de Milan avec l'inimitable chandelier dont chacun sait l'histoire et le symbolisme, nous voyons représentée merveilleusement et entourée de toutes nos preuves la scène complète de la première chute et de la perte du Paradis terrestre. Les deux coupables y sont nus : comment faire autrement? mais les formes les plus redoutables à la pudeur s'enlacent si bien aux gracieux enroulements des branchages, que l'œil aperçoit à peine quelques traces de la ceinture devenue l'unique vêtement du couple prévaricateur ; et, en dehors de leur rôle, toutes les autres figures des Anges, des Vertus qui s'allégorisent dans leurs divers emplois contre le démon ou contre les vices qui vont naître de lui, sont drapées complétement, et avec cette exquise

L'arbre de la Vierge à Milan.

retenue dont notre esthétique sacrée ne s'est jamais départie (1). A Saint-Maximin du Var, le *Saint Pilon* soutient une Madeleine en extase, supportée par quatre Anges au-dessus de terre ; les Anges, que notre école moderne ont faits nus comme des vers, sont entièrement recouverts d'une longue tunique, et la Sainte, que la tradition nous représente vivant dans la Sainte-Baume privée de tout vêtement, est voilée ici de sa longue chevelure, qui ne laisse apercevoir que ses traits (2). C'est ainsi que la légende de Ste Marie Égyptienne la représente vêtue de ses seuls cheveux, et priant le saint abbé Zozime qui l'aborde de lui jeter son manteau pour plus de décence avec lui (3).

En ce même treizième siècle dont nous parlons, cherchez partout où peuvent être les images de Marie et du petit Jésus dont on la fait toujours inséparable : rien de plus chaste que cette pose de reine, que ces belles étoffes agencées avec leurs longs et vastes plis pour dissimuler toutes les formes, que ce long voile surmonté de sa précieuse couronne, retombant sur les épaules et complétant autour de cette pure physionomie le beau idéal de la virginité. Et ce même respect, n'est-il pas toujours déféré au saint Enfant qui repose sur les genoux de la *Mère admirable?* sa petite robe ne le couvre-t-elle pas de la tête aux pieds? n'y ajoute-t-elle pas tout ce que la pensée humaine peut y mettre de douce amabilité et de charme pieux? Sans doute, s'il est à peine né dans la crèche, s'il est lavé aussitôt après sa naissance, d'après la naïve coutume de quelques peintres, qui croient par ce détail symboliser d'autant mieux sa divinité abaissée jusqu'à nous ; s'il supporte enfin le fer de la circoncision, la pensée de l'artiste rentre dans la vérité historique et n'entoure pas moins le petit Enfant de groupes aux cos-

---

(1) Voir la description et la gravure de ce beau travail, *Annales archéolog.*, XIII, 5 et 177; XIV, 341 ; — *Bullet. monum.*, XVII, 181.
(2) Voir *Bulletin des comités archéologiques*, t. II, 1850, p. 108.
(3) Voir *Légende dorée* et tous les hagiographes.

tumes variés d'après leur rôle, depuis les Bergers jusqu'aux Anges du *Gloria in excelsis*. Quant à Marie, elle est là comme Joseph, toujours le plus parfait modèle de la beauté virginale et de la majesté bénie entre toutes. Quelle différence entre ces types vénérés de la paisible innocence du cœur et ces nudités païennes de la Renaissance, qui n'attestent plus que le libertinage des peintres, traitant l'auguste Mère comme une femme équivoque, et son cher petit Jésus comme un enfant-trouvé!... Ajoutons que cette réserve n'est pas exclusivement observée pour ces deux types suréminents. Parcourez toutes les surfaces auxquelles se soient appliqués les arts du dessin, reliquaires, émaux, découpures quelconques : les personnages, quels qu'ils soient, y révèlent partout et toujours ce costume grave qui rend si dignes les personnages de ce temps, et qui associe à cette dignité magistrale les hommes eux-mêmes, toujours habillés de la double tunique de l'art ancien. Et que dire encore de ce soin scrupuleux qui, presque toujours (car il faut reconnaître aussi sur ce point des exceptions très-justifiables), se borne systématiquement à nous traduire la nature nue par des personnages sans sexe, soit dans le réveil du jugement dernier, soit dans les rôles divers qu'on doit donner à l'âme, toujours représentée ainsi? Outre ce qu'il y a de logique dans cette ingénieuse invention, fondée sans doute sur la parole du Sauveur, sur celle de Job (1), n'y a-t-il pas aussi une habileté de délicatesse dans cette mutilation morale qui concilie si étroitement l'esthétique et la pudeur? Et ne voyez-vous pas qu'il y eut un impardonnable aveuglement dans certains docteurs de l'Institut quand ils calomnièrent le moyen âge jusqu'à faire contre lui une déplorable « consommation de malpropreté (2) ? »

et ses autres travaux iconographiques.

Les personnages sans sexe.

(1) « In resurrectione enim neque nubent neque nubentur, sed erunt sicut Angeli. » (*Matth.*, XXIII, 30.) — «.Nudus egressus sum ex utero..., nudus revertar. » (*Job*, II, 21.)
(2) Voir la prétendue *Réfutation du livre de M. Veuillot sur le droit*

Cause tout esthétique des obscœna, trop peu comprise.

Non, la foi, le sens moral, la vertu enfin qui en découle et qui s'y appuie, ne manquèrent point à cette ère du génie chrétien, et c'est en leur nom que cette sublime iconographie s'empare de l'art pour en faire l'école du bien et l'éclatant reflet de ses plus augustes leçons. Donc, lorsque ces leçons eurent changé d'expression visible, lorsqu'on les étudia sous des formes qui, pour être restées longtemps insolites, n'étaient cependant ni trop nouvelles ni moins comprises, on ne les accusa point de venir sans raison se placer à côté de ce qu'on admirait de plus saint et de plus pur. On symbolisait la vertu, il fallait symboliser le vice, et la distance qui les sépare fut la mesure des données nouvelles, comme leur différence radicale détermina des moyens tout opposés : telle est la cause vraiment morale et l'origine théologique de tant de figures dont l'ignorance s'est scandalisée, et dont l'intelligence était pourtant bien facile, pour peu qu'on se fût rappelé ce que disait S. Denys d'Alexandrie : « Que la cause du péché n'est point en notre corps, mais dans le mauvais usage qu'on en fait (1) ; » mais enfin ce mauvais usage est trop fréquent, il jette trop de désordres dans la vie des sens pour ne lui opposer point des avertissements sévères et continuels. On voulut donc en inspirer l'horreur en montrant tour à tour la laideur du péché honteux, les détestables égarements où il pousse, l'abîme creusé par lui sous les pas de l'humanité quand elle s'en rassasie et

---

du seigneur, par Jules Delpit. C'est à propos de cette prétendue réfutation que cet écrivain, qui n'est point de l'Institut, mais qui sentait peut-être le besoin d'en être, s'allie, en l'honneur de ses haines contre le moyen âge et sa civilisation, à d'autres qui en sont déjà, lesquels n'usent de leur grandeur littéraire que dans le même but, et que le monde voltairien connaît trop pour que nous devions les nommer ici. Des romans immoraux, des opéras impies ne donnent pas le droit de dénigrer l'Église aux dépens de la justice et de la vérité. — Voir aussi les *Annales archéologiques*, XVII, 327.

(1) Montesquieu ne disait-il pas, 1500 ans après lui, que l'imagination déréglée était la première source de l'impureté ?

l'adore. Voilà pourquoi tous les crimes de la chair, que les prédicateurs honnissaient devant des auditoires si nombreux et si attentifs, durent avoir leurs images dans ces sculptures, dans ces peintures murales, dans ces verrières coloriées, sur ces pages enluminées des manuscrits, où l'érudition chrétienne s'accommodait à l'œil et à l'esprit, sans plus craindre de les blesser que la parole n'avait offensé l'oreille ou affecté des cœurs naturellement dociles autant que chastes par devoir.

En vain chercherait-on à combattre cette méthode en se récriant sur la crudité de certains sujets; ceux-là mêmes ne sont que d'éloquents reproches aux passions qui se fourvoient, ou la rigide flagellation imposée aux coupables doctrines des hérétiques, si souvent condamnés par l'Église. On sait de quelles abominations se souillaient les sectes impures des adamites, des cathares et toutes les branches de gnostiques, dont le sens perverti ne vivait que des plus monstrueuses incontinences. Les reproductions murales de ces orgies suppléaient aux catéchismes, que l'imprimerie ne donnait pas alors ; et ce qu'il ne faut pas oublier comme conséquence de cette remarque, c'est qu'en voyant le peintre ou le sculpteur attacher aux surfaces qu'il travaille certaines représentations où la nature agit sans aucun voile ni retenue, ce n'est point le côté permis de la chose, celui que sanctifie le sacrement du mariage que vous voyez là, mais bien l'abus et l'excès, interdits en dehors de toute union légitime. On s'est beaucoup effrayé, par exemple, d'un chapiteau placé au péristyle de Saint-Benoît-sur-Loire, et qui se trouve accolé à une scène de tentation d'un autre genre. Deux personnes entièrement nues en font tous les frais, et en considérant ce qui entoure ce chapiteau, on ne peut reconnaître qu'un contraste médité entre les plus saintes leçons du dogme et les plus hideux mépris de la pureté conjugale ; car c'est tout près, et en regard des divins mystères de la sainte Enfance, de la virginité de Marie et

La crudité des sujets est une preuve de leur nécessité ;

elle personnifie les passions et les crimes honteux :

l'adultère à Saint-Benoît-sur-Loire ;

des révélations célestes de l'Apocalypse, que le dessinateur expose au regard l'action même de l'adultère ou de la fornication (1). En cela, et par la crudité même de cet acte honteux, rien d'étonnant pour qui étudie philosophiquement cette page inusitée de l'histoire de l'art. L'Apocalypse, nous l'avons vu, n'épuise-t-elle pas ses saintes invectives contre les prostitutions de Babylone? La prostitution n'est-elle pas mille fois, là et dans les autres Prophètes, comparée avec la fornication à l'idolâtrie, qui n'est autre chose que la négation du dogme, comme l'impureté absolue, caractérisée par cet acte que n'atténue aucune des moindres règles de la pureté, n'est que l'avilissement de la morale et la plus complète abjuration de la dignité chrétienne? Ne lit-on pas dans la *Sagesse* ces mêmes pensées rendues dans les mêmes termes (2)? Jérémie n'a-t-il pas reproché à Jérusalem infidèle de s'être rendue coupable de ce crime et d'en avoir cherché toutes les occasions (3)? — C'est dans le même but qu'à l'un des contre-forts méridionaux de la cathédrale du Mans, se tiennent, dans une attitude qui défie toute description, une femme et un homme encapuchonné qui, très-certainement, n'y sont, et toujours en dehors de l'église, que pour stigmatiser ces chiens, et ces impudiques abominables que S. Jean ordonne d'en chasser comme autant d'idolâtres et d'empoisonneurs (4). — S. Paul n'est pas moins pressant,

la prostituée de l'Apocalypse;

les chiens et les impudiques.

Style énergique

(1) Voir Marchand, *Souvenirs historiques de l'ancienne abbaye de Saint-Benoît-sur-Loire,* pl. x, in-8°, Orléans, 1838. — Ce livre, qui n'a aucun mérite, ni comme histoire ni comme interprétation de l'iconographie du monument, que l'auteur n'a pas comprise, est intéressant par les planches, dont un archéologue expérimenté reconnaîtra bien mieux aujourd'hui le sens et l'origine.

(2) « Initium fornicationis est exquisitio idolorum, et adinventio eorum corruptio vitæ est. » (*Sap.*, xiv, 12.)

(3) « Tu fornicata es cum amatoribus multis. » (*Jerem.*, iii, 1.) — « Sub omni ligno frondoso fornicata es. » (*Ib.*, 6.)

(4) « Foris canes, et venefici, et impudici, et homicidæ, et idolis servientes !... » (*Apoc.*, xxii, 15.) — Nous ne voudrions pas ici répondre du personnage, dont les apparences, toutes spécifiées surtout par son capuchon, pourraient bien tromper l'observateur, cette espèce de

et c'est de lui qu'est sans doute empruntée la hardiesse de beaucoup d'images où sont traduits les crimes dont il déclare les auteurs indignes du ciel dans sa première lettre aux Corinthiens. « Ce ciel, dit-il, n'est fait pour les débauchés d'aucune sorte ; loin de lui ceux qui se livrent aux fornications, aux adultères, aux abominations de Sodome (1) ! » Les Romains ne valaient pas mieux, et, privés, comme on le voit par les conseils que l'Apôtre leur adresse, de tout sentiment des vertus morales, ils se déshonorent en outre par la stupide habitude des plus ignobles excès de la chair. Point de ciel pour de tels monstres ; ils ne méritent que la mort éternelle, car ils vivent dans des crimes pires que l'idolâtrie qu'ils avaient quittée (2).

de S. Paul contre les Romains et les Corinthiens.

Que s'il en était ainsi de ces orgueilleux conquérants du monde, dont la brutalité sensuelle ne s'arrêtait devant aucun attentat, en fut-il autrement de ces hordes franques et germaines qui les chassèrent, quatre siècles après, du sol qu'ils avaient déshonoré ? Ne fut-ce pas les mêmes désordres qu'apportèrent les Normands aux bords de nos

Leurs crimes renouvelés par les barbares envahisseurs de l'empire, et par les Normands.

---

couvre-chef ayant été au moyen âge d'un usage assez général en dehors du costume monastique. Quoi qu'il en soit, la suite va nous montrer qu'il est très-possible de trouver de telles images offertes en leçons morales, et non pas, comme persistent à le soutenir quelques *penseurs* trop dociles à leurs conceptions préconçues, en preuves critiques d'une immoralité religieuse qu'on s'étudie à grossir systématiquement.

(1) « Nolite errare : neque fornicarii, neque adulteri, neque molles, neque masculorum concubitores..., regnum Dei possidebunt. » (1 *Cor.*, vi, 9.)

(2) « Et mutaverunt gloriam incorruptibilis Dei in similitudinem imaginis corruptibilis hominis, et volucrum, et quadrupedium, et serpentium. Propter quod tradidit illos Deus in desideria cordis eorum, in immunditiam : ut contumeliis afficiant corpora sua in semetipsis ; propterea tradidit illos Deus in passiones ignominiæ. Nam feminæ eorum immutaverunt naturalem usum, in eum usum qui est contra naturam. Similiter autem et masculi, relicto naturali usu feminæ, exarserunt in desideriis suis in invicem, masculi in masculos turpitudinem operantes, et mercedem quam oportuit erroris sui in semetipsis recipientes... Tradidit illos Deus in reprobum sensum, ut faciant ea quæ non conveniunt... Qui talia agunt, digni sunt morte, et non solum qui ea faciunt, sed etiam qui consentiunt facientibus. » (*Rom.*, i, 23 et seq.)

fleuves et sur tout notre littoral maritime quand ils y débarquèrent, au neuvième siècle, pour y semer avec les ruines matérielles une désolation mille fois plus terrible dans le ravage des mœurs et le renouvellement de tous les excès que le Christianisme avait effacés de la société nouvelle? Ces abominations étaient donc revenues; il est certain qu'une recrudescence de ces crimes contre nature s'était manifestée depuis l'apparition de ces colporteurs d'immoralité, et un fait arrivé au douzième siècle, et que rapporte un de ses historiens, montre bien à la fois et jusqu'où pouvait aller le désordre du monde, et comment le peuple chrétien le détestait, puisqu'un Saint pouvait lui en parler ouvertement sans étonner en rien son nombreux auditoire. S. Bernard, ayant délivré à Nantes une femme de l'une des plus affreuses obsessions, dénonça le fait aussitôt après, dans la cathédrale, à la foule assemblée à qui il voulait en inspirer l'horreur (1). C'est un de ces mille sujets qui avaient droit à trouver leur place dans quelques *illustrations* murales. Bien d'autres de genres trop variés venaient souvent augmenter les griefs de l'Église, et quoique ses efforts et ses justes sévérités y eussent mis un frein, des traces de ces funestes maux restaient toujours, et c'étaient eux qu'il s'agissait de combattre en livrant à la réprobation générale ces infamies de la chair et leur voie corrompue.

Raisons de quelques modillons spéciaux et d'autres sculptures,

Aussi la sculpture ne fut pas moins fidèle à flétrir ces infamies que les Docteurs à les honnir. Comme pour les autres expressions du mal ou du bien, l'artiste, qui n'avait pas toujours à travailler un champ de vaste espace, dut se borner souvent à des étendues restreintes, n'offrir qu'une pensée principale au lieu d'un drame complet, et remplaça des groupes et des faits par un objet isolé dont la vue suffisait pour rappeler un passage scripturaire avec le souvenir d'une défense divine, et sans lequel aurait manqué un cha-

---

(1) S. Bernardi *Opp.*, t. I, p. 25, edit. Horst., Lugduni.

pitre de haute importance au Décalogue de l'architecte et
du sculpteur. De là, à l'église de Gourgé (Deux-Sèvres), trois à Gourgé,
modillons se partagent une même action au-dessous d'un
entablement qui règne sur la porte d'entrée. Celui du milieu,
composé de deux objets réunis, ne laisse aucun doute quant
à sa signification dissolue (1); les deux autres de chaque
côté sont un homme et une femme grimaçant à loisir, et
dont le sentiment ainsi rendu ne reste pas étranger à cette
vilenie. De même à Saint-Pompain (Deux-Sèvres), on voit à Saint-Pompain
et ailleurs.
deux femmes se livrant séparément à des lubricités dégoû-
tantes. Ceci se passe au-dessous de trois zones arrondies en
ogives et couronnant l'entrée occidentale. Ces zones offrent,
parmi les motifs variés de leur riche travail, des scènes qui
se rapportent à celles-là, tout en leur opposant des idées
contraires, telles que deux chevaliers, la force et la prudence, terrassant deux anges réprouvés qu'ils foulent à
leurs pieds, pendant qu'eux-mêmes reçoivent sur leur tête,
des mains de deux Anges fidèles penchés sur chacun d'eux,
la couronne de leur pieuse victoire. Le zodiaque est là Le zodiaque.
aussi avec ses signes célestes correspondant, par les occupations de chaque mois, à la pensée de ces travaux de la
terre qui font éviter le péché en élevant l'âme vers Dieu, et
mériter le ciel par la fuite des mauvaises passions. Ces idées
si diverses, ces expressions si opposées du vice et de la vertu
ne s'expliquent-elles pas mutuellement, et ne dévoilent-
elles pas très-clairement l'intention de ceux qui ne craigni-
rent pas de les réunir sous les mêmes regards? Les autres
obscœna qu'on voit distribués aux modillons extérieurs de
Villeneuve-d'Ornon (Gironde), dont l'église est du onzième
siècle; ceux qu'a recueillis dans plusieurs églises de
basse Normandie le zélé archéologue M. Dumoncel (2),

---

(1) « Partes utriusque sexus coeuntes. »
(2) *Bulletin monumental*, VIII, p. 16 et suiv. — Une planche accompagne cette liste et reproduit une suite de 139 sujets, parmi lesquels
trois ou quatre à peine sont des *obscœna*. Nous disons *à peine* parce que,

ont évidemment le même principe et tendent à la même fin ; ils sont tous aussi d'une époque à peu près identique, n'allant guère au delà des onzième et douzième siècles, comme à Saint-Sernin de Toulouse et à l'abbatiale de Moissac, comme aux cathédrales de Bazas et de Poitiers; mais ils ne se prolongent guère en deçà du treizième, et déjà, dans cette dernière période, on les remarque moins qu'au siècle précédent.

<small>Prétendus *obscœna* qui n'ont jamais existé.</small>

Après ce que nous venons de reconnaître, il est bon cependant de constater que plus d'une fois on a cru voir des *obscœna* où jamais il n'y en avait eu. M. Jouannet, dans une description, publiée en 1824, de l'église Sainte-Croix de Bordeaux, faisait justice, à l'égard de ce monument, de ce qu'on regardait alors comme un reproche mérité. Nous avons dû défendre contre cette même imputation, fort peu comprise encore en 1849, l'un des tympans occidentaux de notre belle cathédrale de Poitiers, où de mauvais yeux avaient pris pour tout autre chose un diable jetant, tête la première, dans la gueule de l'enfer un damné qu'il y portait sur son dos (1); mais que feraient de plus quelques scènes mal interprétées, puisque nous savons enfin quelle interprétation leur donner ?

<small>Ces sujets furent-ils jamais des satires contre le clergé ?</small>

Cette objection ressemble beaucoup à celle qui faisait figurer des évêques et des moines livrés au mal dans ces

---

sur ces quatre, deux nous paraissent douteux. Quoi qu'il en soit, M. Dumoncel est de notre avis quand il pense que ce sont là des moyens d'inspirer l'horreur du mal ; mais nous ne pouvons être du sien lorsqu'il penche à croire qu'on aurait voulu aussi bien faire le contraste entre le bonheur si pur d'aimer Dieu et la vertu, et l'affreuse jouissance de ces plaisirs immondes. La première de ces idées est la seule admissible, car la seconde serait trop métaphysique et d'une portée trop difficile à atteindre par la foule. On voit cependant que ceux mêmes qui n'ont pas de profondes études théologiques pensent qu'on ne peut expliquer que par la théologie ce que tant d'autres aiment mieux condamner que de se taire.

(1) Voir *Bullet. monum.*, XI, 196 ; — *Hist. de la cathédr. de Poitiers*, I, 135.

mêmes scènes que nous signalons ici, ou jetés en enfer dans celles du jugement dernier. C'étaient là, d'après quelques-uns, « des satires hardies autant qu'amères des laïques constructeurs contre l'autorité et le caractère ecclésiastiques dont la puissance pressurait de trop près le pauvre peuple... » Tant il est vrai que ce peuple, si tendrement plaint par les amis qui l'exploitent en calomniant le passé, doit être aveuglé jusqu'au bout par les démocrates de l'archéologie ! Eh quoi ! ils n'ont pas vu que ces justes sévérités n'étaient qu'une preuve d'impartialité du clergé lui-même, qui, au douzième siècle, encore un coup, était le maître de ces œuvres, et que les deux siècles suivants n'ont fait que les imiter dans le même but ? Ils oublient que la loi divine est faite pour tous, que la règle des devoirs est la mesure des châtiments comme des récompenses, et que plus sont élevés ceux qui les méprisent, plus ils seront punis pour avoir, par leurs mauvais exemples, perdu tant d'autres avec eux ? C'est l'Esprit-Saint qui a dit cela avec une concision aussi redoutable qu'énergique (1). Quand donc l'Église, usant d'un des moyens les plus fructueux contre les égarements du cœur humain, eût voulu lui inspirer, par la peur des peines éternelles, et la fuite du péché et le généreux amour de la vertu, qu'y verrait-on qu'une habileté pleine de tendresse et une pieuse industrie que la charité ne lui recommandait pas moins que la foi ? Qu'était-ce autre chose que suivre dans cette tâche fermement soutenue les exemples donnés par S. Bernard, dans son livre *De la Considération* adressé à un Pape, le vénérable Bède, Pierre de Blois, et tant d'autres ? (Non, mais des leçons sur ses devoirs,)

La preuve de cette vérité qu'avait dite S. Grégoire, au commencement du septième siècle, sur les catéchismes donnés au peuple par les peintres et les sculpteurs, se confirme par ce que versifiait, au milieu du quinzième, (comme la peinture en donnait à tous)

---

(1) « Potentes potenter tormenta patientur. » (*Sap.*, vi, 7.)

Ce qu'en disait Villon, le poète Villon, dans cette *Hymne à la Vierge*, qu'il avait faite pour sa mère, et dont le style naïf ajoute singulièrement au mérite du fond :

> Femme je suis, pauvrette et ancienne,
> Qui riens ne sçays, oncques lettres ne leuz,
> Au Moustier voy, dont suis paroissienne,
> Paradis peint, où sont harpes et luz,
> Et ung enfer où dampnéz sont boulluz...
> L'ung me fait paour, l'autre joye et liesse... (1).

Voilà donc le but de l'Église rempli par ces exhibitions partout multipliées. Les simples qui *oncques lettres ne leurent*, se les approprient aussi bien que les magistrats de la république des lettres. La différence entre eux est peut-être, à en juger par Villon lui-même, que les petits ont *paour et liesse*, et que les grands n'y songent pas assez; mais c'est précisément la raison qui fait ranger ceux-ci en partie du côté des âmes perdues. Ce même avertissement ne se donnait-il pas du temps que Virgile écrivait le sixième livre de l'*Énéide :*

et même Virgile.

> *Discite justitiam moniti, et non temnere Divos?*

De telles leçons furent toujours utiles, car elles sont inséparables des notions d'une autre vie. Leur austérité ne s'affaissa point, bien au contraire, quand s'affaiblirent les mœurs chrétiennes, et nos façades du quatorzième siècle, durant lequel tant de causes vinrent appauvrir le sens religieux, en conservent de remarquables spécimens. Mais le treizième, encore si profondément imbu des principes les plus élevés, n'en avait pas moins, et jusque dans les monastères, ces textes que chacun savait lire et s'appliquer. A Sainte-Marie-des-Chases, en Auvergne, un prieuré, aujourd'hui effacé, avait une charmante église du douzième

L'enfer des religieuses à Sainte-Marie-des-Chases.

---

(1) Voir un intéressant travail de M. Duchallais dans la *Biblioth. de l'École des Chartes*, 2ᵉ série, t. IV, p. 229 et suiv., et t. V, p. 424.

siècle devenue paroissiale, et dont la paroi septentrionale avait été décorée, au treizième, d'une curieuse fresque représentant, en de vastes dimensions, le jugement dernier. Elle était divisée en deux plans, dont l'un offrait la récompense donnée par le Sauveur aux religieuses fidèles que lui présentait la Prieure. Dans l'autre, au dessous, on voyait les religieuses maudites et livrées au démon. Un diable « à bec d'oiseau, aux pieds onglés, à la queue fourchue, aux écailles de flammes, à l'œil ardent, a fait un paquet des damnées qu'il traîne après lui, liées par une corde. D'autres petits diables s'agitent autour de leur chef, emportant une religieuse à califourchon sur leurs épaules, tandis qu'un autre suppôt d'enfer ouvre la gueule de la fournaise, d'où s'échappe une fumée rouge. Les religieuses prédestinées ont le corps entièrement nu., » mais sans aucune apparence de sexe, comme il convient à des âmes, et la tête couverte d'un voile noir, car ce voile est le symbole conservé de la vie cachée en Jésus-Christ, qu'elles ont saintement suivie. Les religieuses damnées, au contraire, sont nues également, mais le voile dont elles ne sont plus dignes leur manque : elles ont la tête découverte et les cheveux épars, c'est-à-dire que pour elles il n'y a plus ni de modestie, ni de prière, à laquelle S. Paul ne voulait pas que les femmes se livrassent sans être voilées (1).

Nudité des âmes. — Symbolisme du voile religieux.

On le voit, cette fresque résume à elle seule tout ce que nous avons établi ci-dessus. En face d'une telle composition, on explique la nudité symbolisant l'âme dégagée du

---

(1) Voir, *Bullet. monum.*, XII, 399, une *Notice* de M. Branche *sur Sainte-Marie-des-Chases.* — L'auteur regarde comme *singulier* ces dernières circonstances de la nudité symbolique et du voile donné aux unes et refusé aux autres. Pour bien comprendre l'art chrétien il faut avoir nécessairement des études liturgiques, et beaucoup d'autres dont la Bible et les Pères sont la source. — Le voile, qui fait l'attribut de la vie religieuse des femmes, a son origine dans cette phrase de S. Paul : *Vos ipsi judicate : decet mulierem non velatam orare Deum?* (1 *Cor.*, XI, 13.)

432 HISTOIRE DU SYMBOLISME.

corps charnel, la damnation possible des personnes vouées au plus saint état, l'intention sérieuse qui préside à ces œuvres, toujours prises dans l'ordre des idées surnaturelles, les horribles liesses de tant de diables n'aspirant qu'à entasser des victimes, la joie calme et sereine des héritières du royaume éternel.

<small>Ces caractères s'effacent devant la prétendue Renaissance,</small>

Mais comme ces doctrines théologiques eurent à souffrir des égarements mondains imposés à la société par la funeste époque dite de la Renaissance, il s'en faut bien que nous puissions appliquer à ce que l'art nous donna pendant les quinzième et seizième siècles les principes que nous venons d'émettre. A cette époque on voit encore, il est vrai, surnageant çà et là au naufrage de la vie morale, quelques preuves que parfois c'est encore l'Église qui s'occupe de ses affaires, le clergé qui dicte ses images aux sculpteurs (1); mais de toutes parts les barbares se précipitent et hâtent à l'envi, révolutionnaires précurseurs, la ruine du sens chrétien avec celle de l'art consacré à Dieu. Alors le grotesque s'empare des églises, y envahit à la fois vitraux, stalles, peintures, sculptures; le désordre règne partout, grâce aux grossières inspirations de Luther; à l'immixtion de sa théologie dans le monde qu'il paganise, et aussi à ce pillage des choses saintes livrées, sous le nom de commandes, aux

<small>et sont remplacés par l'esprit du paganisme, de la mondanité et du mauvais goût.</small>

favoris débauchés des princes *chrétiens*. Tout le monde s'en mêlant, les profanateurs changent jusqu'à la nature des choses : les traditions disparaissent, les règles séculaires s'oublient; la toile, avec ses vernis chatoyants, usurpe la place des fresques et des verrières; les plus étranges compositions, non plus sous une forme mystique, mais s'évertuant à prendre leurs symboles dans la boue des passions éhontées, s'emparent du temple et en font un bazar d'hagiologie traitée, à la façon des Romains et des Grecs, avec

---

(1) Voir, *Bullet. monum*, XXII, 292, le « Marché et description des sculptures à faire dans la clôture du chœur de la cathédrale de Chartres, » par Jean Solas, maître maçon à Paris.

une indécence systématique, au caprice d'ouvriers dont la vie ne valait pas mieux que la pensée, et s'inspirant pour le bon Dieu et la Madone des formes homériques ou virgiliennes de Jupiter et de Vénus. Les nudités inutiles se multiplièrent alors à la plus grande gloire des artistes, qui montraient vaniteusement, par ce moyen, leurs études anatomiques. Par un bizarre contraste, le mauvais goût revêtit les statues d'étoffes et de brocarts, dont l'effet les rendait au moins ridicules; l'art tenait ses assises chez les marchands de drap et de verroterie, heureux quand il ne descendait pas jusqu'à donner à un crucifix un costume suisse, comme il arriva plus tard à Soleure, et à d'autres une perruque par-dessus la couronne d'épines, comme l'avait vu, en Sicile, le P. Labat (1).

Plus de cent ans passèrent sur toutes ces insultes permanentes faites au culte du Sauveur, de sa sainte Mère et de leurs amis couronnés dans le Ciel. Et enfin, quand le mal se fut étendu jusqu'à ne plus laisser croire qu'à une décadence complète de l'art qui avait oublié ses destinées et sa fin, l'Église voulut se défendre au moins contre l'envahissement de ce barbare qui s'appropriait ses temples et ses autels, ni plus ni moins, comme les soudards de Coligny et de Condé. Le concile de Trente, qui se termina en 1563, s'occupa, cette année, de cette question importante et voulut réformer les abus qui en avaient corrompu les éléments. Un de ses décrets, renouvelant sur la matière les canons du septième concile général, tenu à Nicée en 787, obligea les pasteurs à n'introduire dans les lieux saints que des images qui, en quelque matière qu'elles fussent faites, restassent conformes « aux prototypes, » c'est-à-dire aux formes adoptées par l'antiquité dès les temps apostoliques et aux règles suivies pour chaque sujet. Le concile avait-il, en usant de ces termes,

<small>Le Concile de Trente décrète une réformation.</small>

---

(1) Cf. *Voyage d'Espagne et d'Italie*, par le P. Labat, dominicain, t. V, p. 212, Paris, in-12, 1830.

l'intention de prohiber pour l'avenir les *obscœna*, dont le libertinage de son temps commençait peut-être à abuser ? rien ne le prouve. Déjà abandonné depuis longtemps, ce genre, d'ailleurs très-bien compris par tout ce que l'univers catholique avait de Docteurs les plus éclairés, ne devait pas sembler prêt à revenir, et nous verrons bientôt la preuve qu'il ne faisait encore peur à personne. En admettant donc qu'il ne fût question, dans le langage des Pères, que des tableaux ou sculptures admissibles à tous les regards, ils rappelaient aux maîtres des âmes l'obligation d'expliquer au peuple ces images, dont elles étaient la lecture sensible et journalière; aux évêques, elle disait la nécessité de ne laisser exposer aucune image sortant de ces règles, même dans les monastères exempts, sans qu'ils lui eussent donné leur approbation (1). Remarquons, en outre, que la sainte et docte assemblée insista dans ce même décret pour qu'on éloignât du culte vénérable des saintes images toute superstition, et que rien n'y fût traité qu'avec la plus grande modestie (2). Malheureusement, le torrent qui coulait ne fut pas arrêté par cette digue, et, soit que *le concile de Trente ne fût pas reçu en France*, comme on disait, de quoi nous voyons qu'on eut certes, en cela comme en d'autres choses, beaucoup à se louer..., soit que les mœurs, profondément altérées, eussent fait subir à l'art une déchéance qui le por-

---

(1) « Non solum autem licere in Ecclesia imagines habere, et illis honorem et cultum adhibere, ostendet parochus, cum honos qui eis exhibetur, referatur ad *prototypa*... Tanta circa hæc diligentia et cura ab Episcopis adhibeatur, ut nihil inordinatum, aut præpostere et tumultuarie accommodatum, nihil profanum nihilque inhonestum appareat, cum domum Dei deceat sanctitudo. » (*Concil. Trident.*, sess. xxv, De invocat. reliquiar. et sacris imaginibus.)

(2) « Omnis superstitio in Sanctorum invocatione... et imaginum sacro usu tollatur..., omnis denique lascivia vitetur... Quod si aliquis dubius aut difficilis abusus sit, extirpendus... Episcopus antequam controversiam dirimat, metropolitani et comprovincialium episcoporum in concilio provinciali sententiam exspectat; ita tamen ut nihil, inconsulto sanctissimo romano Pontifice, novum aut in Ecclesia hactenus inusitatum decernatur. » (*Id., ibid.*)

tait vers le naturalisme et y entraînait jusqu'aux conceptions religieuses, toute cette discipline, en dépit de ces vénérables prescriptions, fut méprisée, et les artistes, n'écoutant plus que leurs fantaisies, les imposèrent à quiconque voulait une statue ou un tableau.

De tels désordres, qui ne se signalent qu'à la longue, finirent cependant par s'attirer de nouvelles animadversions officielles. Quand le concile de Trente était clos depuis un siècle, le pape Urbain VIII, affligé d'en voir négliger les canons, traita la chose plus radicalement, ordonna que les tableaux, statues et autres représentations de Notre-Seigneur, de la Sainte Vierge, des Saints ou de leur histoire, fussent traités, quant au costume et aux autres détails qui leur sont propres, selon les seuls usages de l'antiquité chrétienne, afin de rétablir, par ce retour aux temps de foi, une dévotion et un respect sincères envers ces dignes objets de notre culte (1).

Constitution d'Urbain VIII sur le même sujet.

Si cette haute sollicitude a pu relever l'honneur des arts chrétiens, c'est uniquement dans le choix des sujets et la décence des représentations. Nous savons trop que le génie des statuaires ou des peintres n'y a rien gagné; mais ce qui n'est pas moins certain, c'est que ni ce même concile, qui recommandait aux évêques la plus stricte surveillance contre les impiétés de l'iconographie moderne, ni ce pontife, si explicite dans ses prohibitions comme dans ses ordres, n'ont pas entendu comprendre dans leurs justes anathèmes les *obscœna* ou les grotesques de nos façades, de nos boiseries et de nos vitraux. On aurait eu cependant quelque prétexte de soutenir le contraire : car, tout en défendant de rien faire exécuter, à l'avenir, qui ressemblât aux choses proscrites,

Ces prescriptions ne touchent en rien aux obscœna des églises,

---

(1) « Nos abusus hujusmodi tollere pro debito pastoralis officii nostri volentes..., imagines Domini nostri Jesu Christi, Deiparæ Virginis Mariæ..., Sanctorum quorumcumque sculpere aut pingere..., aut vestire cum alio habitu et forma quam in catholica et apostolica Ecclesia ab antiquo tempore consuevit... » — Voir Gardellini, *Decreta authentica congreg. Sanct. Rit.*, t. I, p. 241, 1856.

ces grandes autorités voulaient qu'on éloignât du Lieu saint et qu'on n'y pût jamais conserver celles de même genre qu'on y avait admises jusqu'alors : *Imagines... antehac sculptas, pictas et alias quomodolibet effictas tenere.* Sans doute, si l'on eût ignoré alors le sens profond attaché depuis trois ou quatre siècles aux sculptures dont nous parlons ici, des moyens eussent été pris aussitôt d'en effacer jusqu'au souvenir. Où sont donc les écrits historiques, les ordonnances épiscopales constatant qu'on soit parti de ce texte si précis pour condamner à une radiation générale tant d'objets si onéreux à la critique moderne ? Si vous cherchez ces insignes, vieillis maintenant de sept à huit siècles, aux places que leur assigna le génie de nos aïeux, vous les y trouvez encore, sauf peut-être ceux que firent hacher, par une innocente pruderie, d'honnêtes fabriciens aussi peu au fait de leur histoire que des Pères de Trente et du bullaire d'Urbain VIII. C'est qu'en effet ces éminents organes de l'Église ne pouvaient confondre avec un horrible péché l'énergique remède apposé à ses fatales amorces par la théologie architecturale du moyen âge ; c'est qu'aux seizième et dix-septième siècles, si l'art s'était corrompu un moment sous les étreintes de l'hérésie qui le chassait des temples pour le jeter dans les cours sous le patronage de prince irréligieux et débauchés, il y avait encore dans le populaire une foi profonde et un respect des choses saintes qui ne lui permettaient pas de s'y tromper ; c'est que l'art était encore, dans nos églises, le livre de ceux qui ne savaient pas lire, et ne cessait pas, au milieu de ses malheurs, d'y exercer la féconde influence de ses enseignements ; c'est qu'enfin, quand la science symbolistique périssait, les savants ne cessaient point de l'apprécier et n'oubliaient rien de son caractère, de son langage et de son but. Nous ne disons pas que, même abrités par ces bonnes raisons, les mêmes symboles seraient aujourd'hui reproduits sans danger et au même profit de l'enseignement chrétien dans l'architecture de nos églises modernes. Quels architectes, d'ailleurs, savent s'inspirer de modillons quelconques, parfaitement ignorés des plus savants, pour décorer les monuments religieux qu'ils construisent? Mais, de grâce, messieurs les maîtres, cessez d'en accuser vos illustres prédécesseurs; ayez assez d'esprit pour ne pas vous en faire un prétexte contre l'Église, à qui vous devez tout, contre cette Église qui, en proscrivant les inconvenances futures dont vous deviez être les complices faciles et intéressés, eût bien pu ordonner, s'il y en eût eu de plus anciennes, qu'on les fît disparaître aussitôt (1). Désormais donc, vous saurez quelle interprétation donner à ces images calomniées; celles mêmes qui scandalisèrent le plus votre naïve indignation auront pour vous un sens assez raisonnable pour commander votre indulgence, sinon votre respect; et surtout vous vous garderez bien de les trouver déplacées ou insignifiantes dans une longue série de modillons où elles jouent un rôle utile, où elles sont une parole significative, et complètent un raisonnement ou une histoire toujours bonne à déchiffrer et à savoir.

ce qui n'autorise les architectes ni à les mépriser ni à négliger l'ornementation par des corbelets symboliques.

En résumant ce chapitre, nous sentons le besoin de nous rendre le témoignage, que notre lecteur sanctionnera sans doute, d'avoir écrit chastement, et comme il convient à notre caractère, des choses fort difficiles que l'ordre de notre ouvrage devait nous faire aborder. Mais aussi une joie nous est donnée : nous croyons avoir vengé l'Église des attaques de ses ennemis, et éclairé ses amis sur ce qu'ils doivent penser de ces prétendus scandales que beaucoup ne

Résumé de tout ce chapitre,

qui se conclut en faveur de l'Église.

---

(1) Ce que Molanus établit à l'égard des images dont parlait le concile de Trente, que pas une jusque-là n'avait été admise dans les lieux sacrés dont le sujet pût être favorable à l'hérésie, nous pouvons trèsbien le dire des *obscœna: Concilium Tridentinum nullam mentionem de imaginibus quæ jam habentur fecisse, ubi de statuendis dixit : ita ut nullæ falsi dogmatis imagines, et rudibus periculosi erroris occasionem præbentes, statuantur. Alioqui facile adjecisset : quæ autem statutæ sunt aboleantur.* (*De Historia sacrar. imaginum*, lib. II, cap. XXV, p. 75.)

savaient comment excuser. Nous avons vu les jugements erronés publiés à ce sujet par tant d'écrivains d'une science plus qu'incertaine; nous avons compris que l'étrangeté apparente des sujets en question correspondait, dans chaque période littéraire ou historique, à la naïveté du langage et, par cela même, à la simplicité des mœurs. Cette observation a clairement expliqué ce qu'auraient de surprenant, en face de nos habitudes modernes, des matières dignes de tous nos respects, traitées par les Pères dans un style aussi légitime qu'il est clair. Nous avons enfin acquis la conviction, née de toutes les preuves possibles, que l'Église n'avait jamais voulu qu'élucider, au moyen de ces figures maladroitement honnies, le sixième des commandements de Dieu, l'un de ceux qui touchent le plus près à l'ordre social, aux premières règles de la société et de la famille. En un mot, ce ne sont là que de véritables symboles mis au service de l'innocence et de la sainteté des mœurs pour les protéger, par l'horreur du mal, contre les attaques des plus dangereuses voluptés. L'Église s'y est-elle trompée? a-t-elle pu s'égarer sur les résultats de son zèle? le mal s'est-il produit, au lieu du bien qu'elle attendait de ces enseignements, devenus plus tard impossibles? Rien n'autorise à le penser. L'histoire des mœurs n'a laissé, depuis le onzième siècle jusqu'à nous, aucun vestige de cette déception, dont se fussent avidement emparés les libres penseurs. L'affaire est donc entendue et jugée. Poursuivons notre marche et abordons un sujet plus poétique et plus riant.

CHAPITRE XII.

ZOOLOGIE.

Le symbolisme est tellement un langage universel, il est si bien fait pour être compris de tous, qu'il a fouillé la nature entière pour y trouver les éléments de ses spéculations. Rien n'a échappé à ses investigations systématiques, à ses applications aussi simples que vraies et intelligentes. Dans son ardeur de tout dire, il a observé tous les règnes de la nature, s'emparant de tous les sujets qu'ils possèdent pour s'en faire des objets de comparaison et des indices de sa pensée. Si des théories aussi compliquées et parfois aussi subtiles que les nombres et les couleurs ont pu lui fournir de si vastes champs d'application, que ne devait-il pas rencontrer dans la nature animée, où tout s'agite avec des formes aussi diverses que multiples, où la plus rude intelligence découvre des relations mystérieuses autant que réelles entre l'homme et tout ce que le Créateur lui a soumis ! Le royaume zoologique, où l'homme tient le sceptre, ne se compose pas moins d'êtres qui professent chaque jour à son égard d'utiles leçons, et les sages distributeurs de ces œuvres de pierre, attachées comme de radieux bijoux à la robe de l'Église, ont su parler de tout au moyen de ces détails ingénieux. Soit que nous vivions en contact avec ces innombrables bêtes qui aident à nos travaux, partagent notre vie et participent de nos meilleures affections, soit qu'un état habituel d'hostilité de la part d'autres sujets rebelles nous sépare absolument d'eux par un sentiment de crainte irré-

Raison de la zoologie dans le symbolisme chrétien..

fléchie ou d'horreur instinctive, nous les avons sous nos yeux ou dans notre pensée comme autant de types avoués des meilleures qualités, des vertus les plus aimables ou des vices les plus justement détestés. N'en était-ce pas assez pour leur donner mille rôles odieux ou attrayants dans l'iconographie symbolique ?

<small>Les animaux y représentent les vices ou les vertus.</small>

Telle est, en effet, le double rôle qu'on leur attribue, et nous ne croyons pas qu'il puisse y en avoir un troisième, comme l'ont voulu des archéologues pourtant habiles, mais qui, accordant trop au caprice possible du ciseau et se persuadant que beaucoup de ces êtres étaient là sans plus de prétention que d'importance, en concluaient que le symbolisme ne pouvait être partout : comme si un seul type ayant sa synonymie dans quelqu'un des bons ou mauvais sentiments de l'humanité pouvait rester inutile au milieu de tant d'autres à qui l'on reconnaît forcément ces attributions ! Sans doute nous devons avouer que depuis le quatorzième siècle, à partir de l'ère nouvelle où l'art s'émancipe trop de la direction chrétienne, la fantaisie se mêle pour beaucoup à ses œuvres; mais c'est là une essentielle distinction à faire : nous ne voulons pas appliquer nos principes à ces esprits révolutionnaires qui arrachent l'art à Dieu et ne veulent plus que *l'art pour l'art*, comme ils l'affirment dans leur ridicule jargon. Est-ce de ce temps que nous voulons défendre les traditions et accepter les écarts ? A Dieu ne plaise !... on verra au contraire quelle estime nous en faisons. Mais en ne prenant que le côté réel de la chose et ne consultant que les périodes les plus justement renommées, on n'a plus à nier l'évidente pensée qui revêt de symbolisme tous les sujets que l'artiste accumule autour de lui. Pour ce qui va nous occuper, et en considérant l'accord général qui partout donne à l'élément zoologique une action vitale et déterminée, remontons, comme toujours, à l'origine; voyons quelles inductions doivent naître de cette unanimité qui n'est pas moins ici que dans tous nos autres sujets d'études, et, convaincus par cette revue générale de la création dans ses rapports avec l'homme, et par ceux que nous réservent encore nos recherches sur la flore murale, nous reconnaîtrons, avec un savant anglais, que « tout ce qui reçut de Dieu le mouvement et la vie, et contribue si merveilleusement à la parure du monde, devient pour nous une inépuisable source de louange et d'admiration (1). » Une religion divine pouvait-elle négliger un tel moyen d'élever notre cœur jusqu'à l'Auteur de ces glorieuses merveilles ?

La Bible, livre universel dans lequel s'élaborent avec une miraculeuse profusion toutes les données de la science humaine et des besoins de la conscience, est encore le plus ancien livre où il nous faille chercher les notions philosophiques de notre zoologie religieuse. Ce que nous en avons dit antérieurement (2), soit sur la prophétie de Jacob, soit sur plusieurs chapitres de l'Apocalypse, nous montre assez que les vices et les vertus se partagent le domaine animal dans ces pages immortelles. De cette vaste réserve, ils s'élancent, pour ainsi dire, charmants de gracieuseté ou effrayants de laideur, vers ces régions de vie active et spirituelle que leur ouvrent nos basiliques ; de là ils planent sur le monde et lui rappellent, ensemble ou tour à tour, qu'il a le choix entre le bien et le mal, entre son bonheur et son malheur éternel. C'est afin de préciser ces deux caractères différentiels que l'architecte chrétien a toujours assigné une orientation différente à l'extérieur des édifices, ou dans leurs nefs latérales, aux images qui nous y parlent de Dieu, de la nature et de nos devoirs. Le Nord et l'Occident, où tout reste obscur et languit, sont les côtés assignés aux vices, et par conséquent à toutes les manifestations de l'esprit infernal, « qui a

La Bible est encore la source de ces moyens d'exégèse publique,

distribués au nord ou au midi des édifices, selon les caractères ou mauvais ou bons.

---

(1) « Ecce ! Variis in nostris paginis arridet creatio, suis purissimis adornata leporibus. Fluctus et venti, fructus et flores, et quidquid vivit et movet, aut mundum exornat, simul congregata inexhaustam admirationis et laudis materiam afferunt. » (Montgomery, cité par William Carpenter, dans sa *Scripturæ historia naturalis*, init.)

(2) Voir ci-dessus, t. II, ch. IV, VI et suiv.

placé son trône à l'Aquilon, » et qui éteint toute lumière dans le cœur de l'homme en y faisant les ténèbres du péché. Le Midi, avec ses chaudes ardeurs, sa lumière, l'éclat resplendissant qu'il épanche de toutes parts; le Levant, qui jette la joie à l'univers et lui rend chaque matin la verdure de ses feuillages, le chant de ses oiseaux et le parfum de ses fleurs, deviennent, sur les galeries aériennes des tours superposées, aux angles des flèches, aux frises des façades, le rendez-vous des placides vertus que personnifient les bons Anges, les animaux aimés de l'homme, et jusqu'aux étoiles du ciel et aux suaves plantes des bois. Tous les archéologues, tous les liturgistes, Honoré d'Autun, Durant de Mende, Béleth, Yves de Chartres, et ceux qui leur ont succédé, sont d'accord sur ces points, qui n'ont plus besoin de preuves. C'est d'ailleurs l'Esprit de Dieu qui a formulé cette séparation et symbolisé cette différence des points cardinaux atmosphériques, lorsque, comparant l'homme à un arbre planté par Dieu, il nous avertit que cet arbre restera au sud ou au nord dans son état de grâce sanctifiante ou de malheur éternel, selon que sa volonté l'aura maintenu ou fait tomber à droite ou à gauche (1).

Le Lévitique avec ses animaux purs ou impurs.

Ouvrons larges les Livres inspirés, et, comme autrefois devant Adam, toutes ces natures variées vont se présenter sous notre regard avec leurs noms caractéristiques, avec les

---

(1) Dieu dit à Satan : « Quomodo cecidisti de cœlo, Lucifer..., qui dicebas : ... Sedebo in lateribus Aquilonis ? » (*Is.*, XIV, 12, 13.) — Il dit à son peuple dispersé que la venue du Messie le fera revenir de l'Occident : « Ab Oriente congregabo te. » (*Ib.*, XLIII, 5.) — « Occidens, gentilitas : Quantum distat Ortus (Christus) ab Occidente (diabolo) ! » dit l'*Anonyme de Clairvaux.*—S. Melitonis *Clavis*, apud *Spicileg. Solesm.*, II, 82. — « Auster, Spiritus Sanctus, fervor spiritualis, » d'après S. Grégoire le Grand et Alain de Bonneval. (*Ibid.*, p. 79.) — « Oriens, Christus : Ecce vir oriens. » (*Zach.*, VI, 12.) — « Visitavit nos Oriens ex alto. » (*Luc.*, I, 78.) — « Si ceciderit signum ad Austrum, ubicumque ceciderit, ibi erit. » (*Eccles.*, XI, 3.) — Outre ce que nous en avons dit en maintes occasions, nous reviendrons encore sur les points cardinaux, qui importent beaucoup aux artistes.

mœurs qui pourraient tout d'abord expliquer la place qu'ils tiennent dans nos monuments. C'est dans le Lévitique, où s'exposent les fonctions des Lévites et les cérémonies de la religion, que se déroule cette longue suite des animaux que Moïse distingue en purs et impurs, désignant par ces termes ceux dont les Israélites peuvent manger et ceux dont ils doivent s'abstenir. Cette distinction, établie par le législateur, non pas tant par suite des défectuosités ou des qualités reconnues à ces diverses viandes que sur un système pratique d'abstinence religieuse, n'avait pas moins, d'après S. Augustin, S. Irénée, Origène, S. Cyrille et beaucoup d'autres commentateurs, une raison symbolique ; elle n'était prescrite que pour instruire les Hébreux de ce qu'ils devaient éviter ou pratiquer dans leur conduite morale, selon que les animaux purs ou impurs symbolisaient des vices ou des vertus. Nous pouvons regretter un livre perdu de Tertullien où ce pénétrant esprit nous eût probablement laissé, en traitant des animaux purs et impurs du Lévitique, des idées qui eussent été des plus anciennes. Bien d'autres, heureusement, en ont écrit et peuvent nous en dédommager (1). Théodoret, dit un savant bénédictin, observe que Dieu, en ordonnant qu'on lui sacrifiât tels ou tels animaux, choisissait précisément ceux qui étaient adorés des autres peuples et qui vivaient le plus familièrement avec l'homme : ainsi le bœuf, le bouc, le bélier, la colombe. Au contraire, il déclarait impurs les autres animaux vivant à l'état sauvage. Qui se serait décidé, en effet, quand l'idolâtrie était de toutes parts autour du peuple racheté, à faire des dieux soit de ces animaux qu'on immolait sur l'autel, soit de ceux qu'on regardait comme souillés, et dont ils ne pouvaient pas même user pour leur nourriture (2) ?

Interprétation des Pères à cet égard.

Ainsi la pureté ou l'impureté légale n'affectait pas les animaux en vue de leur nature dangereuse ou nuisible, ou

---

(1) Cf. *Spicileg. Solesm.*, III, 520.
(2) Cf. dom Calmet, *Commentaire sur le Lévitique*, ch. xi.

de leur utilité à l'égard de l'homme, puisque beaucoup d'entre eux, quoique réputés impurs, eussent pu se manger impunément antérieurement à la loi ; l'interdiction n'en était donc faite qu'en vertu d'une idée morale que voulait en donner le législateur, et dont il faisait une leçon pour son peuple. Origène va plus loin : il croit que Moïse déclare impurs les animaux dont les mœurs avaient quelque convenance avec les démons, et dont les Égyptiens et autres peuples idolâtres se servaient pour leurs augures. Il pense aussi que ces distinctions indiquées par Dieu sont évidemment figuratives, puisque, parmi les animaux qu'il est défendu de manger, il en est qui ne subsistent point dans la nature, comme le griffon et le capricorne, la sirène et le sphynx, et dont la description n'appartient qu'à des animaux fabuleux (1). Ces opinions, plus ou moins fondées qu'elles soient, autorisent toujours à faire de toutes ces natures bestiales autant de symboles dont purent très-bien s'emparer les auteurs sacrés et, après eux, les Pères, qui remplirent

Distinction que font quelques-uns entre les bêtes *et les* animaux.

leurs homélies de ces fécondes allusions. C'est, au reste, une remarque à faire, et qui s'élucide par l'examen du neuvième chapitre de *La Clef* de S. Méliton, que la symbolistique ancienne a distingué nettement le sens qu'elle donne au mot *bête* et au mot *animal*. Les *animaux* y semblent une espèce dont les individus sont *presque* tous pris en bonne part : ce sont les êtres domestiques dont la douceur et les habitudes modérées commandent l'estime, quadrupèdes mis au service de l'homme et qui partagent ses voyages et ses travaux. Les *bêtes*, au contraire, y forment généralement une catégorie de mauvais aloi, tenant plus de la brute par leurs instincts désordonnés et se rapprochant d'autant plus du démon, dont elles expriment le plus souvent la méchanceté et l'esprit de destruction ; tandis que dans ces animaux dont les tendances vont mieux aux habitudes chrétiennes et aux

(1) Voir Origen. lib. IV *contra Cels.*: — *Philocaliæ*, cap. I.

vertus qu'elles manifestent, on trouve *presque* toujours le type du Sauveur indiqué par sa vie apostolique, laborieuse, dévouée, humble et patiente. Les physiologues latins ou grecs sont d'accord sur cette donnée et distinguent parfaitement ces deux nuances, que nous ne devions pas laisser échapper. Observons enfin que, pour couronner ce chapitre IX, dont nous indiquons ici l'un des plus saillants caractères, c'est au diable qu'est consacré le dernier paragraphe : il compte donc parmi les bêtes ; il y est désigné comme le chef des méchants ou le principe de tout mal, *caput omnium malorum*. On le dissèque de façon à ne laisser aucune partie de son corps sans une explication emblématique à laquelle se rattache très-bien tout ce que déjà nous savons de lui (1).

Revenons au Lévitique.

En fait donc, comme l'ont observé tous les archéologues (2), c'est au nord que vous verrez attachés, pour l'ornementation des colonnes, des modillons, des chapiteaux, des frises, des encorbellements ou des consoles, ces animaux déclarés impurs dans le Lévitique, et d'autres qui plus tard, en vertu du mauvais instinct qu'on leur reconnut, méritèrent de venir s'y adjoindre ; les exceptions à cette règle sont tellement rares, s'il en existe, qu'elles ne feraient que la confirmer. C'est là que le chien hargneux montre ses dents menaçantes, que le dragon exprime par ses replis les astuces de l'esprit diabolique ; l'éléphant, par sa masse énorme, ces pécheurs orgueilleux à qui tout doit faire place en ce monde ; les boucs et les porcs y sont la luxure et la gourmandise ; le crapaud, le scorpion, de hideux personnages dont la vue ou les attaques blessent également le corps et l'es-

<small>Mauvaises bêtes placées au septentrion.</small>

---

(1) Voir S. Melitonis *Clavis*, cap. IX, les 36 premiers paragraphes traitant *de animalibus*, et du 37e au 82e qui parlent *de bestiis*. — Dom Pitra a merveilleusement annoté toutes ces allégories.

(2) Voir M. l'abbé Godard, *Essai sur le symbolisme architectural*, § 2 ; — *Bulletin monum.*, XIII, 356.

prit. Ici le tigre, comme le chat, avec les taches multiples de sa peau soyeuse et les souplesses de ses mouvements perfides, dénote l'hypocrisie aux beaux dehors et aux cœurs méchants; la taupe, la chauve-souris, le lézard deviennent à côté de lui les types de l'idolâtrie, étant le méprisable objet de l'adoration de quelques peuplades aveugles. Là c'est le sanglier aux instincts féroces et dévastateurs, s'efforçant de déraciner un arbre vigoureux qui représente l'Église de Jésus-Christ; ou bien c'est le loup qui se repait de carnage, trop souvent sous les apparences de la brebis; le lion qui abuse de sa force pour déclarer la guerre aux hommes et aux troupeaux; le singe, de la famille de Satan, que de nobles penseurs modernes inscrivent obstinément au rang de leurs premiers aïeux; l'onagre ou âne sauvage qui se glorifie de son indépendance et reste inutile à toutes les bonnes œuvres. — Que si vous voyez quelques oiseaux en compagnie de ces quadrupèdes et de ces reptiles, ce seront ou des déprédateurs, comme le vautour, le milan, le faucon, l'aigle, l'autruche, ou des sots orgueilleux, comme le paon, la huppe, le coq, qui pourtant est pris en bonne part dans le plus grand nombre de ses acceptions. C'est parmi ces bêtes septentrionales que vous rencontrerez aussi le plus souvent des êtres hybrides, composés de deux ou trois natures, monstres imaginaires dans lesquels on a réuni à plaisir les divers caractères mauvais qu'on voulait attribuer à un vice ou à une personne vicieuse. Cette méthode a donné lieu de composer, d'après le système de Loxus, dont Lavater a su profiter, des physionomies mêlées des traits de l'homme et de certains animaux, qui n'ont pas peu servi à étendre des rapports symboliques d'une race à l'autre (1). Tout cela abonde à

Certains oiseaux leur sont adjoints dans la même pensée.

---

(1) Loxus, médecin cité par dom Pitra, a écrit une physiognomonie dont le but est moins sérieux qu'on ne le croirait, quoique au fond l'on en puisse tirer des conséquences fondées sur une certaine justesse d'observations. — Voir *Spicileg. Solesm.*, III, p. LVIII et 324. — On a aussi d'Antoine Porta, savant napolitain des seizième et dix-septième siècles,

la cathédrale de Poitiers, à celles de Bourges, de Chartres et de Rennes ; tout cela forme une famille qu'on ne peut jamais mieux étudier que sur place, et dont on voit chaque membre fonctionner comme complice ou antagoniste les uns des autres, menant une vie isolée ou s'alliant pour le mal. Nous en citerions bien d'autres à l'égard desquels les plus expérimentés symbolistes se tiennent d'accord, comme on le reconnaîtra pour peu qu'on veuille jeter un coup d'œil sur les écrits de S. Grégoire le Grand, de Raban-Maur, de Pierre de Capoue, et comparer les *Distinctions* du moine de Cîteaux avec S. Méliton et les *Petites formules* de S. Eucher (1).

Ces brutes immondes, auxquelles il n'est pas rare de voir superposer des têtes de démon qui les rendent d'une horrible difformité, sont dans nos églises comme les boucs, qui, au dernier jugement, doivent tenir la gauche du Juge souverain : c'est donc à droite, dans la partie sud du monument, sous les influences ferventes du Soleil de Justice, aussi bien qu'au levant, d'où ses premiers feux ramènent la clarté d'En-Haut sur les verrières absidales, que vous verrez se loger les bêtes aimables, quadrupèdes et oiseaux, qui s'y ébattent joyeusement. Et ne vous étonnez pas de quelques figures observées ailleurs, et que certaines bonnes qualités ont ramenées au milieu de ces élus, comme leur nature peu favorable les avait confondus parmi les boucs et les méchants. Le chien, vorace et avare, importun, impudent en beaucoup de cas, n'en est pas moins l'ami souvent fidèle

Animaux innocents ou utiles placés au sud.

---

une suite d'observations d'où il concluait, de la forme et de certaines apparences données par la nature aux hommes, aux animaux et même aux plantes, les défauts ou les qualités intimes de chacun d'eux. Il s'en faut que tant de conjectures soient toujours admissibles, mais elles sont d'une justesse plus remarquable dans les rapprochements établis entre le caractère de l'homme et celui des animaux auxquels il ressemble plus. Ce curieux livre a pour titre : *Phytognomonica octo libris contenta, in quibus nova facillimaque affertur methodus qua plantarum, animalium, metallorum, rerum denique omnium ex prima extimæ faciei inspectione, quivis abditas vires assequitur*, in-f°, Neapoli, 1583.

(1) *Spicileg. Solesm.*, t. II et III.

et le serviteur obéissant; le paon dont la superbe semble le défaut capital, n'en est pas moins le gardien de la ferme et du château, qu'il éveille par ses cris contre les invasions des voleurs; les yeux si nombreux de son merveilleux éventail semblent lui attribuer la vertu de vigilance, et la contemplation des choses divines : on l'a vu sous le bénéfice de cette pensée, et plus d'une fois, en adoration devant la croix en compagnie de l'Agneau divin (1). On peut donc bien l'associer au phénix, qui renaît de ses cendres et indique l'immortalité et l'espérance que nous en avons ici-bas, ou au pélican, qui nourrit ses petits de son sang, comme le Sauveur ses enfants dans l'Eucharistie, et devient ainsi la figure de la charité. Mais le bœuf si laborieux et si puissant, comme les Apôtres, par la fécondité de son travail; le cerf qu'une soif ardente attire vers la fontaine sacrée; la colombe qui médite et gémit solitaire, ou boit la coupe du bonheur éternel; le cygne avec sa blancheur virginale; l'aigle élevant ses regards jusqu'au Soleil de Justice; l'agneau, enfin, qui rappelle l'idée du Dieu sacrifié, de son innocence et de sa douceur, voilà de quoi instruire encore et reporter à des pensées de foi, d'espérance et de charité.

Union de plusieurs types formant des scènes d'ensemble.

Ce n'est pas que tant de sujets apparaissent toujours seul à seul; souvent un rôle est rempli à deux ou trois personnages : deux ours qui s'embrassent comme des hypocrites, prêts à se déchirer bientôt; un homme frappant de sa hache un porc qui succombe, comme on terrasse les instincts pervers de l'ivrognerie ou de la luxure, se trouvent sur beaucoup de corbelets à côté de cet âne qui joue de la harpe, de cet autre qui s'est affublé d'une chape, de cette truie qui file, et de tant d'autres sujets non moins savants, prouvant tout au plus certaines prétentions de l'orgueil ridiculisé au profit de qui voudra bien les comprendre. Et puis, voici Samson enfourchant le lion qu'il domine en lui déchirant la

(1) Voir un intéressant article de M. Didron sur *les croix orientales* (Annales archéolog., V, 524 et suiv.).

gueule; ou bien le Sauveur qui réalise ce type en foulant l'aspic et le basilic du Psalmiste : tout cela se renouvelle et se modifie à l'infini. Et ce qui le rend plus remarquable, c'est que de pareils types ne sont pas d'un seul pays ni d'un seul monument : on les voit partout, en Bretagne et en Saintonge, en Provence et en Franche-Comté, en France comme en Angleterre, en Espagne, en Italie, au delà du Rhin comme en Orient même, dans ce qui y reste des monuments implantés par les Latins à l'époque des Croisades. Tous les travaux d'art, depuis la sculpture des grandes basiliques jusqu'aux mosaïques et aux émaux, revêtent les mêmes caractères et affirment un système commun de symbolisme et d'interprétation.

En fait de groupes, nous arrivons à l'un de ceux qu'on a le moins compris jusqu'à nos jours. N'est-ce pas une des plus curieuses exhibitions de zoologie sacrée que celle du zodiaque, dont chaque pièce, comme un modillon distinct des autres, se rattache à elles néanmoins, forme avec ses voisines un ensemble d'idées souvent interrogé, et reste presque toujours muet aux archivoltes des grandes portes de nos églises? C'est de quoi il nous faut parler ici pour en déterminer le sens autrement que par des suppositions. *Le zodiaque et son histoire.*

Nous ne pouvons qu'ébaucher ce sujet, pour lequel nous aurions, au besoin, les matériaux d'un livre intéressant. Il nous faut dire pourtant, et avant d'arriver au sens religieux de ces singulières sculptures, quelques mots qu'on ne doit pas nous demander en vain. Et d'abord, que dire de l'antiquité du zodiaque? On sait les rêveries de Dupuis, celles de la commission d'Égypte, et l'enthousiasme anti-chrétien qui saluait en 1822 les prétentieuses dissertations sur le zodiaque de Dendérah (1). A en croire ces graves ennemis *Antiquité prétendue de celui de Dendérah.*

---

(1) *Notice sur le zodiaque de Dendérah*, lue à l'Académie des inscriptions, par M. de Saint-Martin, in-8°. — L'auteur, en battant en brèche les opinions voltairiennes de MM. Jollois et Devilliers, dessinateurs et

de la foi chrétienne, on aurait découvert avec le monument égyptien les plus redoutables arguments contre les assertions de Moïse. Le malheur pour cette thèse fut d'être examinée au flambeau d'une critique sévère, et de tomber devant les preuves d'une antiquité qui n'allait guère au delà de cinq à six cents ans avant l'ère chrétienne. Cette même date avait été assignée déjà à l'invention des zodiaques par le P. Lemire, lequel la démontra en 1740 contre le système de Pluche, qui l'attribuait aux premiers descendants de Noé (1).

Le zodiaque fait partie du calendrier des anciens.

De leur côté, nos encyclopédistes du dix-huitième siècle, qui argumentaient de l'ancienneté de cet épisode scientifique pour conclure au rejet des Livres saints, prétendaient voir, dans certains des caractères représentatifs des bêtes zodiacales, des traces d'origine égyptienne et d'hiéroglyphes curiologiques (2). Nous adopterions volontiers cette remarque, en dépit de ce qu'elle a de vague et de peu prouvé (et sauf examen des conséquences qu'en voudraient tirer nos philosophes), car elle ne ferait remonter l'existence du zodiaque guère au delà de cette prophétie de Jacob citée dans notre premier volume (3), et qui prouve de reste que le patriarche faisait pour chacun de ses enfants une allusion évidente à cette mystérieuse zoologie déjà connue de son temps. C'est précisément en Égypte qu'eut lieu cette scène mémorable, et nous ne voyons guère ce qu'elle apporterait à Dupuis pour établir l'identité de Jésus-Christ et du soleil.

Comment les chrétiens le leur empruntent dès

Quoi qu'il en soit, l'usage du zodiaque, employé, chez les Romains eux-mêmes, sur les monuments ou sur les mu-

---

interprètes de la fameuse pièce, démontre contre eux et contre Dupuis, dont ils tendaient à accréditer le système, la nouveauté relative d'un œuvre qui, à leurs yeux, renversait tous les calculs de la Genèse.
(1) Cf. *Journal de Trévoux*, 1740, p. 1181, et Pluche, *Hist. du ciel*, t. I, p. 6-11.
(2) *Encyclop.*, t. XI, in-4°, p. 850, v° ÉCRITURE.
(3) Ch. IV, p. 108.

railles peintes, pour désigner les travaux agricoles ou les actions les plus saillantes de la vie humaine pendant les divers mois de l'année, fut adopté par les peuples chrétiens comme motif de décorations; mais il reçut d'eux un caractère d'utilité morale. Nous en trouvons un exemple dans S. Anastase le Sinaïte, mort en 620, lequel expliquait la présence des douze signes dans une église comme étant un symbolisme des douze Apôtres comparés dans leur ensemble aux douze constellations du cercle zodiacal (1). Il paraîtrait par là qu'à cette époque cette représentation, au moins sous les yeux du saint solitaire, se réduisait à son expression la plus simple, étant dégagée de toute autre image secondaire, et si, comme il nous semble très-possible, cette allusion aux douze Apôtres correspondait à chacun d'eux pour la représentation de chacun des signes usités, il en résulterait qu'il y avait eu entre ces signes et eux des affinités symboliques dont la découverte ne manquerait pas d'intérêt. C'est un travail que nous devons nous contenter d'indiquer ici, et qui demande autant de perspicacité que de recherches. Nous manquerions encore de preuves pour en établir les bases. *les premiers siècles.*

Ce qui est certain, c'est que les zodiaques abondent sur nos portes d'églises, ou dans leur intérieur, dès les onzième et douzième siècles, et s'y maintiennent pendant les deux suivants. Alors on leur crée des complications qui en rendent l'allégorie plus sensible; le zèle devenu plus actif de la théologie et de l'art tire parti du motif principal, comme il s'empare de tant d'autres, et y ajoute des accessoires au profit de l'esthétique et de l'enseignement religieux. L'objet de cet enseignement n'est pas douteux, si nous le voyons exprimé par les auteurs contemporains, jaloux d'ap- *Déductions morales qu'ils en tirent.*

Il leur rappelle l'action divine sur les biens de la terre,

---

(1) « In ecclesia zodiacum circulum in hunc modum explicabat S. Anastasius Sinaïta » (lib. IV *Hexameron*): « Zodiacus circulus Ecclesiæ, nempe duodecim stellarum Apostolicarum. » (Novarini *Schediasmata*, lib. XI, cap. LIII.)

prendre aux populations rurales que leurs travaux agricoles sont bénis de Dieu, qui les leur impose et leur en réserve le fruit éternel. Ce principe est professé par des hommes de la plus haute valeur et dont l'autorité ne saurait être récusée. Car voici Pierre de Blois, mort en 1198, qui, dans un commentaire sur le Lévitique, semble avoir en vue les indications sculptées aux portes de certaines églises. « La loi, dit-il, voulait qu'un bœuf fût offert pour le sacrifice à la porte du Tabernacle, afin que ceux qui travaillent à cultiver le champ du Seigneur puissent ensuite entrer librement dans les tabernacles du ciel (1). » S. Laurent-Justinien, mort au milieu du quinzième siècle, rappelle avec quelle sollicitude le Sauveur s'est représenté maintes fois sous les traits d'un laboureur, jetant dans le monde les semences de justice et de sainteté par ses prédications, ses miracles et ses exemples (2). Dès le quatrième siècle, S. Basile avait employé la même comparaison pour prouver que nous ne devions jamais désespérer de la conversion des pécheurs, puisqu'à force de culture et de soins entendus on pouvait ramener la fertilité dans un champ longtemps stérile (3). Enfin nous ne doutons pas que le

et la loi du travail imposée à l'homme.

---

(1) « Lex de sacrificiis præcipit ut bos offeratur ostio tabernaculi, quia qui laborant in agro dominicæ culturæ, libere possunt cœleste tabernaculum introire. » (Petr. Bles., *Epist.* IX.)

(2) « Venit Dei Filius, tanquam agricola doctissimus, atque verbis, miraculis et exemplis in agro præsentis sæculi semina jactavit, ut sanctificaretur justitiæ germen. » (B. Laur. Justin., *Fasciculus amoris*, cap. XV.)

(3) « Nemo de homine in vitio constituto desperare velit, haud nescius agriculturam stirpium qualitatem mutare; curam autem ac studium in consequendis virtutibus, animi omnes vincere morbos, superareque posse. » (S. Basil., *Homil.* II *in Hexamer.*) — L'Apôtre va plus loin. Selon lui, le chrétien est le champ cultivé par Dieu, et comme une maison qu'il a élevée et construite : *Dei agricultura estis, Dei ædificatio estis* (1 Cor., III, 9.) — N'est-ce pas à l'église qu'on vient par les sacrements cultiver ce champ mystique, cette vigne spirituelle du cœur humain, et réparer et entretenir ce temple de Dieu « qui est dans l'homme » : *templum Dei quod estis vos?* (1 Cor., III, 17.)

dernier venu de ces remarquables esprits, Vincent de Beauvais, n'ait résumé toutes ces idées, qui étaient le point de départ des sculpteurs et des peintres lorsqu'ils s'occupaient d'un zodiaque.

En effet, le livre IV de son *Miroir doctrinal* traite de l'économie domestique. Il y entre dans tous les soins qui fondent une propriété rurale et la font fructifier. A partir du chapitre XLI, **De rustici operis industria**, il parle surtout des travaux de la campagne, et, dans les suivants, jusqu'au CXLIX°, qui est le dernier de ce livre, il expose les travaux agricoles qui conviennent à chaque mois ; il représente ces travaux comme une œuvre divine tombée aux mains de l'homme, mais protégée de Dieu, *qui fait lever son soleil* sur la terre, et sans lequel nous n'aurions pour elle ni humidité, ni chaleur, ni semailles, ni moissons (1).

Ces données paraissent si bien d'accord avec les représentations de nos zodiaques ; la marche supposée du soleil par les espaces successifs assignés dans la sphère aux douze constellations a toujours semblé si conforme aux résultats que l'esprit de l'homme lui attribue sur les saisons et les soins ramenés par elle annuellement, qu'on ne voit guère comment ce genre de leçon aurait pu échapper à ceux qui, de tout temps, s'efforcèrent d'élever les masses à la connaissance de Dieu et à la sanctification de leurs devoirs d'ici-bas. En fait de symboles, on avouera que pas un ne l'emportait sur ceux-là, qui n'étaient pas seulement, comme quelques-uns l'ont pu croire, une sorte de calendrier redisant froidement, sous douze formes diverses, les travaux des douze mois de l'année, mais une prédication visible rappelant que le Dieu qu'on venait adorer dans le temple était le créateur des merveilles célestes, l'auteur de leurs influences sur la terre et le premier principe de tout ce qui se faisait en haut et en bas. La conséquence était, pour

Convenance d'un tel symbole.

(1) Cf. Vincent. Bellov. *Opp.* édit. Benedict. Sanvadast., in-f°, 1624, t. II, p. 502-554.

l'homme des champs, de sanctifier ses travaux en les accomplissant comme un ordre de Celui qui devait payer ses ouvriers à la dernière heure, d'en supporter les fatigues comme une épreuve utile autant que passagère, et d'implorer de ce Maître, en face de l'autel où il donne l'exemple du sacrifice, ces pluies bienfaisantes du soir et du matin qui réjouissent le laboureur et préparent l'accomplissement de ses espérances (1). C'est sur quoi sont tombés d'accord tous ceux qui joignent un peu de jugement à une suffisante connaissance du fait. Il y a plus : les zodiaques anciens, ceux qui nous viennent des Chaldéens ou ceux qu'élaborèrent les Grecs, s'en étaient tenus à la simple succession des signes consacrés partout et reçus de temps immémorial avec quelques variantes ; il n'y avaient pas ajouté, que nous sachions, ces autres images qui reproduisent les soins prodigués à la terre dans le cours de chaque mois, ni ces distractions légitimes consacrées par le Christianisme au profit de la vie de famille ; et quelque symbolistes que se fussent montrés les anciens dans leurs peintures des mois et de leurs attributs, comme on les voit dans un calendrier romain publié par Montfaucon (2), ils n'avaient pas songé à cette union de tels mythes, si ingénieux qu'ils fussent, avec cette zoologie céleste mise en rapport avec eux par la religion. C'est que le travail n'était qu'une charge de la vie pour ces païens, qui l'abandonnaient aux esclaves et l'avilis-

La partie morale du zodiaque inconnue avant le Christianisme,

---

(1) « Lætamini in Domino..., quia... descendere faciet ad vos imbrem matutinum et serotinum. » (*Joel*, II, 23.) — Et S. Jacques (v, 7) : « Ecce agricola exspectat pretiosum fructum terræ, patienter ferens donec accipiat temporaneum et serotinum... Patientes igitur estote, fratres, usque ad adventum Domini. » — Il est clair que ces textes, si souvent lus ou entendus, se rapportent clairement à l'image des zodiaques, et ce dernier semble une exhortation non plus seulement aux habitants des campagnes, mais à tous les fidèles, d'employer le temps de la vie, pendant lequel Dieu mesure pour tous le laps des mois et des saisons, à mériter, dans des travaux aussi patients que consciencieux, l'*arrivée du Seigneur*, qui leur donnera *les fruits de la terre promise*.

(2) *Antiq. expliq.*, supplém., t. I, p. 27 et suiv.

saient en le méprisant. Pour ceux qu'éclaire l'Évangile, au contraire, c'est une rançon du péché; il est anobli par le souvenir d'un Dieu dont la mission fut si laborieuse, et il est un devoir commun à quiconque veut marcher en toutes choses sur les vestiges de Jésus-Christ (1).

Une autre preuve de cette intention doctrinale, c'est qu'en beaucoup de monuments ornés du zodiaque, on l'accompagne, comme à Saint-Marc de Venise, des vices et des vertus qui garnissent, sous leurs formes iconographiques bien connues, les archivoltes voisines (2). Il n'y a donc pas à discuter sur le but que le sculpteur s'est proposé en multipliant ainsi cette méthode d'enseignement religieux. *qui en fait un moyen d'enseignement religieux.*

Ici une remarque est nécessaire pour éclairer les observateurs sur la série des animaux qui composent le zodiaque. Tout en demeurant assez généralement les mêmes pour chaque mois, ils changent pourtant quelquefois de place normale, ce qu'il faut attribuer à une négligence des ouvriers dans la pose des pierres, qu'ils sculptaient parfois en dehors du plan qu'elles devaient compléter. Un inconvénient plus grave dans ce désordre, c'est que le sujet secondaire, l'image annexée au signe déplacé, ne suit pas toujours celui-ci, et reste à sa place normale où elle se rattache sans raison à un autre signe qui n'est pas le sien. Une variante non moins sérieuse résulte d'une sorte d'interversion qui ferait parfois commencer le cercle et la suite des animaux qui le garnissent, de droite à gauche, et non de gauche à droite, comme on l'a fait généralement. Qu'il faille attribuer cette inexactitude apparente au peu d'importance attaché par l'artiste à la distinction faite dans toutes les cosmographies entre les signes du septentrion ou du midi, ce serait possible; mais ce n'est là, on le voit, qu'une anomalie de peu *Raisons de certaines interversions dans le placement des signes sur les monuments modernes.*

---

(1) « *Labora* sicut bonus miles Christi Jesu. » (2 *Tim*, II, 3.) — « Tu vero vigila, *in omnibus labora*... » (*Ibid.*, IV, 5.)
(2) Voir Didron, *Annal. archéol.*, XIV, 165.

de poids; elle n'ôte rien au système adopté partout et toujours, et il n'en faut pas conclure qu'on ait méconnu, en la suivant, l'ordre naturel des mois, qu'on aurait mal à propos établis en sens inverse. Il s'agit tout simplement alors de commencer l'étude du sujet telle que l'a suffisamment indiquée la main de l'ouvrier (1). Enfin l'année, sur tous ces calendriers, ne commence pas toujours par les mêmes mois, ce qu'il faut attribuer à la différence qui se remarqua longtemps pour le renouvellement de l'année, laquelle s'ouvrit, selon les pays et les époques, soit au mois de janvier, soit au mois de mars. C'est cette dernière méthode qu'on suit plus habituellement dans nos zodiaques sacrés.

Vers techniques sur la division des signes mensuels; Comme presque toutes les notions à retenir étaient traduites, au moyen âge, en vers techniques, plus capables d'aider la mémoire, on avait groupé en un distique tous les animaux inscrits au zodiaque.

Sunt Aries, Taurus, Gemini, Cancer, Leo, Virgo,
Libraque, Scorpius, Arcitenens, Caper, Amphora, Pisces (2).

On voit que l'année commence au mois de mars avec le Bélier, et que les deux derniers mois représentent janvier et février. Cet ordre importe peu à notre objet. Disons donc tout de suite quels détails de la vie humaine se présentent à côté de chaque mois.

autres sur les occupations qui se rattachent à chacun d'eux. D'autres vers techniques y ont pourvu : ils rendent, d'après des manuscrits du quinzième siècle, et même d'après un autre du quatorzième à nous connu (3), ce que les

---

(1) Nous soupçonnons que ce renversement de l'usage habituel aurait pu venir d'ouvriers qui, arrivés en Europe des contrées orientales, ou copiant des dessins qui en étaient originaires, s'y seront conformés à l'usage de ces pays où, l'écriture se traçant à rebours, le dessin pouvait se ressentir de cette habitude, autant qu'elle ne compromettait en rien la ressemblance, qui est sa première condition.

(2) C'est-à-dire : le Bélier, le Taureau, les Gémeaux, l'Écrevisse, le Lion, la Vierge, — la Balance, le Scorpion, le Sagittaire, le Capricorne, le Verseau et les Poissons.

(3) Notre bibliothèque.

ZOOLOGIE. — LES ZODIAQUES.

sculpteurs ont historié sur leurs pierres bien avant ces derniers temps du moyen âge. Ces vers, au nombre de quatre, comprennent chacun une saison de l'année et sont fidèlement reproduits par chacun de leurs verbes actifs, soit sur les pages de parchemin des vieux livres, soit même assez souvent sur le calcaire monumental, quand ils n'y sont pas remplacés par le nom du mois. C'est toujours ce mois qui parle, et à la première personne.

> *Poto,— Ligna cremo,— De vite superflua demo;*
> *Do gramen gratum,— Mihi flos servit,— Mihi pratum;*
> *Fenum declino,— Messes meto,— Vina propino;*
> *Semen humi jacto,— Pasco sues,— Immolo porcos* (1).

Ainsi la première saison, l'hiver, qui a commencé dès le mois de décembre, est indiquée par les trois premiers mois de l'année, qui, cette fois, s'ouvre avec celui de Janvier. Ce dernier, qui s'est toujours trouvé empêché pour les travaux de la terre, semble s'en délasser par les plaisirs de la maison, où les fêtes se multiplient : *Poto*, je bois, mot qui résume à lui seul les fêtes de famille, incomplètes sans lui. On voit donc un homme à table, y remplissant avec entrain ses attrayantes fonctions, pendant qu'à côté un vase penché laisse tomber les pluies abondantes dont le gourmet semble très-peu s'inquiéter : c'est le verseau (*Aquarius*), qu'on a souvent dessiné à plus de frais sous les traits d'un fleuve ou d'une femme élégamment drapée, tous deux répandant les flots d'une urne antique. *Amphora* est le nom que lui a donné le poète du moyen âge, prenant ainsi la partie pour le tout, l'objet pour le personnage qui s'en sert. Les pluies, qui coïncident avec les jours où ce signe revient vers notre horizon, lui ont donné le nom qu'il porte, semblable, en

Description de chaque mois :

Janvier. — Le Verseau.

---

(1) Je bois, — Je me chauffe, — Je taille la vigne ;
Je donne le gazon,—Je me pare de fleurs,—Je verdis les prés;
Je fauche, — Je moissonne, — Je vendange ;
Je sème, — Je nourris les porcs, — Je les tue.

effet, à une urne qui s'épanche ou à un homme vidant sur la terre le vase qui, en lui prodiguant les flots des sources et de la mer, aide à la végétation et n'est pas moins utile à l'homme qu'à la nature. Nous ne savons quelle imagination poétique a fait de cette constellation le Ganymède qui devint l'échanson de Jupiter : c'est peu ingénieux, selon nous ; le maître des dieux aurait plutôt donné cette charge à Bacchus.

Février. — Les Poissons.

Ligna cremo : Février n'est guère plus propice au labourage ; on continue de se chauffer, de banqueter, et les poissons (*Pisces*), meilleurs en ce temps, défraient la table.

Mars.—Le Bélier et le vigneron.

Mars arrive, et le paysan commence à tailler la vigne, à émonder les arbres : *De vite superflua demo ;* alors le bélier (*Aries*) va chercher les premières herbes des prairies à la tête des brebis nombreuses dont il redevient le chef et l'époux. Quelquefois aussi on greffe les arbres, et certains zodiaques se sont bornés à ce travail.

Avril.—Le Taureau.

Mais Avril revêt la nature d'une verdeur plus vivante : *Do gramen gratum.* On reprend les labours, et le taureau (*Taurus*) est de nouveau attelé à la charrue ; il recommence, comme *avril* l'indique (*aperire*), à ouvrir la terre, qui, grâce à lui, se divise en nombreux sillons.

Mai. — Les Gémeaux.

Les fleurs arrivent avec Mai : *Mihi flos servit.* Les gémeaux (*Gemini*) y symbolisent les penchants providentiels qui fécondent la nature et la perpétuent : un jeune homme y tient un bouquet destiné à sa fiancée.

Juin. — Le Cancer.

La chasse, les voyages, les chevauchées s'organisent en Juin : *Mihi pratum.* On part donc sur un beau coursier, dont le cavalier jeune et ardent paraît tout fier ; et cependant l'écrevisse (*Cancer*), annonçant que le soleil fait déjà quelques pas en arrière de sa course, ne nous dit-elle pas aussi que la vie a un jour où commence insensiblement son déclin ?

Juillet.—Le Lion et les faucheurs.

Juillet appelle aux fenaisons : *Fenum declino :* c'est ce que fait le faucheur pendant que le lion (*Leo*) rugit sous l'impression des chaleurs tropicales.

ZOOLOGIE. — LES ZODIAQUES.

Août.—*La Vierge et les moissons.*

Le mois de la Vierge (*Virgo*) est ce mois d'*Août*, dérivation d'*Augustus*, auquel les Romains l'avaient consacré. Chez les chrétiens, ce mois paraîtrait naturellement porter le nom de la Mère de Dieu, dont la fête la plus solennelle se célèbre le 15; mais comme cette fête ne fut instituée qu'après le troisième concile général, tenu à Éphèse en 431 (1), on doit se reporter beaucoup plus loin, et, semble-t-il, à la création même du Zodiaque, pour comprendre le rôle qu'y remplit cette constellation et le caractère qu'elle y prend. Les anciens s'accordent peu sur sa personne : Hésiode, Hygin, Aratus lui donnant des origines diverses. Il suit néanmoins de leurs divergences mêmes qu'elle doit sa place à la vénération des peuples anciens, qui crurent honorer en elle ou Cérès ou Érigone. Nous accepterions plus volontiers la première, puisqu'on lui donne un épi de blé pour attribut en certaines images. Cependant sa virginité, toujours maintenue par les mythologues, la ferait prendre plutôt, comme Pluche se le persuade (2), pour une de ces jeunes glaneuses qu'on dirigeait vers les champs après la moisson afin d'y ramasser les derniers épis. Ce titre de Vierge a, d'ailleurs, toujours paru à tous les peuples quelque chose d'auguste et de sacré : c'est ce qui avait fait donner à celle-ci le privilége d'affranchir une licorne, avec laquelle on l'a représentée quelquefois, et qui, malgré sa nature sauvage et très-offensive, se laisse prendre par elle jusqu'à se réfugier dans son sein (3). C'est pourquoi la licorne fut toujours le symbole de la pureté. Quoi qu'il en soit, le mois d'Août coupe les blés : *Messes meto*, et les bat, *Tero*, comme le disent quelques vignettes de manuscrits (4).

Septembre.— *La*

Pourquoi Septembre a-t-il le signe de la balance (*Libra*),

---

(1) Contre Nestorius, qui attaquait la maternité divine de Marie.
(2) *Spectacle de la nature*, t. IV, p. 313.
(3) Jaucourt citait en 1778 (*Encyclop.*, XXXV, 423) un camée du cabinet du duc d'Orléans où était gravé ce symbole, représenté sur beaucoup d'autres monuments antiques d'après la même idée.
(4) Celui de notre bibliothèque, cité plus haut.

sinon pour signifier la parfaite égalité des jours et des nuits, ou l'équinoxe, qui arrive dès que le soleil sort du signe de la Vierge? Mais c'est le temps de la vendange, c'est pourquoi il se vante de nous verser à boire : *Vina propino;* et il a raison, quoiqu'on lui reproche de se trop presser à recueillir les fruits de la vigne (1); car, à l'époque de nos curieux almanachs, la maturité ne dépassait pas la fin de septembre dans nos climats, devenus ensuite plus accessibles aux influences du septentrion.

La récolte est faite, il faut songer déjà à celle de l'année suivante, et les ensemencements recommencent en Octobre : *Semen humi jacto*, qui ouvre ainsi les travaux de l'automne. C'est l'époque des maladies, préparées par les variations des vents et de la chaleur ; aussi le scorpion (*Scorpius*) semble jeter sur la terre, en même temps que les grains devenus son espérance, les mortelles influences du venin qu'il traîne après lui, et de ses piqûres malfaisantes qui en ont fait le symbole du démon. Et puis les feuilles tombent sur les champs dépouillés, les forêts s'éclaircissent comme le sillon : le chasseur peut donc se livrer à son plaisir avec plus de chances et sans craindre de rien endommager. D'ailleurs, rien ne se reproduit alors dans le règne animal, qu'il ne faut pas non plus laisser se multiplier outre mesure, et dont la chair devient à l'homme une ressource nouvelle.

Quand Novembre est venu, la chasse dure toujours, et le sagittaire (*Arcitenens*) doit encore participer à cet exercice. Quel est ce personnage que les uns ont pris pour le centaure Chiron, si maltraité par Hercule, les autres pour Procus, chasseur de profession, et fils d'Eumène la nourrice des Muses? Ce qui semble autoriser cette seconde conjecture, c'est que, dans le zodiaque de Vézelay, cet homme couvre des plis de son manteau un enfant qu'il garde contre les

---

(1) Didron, *Annal. archéol.*, XIV, 28.

frimas. Ce dernier trait ressort bien de ce que dit la Fable, que les Muses firent placer leur nourricier parmi les astres. Mais d'autres soins appellent aussi l'homme des champs : celui-ci porte sur ses épaules un fagot de bois mort ramassé dans les clairières de la forêt; celui-là y surveille des troupeaux de porcs, si nombreux au moyen âge, *Pasco sues;* d'autres abattent les glands au pied du chêne, comme dans notre manuscrit déjà cité.

Décembre nous retient encore aux occupations de l'intérieur; alors on tue le porc, on en sale la chair, on la prépare pour les repas de famille, que vont ramener les solennités de Noël et des Rois : *Immolo porcos.* Le pauvre animal est assommé d'une hache et ne sera saigné qu'après : c'est un moyen comme un autre d'éviter ses brutales résistances et ses stridentes lamentations. Pendant ces scènes sanglantes, le capricorne (*Caper*) ne poursuit pas moins sa course olympienne. Ses habitudes de chèvre sauvage aimant à grimper sur les rochers de la colline ou à tondre, en s'élevant vers eux, les derniers brins d'herbe attardés aux arbustes et aux buissons, indiquent bien les premiers mouvements de l'astre qui se relève insensiblement vers son apogée en quittant le solstice d'hiver.

<small>Décembre. — Le Capricorne et la salaison des viandes.</small>

Telle est la suite de nos signes zodiacaux, tels ils furent créés par l'antiquité, adoptés par les chrétiens avec les quelques variantes que nous avons dites. Mais accoutumés que nous sommes à voir ressortir de notre zoologie monumentale des instructions qui ne pouvaient manquer de se faire jour dans l'emploi de ces bêtes allégoriques, les fidèles des siècles qui les virent arriver ou revenir dans l'art religieux se contentèrent-ils d'y voir les leçons générales que nous avons signalées quant à la nécessité et à la sanctification des travaux de la vie terrestre ? Nous ne le croyons pas, et il nous reste à inscrire au front de chacun de ces animaux les caractères spirituels qu'ils révélaient à nos pères du haut de la tribune publique où ils siégeaient.

<small>Caractères symboliques de chaque signe en particulier.</small>

Reprenons-les donc selon l'ordre que nous leur avons reconnu, et, comme nous sommes familiarisés déjà avec beaucoup d'entre eux, soyons court autant que précis. Nous parlons d'après S. Méliton, sans répéter à satiété les volumes et les pages de cet auteur, dont la table suffirait à qui voudrait de plus amples renseignements (1).

Symbolisme du Bélier,

Le *Bélier* symbolise Jésus-Christ, chef du troupeau choisi, et, par conséquent, avec lui les Apôtres et les Princes des peuples.

du Taureau,

Le *Taureau* est l'orgueil de la force, la confiance outrée dans sa puissance et dans ses propres conseils. Mais il est aussi le travail et le sacrifice généreux : sous ce double aspect il est encore le Dieu se sacrifiant jusqu'à la mort.

des Gémeaux,

Les *Gémeaux*, représentés habituellement comme deux jeunes enfants qui unissent leurs mains, ne sont-ils pas la pensée visible d'une amitié innocente, de la charité fraternelle, de la candeur naïve qui fut bénie par le Christ et proposée par lui aux Disciples comme le modèle de la simplicité du cœur? Ce sont « les humbles d'esprit » que « le Seigneur garde, parce qu'ils sont ses enfants (2), les nouveaux baptisés, les novices de la vie religieuse. Un père, une mère, un pasteur ne pouvaient s'y tromper.

du Cancer,

Le *Cancer* ou chancre, ou l'écrevisse (les artistes ont représenté l'un et l'autre), sont l'image de l'hérésie, qui rétrograde dans la voie du bien en se retirant de la vérité. En cela, ils participent du caractère des sauterelles, qui figurent le démon par leurs ravages, et les méchants par leurs allures brusques et leurs élans subits et inattendus. Avides de chair, les chancres cherchent les poissons, dont ils font leur proie. Cette chasse est encore une des occupations de Satan contre les âmes. A défaut de S. Méliton, qui ne parle pas du

---

(1) C'est toujours l'édition in-4° du docte cardinal Pitra renfermée dans les deuxième et troisième volumes de son *Spicilegium*.

(2) « Custodiens parvulos Dominus : humiliatus sum et liberavit me. » (*Ps.*, CXIV, 6.)

chancre, nous suivons ici ce qu'en a dit Franzius, que nous avons cité plus d'une fois (1).

Que parlerions-nous du *Lion*, si bien compris pour ses analogies et ses attributs ? La force, la vigilance, la majesté, le courage, la prudence le rapprochent du Sauveur des hommes ; mais il est aussi l'adversaire qui tend ses embûches aux âmes, l'ennemi qui disperse les troupeaux, l'homme méchant qui, du fond de son antre qui est le monde, en jette l'esprit autour de lui et dévore toujours ceux qu'il a vaincus : donc, il est toujours un avis utile à tous. du Lion,

Nous avons parlé de la *Vierge*. Rien n'était fabuleux dans son image pour des spectateurs qui ne savaient rien de la Fable et invoquaient tous les jours la Mère du Christ. Évidemment Cérès ou Érigone, peu vierges d'ailleurs, n'avaient là rien à gagner. de la Vierge,

La *Balance* ne laissait rien ignorer de sa valeur morale à des intelligences qui savaient la *pesée des âmes* (2). Balthazar pesé est trouvé trop léger (3) ; des malédictions sont prononcées par la loi divine contre ceux qui trompent sur le poids (4) ; on avait entendu Job demander au Seigneur d'essayer sa conscience dans la balance de sa justice (5) ; on comprenait donc très-bien que soi-même on serait assigné au même tribunal, et l'on voyait là un élégant emblème du suprême jugement. de la Balance,

Le *Scorpion* représente Satan et ses suppôts : c'était un des reptiles les plus redoutables pour sa morsure ; et quand le Sauveur veut affirmer aux Apôtres la toute-puissance de son assistance dans l'Église, il leur rappelle « qu'ils ont reçu de du Scorpion,

---

(1) *Animalium historia sacra*, p. 491 et suiv.
(2) Voir ce que nous avons dit de ce symbole, ci-dessus, t. II, p. 429, — et dans ce volume, p. 90, 142, 209, 336 et 367.
(3) « Appensus es in statera, et inventus es minus habens. » (*Dan.*, v, 27.)
(4) « Statera dolosa abominatio est apud Dominum. » (*Prov.*, XI, 1.)
(5) « Appendat me in statera justa. » (*Job*, XXXI, 6.)

lui le pouvoir d'écraser sous leurs pieds les serpents et les scorpions (1). »

du Sagittaire, Le *Sagittaire* (*Arcitenens*) est encore une figure du Christ triomphant des ennemis de son Église, comme nous l'avons vu au premier chapitre de l'Apocalypse, où le vainqueur mystérieux est armé d'un arc par tous les iconologistes. C'est de lui que le Psalmiste a dit : Il a lancé ses flèches, et il a dissipé ses adversaires (2); et encore : O Tout-Puissant, que vos flèches sont aiguës! avec elles vous triompherez de tous les peuples (3).

et du Capricorne. Qui ne savait, aux temps de foi vive et de vertus austères, que la chèvre (ou *Capricorne*), avec ses goûts pour les lieux sauvages, était l'emblème de la vie contemplative et pénitente? Mais ces écarts du désert conviennent aussi aux pécheurs, qui s'éloignent de Dieu, et cette double leçon ne pouvait être perdue pour les âmes.

Voilà donc en quoi consistait le zodiaque chrétien et artistique du moyen âge monumental. Continuons maintenant à examiner les autres curiosités de notre zoologie.

Origine des bêtes hybrides. Nous avons signalé naguère en quelques mots l'action iconologique des hybrides, genre mixte auquel nous devons d'autant plus d'attention qu'il prouverait à lui seul combien la théologie artistique avait besoin du symbolisme, puisque, par eux, à défaut d'une expression assez complète, elle a réuni souvent en un seul être plusieurs natures correspondantes au besoin de ce langage mystérieux.

Ces sortes de monstruosités, dont Horace n'avait vu que le ridicule sans en deviner l'esthétique (4), ne prirent leur

---

(1) « Dedi vobis potestatem calcandi super serpentes et scorpiones. » (*Luc.*, I, 9.)
(2) *Ps.*, XVII, 15. — Cf. ci-dessus, t. II, p. 174.
(3) « Sagittæ Tuæ acutæ, Potentissime; populi sub Te cadent. » (*Ps.*, LXIV, 6.)
(4)   Humano capiti cervicem pictor equinam
         Jungere si velit, et varias inducere plumas
         Undique collatis membris, ut turpiter atrum
         Desinat in piscem mulier formosa superne,
         Spectatum admissi, risum teneatis, amici? — (*De Art. poet.*, init.)
Les peintres, paraît-il, n'avaient pas encore hasardé de superposer une

rôle en Europe qu'au douzième siècle, et sont évidemment d'origine orientale, comme l'a prouvé M. le chanoine Jouve, en observant que toutes les églises de construction byzantine affectaient surtout ce genre d'ornementation. Les sphinx, les griffons, les sirènes, quoique admis bien antérieurement, comme nous l'avons vu, se représentaient infailliblement aux cathédrales de Valence, de Venise, de Périgueux, à Saint-Vital de Ravenne, à Sainte-Sophie de Constantinople, point de départ des conceptions romano-byzantines en Occident (1). Une foule de chimères sans nom rentrèrent alors dans l'immense catégorie de ces merveilleuses singularités. On les vit partout, et partout elles s'apatrièrent, entrant dans l'ornementation générale, et prodiguées, ce semble, de préférence à beaucoup d'autres animaux non moins significatifs, et dont la forme moins compliquée eût moins étonné le regard et l'esprit. Les peintures de Saint-Savin (Vienne) offrent de curieux spécimens de ce genre fantastique. Dans un des compartiments ménagés aux intrados des arcades, une tête de femme posée sur un corps de lion mâle indique l'effronterie de l'impudeur. Non loin de là, un oiseau à long bec recourbé, à la crête démesurément allongée jusqu'à l'extrémité de son bec aiguisé, est une variété diabolique. Ailleurs, des griffons appuient leurs pattes puissantes sur deux dragons qu'ils ont terrassés, et dont ils engueulent fortement la large queue : on devine bien ici la victoire de la foi sur la tentation, car, si le griffon est le symbole de Satan, le rôle qu'il remplit en ce cas indique nettement que, par opposition, il a revêtu un caractère tout différent. Il en est ainsi de la sirène. Si son chant renommé

---

tête de cheval à celle d'un homme, ou de la lui accoler, ce qui ne paraît guère plus beau. Mais la mythologie grecque et latine, qui avait ses faunes, ses centaures, ses satyres et ses sirènes, dont le type est ici parfaitement décrit par le quatrième vers, n'aurait fait rien de plus extraordinaire en créant un être à deux têtes si différentes, et dont nos artistes chrétiens se seraient aussi bien emparés que des autres.

(1) Voir *Bullet. monum.*, XIV, 558.

lui a donné souvent les funestes succès d'une enchanteresse perfide; si, dans une acception tout opposée, elle a pu représenter parfois le Sauveur lui-même, instituteur du baptême qui régénère l'homme déchu, on a pu en faire aussi l'emblème du plus redoutable ennemi du chrétien, lorsque, par exemple, on la voit au cloître de Saint-Aubin d'Angers, tenant d'une main un coutelas dont elle va frapper un poisson qu'elle tient de l'autre, et qui n'est que le type consacré de Notre-Seigneur Jésus-Christ ou de ses amis baptisés. L'antagonisme de l'Église et du monde se rend par un évêque monté sur un basilic très-reconnaissable à ses traits d'oiseau et de serpent, mais qui a cela de particulier que sa tête d'homme est surmontée d'une couronne royale, ce qui répond bien à son nom de *roi* (βασιλεύς). Les exemples abondent, et reviennent sans cesse, de ces inépuisables imaginations, et, chemin faisant, nous en rencontrerons bien d'autres que nous expliquerons d'après les mêmes autorités invoquées ici (1).

Au reste, le paganisme, plus docile qu'il ne le croyait aux révélations de l'esprit infernal, avait prodigué ces images comme autant de démonstrations de ses adorations monstrueuses. La vraie religion, autant pour déconcerter la curiosité impie des païens que pour nous rendre plus facile l'accès des vérités nouvelles, n'avait pas hésité d'adopter comme symboles des mythes dont le sens s'appliquait parfaitement aux personnes ou aux mystères du Christianisme (2).

Les Prophètes et   L'exemple en était venu de bien haut, puisque les Pro-

---

(1) Voir même recueil, XVI, 489; XX, 555. — Quoique, dans le grand nombre de rédacteurs que s'est faits cette savante revue, il y en ait dont l'autorité reste de beaucoup au-dessous de celle de quelques autres, on peut regarder cependant leurs observations comme habituellement d'un grand poids, et leurs opinions comme des mieux formées.

(2) Albert. Magn. opp. *De Animalibus*, lib. XXXIII. — Voir aussi le P. Cahier, *Mélang. d'archéol. et de littér.*, t. II; — Hippeau, *Bestiaire de Guillaume e Normand*, p. 89 et suiv.

phètes et le Sauveur lui-même s'étaient servis des figures les plus capables de colorer leurs pensées et de graver plus profondément leurs instructions dans les esprits. Le serpent apparaît dès l'origine du monde comme l'ennemi de la race humaine qu'il a trompée, et destiné dans l'avenir à être la victime d'une femme qui lui écrasera la tête : circonstances qui ne signifieraient rien si elles étaient prises à la lettre seulement. Isaïe, prédisant la paix que la venue du Sauveur apportera parmi les hommes, représente les animaux les plus opposés par leurs mœurs et leurs caractères, habitant ensemble et changeant leurs habitudes féroces en des relations toutes pacifiques; le léopard et le chevreau, la brebis et le lion, la génisse et l'ours, n'auront plus l'un de l'autre ni crainte ni inimitié ; les carnassiers se réduiront à la nourriture des ruminants ; et voyez si de telles associations, si inattendues, ne vous ont point quelquefois étonné sur quelque pierre où vous ne soupçonniez pas la cause de leur présence. Ézéchiel nous a parlé des quatre animaux évangéliques dont le corps était couvert d'yeux, figure de l'intelligence et de la foi, dit S. Eucher, — indice de la nécessité de veiller sur ses pensées et ses actions d'après S. Grégoire. Nous savons que David a comparé, dans sa personne, le Sauveur futur au pélican, au hibou, au passereau, à la colombe, au cerf altéré, et aucun de ces animaux n'est rare dans nos maisons de prière. Jésus-Christ lui-même, qui ne parlait jamais sans parabole, afin, dit S. Jérôme, de fixer plus solidement ses leçons dans les souvenirs de ses disciples, s'est reconnu dans Jonas, disparu pendant trois jours, comme il disparaîtra lui-même depuis sa mort jusqu'à sa résurrection ; il traite l'astucieux Hérode de renard ; il ne veut point qu'on jette des perles devant les pourceaux, c'est-à-dire la doctrine sainte aux Pharisiens qui n'en veulent pas ; le serpent et la colombe deviennent, dans sa bouche, l'attribut de la prudence et de la simplicité, et nous savons combien de fois apparaît, sous une double

l'Évangile fournissent des types aux catacombes,

forme de reptile et d'oiseau, cet animal à l'extérieur paisible, et buvant maintes fois au calice de l'Eucharistie, ou s'y préparant en ajustant de son bec les plumes de ses ailes, c'est-à-dire les dispositions intérieures d'une âme remplie de respect et de foi. Enfin, dans le langage du Seigneur, les aigles sont les âmes fidèles; elles s'attacheront au corps mystique du Christ, et se retrouveront toujours là où il sera (1).

Cette habitude des philosophes chrétiens de comparer aux bêtes irraisonnables l'homme qui se profane dans les désordres des sens perce très-souvent dans les livres canoniques de la nouvelle Loi. S. Paul dit que l'homme animal ne perçoit pas les choses de Dieu; S. Jacques traite de terrestre, de diabolique et d'animale la sagesse qui s'oppose à celle de Jésus-Christ, et S. Jude taxe les impudiques de gens qui n'ont rien de l'Esprit et tout de l'animal (2).

---

(1) Nous groupons tous les textes qui confirment ces assertions : « Inimicitias ponam inter te et mulierem, et semen tuum et semen illius; ipsa conteret caput tuum. » (*Gen.*, III, 10.) — « Habitabit lupus cum agno, et pardus cum hædo accubabit; vitulus et leo et ovis simul morabuntur, et puer parvulus minabit eos. Vitulus et ursus pascentur simul; requiescent catuli eorum, et leo quasi bos comedet paleas. » (*Is.*, XI, 6 et seq.) — « Et omne corpus, et colla, et manus et pennæ, plena erunt oculis. » (*Ezech.*, I, 18; X, 12.) — Voir S. Greg. in h. loc., *Homil.* III, lib. I; *Moral.*, lib. IX, cap. VI, -- et l'explication étendue de ce passage dans Sacy, t. XXX, p. 514. — « Similis factus sum pelicano solitudinis. » (*Ps.*, CI, 7.) — « Sicut nycticorax in domicilio. » (*Ibid.*) — « Sicut passer solitarius in tecto. » (*Ibid.*, 8.) — « Quemadmodum desiderat cervus ad fontes aquarum. » (*Ps.*, XLI, 1.) — « Sicut fuit Jonas in ventre ceti tribus diebus, sic erit Filius hominis in corde terræ tribus diebus et tribus noctibus. » (*Matth.*, XII, 40.) — « Ite et dicite vulpi illi : Ecce ejicio dæmonia... » (*Luc.*, XIII, 32.) — « Neque mittatis margaritas vestras ante porcos, ne forte conculcent eas pedibus suis. » (*Matth.*, VII, 6.) — « Estote ergo prudentes sicut serpentes, et simplices sicut columbæ. » (*Matth.*, X, 16.) — « Ubi erit corpus, illic congregabuntur et aquilæ. » (*Matth.*, XXIV, 28; *Luc.*, XVII, 37.)

(2) « Animalis homo non percipit ea quæ sunt Spiritus Dei; stultitia enim est illi. » (1 *Cor.*, II, 14.) — « Non est enim ista sapientia desursum descendens, sed terrena, animalis, diabolica. » (*Jac.*, III, 15.) — « Hi sunt qui segregant semetipsos..., in via Caïn abierunt... Quæcumque autem naturaliter, tanquam muta animalia, norunt, in his corrumpuntur... animales, Spiritum non habentes. » (*Jud.*, 19.)

Mais de l'Évangile, des écrits apostoliques, tant d'idées fécondes devaient passer dans la pratique de l'art, qui ne pouvait manquer de vivifier le culte nouveau. L'âge des catacombes fut celui de ces ingénieuses inventions, qui ne se prêtaient pas, comme on l'a redit trop souvent, à des concessions d'une valeur contestable, mais prétendaient réellement utiliser, en faveur de la vérité, ce que d'antiques mensonges pouvaient avoir encore d'emblématique et, par cela même, de fond sérieux. Orphée, dont la lyre avait charmé ses contemporains et relevé les murs de Troie, y représentait le Sauveur, dont le Psalmiste avait dit : *Diffusa est gratia in labiis tuis* (1) ; — Andromède, dévorée par un monstre sous forme de dragon, n'était autre que Jonas englouti par la baleine (2) ; — un berger, portant sur ses épaules une des brebis de son troupeau, rappelait le Bon Pasteur, dont la touchante parabole fait aimer le chapitre x de S. Jean. Les sirènes, qui s'y montrent aussi, symbolisent, par leur tête humaine et leur arrière-corps de poisson, l'humanité régénérée dans l'eau du baptême; les centaures n'y étaient pas rares et représentaient le démon ou le péché s'identifiant à l'homme et le persécutant, comme cette bête fantastique poursuit souvent et frappe de ses traits le cerf qui fuit de toute sa vitesse, comme le chrétien doit éviter le mal.

aussi bien que la mythologie.

Les plus anciens Pères, dont nous avons les écrits, n'eurent donc pas de peine à employer ce système d'enseignement dont ils voyaient la source dans l'Écriture et l'application dans les plus anciens monuments de leur culte. Ils étudièrent ici cette partie si intéressante de l'histoire naturelle. Familiarisés par leurs doctes veilles avec les anciens qui en avaient traité, Aristote et Pline surtout, ils y trouvèrent une moisson de réflexions attachantes, et, dans leurs expositions des œuvres de Dieu, envisageant

Les Pères y trouvent un moyen d'enseignement religieux.

(1) *Ps.*, XLIV.
(2) *Jon.*, XI.

toujours le monde physique et ses détails infinis au point de vue de l'éternité, ils tirèrent d'ingénieuses comparaisons et des conséquences pratiques de tout ce que la nature leur offrit de propre à rapprocher l'homme du Ciel ; ils lui révélèrent, avec la noblesse de son origine, sa prééminence sur les animaux. En notant les mœurs et les habitudes connues de ceux-ci, ils ne manquèrent pas d'en tirer des inductions morales et créèrent cette haute philosophie qui développe les principes absolus de la loi chrétienne de façon à en faire le code universel de la conduite humaine.

Ils acceptent les notions d'histoire naturelle reçues par les écrivains de renom, pour en faire une suite d'autant plus fertile de symboles,

— Et ne les accusons pas, comme ont fait des sophistes de l'école moderne, d'avoir donné dans une crédulité inexcusable en admettant, avec les naturalistes anciens, des notions de zoologie qui ne soutiendraient pas d'examen sérieux. Outre qu'ils ne répondaient pas des idées scientifiques de leur temps, suivies depuis des siècles par des hommes de génie auxquels ils pouvaient croire sans trop manquer aux exigences de leur propre réputation, il est très-probable qu'ils n'acceptèrent pas tous les *on-dit* de ces *physiciens*, devenus plus illustres par leurs travaux que par l'exactitude de leurs assertions, et que s'ils en usèrent comme point de comparaison, et en tant qu'ils devenaient pour eux autant de symboles à introduire dans leurs catéchèses, ce ne fut pas toujours sans en comprendre la portée scientifique ; ils purent très-bien savoir, par des observations subséquentes, la valeur de certaines traditions des anciens, modifier ainsi les idées qu'ils en auraient acquises, et cependant adopter ces traditions mêmes dans ce qu'elles avaient de convenable à la partie symbolistique de l'enseignement public.

suivant en cela l'exemple des poètes païens.

Nous n'en voudrions pour preuve que les habitudes de l'aigle, la plupart imaginaires, et cependant acceptées par les poètes, comme de saisir ses petits pour leur faire fixer le soleil de leurs regards naissants, de voir lui-même du haut des airs les plus petits poissons apparaissant à la surface de l'eau. Tant de merveilles et bien d'autres n'avaient pas semblé méprisables à Claudien, à Silius Italicus, à Lucain; et, après eux, pourquoi les mêmes idées n'eussent-elles pas souri comme termes de comparaison frappante à des orateurs dont le but était bien plus élevé, à S. Jérôme par exemple, à S. Clément d'Alexandrie, à S. Ambroise (1)? Tous pouvaient dire à cet égard comme S. Basile, qui, en expliquant, à propos de l'œuvre des six jours, les caractères des animaux dans leurs rapports avec celui de l'homme, s'en remet complétement aux notions reçues, y prend ses allégories, et s'y croit autorisé par l'exemple des savants antérieurs, après lesquels il avoue n'avoir rien inventé (2).

En effet, ces grands génies catholiques, outre qu'ils ne se sentaient pas appelés à faire des cours d'histoire naturelle, pouvaient très-bien s'appuyer sur des croyances populaires pour en tirer des conséquences qui tournaient toutes à l'avantage de leurs moralités. Que leur importait qu'en réalité le coq ne s'effrayât point du lion, que le crocodile fût accusé à tort de pleurer pour attirer les enfants sous sa dent cruelle, que le porphyrion d'Élien et d'Athénée ne mourût pas de compassion quand la femme de son maître était infidèle (3)? de tout cela on n'en concluait pas moins que la vigilance nous épargne les tentations, que les piéges trompeurs de l'ennemi des hommes doivent leur inspirer de la méfiance, et que l'adultère était un grand crime,

---

(1) Protinus implumes convertit ad æthera nidos
Et recto flammas imperat ore pati.
(Claud., *De tertio consul. Honorii*, præfat.; mihi, p. 145.)

— Voir encore Silius Ital., *De Bello Pun.*, lib. X; — Lucain, *Pharsal.*, lib. IX; — S. Jerôme, *In Abdiam*, I, 4; — S. Clément d'Alex., *Cohortat. ad Gentes*, cap. x; — S. Ambroise, *Exameron*, lib. IV, 15.

(2) « Novi leges allegoriarum, et si non a me inventas, ab aliis tamen elaboratas teneo. » (*Hexameron*, hom. IX, cité par M. l'abbé Crosnier dans l'*Iconographie chrétienne*, ch. XXXII; — *Bull. monum.*, XIV, 289.)

(3) Cf. *Le Monde enchanté*, de M. Ferdinand Denis, ch. II, p. 14 et 30, in-32, 1843, Paris.

puisqu'il désolait jusqu'à la mort le cœur affectueux d'un animal domestique. C'est ainsi que les Pères ont procédé : S. Augustin et S. Ambroise, S. Grégoire et S. Isidore de Séville, et tous ceux qui, avant ou après eux, s'emparèrent de l'univers entier pour faire de toutes les ressources de la création un hymne à la gloire de son auteur.

<small>Les écrivains du moyen âge les ont suivis eux-mêmes.</small>

Les Docteurs du moyen âge ne furent pas plus difficiles; ils tendirent au même but par les mêmes moyens. Les plus fabuleuses fantaisies de l'histoire naturelle, prise dans toutes ses branches, ne leur coûtèrent pas à vulgariser pourvu qu'ils en pussent tirer une leçon, et encore ne faudrait-il pas trop se récrier sur beaucoup de ces spécimens accueillis dans les études du cabinet par des savants dont ils séduisaient l'intelligence.

<small>Certaines opinions sur la zoologie pouvaient être plus fondées qu'on ne le croit.</small>

Est-il bien prouvé que tels de ces sujets dont nous rions n'ont jamais existé ? Est-il une limite si absolue aux phénomènes de la nature que nous puissions la leur assigner positivement, et rejeter tout ce qui semblerait la dépasser ? La science moderne protesterait contre de semblables prétentions. Il y a longtemps qu'un homme de jugement et d'esprit disait : « Notre siècle, plus éclairé que les générations précédentes, n'a-t-il pas justifié Pline l'Ancien sur plusieurs reproches d'erreurs et de mensonges qu'on lui faisait il y a 150 ans (1)? » Les contes qu'on a faits des dauphins sur leur amitié pour l'homme n'ont pu tenir contre leur abstention, aujourd'hui vingt fois séculaire, du plus petit acte d'humanité. Mais qui pourrait protester définitivement contre une foule d'assertions qui nous ont fait rire des naturalistes grecs et latins, quand les plongeurs de notre époque, munis de moyens jadis inconnus, peuvent observer au fond de la mer des poissons qu'on ne voit jamais à sa surface, et dont les têtes sont celles du chat, du chien et de l'écureuil (2) ? Soyez sûr que, dans beaucoup de ces

---

(1) L'abbé Dubos, *Réflexions sur la poésie et la peinture*, t. II, p. 505, Paris, in-12, 1770.
(2) Voir l'*Univers* du 4 novembre 1868 : Causeries scientifiques; voir aussi le P. Cahier, *Vitraux de Bourges*, p. 97, n° 8, et p. 79, 98, n° 2.

faits transmis à nos réflexions par les laborieux observateurs des premières époques littéraires, il n'y avait pas tant d'erreurs qu'on veut bien le dire, et que ces bêtes curieuses, dont quelques espèces d'ailleurs ont pu se perdre, n'auraient pas tous les torts qu'on leur a reprochés s'il leur était donné de comparaître devant nous. C'est ainsi que peuvent s'expliquer maintes fois les prétendues naïvetés de S. Jérôme, de S. Ambroise ou de l'auteur supposé sous son nom, de Pierre Damien, de Vincent de Beauvais et de beaucoup d'autres que nous avons nommés, lesquels, eussent-ils été convaincus de leurs dires, auraient toujours pour avocats devant le bon sens les auteurs sans nombre adoptés et cités par Pline et par tous ceux qui le suivirent à leur tour dans la même carrière. Il faut surtout se reporter, pour comprendre la position littéraire faite à ces grands hommes, à l'état des sciences naturelles que de longs voyages et de grosses dépenses n'avaient pu élever encore jusqu'à la hauteur que leur ont faite les observations modernes. On sait que cette espèce d'enfance enveloppa l'essor de la botanique, de la chimie et des autres connaissances physiologiques jusqu'au seizième siècle de notre ère. Montaigne, Amyot, Budé, Alciat ne furent guère plus forts qu'on ne l'était trois cents ans avant eux, et l'un de nos derniers écrivains de cette époque, S. François de Sales, à qui l'on ne refusera pas plus le jugement que le style, n'a pas hésité devant de nombreuses comparaisons que nous trouvons pleines de charme autant que de justesse, et dont le fond pourtant ne serait plus de mise devant les graves examinateurs de nos bacheliers.

Cependant, et en dépit de ces crédulités d'immortels Docteurs, nous ne devons pas omettre de citer ceux qui refusèrent de les partager et professèrent nettement des opinions opposées. Ceux qui s'occupaient exclusivement des sérieuses matières de la théologie scolastique eurent bien garde, en présence même des symbolistes les plus renom-

Albert le Grand n'admet pas toutes les opinions de Vincent de Beauvais.

més, d'adopter les contes savants qu'ils voyaient accrédités de toutes parts. Quand Vincent de Beauvais répétait sur la calandre, oiseau mystérieux qui guérissait la jaunisse en regardant ceux qu'elle affectait, toutes les merveilles qu'en racontent Élien, Suidas, S. Épiphane, et tous les physiologues du monde, son contemporain Albert le Grand n'y croyait pas plus qu'aux singularités du pélican : en les indiquant, il a soin d'infirmer les faits par une dénégation absolue. Ce savant homme ne craignait donc pas de s'élever contre les opinions reçues ; il combattait contre ses devanciers et contre ceux de son temps, dont la réputation n'a cependant souffert en rien de leurs assertions, et, tout en les combattant, il cédait néanmoins quelque peu aux préjugés des symbolistes, puisqu'il ne croyait pas pouvoir se dispenser d'indiquer leurs idées, tout en se refusant à les accepter (1).

Origine du bestiaire, et auteurs qui se sont donnés à la zoologie mystique.

De ce qui précède on peut conclure sûrement que c'est au double point de vue de l'enseignement chrétien et des arts d'imitation que furent conçus ces nombreux *physiologues* ou *bestiaires* devenus, pour nos artistes comme pour les théologiens et les prédicateurs, une source inépuisable d'histoires attachantes, de légendes instructives, destinées également à l'écrivain et à l'imagier. Nous avons parlé de Tatien, philosophe hérétique du temps de S. Justin, et qui fut probablement le premier rédacteur de ces listes comparées des caractères de l'homme et des animaux. Son livre est perdu, et avec lui sans doute une foule d'attributions merveilleuses reflétées sur ses animaux par tous ses prédécesseurs (2). Quel qu'ait été l'esprit dans ce livre blâmé comme hérétique par le pape Gélase, il est bien clair que cette condamnation ne se serait pas adressée à un livre où se fût traité uniquement un cours d'histoire naturelle ; il fallait bien que des moralités chrétiennes en ressortissent,

(1) Cf. Albert. Magn., opp. *De Animalibus*, lib. XXXIII.
(2) Voir ci-dessus, t. II, p. 273.

et avec elles des interprétations que les gnostiques et autres sectes n'auraient pas plus désavouées que l'auteur qui partageait leurs principes.—Après Tatien, et s'échelonnant dans la suite des siècles, viennent se ranger sur la même ligne, outre les Pères déjà nommés, S. Épiphane, auteur présumé d'une *Physiologie mystique*, Hugues de Saint-Victor dans ses *Institutions monastiques*, puis Guillaume le Normand et Robert de Fournival, auteurs l'un du *Bestiaire divin*, l'autre de celui des *Sept Vices et des Sept Vertus*. Le trouvère anglo-normand Philippe de Thann eut aussi son *Physiologue* au commencement du douzième siècle; l'abbesse Herrade n'avait pu négliger ce même sujet dans son *Ortus deliciarum*. Il est rare d'ailleurs que les écrivains qui précédèrent Origène jusqu'à la moitié du troisième siècle ne citent pas un *physiologue*, qui apparaît toujours comme une autorité sans laisser aucun autre vestige de son existence et de son origine. Mais, depuis ces premiers temps, beaucoup d'autres s'en sont occupés soit en prose, soit en vers, et il est probable que tous ne sont que des copies plus ou moins fidèles du premier, augmentées par chaque nouvel éditeur, et devenues ainsi des sources abondantes pour les imagiers de nos édifices religieux ou de nos manuscrits à miniatures. Pour ne pas trop prolonger ici le catalogue de ces auteurs spécialistes, sur lesquels le savant cardinal Pitra sera consulté avec fruit dans son *Spicilége* (1), il nous suffira de donner, pour bien constater la manière de ces sortes d'ouvrages, le *Physiologue de Théobald*, dont la forme et les commentaires sont assez rares et assez courts, pour trouver dans ce livre un asile qui évitera à beaucoup la peine, peut-être inutile, de le chercher ailleurs.

L'identité de cet auteur serait d'abord à rechercher : ceux qui ont parlé de lui sont peu d'accord sur ce point. Le P. Beaugendre, bénédictin, qui donna en 1708 une édition

Physiologue de Théobald.
Incertitudes biographiques sur cet auteur.

---

(1) Cf. t. III, *De Re symbolica*, cap. II, art. 2, pl. LXXII et suiv.

des œuvres de l'évêque du Mans Hildebert, mort en 1134, attribua ce livre à ce prélat, et l'inséra parmi ses écrits. On ne voit guère d'où pouvait venir cette attribution, puisque le nom de l'auteur véritable était donné à son physiologue dans toutes les copies qu'on en avait, et que si le *Theobaldus* eût pu devenir un *Hildebertus*, ce n'eût été que par une métamorphose inexplicable. Il paraîtrait, d'après plusieurs auteurs, que le manuscrit portant le nom de Thibault se retrouvait en un grand nombre de bibliothèques, ce qui s'expliquait par l'obligation imposée aux clercs de lire, préférablement à tous les autres, le Physiologue recommandé par ce nom, et qui entrait depuis longtemps dans les études ecclésiastiques, lorsque Bebelius mentionnait ce fait dans ses *Opuscula varia* (1). Dire sur quoi se fonde un manuscrit de la bibliothèque Richelieu, cité par M. Paulin Paris, pour ajouter au nom de *Théobald* l'épithète *Placentinus*, pour quoi d'autres, que cite sans se prononcer l'illustre cardinal Pitra, lui ont assigné le siége de Sienne, pour patrie la Lombardie, et pour époque la fin du onzième siècle, qui était le temps où florissait Constantin de Carthage, ce n'est pas facile à dire, attendu que ces auteurs ne s'appuient que sur des conjectures. Si l'on nous permet d'admettre aussi les nôtres, nous dirons d'abord que rien ne prouve que Théobald, surnommé *Placentinus* (de Plaisance), ou *Senensis* (de Sienne), ait jamais été évêque de l'une de ces deux villes, ou des deux successivement ; que les savants de cette époque prenaient assez souvent le nom de la ville où ils avaient étudié, aussi bien que du lieu de leur naissance, et qu'autour

---

(1) *Opuscula Bebeliana*, in-4°, Argentor., 1513. — Notre vieil et savant ami M. C. Hippeau, secrétaire des comités archéologiques à Paris, cite, dans l'introduction de l'édition qu'il a donnée du *Bestiaire divin* de Guillaume le Normand (p. 22, in-8°, Caen, 1852), ce passage de Bebelius, et deux ou trois autres auteurs de diverses dates, dont les textes prouvent que Théobald l'emportait de beaucoup par sa célébrité sur plusieurs autres auteurs qui avaient traité le même sujet. — Voir encore *Spicil'g. Solesm.*, III, LXXI ; — *Histoire littér. de la France*, XIV, 407.

de ce nom ainsi produit demeurent forcément jusqu'ici toutes les obscurités possibles. Aucun biographe n'en parle, les archéologues mêmes le connaissent peu ; il n'y a pas jusqu'à ses éditeurs qui n'aiment mieux s'étendre sur le fond de son livre, sa portée morale et le mérite relatif de son exécution, que sur ce qu'en pourraient attendre les érudits, curieux de connaître un homme qui les intéresse par ses études et par l'ingénieuse tournure de ses préceptes en vers.

Opinion qu'on peut s'en former.

Il nous semble donc que c'est à un écrivain français qu'il faudrait attribuer ce nom tant controversé, et qu'en observant de quelle façon procède l'auteur de la préface, qui ne doit pas s'éloigner beaucoup de celui du texte, s'il n'est lui-même, il faudrait reporter celui-ci seulement aux onzième et douzième siècles, c'est-à-dire le rattacher à la *physiologie* et au style philosophique de ce temps. Ce serait donc, selon nous, ou Thibauld, évêque de Paris vers 1140, ou Thibauld, troisième du nom, archevêque de Reims de 1169 à 1204, qui aurait composé ce poème. Prose et vers, tout nous le fait penser : la prose, en effet, de l'introduction susdite se ressent des distinctions philosophiques employées dans les disputes animées de Gilbert de la Porée, d'Abailard et de Bérenger. L'éditeur s'étend avec une sorte de complaisance sur les *quatre* causes de ce travail, lesquelles, dit-il, sont *matérielle*, *formelle*, *efficiente* et *finale*. La cause *finale* surtout importe ici : elle est l'exposé net et clair du but que s'est proposé le docteur : « C'est l'utilité du livre, c'est que, l'ayant lu, nous apprenions à aimer les vertus, à détester le vice et à nous former aux bonnes mœurs. Je parle ici, ajoute-t-il, des vertus cardinales : la prudence, la justice, la tempérance et la force. Quant aux vices, ce sont l'orgueil, l'avarice, la gourmandise, la luxure et les autres qui s'expriment par les mœurs de différents animaux. Nous y reconnaîtrons donc Jésus-Christ sous le symbole du lion, et le diable dans celui du renard ; ainsi des autres. Le but d'un tel écrit est, par conséquent, de nous apprendre la nature de

But de son livre ;

douze animaux en particulier, afin que, munis de cette connaissance, nous abordions plus sûrement l'étude des divines Écritures, dans lesquelles nous les retrouverons; c'est de décrire ces bêtes intéressantes, de faire jaillir de leur nature leur sens figuratif, de porter les chrétiens vers ce qui est bon, de les retirer du mal et leur faire pratiquer les vertus fondamentales : voilà ce que l'auteur s'est proposé. »

<small>sa matière et sa forme;</small>

On le voit donc : c'est proprement un catéchisme destiné aux fidèles, à l'aide duquel le plus simple pourra saisir le sens des chapiteaux, des modillons, des verrières, des peintures sur parchemin, qui, à défaut d'être lus, seraient du moins compris aussitôt qu'exposés aux regards. Certes, il est difficile d'avoir un livre plus curieux en lui-même et un témoignage plus irrécusable de la pensée qui, au moyen âge, présidait à l'iconographie catholique. Théobald l'a écrit en vers latins, comme d'autres avaient fait en vers français. Ses vers ne sont pas toujours de même mesure. Ils se partagent, au nombre de 305, les douze petits poèmes consacrés aux douze animaux choisis par le poète, et sont composés tantôt d'hexamètres, tantôt de distiques, tantôt de saphiques ou d'élégiaques. Il y est traité, d'abord et tour à tour, du lion, de l'aigle, du serpent et de la fourmi. Nous verrons comment ces quatre premiers types se rattachent, sous sa plume, tantôt à la personnification du Sauveur, tantôt à celle de l'homme régénéré par le baptême ou la pénitence, lequel s'identifie réellement par là au Sauveur lui-même. Les huit autres représentent le démon et les mauvaises passions qu'il inspire : ce sont le renard, le cerf, l'araignée, la baleine, la sirène, l'éléphant (1); enfin il faut y joindre la tourterelle et la panthère, qui ne sont prises qu'en bonne part (2). Avant

---

(1) Nous ne savons si M. Hippeau, qui cite l'onocentaure au lieu de l'éléphant, a eu sous les yeux une variante aussi importante et que rien n'expliquerait. Nous sommes forcé de croire de sa part à une distraction, que nous ne signalons ici que pour couvrir notre propre responsabilité. Il en a eu une autre, nous semble-t-il, en donnant au poème 359 vers : nous ne lui en avons trouvé que 305.

(2) Nous n'expliquons pas comment, après n'avoir annoncé que

d'aborder avec l'auteur ces matières si diverses, nous avons besoin de dire comment ce livre, que nous ne possédons pas, nous a donné sa substance même, assez complète, pour que nous puissions la rééditer ici.

Le physiologue n'est pas resté manuscrit; il fut imprimé en caractères gothiques, in-8°, vers la fin du quinzième siècle ou au commencement du seizième, autant que nous en pûmes juger, lorsqu'il y a trente ans nous le trouvâmes chez un libraire de Poitiers, auquel il n'appartenait plus. Ce libraire venait de le vendre à un étranger qui devait le prendre dans quelques jours, et nous n'eûmes que la ressource d'en tirer à la hâte une copie reproduite ici dans toute son intégrité. Il se composait de dix-sept feuillets formant un ensemble de trente-quatre pages non chiffrées, sans nulle date ni aucun nom d'imprimeur : on sait que tous ces détails font remonter jusqu'au berceau de l'imprimerie. Il est bon de dire que, soit par cet éditeur, soit par quelque autre copiste plus ancien (et j'adopterais plus volontiers cette dernière conjecture), des notes et interprétations ont été ajoutées après chaque partie du poème, et nous éclairent sur quelques obscurités que tout lecteur n'eût pas dissipées. Nous n'omettrons pas ces gloses, souvent utiles, et qui d'ailleurs donnent une juste idée de la méthode exégétique des Pères et des physiologues qu'ils ont suivis. Elles seront indiquées dans le texte latin par des renvois en lettres italiques, et quelquefois nous y ajouterons nos réflexions personnelles, qui figureront comme autant de notes au-dessous de notre traduction.

son histoire.

douze animaux, Théobald en décrit quatorze : c'est son affaire, et nous ne sommes ici qu'un fidèle reproducteur de son œuvre.

PHYSIOLOGUS THEOBALDI EPISCOPI

DE NATURIS DUODECIM ANIMALIUM.

De Leone.

Tres leo naturas, et tres huic inde figuras,
Quas ego, Χρίστε, tibi bisseno carmine scripsi.
Altera divini memorant animalia libri
De quibus apposui quæ rursus mystica novi;
Temptans diversis, si possim, scribere metris,
Et numerum solidum complent animalia solum.

Ici commence le rôle du commentateur. Il explique son troisième vers par cette glose :

GLOSE DU PREMIER ÉDITEUR.

« Divini libri, id est theologici, memorant alia animalia, scilicet duodecim Apostolos. Unde, sicut duodecim sunt Apostoli, sic duodecim sunt animalia de quibus in præsenti libro peragitur. Et sicut Christus est tredecimus inter Apostolos, qui est eorum rex et Dominus, sic leo est rex ferarum, et est tredecimum animal inter ista duodecim animalia. »

Cum leo stans fortis super alta cacumina montis (a),
Qualicumque via vallis descendit ad ima,
Si venatorem per naris sentit odorem,
Cauda cuncta linit quæ post vestigia figit,
Quatenus inde suum non possit cernere lustrum (b).

(a) Christus in altis habitat, ut in sap.
(b) Sic Christus quando de cœlo descendit in uterum Virg. Mar., sic occultavit se quod nullus diabolorum novit esse Filium Dei aut natum ex Maria Virgĕ.

PHYSIOLOGUE DE L'ÉVÊQUE THÉOBALD

SUR LES DOUZE NATURES D'ANIMAUX.

Du Lion.

Le lion comporte trois caractères distincts, d'où ressortent trois symboles, que je veux, ô Christ, célébrer en votre honneur dans chacun de mes douze poèmes. Les suivants développeront les mystères d'autres animaux des Livres saints; je les développerai en vers de différentes mesures, et me renfermerai pour eux dans un nombre parfait (1). *Il traite tour à tour du lion,*

Quand le lion descend de la montagne dans la vallée, si son odorat lui révèle l'approche d'un chasseur, il efface des mouvements de sa queue les moindres traces de ses pas, afin qu'on ne reconnaisse aucun indice de son pas-

---

(1) *Et numerum solidum complent animalia solum.*
Ce dernier vers est assez obscur; il signifie que le nombre *douze*, qui, nous le savons, a son symbolisme comme tous les autres, forme un poème qui par lui seul renferme l'essentiel de tout ce qu'on peut dire dans tous les bestiaires. Le nombre *douze* est appelé ici *nombre solide* ou parfait. Il exprime tous les Saints en général, par cela même qu'il convient aux Apôtres, aux douze tribus d'Israël, figure biblique de l'Église

Natus non vigilat dum sol se tertio gyrat,
Sed dans rugitum pater ejus suscitat ipsum;
Tunc quasi viviscit et sensus quinque capessit,
Et quotiens dormit, nunquam sua lumina claudit (c).
  Sic Tibi, qui celsi residens in culmine cœli,
Cum liquit (d) tandem terrenam visere partem,
Ut genus humanum renovares crimine lapsum,
Non penitus notum fuit ulli dæmoniorum.
Viscera Mariæ, Tibi, Christe, fuere cubile,
Et Qui Te genuit triduum post surgere fecit.
Cum mortis vindex mortem crucis inde subires
Ut nos custodes, qui nullo tempore dormis
Pervigil ut pastor, ne deviat a grege rector.

(c) Sic Christus nunquam claudit oculos misericordiæ. Ecce enim non dormitabit neque dormiet qui custodit Israel.
(d) Licuit.

De Aquila.

Esse ferunt aquilam super omne volatile primam.
  Quæ se sic renovat q̄n (a) senecta gravat :
Fons ubi sic querit que nunquam surgere desit (b),
  It super hunc cœlo fitque propinqua Deo (c);
Tunc si sol ambas accendit fervidus alas
  Et minuit grandes alleviatque graves (d),
Tunc quoque caligo consumitur igne propinquo,
  Quam confert oculis vita vetusta suis (e).

(a) Quando.
(b) Fontem qui nunquam cessat manare.
(c) Incipit volare versus nubes, juxta spheram ignis.
(d) Tunc facit concussionem alarum suarum, et pennæ ejus ex alarum concussione per radios solares comburuntur.
(e) Oculi ejus amittunt priorem caliginem.

sage (1). Ses yeux restent fermés trois jours après sa naissance ; alors il les ouvre aux rugissements que son père fait entendre ; de ce moment la vie commence pour lui, et désormais il dormira toujours les yeux ouverts.

C'est ainsi, Seigneur, qu'après avoir quitté pour cette terre les hauteurs des cieux, quand vous avez voulu renouveler l'homme abîmé dans sa chute, vous avez soustrait au démon la connaissance de ce mystère. Le sein de Marie devint le lit où vous reposâtes, et, après vos souffrances, le Père éternel vous ressuscita au troisième jour. Depuis que vous avez opéré notre Rédemption par la croix, vous nous gardez (2) ; pasteur vigilant, vous ne dormez jamais ; jamais vous ne vous séparez de votre troupeau.

De l'Aigle.

L'aigle passe pour le roi des oiseaux. Voici comme il s'y prend dans sa vieillesse pour se rajeunir : il cherche d'abord une fontaine d'eau vive, et s'élève au-dessus d'elle jusqu'aux

de l'aigle ,

---

et de tous ses enfants, etc. (Cf. S. Méliton, *Clavis*, cap. XII, *De Numeris*.) — On voit que le nombre des douze Apôtres a déterminé l'écrivain à chercher, parmi la grande famille des bêtes symboliques, les douze qui lui paraissent avoir le plus d'analogie avec nos vices et nos vertus. Ce choix arrêté, c'est le lion qui commence la série, parce qu'il symbolise le Sauveur, à qui s'adresse cette dédicace. Afin de ne pas interrompre notre texte, nous lirons sous forme de glose dans la même page les observations données par le commentateur pour l'intelligence et le développement de certains vers.

(1) Le lion, effaçant ses propres traces du fouet de sa queue pour dépister le chasseur, restant sans vie trois jours après sa naissance, et la prenant aux rugissements du père enfin dormant les yeux ouverts, ne perd rien de ces fabuleuses attributions dans les divers physiologues : elles sont empruntées des anciens. L'application le symboliste y fait ici de la venue du Très-Haut parmi les hommes, du soin que le Verbe divin avait eu de cacher son incarnation au démon, de la résurrection du Sauveur trois jours après sa mort, est aussi juste que précise, et c'est cette méthode de mystiques rapprochements qui va s'adapter à tous les autres animaux dans la suite du Bestiaire de Théobald.

(2) Le mot *custodes* du texte latin est sans doute pour *custodias*, quoique le vers en devienne faux. Mais nous verrons que l'auteur est peu scrupuleux sur ce point.

Mox ruit et liquidis se mergit fontis in undis,
　Utque cadit nido, sic nova fit subito.
Est autem rostrum quo capitur esca rotundum (*f*);
　Vix valet ex aliquo sumere pauca cibo.
Sed feriens petram, vel mordens, ut solet, escam
　Os terit obliquum : sic capit inde cibum.
Est homo peccatis q̄ sunt ab origine matris,
　Qualis adest aquila, sed renovatur aqua (*g*) ;
Nubes transcendit, solis incendia sentit,
　Mundum cum pompis despiciendo suis.
Fit novus in Christo intermissus gurgite vivo ;
　Desursum vivus fons fuit ille pius,
Os terit obliquum per verba precantia Christum (*h*).
　Christus petra sic format Apostolus ista,
Nam novus est panis super omnia mella suavis.
　Panis, id est Christus, sit sine fine cibus !

(*f*) Aquila habet quandoque rostrum rotundum et obliquum, adeo quod non potest comedere. Tunc vadit ad petram, et percutit rostrum contra eamdem, et mordet velut cibum, et sic curvitas antiqui rostri deciditur, et sic ipsa juvenescit et potest comedere.

(*g*) Per aquilam intelligitur quilibet peccator qui deformis est despectusque in oculis Dei propter senectam suorum peccatorum inveteratam. Sed quum per baptismum secundam agit pœnitentiam, renovatur juventus ejus ut aquilæ. Sic per alas desiderii transcendit ad nubes, cœlestia sapit. Tunc sentit Solis justitiæ incendia.

(*h*) Peccator, percutiendo ad petram, quæ est Christus, per orationem confitendo peccata deponit os obliquum, et post hoc valet capere cibum, id est gratiam Dei, *Panemque omne delectamentum in se habentem.*

De Serpente.

Jam senex serpens novus esse gaudet
　Atque jejunans macrum corpus perhorret (*a*).
Pellis effeta tremit evacuata ;

(*a*) Serpens, quando vult juvenescere, jejunat quadraginta diebus, et sic in tantum maceratur quod pellis ejus efficitur rugosa.

nuages; alors l'ardeur du soleil embrase ses plumes, le feu consume ce qu'elles avaient de trop épais et de trop lourd, et lui rend même l'ancienne perspicacité de son regard; après quoi il se précipite dans la fontaine et redevient aussitôt plein de jeunesse et de vigueur. La vieillesse avait arrondi son bec, à peine capable de saisir sa nourriture; il parvient à lui redonner sa force et son aptitude en le frottant contre les pierres et les rochers.

L'homme ressemble à cet oiseau. Soumis au péché dans le sein de sa mère, il se renouvelle dans l'eau du baptême; il s'élève jusqu'au Ciel, et s'y réchauffe à la chaleur du Soleil divin par le mépris qu'il fait du monde et de ses attraits. Les eaux vives du Christ le rajeunissent, et il devient ainsi lui-même une source de vie et de piété. Sa bouche se réforme par la prière qu'il adresse souvent au Christ, la pierre fondamentale de l'Apostolat, et par le retour fréquent au Pain qui surpasse toute douceur. Puisse ce Pain devenir notre nourriture éternelle!

Du Serpent.

Lorsque le serpent est devenu vieux, il aspire à une nouvelle jeunesse. Dans ce but, il jeûne si complètement que sa peau évidée n'a plus de consistance, et qu'il ne lui reste que les nerfs et les os. En cet état il cherche dans la pierre une cavité fort étroite; il s'y tient d'abord immobile, et enfin il

du serpent,

Ossa cum nervis sola manent;
Quærit angustum lapidisque foramen,
Vix movens se, veniensque tandem,
Inde pertransit, spoliat earumque vetustatem.
Quoslibet rivos repetens aquarum
Ut sitim pellat, evomit ille virus ante.
In aquis ergo minus hunc timebis absque veneno.
Si virum quemquam sine veste spectat,
Longius serpens ut ab igne recedit;
Sed videns illum qui fert amictum, surgit in illo,
Quem vir̄ ut vincat persequiturque multum.
Colligens caput facit inde scutum
Verticis vero tenet usque curans ne moriatur.
  Fonte qui sacro semel es renovatus (b),
Denuo si peccas, tunc filicernus (?) extas.
Ergo sis semper imitator (anguis), dum veterascis.
Sit cibus parcus ut minuantur artus.
Unde cum mundis pauperes juvabis;
Pœnitens defle, D̄no quoque sæpe dic miserere.
Signat hunc callem lapidis foramen,
Signat et Christum petra, namque per ipsum
Fit novus quisquis capit atque vitam fine carentem.
Cujus ad excelsum veniendo templum
Ut bibas sacrum beatumque verbum,
Evomas primum q. habes nocivum corde venenum :
Cordis sunt iræ magis angue nocivæ
Et velut matres odium creantes;
Corde sunt rixæ bonæ non amice invidieque,
Corde conceptis furiis superbis,
Et coæquales superosque contemnis venenis;

(b) Per serpentem designatur peccator, qui, cum desiderat innovari, debet, ad modum serpentis, jejunare quadraginta diebus. Deinde debet quærere petram, id est Christum, vel sacerdotem Ejus, loco Christi positum, cui confiteatur omnia peccata sua : fit novus in Christo.

la traverse en y laissant sa dépouille. Aussitôt, pressé par la soif, il gagne le plus proche ruisseau et s'y débarrasse de tout son venin, en sorte que vous n'avez plus rien à craindre de lui : rencontre-t-il un homme nu, il s'en éloigne comme du feu ; au contraire, il s'élance avec colère sur celui que couvrent ses vêtements, et le poursuit de morsures ardentes ; au besoin, il se roule sur lui-même, et, pour sauver sa vie, il cache sa tête dans ses replis.

Vous qui vous êtes une fois renouvelé dans la fontaine sacrée, si vous retombez dans le péché, vous vous amoindrissez encore (1). Donc imitez le serpent à mesure que vous avancez dans la vie : sachez retrancher de votre nourriture pour nourrir les pauvres ; pleurez vos fautes, implorant la miséricorde divine. Ce sentier de la pénitence est indiqué ici par le trou de la pierre, et cette pierre elle-même signifie Jésus-Christ. C'est se renouveler que d'aspirer à la vie éternelle. Surtout, quand vous abordez le temple sublime du Verbe incarné pour y boire à la source du Précieux Sang, commencez par vomir hors de votre cœur tout ce qui y serait un poison mortel. La colère y fait plus de mal qu'un serpent : elle y enfante les haines, la jalousie, les conceptions orgueilleuses, qui font mépriser trop souvent les égaux et les supérieurs ; c'est elle qui y fait naître la fraude et l'avarice. Si vous vous dépouillez de vous-même en demeu-

---

(1) Le mot *filicernus* mis dans le texte n'est pas latin et semble composé pour le besoin du vers. Nous croyons qu'il peut, dans la pensée de l'écrivain, avoir pour racine le mot *filix*, bruyère, plante très-petite et peu estimée. C'est donc, selon le sens de l'auteur, s'amoindrir, comme le serpent qui diminue en hiver, que de retomber dans le péché après en avoir été délivré par le baptême.

L'auteur profite ici de ce que le serpent reçoit d'extraordinaire dans les descriptions fantastiques pour trouver entre lui et le Christ des rapports qui descendent ensuite jusqu'au chrétien. Il paraîtrait, d'après ce que dit Élien de cette bête (*De Naturis animalium*, cap. XII), que de son temps on attribuait le bien ou le mal à certaines espèces plus ou moins nuisibles. Ainsi la vipère, par sa morsure mortelle, était l'indice d'une méchante femme ; la couleuvre, timide et incapable de nuire, n'effrayait en rien et n'avait que des caractères inoffensifs et très-imitables. C'est un sujet de cette espèce que Théobald s'est plu à décrire, et il engage le chrétien à le suivre dans tous les mouvements de sa vie, à changer sa vieille nature, à aimer la solitude, où l'âme se refait et se débarrasse du venin de ses péchés.

Plena sunt istiis aliisque multis corda.
Corde manet fraus et cupiditas ubique.
His quidem purus quasi veste nudus
Dæmones anguis typicus fugabis,
Noctes ut cæcas reprimit tenebras
    Orbita solis.
Sed tamen magnas patiere pugnas.
Unde dum vives in agone, viges author.
Unde serpentem imitare prudens verticis;
Vis novam vitam sine fine dignam,
Semper illæsum caput habendum,
Hocque caput dico quod habes in principe Christo.

De Formica.

Exemplum nobis præbet formica laboris
    Quando suo solitum portat in ore cibum ;
In quo suis factis res monstrat spirituales,
    Quas quia Judæus non amat inde reus.
Ut valeat brumæ fieri secura futuræ,
    Dum calor in terra, non requiescit ea.
Nosque laboremus, fratres, dum tempus habemus,
    Securi fieri tempore judicii.
Hæc frumenta legit; si comperit hordea, spernit :
    Tuque novam Legem collige, non veterem.
Sed ne de pluviis aspersum germinet udis
    Aut id ne pereat esse quod hæc nequeat,
Granum quodque legit prudens formica, bipartit.
    Hoc est quod binas Lex habet una vias.
Quæ terrena sonat simul et cœlestia donat ;
    Nunc mentem pascit, et modo corpus alit.
Nos ut Lex repleat, famis formido recedat
    Tempore judicii, quod simile est hiemi.

rant pur, le serpent infernal fuira devant vous ; et plus vous fuirez le monde, mieux vous dissiperez les ténèbres de votre esprit. Cependant attendez-vous à de grands combats ; mais ces luttes mêmes seront la force de votre vie. Imitez la prudence du serpent, et si vous voulez honorer votre vie nouvelle, gardez soigneusement votre tête de toute blessure, et souvenez-vous que votre tête c'est le Christ (1).

De la Fourmi (2).

La fourmi nous donne l'exemple du travail en transportant en de longs trajets sa nourriture de chaque jour. Cette conduite est pleine pour nous d'enseignements spirituels, dont la haine rend le Juif si coupable (3). On voit donc la fourmi s'assurer des subsistances pour le temps des brumes hivernales.

de la fourmi.

(1) Cette comparaison de l'aigle s'élevant jusqu'au soleil convient également bien au baptisé ou au pénitent régénéré s'élevant jusqu'au Soleil de justice, et dont les efforts ont pour conséquence la possession de la Céleste Nourriture.
(2) Nous trouvons dans l'édition du P. Beaugendre quelques variantes avec le texte que nous suivons ; elles sont trop peu importantes pour nous arrêter. L'essentiel est que le fond reste le même, et il consacre encore les mêmes traditions. Le moyen âge les a reçues et reproduites par tous ses physiologues. Herrade, dans son *Ortus deliciarum*, a douze vers que cite dom Pitra (*Spicil. Solesm.*, III, 84) et qui diffèrent peu, par le sens et quant aux œuvres de la fourmi, de ce qu'en dit notre poète. On voit ici que, par cela même qu'elle est louée comme laborieuse, elle est opposée à la paresse, l'un des péchés capitaux. Elle devient aussi, par le choix qu'elle sait faire de ses récoltes, préférant le froment et rejetant les grains de moindre valeur, elle devient le symbole du chrétien prudent, discernant la lettre de la Loi de son Esprit, aimant à se nourrir des vérités évangéliques, et faisant dès ce monde une provision de mérites pour éviter, quand viendra l'hiver, c'est-à-dire la dernière saison de notre existence mortelle, tous les reproches qu'auront mérités le négligent et le tiède.
(3) Le texte porte " que le Juif est coupable de ne pas aimer. „ — C'est qu'en effet la grande faute des Juifs est de ne pas admettre le sens spirituel des Écritures, *qui vivifie*, dit S. Paul, et de s'obstiner dans la lettre, *qui tue*. C'était la pensée du *Physiologue* d'indiquer ici tous ceux qui résistent à la doctrine chrétienne par les Juifs, qui, de son temps, étaient universellement détestés, et dont le nom offrait le synonyme de tous les contempteurs de l'Évangile.

De Vulpe.

Plena dolis multis vocitatur subdola vulpes;
  Hanc fugat agricola, nam capit altilia.
Sin habet ille famem (quia desunt), invenit artem
  Qua sibi cantantes prendere possit aves.
In terram scissam se tendit, rictumque supinum,
  Et quasi sit mortua, flamina nulla trahit (*a*).
Cornix aut ater corvus putat esse cadaver (*b*).
  Insidet ut comedat, morsibus excoriat :
Illa levis surgit, subitoque volatile sumit
  Dentibus et tristem reddit edendo necem (*c*).
Unde tenet duplam, quam prodest nosse, figuram :
  Est Zabulo similis, par aliquando viris (*d*).

(*a*) Extendit se jacendo suprà dorsum veluti mortua, non trahendo anhelitum.
(*b*) Cadaver dicitur per etymologiam *caro data vermibus*.
(*c*) Vulpes est quoddam animal fraudulentum, volubile pedibus, raro rectis itineribus procedens. Et dicitur a verbo *volvo* et *pes*. — In vulpecula diminutivum.
(*d*) Zabulus, id est diabolus, interpretatur *contrarius*.

Travaillons aussi, ô mes frères, pendant que nous le pouvons, à nous assurer contre les rigueurs du jugement qui s'approche. Comme le petit animal choisit le froment nouveau et dédaigne celui des récoltes passées, ainsi préférez la nouvelle Loi à l'ancienne. Comme il a soin de préserver ses provisions de l'humidité, afin de mieux garder ce qui dépasse ses besoins, il fait deux parts de son grain; nous aussi, nous avons à suivre ici-bas une double voie, dont l'une est celle de nos devoirs de la terre, l'autre de nos espérances du Ciel. Dans l'une est la nourriture du corps, dans l'autre celle de l'esprit. Suivons la Loi divine : ce sera éviter la famine de ce temps d'hiver que nous figure le suprême jugement.

Du Renard.

Expert en tromperies, le renard est plein de ressources frauduleuses. Le fermier lui fait la chasse, comme au dévastateur de ses poulaillers. Quand il a faim, il n'y a pas de ruses qu'il n'invente pour s'emparer des chantres de la basse-cour. Il s'étend dans un sillon, s'y couche sur le dos, tient sa gueule ouverte et ne souffle pas plus qu'un mort (1). Les corbeaux et autres oiseaux de proie croient rencontrer un cadavre (2); ils s'en approchent et sautent sur lui pour le dévorer à belles dents: soudain la bête se lève, s'empare des oiseaux et leur fait de tristes funérailles (3).

Il y a ici deux symboles à méditer : le renard ressemble

---

(1) Encore un type partout connu pour une image sensible de Satan, faux et ravisseur des âmes, cruel et ne les cherchant que pour les dévorer. Il est comparé à Hérode par Notre-Seigneur lui-même, ce que notre physiologue n'a pas oublié. Les mêmes sources nous ont fourni, sur la nature malicieuse de cet animal, des données qui ne lui sont jamais honorables.

(2) *Putat esse cadaver.* — Notre commentateur s'amuse ici à une singulière étymologie, si tant est que c'en soit une; on l'avait attribuée au comte Joseph de Maistre, pour qui elle n'était sans doute qu'une réminiscence.

(3) *Reddit edendo necem.* — Ce beau commentaire qui ferait venir *vulpes* de *volvere pedes* est encore une étymologie de même source que bien d'autres. *Vulpes* descend bien mieux d'ἀλώπηξ, avec lequel l'analogie est frappante.

Mortuus est vere qui mortem facit habere ;
　Nos et dissimilat qui mala non faciat.
Cujus edit carne qui rem facit oris inanem,
　Hoc est peccatum quodlibet atque malum.
Quam tunc deglutit cum secum ad tartara ducit
　Dæmon ab insidiis, vulpeculæ similis !
Et cum fraude viri sunt vulpis nomine digni.
　Quales hoc omnes tempore sunt homines,
Fantes ore bona, sed mala corde gerunt.
Herodesque fuit qui Christum quærere jussit,
　Credere se simulans, perdere dissimulans.

De Cervo.

Cervus habere duas naturas atque figuras
　Dicitur a *physio*, qui docet inde, *logo*.
Namque suis grandes cum naribus attrahit angues
　De caveis terræ, de latebrisve petræ.
Quos vorat, ac, tetro mox fervescente veneno,
　Æstuat ad liquidas pergere fontis aquas.
Quas cum fonte bibit, his plenus toxica vincit,
　Se juvenemque facit cornua quando jacit.
Nos quoque, cum prisci serpentis fraude revincti
　Virus contrahimus, orimur et facibus.
Hæc tibi luxuriam profert, odiumque, vel iram,
　Aut etiam nimiam ejus avaritiam.
Ad fontem vivum debemus currere Christum,
　Qui, cum nos mundat, sumpta venena fugat.
Et sumus, his demptis, juvenes, fractisque beati.
　Quæ quasi cornua sunt cum miseros faciunt.
Cornua sunt onera quæ cervi vertice portant,
　Sed non dedecori deinde videntur haberi.
Et fluvios tranant pariter terramque peragrant ;
　Longius et pergunt pascua quando petunt ;

tantôt au démon (1), tantôt à certains hommes; car celui-là est bien mort qui procure la mort aux âmes, et l'homme lui ressemble d'autant plus qu'il s'étudie plus à faire le mal (2). On peut dire aussi qu'il dévore la chair de celui qui commet le péché, et qu'il l'engloutit avec lui dans l'enfer. Par ses embûches, le démon ressemble donc beaucoup au renard; mais les hommes ne sont pas moins dignes de ce nom lorsqu'on les voit, comme aujourd'hui, en si grand nombre, avoir d'excellentes choses sur les lèvres et de très-mauvaises dans le cœur : tel Hérode qui fit chercher l'Enfant-Dieu en feignant de croire en lui, afin de le trahir plus sûrement.

Du Cerf (3).

L'enseignement de notre *Physio-logue* nous montre à l'égard du cerf deux natures et deux symboles différents (4). On dit que, des puissantes aspirations de ses naseaux, il attire les serpents réfugiés dans les antres ou dans les trous des rochers, il les avale, et, aussitôt qu'il ressent l'effet de leur mortel venin, il gagne en toute vitesse quelque fontaine dont l'eau, en le désaltérant, lui sert de contre-poison. On prétend aussi qu'en changeant de bois il retrouve les forces d'une jeunesse nouvelle.

Et nous aussi, lorsqu'enveloppés dans les ruses de l'ancien serpent nous acceptons, avec le péché, la mort de nos

(1) *Zabulus*, parce qu'il est le *contrariant*, l'*adversaire*, car il s'attaque à tous et beaucoup, comme le marquent le mot original βάλλω, *je jette*, et l'augmentatif ξα.

(2) Ces trois derniers vers, à partir de *Nos et dissimilat*, ne sont pas faciles à comprendre dans un pareil latin, et il y a ici, comme bien ailleurs, plus d'une faute de copiste. Le cinquième vers après celui-ci, *Fantes ore bona*, manque aussi de son hexamètre.

(3) Voir, à propos du cerf, une *Notice* de M. Cartier *sur le sceau du chapitre de Saint-Chéron de Chartres*. Le cerf y est, d'après S. Jérôme, Cassiodore et le V. Bède, l'image du chrétien qui détruit le péché par le sacrement de pénitence, ou du martyr qui obtient par son sacrifice volontaire une jeunesse éternelle. Le rapprochement entre cet opuscule et le présent traité de Théobald est fort curieux. Il est clair que celui-ci avait poétisé une idée reçue, puisque les trois auteurs susdits en avaient parlé avant lui. Mais M. Cartier n'a pas connu Théobald, qu'il n'eût pas manqué de citer. Le symbolisme donne donc encore sa preuve qu'il était une science publique connue de tous.

(4) *Dicitur a* PHYSIO, *qui docet inde*, LOGO. — Originalité de construction propre à la

Portant suspensum gradientes ordine mentum,
    Alter in alterius clunibus impositus.
Hunc retinent usum si sint in ordine centum;
    Sed qui præcedit fessus ad ima redit.
Sic se vertentes cuncti, mutuoque ferentes,
    Nullo deficiunt, sicque vitam peragunt.
Per tales mores alienos ferre labores
    Cum pietate monent, sicque juvare docent.
Sic lex est Christi nostri complenda magistri,
    Cujus qui faciat, pascua et inveniat.

âmes, n'avalons-nous pas (1) la luxure, ses haines, ses colères, ses cupidités? Alors ne tardons pas, hâtons-nous de courir vers le Christ, la source des eaux vives qui nous guérira en chassant de notre cœur le poison fatal; et, à mesure qu'il nous quitte, nous nous débarrassons par cela même des superfluités (des bois ou cornes) qui nous surchargeaient. Ces bois, en effet, sont pour le cerf de véritables fardeaux imposés à sa tête; mais ils lui deviennent bientôt un ornement (2). — Les cerfs nagent aussi bien qu'ils courent, et vont chercher parfois des pâturages fort éloignés. Lorsqu'ils traversent un fleuve dans ce but, ils se suivent tous, chacun reposant l'extrémité de sa tête sur la croupe du précédent. Ils vont quelquefois jusqu'à cent rangés ainsi à la suite les uns des autres, et quand celui qui marche le premier se sent fatigué, il passe à la suite de tous les autres. Ils se prêtent ainsi un mutuel secours; aucun d'eux ne faillit, et chacun se soutient jusqu'au terme de la course commune (3). Ces intéressants animaux nous avertissent donc de nous supporter mutuellement, et de nous aider dans toutes les difficultés de cette vie : c'est la loi du Christ notre maître; accomplissons-la, et nous arriverons aux pâturages de notre éternité.

versification du moyen âge, qui y trouvait une ressource contre les mots que leur quantité ne permettait pas d'introduire dans un vers sans les démembrer, mais qui rendait rarement le vers meilleur. On verra plus loin : *ut cale-se-faciant*. (Voir, ci-après, *De Ceto*.)

(1) *Orimur et facibus*. — Il faudrait *faucibus*; mais, par une licence qui passe les bornes, le poète a fait un mot qui, tout en gardant la quantité voulue, donne un non-sens au lieu de l'idée qu'il voulait exprimer. Il en est ainsi du verbe *orimur*, qui n'est pas latin avec une telle orthographe, et ne s'applique en rien aux circonstances. Il est clair qu'on devait lire ici : *haurimus et faucibus*.

(2) Ainsi nos fautes, une fois arrachées de notre cœur par la confession, servent à notre gloire dans la mesure de notre repentir. Le physiologue ne dit point cela, mais il indique assez sa pensée, qui ne manque peut-être ici que faute d'un ou deux vers oubliés.

(3) *Sicque vitam peragunt*. — Ce *vitam* est certainement encore là pour *viam*. — Au reste, on voit ici le physiologue se plaire à tous les contes populaires et n'en manquer aucun, comme nous l'avons vu sur le renard, comme il les a répétés sur le lion. Mais aussi des moralités se tirent naturellement de ces erreurs accréditées, et ici nous n'en manquons pas.

De Aranea.

Vermis aranea (a), licet exiguus,
Plurima fila nectit assiduus.
Texere qui studet artificiis,
Quæ vivere solet his studiis.
Sunt ea retia, musca, tibi,
Ut volitans capiaris ibi :
Dulcis et utilis esca sibi.
Hinc placet illud opus tenere,
Et sibi nihil valet ut fragile :
Quælibet aura trahit in patulum,
Rumpitur, et radit in nihilum.
Hos sequitur homo vermiculos
Decipiendo suos minimos,
Quos comedit faciens miseros,
Et placet sibi inde nimium
Quando nocere potest alio.
Ille tamen vitium quodque facit,
Cum moritur quasi tela cadit,
Quam modo dictus aranea agit.

(a) Per araneam intelligitur avarus : nam, sicut aranea eviscerat muscas, sic avarus in acquirendo pecuniam pauperes eviscerat, et ipsos in mortem tradit.—Diabolus nobis tanquam muscis insidiatur semper ponendo nobis in via hamos, retia et laqueos suos, ut possit nos capere per peccatum; et dum aliquem capit per consensum peccati mortalis, tunc eviscerat et privat gratia, nisi per confessionem et pœnitentiam recuperat eam. Et sic tela diaboli est quod propria voluntate per pœnitentiam potest homo evadere eam.—Aranea timet solem : sic diabolus timet stam Eccliam vel homem justum, quia soli comparatur justus.—Plus solet aranea in nocte texere quam die : sic diabolus quando homo justus minus est in custodia.

De l'Araignée.

L'araignée, quoique n'étant qu'un très-petit animal, multiplie ses fils par l'assiduité de ses labeurs; elle passe sa vie tout entière à ces studieuses industries. Pauvre mouche! ce sont là autant de filets où ton vol s'arrête, où tu te prends pour devenir sa nourriture. Cette proie devient à ton ennemie un encouragement, et rien ne lui sourit mieux que sa toile, pourtant si fragile, que le moindre vent entraîne au large pour la rompre et la réduire à rien (1).

L'homme qui suit ce funeste exemple trompe quiconque est moins fort que lui; il dévore les malheureux qu'il a faits, il se fait un cruel bonheur de nuire à autrui, il s'abandonne à tous les vices; mais bientôt il meurt, il tombe, et devient semblable à la toile de notre araignée.

(1) *Et radit in nihilum*. — C'est bien *vadit* et non *radit* qu'il faudrait ici. On voit du reste, dans ces rapports entre l'avare et l'araignée, beaucoup de vérité, de goût et de justesse.

De Ceto.

Est super omne pecus, qui vivit in æquora, cetus;
  Monstrum grande satis dum super extat aquis.
Prospiciens illum, montem putat esse marinus
  Aut quod in oceano insula fit medio.
Hic si quando famem, quod fert sæpissime grandem,
  Alleviare cupit : callidus os aperit,
Unde velut florum sic flatus reddit odorem
  Ad se pisciculos ut tradat exiguos,
Exiguum tantum quum reprehendere magnum
  Perfectumque nequit ; sed nec ab ore premit
Parvos pisciculos, claudit deglutit et omnes,
  Non sic ut quondam sorbuit ille Jonam.
Si fit tempestas, cum vadit et venit æstus,
  Et pelagus fundum turbidat omne suum,
Continuo summas se tollit cetus in undas :
  Est promontorium cernere non modicum.
Huic religare citam pro tempestate carinam
  Nautæ festinant, utque foris saliant,
Accendunt vigilem quæ navis portitat ignem
  Ut *cale* se *faciant* aut comedenda coquant.
Ille focum sentit ; tunc se fugiendo remergit
  Unde prius venit, sicque carina perit.
Viribus est Zabulus, quasi cetus corpore, magnus (a),
  Ut monstrant magni, quos facit ille, magi.

(a) Magnis est viribus diabolus, seu Zabulus, ut nigromantici affirmant, qui virtute diabolica per artem magicam magna et mirabilia facere videntur; et etiam videntur esse montes diaboli in pelago, quia suas deceptiones per universum mundum diffundunt.— Diabolus per suæ suggestionis dulcedinem, quæ est in longa vita et concupiscentia carnali, attrahit sibi homines parvos et modicos in fide et in bona operatione; vel si capitales, non tenet eos, sed evomit, sicut hic cetus tenuit Jonam prophetam.

De la Baleine (1).

La baleine dépasse par sa taille tous les habitants de la mer; elle se tient sur l'eau en des proportions monstrueuses. Les marins, la voyant de loin, la prennent pour une montagne ou une île jetée au milieu de l'océan. Quand elle a faim, il lui devient difficile de s'assouvir, et elle recourt à une ruse : elle ouvre son énorme gueule et en fait sortir un souffle semblable à un parfum de fleurs odorantes qui attire à elle les petits poissons; elle se contente de ceux-là quand elle n'en peut avoir de plus gros; mais elle ne les écrase pas de ses dents, les avale tout entiers, comme il arriva autrefois à Jonas (2). Si, au temps des marées, il survient une tempête qui trouble la mer jusque dans ses plus intimes profondeurs, la baleine s'élève aussitôt à la surface des eaux et y apparaît comme un promontoire. Les nautonniers se hâtent d'y atta-

de la baleine,

(1) On voit clairement, par ce qui est dit ici de la baleine, que notre versificateur n'a fait que translater, de la prose accréditée de son temps, les caractères et incidents qu'il relate. Il n'y a rien dans ces contes venus de l'Orient, amateur de merveilles, qui n'ait été dit par les bestiaires du passé. Ces exagérations n'ont pu échapper à aucun d'eux.—Voir Hippeau, *Best. divin.*, p. 153; Bochard, *Animalia sacra*, cap. VII; Wolfgangus Franzius, *Animalium histor. sacra*, lib. III, cap. VII.—Nous avons remarqué plusieurs fois que, le rôle principal de ce monstre étant celui du démon, les énormes proportions de sa gueule immense ont paru très-convenables à exprimer l'ouverture de l'enfer, si souvent reproduite pleine de flammes et d'âmes qui s'y engouffrent, jetées par les démons, ou qui en sortent appelées par le Fils de Dieu qui frappe de sa croix la gueule du Léviathan. Nos manuscrits sont pleins de ces images, aussi bien que nos vitraux des treizième et quatorzième siècles. On les voit sculptées au portail des cathédrales d'Auxerre, de Poitiers, d'autres en grand nombre, et sur beaucoup de chapiteaux. Cette figure, ainsi dessinée partout sous les mêmes traits, prouverait assez, contre Bochard et D. Calmet, qui font du Léviathan de Job un synonyme du crocodile, que c'est réellement à la baleine que le saint homme donnait ce nom. D'ailleurs, il n'y a pas à se tromper sur le poisson auquel est empruntée cette vaste gueule, et elle ne peut convenir qu'à la bête qui engloutit Jonas et le rendit sain e sauf.— Voir *Bull. monum.*, XIV, 121, 123, 236, 304, 313, et le *Dict. archéologique de la Bible*, par William Carpenter, v° Léviathan. (Migne, *Scrip. sac. cursus completus*, III, col. 1071.)—Voir encore, pour l'explication en elle-même de cette ouverture de l'enfer, ci-dessus, t. II, ch. XII, p. 338.— Ajoutons seulement, pour ne rien laisser manquer aux notions nécessaires de ce sujet, que, quand le Sauveur y apparaît frappant de sa croix le monstre qui rend les âmes au lieu de les engloutir, c'est la représentation de la descente du Fils de Dieu aux limbes et de la délivrance des âmes du purgatoire.

(2) *Non sic ut quondam sorbuit ille Jonam.* — Il est clair qu'il y a encore ici quelque faute de copiste, car ce vers exprimerait le contraire de ce qui arriva à Jonas, lequel fut absorbé et rendu tout entier par la baleine.— Notre traduction rétablit le vrai sens de l'auteur.

Mentes cunctorum qui mutat ubique virorum :
　Esurit atque sitit, quosque potest perimit,
Et modicos fidei trahit in dulcedine verbi,
　Nam fide firmos non trahit ille viros.
In quo confidit quisquis, et spes sibi ponit,
　Ad Styga qui rapitur, quod male decipitur.

De Sirene.

Sirenes sunt monstra maris resonantia miris
Vocibus, et modulis cantus facientia multis.
Ad quas non caute veniunt sæpissime nautæ (*a*) :
Quæ faciunt sonitum nimia dulcedine vocum,
Et modo naufragium, modo dant mortale periculum.
Nam qui viderunt has, tales esse tulerunt :
Ex umbilico sunt ut pulcherrima virgo,
Quodque facit monstrum, pisces sunt inde retrorsum (*b*).
Est onocentaurus eadem natura biformis (*c*) :
In quibus est asinus humano corpore mixtus.
　Quam plures homines sic sunt in more biformes,
Unum dicentes, aliud tibi mox facientes,

(*a*) Per sirenes intelligatur diabolus, et per nautas homo. Sic diabolus dulcia promittit, et inducit quibus periclitari facit hominem in æterna damnatione.

(*b*) In superiori parte corporis sui sirenes habent speciem pulchræ virginis, sed ab umbilico inferius habent speciem volucris vel piscis.

(*c*) Onocentaurus enim est monstrum marinum, qui superius dispositus est sicut homo, et inferius sicut asinus.

cher leur navire, y débarquent et y allument du feu pour se chauffer ou pour faire cuire leurs aliments. La bête, qui se sent brûler, rentre alors au fond de la mer et fait périr l'équipage.

Le démon est aussi une grande baleine, remarquable par sa force, comme nous le disent ses adeptes les magiciens; il s'est toujours emparé de l'esprit des hommes, qu'il change à son gré; il en a faim et soif, il perd tous ceux qu'il peut séduire, alléchant par la feinte douceur de ses paroles ceux dont la foi est chancelante, mais impuissant contre ceux qui restent fermes dans cette foi. Celui qui l'écoute et le croit se laisse entraîner par lui dans l'abîme, suite déplorable de sa malheureuse confiance.

De la Sirène.

Les sirènes sont des monstres marins dont la voix est merveilleuse; leurs chants sont pleins d'harmonie. Les nautonniers se laissent prendre très-souvent à la douceur de ces concerts perfides; ils s'en approchent, et tombent au milieu d'écueils qui causent leur naufrage. Ceux qui les ont vues assurent que toute la partie supérieure de leur corps est celle d'une belle jeune fille, la partie inférieure est celle d'un poisson, semblable en cela à l'onocentaure, qui a aussi son double corps, d'homme et d'âne sauvage.

Que d'hommes ont ainsi comme deux natures, dont l'une parle en sens contraire des actions de l'autre : grands parleurs de vertus, et pratiquants de débauches (1)! Ne sont-ce pas là des infamies dont le monde se fait gloire ?

(1) Ici la glose de notre étymologiste est encore en défaut: χρυσός n'est jamais entré dans la composition d'hypocrite, qui vient d'ὑποκρίνω, feindre, représenter un personnage de comédie. — Nous ne savons non plus où le commentateur de Théobald avait pris que l'onocentaure était un animal marin. Aucun bestiaire n'en parle dans ce sens, et il l'aura mal induit du rapprochement qu'en font les symbolistes avec la sirène, qu'on regarde comme l'emblème des hypocrites, ou de ceux qui trompent par leur langage différent de leur conduite, à cause de cette double nature qu'on attribue à l'un et à l'autre. Les physiologues divers connus avant ou après lui parlent, il est vrai, de ce monstre en même temps que de la sirène, et à son occasion, parce qu'il est, comme elle, composé d'une double nature physique; mais ils ne l'ont jamais fait habitant de la mer, ni même amphibie, comme on peut le voir dans le deuxième volume du *Spicilége* du car-

Qui foris ut fantur, non intus sic operantur,
Ut pote sunt multi qui de virtute locuti,
Clunibus indulgent his! O quam publica fulgent (*d*)!

(*d*) Sic etiam sunt aliqui prædicatores, homines docentes, et præcipientes facere bona et virtuosa; ipsi vero faciunt mala et criminosa. Tales dicuntur hypocritæ, ab ὑπό, quod est *supra*, et χρυσός, *aurum*, quasi forinsecus apparentes ut aurum, et velut homo ratione utens; sed intrinsecus sunt similes asino, ratione carentes.

De Elephante.

Corpore tam grandes apud Indos sunt elephantes
  Ut bene firmares montibus esse pares.
Hi simul incedunt ut oves, dum pascua quærunt;
  Aversi coeunt cum sibi conveniunt;
Atque semel pariunt quamvis tot tempora vivunt,
  Hoc est trecentum. Nec faciunt genitum,
Ast unum generans et per duo tempora gestans
  Cum parit, in magna, ne cadat, extat aqua;
Non habet unde surgat, quia nunquam crura recurvat.
  Si qua forte ruit, hoc genitrix metuit,
Dum vult pausare vel somno se recreare,
  Incumbit ligno arboris exiguo,
Quam notat atque secat venator, et obice celat,
  Clamque sedens spectat dum requiem repetat.
Ille velut quondam securis ad arboris umbram,
  Dum venit, incumbit cumque ruente ruit.
Sin homo non aderit, gemit, et cum denique barrit,
  Tunc unus currit qui relevare cupit,
Sed nequit, et satagit complorans; tunc quoque barrit.
  Multi vel magni tunc veniunt alii;
Cum nequeunt omnes, intendunt mittere voces.
  Ad quos it subitus parvulus et minimus,
Cujus, et est mirum, provisio sublevat illum,
  Et sic prædictas effugit insidias.

De l'Éléphant (1).

Au pays des Indes, on voit des éléphants si énormes qu'on les prendrait pour des montagnes. Ils marchent par troupeaux...; ils vivent trois cents ans, pendant lesquels ils n'ont jamais qu'un petit qui naît dans l'eau... Comme l'éléphant ne peut plier ses jambes, il ne peut plus se relever s'il vient à tomber; c'est pourquoi, pour se reposer ou dormir, il s'appuie sur le tronc d'un arbre. Le chasseur qui l'a remarqué fait à cet arbre une large coupure qu'il dissimule ensuite ; puis il va se cacher, attendant le retour de la bête qui revient

de l'éléphant.

---

dinal Pitra, p. 68, 350 et 381. Tous ces auteurs, latin, grec ou arménien, traitent d'ailleurs de la sirène et de l'onocentaure comme Théobald lui-même, à l'exception des interprétations morales, dont le fond est simplement indiqué par eux et longuement développé, au contraire, par celui-ci. Toutefois les interprètes arméniens sont plus abondants, aussi bien que les gnostiques, dont l'herméneutique ne diffère que très-peu de celle de notre évêque. Au reste, le prophète Isaïe avait parlé de la sirène et de l'onocentaure comme de types démoniaques imposant leurs mauvaises inspirations aux peuples punis de Dieu (voir *Is.*, XIII, 22 ; XXIX, 14) : de là tous les symboles qui s'y rapportent dans les Pères et les écrivains ecclésiastiques.— Quoi qu'il en soit, on voit qu'ici le commentateur, évêque ou prêtre, ne ménage pas plus les prédicateurs infidèles à leurs convictions que ne les épargnaient les moralistes, dont nous avons observé les sévérités artistiques en parlant de certains modillons, au ch. VIII, ci-dessus.

(1) Le premier éléphant qui parut en France y fut envoyé à Charlemagne par le calife Aaroun-al-Raschild, en 802. Ce symbole ne pourrait donc guère se trouver dans la sculpture monumentale que depuis le commencement du neuvième siècle, quoiqu'on puisse bien en avoir eu quelque idée antérieure par les bestiaires mêmes. Mais cette idée fut-elle dès lors dans les monuments par la sculpture ou les autres arts du dessin ? Nous n'en avons pas d'exemple, et nous ne pensons pas qu'on en puisse citer. Il n'en est que plus curieux d'observer comme les symbolistes s'en emparèrent, y trouvèrent des analogies avec le Sauveur par suite des habitudes de l'animal, ici décrites avec plus ou moins de crédulité, pendant que d'autres, comme S. Méliton, voyaient en lui le type des grands pécheurs et des orgueilleux à cause de sa taille et de sa force, dont il lui est si facile d'abuser. Pierre de Capoue fait de l'ivoire le symbole de la chasteté et de la force morale qui résiste aux passions. Il le donne comme une sorte d'attribut à Sᵗᵉ Agnès, à Sᵗᵉ Agathe, qui préférèrent la mort à la perte de leur virginité; à S. Paul pour sa fermeté apostolique; au Sauveur, enfin, demeuré incorruptible dans le tombeau : *Non dabis*

De quo pilis ejus si fit sub domate fumus,
    Serpentes cedunt quæque venena ferunt.
Sic homo primus Adam per lignum, sic cecidit jam ;
    Quem Moyses voluit tollere, non potuit.
Post hunc Prophetæ voluerunt, nec valuere.
    Ipsorum precibus venit ad hunc Dominus,
Qui cum sit parvus, cum Deus est homo factus,
    Sic relevavit eum in comedendo reum (a) ;
Cujus odor plenus de verbis (scilicet ?) ejus (b),
    Sic cui rite venit, ille beatus erit ;
Omne quod est vitium fugiet de corde per ipsum :
    Causa dehinc lethi nulla nocebit ei.

(a) Adam cecidit in mortem cum arbore quam *venator*, id est *diabolus*, sua fraude, instigando ad transgressionem inedit. Moyses vero cum sublevare non potuit (per Legem), et alii Prophetæ similiter non potuerunt. Hi ergo simul inceperunt barrire, id est fundere suas devotas orationes ad Deum, et tandem ad preces eorum venit unus Parvus Elephas, scilicet Christus Jesus parvus, id est maxime humilis, et sublevavit istum, dum sua morte in crucis patibulo eum redemit.

(b) Sic per odorem dulcis verbi Dei fugunt cuncta vitia, nec ulla mortis causa advenit ei qui verbum Dei rite audit et firmiter custodit. Beati qui audiunt verbum Dei et custodiunt illud!

De Turture.

    Turtur inane nescit amare (a),
    Nam semel uni juncta marito
    Semper adhæret cum simul ipso.
    Nocte dieque juncta manebit,
    Absque marito nemo videbit ;
    Sed viduata si caret ipso,
    Non tamen altro nubit amico :
    Sola volabit, sola sedebit,
    Operiensque casta manebit.

(a) Sed ardenti amore.

prendre son repos sous ce même arbre(1), s'y appuie et tombe avec lui. S'il ne survient personne pour s'emparer de lui, il se met à gémir, puis ses cris deviennent perçants. Beaucoup d'autres éléphants arrivent alors, jettent de grands cris qui en attirent encore ; et tous, grands et petits, par une admirable entente, réussissent à soulever leur pauvre ami, qui, grâce à ce secours, parvient à éviter la mort. Le poil de l'éléphant a cette vertu remarquable que, s'il est brûlé dans une maison, il en éloigne les serpents, très-venimeux dans ce pays.

Adam, notre premier père, était tombé de la sorte. Moïse et les Prophètes ne purent réparer sa chute ; mais leur prière appela vers lui le Seigneur, qui se rapetissa jusqu'à se faire homme et le releva de son abjection en se donnant à lui pour nourriture. Heureux donc celui qui se laissera attirer à l'odeur de sa parole ! par elle son cœur sera dégagé de toute influence vicieuse ; il n'aura plus en soi aucune cause de mort. Toutes les nations l'ont suivie par la foi ; l'ancien serpent, notre cruel ennemi, est le seul qui la fuie, qui se cache devant ce Dieu, et qui n'ose, en sa présence, attaquer ceux que daigne protéger et défendre Celui qui doit régner éternellement sur eux.

De la Tourterelle (2).

La tourterelle ne sait point aimer au hasard ; car, une fois attachée à un époux, elle ne veut plus que lui seul ; elle lui

de la tourterelle.

Sanctum tuum videre corruptionem (ps. XXI, 10). — Ce dernier trait devrait faire préférer de beaucoup les crucifix en ivoire à ceux de toute autre matière, indépendamment du prix intrinsèque de celle-ci. C'est une pensée que les artistes ne doivent pas oublier. (Voir *Spicil. Solesm.*, III, 59.)

(1) SECURIS *ad arboris umbram*. Il faut certainement *securus*.

(2) Ces vers sur la tourterelle sont charmants ; leur douceur mélancolique sied parfaitement au sujet ; leur simplicité gracieuse n'eût pas été désavouée par Catulle. — Au reste, nous avons à observer sur cet oiseau qu'il est admirablement traité comme le symbole de la chasteté conjugale, de la paix intérieure, de la douceur inaltérable, par les SS. Pères, qui virent tour à tour en lui le Sauveur, l'Église sa fidèle Épouse, l'âme chrétienne, dont l'amour se repose en Dieu seul, comme dans la solitude chérie, qu'elle préfère au monde et à ses dangereuses séductions. Ce charmant oiseau n'a jamais eu son *opposition* chez les symbolistes ; il a toujours été pris en bonne part. S. François de Sales rappelle, d'après les anciens naturalistes, qu'il n'a pas de fiel, et le propose comme modèle de la mansuétude chrétienne unie au saint éclat d'une chasteté incorruptible. (*Vie dévote.*)

Sic anima extat quæque fidelis,
Facta virili fœdere felix,
Namque maritus est sibi Christus,
Cum sua de se pectora replet;
Si bene vivit, semper adhæret,
Non alienum quærit amicum.
Quamlibet orcus sumpserit illum,
Quem superesse credit in æthere,
Unde futurum spectat eumdem
Ut microcosmum (*b*) judicet omnem.

(*b*) Id est hominem.

De Panthere.

Est quadrupes panther quo non est pulchrior alter :
Qui magis ex albo conspergitur orbiculato.
Diversis pastus, venatibus et satiatus,
Se recipit dormitque cavo prostratus in antro;
Post triduum surgit : tunc vero denique rugit...
Exit odor talis de gutture, tamque suavis,
Qui virtute sua superabit aromata cuncta,
Ad quem vox tendit quæ vocem bellua sentit.
Sic imitatur eum fletus dulcedine plenum :
Sic faciunt omnes soli panthera dracones,
Cum sonat : aut fugiunt aut segnes corpore fiunt,
In caveisque latent nec longo tempore patent.
Est autem Christus panther allegorice dictus,
Qui super est homines forma collatus ad omnes (*a*),
Et satur ille fuit qui tot quos vult sibi sumit;
Somnum tunc cepit quum nos moriendo redemit.

(*a*) Sicut panther satiatus tribus diebus dormit, ita Christus opprobriis et contumeliis, et diversis afflictionibus affectus, tribus diebus quievit in sepulcro, et postquam resurrexit, vociferans dulcissimum odorem emisit, dicens : Pax vobis, nolite timere.

restera fidèle nuit et jour; on ne la verra jamais sans lui, et si elle en est privée par la mort, elle n'aura point d'autre ami (1), restant seule, parcourant seule les bois qui cacheront le mystère de son chaste veuvage.

Ainsi l'âme fidèle lui ressemble; heureuse des liens qui l'attachent au Christ son Époux, elle remplit son cœur de Lui seul, et garde la sainteté de sa vie dans sa fidélité, qui ne lui permet pas d'autre affection; si la mort semble l'en séparer, elle sait qu'il doit un jour l'appeler au Ciel, d'où il viendra juger ce petit monde qu'on appelle l'homme (2).

De la Panthère (3).

La panthère est un des plus jolis animaux; sa peau est tachetée de noir et de blanc; elle se nourrit surtout de sa chasse, et, après s'être rassasiée, couchée dans son antre profond et retiré, elle dort pendant trois jours, après quoi elle se réveille; elle se met à rugir, et soudain sa gueule exhale une odeur dont la suavité l'emporte sur les parfums les plus exquis. Alors, d'aussi loin que sa voix est entendue, toutes les autres bêtes accourent vers elle, les dragons seuls s'y refusent, ou mis en fuite ou terrifiés par sa voix, qui les arrête et les fait rentrer pour longtemps dans leurs repaires.

de la panthère.

---

(1) Il faut lire sans doute *altro* pour *altero*.
(2) Un ancien philosophe a dit que l'homme était un monde en raccourci.
(3) La panthère est sauvage et cruelle de son naturel. Il a donc fallu lui trouver des qualités éminentes pour oser l'assimiler au Sauveur, et nous les voyons ici développées au profit de l'une des bêtes les moins commodes de tout le règne animal. Quoique la panthère soit différente du léopard, dont l'Écriture parle souvent, notamment dans l'Ecclésiastique (XXXI, 24), comme étant l'emblème du démon; quoiqu'on l'ait considérée comme l'image de la persévérance dans le mal, que Jérémie désigne par l'immutabilité de sa peau (XIII, 23), on peut regarder que, dans les Livres saints, où le mot de panthère ne figure pas une seule fois, ce quadrupède paraît sous le nom de léopard, et que leurs attributs sont identiques.
— Quoi qu'il soit des opinions des savants, longuement discutées, sans conclusion bien évidente, dans le *Hierozoïcon* de Bochard, on s'accorde généralement sur tout ce qui est dit par Théobald de la panthère, dont les symbolistes n'ont voulu prendre que le bon côté.

Rugitum misit postquam de morte revixit
Cœlos ascendens Qui regnat cum Patre p̄n̄s (*b*),
Quem gentes cunctæ sic sunt credendo secutæ (*c*).
Qui fugit atque latet, nec in ipso tempore patet,
Serpens antiquus, qui nobis est inimicus;
Namque palam audet jam fallere multos,
Quos cum defendat Qui secula p̄ omnia regnat.

(*b*) Sedens ad dexteram Patris, odorem suavissimum emisit, scilicet Paracletum quem discipulis infudit.

(*c*) Homines devoti credendo Eum sequuntur, præter solum draconem diabolum qui timet Christum, etc. — Sicut draco abscondit se ne vocem pantheris audiat, sic homines diabolo servientes fugiunt et abhorrent verba Christi et suorum. — Item, sicut pellis pantheris diversum habet colorem, ita pro omnibus bonis operibus diversa habet meritoria retribuenda Spiritualis Panther.

FINIT PHYSIOLOGUS
DE DUODECIM ANIMALIUM NATURIS.

Le Christ est allégorisé par cette panthère ; il s'est assimilé à tous les hommes en prenant leur humanité : il avait de nous une faim qu'il a rassasiée en complétant le nombre de ses Élus, puis il nous a rachetés par son sommeil de trois jours dans le tombeau. Après sa résurrection, il a rempli la terre du vaste rugissement de la parole évangélique, et il est remonté aux Cieux, où il règne tout-puissant avec son Père (1). Mais ensuite toutes les nations sont accourues vers Lui par la foi ; le démon seul, notre ennemi et le sien, a disparu et s'est caché depuis sa venue, et il n'ose plus attaquer ouvertement ceux que défend contre ses méchancetés le Dieu dont le règne ne peut être ébranlé (2).

(1) *Regnat cum Patre p̄n̄s*, c'est-à-dire *præsens*, et mieux *potens* en dépit de la mesure.
(2) *Qui sæcula p̄ omnia regnat.* Ce *p̄* est ici pour la préposition *per*, qui, se confondant avec le mot suivant, comme si on eût dû prononcer *pomnia*, laissait le vers dans sa mesure et s'entendait fort bien par les lettrés.

FIN DU PHYSIOLOGUE SUR LES DOUZE ANIMAUX.

Observations sur le Physiologue et la traduction précédente.

On a dû comprendre à de tels vers latins que le poëte y avait mis quelque négligence, et les amateurs du beau style s'y seront peut-être un peu scandalisés. Disons toutefois, à la décharge de l'auteur, que, pour expliquer les nombreuses infractions aux règles de la prosodie et de l'élégance, il faut tenir compte des nombreuses copies qui durent en être faites avant la première édition, lesquelles, en se multipliant, devinrent forcément plus ou moins fautives. Le premier éditeur qui voulut en exposer le mysticisme ne se donna point la peine d'y ajouter ses réflexions littéraires, et livra à son public, encore peu difficile sur ce point, un texte tel quel et susceptible de beaucoup trop d'*errata*. En dépit de ces raisons, et tout en indiquant des corrections essentielles, nous avons tenu cependant à ne pas défigurer l'original, à lui laisser autant que possible sa physionomie primitive, aidant seulement de nos propres observations l'intelligence des passages qui paraissaient offrir plus d'obscurité. Quant à notre traduction, nous l'avons faite très-*librement*, n'ayant pu avoir pour but en l'écrivant que de satisfaire à la juste curiosité de quelques lecteurs à qui elle serait indispensable, et de leur rendre la pensée de l'auteur latin plutôt que le caractère de sa diction.

De ce livre même on peut conclure que l'auteur ne s'abusait pas plus que les autres physiologues sur la valeur de leurs opinions zoologiques.

Après cette lecture, qu'on pourrait regarder comme le résumé de toute la théologie mystique de l'art chrétien appliquée à la zoologie de ses monuments et de ses livres, on n'a guère besoin de poursuivre une étude d'où jaillissent jusqu'à l'évidence et la nature du symbolisme et l'étendue de ses moyens d'action sur l'esprit humain. On n'en conclura pas, avec certains antagonistes des Pères, que beaucoup d'écrivains mystiques s'étaient fait une sorte de zoologie fabuleuse, pour y trouver de plus faciles allusions aux choses chrétiennes. On voit qu'ils n'ont fait qu'admettre des notions mythiques, il est vrai, mais dont ils n'étaient point dupes, afin d'en tirer le même profit que d'autres avaient fait avant eux. Les écrivains protestants, d'ailleurs, ne sont pas restés étrangers à ce mélange de vérité et d'erreur. Franzius, que nous avons souvent allégué, ne s'est pas contenté des données incontestables des naturalistes, il en a cité aussi les plus bizarres imaginations, et, en dépit de ses applications injurieuses contre les catholiques, et surtout contre les jésuites (que de tels adversaires avaient quelques raisons trop dogmatiques de haïr), il n'a pas moins usé, dans l'intérêt de son livre, de maintes révélations dont l'orthodoxie scientifique n'était point sans reproche. Mais n'avons-nous pas vu les Docteurs de l'Église s'entendre universellement sur les mêmes points? L'unanimité des principes symbolistiques ressort beaucoup plus de cet accord que de toutes les études possibles; et comment douter de cette conformité de tous les temps quand on voit les types se multiplier sur les monuments de tous les âges?

Pour en revenir à nos animaux, n'oublions pas que tous ne sont pas aussi méchants ni aussi bons que Théobald nous les représente d'après les auteurs qu'il devait suivre. Quiconque voudra consulter les livres spéciaux que nous avons ouverts devant nos lecteurs, comme sources de preuves, verra, par les détails particuliers à chaque bête, que les symbolistes sont parfaitement compréhensibles quand ils parlent diversement du même sujet, en lui attribuant tantôt des qualités, tantôt des vices qui sont parfois très-réels et parfois seulement de convention. Pour bien établir ce genre d'opposition et comprendre complétement tout ce qui se rattache, dans la théorie du symbolisme zoologique, à chaque animal en particulier, il faudrait qu'une plume sérieuse écrivît, sous forme de dictionnaire, une histoire générale de ces citoyens libres de tous les mondes connus, réels ou fantastiques, hybrides ou naturels, créés par la toute-puissance de Dieu ou par l'imagination de l'homme. On en trouverait les éléments principaux dans *La Clef* de S. Méliton, dans les différents bestiaires que nous avons cités, dans les homélies et les ouvrages dogmatiques des Pères et des écrivains ecclé-

L'opposition symbolique n'existe pas moins sur ce point que sur tous les autres de notre théorie générale.

Utilité d'un dictionnaire symbolique d'histoire naturelle. — Abondance de ses matériaux.

siastiques. Nos travaux en ce genre nous procureraient la grande joie d'offrir à qui entreprendrait ce travail, aussi utile que curieux, d'abondantes notes que nous n'aurions pu faire entrer dans celui-ci sans le grossir considérablement : ce serait une partie très-importante de l'iconographie générale. Sans accorder à ce sujet les développements que M. l'abbé Crosnier a donnés à son *Histoire du lion*, insérée au dix-neuvième volume du *Bulletin monumental*, on prendrait cette savante composition pour point de vue; que si l'on ajoutait aux espèces vivantes ce qui regarde la botanique, dans laquelle nous allons entrer au chapitre suivant, puis les pierres précieuses, dont nous avons traité dans un des chapitres de l'Apocalypse (1), ce qui regarde la mer et tous ses adjacents, fleuves et rivières, la terre avec ses divers aspects et les variétés de sa forme en villes et plaines, en montagnes et en vallées, enfin les astres et les richesses astronomiques, dont le sens allégorique se reproduit avec tant de profusion dans la Bible et dans les Docteurs des âges chrétiens, on formerait un *Dictionnaire archéologique d'histoire naturelle*, dont les gens du monde auraient eux-mêmes beaucoup à profiter pour leur instruction religieuse, presque toujours superficielle, et que ne dédaigneraient pas les érudits, à qui un tel livre épargnerait beaucoup de recherches et de temps. Sur ce point il n'y aurait plus de questions controversées : toutes se trouveraient éclairées et résolues par le témoignage scientifique des meilleures autorités (2).

Ce genre de beautés manifesté surtout dans les psaumes VIII *et* CXLVIII.

Ce vaste champ, tout en comprenant les matériaux que présente déjà cette *Histoire et théorie*, en recueillerait cependant beaucoup plus encore dans les innombrables détails

---

(1) Cf. ci-dessus, t. II, ch. XIII.
(2) On doit à Mgr de la Bouillerie, évêque de Carcassonne, des *Études sur le symbolisme de la nature*, qui réalisent une partie de ce plan et dont nous aurons occasion de parler encore. Le docte prélat y montre combien il serait capable d'en réaliser l'ensemble.

que nous sommes forcé d'abandonner. Quelle récolte à faire, par exemple, dans les psaumes VIII et CXLVIII, de tout ce que la nature, l'homme, les mille espèces animées de la terre et des eaux nous y offrent de grandiose poésie et de merveilleux contrastes! Toute la nature est là inspirée de Dieu, palpitante au souffle créateur et se groupant par tous les êtres au pied de son trône pour lui rendre l'hommage universel de ses louanges et de ses adorations. Les oiseaux des cieux, les dragons de l'abîme viennent s'y ranger à la parole du Poète divin sous l'œil de l'homme, qui prend sa part de cet harmonieux concert, en sorte qu'on ne sait plus guère si l'univers est un temple, ou si le génie chrétien a fait de ses temples, où ces magnifiques tableaux se reproduisent, un monde entier qui reflète la vie et les prodiges du dehors.

Donc, en terminant ce chapitre, résumons-le dans une profonde pensée de S. Pierre. L'Apôtre, écrivant aux premiers chrétiens, dont les mœurs avant leur conversion avaient été si différentes, s'efforce de les attacher plus étroitement aux vertus nouvelles en leur montrant ce que les peuples encore païens professent d'horribles habitudes, s'abandonnant à toutes les souillures des voluptés charnelles, prostituant leurs âmes dans le vol et l'adultère, se faisant, à force de désordres, des fils de malédiction éternelle, blasphémant ce qu'ils ignorent, et s'abaissant par tant de crimes au-dessous de ces troupeaux de bêtes sans raison qui courent les campagnes sans aucun sentiment de leur Créateur (1). Cette abjection a toujours été la grande peur

Conclusion de ce chapitre dans une leçon donnée par S. Pierre aux hommes que leurs passions grossières assimilent aux animaux.

(1) « Novit Dominus... iniquos in diem judicii reservare cruciandos, magis autem eos qui post carnem in concupiscentia immunditiæ ambulant... —Illi, velut *irrationabilia pecora*..., quæ ignorant blasphemantes, in corruptione sua peribunt, percipientes mercedem justitiæ, voluptatem existimantes diei delicias, coinquinationes, et maculæ deliciis affluentes, in conviviis luxuriantes, oculos habentes plenos adulteriis..., pellicientes animas instabiles, cor exercitatum avaritia habentes, maledictionis filii. » (S. Petri *Epist. II*, II, 9 et seq.) — Tout cela encore n'est-il pas comme un programme de beaucoup de nos images sacrées?

de l'Église ; elle ne redoute rien tant que de voir les âmes, qu'elle doit conduire à la vie par le digne usage de leurs facultés spirituelles, s'enfoncer dans le bourbier du vice par les égarements de la raison. C'est pourquoi cette Épouse du nouveau Salomon demande toujours et par-dessus tout, pour ses enfants, que rien ne les fasse déchoir du glorieux héritage de l'intelligence et de la foi. « Dieu Tout-Puissant, s'écrie-t-elle, faites-nous la grâce d'avoir toujours présents les enseignements de la raison, afin que nos œuvres comme nos paroles restent toujours d'accord avec votre loi (1). » Nous le voyons : tout est dans cet humble aveu de notre faiblesse et de notre premier besoin. C'est là ce que l'immortelle Église de Jésus-Christ a voulu enseigner de tout temps par tous ses moyens. Dans ce but, elle a spiritualisé la matière, elle a trouvé dans toute la création de quoi rappeler la première des créatures à la dignité de son origine et de sa fin. Après avoir vu cette vérité appliquée au règne zoologique, il nous reste à la voir dans ses applications à la mystérieuse botanique de ses édifices sacrés.

---

(1) « Præsta, quæsumus, omnipotens Deus, ut semper *rationabilia* meditantes, quæ Tibi sunt placita, et dictis exequamur et factis. » (*Orais.* du sixième dimanche après l'Épiphanie.) — Soit dit en passant, voilà une preuve que l'Église, en voulant la foi, n'abdique pas la raison. Elle sait bien que la raison conduira l'homme à la foi lorsqu'elle sera dégagée des préjugés, des passions et de tous les faux prétextes que l'impie accumule contre la soumission de l'esprit à la révélation divine.

CHAPITRE XIII.

FLORE MURALE.

Dieu venait de tirer la terre du chaos et de l'obscurité ; les mers avaient reçu leurs limites, et, pour être complètes, ces deux belles portions de son œuvre réclamaient une parure qui les rendît utiles à l'homme, appelé bientôt à les posséder, agréables à ses regards, qui devaient y trouver leurs voluptés les plus pures : et une parole nouvelle de la Providence, *qui se jouait dans le monde*, revêtit les plaines, les montagnes et les vallées de leur verdure, de leurs forêts et de leurs fleurs. Quelle admirable variété ! quels charmes à l'homme appelé plus tard à jouir de ces beautés ravissantes, à les savoir créées pour lui, capables de satisfaire tous ses sens, qui n'avaient encore abusé de rien ! Longtemps peut-être il put les contempler avant la chute de son innocence, profiter de ces ombres épaisses qui tempéraient pour lui l'ardeur de jours sans nuages, admirer les touchants contrastes des arbres majestueux et des splendeurs modestes des roseaux de ses rivages, des touffes odorantes qui lui jetaient leurs parfums. Les animaux, paisibles et doux, mêlaient à ces diversités aimables l'élan de leurs jeunes gracieusetés. Ils remplissaient de joie et de mouvement ce vaste ensemble où leur obéissance marquait d'un caractère suréminent le front de la seule créature que le Tout-Puissant eût faite à son image. Quel beau domaine pour celle-ci, et quel règne tranquille que celui-là, ordonné

<small>Harmonie de la végétation et du cœur de l'homme.</small>

<small>Beauté de l'Eden,</small>

de la main de Dieu avec la miraculeuse et infaillible économie de toutes ses richesses, avec un empire absolu donné au roi de tant de choses sur les êtres qui partageaient son existence et contribuaient à son bonheur! Les poissons de la mer et des fleuves préféraient par instinct leurs silencieux rivages, les oiseaux s'élevaient jusqu'à l'empyrée, ou gazouillaient dans leurs branchages les chants interrompus de la création; les reptiles et les quadrupèdes s'agitaient sans crainte, se reposaient autour de l'homme, et tout semblait jouir avec lui, dans une heureuse dépendance, de sa suprématie et d'une paix que rien ne devait altérer. Que de raisons pour appeler ce lieu favorisé du nom de ses délicieux ombrages, devenus le type du Paradis éternel! Quel doux travail, quelle facile vigilance que celle imposée à l'homme contre les seules inadvertances des hôtes sans raison de ces solitudes bénies!... Culture sans fatigue, source de pure joie et de plaisir innocent au milieu de ces fleuves dont la course, lente ou rapide, versait aux bois, aux prairies et aux parterres la perpétuelle fraîcheur de leurs fécondes sinuosités (1)!

(1) Voir le premier et le second chapitre de la Genèse commentés par S. Jean Chrysostome, et par Cornélius à Lapide d'après lui. De leur côté, S. Basile et S. Augustin expliquent le genre de conservation et de travail imposé à Adam pour le Paradis terrestre, d'une culture sans peine et d'une surveillance peu difficile sur les animaux, dont les ravages eussent pu détruire l'ordre et la beauté du Paradis terrestre. C'est, en effet, la seule interprétation possible de cet ordre divin indiqué par la Genèse: *Tulit ergo Dominus Deus hominem et posuit eum in Paradiso voluptatis ut operaretur et custodiret illum.* Cette surveillance était inséparable d'un travail dont elle devait protéger les conséquences : l'un était donné à l'homme comme une nécessité de sa vie, dont l'inaction absolue eût fait un ennui continuel; l'autre comme exercice de son intelligence, qui ne pouvait abandonner le soin des choses qui l'occupaient chaque jour. — Une observation qui ressort bien de notre sujet, c'est l'identité qui se trouve entre le nom donné au fleuve du Tigre, l'un des quatre du Paradis terrestre, et à l'animal ainsi nommé. D'après leur étymologie hébraïque, l'un tire cette appellation d'une ressemblance que la rapidité de son cours fit trouver avec celle des mouvements vifs et impétueux de l'autre : fleuve et animal

FLORE MURALE.   547

Mais soudain tant de charmes, sans disparaître entière- *et sa déchéance.*
ment, furent de beaucoup effacés par la première faute. Le
printemps éternel souffrit des atteintes mortelles d'une automne inattendue et d'un hiver qui le suivit, traînant avec
lui l'affligeante image de la mort. La nature ne fut plus immuable ; son éclat se ternit comme la jeunesse d'Adam. Les
brutes semblèrent comprendre cette déchéance ; elles voulurent, à son exemple, une liberté que n'entravât aucune
obéissance ; elles se révoltèrent, et avec ce sentiment nouveau se développèrent en elles et les ruses de la faiblesse
et les violences de la force et de la férocité. Les plantes se
ressentirent forcément de cette fatale révolution. Les épines
et les ronces s'accrurent sur la terre (1), les forêts s'en remplirent ; il n'y eut pas jusqu'à la rose, dit S. Basile, qui ne
s'en entourât, comme pour nous rappeler que le péché mêla
d'amertumes toutes nos délices (2). Les arbres eux-mêmes,
les fleurs les plus séduisantes par l'attrait de leurs couleurs
et de leurs fruits, acquièrent des propriétés nuisibles : l'om-

parurent se convenir par cette analogie. Quant au *Paradis*, nous savons
que les Orientaux, portés par leur climat à rechercher surtout les ombrages, appelaient ainsi un lieu planté d'arbres, ou assez herbeux pour
y conserver une grande fraîcheur, ce qui revenait à l'*Éden* des
Hébreux. — On peut voir dans les commentaires cités plus haut le sens
allégorique et anagogique donné par les Pères au Paradis terrestre,
qui est tantôt l'Église de la terre et tantôt le ciel des Bienheureux.
(Apud Migne, *Script. sacr. curs.*, V, col. 218 et seq.)

(1)-« Maledicta terra in opere tuo... spinas et tribulos germinabit
tibi. » (*Gen.*, III, 17.)

(2) Voici le charmant passage du saint évêque de Césarée que nous
ne pouvons nous refuser le plaisir de citer : « Rosa hic spinis est con-
juncta, tantum non aperta nos voce contestans et dicens : Quæ jucunda
vobis sunt, o homines, tristibus permixta sunt. Nam vere in humanis
ita comparatum est, ut nullum eorum sincerum sit, sed confestim
lætitiæ et hilaritati conglutinetur mœstitia, conjugio viduitas, puero-
rum educationi cura et sollicitudo, fecunditati abortus, vitæ splen-
dori ignominia, prosperis successibus dispendia, deliciis satietas,
sanitati infirmitas. Florida quidem est rosa, sed mihi tristitiam infligit.
Quoties florem hunc video, peccati mei admoneor, propter quod terra,
ut spinas et tribulos proferret, condemnata est. » (S. Basil. *Homilia de
Paradiso.*)

brage de quelques-uns devint mortel à l'homme, et, dans les baies charmantes de quelques autres, dans leurs fibres les plus cachées, se distillèrent des poisons.

Le symbolisme biblique des arbres et des fleurs.

Donc, là encore, le bien et le mal, le plaisir et le danger, la distinction entre les qualités bonnes ou mauvaises; et, dans l'esprit observateur de l'homme, autant de termes de comparaisons, autant d'allégories applicables aux choses de la conduite et de la foi. Et, d'abord, quoi de plus semblable à la vie humaine que cette vie végétative de la plante, nourrie des principes constitutifs de l'atmosphère, des sucs du sol, des influences du soleil et des fraîches émanations de l'élément humide? Ces relations, mystérieuses dans leurs causes premières, mais saisissables au jugement de tous, n'ont pas échappé aux poètes inspirés de la Bible. Pour eux le juste, paré de l'efflorescence de sa vertu, est un arbre planté le long des eaux, auquel les feuilles ne manquent pas, et qui ne refuse jamais ses fruits à la saison qui les espère; son épouse est « une vigne féconde aux vastes rameaux, aux pampres toujours verts tapissant les murs de sa maison; » ses enfants, « des plants d'oliviers rangés autour du foyer domestique. » Et cette même vigne, toute glorieuse d'une signification favorable, devient l'image de l'âme stérile quand Isaïe la compare au peuple ingrat que Dieu avait planté dans la terre promise, environné de tous ses soins et de sa protection comme d'un rempart, et qui n'a donné en son temps que des raisins sauvages et amers (1).

L'arbre de Nabuchodonosor.

Une des plus mémorables applications du symbolisme des arbres est donnée en songe à Daniel, et figure les deux phases si différentes du règne de Nabuchodonosor. Le prophète avait vu un arbre d'une hauteur excessive. La force du tronc, l'immense portée de ses branches l'élevaient jusqu'aux cieux et lui faisaient couvrir toute la terre au milieu de laquelle il était planté. Ses feuilles étaient magnifiques;

---

(1) Voir *Ps.*, I et CXXVII; — *Is.*, V, 4.

ses fruits abondants suffisaient à rassasier le monde, outre les oiseaux nombreux qu'il abritait et les animaux qui se reposaient à son ombre. Mais voilà que le Saint des Saints, celui qui veille sur toutes choses, descendit du Ciel : il donna ordre, d'une voix éclatante, de couper l'arbre par le pied, d'abattre ses rameaux, d'arracher son feuillage et de disperser autour tous ses fruits...; et en même temps on chassa les animaux et les oiseaux qui en avaient fait leur asile (1). Il y avait donc là un mystère qui regardait en même temps l'état florissant de l'empire chaldéen et la décadence qui devait le frapper bientôt. C'est pourquoi, nous dit un savant, les arbres nous proposent toujours quelque sens à deviner dans les travaux d'art chrétien. Ils n'y sont pas seulement une parure; il faut toujours y voir un motif d'instruction pour notre esprit (2).

Ainsi, cet arbre dont le Psalmiste parlait tout à l'heure, dont les eaux reflétaient la tête fructueuse et baignaient le pied, peut devenir stérile, et mériter par là, comme l'humanité sourde aux avis du Tout-Puissant, que le Maître souverain prenne la cognée et l'attaque jusque dans ses plus profondes racines. C'est le Sauveur lui-même qui emploie cette métaphore (3). N'est-ce pas Lui aussi qui condamne le figuier inutile à tomber sous la hache (4); qui compare la doctrine évangélique au grain de senevé devenu un grand arbre où se reposent les oiseaux du Ciel, c'est-à-dire les nations accourues dans le sein de l'Église (5)? Ainsi, dans cette bouche sacrée, cet ordre des choses appelées à l'appui de ses préceptes sert encore à en propager l'esprit et à les faire comprendre. Comment les symbolistes ne s'en seraient-ils pas emparés, et, par suite, comment l'art chrétien eût-il

(1) Voir *Daniel*, IV, 8.
(2) Aringhi, *Roma subterr.*, lib. VI, cap. XLI, n° 1.
(3) Voir *Matth.*, III, 6.
(4) *Ibid.*, XXI, 19.
(5) *Ibid.*, XIII, 31.

délaissé un de ses motifs les plus gracieux, les plus féconds et les plus significatifs ?

<small>Les Apôtres et les Pères s'en emparent.</small>

Les Pères ne pouvaient l'omettre, pas plus que ne l'avaient oublié les écrivains sacrés du Nouveau Testament. S. Paul avait dit que si nous consentions à être *entés* en Jésus-Christ par la ressemblance de sa mort, nous lui resterions *entés* de la même sorte par celle de sa résurrection (1). Origène, expliquant ce passage, assure que Jésus-Christ, « la force et la sagesse visible de Dieu, » est l'arbre de vie ; que, pour rester uni à lui, il faut devenir une de ses branches, comme devant trouver la vie en lui seul et autant que nous serons *insérés* à ce tronc sacré (2). C'est une réminiscence de la parole évangélique : « Je suis la vigne et vous êtes les pampres. Celui qui s'unit à moi porte beaucoup de fruits ; mais sans moi vous ne pouvez rien (3). »

D'après S. Augustin, le senevé que nous voyions naguère appliqué à l'Église est aussi l'image de Jésus-Christ, qui, « d'abord petit comme cette graine, par son humble naissance dans l'humanité, devint un arbre superbe par son exaltation dans le Ciel. Cet arbre a aussi ses rameaux, que nous devons voir dans S. Paul, dans S. Laurent, dans les Apôtres et les Martyrs (4). »

Ainsi, et par un symbolisme adopté universellement, les Apôtres ont eu leur part de cette touchante comparaison. S. Ambroise, S. Hilaire de Poitiers les regardent

---

(1) *Rom.*, VI, 5.

(2) « Christus ergo Dei virtus, et Dei sapientia. Ipse est arbor vitæ, cui complantari debemus, et novo quodam atque admirabili dono mors illius arbor vitæ efficitur. » (Origen., *in h. loc.*)

(3) « Ego sum vitis, vos palmites. Qui manet in me et ego in eo, hic fert fructum multum, quia sine me nihil potestis facere. » (*Joan.*, XV, 5.)

(4) « Arbitror hoc ipsi Christo Domino dicere et rectius comparare : quia nascendo in homine, humiliatus ut granum est ; adscendendo ad cœlum, exaltatus ut arbor est. — Ramus est Paulus, ramus est Laurentius, rami sunt omnes apostoli et martyres Salvatoris. » (S. Aug. *Serm.* XXVIII *in S. Laurentii fest.*)

comme des branches du grand arbre chargées des fruits de la rédemption, protégeant le monde de leur ombre. « Ces branches, dit ce dernier Père, sont quelquefois agitées violemment par les tourmentes des vents furieux, c'est-à-dire par les tentations de l'enfer et les persécutions contre les Saints ; mais ceux-ci n'ont rien à craindre tant qu'ils se tiennent fermes, cachés sous cet abri protecteur, et savent résister à la tempête (1). » C'est pourquoi on voyait déjà sur les murs des catacombes le Sauveur figuré au milieu d'un arbre dont les branchages supportaient les images de ses Apôtres ; ou bien, bon pasteur et chargé de la brebis retrouvée, il avait de chaque côté deux arbres sur lesquels se reposaient des oiseaux. Le sens de ces symboles, qui échappait aux païens, était bien compris des fidèles ; et de là allait se répandre dans tout le monde, à l'exemple et sous la protection de Constantin, l'art d'exprimer sous des formes et des couleurs emblématiques l'histoire, le dogme et la morale de la doctrine qu'une lutte de trois siècles avait élevée au-dessus du trône des Césars.

Mystères des catacombes en ce genre.

Au pied de ces grands spécimens de la végétation, plantés par la main de Dieu pour l'utilité de l'homme et pour charmer son exil de la terre, les fleurs créées pour son seul agrément par cette même volonté acquéraient autant de droits à notre reconnaissance qu'à notre admiration. La poésie, qui vit toujours plus ou moins dans la pensée humaine, mais plus que partout ailleurs dans les Livres bibliques, pouvait-elle ne pas cueillir ces fraîches couronnes, inimitables de formes et de couleurs ? C'est là que le Christ et la Vierge Mère sont « la fleur des champs et le lis des vallées ; » les Saints sont « des fleurs qui se sont montrées à la terre. » C'est aux vierges, « qui fleurissent dans l'Église

Les fleurs, symbole des vierges.

---

(1) « Apostolos ex Christi virtute protensos et mundum inumbrantes, in ramis intelligimus, in quos gentes in spem vitæ advolabant. Et aurarum turbine, id est diaboli spiritu flatuque vexatis, tanquam in ramis arboris requiescunt. » (S. Hilar. Pictav., *In Matth.*, cap. 13.)

comme le lis, qui y répandent leur odorant parfum avec l'amabilité de leur parure, d'entonner les cantiques de louanges et de bénir le Seigneur dans ses œuvres; » c'est à ces âmes qui se donnent à Dieu dès le commencement de leur vie et avec leur chaste intégrité, que l'Époux « jette à profusion les fleurs de ses parterres divins. » Mais, hélas! ces pures images peuvent changer de caractère pour ceux qui les profanent et en abusent. L'impie se pare de roses qui se faneront avec ses plaisirs; l'homme est une tige passagère qui disparaît souvent au soir de son premier jour (1).

Nous n'ajoutons rien ici à ces traits généraux, les détails devant nous revenir à propos des symboles sous lesquels l'Église s'est toujours plu à reproduire les augustes personnalités du Sauveur, de la sainte Vierge et des Saints. Il est temps de voir comment notre botanique surnaturelle a fait son office dans la décoration sacrée, dans la liturgie et dans la philosophie du Christianisme.

Plantes des cimetières romains. — Ornements des églises.

Et, d'abord, pour remonter, selon notre habitude, à nos plus anciens monuments, nous pouvons tirer des cimetières romains des trois premiers siècles d'incontestables témoignages que là, soit en peinture, soit dans la sculpture prodiguée aux sarcophages, la flore monumentale fut prodiguée, et toujours dans une intention symbolique. Il est rare que les tombeaux n'y soient pas ornés de fleurs et de guirlandes. Les bergers y apportaient à l'Enfant Jésus des couronnes de fleurs ou des vases pleins de bouquets, ce qu'aucun des textes évangéliques ne raconta jamais (2). Les palmiers, les cyprès, le laurier y croissent à l'envi de beaucoup d'autres arbres, et souvent une simple branche d'un de ces arbres verts parle de l'immortalité chrétienne sur une tombe marquée d'un seul nom. Souvent, près d'une ou deux maisons délabrées, sculptés sur une pierre sépul-

---

(1) Voir S. Melitonis *Clavis* : De Lignis et Floribus, cap. LXI.
(2) Voir Aringhi, t. I, p. 617.

crale, et qui signifient un ou deux corps qu'elle recouvre, on voit s'élever autant de cyprès, qui deviennent le symbole de l'âme, destinée comme lui à reverdir un jour. C'est au milieu ou d'un bois touffu ou de deux arbres isolés qu'apparaît toujours le divin Orphée du Christianisme. Les chapiteaux des colonnes sculptées sur les sarcophages sont parés de feuilles de fougère ou de feuilles grasses plus ou moins capricieusement exécutées, comme celles de nos premières colonnes romanes, et qui, dans leur simplicité, étaient évidemment employées comme signe de vie et d'immortalité. Le fût des colonnes y est quelquefois décoré d'une tige de vigne qui serpente en spirale dans toute sa hauteur. De même on ne peut se tromper, quant au motif allégorique, lorsqu'on voit le divin Maître debout au milieu de ses Apôtres, s'élançant vers lui sur un fond tapissé de pampres et de raisins murs, indice de leur union et de la fécondité dont elle est le principe. C'est de ces premiers temps que nous vient l'usage partout adopté de faire servir aux grandes fêtes les fleurs et les branches d'arbres à l'embellissement de nos temples. Dans sa troisième Lettre à Héliodore, S. Jérôme, louant Népotien du zèle qu'il avait toujours mis au soin de l'Église dont il était chargé, mentionne l'empressement qu'il mettait à parer les basiliques de fleurs variées, de branches d'arbres et de pampres verts. Écrivant à Pammaque, l'auguste solitaire parle des couronnes de fleurs avec lesquelles on ensevelissait les martyrs. En leur honneur on parait la basilique de riantes guirlandes de roses, de lis, de sarments de vignes dont l'aspect et l'odeur consolaient et réjouissaient les cœurs chrétiens par toutes les espérances de leur foi. Ils voyaient dans cette verdure le symbole de la victoire, comme, dans les feuilles de laurier qu'ils étendaient au fond des sépulcres, un signe de l'immortel héritage. On sait, enfin, que souvent on enfermait dans le cercueil des graines de trèfle qui s'y sont conservées quinze siècles durant, au rapport de savants qui, les

Le trèfle dans les tombeaux.

ayant trouvées dans des sépultures des troisième ou quatrième, les ont vues germer peu après et produire l'espèce attendue. Pouvait-on se faire un symbole plus éloquent de l'éternelle résurrection, en même temps que de la Trinité, dont on affirmait ainsi la croyance protectrice (1) ?

<small>Les plantes décoratives empruntées à l'art antique par les chrétiens.</small>

Ces origines durent avoir leurs développements, et la flore murale fut créée avec la liberté de l'Église, avec la permission donnée par le premier empereur chrétien de construire des basiliques appelées à remplacer les temples des faux dieux. Ces temples eux-mêmes n'avaient-ils pas eu leurs frises, leurs frontons, leurs chapiteaux, leurs colonnes même chargés de festons et de palmes? L'Inde, l'Égypte, les mythologies grecque et romaine, l'ancienne Perse, les Ismaélites, et les Arabes qui viennent d'eux, n'eurent-ils pas leur flore symbolique, dont presque tous les motifs eurent une origine religieuse (2)? L'acanthe n'était-elle pas devenue le plus bel ornement de l'ordre corinthien? Les monuments funéraires semés le long des voies romaines n'avaient-ils pas reçu, avec plus ou moins de profusion, les images fidèlement imitées des plantes symboliques de la mort et de l'éternité? Enfin le laurier, l'olive, les diadèmes de fleurs n'entouraient-ils pas jusque sur leurs médailles les empereurs et les patriciens dont la mémoire se rattachait à des hauts-faits militaires ou à des triomphes qui devaient les immortaliser? Tant de symboles étaient donc convenus et acceptés d'avance. Il ne fallait que des mains habiles pour les transporter, en les y multipliant, des édifices profanes aux murs consacrés par le sacerdoce nouveau.

<small>La botanique murale, traitée d'abord sans succès artistique dans les églises;</small>

Mais ces mains habiles ne s'essayèrent pas longtemps à de telles œuvres; admettant qu'elles eussent existé, comme il n'est pas douteux, dans nos premiers édifices religieux, les ravages des barbares les ont enfouies peu de temps après

(1) Voir *Bullet. monum.*, 1, 138 ; XIII, 161.
(2) Voir Portal. *Couleurs symboliques*, p. 22 et suiv.

dans les ruines des églises détruites par eux. Les plus anciens échantillons qui nous en restent, outre quelques débris qu'il est difficile de faire sûrement remonter à une époque certaine, sont quelques chapitaux ou gallo-romains ou mérovingiens, dont les feuillages fort modestes n'attestent qu'un ciseau encore peu expérimenté au sortir d'un long sommeil de l'art. Nous ne pensons pas qu'il y ait dans ces simples feuilles d'acanthe aucun symbolisme bien déterminé, sinon celui de la verdure en général, dont l'idée est celle de l'espérance, et qui peut bien s'être effacé sous l'intention unique de coiffer une colonne d'une riche et gracieuse ornementation.

Jusqu'à la fin du dixième siècle on se borne assez généralement à cette foliation, dans laquelle on ne doit guère chercher de symbolisme, si ce n'est peut-être les branches courantes de la vigne, qu'on voit alors assez fréquemment mêlées à des palmettes ou à des feuilles dont le caprice détermine, bien plus que la nature, les formes bizarres et hasardées. C'est à peine si l'on peut distinguer d'une arête de poisson la feuille de fougère, qui se répète souvent alors sur quelques chapiteaux à peine ébauchés. Le onzième siècle lui-même use peu de cette parure, que remplacent des moulures très-variées et qui parlent beaucoup moins à la pensée qu'au regard. On cherche l'effet dans les façades, on couvre les accessoires de frises et de zigzags, de méandres et de chevrons brisés ; quelques têtes plates se mêlent à cela et semblent préluder par leurs grimaces ou leur physionomie plus que suspecte à la zoologie qui va venir. La botanique n'apparaît en rien là où déjà règne une certaine prétention à des exhibitions plus ou moins significatives de bêtes hybrides, aux manières contournées et aux regards peu rassurants. Il faut arriver au douzième siècle pour trouver un ensemble de motifs symboliques, d'où ressortent avec un égal succès et la zoologie mystique et la flore la plus complète et la plus attachante. C'est alors que

elle se développe au onzième siècle,

tout a sa signification; on voit clairement que la renaissance des études, venue surtout du mouvement imprimé par les croisades, a provoqué et secondé la renaissance de l'art. Mais à cette période même il est bon de distinguer deux *faires* bien différents, lesquels distinguent nettement la première de la seconde moitié de cette centurie. Nous n'en voudrions pour exemple que l'ancienne abbatiale de Saint-Germain-en-Bray (Oise), qui, bâtie dans la première moitié du onzième siècle, a des chapiteaux ornés de feuilles en volutes tellement douteuses et indécises, qu'on ne sait si ce sont des végétaux ou des serpents. On en citerait bien d'autres. Toutes celles, au contraire, qui datent de la fin de ce même siècle, font remarquer en elles une charmante végétation, dont le mérite n'est pas moins dans leur exécution attentive que dans la pensée esthétique de leurs auteurs.

Une autre remarque à faire, c'est que les églises rurales qui ne furent ni des abbayes ni des prieurés sont ordinairement bien plus négligées au point de vue de l'art, et que l'ornementation s'y est faite en des conditions beaucoup moins larges, et bien moins soignées; celles qui s'échelonnent, en grand nombre, le long des rivières, se distinguent aussi par une préférence pour les feuilles aquatiques, dont le voisinage a fourni tout naturellement des motifs de sculpture. On y voit le nénuphar, symbole de la charité, dont trois ou quatre feuilles suffisent à couvrir une corbeille; les roseaux fleuris épanchant leurs touffes pour représenter l'efflorescence de l'âme juste, vivant des eaux de la grâce; ou bien un de ces grands platanes du rivage toujours fermes et y croissant sous l'œil de Dieu pour donner au fidèle une idée de sa grandeur morale et exciter ses aspirations vers le ciel: il est presque toujours représenté facilement par une ou deux de ses larges feuilles. Le Poitou, l'Anjou et la Bretagne sont surtout favorisés de ces belles tiges locales, auxquelles la délicatesse du ciseau ajoute une grâce qu'on trouve aussi bien dans leurs épanouissements variés. Mais cette magnificence apparaît surtout dans les basiliques de nos cités ou des riches églises des monastères. Là rien de plus varié que les arbres, les fleurs et les fruits; on y en voit partout. On les admire aux chapiteaux, aux clefs de voûte, aux bases des colonnes groupées ; elles courent le long des entablements, des arcs-doubleaux, des tores, des tableaux des fenêtres : elles animent les verrières de leurs splendides couleurs. En un mot, cette belle période du moyen âge est celle qui le représente le plus dignement, tant par ce qu'y enfantent de délicat et de fini les arts du dessin, que par tout ce que représentent de plus élevé l'esthétique du plan général des églises et les surprenantes ressources de son histoire naturelle. C'est à cette époque, en effet, qu'on vit s'exercer la vive et pourtant très-sérieuse imagination de frère Laurent, dominicain qui fut, pense-t-on, confesseur de Philippe le Hardi, aux treizième et quatorzième siècles. Auteur d'une Somme de théologie, ou plutôt d'un Traité spécial des péchés capitaux, il y expose dans tous leurs détails les sept péchés, indiqués chacun par une des sept têtes de la bête apocalyptique. Il y appelle leurs dérivations et variantes « des racines, des branches et branchètes principaus. » On y voit même énumérés, comme symboles des simples imperfections ou péchés moindres, « les moult petits rincelas ou rameaux qui en issent, » et jusqu'aux « jettons et aux feuilles qui bourgeonnent sur ces rinceaux (1). » Ce symbolisme-là n'est-il pas copié de nos chapiteaux à feuillages et à enroulements ?

Mais l'étude que doit faire l'archéologue de cette belle partie de l'histoire monumentale exige, comme pour les temps antérieurs, des notions très-précises de la philosophie des sciences. Les plantes furent traitées par les naturalistes comme la zoologie elle-même, dont nous avons vu

Richesse en ce point des édifices monastiques et des cathédrales.

La théologie morale s'en empare.

---

(1) Voir *Revue de l'art chrétien*, VIII, 349 et suiv.

les prodigieuses mais fécondes et curieuses aberrations.

Erreurs scientifiques de certains botanistes anciens.
Pline, dans son vingt-sixième livre, parle de plusieurs plantes comme ayant été douées par ses devanciers de vertus auxquelles il ne croit pas. Ceux qui l'ont suivi ont maintes fois été plus faciles ; ils se sont fait des théories soit sur la nature même de certains arbres, soit sur leurs vertus médicinales, et l'on trouverait dans S. Isidore de Séville et dans Vincent de Beauvais de grosses persuasions que personne aujourd'hui ne voudrait admettre, mais qui n'en eurent pas moins assez de crédit pour influencer généralement nos œuvres sculpturales.

Origine orientale de plusieurs.
Une des causes les plus actives de la bonne foi qui fit accepter par le moyen âge ces préjugés scientifiques se trouve dans les nombreux voyages qui se firent en Orient depuis le commencement du onzième siècle. Ces expéditions d'outre-mer, d'où nous rapportâmes beaucoup d'étoffes où figuraient des animaux fantastiques aussi bien que des plantes d'imagination, implantèrent avec elles les procédés de fabrication ; et nos ateliers de tapisseries nationales, qui jouirent d'une grande réputation à l'étranger, imitèrent ces bizarreries avec assez de bonheur pour qu'on pût se passer bientôt des productions exotiques. Mais ces étrangetés n'en eurent pas moins leurs significations mystiques, et passèrent dans la sculpture sacrée, où nous les retrouvons encore.

Le hom, arbre de vie des Orientaux, naturalisé dans la flore chrétienne,
Un des plus curieux spécimens de ce genre est l'arbre, d'origine arabe, nommé *hom*, et qui, pour les Orientaux, était une tradition dégénérée de l'arbre de vie du Paradis terrestre. Déjà célèbre en Perse durant le second empire des Sassanides, qui dura de 223 à 632, il nous arriva comme une expression de l'idée primitive de la chute de l'homme et de sa réparation, et comme l'arbre véritable recommandé à Adam. On le rattacha donc à tout ce qui avait été dit de ce bois mystérieux et salutaire dans la divine Écriture, et développé dans les écrits des Pères et des Docteurs. On ferait un livre aussi intéressant que considé-

rable de tout ce qui s'est produit sur ce point à travers les âges de la tradition catholique, si l'on réunissait toutes les données émises à ce sujet ; les savants auteurs des *Vitraux de Bourges* (1) en ont fait une remarquable moisson dans leur magnifique ouvrage, que nous nous bornons à indiquer ici sur ce point. Ce qui nous importe spécialement, c'est de signaler ces rapports entre l'arbre persan et la croix du Fils de Dieu, rapports qui l'ont fait adopter par nos sculpteurs autant que par nos interprètes scripturaires. En effet, cet arbre, par les variantes nombreuses qu'on lui vit sur les tissus orientaux, mais qui toutes se rapportaient à la Croix, dut servir admirablement et l'esthétique chrétienne, toujours jalouse d'augmenter le nombre de ses expressions symboliques, et l'imagination du sculpteur, dont le caprice artistique, assez contraint par l'absolutisme doctrinal qu'il doit respecter avant tout, aime à opposer des formes diverses à la monotone répétition des mêmes motifs. Nous sommes persuadé, pour notre compte, qu'il y avait dans cet arbre et dans ses accessoires obligés une idée de culte et d'adoration. Les Perses l'accompagnaient toujours de deux lions ou de deux léopards, dont l'attitude fière et respectueuse indiquait assez de quel rôle digne et sérieux ils étaient chargés. Quelquefois le hom est remplacé, au milieu de ces deux animaux, par un pyrée ou autel où le feu sacré était adoré chez ces peuples comme symbole de Dieu lui-même, principe et auteur de la vie et de la fécondité universelle. Il ne fut pas difficile de détourner quelque peu ces signes d'idolâtrie pour rattacher l'objet principal au culte du vrai Dieu et à l'adoration de la Croix, qui, d'ailleurs, on le sait, avait laissé de vagues souvenirs dans la pensée des

comme un symbole de la Croix.

---

(1) Voir *Vitr. de Bourg.*, pour ces rapports entre la Croix et l'arbre du Paradis terrestre, p. 40 et suiv., p. 102, n° 4, et 209, n° 4. — Il faudra bien que nous revenions nous-même bientôt, et en son lieu et place, sur cette remarquable union des deux Testaments en une pensée si fondamentale.

Orientaux idolâtres, et restait pour certaines contrées un objet d'adoration et un symbole de salut (1).

Spécimens variés de ce symbole.

Si le plus ancien de ces arbres sacrés qu'on ait vu en France fut celui qui figurait sur un vase d'argent doré envoyé à Charlemagne par Aaroun-al-Raschild, vers la fin du huitième siècle, il était sans doute depuis longtemps populaire lorsqu'au douzième on s'avisa de le faire entrer dans l'économie générale de notre ornementation; car c'est alors qu'on fit à l'antiquité, surprise, pour ainsi dire, dans ses tendances chrétiennes, cet emprunt de plus, et les lions ou d'autres animaux symboliques apparurent dans l'imagerie romano-byzantine avec une attitude et sous des formes qu'on ne leur avait jamais vues. Accroupis devant le hom, ils semblaient veiller sur la plante mystérieuse; il y a plus, on les voit souvent engueulant une de ses branches, ce que l'art ancien n'avait pas inventé : ce qui prouve de reste que dans la pensée de l'artiste chrétien l'arbre de vie était là, nourrissant les âmes généreuses de ses sucs qui donnent l'immortalité. Quand ce ne sont pas des lions, dont nous savons la signification favorable (les justes, les fidèles imitateurs du *Lion de Juda*), ce sont d'autres bêtes qui leur ressemblent sans en avoir les formes bien déterminées, ou quelques-uns des oiseaux qui sont toujours pris en bonne part. Il fallait bien, au reste, qu'on voulût faire de cet arbre mystique un équivalent de la Croix pour l'avoir placé au

---

(1) Bien antérieurement au Christianisme, la Croix, dont la pensée est rappelée maintes fois comme prophétie dans la Bible, devient pour les Chinois, les Égyptiens et autres peuples du Levant un objet de culte et de vénération. C'est le fond d'un curieux *Mémoire* de M. Saint-Félix Maurémont, inséré en 1840 dans le troisième volume de ceux de la *Société archéologique du Midi de la France,* et que nous avons analysé, en 1841, dans le t. II des *Bulletins des antiquaires de l'Ouest,* p. 34. Des découvertes confirmant ces observations furent faites en en 1807, au Mexique, par le capitaine Duplaix, chargé par la cour d'Espagne de rechercher les antiquités de ce pays. Ce navigateur trouva dans la ville ruinée de *Palanqué,* que Balbi désigne sous le nom de *Culhuacen,* la Croix placée dans un sanctuaire comme l'objet d'une adoration populaire.

tympan des églises, entouré de ces témoignages de dévotion que leur rendent ces bêtes intelligentes. Ainsi, à Marigny et à Colleville, dans le Calvados, le même sujet est rendu avec quelque différence qui n'empêche pas d'y reconnaître la même intention. L'un représente notre arbre, consistant, selon les données fréquemment suivies à cette époque, en un tronc vigoureux couronné de quatre belles feuilles superposées et dont les deux plus basses aboutissent à la gueule de deux lions qui appuient fortement leurs pattes antérieures sur le pied de la plante; l'autre se compose de branches élégamment entrelacées, ornées de perles, dont les seules extrémités affectent la forme de feuilles enroulées, mais dont l'ensemble, disposé en une certaine forme de croix, atteste bien l'idée fondamentale. Deux êtres hybrides tenant du dragon et de l'oiseau, union (dont nous avons parlé naguère) de la colombe et du serpent, s'inclinent devant cette belle tige et saisissent de leur large gueule chacun l'extrémité d'une des branches.—Or une remarque est à faire sur cette double composition : c'est que dans l'une et dans l'autre la queue des animaux, agréablement étalée pour remplir sur la pierre des vides que le sculpteur a voulu y éviter, se termine par une ou plusieurs feuilles de même nature que celles de l'arbre même. Cette attention dans le second de nos tympans a été jusqu'à garnir les enroulements de cette queue des mêmes perles qui pointillent le tronc. Cette particularité deux fois répétée ainsi ne peut être l'effet d'un double hasard. Elle doit indiquer une transformation de la nature animale en celle de la plante, laquelle, donnant la vie véritable, la vie du ciel, les fruits de l'éternité, comme nous l'avons vu au chapitre XXII de l'Apocalypse, communique dès ce monde à qui en cherche les fruits quelque chose d'elle-même : ce que l'artiste a fort ingénieusement exprimé par cette assimilation si curieuse et jusqu'à présent, croyons-nous, inexpliquée, de ces deux natures dans un seul individu.

Iconographie des arbres, souvent restreinte à quelqu'une de leurs parties.

Quoi qu'il en soit, cette naturalisation du hom dans l'Europe du douzième siècle coïncide singulièrement avec la forme généralement adoptée au moyen âge pour les arbres dans les arts du dessin. Presque toujours nous les voyons rendus par des tiges à double épanouissement avec un appendice intermédiaire, enlaçant des branches contournées et perlées : arbres de convention s'il en fût, dont les feuillages seuls, se découpant en palmes plus ou moins touffues, n'affectent aucune forme spéciale, et sont le plus souvent chargés de fruits semblables à la pomme de pin, qui, elle-même, sert de raisin fort souvent lorsqu'on l'attache à des pampres plus ou moins fidèles, mais qui, en réalité, figureraient bien mieux les fruits de l'arum.

Réfutations du système de M. Woillez sur les aroïdes.

Mais l'arum n'a que faire ici. Cette fleur, ou plutôt ce fruit, qu'on prêterait à tous les arbres, ne leur va que fort gratuitement, en dépit de toute une théorie inventée il y a quelque trente ans par un archéologue de Picardie. M. Eugène Woillez, avantageusement connu par son *Archéologie des monuments religieux du Beauvoisis*, publiée en 1840, donna en 1848 une *Iconographie des plantes aroïdes figurées au moyen âge en Picardie*. L'auteur, après y avoir posé comme base de ses idées sur le symbolisme l'idée bien arrêtée au moyen âge de représenter par des signes toutes les vérités de l'enseignement catholique, excluant le caprice si souvent objecté de toutes les œuvres des artistes, et ne reconnaissant l'arbitraire que dans l'exécution manuelle, que personne ne prétendit jamais assujettir à une méthode officielle, l'auteur, disons-nous, sortit de ces voies raisonnables, où nous nous trouvions dès lors fort sympathiques l'un à l'autre, pour se lancer à corps perdu dans un système absolu d'interprétation tout imaginaire et dont on se demande plus que jamais comment il put poindre chez un homme d'un talent incontesté. Outre que M. Woillez voulait prouver que le fruit en question était l'origine de la fleur de lis, ce qu'on ne pouvait soutenir qu'à défaut des données élémentaires qui la firent toujours voir ailleurs, il alla jusqu'à faire de toutes ces plantes élégantes et vivaces, aux larges feuilles lancéolées, à la tige droite et ferme, à la tête molle et formée de baies purpurines serrées en grappe, l'original de toutes les ressemblances plus ou moins exactes qu'elle pouvait trouver dans l'universalité des fruits de convention associés comme autant de gracieux appendices aux arbres de toute nature. Il y a plus : ces rêveries, jusque-là sans autre conséquence qu'une erreur archéologique où le symbolisme n'était nullement intéressé, s'étendirent jusqu'à des prétentions aussi insoutenables qu'inouïes, quand il s'avisa de professer que cet ensemble de forme et de couleur était le type artistique d'un *obscœna*, qui, en conscience, ne peut en rien être invoqué dans la cause.

Cet égarement fut signalé par de hautes autorités comme une « conclusion ridicule et peu décente (1), » et personne

(1) Ce fut le jugement et le style même de M. Lenormand et de la commission des antiquités de la France, préposée par l'Académie des inscriptions à l'examen des ouvrages sur les antiquités nationales concourant en 1850 pour le prix annuel. Nous avouons que ce jugement était le nôtre, dès que nous eûmes lu, antérieurement à cette séance solennelle, les rêves symboliques du savant docteur que nous devions réfuter ici. Mais aurions-nous pu croire que des observations, sinon un blâme formel, à peu près aussi sévères que celles imposées à M. Woillez, eussent résulté d'un examen attentif de notre *Histoire de la cathédrale de Poitiers*, offerte au même concours ? Si les doctes académiciens deviennent les censeurs autorisés de qui les aborde avec l'espérance d'un succès qui ne tient qu'à leur avis, encore faudrait-il qu'ils eussent étudié les matières qu'ils critiquent. Nous reconnaissons tout ce que leur donnait de prise contre lui-même le système des aroïdes, et ce qu'il avait de scandaleusement inouï. Mais quel rapprochement eût paru possible entre ses prétentions faussement scientifiques et la thèse développée dans l'*Histoire de la cathédrale de Poitiers* sur les sujets symboliques répandus dans ses verrières, sur ses chapiteaux et ses modillons, dont le sens, donné par nous, fut adopté bientôt en France et en Angleterre, par les archéologues les plus compétents, comme l'expression d'une découverte dont on voulut bien nous faire honneur ? Qui pouvait forcer la commission de l'Institut et M. Lenormand, qu'elle avait fait son interprète, de se récrier sur notre attribution de certains sujets à des souvenirs du gnosticisme, condamné par l'Église, et de se persuader que l'auteur, trop confiant

de ceux dont ce blâme trop mérité attira l'attention ne se rangea du parti de l'auteur. Contentons-nous ici de signaler

dans leur science, *s'engageait sur une pente* qui devait le conduire jusqu'aux aberrations de M. Woillez ? Il fallait avoir bien peu étudié l'histoire du symbolisme pour ne pas savoir que l'Église, « qui avait tant de fois anathématisé les gnostiques, » s'était permis de flétrir une fois de plus leurs doctrines, en montrant aux fidèles, comme autant d'objets d'horreur, soit leurs figures repoussantes, soit des sujets capables de les faire détester. Ce que nous avions dit là causait « un grand étonnement » à ces messieurs; et, après avoir écrit directement à M. Lenormand pour nous plaindre de ce procès de tendance, dont notre caractère bien connu aurait dû nous dispenser, on nous répondit très-poliment qu'on n'avait été que l'organe de la commission, qui avait chargé expressément son rapporteur d'indiquer cet écueil, et qu'on n'en persistait pas moins, après notre observation, dans ce jugement sans appel. C'est à dire que rien ne peut laisser croire au docte aréopage qu'il doive jamais se déjuger devant les meilleures raisons ! — Voilà donc où en était l'archéologie, en 1850, à l'Institut nationale de France, s'obstinant dans les vieilles doctrines archéologiques et architecturales, dissertant du gothique sous les données de Fénelon, ne sachant du gnostique rien de ce qu'en disaient les dictionnaires d'hérésies, et croyant fermement que la théologie n'était pas nécessaire à bien disserter sur les monuments inspirés par le catholicisme. Heureusement, le public éclairé sait à quoi s'en tenir aujourd'hui, et, sur ce point, comme sur beaucoup de questions historiques, on a vu les membres les plus distingués de l'Institut revenir aux vérités qu'ils avaient trop longtemps combattues. Au reste, M. Lenormand devait payer un peu plus tard le tribut à la faiblesse humaine... et archéologique. Lui qui, presque toujours depuis longtemps, était choisi comme rapporteur de la commission susdite, et qui s'était fait accuser assez pertinemment d'épargner autant que possible ses éloges aux ouvrages de province (voir *Bulletin monumental*, XI, 602), et de pousser quelquefois ce système jusqu'à l'excès (*ibid.*, XIX, 479), M. Lenormand, disons-nous, n'a-t-il pas prouvé que lui-même pouvait tomber en une grosse erreur, quand il soutint contre tous qu'il avait découvert, nous ne savons plus où, un cimetière mérovingien que tous les savants lui contestèrent avec raison, et certains graphites ne lui ont-ils pas semblé meilleurs à prendre qu'ils ne l'étaient réellement ?

Nous devons dire en toute impartialité que M. Woillez a trouvé sinon *des* archéologues, au moins *un* que nous connaissons, à la science duquel nous aimons à rendre justice, et qui a trouvé que notre confrère de Picardie *a démontré* la complète analogie de ses aroïdes et de la fleur de lis (*Revue de l'art chrétien*, VII, 30). Cette *démonstration* est peu rigoureuse, à en juger même par les seuls termes du docte critique, lesquels prouvent que cette démonstration n'est rien moins que prouvée, et qu'on a voulu la tirer de beaucoup trop loin.

ce qu'avait de chimérique une telle assertion : elle aurait pu s'appliquer à tous les prétendus arums du monde répandus sur les pierres sculptées de nos temples, et dès lors il n'y aurait plus eu qu'un symbole, et quel symbole! et pour quelles raisons? C'était déjà trop de vouloir que tous ces motifs d'ornementation si nombreux, et partout si ressemblants, se rapportent à une seule et même plante, dont rien ne justifie l'assimilation prétendue, car jamais il n'y en eut moins entre son objet et ceux qu'il lui compare. Les tiges de l'arum sont inflexibles, cannelées; les feuilles radicales hastées, légèrement sinueuses. Celles de la plupart de nos chapiteaux, qu'on les choisisse en Beauvoisis comme en Normandie ou en Poitou, sont au contraire élégamment arrondies, s'entrelacent souvent, et sont presque toujours sans découpures sur leurs bords; rien de plus flexible que leurs tiges, rien qui y rappelle les cannelures qui distinguent l'arum. A cet égard, les propres dessins de M. Woillez, dans lesquels il prodigue un luxe remarquable de types très-diversifiés, démentent à plaisir ses convictions personnelles en prouvant très-bien, par cette diversité même, que la main du sculpteur n'a certainement pas voulu créer un symbole dont il eût le modèle invariable.

D'autres archéologues, aux opinions respectées, aux succès largement établis, tels que M. de Caumont et M. Charles Desmoulins (1), en dépit de leurs journalières familiarités avec la botanique, n'ont jamais vu l'arum dans cette charmante végétation, mais des variantes de la vigne ou de la pomme de pin, types communs, il est vrai, mais dont le caractère devient toujours reconnaissable soit par le sarment qui l'attache, soit par les arbres auquel il tient, mais qui le plus souvent représente comme ornement un fruit quel-

confondues avec la vigne et ses raisins.

---

(1) Cf. *Hist. de l'architecture religieuse*, par M. de Caumont, t. II du *Bulletin monumental*, p. 318; — et les *Considérations* de M. Charles Desmoulins *sur la flore monumentale*, dans le même recueil, XI, 439.

conque destiné à compléter une flore de pure convention. A Bourges, comme partout, les arbres, dans les vitraux de la cathédrale, sont simplement représentés par une tige plus ou moins droite ou sinueuse à laquelle sont assujetties ou des expansions parallèles, ou des branches s'épanouissant comme le nid d'un oiseau, ou enfin des têtes rondes ou ovoïdes semées de feuilles trifoliées et mêlées de grappes nombreuses. D'autres s'élancent avec deux têtes parallèles et de couleurs variées sur un pédicule unique qui se bifurque à son sommet. Ses bordures contiennent une suite de bouquets dont les feuilles romanes ressemblent beaucoup à celles que M. Woillez donne pour des feuilles d'aroïdes. A Sens, le même type se retrouve avec de gracieuses variétés. On y voit une verrière de l'Enfant prodigue avec de charmantes bordures offrant des feuilles de vignes courantes et on ne peut mieux caractérisées, avec leurs grappes dont la forme tantôt ronde, tantôt ovale, prouve assez qu'on diversifiait ses contours comme la nature elle-même (1).

Cette erreur réfutée par les seules irrégularités de certains spécimens botaniques.

On voit donc en tous ces exemples, et nous pourrions en citer mille autres, les formes générales de la végétation composer au treizième siècle un type un et comme absolu, en dehors duquel il ne faut chercher la nature vraie que lorsque cent ans après on s'est accoutumé à vouloir bien plus la réalité que l'esthétique, et la forme extérieure que les contemplations de l'esprit. Mais en a-t-on mieux réussi plus tard à rendre toujours le naturel de la pose et la vérité de l'expression dans la flore postérieure ? Hélas ! nous devons le nier, et c'est une des grandes difficultés des observations archéologiques que cette inexactitude de dessin qui nous jette en de si fréquents embarras sur le sens d'un grand nombre de représentations végétales. On connaît les excentricités si variées de l'acanthe corinthienne, la cerise équivoque, à

---

(1) Voir *Monogr. des vitraux de Bourges*, pl. II, III, IV, — étud. XI, — et pl. V, — et dans les grisailles de la cathédrale de Strasbourg.

moitié cachée sous sa feuille dans notre beau Saint-Pierre de Chauvigny, les faux crochets si capricieux du treizième siècle, les choux frisés et les chardons de la décadence ogivale. Quiconque a beaucoup observé les magnificences plastiques de nos églises ajouterait une liste prodigieuse à ces artistiques infidélités, et pourrait contester aux sculpteurs, sous prétexte de non-ressemblance, leurs plus incontestables intentions. Il faut bien qu'une raison peut-être encore inconnue, mais que nous supposons dans le désir d'embellir leurs œuvres d'innovations faites pour l'œil, ou de recourir à des moyens d'exécution qui hâtaient le travail en le simplifiant, ait séduit nos ancêtres et présidé à ce parti pris de ne donner à certains objets que telles formes convenues et immuables, puisqu'on les retrouve partout les mêmes, et que nulle part à la même époque on n'a tenté de s'y soustraire.

Raisons de ces infidélités artistiques.

Cette observation se fortifie de l'exacte beauté qu'on a donnée dans le même temps à certaines plantes devenues irréprochables : ainsi la feuille de chêne, *seul végétal*, disent d'éminents archéologues que nous citions tout à l'heure, qu'on ait prodigué au treizième siècle avec une remarquable fidélité. D'où vient cette différence ? A notre avis, il faut la voir d'abord en ce que cette charmante feuille, plus vieille d'un siècle que la plupart des autres qui florissent au douzième, atteint un degré de perfection d'autant plus élevé qu'elle remplace presque absolument l'ornementation zoologique. On l'applique d'autant mieux à la flore de ce temps, qu'elle semble absorber toute l'attention et tous les efforts. Les grandes fenêtres ogivales appellent plus de jour dans les églises ; on pourrait bien s'être aperçu que cette condition demandait plus de soins dans le travail du ciseau ; de là peut-être aura-t-on cru qu'une plus grande application à la forme devait succéder aux négligences du passé et à l'expression restreinte de ces ornements, qui, presque toujours destinés à une position élevée et moins favorisés du jour, ne se devaient juger qu'à distance, et ne former pour

Exactitude plus remarquable au treizième siècle qu'aux siècles précédents,

le regard que des masses dont l'imagination se chargerait de corriger les réelles irrégularités. Et cette licence, une fois adoptée pour quelques objets, n'aura-t-elle point passé dans la pratique générale, de manière qu'on s'y soit moins occupé de la forme que de l'idée, comme on le faisait dans la statuaire des onzième et douzième siècles, dans le but avéré de rabaisser la matière au-dessous de l'esprit ?

qui cependant laissent peu d'incertitude sur la nature des plantes sculptées, Et qu'on ne nous objecte pas contre cette conjecture qu'en l'émettant nous oublions notre théorie symbolistique des objets; que ces *à peu près* adoptés par les artistes auraient confondu tous les fruits de façon à leur enlever leur signification individuelle : et que partant, plus de symbolisme à y chercher. Une telle réflexion n'a pas de base ici, car, si accoutumé qu'on fût à cette variété si fréquente, on devait forcément reconnaître un raisin dans le fruit qui pendait aux rameaux de la vigne, à d'autres branchages un fruit quelconque avec sa signification générale de bien ou de mal, d'abondance, de récompense ou de succès. Il y a même des arbres, dans nos innombrables décorations sculptées ou peintes, qui, à leurs élancements et à ces pommes de pin qui s'échappent de leurs branches, appartiennent évidemment à la famille des arbres résineux. Au reste, il y a aussi des vignes qui ne seraient pas plus reconnaissables sans quelque bonne volonté que les raisins qu'elles portent, et que cependant on ne peut prendre *aussi bien que dans beaucoup d'objets plus anciens;* pour autre chose. Nous n'en voulons pour exemples que deux spécimens très-éloquents, l'un tiré d'un linteau d'une ancienne maison de la petite ville de Cluny, où se trouve, au milieu des prétendues aroïdes, un vendangeur qui coupe de sa serpe et reçoit dans un panier des grappes pendantes, représentées sous la forme qui nous occupe; l'autre, d'une date qui n'est pas postérieure à celle de l'art païen, est un diptyque en ivoire conservé à la bibliothèque de Sens, dont les ciselures semblent reproduire une fête de Bacchus, et dont une scène représentant des hommes foulant la vendange offre, dans la cuve et dans les paniers qu'ils avoisinent, des raisins d'une ressemblance frappante avec les aroïdes-fleurs-de-lis de M. Woillez (1).

Concluons de ce qui précède que le fruit que nous venons de décrire, et qui intervient si souvent dans nos forêts simulées ou sur nos arbres isolés, est un type adopté par les artistes pour embellir la foliation de leurs plantes ou pour y ajouter une idée symbolique d'agrément ou d'utilité. On voit de toutes parts des oiseaux becquetant cette grappe inclinée dans le feuillage des treilles factices, ou perchés sur des arbres où ils s'en nourrissent, les uns se rassasiant déjà, les autres accourant pour prendre leur part de ce repas, qui ne peut être sans quelque portée mystique. Bien plus, son importance comme ornement n'a fait que grandir à mesure que l'art a reçu ses développements. On ne s'est pas contenté de l'indiquer aux sculpteurs, aux peintres et aux miniaturistes. L'orfèvre, le serrurier, le menuisier, l'émailleur l'ont répandu avec une profusion devant laquelle on sent bien que le système de M. Woillez est insoutenable. Voyez-en la preuve dans les belles gravures données par M. Didron en ses *Annales archéologiques*, par les PP. Martin et Cahier dans leurs *Mélanges d'archéologie, d'histoire et de littérature*; dans toutes les *Revues* spéciales publiées depuis trente ans, et où se multiplient à l'envi les châsses émaillées, les instruments de tout genre, les dossiers de stalles, les peintures de portes. Ces dernières surtout sont le plus souvent, au treizième siècle, de jolis enroulements dans lesquels se jouent les fruits dont nous parlons, et où toujours ils sont d'un charmant effet.

Et si nous disons, pour en finir sur cet article qui nous a déjà retenu trop longtemps, que les peintures mêmes

[marginalia: d'où l'on doit conclure que M. Woillez s'est égaré dans une théorie inadmissible, condamnée jusque dans les catacombes.]

---

(1) Cf. *Architecture civile et domestique au moyen âge et à la Renaissance*, par M. Aymar Verdier et le Dr Cattois, p. 80 et 82, in-4°, Paris, Didron, 1855; — et le *Magasin pittoresque*, XXXV, 152, 1857.

des catacombes reproduisent très-souvent le type du moyen âge pour exprimer les fruits des arbres symboliques, on sera peu tenté d'y aller chercher un argument en faveur du savant que nous réfutons. Et après tout, qu'on nous permette une conjecture que ne démentirait aucun des instincts suivis depuis le commencement par les artistes chrétiens. On voit souvent, sur les premiers tombeaux des fidèles, un cœur déposé là comme l'expression d'un souvenir religieux ; ce cœur, auquel on a ajouté un appendice en forme de queue, devient facilement, sur d'autres sépulcres, une simple feuille qui dissimulait aux profanes l'intention pieuse qu'elle exprimait. On sait aussi que, chez les Romains de cette époque, les mères attachaient au col de leurs enfants un cœur d'or ou d'argent, comme emblème de la sincérité de leur âge et de la candeur qu'ils devaient toujours garder : est-on bien sûr que ce ne serait pas là une véritable origine de nos expansions végétales, devenues plus ou moins semblables à la pomme de pin par les stries croisées à leur surface, ou à un raisin quand ces stries auront été plus ou moins arrondies par un effort bien facile du ciseau joint à la volonté de modifier sa première expression ? Nous laissons aux compétents le soin et la grande liberté d'accepter ou de rejeter cette idée, après avoir lu néanmoins Aringhi, qui pourrait bien appuyer notre doctrine (1).

Le lis et son symbolisme.

Les fleurs de lis, dont nous venons de parler par occasion, méritent que nous leur donnions quelques lignes, car elles sont un symbole, et souvent reproduit sur les monuments de tout genre. Le sceptre des rois, celui de la Sainte Vierge considérée comme reine, les traverses et le haut de la croix, les vêtements princiers, les monnaies de France et beaucoup d'Angleterre, les étoffes enfin, les tapisseries et les ornements sacerdotaux, les armoiries surtout, attes-

(1) *Rom. subter.*, II, 690.

FLORE MURALE. — LA FLEUR DE LIS.

tent quel usage on en a fait de toutes parts et toujours. Mais d'où nous viennent-elles? quelle est leur véritable origine? C'est une question qu'il ne faut aborder qu'après quelques remarques préalables sur la fleur elle-même, telle que nous la voyons dans nos jardins.

Le lis est un symbole qui a l'heureux privilège de n'être jamais pris en mauvaise part. Il n'a pas son opposition comme tant d'autres. Il se rattache d'abord à Jésus et à Marie sa mère, d'après les Livres saints, qui l'ont pris pour terme de comparaison, et toujours appliqué à ces deux types glorieux de toutes vertus. S. Méliton rapporte, pour le prouver, le texte du *Cantique* représentant le Bien-Aimé de l'Épouse « aimant à se repaître parmi les lis. » Déjà, du temps de Moïse, on en parait le tabernacle, où ils s'épanouissaient comme un indice de la béatitude céleste. Pierre le Chantre, l'illustre professeur de Paris, trouvait dans cette charmante fleur une parfaite image de Marie, car elle a sa candeur immaculée; elle répand autour de sa tige la suavité de son odeur, elle guérit les blessures, elle naît sans culture et comme d'elle-même. Qui ne voit le sens notoire de ces manifestes applications? Le moine anglais, resté inconnu, qui dans son abbaye de Cîteaux écrivait, au commencement du treizième siècle, ses *Distinctions monastiques*, a disserté avec autant de science que d'agrément sur la fleur dont le Sauveur avait dit que Salomon dans toute sa gloire n'avait pas atteint sa splendeur. Il établit aussi les rapports spirituels trouvés entre elle et les modèles sans tache du chrétien. Il remarque surtout qu'elle se divise en six pétales, comme ses étamines; que ce nombre *six*, étant un nombre parfait, devient dans cette fleur une note de perfection, et qu'en se doublant en elle par ses douze parties les plus apparentes, elle rend très-bien, en tant qu'elle est applicable au Christ, la double perfection de sa divinité et de son humanité. Le lis, ajoute-t-il, est aussi agréable par sa forme extérieure qu'utile par ses propriétés intimes, dont l'une

> dans l'antiquité chrétienne et au moyen âge.

> C'est tour à tour Jésus, Marie, et l'Église.

des plus importantes est d'apaiser les inflammations. C'est par là qu'on en fait l'emblème de la sainte Mère de Dieu, qui, dans sa *fécondité virginale*, est devenue aussi utile au monde qu'aimable à chacun.—Voulez-vous considérer le lis comme une allégorie de l'Église ou de l'âme fidèle ? voyez si, comme lui, l'une et l'autre ne restent pas sans tache au milieu des fanges de la terre, douces au milieu des épines du monde, et y montrant d'autant plus de mansuétude qu'elles y sont plus éprouvées par les contradictions et les revers. C'est encore la gloire de l'immortalité : ce qui a fait dire à un poète que le Dieu ressuscité au troisième jour s'était montré comme un lis qui surgit de son germe caché dans la terre (1).

Les fleurs en général.

Les fleurs sont indiquées par S. Ambroise, par S. Cyprien, par Tertullien et beaucoup d'autres Pères comme le symbole de la virginité si précieuse à l'Église, si recommandable par elle-même, et que l'Esprit de Dieu relève en de si magnifiques éloges au-dessus de tout dans nos Livres sapientiaux. « L'Église, dit le premier de ces Docteurs, est un champ riche d'une abondante végétation ; la fleur des vierges s'y pare de toutes les beautés du printemps. »

L'hymne de Ste Florence.

L'Église de Poitiers conserve une hymne du neuvième siècle, toute pleine de cette suavité, prise dans un sujet que nous ne saurions oublier ici. A cette époque, les reliques de Ste Florence, venue de Phrygie avec S. Hilaire, vers 365, et conservées depuis, mais perdues dans la cathédrale par suite des grands bouleversements qu'avait soufferts cet édifice, y furent retrouvées et rendues à la dévotion des fidèles. Son culte y fut renouvelé, et on lit, parmi les compositions liturgiques faites à cette occasion, ces gracieuses

---

(1) « Dilectus meus mihi qui pascitur inter lilia. » — (*Cant.*, II, 16.) — « Lilia ex ipso procedentia. » (*Exod.*, XXV, 31.) — « Nec Salomon in omni gloria sua coopertus fuit sicut unum ex istis. » (*Matth.*, VI, 28.) — Voir encore S. Méliton et *Dist. monast.*, apud dom. Pitra, *Spicileg. Solesm.*, II, 406 ; III, 475 et seq.

strophes que nous chantons encore au jour de sa fête :
« Réjouissons-nous et rendons nos louanges au Seigneur : c'est le jour qu'il a consacré à la gloire de son auguste vierge Florence, dont le nom significatif convient si bien à celle qui fut toute florissante de l'honneur de sa vertu.

» Née d'une famille païenne, elle était d'abord un arbre stérile. Elle devint fertile aussitôt qu'elle eut été transplantée à Poitiers.

» Notre grand Docteur l'arracha à l'olivier sauvage, et inséra ses branches dans l'olivier franc.

» Alors, dans l'efflorescence de sa jeunesse, elle produisit des fruits savoureux, et rendit au double à son maître le talent qu'elle en avait reçu (1). »

Thomas de Cantimpré, dominicain du treizième siècle et l'un des derniers interprètes de S. Méliton, n'est pas moins séduit par le charme de ces poétiques idées. « La bienheureuse virginité est comparée au lis, d'abord à cause de sa blancheur de neige, et aussi parce que le cœur de cette fleur, protégé par ses six enveloppes, semble se garder de tout contact des dangers extérieurs. Cette beauté si touchante devient comme nos bonnes œuvres, dont Notre-Seigneur veut que l'éclat se répande au dehors pour l'édification d'autrui, de façon qu'en réunissant les vertus de l'âme à la modestie de nos habitudes, nous donnions à tous une plus grande estime de cette virginité si pleine de dignité et de grandeur (2). » L'ingénieux auteur se plaît à résumer ainsi en beaucoup d'autres allégories ce qu'ont dit ses doctes prédécesseurs, et peut devenir d'une lecture fort agréable à qui voudra essayer de sa connaissance. C'est ainsi que le lis figure avec honneur dans toutes les pages ascétiques où arrive le nom

<small>Le lis est encore la virginité chrétienne.</small>

<small>L'attribut de S. Joseph,</small>

---

(1) *Proprium Pictav.* 1 decemb., *hymn. ad matutin.*
(2) « O quam pulchra est casta generatio cum claritate ! procul et de ultimis finibus pretium ejus. » (*Sap.*, IV, 10.) — Cf. S. Ambroise, lib. III, *De Virginitate.* — Thom. Cantiprat., lib. II, cap. XXIX, et lib. XVII, cap. VII.

de S. Joseph, et c'est afin de montrer par lui l'homme fidèle en tout à la pureté du cœur, à la vie intérieure et au calme parfait de l'âme et des sens que les peintres lui donnent pour attribut une branche de lis. Observons toutefois que cet attribut ne l'accompagne guère avant le seizième siècle ; c'est-à-dire qu'on le lui a donné vers le temps où les traditions mystiques du moyen âge perdaient leur importance aux regards d'artistes que le positivisme envahissait. Au treizième siècle, on ne représente guère S. Joseph sans un appendice portatif; mais alors ce n'est pas un lis qu'il nous offre, c'est un bâton fleuri par le haut, comme serait la verge d'Aaron, et qu'une vieille légende rattache à un miracle qui aurait fait préférer Joseph à d'autres rivaux pour son mariage avec Marie (1). Ce n'était donc, dans le principe, qu'un simple rameau vert, remarquable par sa floraison : la tradition en parlait comme d'un témoignage de sa virginité, dont S. Augustin, Pierre Damien, Gerson, avec l'universalité des Docteurs, ne veulent pas qu'on puisse douter. Et quand même cette verge fleurie n'eût été d'abord qu'une allusion au titre de Juste par excellence que l'Écriture donne à S. Joseph (2), en souvenir de la parole du Psalmiste (3), ce juste n'en serait pas moins regardé avec raison comme digne de ce lis, qui ajoute à ses vertus d'homme juste l'honneur spécial de sa virginité, puisque d'un commun accord les Pères et les autorités ecclésiastiques conviennent que dans l'union sacrée qui s'opéra entre Marie et Joseph par un mariage devenu indispensable aux desseins de la Providence, ce fut une virginité qui s'unit à l'autre : *Virginitas nupsit* (4). Ce serait donc avec raison

---

(1) Voir Guénebaud, *Dictionn. iconograph.*, in-8°, Migne, col. 329; — *Bullet. monum.*, XIV, 338.

(2) « Joseph autem cum esset justus... » (*Matth.*, I, 19.)

(3) « Justus ut palma florebit. » (*Ps.*, XCI, 13.)

(4) Cf. Molanus, *De Historia sacrarum imaginum*, lib. II, cap. XXIX; mihi, p. 88. — S. Augustin : « Habet Joseph cum Maria conjuge communem virginitatem. » (*Epist.* II *ad Nicol. papam*; in cap. I *Epist.*

qu'on lui appliquerait le texte prophétique d'Osée : « Israël germera comme un lis, et ses racines s'étendront comme celles d'un cèdre sur le Liban (1). »

Mais comment cette fleur si célèbre a-t-elle passé dans les usages de la vie civile, et d'abord est-elle bien, dès l'époque des origines franques, un insigne de la puissance royale ? Rien de plus controversé que cette question, qui ne semblerait pas devoir l'être encore ; car si nous remontons jusqu'aux premiers insignes de pouvoir public indiqués sur les seuls monuments qui nous restent des Gaulois nos ancêtres, nous reconnaîtrons sur leurs vieilles monnaies des caractères auxquels il n'est plus possible de se méprendre. Un des savants rédacteurs de la *Revue de numismatique*, M. de La Saussaye, a donné dans ce sagace recueil des types de médailles gauloises, sur l'une desquelles on remarque, au-dessous du sanglier national, une fleur épanouie à trois branches, qui n'est autre que celle du lotus ou nymphéa. On a pu se tromper, après dix-huit ou vingt siècles, et par suite d'une oblitération imposée par eux à cette monnaie, sur la pensée du monétaire, qui voulait bien graver dans son

et de la puissance royale en France.

Origine de ce symbole ainsi appliqué.

Opinions diverses à ce sujet.

---

ad Galat.) — *Virginitas nupsit* est de Gerson, *opusc. de conjug. Maria et Joseph.* — Molanus (*ubi suprà*) est ici trop expressif sur le côté historique de la légende. Il discute sur le bâton fleuri, comme si l'iconographie religieuse, qui ne vit pas moins de symbolisme que des vérités écrites, ne devait pas s'emparer de tout ce qui nous récrée en nous instruisant des croyances et des habitudes des siècles passés ! C'est de la légende, et l'art ne pourra jamais s'en passer. Une telle rigueur chasserait l'allégorie au détriment de la vérité, qu'elle indique sous des voiles toujours assez transparents. Lui refuser son action dans l'art comme dans la poésie serait tuer l'un et l'autre. Molanus ne le comprenait pas assez, et par là même a outré souvent des principes très-bons en eux-mêmes. L'abbé Pascal a donné dans la même erreur, mais il en est beaucoup moins excusable, ayant vécu dans un milieu où son jugement aurait dû se former aux vrais principes de l'archéologie chrétienne. Il eût fait ainsi un bon livre de ses *Institutions de l'art chrétien*, qui n'instituent rien, sinon le renversement de toutes les idées reçues en fait *d'archéologie et d'esthétique.*

(1) « Israel germinabit sicut lilium, et erumpet radix ejus ut Libani. » (*Os.*, XIV, 6.)

champ une fleur, et qui semblerait aujourd'hui n'y avoir voulu qu'un fer de lance; mais, outre que cet instrument y serait encore beaucoup trop prononcé par ses deux branches tombant de chaque côté comme une véritable expansion végétale, on trouve une telle ressemblance entre ce prétendu fer et la fleur d'une des espèces du lotus qu'on n'hésite pas à y voir l'emblème soit de la perfection que l'Égypte y voyait à cause de la forme circulaire de la feuille, s'ouvrant de plus en plus selon qu'elle recevait plus les rayons du soleil, soit de la pureté, par suite de son éclatante blancheur, qui eut toujours et partout le même sens symbolique (1).

Ne serait-on pas tenté aussi, en se rappelant un passage d'Homère, au neuvième chant de l'Odyssée, de prendre le lotus sur la monnaie et le sceptre des rois de France pour un emblème de leur première patrie, abandonnée pour la seconde qu'ils étaient venus fonder en deçà du Rhin (2)? Cette fleur, au reste, est répandue sur tous les rivages; nos fleuves de l'Europe l'ont comme le Nil; elle abonde en France, et la médaille citée par M. de La Saussaye était frappée chez les Santons, dont le littoral en était garni. Quoi d'étonnant que les chefs venus des bords de la Sala et du Véser se soient donné pour signe de leur puissance, qui tendait toujours à s'élever, la fleur, d'ailleurs si gracieuse, qui symbolisait la perfection de l'autorité et du pouvoir ? C'est aussi la pensée de M. Adalbert de Beaumont, et c'est la seule origine que nous puissions lui reconnaître, en dépit de toutes les autres qu'on s'est plu à imaginer si souvent. Personne n'ignore quels furent sur ce point les sentiments contraires de maints auteurs. Le fer de lance des Celtes, préconisé par Lacurne de Sainte-Palaye, ne vaut pas mieux, à notre avis, que l'angon mérovingien dont Sainte-Foix veut faire le premier sceptre de nos rois, non

---

(1) *Recherches sur l'origine du blason*, cité dans la *Revue de l'art chrétien*, IV, 582.

(2) Voir Sanchez, *Commentaria in Andreæ Alciati emblemata*, emblem. CXIV, apud. Franc. Sanctii opp., III, 227, in-8°, Genev., 1766.

plus que les abeilles de Childéric Ier, préconisées par Jacques Chifflet, non plus enfin que les lis d'or à trois feuilles que Robert de Helsen a rêvés sur les bords *du Lis* (qu'il faudrait appeler *la Lis*), d'où Philippe-Auguste les aurait cueillis le premier pour en parer son manteau et son écu (1). Les découvertes faites en 1653 dans le tombeau de Childéric n'étaient pas tant un attribut de la royauté qu'un symbole adopté par ce prince, ou enseveli avec lui pour exprimer la sagesse, la vigilance et le travail (2). De tels symboles n'étaient point héréditaires; ils prenaient place dans la sépulture de tout grand personnage avec beaucoup d'autres objets, et y variaient d'après l'objet de préférence que le défunt avait adopté pendant sa vie.

Ce que la science nous apprend de cette découverte du fameux roi franc enseveli à Tournay en 481 a fort éclairé la question de l'origine des fleurs de lis, sur laquelle chaque historien faisait son thème. Fauchet, Du Tillet, Mézeray, les Sainte-Marthe, différaient d'opinion ou ne s'accordaient que pour se tromper mutuellement quant au fond et quant aux détails. Lors de la découverte du tombeau qui est resté jusqu'à notre époque même un sujet de dissertation laborieuse pour les antiquaires, Jacques Chifflet, qui exerçait la médecine avec distinction dans les Pays-Bas, fut chargé par l'archiduc Léopold, qui savait son érudition, de lui faire un rapport sur les objets qui entouraient le squelette du roi des Francs. Ce fut le docte médecin qui voulut faire des fleurs de lis des trois ou quatre cents abeilles d'or qui sans

Le lis confondu par Jacques Chifflet avec les abeilles que portait Childéric au cinquième siècle.

---

(1) Helsen, *Diction. de la France*, v° LIS.

(2) Cf. sur cette question, et pour les preuves du sentiment que nous préférons ici, *Clavis S. Meliton.*, apud. *Spicil. Solesm.*, II, 406 : « Lilium : virtus, castitas, munditia ; » — et *De Avibus,* cap. VIII, n° XXXVIII; — ibid., *Spicil.*, II, 512 : « Apis, forma sapientiæ..., diligentiam et subtilitatem significat; » — un *Mémoire sur le lotus*, donné par M. Delille dans la Description de la grande expédition d'Égypte de 1798; — *Revue de numismatique*, 1840, 244, et *Mem. des antiq. de l'Ouest*, V, 149 ; — Lacurne de Sainte-Palaye, *Mém. sur l'ancienne chevalerie*, I, 294; — Sainte-Foix, *Essai sur Paris*, II, 84, in-12, 1769.

doute avaient orné le manteau royal. Il fallait forcer sa pensée pour en venir là et s'appuyer de singulières conjectures. A l'entendre, les abeilles, mal rendues par les dessinateurs et les peintres, étaient devenues « des fleurs de lis, lorsqu'au douzième siècle, nos rois qui avaient continué de s'en parer, les prirent pour pièces définitives de leur blason. » Une telle imagination ne vaut pas mieux que celles qui voyaient trois crapauds d'or sur champ de sable, ou trois grenouilles sur azur dans un prétendu écusson qui n'exista jamais pour les rois de France (1). Tout cela fut réfuté victorieusement quant aux abeilles, par Ferrand, dans son *Triomphe des lis contre Jacques Chifflet* (2).

Les lis du tombeau de Frédégonde au sixième siècle,

Quoi qu'il en soit des notions plus ou moins justes émises par les historiens et les héraldistes sur ce symbole, il est certain qu'au tombeau de Frédégonde, morte en 597 et enterrée à Saint-Germain-des-Prés, on voyait encore, avant les dévastations de 1793, la statue couchée de cette reine, la tête ceinte d'une couronne fleurdelisée; son sceptre même se terminait par une branche de lis au naturel. Cette œuvre, de cuivre et de marqueterie, était originale, au jugement de ceux qui l'avaient vue en 1778. Ces mêmes auteurs citaient plusieurs manuscrits de la bibliothèque du roi et de celle de Colbert, où des peintres reproduisaient les figures de Charles le Chauve, dont la couronne portait de véritables

du sceptre de Dagobert au sixième,

fleurs de lis (3). Un autre fait digne de remarque est rap-

---

(1) Cf. Chifflet., *Anastasis Childerici I, Francorum regis, sive Thesaurus sepulcralis Tornaci Nerviorum effossi, et commentario illustratus,* Antuerpiæ, 1655, in-4°; — puis la défense de son opinion sur le lis : *Lilium Francicum veritate historica, botanica et heraldica illustratum,* Antuerp., 1658, in-f°; — Sainte-Marthe, *Traité historique des armes de France et de Navarre, et de leur origine,* in-12, Paris, 1673.

(2) R. P. Ferrandi *Epinicion pro liliis, sive pro aureis Franciæ liliis, adversus Jac. Chiffletium,* Lugd., 1663, in-4°. — Ce Ferrand ne figure dans aucune biographie que nous connaissons.

(3) Le chev. de Jaucourt, dans l'*Encyclopédie* du XVIIIe siècle, XIV, p. 612. — Tout son article, à l'exception de ce qui regarde Henschenius,

porté par le P. Henschenius, l'un des premiers Bollandistes. A propos d'un ancien sceau dont il parle, et sur lequel Dagobert Ier (634-638) est représenté tenant trois sceptres, ce savant religieux prétend que ces trois sceptres, liés ensemble par le bas, ressemblent à la fleur de la plante nommée iris en français, et que les Allemands, à cause de ses rapports avec le lis blanc, nomment *lisch-blume*, c'est-à-dire fleur de lis. Si l'on ajoute, avec le même auteur, que, cet emblème une fois accepté, on le peignit d'or, parce que cette première fleur était jaune, et que, naissant ordinairement dans l'eau, qui paraît bleue, ce fut une raison de l'établir sur champ d'azur, nous avouerons toutes nos sympathies pour ces ingénieuses conjectures, sans vouloir nous y appuyer beaucoup. Toutefois nous ne saurions comment réfuter le triple sceptre de Dagobert, et nous croyons qu'il vient représenter la fleur de lis au septième siècle, comme Frédégonde et Charles le Chauve posent en faveur du sixième et du neuvième. Que si aujourd'hui, malgré le témoignage des écrivains du dix-huitième siècle, on devait infirmer le tombeau de Frédégonde détruit par les révolutionnaires de 93, avec tant d'autres, hélas, comment révoquer en doute des manuscrits encore conservés à la bibliothèque de Paris ? *et de Charles le Chauve au neuvième.*

Voilà donc les deux premières races parées de cet insigne qui leur appartient exclusivement. Par ce qui précède, on voit que les princes de ces lignées successives se l'étaient transmis sans interruption. Nul doute aussi qu'il ne se soit perpétué jusqu'à la troisième dynastie, puisque Louis VII, qui en avait chargé son sceau et la bannière blanche de la France, en fit semer le manteau et la cotte de mailles de Philippe-Auguste, quand il se fit sacrer à Reims de son vivant en 1179. C'était particulièrement dès les premières années de ce douzième siècle que, les Croisades ayant fait *Lis des rois de la troisième race; ils deviennent l'écusson de France,*

a été copié, sans aucune mention de cette source, par M. de Corcelles dans son *Dictionnaire universel* (quoiqu'il le soit très-peu) *de la noblesse de France*, t. III, p. 212, in-8°, Paris, 1821.

comprendre aux seigneurs bardés de fer la nécessité de se reconnaître mutuellement par leurs armures, le blason s'étendant à toutes les familles nobles, Louis VII adopta les fleurs de lis sans nombre, que Charles VI réduisit à trois en l'honneur de la Sainte Trinité. Depuis lors elles furent portées d'or sur champ d'azur par la plus noble et la plus ancienne famille du monde. Ainsi le lis devint pour elle un auguste symbole de loyauté et de bravoure, comme de majesté et d'honneur. Tout cela se reportait à Dieu dans la pensée du monarque. Une médaille française frappée en 1380, à l'avénement de Charles VI, porte en exergue : *Clarescunt lilia trina* (1).

De l'écusson royal la belle fleur passa à quelques armoiries particulières, devenues de plus en plus nombreuses soit par des alliances avec les premières familles de France, soit par des concessions honorables faites pour des services rendus à l'État ou de belles actions dont ces familles s'étaient illustrées avec le temps. Avant même l'époque de S. Louis, qui fut celle de la plus grande élégance de cet emblème, on y avait ajouté le lien inférieur, qui en modifia la forme, et semblerait un appendice privé de toute raison d'être, si nous n'en trouvions pas l'origine dans les vitraux romans, où il contribua à former les compartiments des grisailles. En effet, que l'on considère celles qu'a publiées l'abbé Texier, et qui seules nous restent de l'ancien monastère d'Obazine (Corrèze) : on verra les charmantes fleurs de lis du douzième siècle, dont les pétales se relient par des anneaux de plomb, évidemment destinés à en consolider les parties, mais qui ont sans aucun doute motivé, bientôt après, dans la peinture, ce même lien devenu un simple ornement (2). Cette forme, une fois consacrée, distingua si bien la belle

---

(1) Scévole et Louis de Sainte-Marthe, *Hist. généalog. de la maison de France*, I, 26, in-4°, 1619. — Mézeray, *Hist. de France*, II, 88 ; et I, 1032.

(2) Voir *Annales archéologiques*, X, 81.

fleur française, qu'il ne fut plus possible de s'y tromper.

Bientôt on la vit envahir, surtout à partir du treizième siècle, toutes les surfaces où l'art pouvait prodiguer ses charmantes habiletés : les meubles, les tapisseries, les manuscrits, les vitraux des maisons particulières, et jusqu'à leurs pavés de terre cuite et aux soffites de leurs plafonds, en reçurent les formes gracieuses ou les vives couleurs. Il n'y eut pas jusqu'aux ornements d'église qui la reproduisirent presque à satiété. Nous ne pouvons nous en plaindre, car, outre qu'elles ne firent cette sorte d'invasion que pour y devenir la preuve et comme un souvenir des hautes munificences qui prétendaient établir ou leur juridiction ou leur droit à de certaines prières, en les brodant sur les étoffes d'or et de soie, en les gravant sur les calices, les reliquaires, et jusque sur la hampe des bâtons cantoraux, d'autres raisons plus élevées inspirèrent souvent cette profusion. Là se trouvait le symbolisme de la Trinité, application déjà fort ancienne, comme nous l'avons vu, d'un signe reconnu de tous au mystère fondamental du Christianisme. Mais là aussi était une pensée de patriotisme qui aimait à identifier à la religion ce vieil emblème de la France et de cette longue suite de monarques dont le sceptre et les bannières s'en étaient embellis, et qui de là avait passé et fleuri sur tous ses monuments.

et passent enfin dans l'ornementation des meubles et des maisons,

et jusque dans celle des objets sacrés.— Raison de ce dernier emploi.

Il est d'ailleurs remarquable que, les formes plus ou moins complètes, plus ou moins sveltes ou trapues de notre fleur de lis française ayant été modifiées maintes fois par les artistes qui la reproduisirent de siècle en siècle, on peut conclure de ces modifications mêmes pour affirmer l'époque approximative de ces objets, comme on l'a observé à l'égard des hermines, qui, dans l'écusson de Bretagne, ont souvent aussi changé de forme. Le treizième siècle nous la montre légère et dégagée, plus longue que large ; l'inflorescence, tout en n'offrant qu'une division du calice en trois pétales, sépare celles-ci de manière à laisser un vide

Les types de la fleur de lis divers avec les époques, et propres à faire distinguer celles-ci dans les monuments.

entre chacune d'elles ; comme l'architecture de cet âge, elle semble aspirer à prendre par son élancement gracieux la majesté et l'élévation du style ogival. Au quatorzième, elles s'abaissent et s'élargissent, mais conservent beaucoup d'élégance et de netteté. Quelque chose de plus lourd, à quelques charmantes exceptions près (1), indique le quinzième ; alors, sans avoir perdu toute sa légèreté, elle tend à s'épaissir encore et perd de sa délicatesse et de son essor; on voit même le caprice du brodeur ou du sculpteur percer dans l'exécution de son caractère d'ensemble. Plus tard ce caprice prend ses aises bien plus larges, et va, au dix-septième siècle, dans l'église des Carmes de Caen, jusqu'à rattacher à la pétale intermédiaire deux dauphins recourbés qui en forment les pétales accessoires. Il est vrai que cette originalité pouvait être un symbole se rattachant aux traditions de ce monastère. — Enfin, du seizième siècle jusqu'au nôtre, elles se sont fait des contours et des proportions définitives qui n'en valent pas mieux pour avoir une certaine prétention à être plus classiques. Changeront-elles encore ? C'est peu probable, à moins que sous un descendant de S. Louis elles ne retrouvent encore leur forme svelte et majestueuse en rajeunissant une des plus glorieuses périodes de notre histoire.

Les artistes, pour les reproduire, doivent donc se reporter aux temps dont ils imitent les traditions.

De ces nombreuses mutations il faut conclure que les peintres, les sculpteurs et autres artistes chargés de reproduire la fleur de lis comme ornement ou comme pièce de blason, devront bien étudier ses formes afin de les accorder avec le style des œuvres caractérisées par chaque siècle. Il serait par trop ridicule de voir semer des fleurs de lis de Louis XVIII et de Charles X une chapelle du seizième siècle, ou d'y imposer les abeilles de Chilpéric, comme nous l'avons vu

---

(1) On en voit un fort joli spécimen dans la *Revue de l'art chrétien*, II, 221. Il faisait partie du pavage de l'ancien château des évêques d'Avranches, dont Louis de Bourbon avait occupé le siège vers la fin du quinzième siècle.

pratiquer. L'unité artistique n'est pas moins à observer en cela que dans tout autre genre de décoration, et c'est une impardonnable faute que de mêler toutes les époques de l'art dans une confusion qui se ressentira toujours trop de l'éclectisme révolutionnaire, et tendrait comme lui à tout méconnaître et à tout ruiner. Et puis, contemporains d'une époque agitée de si étranges tempêtes, disons-le encore bien haut à ces intelligences fourvoyées qui cèdent à leur passion de vengeances démocratiques avec la même frénésie qu'aux plus grossiers emportements de leurs sens : quelles que soient les vicissitudes imposées par la Providence aux dynasties, leurs insignes ne doivent pas devenir comme elles les jouets de la malicieuse stupidité des hommes. A moins de déchirer l'histoire, de brûler dans les archives publiques les actes de leur puissance, le plus souvent protectrice et justement honorée ; à moins d'effacer des souvenirs nationaux les longues et glorieuses traces que tant de règnes y laisseront à jamais, on ne voit pas quel autre motif que le barbare aveuglement d'une sotte ignorance viendrait exercer sur des monuments très-innocents par eux-mêmes un genre de mutilation dont les révolutions ne savent jamais rougir. Que de titres perdus, que de monuments outragés, parce que les lis y conservaient l'empreinte encore tout héroïque de générosités princières ou des juridictions de la féodalité! Ah ! ce sont là les fleurs qu'on fait croître aujourd'hui sur la tombe des rois ou sur le chemin de leur exil !... Mais que les peuples follement victorieux de ces grandeurs déchues comprennent aussi leur décadence prochaine à ces excès d'un vandalisme hébété; plus on les y accoutume, plus l'abrutissement se consomme : outrager ses aïeux, détrôner ses maîtres, dégrader les monuments de sa patrie, c'est montrer jusqu'à l'évidence qu'on n'est plus digne d'en avoir.

Grossières persécutions révolutionnaires contre cet insigne d'une ancienne royauté,

et leurs suites funestes à la science historique.

Après nous être arrêté longtemps sur la fleur royale, dont il nous semble qu'on n'avait pas encore suffisamment pré-

Symbolisme de la flore mythologique.

cisé l'origine et le rôle symbolique, revenons à notre mysticisme religieux, et considérons notre flore sous les multiples aspects que nous en donne la liturgie catholique. Ce sont des aperçus dont il serait difficile de ne pas tenir un grand compte. Il n'était guère possible que les idées si gracieuses et si douces qui naissent de la contemplation de la nature et des plus ravissantes merveilles de son Auteur n'entrassent pas pour beaucoup dans les offrandes à lui faire et dans les embellissements de ses temples. La flore et la pomone des païens, leur Cérès, leur Triptolème et leur Janus, indiquent assez quelles étaient leurs pensées à cet égard. Ils eurent des arbres et des fleurs consacrés, par suite d'une foule de riantes allégories, aux souvenirs de leurs dieux et aux pratiques du culte public. Le chêne de Jupiter, le laurier d'Apollon sont assez connus comme symboles; on sait la couronne d'épis de la mère de Proserpine, la verveine sacrée formant celle des druides, et que cette ingénieuse idolâtrie n'avait pas moins de protecteurs pour ses jardins que pour ses champs. C'étaient tantôt la contemplation de ces beautés visibles qui charmaient les hommes, depuis l'agriculteur jusqu'au poète, tantôt l'usage des fruits de la terre, l'ombre de ses bois sacrés ou l'emploi des substances naturelles aux cérémonies de la religion qui témoignaient du penchant de l'humanité pour ces innocentes jouissances, ou de sa gratitude envers le Ciel, qui les lui avait données comme un principe de paix intime ou des plus suaves élé-

Comment le Christianisme dut s'en emparer.

vations de son cœur. Ce que l'homme animal goûtait ainsi, le Christianisme, qui adopte tous les bons sentiments et les purifie, ne pouvait manquer de le comprendre avec une bien plus haute intelligence. On vit ses plus grands esprits s'appliquer à saisir et à expliquer les relations morales des plantes à l'âme humaine cultivée comme elles par la rosée de la grâce, éclairée et réchauffée aux rayons du Soleil de Justice, nourrie ici-bas des sucs fructueux des sacrements, et appelée à une terre promise, jardin de délices éternelles

FLORE MURALE.   555

où couleront pour elle d'intarissables ruisseaux de lait et de miel (1).

De telles méditations produisirent des œuvres litté- Ses organes au moyen âge.
raires pleines de fraîcheur et de naïves beautés, écloses à
l'ombre des cloîtres, dans ce moyen âge, qui l'emportait
d'autant plus par le sentiment et la hauteur de la pensée
qu'il connaissait moins les aspirations des sensualistes et
des libres penseurs. Les recueils de principes chrétiens appliqués aux besoins de la vie spirituelle, les maximes de la
Sagesse éternelle proposées aux spéculations religieuses des
solitaires ou des gens du monde, s'épanouissaient au souffle
des mille génies cachés dans les maisons bénies de la prière
et du travail. Nous avons encore ces manuscrits précieux où
les symboles abondent, où la lettre des Écritures exhale de
toutes leurs pages les parfums de l'Esprit divin. C'est Herrade, l'abbesse de Sainte-Odile, rassemblant dans son *Jardin de délices*, sous l'emblème des plus douces fleurs, tout ce qui peut parler du Sauveur, de sa Mère, de ses Saints et de leurs attributs (2); c'est le bénédictin Hermann de Werden, expliquant dans son *Jardin de délices de Salomon*, dont il emprunte l'idée à l'illustre abbesse, la morale des Livres sapientiaux (3); c'est Philippe le Solitaire, plus connu par son livre que par lui-même, écrivant son *Paradis spirituel* et décrivant ses plantes qu'on y admire avec les fruits qu'on y goûte (4), ou bien ce sont des *Vergers* où s'exposent *les vertus des herbes*, ou *les douze rameaux de l'arbre de vie*, ou *les fleurs du paradis*, ou *le bouquet mystique*, et tant d'autres

---

(1) « Nunc offero primitias frugum terræ quam Dominus dedit mihi..., qui tradidit nobis terram lacte et melle manantem. » *Deuter.*, XXVI, 9.) — Tous les interprètes voient dans ces paroles une allégorie de la vie future.

(2) Nous connaissons Herrade d'Hohenbourg et son *Ortus deliciarum* par ce que nous en avons dit au tome II de cet ouvrage, p. 199.

(3) Cité par dom Pitra, *Spicileg. Solesm.*, II, 401.

(4) Philippe le Solitaire, *De Paradiso intellectuali, et de plantis atque fructibus quæ ibi conspiciuntur.*

pleins d'agréments, en effet, comme ces titres le font supposer, et dans lesquels on sent que le rhythme, en dépit des inévitables difficultés de sa marche parfois raboteuse, est souvent aussi plein d'harmonie, et rachète toujours ses imperfections par la poésie, la pensée et la délicatesse du trait ; voyez-en une preuve dans cette introduction d'Hermann, que nous ne pouvons nous refuser à citer :

L'*Hortus deliciarum* d'Hermann de Werden.

INCIPIT HORTUS DELICIARUM SALOMONIS :

Auster, adesto calens, Aquilonis ut ira recedat,
　Ut possit sterilis hortulus esse virens,
Illius ut flores crescant, et aromata stillent,
　Et fructus faciant imbre rigata tuo.
Plantavit Salomon hunc *Hortum deliciarum*,
　Delicias capiens deliciosus homo :
« Nulla meis oculis, inquit rex, ipse negavi
» Quæ cordi poterant esse decora meo. »
Altior hic cedrus et virgula balsama stillant;
　Hic vitis, palma, nux et oliva virent.
Hic crocus, hic aloë, cinamomum, fistula, nardus,
　Flos campi crescit, myrrha, cupressus ibi,
Populus et laurus, ficus et castanea, buxus
　Et pirus; et malo punica mala rubent.
Hic rosa purpurea, candentia lilia, parvæ
　Hic violæ redolent, hyssopus, herba brevis.
Regem quidquid odore, sapore, decore potentem
　Delectare potest, hortulus iste parit (1).

(1) « Vent du midi, reviens avec tes chaudes haleines, éloigne de nous les rigueurs de l'Aquilon. Remplace ainsi par la verdure la stérilité de mon petit jardin; ramènes-y les fleurs, fais-y couler de nouveau les gouttes de mille parfums, et qu'inondé de ta féconde humidité, il me rende les fruits de chaque année. C'est Salomon qui a fait de toi un *Jardin de délices*; il y a trouvé toutes les sciences, homme vraiment délicieux. « Ah! disait ce prince, je n'ai rien refusé à mes yeux ni à » mes désirs de ce qui pouvait les combler. » — En effet, je vois s'élever ici le cèdre majestueux ; le baume y distille ses gouttes précieuses; la vigne y reverdit à côté du palmier, et l'olive près de la noix ; c'est un mélange de safran et d'aloès, de cinnamome et de nard; la simple fleur des champs s'y trouve avec la myrrhe et le cyprès; là croissent ensemble le peuplier et le laurier, la figue et la châtaigne, puis le poirier et le buis, avec le grenadier couvert de ses fruits vermeils. Voici la rose purpurine, le lis éclatant de blancheur; ici l'humble violette répand son odeur suave ; là surgit l'hysope, encore plus humble. Tout

Est-ce que dix peintres ou sculpteurs de talent ne trouveraient pas dans ces belles images la matière d'une charmante ornementation? N'y admire-t-on pas la lumière et l'ombre, les clairières et les profondeurs, l'air qui se joue à travers ces grands arbres, et ces humbles fleurs des bois et des prairies se balancer mollement aux bords des eaux silencieuses du vallon? Tout autre que Salomon se plairait encore dans ce jardin délicieux; et ne voyez-vous pas que la plupart de nos chapitaux du moyen âge ne sont que des corbeilles où s'est reproduite toute cette merveilleuse végétation? Chez nous, tous les sculpteurs de nos églises auraient donc pu inscrire aux chapiteaux enrichis par eux, comme au couvent grec d'Iviron : « C'est moi qui les ai fleuris (1). »

Cette antique habitude, partout répandue à cette époque, d'emprunter à la botanique un titre pour les œuvres de philosophie religieuse, devint une source d'allusions dont l'Église dut se servir dans l'expression de ses pensées liturgiques. Ses chants, ses offices retentissent tous les jours de comparaisons aussi justes que poétiques. Rien n'était plus naturel que d'en puiser le sentiment dans les livres bibliques, où le pain et la vie prophétisés si longtemps d'avance étaient venus, à la dernière cène du Christ, symboliser, en la consommant, l'union intime et mystérieuse de la nature et de la substance divine avec la nature et la substance de l'humanité. De là, autour de nos tabernacles, sur nos calices et nos linges d'autel, sont venus se grouper les épis et les gerbes, les pampres et les raisins ; mais de là aussi, dans l'admirable office du Saint Sacrement, qui restera le chef-d'œuvre de S. Thomas d'Aquin, l'inimitable séquence,

Les fleurs et les plantes de la liturgie,

et, à ce propos, le bois préférable à la pierre pour les tabernacles.

---

ce qu'un roi puissant peut souhaiter d'odeurs suaves, de fruits savoureux et de gracieux au regard, mon petit jardin me le donne. » — On voit bien qu'ici le véritable Salomon est Jésus-Christ et que toutes les plantes indiquées par le poète sont autant de symboles de ses vertus, comme il est facile de s'en convaincre en cherchant sur chacune d'elles ce que les symbolistes en ont dit, et nous-même dans ce travail.

(1) Voir Didron, *Annal. archéolog.*, XXI, 273.

les magnifiques hymnes où sont préconisés le Froment des Élus et le Vin qui protége la pureté des âmes et y fait éclore la virginité. Tous les chrétiens comprennent cela et l'ont mille fois admiré. Disons à ce propos que le cèdre est un bois incorruptible et parfumé; il est préférable pour les tabernacles de nos autels, qu'on fait trop souvent en pierre aujourd'hui, sans songer que cette matière, très-symbolique pour les autels, ne l'est pas du tout quant au service qu'on lui demande à l'égard de la Sainte Réserve. On concevrait d'ailleurs combien un bois résineux, que n'attaquent ni les vers ni l'humidité, est préférable pour un tel emploi, quand bien même la pierre n'y serait pas dangereuse par l'attraction qu'elle a pour l'hydrogène, qui est le principe humide de l'air. Mais la meilleure raison que nous puissions donner ici, c'est que le cèdre est dans les Saintes Écritures l'image de Notre-Seigneur par l'élévation et la majesté de son port, celle de l'Église, dont la puissance spirituelle correspond bien, dans les spacieuses proportions qui embrassent toute la terre, à l'étendue de ces verts et larges rameaux. Les Justes, comparés aux oiseaux du Ciel, se reposent sur ses branches; autour de lui les peuples se multiplient comme ses fortes et vastes racines (1).

Ainsi le Christianisme a eu le secret de tout sanctifier en animant tout. Ses cérémonies les plus populaires, comme les plus intimes profondeurs de ses Sacrements, offrent à nos méditations des sujets aussi riants qu'instructifs. Chaque dimanche il répand sur les fidèles, comme préparation au Saint Sacrifice, l'eau purifiante où nos pères avaient coutume de tremper l'hysope, plante modeste, dont la vertu purgative, aussi bien que la vie cachée, symbolise la pénitence et l'humilité qui nous élèvent jusqu'à Dieu en nous

---

(1) « Cedrus, Christus : Sicut Cedrus exaltata sum in Libano. » (*Eccles.*, XXIV, 17.) — «Cedri Libani quas plantasti : illic passeres nidificabunt. » (*Ps.*, CIII, 18.) — « Celsitudo cœlestis gloriæ : Justus sicut cedrus Libani multiplicabitur. » (*Ps.*, XCI, 13.)

purifiant. L'usage de cette plante n'a pas été entièrement abandonnée, et elle sert encore à l'aspersion des murs d'une église nouvelle, quand l'évêque procède aux cérémonies de sa consécration. Durant de Mende l'indique ainsi dans son Rational du treizième siècle, avec les mêmes attributs symboliques indiqués avant lui par toutes les traditions, car c'était déjà sous l'ancienne Loi la pensée du Prophète répétée dans le chant liturgique où nous comprenons, avec le souvenir de l'hysope, que c'est Dieu qui nous purifie, et que par ce renouvellement qu'il opère en nous l'âme devient blanche comme la neige, nonobstant toutes les souillures antérieures (1).

Les sacrements n'ont de vertu qu'en Jésus-Christ, leur auguste auteur; et quand ils opèrent dans nos âmes, c'est par sa grâce, par son assistance invisible, mais sûre, autant que nous y apportons les dispositions qui les fécondent. Les signes sensibles, les éléments qui constituent ces sacrements et en manifestent extérieurement l'efficacité invisible, ont donc tous un sens mystérieux tiré des vertus et qualités de la matière choisie par l'Église. L'olivier, qui dans nos Écritures désignait le Christ à venir comme devant porter des fruits pleins de saveur, comme un arbre fertile, dont le nom est plein d'une onction sacrée, rappelle en effet que ce nom du Sauveur, au dire des Saints, est comme une huile qui coule dans le cœur religieux avec toute la douceur qui fortifie, qui guérit et qui console. Cette huile que le Sauveur, sous les traits du bon Samaritain, versait lui-même sur les plaies du pauvre blessé de Jéricho, devait trouver sa place dans ces applications divines de l'infinie miséricorde aux besoins du pécheur (2); aussi est-elle devenue, dès les pre-

La flore mystique des sacrements.

L'olivier et le baume du Baptême, de la Confirmation, de l'Extrême-Onction et de l'Ordre.

---

(1) « Asperges me hyssopo, et mundabor; lavabis me, et super nivem dealbabor. » (*Ps.*, L, 9.) — Voir *Pontific. Roman.*, p. 300, in-8°; — Durant. Mim. *Rationale div. Offic.*; mihi, f° XVI, v°.

(2) « Ego autem sicut oliva fructifera. » (*Ps.*, LI, 10.) — « Sicut oliva speciosa, fructifera, vocavit Dominus nomen tuum. » (*Jerem.*, XI, 16.) —

miers jours, le plus actif symbole de la réconciliation humaine, de sa force pour bien mourir, de sa guérison même, si cette guérison doit servir à la gloire de Dieu. Cette doctrine de S. Jacques, dans laquelle la tradition perpétuelle nous a appris l'institution de l'Extrême-Onction et ses effets dans l'âme du mourant, établit l'efficacité de l'huile tirée de l'olive, qui est la matière nécessaire et unique du sacrement (1).

Cette huile est d'abord exorcisée par l'évêque, qui supplie la toute-puissance divine de préparer dignement par l'Esprit-Saint cette liqueur onctueuse tirée de l'olive, par cette même puissance qui en a fécondé les rameaux. Et comme cette huile va bientôt devenir aussi l'un des éléments du Chrême, qui consacrera les baptisés et les rois par une sorte de sacerdoce, aussi bien que les prêtres par un caractère spécial et plus élevé qui leur conférera les pouvoirs de Jésus-Christ et le plein exercice de sa puissance sur les âmes, l'officiant fait mention de toutes ces grandes choses dans l'oraison qui bénit cette huile mystérieuse (2). Après un magnifique chant préparatoire où le clergé exalte l'arbre béni et lumineux qui nous a donné une si précieuse substance, où il offre au pontife, et au nom de la foule pieuse qui l'entoure, cette huile sacrée, comme autrefois le peuple hébreux jetait sur les pieds du Sauveur triomphant les palmes vertes qu'il venait de cueillir en son honneur, l'évêque mêle à cette huile limpide une portion de baume,

---

« Samaritanus... alligavit vulnera ejus, infundens oleum et vinum. » (*Luc.*, X, 34.) — « Oleum effusum nomen tuum. » (*Cant.*, 1, 1.)

(1) « Infirmatur quis in vobis..., inducat presbyteros..., et orent super eum, ungentes eum oleo..., et oratio fidei salvabit infirmum ; et alleviabit eum Dominus, et si in peccatis sit, remittentur ei. » (*Jac.*, V, 14.)

(2) « Emitte Spiritum Sanctum tuum de cœlis in hanc pinguedinem olivæ, quam de viridi ligno producere dignatus es..., ut sit omni hoc unguento cœlestis medicinæ peruncto tutamen mentis et corporis..., unde unxisti sacerdotes, reges, prophetas et martyres, sit chrisma tuum perfectum, Domine, nobis a Te benedictum... » (*Pontific. Roman.*, De Officio in feria v majoris hebdom.)

autre produit d'un arbre biblique empreint d'un parfum suave et doux. C'est ce mélange qui constitue le Chrême employé dans le Baptême, dans la Confirmation et dans l'ordination des pontifes et des prêtres. Toutes sortes d'allusions aussi justes qu'agréables ressortent ici de la parole sacerdotale. Cet arbre précieux, dont l'écorce a laissé échapper la riche récolte de ce baume qui ornait autrefois les *vignes d'Engaddi*, est un heureux contraste avec cet arbre devenu pour nos premiers pères un sujet de désobéissance et un instrument de mort : l'un avait causé notre perte, l'autre nous rend le salut.— Ce beau sujet d'action de grâces se développe aussitôt dans une admirable préface que chante l'évêque consécrateur, où il fait ressortir toutes les circonstances de l'ancienne Loi qui semblaient prédire au peuple nouveau le saint usage de tant de plantes merveilleuses adopté par l'Église pour régénérer ou sanctifier ses enfants. N'est-ce pas cette huile que David annonçait comme un parfum de joie destiné à remplacer nos tristesses par une douce sérénité? la branche d'olivier rapportée par la colombe du déluge, une de ces herbes indiquées par Dieu à Moïse, et dont Aaron devait composer l'aromate destiné à la consécration sacerdotale (1)? Que de pensées, que d'élévation, et

---

(1) Cf. *Pontif. Roman.*, ubi suprà. — Quant au baume, qui nous importe surtout ici, c'est une substance gommeuse et de couleur rougeâtre qu'on extrait par incision des branches d'un arbrisseau qui se cultive à peu près comme la vigne, ne s'élève guère au-dessus de la taille du grenadier, et vient surtout de l'Arabie, où il croît aux environs de La Mecque et de Médine. Fort connu des anciens, il est devenu, dès l'époque des Apôtres, un des ingrédients nécessaires du Saint Chrême, parce que sans doute on y trouva des propriétés qui, par son odeur et sa nature onctueuse, rappelèrent certains passages de l'Écriture où l'on peut voir de justes symboles de ses effets sur le corps et sur l'âme. Innocent III (I *Decretal.*, tit. xv, *De Sacra Unctione*, cap. I) dit très-clairement : « Conficitur chrisma, quod ex oleo fit et balsamo, mystica ratione. Per oleum enim nitor consciencia designatur, juxta quod legitur : *Prudentes virgines acceperunt oleum in vasis cum lampadibus suis.* Per balsamum odor bonæ famæ exprimitur, propter quod dicitur : *Sicut balsamum aromaticam odorem dedi.* » — S. Mé-

quelle source inépuisable de spiritualisme et de science divine !

Divers symboles tirés du palmier; et de la procession des Rameaux.

Le palmier est un des plus beaux arbres de l'Orient. Son tronc droit et régulier, garni de son écorce rugueuse, a paru à S. Grégoire le Grand une image de la Croix, dont les apparences sont rudes et ardues, mais dont les fruits, comme ceux de l'arbre de l'Idumée, sont doux et savoureux à qui sait les goûter. Est-ce dans cette prévision que Salomon avait orné le temple de colonnes en forme de palmiers, comme semble le croire Pierre de Capoue et Raban-Maur? Quoi qu'il en soit, l'Écriture le signale mille fois comme un symbole de victoire, de triomphe, d'immortalité, comme l'image fidèle de l'homme juste orné de ses vertus, des disciples fidèles du Christ, de l'Église même dont les jours, au dire de Job, seront multipliés comme les innombrables rameaux de cet arbre aux ombrages touffus, aux fruits excellents. Dans l'Apocalypse, l'Apôtre nous montre les Élus vêtus de robes blanches et portant dans leurs mains les palmes, qui sont restées l'attribut particulier du martyre. La marche triomphale du Sauveur lors de son entrée à Jérusalem fut honorée par les branches de palmier et d'olivier répandues sur son passage. L'Église a conservé la mémoire de cette manifestation qu'elle renouvelle chaque année au dimanche des Rameaux. Les beaux vers de Théodulfe rendent bien l'enthousiasme de ce triomphe, aussi bien que le chant de l'Évangile, où il est raconté avec une simplicité si touchante. Durant voit encore dans la dernière partie du rite observé au dimanche *des Palmes*, quand les portes de l'église s'ouvrent enfin après la troisième injonction de l'officiant, une image de l'entrée victorieuse de Jésus dans le Ciel au

---

liton a oublié dans sa *Clef* le baume, dont il ne parle pas, quoiqu'il se trouve deux fois indiqué dans l'Ecclésiastique comme symbole des vertus, et de bonne renommée à laquelle nous le voyons appliqué par Innocent III. — Cf., sur le baume, Vitasse, *Tract. de confirmatione,* quæst. II, art. 3, § 11; — dom Calmet, *Dict. de la Bible.*

jour de son ascension, lorsque les Anges, comme ici-bas les enfants munis de leurs palmes vertes, le reçurent dans le Ciel au chant de leurs cantiques et de leurs joyeuses acclamations (1).

Ajoutons ici une observation qui nous est personnelle. La plupart de nos chapiteaux du treizième siècle sont ornés d'une belle chevelure de feuilles recourbées retombant gracieusement autour de leur charmante corbeille, superposée elle-même à une colonne svelte et légère qui rappelle très-bien celles de Salomon. Une telle décoration ne manque pas plus de sens que beaucoup d'autres aussi peu symboliques en apparence. Si la palme, comme nous venons de le voir, est un symbole de gloire et un hommage au Dieu fait homme, où convient-elle mieux que plantée autour de l'autel où ce même Dieu résida pour nous dans ses glorieuses humiliations de l'Eucharistie ? Il y a plus : nous la voyons, au chevet de la cathédrale de Poitiers, couronnant cette même colonne, que soutient avec effort un de ces trois démons *adjoints* à la pierre (*juncti petræ*), et dont la rage semble se déverser sur les passants par des grimaces forcenées. C'est encore le triomphe de la force divine dominant le tentateur et l'obligeant de se courber éternellement sous le poids immense de sa majesté et de sa gloire. C'est ainsi que l'architecture et l'ornementation reçoivent en même temps les inspirations de l'esthétique et de la liturgie.

<small>Représentation artistique de cet arbre dans les colonnes et leurs chapiteaux.</small>

Obligé de nous borner, dans l'exposé de ce qui regarde ce sujet, à ses éléments principaux et de hâter la fin de ce chapitre, nous aurons suffi à donner une idée complète de cette importante portion de la science symbolistique, si nous groupons ici, en finissant, et comme en un bouquet terminal,

<small>Signification morale des plantes d'ornementation.</small>

---

(1) « Crux Christi, quæ rigida quidem et hispida, videtur in ostensione corticis, sed dulcissimos fructus habet in exhibitione salutis ; unde Spiritus in cantico dicit : « Ascendam in palmam, et apprehendam fructus ejus. » — Ce texte est de S. Grégoire, cité dans le *Spicileg. Solesm.*, II, 376 et suiv. — Le consulter pour toutes nos assertions de ce passage sur le palmier.

l'heureux assemblage des plantes destinées à répandre leurs moralités mystiques sur les monuments qu'elles doivent embellir. Nous choisirions de préférence pour les grandes églises celles qui, par leur ampleur naturelle, contribuent mieux à faire des colonnes, isolées ou engagées, comme des arbres dont la tête majestueuse avec sa chevelure ciselée semble se balancer au-dessus des nefs. Le figuier de la Palestine, aux fruits savoureux, si souvent mentionnés dans l'Écriture ; le palmier, avec ses idées de fécondité et d'honneur ; la vigne, image de Jésus-Christ et de nous-mêmes, ses branches fidèles, vivant de Lui ; le chêne aux rameaux épais, au tronc vigoureux, à la vie longue et incorruptible ; le peuplier et ses variétés si nombreuses, rappellent les eaux de la grâce et le bonheur de l'homme qui s'y abreuve ; et le lierre aussi, que les anciens cultivaient sous la forme d'un arbre véritable, et qui, paré de sa verdure éternelle et de ses mordantes attaches, ne se fait pas moins, en embrassant les élégants contours de nos piliers, le riant symbole de notre immortalité que la fidèle expression d'une charité impérissable.

Comment la sculpture moderne doit traiter ces objets avec plus de soin et de perfection que jamais,

Ces charmantes expressions de tant de pensées religieuses peuvent beaucoup gagner aujourd'hui à être traitées par la main de nos sculpteurs modernes. Ceux du moyen âge, soit par inhabileté à rendre une parfaite ressemblance de la flore usuelle, soit parce qu'ils la sculptaient souvent ou de mémoire ou sur de mauvais modèles, n'arrivaient, à travers des tâtonnements, qu'à produire souvent de très-mauvaises copies de la nature. Il faut donc juger maintes fois beaucoup plus l'intention de l'artiste que son faire et deviner plutôt que reconnaître l'objet qu'il a voulu représenter. Nous sommes loin de ces essais. L'habitude d'un travail bien dirigé, exécuté par des ouvriers spéciaux qui excellent du moins à reproduire de beaux dessins, sinon, hélas ! à les comprendre, sont autant de conditions favorables à une louable ornementation de nos églises nouvelles. Nous admirons ces belles foliations, ces fouillures exquises, ces délicatesses ciselées, qui de toutes parts, en notre temps, concourent à l'embellissement de ces beaux édifices; nous n'en reprocherons pas moins aux architectes de négliger trop, en cela comme dans les grandes études architecturales, l'esthétique et le surnaturalisme, qu'ils ne sentent jamais assez. Pourquoi, quand ils s'obstinent à faire *du leur* dans la construction proprement dite, au lieu d'en emprunter les détails à ces grands hommes dont les plans immortels subsistent encore dans les magnifiques monuments de nos siècles hiératiques, s'adonnent-ils, pour les plantes d'ornement, à une minutieuse et intelligente reproduction des feuilles grasses, qui ne disent rien à l'œil ni à l'esprit, ou de cette végétation sans éloquence qui consiste en quelques feuilles recourbées, toujours les mêmes, toujours muettes, et dont on prodigue l'uniforme élégance sur tous les chapiteaux de deux ou trois nefs? Ce n'est pas là de la vie et du spiritualisme; c'est un effet qui, au premier aspect, charme l'œil et atteste un habile ouvrier; mais au fond tout est vide, en ce chef-d'œuvre d'adresse, d'inspiration chrétienne et du sentiment qui devait s'y attacher.

sans s'écarter néanmoins du symbolisme inséparable de l'architecture religieuse,

ni confondre les époques indiquées par l'emploi de tels ou tels motifs de la flore murale.

Ici, cependant, le caprice ne vaudrait pas mieux qu'ailleurs, et il ne faudrait pas prendre au hasard des plantes quelconques pour en faire des motifs de décoration arbitraire également applicables aux édifices de tous les styles. Comme chaque siècle a eu son genre de construction, il a aussi adopté un genre à part de parure iconographique, et telles plantes qui figurent aux douzième et treizième siècles sont remplacées pour les suivants par une tout autre végétation. Le treizième, par exemple, qui abandonne les sujets historiques, dont les précédents se sont fait une si riche sculpture, adopte le chêne avec ses glands, affectionne les arbres aux vastes branches, et les varie par d'élégants crochets, qui ne sont pas tant des symboles botaniques en

Choix des plantes, et leurs proportions à garder selon le plus ou moins d'étendue des édifices,

réalité que des espèces de draperies jetées avec d'élégants boutons sur la corbeille de ses magnifiques chapiteaux. Mais de là nous nous acheminons à des modèles nouveaux qui nous apparaissent d'une époque à l'autre avec des formes tout inattendues, et qui, sans augmenter de beaucoup le champ de nos ressources esthétiques, nous donnent au moins quelques parures de plus. Tels sont le lierre avec ses baies qui couronne nos piliers du quatorzième, le houx qui revient souvent au quinzième, avec les choux frisés ; les guirlandes, enfin, qui à la même époque courent dans les gorges et semblent le résultat de difficultés vaincues par la profondeur des fouilles et la délicatesse des détails. Ces hardiesses amenèrent, il est vrai, une ère nouvelle pour l'ornementation ciselée. Elles arrivèrent jusqu'au seizième siècle, en perdant de plus en plus les traces naguère si respectées du symbolisme, et ces plantes inouïes, ces fleurs traitées à la façon de Mignard, loin de parler à l'esprit, ne s'adressèrent plus qu'aux yeux, et finirent par n'être plus que de jolis riens.

et le lieu qu'elles y doivent occuper. Au reste, ces grandes compositions que nous empruntions tout à l'heure aux ombrages de nos forêts, aux bords de nos rivières ou aux champs et aux vallées historiques de l'ancien monde, conviennent surtout à couronner de hautes colonnes supportant les voûtes basilicales, et dont l'excessive élévation appelle de vastes branchages qui restent dans les proportions de leur nature. Nous préférerions les fleurs et les fruits pour les édifices moins vastes, où l'œil peut avoir partout sa portée habituelle et bien distinguer le langage de leur luxe charmant et varié. Pourquoi la rose de Saron et de Jéricho, blanche pour les vierges, rouge pour les martyrs, irait-elle se cacher, avec le joli dessin de ses feuilles dentelées, aux angles obscurs d'une travée inabordable, ou même au-dessous d'un tailloir inaccessible à l'attention ? Ces humbles et odorantes violettes qui se glissent dans la solitude, mais doivent y apparaître pour y devenir l'encouragement des âmes justes à la pratique du bien désintéressé autant qu'édifiant, pourquoi les attacher à ces fûts élancés qui flanquent les plus hautes fenêtres, où le rayon visuel n'arrivera jamais à leur diamètre borné? Ainsi, proportionnez par sa position chaque symbole de votre flore murale à l'étendue du saint lieu. Réservez pour les petites églises, pour les chapelles où le regard se trouve borné malgré lui à des surfaces restreintes, ces roses et ces violettes qui ne représentent pas moins le Christ et sa sainte Mère que la modestie des vierges et l'humble vie des confesseurs; jetez sur les murs avoisinant le tribunal de la pénitence et dans la sculpture du confessionnal soit la ronce piquante, soit le chardon aux mille dards, qui symbolisent le repentir avec la mortification qui l'exprime; parez vos fonts baptismaux du nymphéa des rivières et du trèfle de la Trinité, vos chapelles funéraires de lierres et de cyprès; environnez les instruments de la passion des roseaux qui rappellent les humiliations de la royauté divine, ou du myrte qui tempère les douleurs et signifie la compassion (1), et encore de cette couronne d'épines qui fut un des supplices du Sauveur, et dont, au milieu des savantes discussions qui n'ont rien éclairci, on ignore toujours à quel arbre elle fut empruntée (2).

(1) « Rosæ martyres, rubore sanguinis. » (S. Meliton.) — « Rosa martyrum, rosa virginum. » (Petrus Capuanus.) — « Dicitur Christus et flos violæ per humilitatem. Viola enim flos est qui terræ adhæret, et purpureus est... Fuit ergo flos violæ in passione quando humiliavit semetipsum.... » (Petr. Capuan.) — « Violæ, confessores. » (S. Melit.) — « Arundo, Incarnatio, vel Scriptura. » (Id.) — « Spina, aculei timoris vel compunctionis. » (Id.) — « Myrtus, quia temperativæ virtutis est, eos significat qui afflictionibus proximorum compati sciunt, eorumque tribulationem compatiendo temperant. » (S. Greg. Magni *Formulæ spirituales*, ap. *Spicileg. Solesm.*, III, 413.)

(2) Les botanistes et les voyageurs ont beaucoup discuté sur l'arbuste qui fournit aux soldats la couronne d'épines. Buffon croit que ce fut le *rhamnus* (nerprun); plus récemment on a penché pour le *ziziphus*; M. Hasselquist déclare que ce fut le *nakba* (note du vingt et unième vol. des *Annales archéolog.*, p. 365). — D. Calmet (*Dict. de la Bible*) rap-

Comme conclusion morale de cet exposé des principes sur la question, n'oublions pas que le caprice qu'on a tant et si mal attesté contre la théorie iconographique de nos maisons de prières ne doit jamais plus entrer dans leur décoration florale qu'il n'y fut admis autrefois. La pensée d'un homme d'autant plus compétent qu'il fut témoin oculaire du moyen âge doit être toujours pratiquée : « On peint des fleurs et des arbres dans les églises avec des fruits pour représenter les fruits des bonnes œuvres, qui poussent par les racines des vertus et s'élèvent sur leurs tiges (1). »

<small>Cette théorie serait le sujet d'un livre important.</small> Aussi le choix n'est pas douteux quant aux détails de cette efflorescence dans nos monuments de pierre consacrés à la gloire de Dieu et aux prières de ses adorateurs catholiques. Un livre, nous le redisons, pourrait s'écrire sur cette matière avec d'immenses développements ; mais d'autres livres existent qu'il faudra toujours ouvrir pour en tirer la

porte les différentes opinions qui tiennent pour l'aubépine, le groseillier, le jonc marin ou l'acacia; Molanus tient pour le nerprun (*rhamnus*) et l'appuie du témoignage du savant voyageur Pierre Belon, qui crut le reconnaître d'autant plus sûrement aux abords de Jérusalem, qu'aucun autre genre d'épines n'y croissait. Ce savant homme s'appuie aussi de cette raison qu'en Italie le *rhamnus* porte le nom populaire de *spina santa* (voir Molanus, *De Hist. sacr. imagin.*, lib. IV, cap. VII).— Il y a plus : les Arabes eux-mêmes donnent au *rhamnus* le nom d'*alhansegi*, qui correspond à la *spina santa* des Italiens. — Voilà une foule d'opinions diverses qui embarrasseront d'autant plus, jusqu'à ce qu'on arrive à la vérité. Si l'on y parvient, on abandonnera la plupart de ces données, comme celle qui repose sur la prétendue découverte du *triacanthos*, auquel des naturalistes expérimentés, comme M. Desmoulins, ne croient plus (*Bullet. monum.*, XI, 352). Il y aurait cependant, croyons-nous, un moyen d'arriver à une solution de ce mystère. Ce serait, puisqu'on possède en divers endroits quelques épines de la couronne du Sauveur, de les comparer avec celles des arbustes présumés plus haut, et de reconnaître auquel d'entre eux elles appartiennent : jusque-là on sera parfaitement libre, en peignant ou en sculptant la couronne d'épines, de la représenter, comme jusqu'à présent, sans trop s'arrêter forcément à aucun type particulier. Cependant, pour ce qui est de notre avis particulier, l'opinion de Belon nous paraît mieux fondée, et nous pencherions pour le *rhamnus*, ou nerprun.

(1) *Ration. divin. Offic.*, lib. I, cap. III, n° XXI.

botanique sacrée, dont nous ne cessons pas d'avoir besoin, et qu'il faut absolument mieux comprendre qu'on ne l'a fait jusqu'ici depuis la renaissance archéologique à laquelle nous assistons. Ces livres, nous ne disons pas qu'ils sont partout avec de si amples caractères et un luxe d'*illustration* aussi savant et aussi fecond : du moins partout on en trouve quelques pages isolées, aux traits admirables, aux *planches* dignes de toute notre application ; mais la perfection, l'abondance, le choix intelligent, vous les trouverez surtout en France, dans les basiliques de Reims, l'honneur de la Champagne, dans celle d'Amiens, la perle de Picardie travaillée avec tant de délicatesse et de distinction. Si nous parcourons la première avec notre regrettable Didron (1), nous serons avec lui tout stupéfaits de ces innombrables arbres, plantes et fleurs distribués en dehors et au dedans sur les corbeilles des chapiteaux, dans les cadres du grand portail, aux clefs de voûtes, aux gorges des moulures. Le nénuphar, la fougère, le fraisier, la pariétaire et la giroflée sont là transportant leurs goûts et leurs habitudes naturelles, et symbolisant l'eau, la terre et l'air qu'ils aiment, et que rappellent avec eux, en présence du Créateur, ces charmants spécimens de sa bonté toute-puissante. Le sculpteur paraît avoir donné ses soins de préférence aux arbrisseaux, tels que le lierre, le laurier, l'olivier, le houx; le rosier et la vigne vierge, avec ses raisins déliés, s'enlacent, par une exception très-intelligente, aux crochets des chapiteaux que le treizième siècle mettait en vogue, mais qui partout ailleurs sont nus et livrés à eux seuls. Le fruit et la fleur s'étalent aux branches de l'érable et du peuplier, de l'orme et du chêne, du châtaignier et du figuier. Les plus modestes herbes, les fleurs les plus délicates se mêlent aux larges lis du nymphéa, aux roses de l'églantier. Et toute cette végétation si vive et si luxeuse, c'est la campagne de Reims qui la fournit; elle se balance aux coteaux voisins

Exemples de la basilique de Reims ; — immenses variétés de sa botanique sacrée.

(1) Voir Didron, *Annal. archéol.*, XIII, 292.

de la vieille cité gauloise ; on la voit serpenter ou s'élever bien haut sur toutes les voies qui la relient aux cités prochaines. Et cependant on n'a pas séparé de cette prédilection patriotique l'idée du symbolisme, partout triomphante à l'époque où naissait le magnifique monument. Vous n'y voyez aucune plante qui ne soit mentionnée et symbolisée dans la *Clef* de Méliton et dans les savants commentaires qu'a réunis à chacun de ses chapitres notre docte et laborieux cardinal Pitra.

<small>et de celle d'Amiens, avec les vertus figurées par des fleurs,</small>

Nous avons aussi parlé de la basilique d'Amiens. Consultons, sur sa flore murale et le rôle qu'elle s'y est donnée, une très-intéressante monographie de deux savants ecclésiastiques dont le talent de description n'y brille pas moins que la doctrine sacrée. MM. Jourdain et Duval y ont observé et reconnu avec autant de sagacité que de goût l'antagonisme, établi par le sculpteur du treizième siècle, entre les animaux vicieux foulés aux pieds du Sauveur au grand portail de la cathédrale, et les gracieuses vertus qui l'entourent sous les formes charmantes de la vigne, de la rose et du lis, symbolisant la grâce, la vérité et le bien. Ce ne sont donc pas là de simples ornements ni une parure de plus ou moins de valeur sensible. Ces branches, ces fleurs, ces fruits soit jetés sur les murs, soit plantés en des vases qui rendent plus sensible encore le svelte élancement de leur tige, sont évidemment un contraste tropologique imposé par le mysticisme chrétien. Si l'on rapproche ces aimables inventions de l'art, comme l'ont fait les théologiens que nous suivons ici, d'un traité spécial de S. Bernard (1), on rencontre et un nouvel exemple de la douceur attrayante de ce Père et une nouvelle preuve de la piété vive et touchante dont nos aïeux savaient user dans ces grands travaux de la pensée esthétique. On reconnaît le grand docteur traitant tour à tour de la fleur

---

(1) *Vitis mystica, seu Tractatus de passione Domini super :* « Ego sum vitis vera. » (In *Opp.* t. II, ed. Benedict.)

des champs, du lis des vallées, de la rose de la patience et de la charité. C'est toujours la théologie catholique, dont le caractère plein d'aménité s'attache aux murs bénis, et introduit dans leur enceinte, où est tempérée par les plus consolantes espérances l'austère sévérité d'une doctrine qui ne cède rien aux passions humaines.

C'est à Amiens aussi que se trouvent le bon et le mauvais arbre représentés dans toute leur différence. Le premier, avec son feuillage et toutes ses fleurs qui semblent d'un olivier, tient suspendues à ses branches vigoureuses deux lampes prêtes à recevoir l'huile qui doit en découler : c'est la richesse, la prospérité, la gloire, la lumière de l'homme de bien, fidèle à Dieu et à ses devoirs. Quelle différence avec ce tronc desséché, ces branchages dénudés de toute verdure que l'arbre opposé nous montre comme autant de signes de sa stérilité malheureuse ! Déjà la cognée entame son tronc amaigri, dernier trait auquel on reconnaît la parabole évangélique (1) : c'est l'homme inutile, négligeant les talents qu'il a reçus de Dieu, mauvais arbre s'il en fût, coupé par le maître et jeté au feu éternel (2). *et sa parabole du bon et du mauvais arbre.*

Ainsi, de toutes parts, à l'aide de cette floraison spirituelle, surgissent des motifs inépuisables d'ornementation artistique et de dévotes inspirations. Sous toutes les formes, ravissantes partout de leurs ornements naturels, les herbes les plus ténues, les arbres les plus majestueux, les plus aimables fleurs, embellissent la maison de Dieu, revêtent de leur éclat les autels, les chapelles, les fenestrations par les verrières ; les écussons nobiliaires signalent par elles les vertus antiques des familles ; les arbres généalogiques étalent leurs alliances, et quelquefois la main d'un artiste, en créant un olivier, a posé sur chacune de ses branches un membre de cette famille auguste, alliée par l'Incarnation *Ainsi la flore murale se rattache à tout le système d'ornementation catholique.*

---

(1) « Jam securis ad radicem posita est. » (*Matth.*, III, 10. — *Luc.*, III, 9.)

(2) Voir *Bullet. monum.*, XI, 145 et suiv., XII, 96, 269 et suiv.

divine au Ciel et à la terre, dominée par l'image du Dieu qui apporta la paix parmi les hommes (1). Rien donc que le génie humain puisse inventer, et qui ne se couronne bien de ces fraîches et immortelles guirlandes. Nous parlerons de l'*arbre de Jessé* et de celui de *la Vierge* en leur lieu, que nous allons bientôt aborder. Bornons-nous sur ce sujet si vaste, et que nous n'avons pu qu'ébaucher ici, à ces données générales, si capables pourtant de jeter la lumière sur une foule d'obscurités.

(1) Dans l'église de Tournebu, près Falaise. — Voir *Bullet. monum.*, XIII, 161.

FIN DU TOME III.

OUVRAGES DE M. LE CHANOINE AUBER.

Histoire de la cathédrale de Poitiers.— 2 volumes gros in-8°, ornés de 30 planches. — Poitiers, 1848-1849. — Couronné par l'Institut. . . . . **15 fr.**

Recherches historiques sur l'ancienne seigneurie de la Roche-sur-Yon, nommée ensuite Bourbon-Vendée, puis Napoléon-Vendée. — Volume in-8°. — Poitiers, 1849. . . . . **3 fr. 50**

Recherches historiques et archéologiques sur l'église et la paroisse de Saint-Pierre-des-Églises, près Chauvigny-sur-Vienne. — 1 volume in-8°, planche. — Paris, Didron, 1852. — Couronné par l'Institut. . . . . **3 fr. 50**

Mélanges d'archéologie, d'histoire et de littérature. — 3 volumes in-8°. — Extraits des journaux et recueils scientifiques auxquels l'auteur a coopéré, tels que les Mémoires de plusieurs Sociétés savantes, le *Bulletin monumental*; celui du *Comité des Arts et Monuments*; la *Revue de l'art chrétien*; l'*Art en province*, et autres. — Épuisé. . . . . **30 fr.**

Biographie de Jacques de Hillerin, Poitevin et conseiller-clerc au Parlement de Paris.—In-8°.—Poitiers, 1850. . . . . . **2 fr.**

Biographie de M. Guerry-Champneuf, avocat au barreau de Poitiers. — In-8°. — Poitiers, 1852. . . . . **1 fr.**

Biographie de Girouard, sculpteur poitevin. — In-8°. — Poitiers, 1641. . . . . **1 fr. 50**

Recherches sur la vie de Simon de Cramaud, Cardinal, Évêque de Poitiers.— 1 volume in-8°. — Poitiers, 1841, complétées (en 1857) par une relation de la découverte des restes du Cardinal dans la cathédrale de Poitiers.—In-8°.—Portrait. . . . . . **4 fr.**

Instruction de la Commission archéologique diocésaine établie à Poitiers, sur la construction, les restaurations, l'entretien et la décoration des églises, adressée par Monseigneur l'Évêque, Président, au clergé de son diocèse. — 1 volume in-8°. — Poitiers, 1851. . . . . 3 fr.

Vies des Saints de l'Église de Poitiers, avec des réflexions et des prières à la suite de chaque Vie. — In-8°. — Poitiers, 1858 (avec une Table générale analytique et raisonnée, imprimée seulement pour deux cents exemplaires). . . . . 2 fr.

Table générale, analytique et raisonnée du *Bulletin monumental*. — 2 volumes in-8°. — Paris, Derache et Didron, 1846 et 1861. — Ouvrage couronné par la Société française d'archéologie. 12 fr.

Histoire de S. Martin, abbé de Vertou et de Saint-Jouin-de-Marnes, et de ses fondations en Bretagne, en Vendée et dans les pays adjacents. — 1 volume in-8° de VI-223 pages, avec 3 planches. — Poitiers, 1869. 3 fr. 50
— Deuxième édition, in-18 de 300 pages. . . . . . 1 fr. 50

Notice sur un reliquaire de l'époque romane. — In-8°, planches. — Poitiers, 1845; Amiens, 1860. . . . . 1 fr.

Notice sur un poignard du XVIe siècle, et sur la famille de Blac-Wood. — Poitiers, in-8°, 1843, avec une planche. . . . 1 fr. 50

Comme quoi la fameuse Mélusine n'est autre chose que Geneviève de Brabant. — In-8°. — Poitiers, 1842. . . . . 1 fr.

De la Signification du mot *Ieuru*, et du sens qui lui revient dans les inscriptions votives du Vieux Poitiers, d'Alise et de Nevers. — Poitiers, in-8°, 1859, avec 2 planches. . . . . 2 fr.

Essai de Critique littéraire, théologique, politique, historique et grammaticale sur un *volume* de 56 pages in-8°, de M. Poupot, pasteur, ayant pour titre : Lettre à M. l'abbé Auber, en réponse à trois articles sur Calvin insérés dans le *Journal de la Vienne*, etc. — In-8°. — Poitiers, 1842. . . . . 1 fr.

Adolphe et Mélanie, ou de la Persévérance après la première communion. — 1 volume in-18. — Paris et Poitiers, 1835; 2e éd., 1841. 1 fr. 50

Les Trois Vocations, lettres dédiées aux mères chrétiennes. — 1 volume in-12. — Paris, Gaume, 1837. . . . . 2 fr.

Vingt Examens particuliers sur les principaux exercices de la perfection chrétienne. — 1 volume in-32. — Poitiers, 1837. . 60 c.

Aventures de Télémaque... Édition classique, réimprimée sur les plus correctes qui ont paru jusqu'à ce jour, à l'usage des collèges, séminaires et pensionnats des deux sexes, avec un discours sur l'usage de ce livre dans les classes; des notes sur l'histoire, la mythologie, la géographie comparée; la distinction, en caractères italiques, des maximes les plus importantes du texte ; une table des discours, descriptions, narrations et portraits qui peuvent servir de modèles de compositions françaises, et un résumé, au commencement de chaque livre, des principes moraux qui en découlent. — 1 volume in-12. — Paris et Lyon, 1838, 1844, et plusieurs autres éditions. . . . . **1 fr. 50**

Consolations du Sanctuaire, ou Méditations avant et après la Communion, tirées des offices de l'Église, de l'Écriture sainte et des SS. Pères, pour les prêtres et les fidèles. — Dédiées à Monseigneur de Beauregard, évêque d'Orléans. — 2 volumes in-18. — Paris et Lyon, 1839. . . . . **3 fr.**

Un Martyr, ou le Sacerdoce catholique à la Chine, poème en cinq chants, tiré des *Annales des Missions étrangères*. — 1 volume in-12. — Paris et Lyon, 1839. . . . . **2 fr.**

Dissertation sur l'*Ascia*. — In-8°. — Poitiers, 1860. . . . . . **1 fr.**

Histoire et Théorie du Symbolisme religieux. — 4 vol. in-8°. . **24 fr.**

Étude sur les historiens du Poitou depuis ses origines connues jusqu'au milieu du xix⁰ siècle. — 1 volume grand in-8°, tiré à 100 exemplaires. — Niort, Clouzot, 1871. . . . . **10 fr.**

TABLE.

TROISIÈME PARTIE.

SYMBOLISME ARCHITECTURAL ET DÉCORATIF.

CHAPITRE PREMIER.

Considérations générales sur le symbolisme adapté à l'architecture chrétienne, et faits historiques qui s'y rattachent.

L'Église devait imprimer aux temples chrétiens un caractère symbolique, 1; — leurs nombreuses figures dans l'Écriture et les Pères, 2.— Les catacombes, premier type symbolique de nos églises, 5,— mieux et plus que la basilique civile des Romains, 6. — Insuffisance du symbolisme de celle-ci, 8; — comment il fallut le compléter, 9.— Caractères symboliques des églises antérieures au onzième siècle, 11; — ces caractères partout et toujours observés, 12,— mais plus ou moins riches sous l'influence morale des diverses époques, 13.— Pauvreté du dessin architectural dans la période du quatrième siècle au dixième, 14. — Il n'en a pas moins ses motifs symboliques, 16.— La peinture employée alors pour suppléer au travail du ciseau, 17. — Ruine des monuments aux huitième et neuvième siècles, 17.— Terreurs historiques de l'an 1000, et de leur prétendue influence sur la renaissance du onzième siècle, 18. —

Témoignages, sur ce point, des meilleures autorités contemporaines, 18. — Grand nombre d'églises et de monastères élevés de l'an 950 à l'an mil, 20, — et vers l'an 1000 lui-même, 20. — La fin du monde n'est signalée alors que dans un petit nombre de chartes, 21.— Rénovation de l'architecture chrétienne au commencement du onzième siècle, 22; — ses causes véritables dans les conquêtes du Christianisme, 23, — et les nombreuses translations de reliques, 24. — Apparition du grand appareil, 25, — et des cryptes de vastes dimensions, 26. — Aucuns symboles ne constatent la peur de l'an mil, 26. — Développements du symbolisme dans la sculpture au onzième siècle, 27. — Influence exercée par la littérature du douzième siècle, 28. — Heureuses innovations dans le plan général des églises romanes, 29. — Les nombres symboliques y figurent-ils? 30. — Que doit-on rejeter ou admettre de leur système d'application? 31. — Fécondité de l'iconographie mystique à l'époque de S. Bernard, 33. — Ce siècle plus riche en cela que le suivant, 33. — L'art y complète, par toutes ses formes, l'embellissement symbolique de l'église, 34, — et y rattache tout au principe fondamental de l'Unité divine, 36. — Apparition de l'ogive, à la fois architecturale et symbolique, 36. — Rôle gracieux qu'elle donne aux détails architectoniques, 38. — Esthétique de l'architecture qu'elle inspire, 38; — son apogée et sa décadence, 39. — Examen de quelques opinions sur les prétendues fantaisies de l'art chrétien, 40. — La religion a dû présider à la décoration de ses temples, aussi bien qu'à leur construction, 41; — elle y a tenu dès le commencement, 42. — Premières traces de ce fait dans l'histoire, 44. — Il se perpétue par les conciles, 45. — Les évêques obligés de surveiller ces travaux, 45. — Prescriptions d'usage sur ce point, 46. — Les monastères non moins appliqués à l'art religieux, 46. — Nombreux exemples de cette double action du clergé, 48; — son zèle à favoriser les progrès de l'architecture, 51. — Plan symbolique des monastères, 52. — La surveillance des évêques constatée par le deuxième concile de Nicée, 53; — elle fortifie et perpétue ainsi les traditions, 56. — Les Chapitres entrent dans le mouvement artistique, 57. — Preuves de ce qui précède dans les sculptures mêmes de nos églises, 58, — dans l'histoire de toutes ces fondations par les confréries de maçons, 59; — et l'exacte ressemblance de tant de types multipliés à l'infini sans aucunes règles écrites, 60. — Comment les miniatures des manuscrits ont pu suppléer aux textes spéciaux pour les arts d'ornementation, 61. — Caprices de l'architecture civile en regard de cette discipline régulière des formes sacrées, 62. — Résumé et résultat logique des considérations précédentes, 64.

CHAPITRE II.

L'église dans son orientation. — Cimetières.

Préliminaires de la construction, 66; — la croix plantée sur l'emplacement du grand autel, 66. — L'emplacement; la première pierre, et ses conditions, 68. — Encore l'orientation; son histoire, et ses raisons d'être, 69.— Le Nord et le Sud considérés quant à leur symbolisme, 72.— Règle normale de l'orientation d'une église, 73; — pourquoi on en trouve des exceptions en Italie, 73, — qui ne sont plus acceptables aujourd'hui, 76. — Combien les évêques y ont toujours tenu, 77.— Graves inconvénients de son abandon, 77. — L'orientation ne s'applique pas moins aux cimetières, 78, — à l'égard desquels elle fut observée chez les anciens, et que les chrétiens appliquent aux leurs, 78.— Pourquoi nos cimetières avoisinent nos églises, 79.— Cercueils de bois et de pierre, 80.— Symbolisme de leur forme à deux pentes, 80. — Cimetières communs des premiers siècles chrétiens, 81, — placés sous la protection de S. Pierre ou de S. Michel, 81, — plantés d'arbres symboliques, 82. — Cimetières monastiques, 83. — Lanternes des morts, 83.— Réfutation des fausses opinions émises à leur sujet, 83, — et leurs raisons toutes chrétiennes, 83.— Des symboles divers sculptés sur les tombeaux; l'ascia n'est qu'un signe des populations païennes, 84. — Quels furent, dès le principe, ceux du Christianisme, 85.— Une des significations du poisson, 85. — La résurrection de Lazare aux catacombes, 86. — La croix et ses différentes formes; instruments des diverses professions, 87. — Scènes historiées, 88: — autant de symboles des tombeaux, 88. — Résultat moral de ces enseignements élevés, 88. — La pensée chrétienne de la mort amène l'art jusque dans les cimetières, 89. — *Les trois morts et les trois vifs* de l'église d'Antigny, 90. — Variante de cette scène dans la chapelle de Jouhet, 90.— *Le dict des Trois morts et des trois vifs*, 91; — autre en Normandie, moins bien traité par la Renaissance, 92. — Les danses macabres en général, 92; — celle de la Chaise-Dieu en particulier, 93; — ses caractères esthétiques, 93. — Autre variante donnée par la *Chronique de Nuremberg*, 96.— Convenance des monuments funéraires dans les églises, 97, — mal comprise de l'art moderne, 98. — Contraste de ce style païen avec l'importance et l'honneur que l'Église donne à ses cimetières, 99. — Belle liturgie de leur bénédiction, 99.

CHAPITRE III.

Extérieur de l'église chrétienne.

L'église chrétienne a toutes les marques spéciales d'un édifice consacré à Dieu, 101, — par l'élévation du sol qui la supporte, 102, — et sa séparation normale des autres habitations, 103. — Les églises de Saint-Michel bâties de préférence sur des hauteurs, 104. — La forme de croix, et ses variétés, 105. — Églises de forme circulaire, 107. — Le plan octogone, et sa signification mystique, 108. — Le nombre *huit* est encore appliqué à d'autres monuments, 108. — Églises hexagones, et mysticisme du nombre *six*, 110. — Fondements, 111. — Première pierre, 111. — Murailles, 112, — et leur appareil, 113. — Les contreforts, 114. — La nef et sa toiture, 114. — Les tours et les clochers, 115. — Le coq, et ses diverses significations, 117. — Formes multipliées des clochers, 119 ; — leur place normale, trop souvent dérangée, 120. — Les cloches, 121. — Symbolisme de leurs moindres parties, 122. — Estime qu'en fait l'Église, 123. — Vertus mystérieuses de leurs sons, 123. — Rites de leur *baptême*, 124. — Symbolisme des sculptures murales, 125. — Variétés de leurs innombrables motifs, 126. — Savantes théories de ces belles œuvres, 127 ; — leur distribution calculée au sud et au nord, 127. — Démonologie, 127. — Les vices et les vertus, 128. — Le chien dévorant le Pain des Anges, 128. — Le baril du vin eucharistique, 130. — Le porche des églises rurales, et son usage, 131. — Le chou sculpté en acrotère, 131. — Portes de l'édifice, et côté où elles s'ouvrent de préférence, 131. — Le parvis, 132, — et notamment celui de Saint-Benoît-sur-Loire, 132. — Sujets variés de ces belles sculptures du douzième siècle, 132. — L'image du Sauveur devant la porte d'entrée, 133. — Parvis des cathédrales et des autres églises majeures, 133 ; — leur principal emploi symbolisé par les lions, 133. — Action mystique du bœuf et du lion aux façades de quelques églises, 135. — Formule : *inter leones*, 136. — Image de la résistance aux tentations sous l'emblème du prophète Daniel, 138. — Ce même sujet reproduit à Chauvigny, à Tonnerre, 138, — et à Amiens, 138, — rapproché de quelques autres pour confirmer nos déductions iconographiques, 139. — Façades des grandes églises et leur décoration grandiose, 139. — Le trumeau de la porte médiane ; ce qu'il figure, 140. — Voussures sculptées des tympans, 141 ; — leur *Jugement* dernier, 141. — Autres motifs iconographiques partout répétés, 142. —

Symboles et attributs des douze Apôtres, 142. — S. Pierre, 143. — S. Paul, 144.— S. André, 144.— S. Jacques le Majeur, 145. — S. Jean, 145.— S. Thomas, 146.— S. Jacques le Mineur, 147.— S. Philippe, 147. — S. Barthélemy, 147. — S. Matthieu, 147.— S. Simon, 147.— S. Jude, 148.— S. Matthias, 148. — Preuve d'une tradition universelle inspirée par les mêmes pensées de foi, 149, — et qui était la véritable nationalité du moyen âge, 150.

CHAPITRE IV.

Intérieur de l'église.

Le spiritualisme plus actif dans l'intérieur de l'église qu'au dehors, 151.— Sens multiple de l'église chrétienne, considérée en elle-même, 151. — Symbolisme de la fenêtre orientale, 152, — du pavé, orné d'intailles, 152, — ou d'ornements privés d'abord de sens symbolique, 152.— Fécondité de ces compositions; elles sont remplacées par les allégories en mosaïques, 153.— Pierres tombales des douzième et treizième siècles, 155. — Labyrinthes, 156; — leurs plans divers, 156; — leur but, 156. — Ils se résument aujourd'hui dans le *Via crucis*, 157. — Spécimens de pavés du douzième siècle, 157, — mal suppléés par le marbre, 157. — Les murailles, et leur sens mystique, 158.— Importance des lignes indiquées par le ciment dans l'appareil, 158.— Signes lapidaires, 159; — leur but mieux connu, 159, — et leur emploi généralisé aux divers genres d'architecture, 160.— Les croix de consécration, 160. — Les portes; leur nombre symbolique, 160. — Riche ornementation tirée des faits historiques ou des figures des deux Testaments, 161.— Les portes *étroites*, 162. — Les Cavaliers des façades, 162.— Le symbolisme des nombres a-t-il été appliqué aux mesures du lieu saint? 164; — raisons d'en douter, 164.— Autre système plus admissible par rapport à cette observance, 165.— Rapprochement de cette méthode avec ce que les Écritures enseignent de l'arche de Noé, 165; — opinion de S. Isidore de Séville, 166, — de Hugues de Saint-Victor, 167, — et de Durant de Mende, 167.— Le crucifiement du Sauveur, symbolisé dans le plan général de l'église, 168.— Déviation de l'axe longitudinal du nord au sud, 170. — Certains architectes exagèrent ce principe en Poitou, en Berry et ailleurs, 171. — Fausses conséquences qu'en tirent quelques archéologues, 172.

— Arcades murales, 173.— Chapelles latérales, 174.— Les bas-côtés, 174.— Le nombre *trois* symbolisant la Trinité, toujours et partout, 175. — Preuve de cette prétention dans l'église de la Caillère, en Vendée, 175 — Églises à sept et à cinq nefs, 175, — quelquefois à deux seulement chez les Dominicains, 176.— Divers systèmes sur le nombre de piliers, 176; — leur symbolisme général, 177, — et celui de leurs détails, 177.— Encore les croix de consécration, 178; — celles de la Sainte-Chapelle de Paris et de Saint-Hubert de Warville, 178.— Voûtes, et leurs détails symboliques, 179.— Diversités de leur ornementation peinte ou sculptée, 180.— Leurs principes élémentaires se perfectionnent au douzième siècle, 180.— Richesse des motifs sculptés qu'y reçoivent les clefs, 181.— Abaissement successif et symbolique de leurs premières travées, 182.— Les modillons plus délicats en se rapprochant du sanctuaire, 183. — Les fenêtres sont les saintes Écritures, 184, — les Docteurs, 184, — les sens de l'homme spirituel, 184, — la charité fraternelle, 184, — et la force de l'Église militante, 185.— Interprétations hasardées de M. Boisserée, 185.— Harmonie de leur demi-jour avec la destination mystique du monument, 186.— Les cryptes, leur origine et leur but, 187; — images du Saint Sépulcre, 188, — et de la vie contemplative, 188.— Crypte modèle de Rolduc, 189.— L'église chrétienne, image symbolique de l'Église universelle, 189.— Traits mystiques de cette ressemblance, 190; — quelle profonde théologie en ressort, 191, — aussi bien que l'influence du clergé, 191.— Théorie sans fondement de M. Delécluse sur l'histoire de l'architecture au moyen âge, 191, — dont il attribue les développements à une prétendue émancipation libérale de la liberté humaine, 192, — méconnaissant ainsi l'action de l'Église et sa propre force vitale, 192.— L'insuffisance des études laïques mène à ces fausses idées sur l'art et les hommes du moyen âge, 193.— Caractère de l'école rationaliste, et de ses efforts à dénaturer l'histoire du catholicisme, 196.— Fausse histoire de la franc-maçonnerie, inventée au profit de ces erreurs, 196, — et réfutée par l'histoire même du treizième siècle qu'elle invoque, 198.— Impossibilité aux laïques d'avoir, avec leur symbolisme incomplet, créé les beaux monuments de cette époque, 199.— Explication mystique par S. Nil de l'intérieur d'une église, 203.

CHAPITRE V.

Ameublement de l'église.

Siéges primitifs du clergé, 204. — Places distinctes des hommes et des femmes, 204. — Chapelle de la Sainte-Vierge dans l'absidiole du nord, 204. — Une chapelle de Saint-Joseph très-convenable dans celle du sud, 205. — Premières sacristies, 207. — La sacristie transférée au sud de l'église, 208. — Merveilleux aspect de cette perspective, 208. — Bénitiers et eau bénite, 209. — Le tronc des aumônes, 210. — Fonts baptismaux, 212. — Confessionnaux, et leur histoire, 212. — Comment en faire de convenables quant au symbolisme? 213. — La chaire; sa place normale, 215. — Inconvenance des chaires en pierre, 217. — Le banc d'œuvre, 217. — L'ambon ou jubé, 217. — Jubés symboliques de Ravenne, 218; — celui de Saint-Étienne-du-Mont, à Paris, 219. — Souvenirs symboliques qui s'y rattachent, 219. — Le transsept, 220. — Le chœur, 220. — Les stalles, 220. — Arcade triomphale et crucifix, 222. — L'aigle ou lutrin, 223. — Le sanctuaire, 224. — L'autel et ses détails, 225. — Le tabernacle mal à propos isolé du grand autel, 225. — La croix, 228. — Les chandeliers, 229. — Reliquaires, 230. — Le baldaquin ou *ciborium*, 231. — Siége épiscopal, 232. — Piscines, 233. — Crédence, 235. — L'orgue, 236. — Quel est l'esprit de l'Église dans le soin de tout ce qui précède, 237.

CHAPITRE VI.

Décoration artistique de l'église par la sculpture.

Développements de l'art sculptural au onzième siècle, 240. — Son caractère encore rudimentaire, 240, — qui a pourtant son symbolisme, 240. — Progrès merveilleux de cette époque, 241. — Beau prélude de l'ère ogivale, 241. — La sculpture participe de ce progrès, 242. — Ce qu'elle prend alors de vie esthétique, 242; — sa supériorité sur l'antiquité païenne, 243, — par la fécondité de ses enseignements, 243. — Distinction entre la statuaire et la sculpture proprement dite, 244. — L'une agit d'après un type convenu et invariable, 244; — l'autre suit un plan et une conception prescrits d'avance, mais variables à l'infini, 244.— La sculpture toujours et partout empreinte d'un caractère national, 245. — Pauvreté matérielle de notre statuaire romano-byzantine, 246.— Bizarre agencement du costume et de la draperie, 247,— influencés par la manière des Grecs de Constantinole, 247.— bien plus que par le concile de Francfort, 247. — Action des Croisades et des études littéraires et théologiques de cette époque sur l'art monumental, 248.— Le nu, honoré à l'époque païenne, et proscrit par le Christianisme, 250. — Différence très-significative dans leur manière de symboliser la chasteté, 250. — Pallas et la femme chrétienne, 251. — Richesse d'invention de notre iconographie comparée à la froideur restreinte de l'art païen, 251. — Raisons contre l'éclectisme architectural et artistique dans la construction des églises et l'exécution de leurs ornements, 252. — L'art doit être *un* et ne le serait pas sans un parfait accord de style entre le monument et son imagerie, 253. — Les anciens plus sages sur ce point que certains artistes modernes, 254, — quoique leurs monuments fussent souvent privés de l'unité qu'on admire dans les nôtres, 254.— Ceux-ci doivent surtout être ornés dans le style de leur construction, 255. — Les gargouilles, et leur symbolisme, 256.— Étude et intelligence de la petite statuaire des bas-reliefs, 259.— Clefs de voûte, 260.

CHAPITRE VII.

(Suite du précédent.)

Autels. — Tabernacles. — Baptistères. — Tombeaux.

Origine de l'autel chrétien, 262.— Nécessité d'y insérer des reliques, 262.— On y a même placé des fragments de la sainte Eucharistie, 263.— Symbolisme du *sépulcre* de l'autel, 264.— Autels portatifs, 264.— Comment on y supplée quelquefois, 265. — Les autels doivent être de pierre, 265. — Symbolisme de leur consécration, 267; — leur multiplicité, après le cinquième siècle, dans une même église, 268. — Symbolisme de leurs *parements*, 268. — Richesse des autels au moyen âge, 269; — leur simplicité plus habituelle, 269. — Celui de Mazerolles, en Poitou, 270. — De l'emploi du marbre, 271; — peu avantageux à l'effet artistique, 271, — mais très-convenable aux autels portatifs, 271. — Autels en orfévrerie; insignifiance de quelques-uns de notre époque, 272. — Inspirations plus heureuses à suivre, 273.—Conditions symboliques, 273. — Variété infinie des motifs esthétiques à sculpter ou à peindre sur un autel, 273.—Où en puiser les bonnes données? 274. — Beaux modèles à choisir dans le moyen âge, 275 ; — y appliquer la peinture, 275. — Des retables, 276 ; — y bien observer les convenances théologiques, 276.—Observation sur un retable de Jessé à Notre-Dame de Poitiers, 277.— Parements et *antipendium* mobiles, 278.—Des tabernacles; leur histoire, 279.— Comment les conopées leur sont maintenant défavorables, 280.—Ils doivent se construire d'après l'architecture de l'église et de l'autel, 281. —·Leurs formes variées : les tours, 281,— suspendues au-dessus de l'autel, 283.—Les colombes en métal, et leur raison symbolique, 284,— qui les ferait très-bien employer aussi comme ciboires, 285. — Formes choisies à donner aux tabernacles, 285. — Mauvais goût des *ciborium* ou baldaquins actuels, 286.—Déplorable nudité qu'on fait aujourd'hui à nos sanctuaires, 287.— Mauvais système qui les découvre, quand ils devraient être isolés de la foule, 287. — Idée et plan d'un sanctuaire où tout parle au cœur, 288.— Des baptistères, et des plans à y observer, 289.— Histoire des baptistères au moyen âge, 290. — Souvenir de celui de Constantin à Saint-Jean de Latran, 290.— Soins à se donner pour la chapelle des fonts dans les églises de notre temps, 292.— Règles symboliques à y observer, 293.— Importance des *Instructions* de S. Charles sur ce point, 295.— Du tableau à placer sur l'autel de cette chapelle, et des éléments de sa composition, 296.— Types de sculptures symboliques pour les fonts, 298. — Les fonts de Sainte-Marie de Liège, 298. — Liberté laissée aux artistes par l'Église sur tous ces points, 299.—Des tombeaux dans les églises, et de l'esprit qu'on devrait y garder, 300.— Les modèles du moyen âge préférables en tous points, 301. — Combien il importe de les imiter, 302. — Symboles qui peuvent y être appliqués de notre temps, 303. — Inscriptions funéraires à restituer aux églises, 303,— pour y remplacer les monuments funèbres et les sépultures, 304.

CHAPITRE VIII.

Des modillons.

Études déjà anciennes de l'auteur sur ce sujet, 305,— qui a trouvé de nombreux antagonistes, 306, — mais qui n'en peut plus avoir, 306.— Origine et objet des modillons, 307, — connus des Romains et des Juifs, 308, — et naturellement adoptés par le Christianisme, 308.— Marche progressive de ce moyen dans l'histoire de l'art, 309. — Elle se développe surtout au douzième siècle, 310, — et déchoit au quatorzième avec la simplicité chrétienne, 311.— Le treizième est bien plus théologique, 312.— Exposition générale de la méthode suivie, 313, — dans les modillons isolés de tous autres, 313.— Cette méthode puisée dans les Pères, 314 : — S. Denys l'Aréopagite, 314, — S. Clément d'Alexandrie, 314 ; — S. Théophile d'Antioche, 314 ; — et dans l'Écriture, 315. — Variété infinie de ses sujets, 315, — prêchant à toute créature, 316.— Explication de S. Grégoire le Grand, 316.— Ce plan général particularisé dans son application à des idées complexes, 317.— Méthode d'études, et découvertes à cet égard, 317.— Combien ces observations sont dignes des hommes sérieux, 319. — Composition de l'auteur en ce sens pour l'église Saint-Jacques de Châtellerault, 319.— Diversités des sujets selon les diverses orientations du monument, 320. — Les bons et les mauvais Anges, 320.— Le symbole des Apôtres exécuté en modillons près de leurs statues, 320.— Le style de ces compositions nouvelles à prendre sur celles du moyen âge, 322. — Les architectes ne doivent pas s'en dispenser, 323.— Combien ce genre de décoration donne de vie spirituelle à un monument chrétien, 323.— Erreurs de quelques archéologues appréciant certaines difficultés sans le secours de la science, 324. — Les modillons s'identifient complétement par leur facture au style de l'édifice et à son âge, 325. — Objections sans valeur opposées à l'esprit général qui a dominé le choix des sujets, 326.— Le baudet d'Argentan, 327.— Le poulet de Saumont, 328.

CHAPITRE IX.

Des chapiteaux.

Les chapiteaux distinguent tout d'abord l'architecture païenne de la nôtre, 329.— Froideur du chapiteau corinthien, 329.— L'art chrétien le modifie à son avantage, et le fait entrer dans ses plans d'esthétique, 330. — Origine de ce détail d'ornementation, 331. — Les poissons observés comme l'un des motifs les plus anciens de notre imagerie, 331, — puis les entrelacs et les feuilles grasses, 332.

TABLE. 587

— La tête humaine mêlée aux feuillages, 332.— Les faits bibliques, 333.— Développement des sujets au onzième siècle, 333. — L'histoire d'Adam à Saint-Benoît-sur-Loire, 333.—La Fuite en Égypte, 334. —La main divine, symbole de protection, 334.— Belle et savante esthétique de tout ce morceau, 335. — Scènes des chapiteaux graduées dans leur importance en se rapprochant du sanctuaire, 335. —Symboles eucharistiques à Chauvigny, 335.— Daniel et Habacuc, 335.— Marie et l'Enfant-Dieu, 336. — La pesée des âmes; protection contre Satan, 336.— Les sauterelles de l'Apocalypse, 336.— La force contre les tentations, 337.—Les démons forcés de servir à la gloire de Dieu, 337. — Étrange aberration de quelques archéologues naturalistes, 337,— en opposition avec l'histoire de l'architecture et l'active surveillance de l'Église au moyen âge, 338.— Belle foliation des chapiteaux, non moins expressive que tout le reste, 339. — Symbolisme des arbres et des fleurs dans l'Écriture, 339. —Zachée sur le sycomore, 340; — signification de l'un et de l'autre, 340. — Transition de ce sujet à la mandragore, 342. — Vertus et attributs de cette plante, 342.—Oiseau dans les branches, colombe de la solitude, signifiant la vie unitive, 343.— Les entrelacs des chapiteaux, et leurs variétés, 343. — Ignorance de certains savants en fait de religion et d'art chrétien, 345. — Méthode d'intuition pour ces études, aussi difficiles que sérieuses, 346. — L'inspiration esthétique variant selon les siècles qu'elle traverse, 346.— Belle période du onzième au quatorzième siècle, 347.—Action des sciences et de la démonologie sur la sculpture de ce temps, 347. — Origine des figures bizarres d'hommes et d'animaux répandues dans les nefs de nos églises, 348.— La cabale et l'astrologie plus ou moins judiciaire y laissent peut-être aussi leur empreinte, 349, — et jusqu'à la mythologie païenne qui s'y rattache, 350.— Sens véritable, cependant, de sujets moins frivoles que leurs apparences, 351. — Comment les écoles architecturales du moyen âge enseignaient sans livres techniques, 352.— Le livre *Des Arts* du moine Théophile, 352. — Ces ouvrages doctrinaux remplacés par la liturgie et la poésie, 353.— Influence de Dante sur l'ornementation des treizième et quatorzième siècles, 354. — Lutte énergique du clergé de ce temps contre l'envahissement laïque des francs-maçons, 356.— Pierre de Cugnières et son marmouset, 356.

CHAPITRE X.

Démonologie.

Objet de ce chapitre, 358. — Le démon signalé par les Apôtres sous diverses formes et caractères, 358 ; — grande peur qu'en avaient nos pères, 360.— Figures bibliques dont on lui fait autant de symboles, 361. — Son culte dans le paganisme, 362.— Formes symboliques de son iconographie, 363.— Singe et bouc, 363.— Centaures et sagittaires, 363.— Renard, 364.— Crapauds ou grenouilles, 364.— La femme aux serpents et aux crapauds, 365.— Le serpent-homme du paradis terrestre, 365 ; — son rôle au jugement dernier, 366, — au lit des mourants, 366. — Raison des diverses figures dont son corps est quelquefois couvert, 367 ; — de ses trois têtes, en quelques images, comme trinité du mal, 367. — Iconographie du démon dans ses formes diverses, 369 ; — inspirant et vengeant le fratricide d'Abel, 369, — s'opposant à l'entrée de S. Taurin à Évreux, 369. — La bête de l'Apocalypse reproduite avec beaucoup de variantes, 370. — Variété de ses moyens et de ses attaques, 370. — Il persuade le mal, 371 ; — il saisit l'âme du moribond, 371, — joue de la viole au bal d'Hérodiade, 372.— Les tentations des Saints et celle de S. Antoine en particulier, 372 ; — comment ils y résistent, 373. — Tourments des démons, 374. — Ressemblances extérieures que l'Ange des ténèbres se donne avec les Anges de lumière, 375.— Le nimbe donné même au mauvais Ange, 376. — Nouvelle revue de quelques-uns de ses types les plus curieux, 376 : — l'arbalétrier, 376, — les consoles, 376, — les gargouilles, 377.— Gog et Magog, 377. — Personnification de l'hérésie et de la luxure, 377. — Satan animant les idoles païennes, 377.— Ses caractères zoologiques dépeints par Tertullien, 378, — et par le pape Innocent III, 378. — Antagonistes de tous les siècles contre lui, 378 ; — ce qu'en disent S. Paul, 379, — et Job, 379,— suivis par toute l'iconographie chrétienne, 379.— Les reliquaires, les croix, les chandeliers, 380,— les crosses pastorales, 380.— Satan toujours visible dans l'art païen, 381, — qui le transmet aux âges modernes, 382. — Ressource contre lui dans la liturgie catholique, 382.— Histoire et marche séculaire de la liturgie à cet égard, 383, — reproduites dans les sculptures de nos églises, 384, — et sur la scène des théâtres, 384, — aussi bien que les barbares et les persécuteurs, 385.— Exorcismes des vitraux de Bourges, 385.— Couleurs symboliques données aux diables selon leurs fonctions iconographiques, 386.— Les mêmes couleurs données aux Anges par opposition, 386.— Types officiels de l'enfer et du purgatoire, 387. — Le Purgatoire de S. Patrice, 387.— La gueule du monstre infernal, 388. — Variété artistique des supplices infernaux, 388.— La magie au temps de l'Église primitive, et les exorcismes, 390,— souvent représentés dans les églises, 390. — Usage très-fréquent de ces derniers, 390, — variés encore par d'autres moyens liturgiques, 391.— De la magie et de son action contre la société chrétienne, 392,— surtout aux dixième, quinzième et seizième siècles, 393.— Estampe remarquable de cette époque, 394.— Scènes du sabbat avec tous ses horribles épisodes, 395.— Haine du Christianisme, de ses vertus, et des institutions sociales, 393.— Conséquences morales qui en découlent, et ses rapports avec le symbolisme démonologique, 401,— et avec l'immoralité de notre temps, 402.

CHAPITRE XI.

Des obscœna.

Jugements erronés sur ce sujet, 404.— La retenue du langage humain proportionnée à la dépravation des mœurs, 405 ; — origine de ce sentiment, 405, — modifié nécessairement par quelques besoins de la vie sociale, 407, — mais ramené à une plus grande sévérité par la dépression des mœurs, 407.— Superstitions impures des fausses religions de l'Orient, contrastant avec la simplicité de quelques peuples primitifs, 407.— Idée et usage des peuples de la Palestine sur ce point, 409.— Langage du Prophète conforme à ces usages, 409.— Remarquable réflexion de Voltaire à cet égard, 409. — Cynisme de la littérature et de l'art des anciens, tout inspirés par les passions, 410.— L'habitude familiarisait alors avec les objets d'art, qu'elle rend moins dangereux, 411, — témoin les peintures des catacombes, 412, — et les écrits des Pères de l'Église, 412.— Mêmes exemples dans la littérature du moyen âge, 414.— Le Cantique de Frauenlob au treizième siècle, 414.— Les traductions de la Bible du seizième siècle, 415. — Les prônes du dimanche jusqu'au dix-huitième siècle, 416.— C'était l'équivalent du symbolisme des *obscœna*, 416, — qui devient pour l'art ce que le style était à une certaine littérature, 418. — Ils sont un mode d'enseignement, et rien autre chose, 418. — Ils appartiennent à la meilleure époque de la littérature sacrée et de l'art religieux, 418,— qui respectent et pratiquent le mieux la décence, 419, — et gardent une grande modestie jusque dans leurs nudités nécessaires, 419. — L'arbre de la Vierge à Milan, 419. — La Madeleine du Saint Pilon à Saint-Maximin-du-Var, 420. — Ste Marie Égyptienne, 420. — Les Vierges-Mères du treizième siècle, 420, — et ses autres travaux iconographiques, 421. — Les personnages sans sexe, 421. — Cause tout esthétique des *obscœna*, trop peu comprise, 422. — La crudité des sujets est une preuve de leur nécessité, 423 ; — elle personnifie les passions et les crimes honteux, 423 : — l'adultère à Saint-Benoît-sur-Loire, 423 ; — la prostituée de l'Apocalypse, 424 ; — les chiens et les impudiques, 424. — Style énergique de S. Paul contre les Romains et les Corinthiens, 424. — Leurs crimes renouvelés par les barbares envahisseurs de l'empire, et par les Normands, 425. — Raisons de quelques modillons spéciaux et d'autres sculptures, 426, — à Gourgé, 427, — à Saint-Pompain et ailleurs, 427. — Le zodiaque, 427. — Prétendus *obscœna* qui n'ont jamais existé, 428. — Ces sujets furent-ils jamais des satires contre le clergé? 428 ; — non, mais des leçons sur ses devoirs, 429, — comme la peinture en donnait à tous, 429. — Ce qu'en disait Villon, 430, — et même Virgile, 430. — L'enfer des religieuses à Sainte-Marie-des-Chases, 430. — Nudité des âmes, 431. — Symbolisme du voile religieux, 431. — Ces caractères s'effacent devant la prétendue Renaissance, 432, — et sont remplacés par l'esprit du paganisme, de la mondanité et du mauvais goût, 432. — Le concile de Trente décrète une réformation, 433. — Constitution d'Urbain VIII sur le même sujet, 435. — Ces prescriptions ne touchent en rien aux *obscœna* des églises, 435, — qu'elles n'avaient aucun motif de condamner, 436. — Ils ne seraient pourtant pas de mise aujourd'hui, 436 ; — ce qui n'autorise les architectes ni à les mépriser ni à priver nos monuments religieux de corbelets symboliques, 437. — Résumé de tout ce chapitre, 437, — qui se conclut en faveur de l'Église, 437.

CHAPITRE XII.

Zoologie.

Raison de la zoologie dans le symbolisme chrétien, 439. — Les animaux y représentent les vices ou les vertus, 440. — La Bible est encore la source de ces moyens d'exégèse publique, 441, — distribués au nord ou au midi des édifices, selon les caractères ou mauvais ou bons, 441. — Le Lévitique avec ses animaux purs ou impurs, 442.—Interprétation des Pères à cet égard, 443.—Distinction que font quelques-uns entre les *bêtes* et les *animaux*, 444. — Mauvaises bêtes placées au septentrion, 445.—Certains oiseaux leur sont adjoints dans la même pensée, 446. — Animaux innocents ou utiles placés au sud, 447.— Union de plusieurs types formant des scènes d'ensemble, 448.— Le zodiaque et son histoire, 449.— Antiquité prétendue de celui de Dendérah, 450.— Le zodiaque fait partie du calendrier des anciens, 450. — Comment les chrétiens le leur empruntent dès les premiers siècles, 450. — Distinctions morales qu'ils en firent, 451.— Il leur rappelle l'action divine sur les biens de la terre, 451, — et la loi du travail imposée à l'homme, 452. — Convenance d'un tel symbole, 453. — La partie morale du zodiaque inconnue avant le Christianisme, 454,— qui en fait un moyen d'enseignement religieux, 455. — Raisons de certaines interversions dans le placement des signes sur les monuments modernes, 455. —Vers techniques sur la division des signes mensuels, 456;—autres sur les occupations qui se rattachent à chacun d'eux, 456. — Description de chaque mois, 457 : — Janvier : *le Verseau*, 457 ; — Février : *les Poissons*, 458 ; — Mars : *le Bélier* et le vigneron, 458 ; — Avril : *le Taureau*, 458 ; — Mai : *les Gémeaux*, 458 ; — Juin : *le Cancer*, 458 ; — Juillet : *le Lion* et les faucheurs, 458 ; — Août : *la Vierge* et les moissons, 459 ; — Septembre : *la Balance* et les vendangeurs, 459 ; — Octobre : le *Scorpion*, les semailles, et les chasses d'hiver, 460 ; — Novembre : *le Sagittaire* et la glandée, 460 ; — Décembre : *le Capricorne* et la salaison des viandes, 461.— Caractères symboliques de chaque signe en particulier, 461 : — symbolisme du Bélier, 462, — du Taureau, 462, — des Gémeaux, 462, — du Cancer, 462, — du Lion, 463, — de la Vierge, 463, — de la Balance, 463, — du Scorpion, 463, — du Sagittaire, 464, — et du Capricorne, 464. — Origine des bêtes hybrides, 464.— Les Prophètes et l'Évangile fournissent des types aux catacombes, 466, — aussi bien que la mythologie, 469.— Les Pères y trouvent un moyen d'enseignement religieux, 469.— Ils acceptent les notions d'histoire naturelle reçues par les écrivains de renom, pour en faire une suite d'autant plus fertile de symboles, 470, — suivant en cela l'exemple des poètes païens, 470.— Les écrivains du moyen âge les ont suivis eux-mêmes, 472.— Certaines opinions sur la zoologie pouvaient être plus fondées qu'on ne le croit, 472. — Albert le Grand n'admet pas toutes les opinions de Vincent de Beauvais, 473.— Origine du bestiaire, et auteurs qui se sont donnés à la zoologie mystique, 474.— *Physiologue* de Théobald, 475.— Incertitudes biographiques sur cet auteur, 475. — Opinion qu'on peut s'en former, 477. — But de son livre, 477 ; — sa matière et sa forme, 478 ; — son histoire, 479. — Il traite tour à tour du lion, 481, — de l'aigle, 483, — du serpent, 485, — de la Fourmi, 489, — du renard, 491, — du cerf, 493, — de l'araignée, 497, — de la baleine, 499, — de la sirène, 501, — de l'éléphant, 503, — de la tourterelle, 505, — de la panthère, 507. — Observations sur le *Physiologue* et la traduction précédente, 510. — De ce livre même on peut conclure que l'auteur ne s'abusait pas plus que les autres physiologues sur la valeur de ses opinions zoologiques, 510. — L'*opposition* symbolique n'existe pas moins sur ce point que sur tous les autres de notre théorie générale, 511. — Utilité d'un dictionnaire symbolique d'histoire naturelle, 511 ; — abondance de ses matériaux 511. — Ce genre de beautés manifesté surtout dans les psaumes VIII et CXLVIII, 512. — Conclusion de ce chapitre dans une leçon donnée par S. Pierre aux hommes que leurs passions grossières assimilent aux animaux, 513.

CHAPITRE XIII.

Flore murale.

Harmonie de la végétation et du cœur de l'homme, 515. — Beauté de l'Éden, 515, — et sa déchéance, 517. — Le symbolisme biblique des arbres et des fleurs, 518. — L'arbre de Nabuchodonosor, 518. — Les Apôtres et les Pères s'en emparent, 520. — Mystères des catacombes en ce genre, 521. — Les fleurs, symbole des vierges, 521. — Plantes des cimetières romains, 522. — Ornements des églises, 522. — Le trèfle dans les tombeaux, 523. — Les plantes décoratives empruntées à l'art antique par les chrétiens, 524. — La botanique murale, traitée d'abord sans succès artistique dans les églises, 524 ; — elle se développe au onzième siècle, 525, — et devient meilleure dans sa seconde moitié, 526. — Plantes aquatiques, en plus grand nombre sur les monuments élevés au bord des rivières, 526. — Le nénuphar, les roseaux, le platane, 526. — Richesse en ce point des édifices monastiques et des cathédrales, 527. — La théologie morale s'en empare, 527. — Erreurs scientifiques de certains botanistes anciens, 528. — Origine orientale de plusieurs, 528. — Le *hom*, arbre de vie des Orientaux, naturalisé dans la flore chrétienne, 528, — comme un symbole de la Croix, 529. — Spécimens variés de ce symbole, 530. — Iconographie des arbres, souvent restreinte à quelqu'une de leurs parties, 532. — Réfutations du système de M. Woillez sur les aroïdes, 532, — confondues avec la vigne et ses raisins, 535. — Cette erreur réfutée par les seules irrégularités de certains spécimens botaniques, 536. — Raisons de ces infidélités artistiques, 537.— Exactitude plus remarquable au treizième siècle qu'aux siècles précédents, 537, — qui cependant laissent peu d'incertitude sur la nature des plantes sculptées, 538, — aussi bien que dans beaucoup d'objets plus anciens, 538; — d'où l'on doit conclure que M. Woillez s'est égaré dans une théorie inadmissible, 539, — condamnée jusque dans les catacombes, 539.— Le lis et son symbolisme, 540, — dans l'antiquité chrétienne et au moyen âge, 541.— C'est tour à tour Jésus, Marie, et l'Église, 541.— Les fleurs en général, 542.— L'hymne de Ste Florence, 542.— Le lis est encore la virginité chrétienne, 543, — l'attribut de S. Joseph, 543, — et celui des Justes, 544, — et de la puissance royale en France, 545. — Origine de ce symbole ainsi appliqué, 545. — Opinions diverses à ce sujet, 545.— Le lis confondu par Jacques Chifflet avec les abeilles que portait Childéric au cinquième siècle, 547. — Les lis du tombeau de Frédégonde au sixième siècle, 548, — du sceptre de Dagobert au sixième, 548, — et de Charles le Chauve au neuvième, 549.— Lis des rois de la troisième race, 549.— Ils deviennent l'écusson de France, 549, — et de beaucoup de familles, 550, — et passent enfin dans l'ornementation des meubles et des maisons, 551, — et jusque dans celle des objets sacrés, 551; — raison de ce dernier emploi, 551. — Les types de la fleur de lis divers avec les époques, et propres à faire distinguer celles-ci dans les monuments, 551.— Les artistes, pour les reproduire, doivent donc se reporter aux temps dont ils imitent les traditions, 552.— Grossières persécutions révolutionnaires contre cet insigne d'une ancienne royauté, 553, — et leurs suites funestes à la science historique, 553.--Symbolisme de la flore mythologique, 553. — Comment le Christianisme dut s'en emparer, 554. — Ses organes au moyen âge, 555. — L'*Hortus deliciarum* d'Hermann de Werden, 556.— Les fleurs et les plantes de la liturgie, 557, — et, à ce propos, le bois préférable à la pierre pour les tabernacles, 557. — Le cèdre, surtout, lui convient par son symbolisme, 558.— Pourquoi l'hysope employé dans les aspersions? 558. — La flore mystique des sacrements, 559.— L'olivier et le baume du Baptême, de la Confirmation, de l'Extrême-Onction et de l'Ordre, 559. — Divers symboles tirés du palmier; et de la procession des Rameaux, 562. — Représentation artistique de cet arbre dans les colonnes et leurs chapiteaux, 563.— Signification morale des plantes d'ornementation, 563.— Comment la sculpture moderne doit traiter ces objets avec plus de soin et de perfection que jamais, 564, — sans s'écarter néanmoins du symbolisme inséparable de l'architecture religieuse, 565, — ni confondre les époques indiquées par l'emploi de tels ou tels motifs de la flore murale, 565. — Choix des plantes, et leurs proportions à garder selon le plus ou moins d'étendue des édifices, 565, — et le lieu qu'elles y doivent occuper, 566. — Cette théorie serait le sujet d'un livre important, 568. — Exemples de la basilique de Reims, 569; — immenses variétés de sa botanique sacrée, 569, — et de celle d'Amiens, avec les vertus figurées par des fleurs, 570, — et sa parabole du bon et du mauvais arbre, 571. — Ainsi la flore murale se rattache à tout le système d'ornementation catholique, 571.

FIN DE LA TABLE DU TOME III.

Poitiers. — Typ. de A. DUPRÉ.

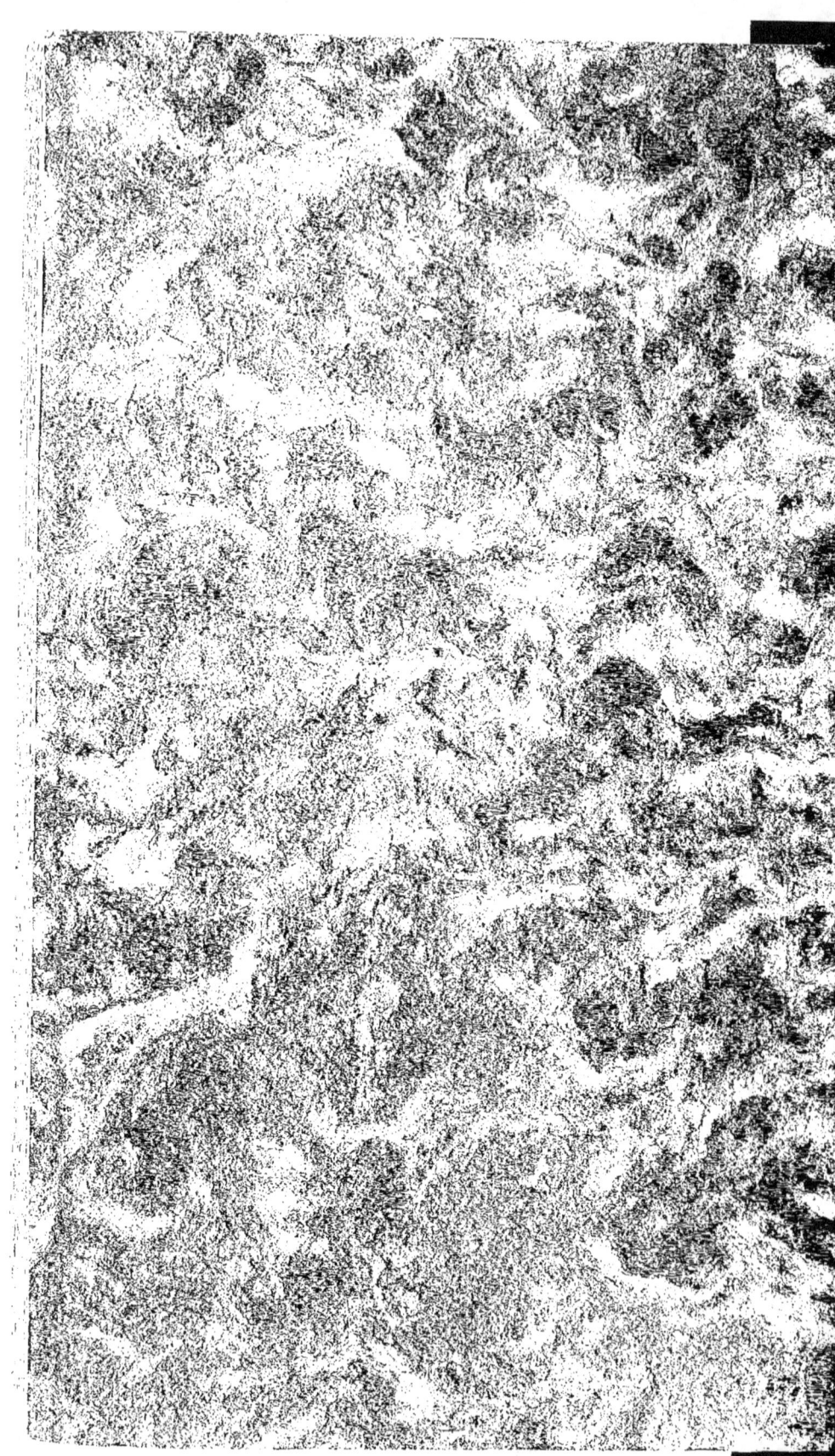

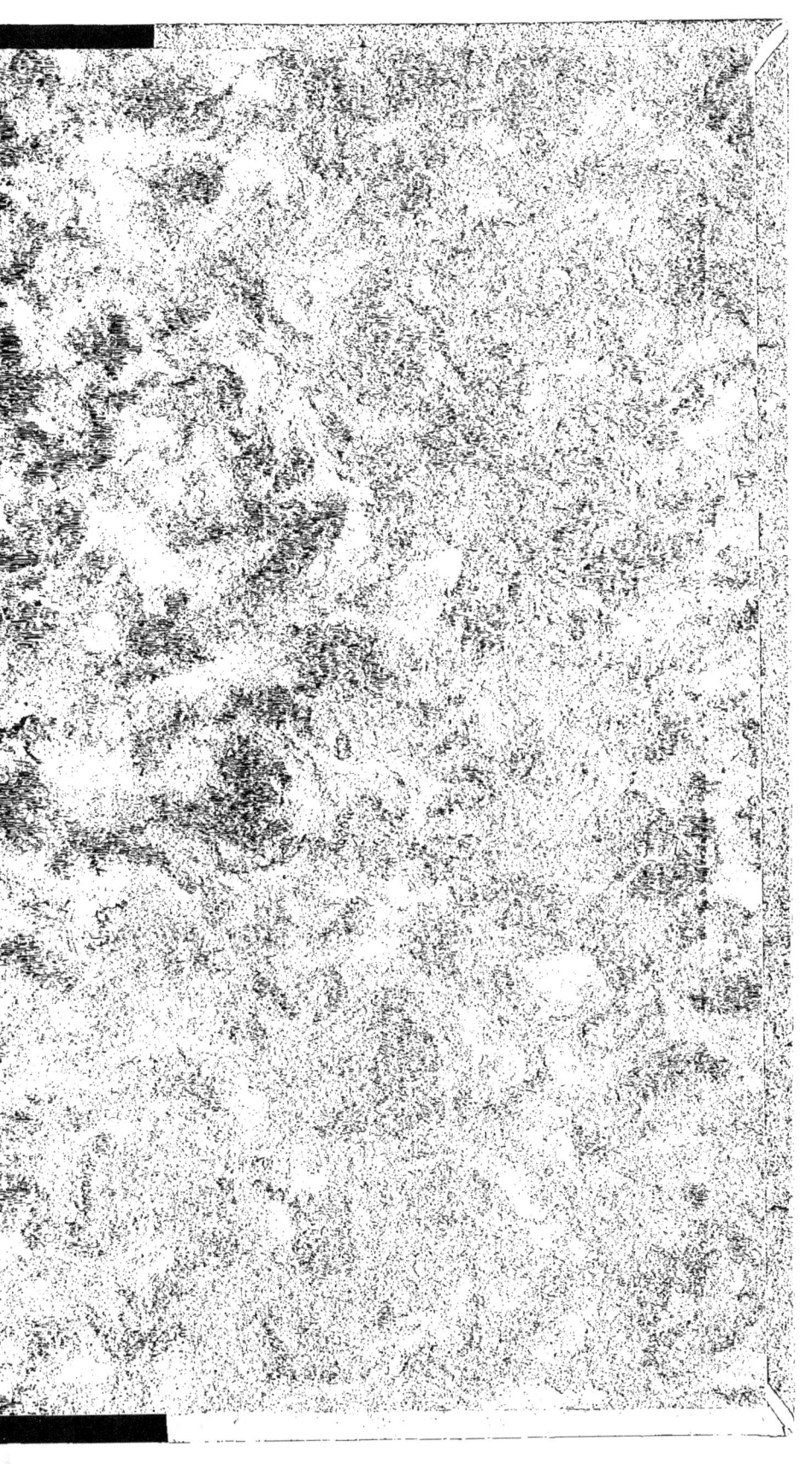

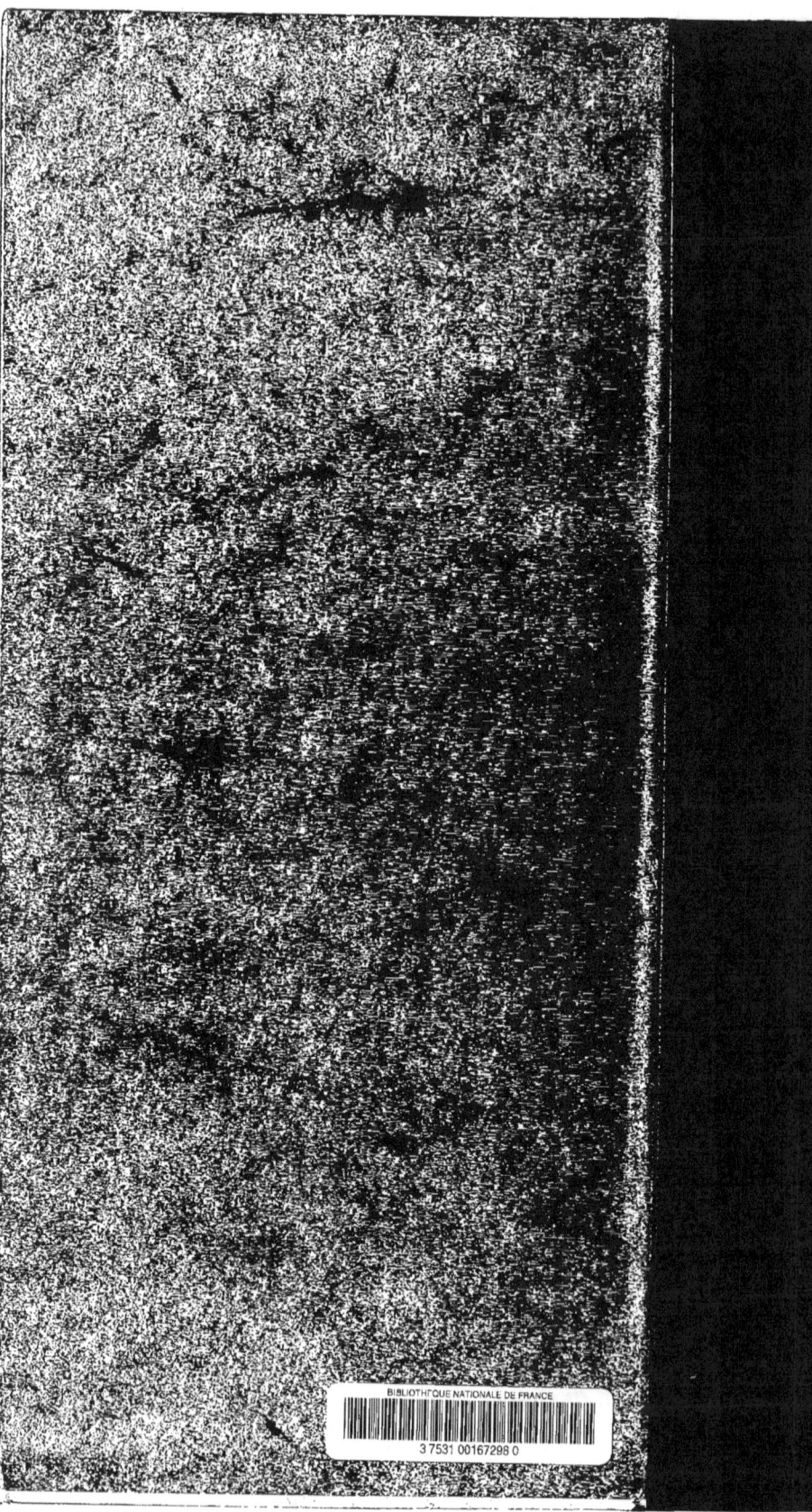

www.ingramcontent.com/pod-product-compliance
Lightning Source LLC
Chambersburg PA
CBHW060404230426
43663CB00008B/1379